清道光有獲齋本周易集解簒疏

第一册

唐 李鼎祚集解 清 李道平簒疏

中國國家圖書館藏清道光二十二年有獲齋刻本

山東人民出版社·濟南

圖書在版編目（CIP）數據

清道光有獲齋本周易集解纂疏 /（唐）李鼎祚集解；（清）李道平纂疏 .— 濟南：山東人民出版社，2024.3
（儒典）
ISBN 978-7-209-14291-5

Ⅰ．①清… Ⅱ．①李… ②李… Ⅲ．①《周易》- 注釋 Ⅳ．① B221.2

中國國家版本館 CIP 數據核字（2024）第 036551 號

項目統籌：胡長青
責任編輯：趙　菲
裝幀設計：武　斌
項目完成：文化藝術編輯室

清道光有獲齋本周易集解纂疏
〔唐〕李鼎祚集解　〔清〕李道平纂疏

主管單位　山東出版傳媒股份有限公司
出版發行　山東人民出版社
出 版 人　胡長青
社　　址　濟南市市中區舜耕路517號
郵　　編　250003
電　　話　總編室（0531）82098914
　　　　　市場部（0531）82098027
網　　址　http://www.sd-book.com.cn
印　　裝　山東華立印務有限公司
經　　銷　新華書店

規　　格　16開（160mm×240mm）
印　　張　72.25
字　　數　578千字
版　　次　2024年3月第1版
印　　次　2024年3月第1次
ISBN 978-7-209-14291-5
定　　價　172.00圓（全四冊）

《儒典》選刊工作團隊

學術顧問　杜澤遜　李振聚　徐　泳

項目統籌　胡長青

責任編輯　劉　晨　劉嬌嬌　張艷艷
　　　　　吕士遠　趙　菲　劉一星

前言

中國是一個文明古國、文化大國，中華文化源遠流長，博大精深。在中國歷史上影響較大的是孔子創立的儒家思想，因此整理儒家經典、注解儒家經典，爲儒家經典的現代化闡釋提供权威、典范、精粹的典籍文本，是推進中華優秀傳統文化創造性轉化、創新性發展的奠基性工作和重要任務。

中國經學史是中國學術史的核心，歷史上創造的文本方面和經解方面的輝煌成果，大量失傳了。西漢是經學的第一個興盛期，除了當時非主流的《詩經》毛傳以外，其他經師的注釋後來全部失傳了。東漢的經解衹有鄭玄、何休等少數人的著作留存下來，其餘也大都失傳了。南北朝至隋朝興盛的義疏之學，其成果僅有皇侃《論語疏》幸存於日本。五代時期精心校刻的《九經》、北宋時期國子監重刻的《九經》以及校刻的單疏本，也全部失傳。南宋國子監刻的單疏本，我國僅存《周易正義》、《爾雅疏》、《春秋公羊疏》（三十卷殘存七卷）、《春秋穀梁疏》（十二卷殘存七卷），日本保存了《尚書正義》、《毛詩正義》、《禮記正義》（七十卷殘存八卷）、《周禮疏》（日本傳抄本）、《春秋公羊疏》（日本傳抄本）、《春秋正義》（日本傳抄本）。南宋兩浙東路茶鹽司刻八行本，我國保存下來的有《周禮疏》、《禮記正義》、《春秋左傳正義》（紹興府刻）、《論語注疏解經》（二十卷殘存十卷）、《孟子注疏解經》（存臺北『故宫』），日本保存有《周易注疏》《尚書正義》（凡兩部，其中一部被清楊守敬購歸）。南宋福建刻十行本，我國僅存《春秋穀梁注疏》、《春秋左傳注疏》（六十卷，一半在大陸，一半在臺灣），日本保存有《毛詩注疏》《春秋左傳注疏》。從這些情况可以看出，經書代表性的早期注釋和早期版本國内失傳嚴重，有的僅保存在東鄰日本。

鑒於這樣的現實，一百多年來我國學術界、出版界努力搜集影印了多種珍貴版本，但是在系統性、全面性和準確性方面都還存在一定的差距。例如唐代開成石經共十二部經典，石碑在明代嘉靖年間地震中受到損害，明代萬曆初年西安府學等學校師生曾把損失的文字補刻在另外的小石上，立於唐碑之旁。近年影印出版唐石經拓本多次，都是以唐代石刻與明代補刻割裂配補的裱本爲底本。由於明代補刻采用的是唐碑的字形，這種配補本難以區分唐刻與明代補刻，不便使用，亟需單獨影印唐碑拓本。

爲把幸存於世的、具有代表性的早期經解成果以及早期經典文本收集起來，系統地影印出版，我們規劃了《儒典》編纂出版項目。

《儒典》出版後受到文化學術界廣泛關注和好評，爲了滿足廣大讀者的需求，現陸續出版平裝單行本。共收録一百十一種元典，共計三百九十七册，收録底本大體可分爲八個系列：經注本（以開成石經、宋刊本爲主。開成石經僅有經文，無注，但它是用經注本删去注文形成的）、經注附釋文本、纂圖互注本、單疏本、八行本、十行本、宋元人經注系列、明清人經注系列。

《儒典》是王志民、杜澤遜先生主編的。本次出版單行本，特請杜澤遜、李振聚、徐泳先生幫助酌定選目。特此説明。

二〇二四年二月二十八日

目録

第一册

第二册

第三册

第四册

周易雧解纂疏

安陸李遠山著

八十一翁寗鈁題耑

衡究玉窗穐抄

青獲盦開雕

周易集解纂疏自序

古人之說易也愼後人之說易也僭古人之說易也言象數而義理在其中後人之說易也言義理而象數因之以隱。說卦曰聖人設卦觀象又曰聖人立象以盡言又曰極數知來之謂占又曰極其數遂定天下之象使象數可廢則聖人之言爲無稽。而義文之假象數以垂訓者反等於騈拇附贅。夫規所以爲圓矩所以爲方必規矩具然後方圓成。斷無方圓成而規矩遂爲可棄故作易者不能離象數以設爻象。說易者卽不能外象數而空談乎性命矣。試易莫先於左氏內傳紀事雖不免或失之誣。然解釋筮辭皆準象數猶可考見古人說經之遺漢儒踵周秦而興易師授受一脈相承恪守典型毋敢失墜凡互卦卦變以及卦氣爻辰消息納甲飛伏升降之說皆所不廢蓋去聖未遠古義猶存故其說往往與羲文之旨相契合自時厥後一變爲晉易而老莊虛無之談熾再變爲宋易而陳李圖學之說興夫老莊之虛無陳李之圖學斷不能遠出漢儒象數之上且王氏之註論象數既不及漢儒之確論義理又不及宋儒之醇進退無所據有識之士多擯斥不肯道迺唐祭酒孔君沖遠奉勅疏解諸經傳注獨於易黜鄭虞而宗王韓取輔嗣野文疏而行之其書遂藉以獨尊於世

而漢學寖微於是梓州李君鼎祚恐逸象就湮乘其時古訓未散取子夏以下三十餘家成集解一書表章漢學俾古人象數之說得以緜延至今弗絕則此編之力居多予少時嘗取其書讀之隱辭奥義深邃難闚予不自揆輒欲有所闡發以通變宣幽卒以多所滯礙而止久之得東吳惠氏書而向之滯者十釋四五矣又久之得毗陵張氏書而向之滯者十釋二三矣又久之廣覽載籍旁及諸家之說而向之滯者即有未釋蓋亦無幾矣復不自揣薈會衆說句梳而字櫛之義必徵諸古例必溯其源務使疏通證明闢節開解讀者可一覽而得其指趣舊註間有未應經

義者或别引一說以申其義或旁參愚慮以備一解亦不敢墨守疏家狐正首邱葉歸根本之旨是編也其有當於絜靜精微之教與否則不敢知其於漢魏諸儒之學則未嘗無一日之功焉抑又思之自唐迄今千餘載無人起而爲之疏而予獨毅然爲之而不辭予方懼其弗慎且近僭而又安敢自以爲功也書既成謹述其原委弁諸卷端亦聊以備講漢學者採擇焉爾

道光二十有二年歲次壬寅冬十月安陸李道平遵山氏書於有獲齋

周易集解序

敘曰元氣絪縕三才成象【疏】謂在天成象也神功浹洽八索成形【疏】謂在地成形也在天則日月運行潤之以風雨在地則山澤通氣鼓之以雷霆【疏】漢書五行志雷於天地爲長子二月出地八月入地故此以雷霆屬之地也至若近取諸身四支百體合其度【疏】若乾爲首之類是也遠取諸物森羅萬象備其工【疏】如說卦所載是也陰陽不測之謂神一陰一陽之謂道範圍天地而不過曲成萬物而不遺仁者見之以爲仁知者見之以爲知百姓日用而不知君子之道鮮矣斯乃顯諸仁而藏諸用神无方而易无體【疏】皆繫上文巍巍蕩蕩難可名焉【疏】以上言未有八卦之前故云巍巍蕩蕩難名也逮乎天尊地卑君

臣位列【疏】謂乾坤也五運相繼父子道彰【疏】謂六子也震巽索而男女分咸恆設而夫婦睦人倫之義既闡家國之教鬱興【疏】此即序卦所云有男女然後有夫婦有夫婦然後有父子有父子然後有君臣有君臣然後有上下有上下然後禮義有所錯是也故繫辭云古者庖犧氏王天下也始畫八卦以通神明之德以類萬物之情作結繩而爲网罟以佃以漁蓋取諸離庖犧氏沒神農氏作斲木爲耜揉木爲耒耒耨之利以教天下蓋取諸益日中爲市致天下之人聚天下之貨交易而退蓋取諸噬嗑神農氏沒黃帝堯舜氏作通其變使人不倦神其化使人宜之刳木爲舟剡木爲楫舟楫之利以濟不通蓋取諸渙服牛乘馬引重致遠蓋取諸隨

古者穴居而野處後代聖人易之以宮室蓋取諸大壯弦木爲弧剡木爲矢弧矢之利以威天下蓋取諸睽上古結繩爲政後代易之書契百官以理萬人以察蓋取諸夬故聖人見天下之賾而擬諸形容象其物宜而觀其會通以行其典禮觸類而長之六十四卦三百八十四爻天下之能事畢矣其旨遠其辭文其言曲而中其事肆而隱若夫雜物撰德辯是與非【疏】皆上下繫文終日乾乾夕惕若厲【疏】本乾九三無有師保如臨父母【疏】繫下文自天祐之吉无不利者也大有上九爻辭至於損以遠害【疏】繫下文說以先之【疏】謂說以先民定其交而後求安其身而後動履和而至謙尊而光能說諸

間

心能研諸慮是故君子居則觀其象而玩其辭動則觀其變而玩其占蓍之德圓而神卦之德方以智探嘖索隱鉤深致遠定天下之吉凶成天下之亹亹莫善乎蓍龜神以知來智以藏往將有爲也問之以言其受命也應之如嚮無有遠邇幽深遂知來物故能窮理盡性利用安身聖人以此洗心退藏於密【疏】上下繫文自然虛室生白吉祥至止【疏】莊子人間世虛室生白吉祥至止坐忘遺照【疏】莊子大宗師顏回曰回坐忘矣仲尼蹵然曰何謂坐忘顏回曰墮肢體黜聰明離形去智同於大通此謂坐忘按坐忘遺照見韓康伯陰陽不測之謂神注孔疏謂事出莊子大宗師篇然莊子述顏回坐忘實無遺照字也精義入神【疏】繫下文口僻焉不能言心困焉不能知微妙玄通深不可識【疏】以上皆言易之微妙易有

官

聖人之道四焉【疏】繫上文 斯之謂矣【疏】謂以言者尚其辭以動者尚其變以制器者尚其象以卜筮者尚其占也 原夫權輿三教【疏】陶宏景茅山長沙館碑百法紛湊無越三教之境三教謂儒釋道 鈐鍵九流【疏】范甯穀梁序九流分而微言隱漢書藝文志儒家流出於司徒道家流出於史家陰陽家流出於羲和法家流出於理官墨家流出於清廟官縱橫家流出於行人官雜家流出於議官農家流出於農稷之官小說家流出於稗官 實開國承家脩身之正術也【疏】謂易足以始三教而管九流故爲開國承家脩身之正術也 自卜商入室親授微言【疏】家語孔子讀易至於損益喟然而歎子夏避席而問曰夫子何歎子曰夫自損者必有益之自益者必有缺之吾是以歎也子夏曰然則學者不可以益乎子曰非道益之謂也道彌益而身彌損夫學者損其自多以虛受人故能成其滿博哉天道大而必變凡持滿而能久者未有也子夏曰商請志之而終身奉之按隋書經籍志有子夏易傳二卷唐志同中經簿四卷阮氏七錄六卷陸氏釋文序錄三卷國史志中興書目皆作十卷然其書實後人僞託非出子夏

手也。傳注百家，緜歷千古，雖競有穿鑿，猶未測淵深。【疏】謂漢魏以來說易之家，其詳具於漢書藝文志、隋書經籍志。唯王鄭相沿，頗行于代。【疏】隋志鄭元周易注九卷，王弼周易注六卷。鄭則多參天象，王乃全釋人事。【疏】鄭氏多尚象數，王氏專言名理。且易之爲道，豈偏滯於天人者哉。致使後學之徒，紛然淆亂，各倚局見，莫辨源流。天象遠而難尋，人事近而易習。【疏】王應麟鄭氏周易注序：康成注易九卷，多論互體，以互體求易，左氏以來有之。王弼尚名理，譏互體。江左鄭學與王學並立，荀崧請康成書根源，顏延之爲祭酒，黜鄭置王。齊陸澄詒王儉書云：易自商瞿之後，雖有異家之學，同以象數爲宗。數年後乃有王弼之說，王濟云弼所誤者多，何必能頓廢先儒。今若宏儒鄭注不可廢。河北諸儒專主鄭氏，隋興，學者慕弼之學，遂爲中原之師。又王儉曰：易體微遠，實貫羣籍，施孟異聞，周韓殊旨，豈可專據小王，便爲該備。依舊存鄭，意謂可安。則折楊黃華，嗑然而笑。【疏】莊子天地篇：大聲不入於

書

里耳折柳皇荂則嗑然而笑皇荂亦作黃華方以類聚【疏】繫上文其在茲乎【疏】隋書鄭康成王弼二注梁陳列於國學齊代惟傳鄭義至隋王注盛行鄭學寖微今殆絕矣以上言鄭廢王興以起下文作集解之意也臣少慕玄風遊心墳籍歷觀炎漢迄今巨唐采羣賢之遺言議三聖之幽賾集虞翻荀爽三十餘家【疏】凡三十五家一子夏已見一孟喜漢書孟喜字長卿東海蘭陵人藝文志有孟喜周易章句二篇又周易災異十一篇一焦延壽漢書延壽字贛梁人隋書經籍志有焦氏易林十六卷易林變占十六卷易林存變占佚今隨卦所采一條不見易林當屬變占中語也一京房漢書京房字君明東郡頓邱人漢志有京房易傳十一篇七錄有章句十卷隋志又有錯卦妖占占事守林飛候及飛候六日七分四時候混沌委化逆刺占災異馬氏通攷又有易傳積算法雜占條例等書今所采者大抵皆章句中語也一馬融後漢書馬融字季長扶風茂陵人注孝經論語詩易三禮尚禮七錄有馬融周易注一卷釋文序錄新舊唐書作章句十卷一鄭玄後漢書鄭玄字康成北海高密人註周易七錄有鄭

玄周易注十二卷舊唐書同隋志作九卷釋文序錄新唐書作十卷一荀爽後漢書爽字慈明一名諝頴川頴陰人著禮易傳詩傳尚書正經春秋條例隋志有荀爽周易注十卷新舊唐書作十卷一九家易隋志有九家易解陸德明曰荀爽九家集注十卷不知何人集所稱荀爽者以爲主故也其序有荀爽京房馬融鄭玄宋衷虞翻陸績姚信翟子元注內又有張氏朱子逭不詳何人一劉表後漢書劉表字景升山陽高平人魯恭王之後也隋志有劉表周易章句五卷新舊唐書同中經簿錄作易注十卷七錄作九卷目錄一卷一宋衷陸德明曰衷字仲子南陽章陵人隋志梁有漢荆州五業從事宋衷注周易十卷亡七錄新舊唐書同釋文序錄作九卷一王肅魏志肅字子雍陸德明曰東海蘭陵人隋志有王肅周易注十卷崇文總目作十一卷一王弼陸德明曰弼字輔嗣山陽高平人注易上下經六卷作易略例一卷隋志亦作六卷七錄作十卷一何晏册府元龜何晏撰周易私記二十卷周易講說十三卷一虞翻吳志虞翻字仲翔會稽餘姚人隋志有虞翻周易注九卷易律厤一卷周易集林一卷七錄有周易日月變例六卷一陸績吳志績字公紀吳郡吳人注周易隋志有陸績周易注十五卷注京氏易一卷一姚信阮孝緒曰

姚信字元直吳興人陸德明曰信字德祐隋志有姚信周易注十卷一翟玄九家易作翟子玄陸德明曰子玄不詳何人爲易義一韓康伯晉書韓伯字康伯潁川長社人隋志有康伯繫辭注三卷一向秀晉書向秀字子期河內懷人釋文序錄云秀爲易義一王廙晉書王廙字世將丞相導從弟隋志有王廙周易注三卷七錄作十卷釋文序錄作十二卷作三卷者蓋殘闕本也一張璠陸德明曰璠安定人東晉秘書郎參著作集解十二卷七志有張璠周易集解十卷隋志八卷殘缺新舊唐書仍云十卷又略論一卷一干寶晉書干寶字令升新蔡人注周易隋志有干寶周易注十卷周易爻義一卷周易問難二卷周易玄品二卷七錄有周易宗塗四卷一蜀才顏之推曰姓范氏名長生自稱蜀才隋志蜀才周易注十卷一劉瓛南史劉瓛字子珪沛部人隋志有劉瓛周易乾坤義一卷七錄有周易四德例一卷又有周易繫辭義疏一沈驎士南齊書驎士字靈禎吳興武康人著周易兩繫又云注易經一伏曼容南史伏曼容字公儀平昌安丘人爲周易集解七錄有伏曼容周易注八卷唐志有周易集林十二卷一姚規隋志有姚視周易注七卷一崔覲隋志有崔覲周易注十三卷一盧氏隋志有盧氏周易注十卷一何妥北史何妥字棲

鳳西城人撰周易講疏三卷隋志作十三卷一王凱沖唐志有王凱沖周易注十卷一侯果有集說惟朱仰之及彭城蔡景君無攷一孔穎達新唐書孔穎達字仲達冀州衡水人舊唐書志有孔穎達等周易正義十四卷新唐志作十六卷一崔憬據大衍章注云崔氏探玄病諸先達是崔氏著有周易探玄也刊輔嗣之野文補康成之逸象【疏】王氏專言名理流於老莊故刊輔嗣之野文鄭氏多尚象數猶存古義故補康成之逸象各列名義共契玄宗先儒有所未詳然後輒加添削每至章句僉例發揮俾童蒙之流一覽而悟達觀之士得意忘言當仁既不讓於師論道豈慚於前哲至於卦爻彖象理涉重玄經注文言書之不盡別撰索隱【疏】其書不傳諸家亦未著錄錯綜根萌音義兩存詳之明矣其王氏略例【疏】隋書周易略例一卷此書卷末今亦未刊得失相參采葑采菲無以下體仍附經末式廣

未聞凡成一十八卷【疏】或作一十卷新唐書作集注周易十七卷中興書目通攷作十卷

以貽同好冀將來君子無所疑焉祕書省著作郎【疏】朱睦㮮曰鼎祚資州人仕唐爲祕閣學士以經術稱於時及閱唐列傳及蜀志俱不見其人又袁桷清容居士集有資州李鼎祚讀書臺臣李鼎祚序【疏】中興書目集解十卷唐著作郎李鼎祚集三十餘家凡十七篇其所取荀虞之說爲多中興藝文志李鼎祚易宗鄭康成排王弼晁公武郡齋讀書志鼎祚集解取序卦各冠雜卦之首其序云刊輔嗣之野文補康成之逸象蓋宗鄭學者也陳振孫直齋書錄解題隋唐以前易諸家書逸不傳者賴此書猶見其一二而所取於荀虞者尤多

周易集解纂疏凡例

一是編舊有毛氏汲古閣本胡氏秘冊彙函本盧氏雅雨堂本、魯魚亥豕互有異同孫氏岱南閣本兼采諸家字畫踳駁尤甚、唯木瀆周氏枕經樓本據儒先論定多所改正較諸本爲完善、今所據以纂疏者周氏本也間有未盡善者悉改訂於各條之下

一自宋以來漢易幾成絕學卽間有留心象數者皆自抒己見不必根據儒先我

朝經學昌明名賢輩出如惠徵君棟承其家學說易尤精張編修惠言接踵而興如驂之靳大抵皆謹遵漢學於

荀虞諸儒之旨多所發明其所徵引總不外集解一書故兹編所采雖廣錄諸家而於惠張兩先生之說尤多但參合成文不能詳著姓氏非敢掠美致郭竊向注之譏閱者諒之

一疏家之體惟守注義不敢有所出入重師承也然義取其當不尚苟同兹編於注義未協經旨者必詳加辨正亦有舊義不詳不確者或另申一說以備參考兼引諸家者但加案字自抒管見者則加愚案以别之

一孔穎達正義專釋王韓注也兹編所引王韓注有全用正義者則書孔疏以别之間引數語者不書

一古人說易各有宗派易合萬象不可一例拘也故李氏彙收並蓄多兩存其說茲編亦兩釋之以備學者採擇至詮解諸家亦各遵其例不相混淆重家法也

一諸家體例淵源各別如鄭言爻辰荀主升降虞明消息之類若不詳其端委讀之每多扞格而難通茲於諸家說易體例撮其尤要者列於簡端俾讀者開卷瞭然庶於各家宗旨得其梗概由此以讀全書勢如破竹矣惟卷中徵引事實之處一時未及檢出原書難免舛誤尚冀博雅君子匡所未逮

周易集解纂疏諸家說易凡例

卦氣

卦氣之說出於易緯稽覽圖其書首言甲子卦氣起中孚六日八十分之七而從四時卦其一辰餘而從坎常以冬至日始效復生坎七日消息及雜卦相去各如中孚考其法以坎離震兌四正卦爲四時方伯之卦餘六十卦分布十二月主六日七分又以自復至坤十二卦爲消息餘雜卦主公卿侯風雨寒溫以爲徵應蓋郎孟喜京房之學所自出也漢世大儒言易者多宗之今列圖於左俾讀者有所考焉

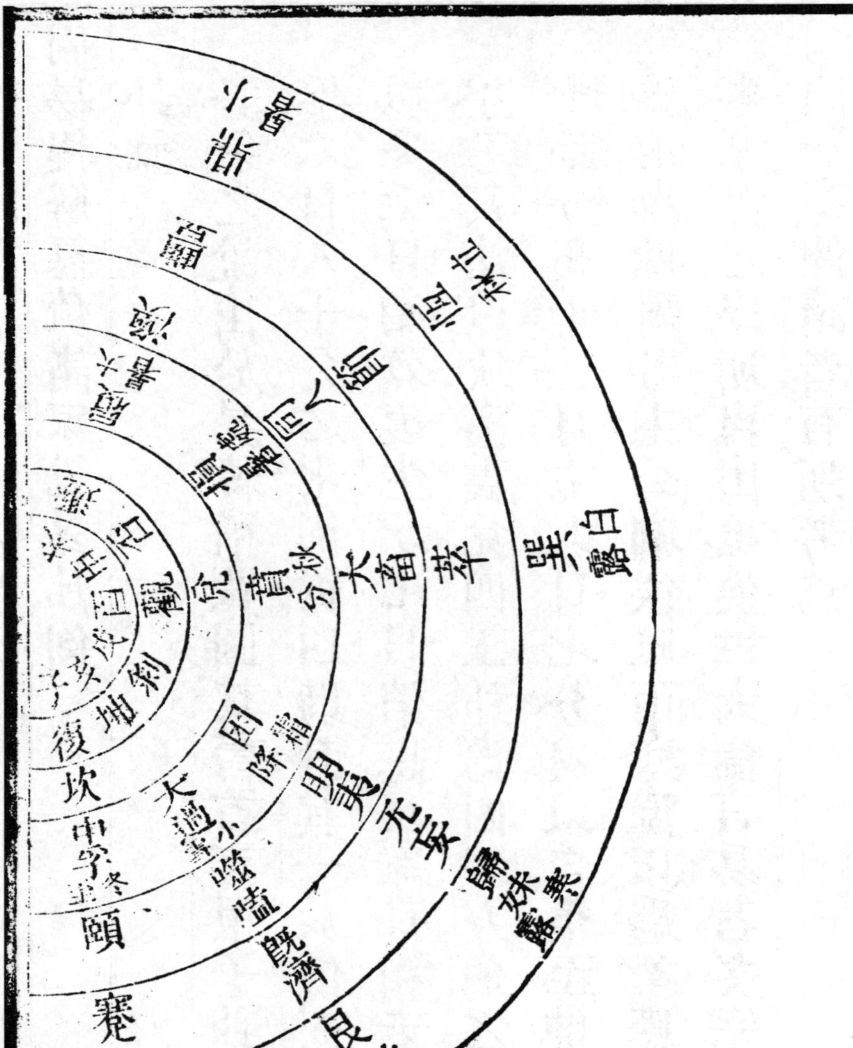
觀
剝
坤
復
坎
中孚 冬至
頤
蹇
未濟 大雪
艮 立冬
既濟
噬嗑
大過 小雪
困 霜降
明夷
无妄
歸妹 寒露
巽 白露
萃
大畜
賁 秋分
兌
損 處暑
同人
節
恆 立秋

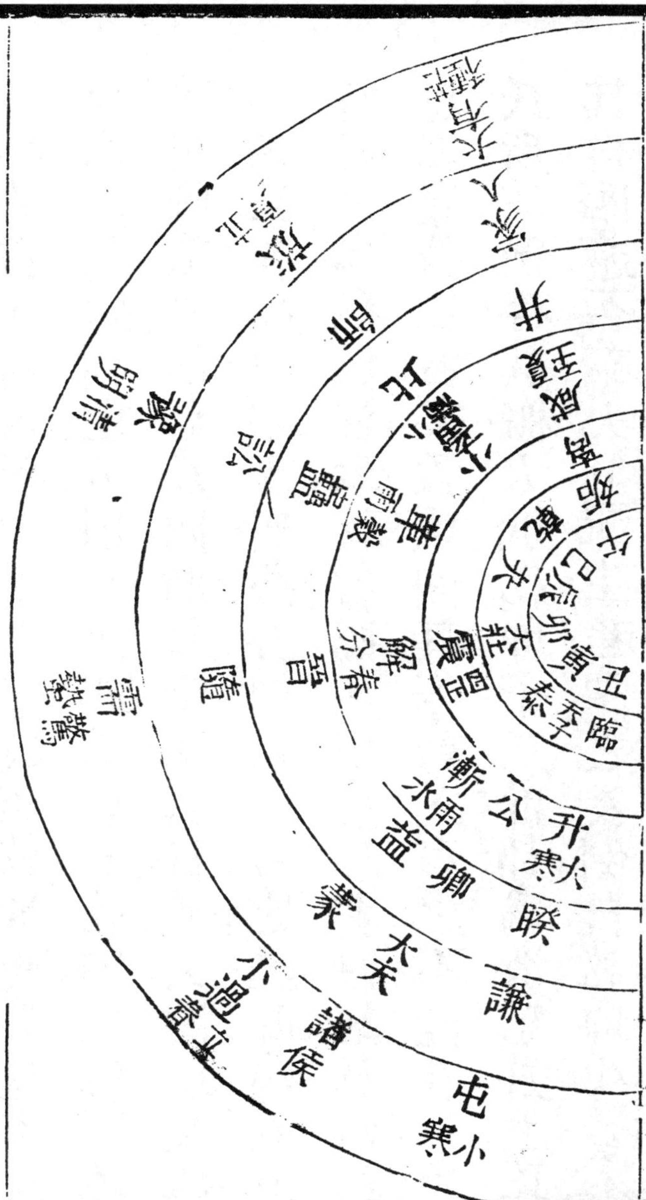

屯
小寒
謙
睽
升
大寒
臨
丑
寅
卯
泰
大壯
夬
乾
震
解
春分
晉
隨
訟
蠱
革
小畜
比
井
師
旅
家人
大有
漸
公
卿
益
蒙
大夫
諸侯
小過
立春
雨水
驚蟄
清明
穀雨
需
豫

消息

剝彖傳曰君子尚消息盈虛豐彖傳曰天地盈虛與時消息故古人稱伏羲作十言之教謂乾坤震巽坎離艮兌消息易緯稱聖人因陰陽起消息立乾坤以統天地稽覽圖云唯消息及四時卦當盡其日又云消息及雜卦相去各如中孚太史公亦曰黃帝考定星厤建立五行起消息皇侃注云乾者陽生爲息坤者陰死爲消消息之義蓋已古矣孟氏傳其學荀氏言之不能具惟虞氏所注猶存其概大抵乾坤十二辟卦爲消息卦之正其自臨遯否泰大壯觀生者謂之爻例自乾坤生者不

從爻例每二卦旁通則皆消息卦也消息卦皆在乾坤相合之時則剝復姤夬泰否之交也近惟武進張氏言之最精其詳具所著周易虞氏消息

爻辰

爻辰者以乾坤十二爻左右相錯當十二辰也乾鑿度曰乾陽也坤陰也並如而交錯行乾貞於十一月子左行陽時六坤貞於六月未右行陰時六以順成其歲歲終從於屯蒙又云陰卦與陽爻同位者退一辰以未爲貞其爻右行間時而治六辰愚案乾鑿度之言與十二律相生之說合周禮春官太師鄭元注云黃鍾初九也

下生林鍾之初六林鍾又上生泰蔟之九二泰蔟又下生南呂之六二南呂又上生姑洗之九三姑洗又下生應鍾之六三應鍾又上生蕤賓之九四蕤賓又上生大呂之六四大呂又下生夷則之九五夷則又上生夾鍾之六五夾鍾又下生無射之上九無射又上生中呂之上六周語韋昭注云十一月黃鍾乾初九也十二月大呂坤六四也正月泰蔟乾九二也二月夾鍾坤六五也三月姑洗乾九三也四月中呂坤上六也五月蕤賓乾九四也六月林鍾坤初六也七月夷則乾九五也八月南呂坤六二也九月無射乾上九也十月應鍾坤六三

丑亥酉未巳卯

陽律自子左旋以終于戌、陰同自丑酉右旋以終于卯、左右相配謂之合律、如黃鍾子合大呂丑之類、若相生則律自子終戌、呂自未終巳、蓋六律六同皆左旋也　蔡鴻村記

也又京房亦言爻辰與鄭不同乾左行陽時六始於子而終於戌二家所同坤右行陰時六始未而終巳者鄭氏說也始未而終酉者京氏說也二家同出於律辰鄭氏本乎月律節月令十二月所中之律隔八相生之次也月律之行順故爻辰亦順京氏本乎合聲周禮太師掌以六律六同以合陰陽之聲陽聲黃鍾大蔟姑洗蕤賓夷則無射陰聲大呂應鍾南呂函鍾小呂夾鍾合聲始終之序不同於月律也合聲之行逆故爻辰亦逆因鄭氏以爻辰言易而並錄京氏之說以備參考後所圖者鄭氏爻辰也

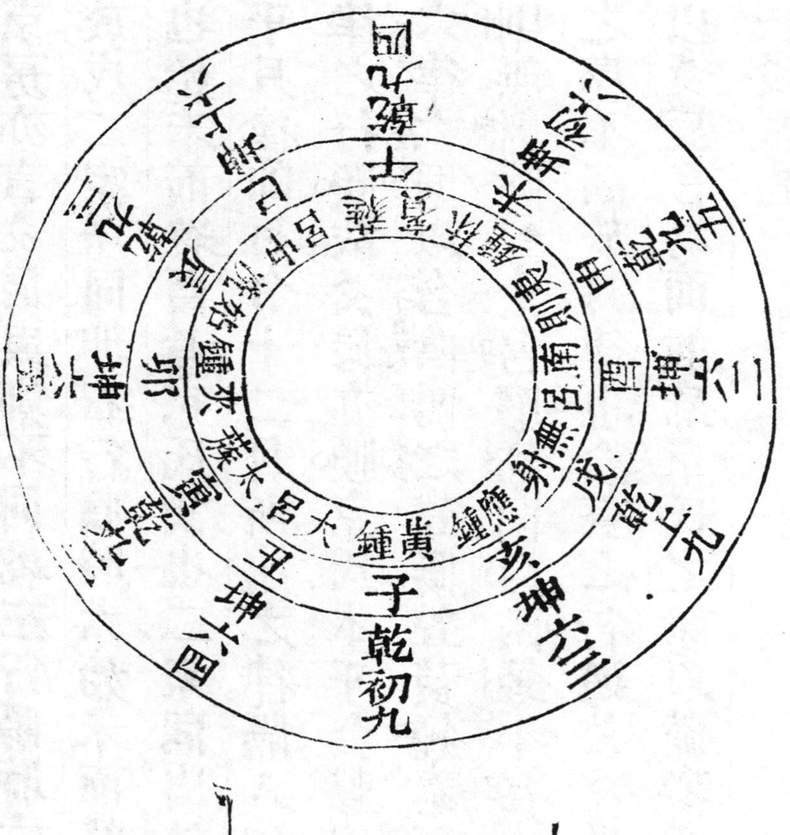
子
黄鍾
乾初九
丑
大呂
坤六四
寅
太蔟
乾九二
卯
夾鍾
坤六五
辰
姑洗
乾九三
巳
中呂
坤上六
午
蕤賓
乾九四
未
林鍾
坤初六
申
夷則
乾九五
酉
南呂
坤六二
戌
無射
乾上九
亥
應鍾
坤六三

升降

乾升坤降，其義出於易緯乾鑿度。陰麗陽而生，陽由七上九，陰由八降六，故陽性欲升，陰性欲承也。繫辭所謂「上下无常，剛柔相易」，卽此義也。荀氏說易多主此義，有以陰陽爻爲升降者，不拘內外，如离與小過四升五是也；有以上下卦爲升降者，不拘乾坤，如升初與巽一體相隨，升居坤上是也。此陽升陰降之大凡也。

納甲

納甲者，乾納甲壬，坤納乙癸，震納庚，巽納辛，艮納丙，兌納丁，坎納戊，离納己。其說莫詳所自始，魏伯陽參同契三日出爲爽震庚受西方、八日兌受丁上弦平如繩十五乾體就盛滿甲東方、七八道已訖屈折低下降、十六轉就統巽辛見平明、艮直於丙南下弦二十三、坤乙三十日東北喪其朋節盡相禪與繼體復生龍壬癸配甲乙乾坤括始終、載籍言納甲者、惟見於此、要之說卦言天地定位山澤通氣雷風相薄、以三陽三陰至一陽一陰爲序、其後乃言水火不相射、蓋以六卦寓消息。而以水火爲用。即此義也、虞氏本此以說易與經旨適合、其法以震巽艮、兌、乾、坤、六卦、應月候。而坎离爲日月之本體居中不用。震直生明者、一陽始生、又生明之時以初昏候之月見庚方也兑直上弦者二陽浸盛又上弦之時以初昏候之月見丁方也乾直望者三陽盛滿又望時以初昏候之月見甲方也巽直生魄則一陰始生又生魄之時以平明候之月見辛方也艮直下弦則二陰浸盛又下弦之時以平明候之月見丙方也坤直晦則三陰盛滿又晦時以平明候之月見乙方也此納甲之大凡並列圖於左焉

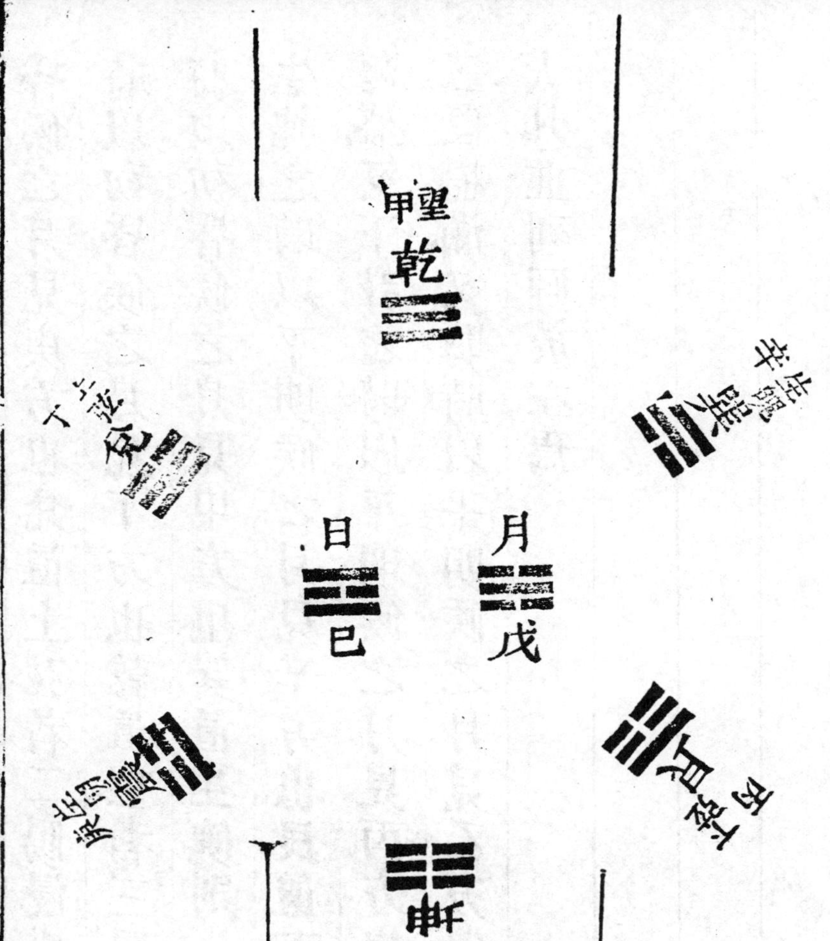
甲望
乾
辛生魄
巽
丁上弦
兑
月
戊
日
己
庚生明
震
丙下弦
艮
坤
乙晦

納十二支

納支者以八卦之六畫分納陰陽六辰凡乾在内則爲甲而納子寅辰如初九爲甲子九二爲甲寅九三爲甲辰也在外卦則爲壬而納午申戌如九四爲壬午九五爲壬申上九爲壬戌也凡坤在内卦則爲乙而納未巳卯如初六爲乙未六二爲乙巳六三爲乙卯也在外卦則爲癸而納丑亥酉如六四爲癸丑六五爲癸亥上六爲癸酉也因乾坤各納兩干故别爲内外二卦若震止納庚則初九爲庚子六二爲庚寅六三爲庚辰九四爲庚午六五爲庚申上六爲庚戌巽止納辛則初六爲辛

丑九二爲辛亥九三爲辛酉六四爲辛未九五爲辛巳上九爲辛卯坎离艮兑四卦依震巽例推之今火珠林卽其法也

乾 ䷀ 戌申午辰寅子

震 ䷲ 戌申午辰寅子

坎 ䷜ 子戌申午辰寅

艮 ䷳ 寅子戌申午辰

坤 ䷁ 酉亥丑卯巳未

巽 ䷸ 卯巳未酉亥丑

离 ䷝ 巳未酉亥丑卯

兑 ䷹ 未酉亥丑卯巳

六親

六親爻例起於京君明京氏積算法云孔子曰八卦鬼爲繫爻財爲制爻天地爲義爻陸績注云天地卽父母也福德爲寶爻注云福德卽子孫也同氣爲專爻注云兄弟爻也法以八卦六位乾屬金主甲子壬午坤屬土主乙未癸丑震屬木主庚子庚午巽屬木主辛丑辛未坎屬水主戊寅戊申离屬火主己卯己酉艮屬土主丙辰丙戌兌屬金主丁巳丁亥各以陰陽順逆而治六辰從世卦五行論其生尅命其六親如乾初甲子子爲水金生水爲義爻乾外壬午午爲火火尅金爲制爻是也

其餘可以例推

八宮卦

八宮卦、本京氏易、蓋乾坤生六子、八純卦生五十六卦、爲六十四卦也、易緯積算法云、孔子易云、有四易、一世二世爲地易、三世四世爲人易、五世八純爲天易、游魂歸魂爲鬼易、其法六十四卦、分八宮、乾震坎艮坤巽离兌爲次、八卦本宮爲八純、世在上、變初爲一世、以次而至五、則上爻不變、四反而爲游魂、下體皆復而爲歸魂、游歸之卦、乾坤用离坎、离坎用乾坤、震巽用兌艮、兌艮用震巽、

乾䷀	姤䷫ 一變	遯䷠ 二變	否䷋ 三變	觀䷓ 四變	剝䷖ 五變	晉䷢ 四不變	大有䷍ 歸本卦
巽䷸	小畜䷈ 一變	家人䷤ 二變	益䷩ 三變	无妄䷘ 四變	噬嗑䷔ 五變	頤䷚ 四不變	蠱䷑ 歸本卦
离䷝	旅䷷ 一變	鼎䷱ 二變	未濟䷿ 三變	蒙䷃ 四變	渙䷺ 五變	訟䷅ 四不變	同人䷌ 歸本卦
兌䷹	困䷮ 一變	萃䷬ 二變	咸䷞ 三變	蹇䷦ 四變	謙䷎ 五變	小過䷽ 四不變	歸妹䷵ 歸本卦
坤䷁	復䷗ 一變	臨䷒ 二變	泰䷊ 三變	大壯䷡ 四變	夬䷪ 五變	需䷄ 四不變	比䷇ 歸本卦

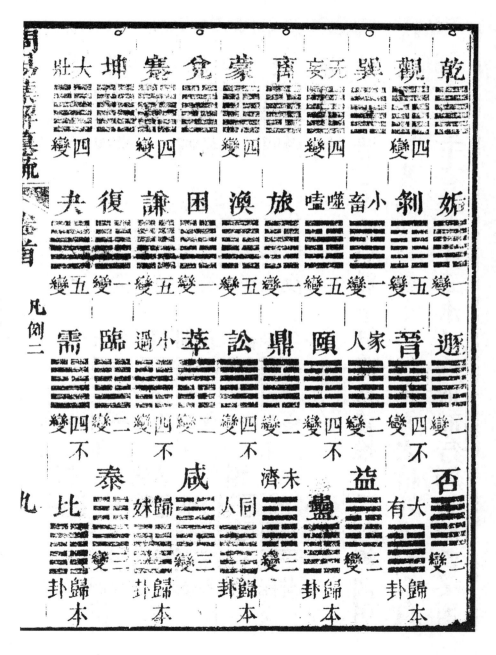

震䷲　豫䷏一變　解䷧二變　恒䷟三變

升䷭四變　井䷯五變　大過䷛四變不　隨䷐歸本卦

坎䷜　節䷻一變　屯䷂二變　既濟䷾三變

革䷰四變　豐䷶五變　明夷䷣四變不　師䷆歸本卦

艮䷳　賁䷕一變　大畜䷙二變　損䷨三變

睽䷥四變　履䷉五變　中孚䷼四變不　漸䷴歸本卦

納甲應情

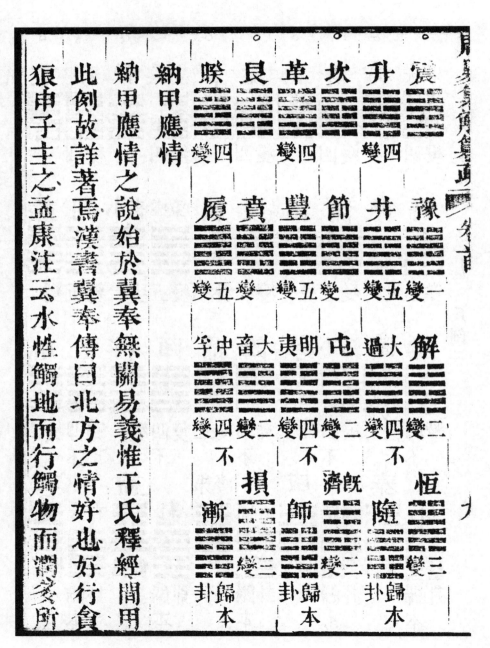

納甲應情之說始於翼奉無關易義惟干氏釋經間用此例故詳著焉漢書翼奉傳曰北方之情好也好行貪狼申子主之孟康注云水性觸地而行觸物而潤多所

好故多好則貪而無厭故爲貪狼也又曰東方之情怒也怒行陰賊亥卯主之注云木性受水氣而生貫地而出故爲怒以陰氣賊害土故爲陰賊也又曰南方之情惡也惡行廉貞寅午主之注云火性炎猛無所容受故爲惡其氣精專嚴整故爲廉貞又曰西方之情喜也喜行寬太巳酉主之注云金之爲物喜以利刃加于萬物故爲喜利刃所加無不寬大故曰寬大也又曰上方之情樂也樂行姦邪辰未主之注云上方謂北與東也陽氣所萌生故爲上辰窮水也未窮木也翼氏風角云木落歸本水流歸末故木利在亥水利在辰盛衰各得其

所故樂也水窮則無隙不入木上出窮則旁行故爲姦邪又曰下方之情哀也哀行公正戌丑主之注云下方謂南與西也陰氣所萌故爲下戌窮火也丑窮金也翼氏風角云金剛火強各歸其鄉故火刑于午金刑于酉酉午金火之盛也盛時而受刑至窮無所歸故曰哀也火性無所私金性方剛故曰公正

世月

胡一桂京房起月例云一世卦陰主五月一陰在午也陽主十一月一陽在子也二世卦陰主六月二陰在未也陽主十二月二陽在丑也三世卦陰主七月三陰在

申也陽主正月三陽在寅也四世卦陰主八月四陰在酉也陽主二月四陽在卯也五世卦陰主九月五陰在戌也陽主三月五陽在辰也八純上世陰主十月六陰在亥也陽主四月六陽在巳也游魂四世所主與四世卦同歸魂三世所主與三世卦同案自納支以下干氏易多用之蓋干氏說易多附人事而取例亦比諸家較雜也

二十四方位

二十四方位卽陰陽家二十四山也其實漢人言易多用此法其義最古故錄之以備參攷八卦惟用四隅而

不用四正者以四正卦正當地支子午卯酉之位故不用卦而用支、用支卽用卦也。八卦既定四正則以八干輔之甲乙夾震、丙丁夾離、庚辛夾兌、壬癸夾坎、四隅則以八支輔之、戌亥夾乾、丑寅夾艮、辰巳夾巽、未申夾坤、合四維八干十二支、共二十四、天干不用戊巳者戊巳爲中央土無定位也今列圖於左

乾
坎
艮
震
巽
離
坤
兌
壬
子
癸
丑
艮
寅
甲
卯
乙
辰
巽
巳
丙
午
丁
未
坤
申
庚
酉
辛
戌
乾
亥

周易集解纂疏卷一

唐李鼎祚集解

安陸李道平遵王纂疏

周易上經

䷀ 乾下乾上

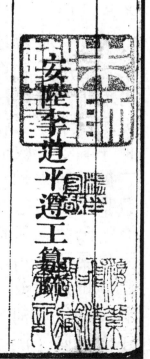

乾元亨利貞 案說卦乾健也言天之體以健爲用運行不息應化无窮故聖人則之欲使人法天之用不法天之體故名乾不名天也子夏傳曰元始也亨通也利和也貞正也言乾禀純陽之性故能首出庶物各得元始開通和諧貞固不失其宜是以君子法乾而行四德故曰元亨利貞矣

疏 案凡加案者李氏說也說卦曰乾健也虞翻彼注云精剛自勝動行不休故健也又易緯乾坤鑿度曰乾訓健壯健不息是其義也體形也穹窿者天之形剛健者天之用王蕃渾天說曰周天三百六十五度五百八十九分惟其運行不息是以變化无窮成四

時而育萬物皆天之至健者爲之也則天之聖至誠无息不與天同其形而與天同其用故法天之用法其健也不法天之體穹窿之形不可法也法其用故名乾不法其體故不名天李氏云云蓋本孔穎達正義文也　子夏傳元始也爾雅釋詁文春秋隱元年公羊傳曰元年者何君之始年也易緯乾鑿度曰太初者氣之始也易出復初萬物資始故云元始也陽息至三成泰雜卦傳曰泰通也以乾通坤陰陽相交故云亨通也許慎說文曰利从刀和然後利从和省是利與和同文坤來入乾以成百物美利利天下故云和也利貞正也師彖傳文爻當位曰正二四上皆失位變而之正成既濟定則雲行雨施天下平也故云貞正也天稟純陽之性者禮樂記曰天稟陽是也惟其性稟純陽故能首出庶物而備四者之德文王欲人法乾而行四德故特繫於易首曰乾元亨利貞

初九潛龍勿用

崔憬曰九者老陽之數動之所占故稱陽焉潛隱也龍下隱地潛德不彰是以君子韜光待時未成其行故曰勿用　子夏傳曰龍所以象陽也　馬融曰物莫大於龍故借龍以喻天之陽氣也初九建子之月陽氣始動於黃泉既未萌牙猶是潛伏故曰潛龍也　沈驎士曰稱龍者假象也天地之氣有升降君子

之道有行藏龍之爲物能飛能潛故借龍比君子之德也初九既尚潛伏故言勿用　干寶曰位始故稱初陽重故稱九陽在初九十一月之時自復來也初九甲子天正之位而乾元所始也陽處三泉之下聖德在愚俗之中此文王在羑里之爻也雖有聖明之德未被時用故曰勿用

【疏】崔注　易緯乾鑿度曰一變而爲七七變而爲九九者氣變之究也說文曰陽之變也故云九者老陽之數鄭元注云周易以變者爲占故稱九稱六是動之所占故稱陽焉潛隱也即文言隱而未見之義也初陽爲復復主伏蟄故云龍下隱地潛德不彰也云韜光待時未成其行故曰勿用者即文言行而未成之義也　子夏傳　九家易說卦傳曰乾爲龍又說卦傳曰震爲龍蓋震得乾之一陽故爲龍埤雅曰龍八十一鱗具九九之數九陽也故云龍所以象陽也　馬注　春秋元命包龍之爲言萌也龍爲陽中之陽故借龍以喻天之陽氣也馬君治費易者也費氏無六爻上息之例初九建子之月謂乾坤十二爻周十二月節十二月消息卦非鄭氏爻辰乾起子坤起未間時而行六辰之法也月令仲冬之月水泉動故云陽氣始動於黃泉也蓋謂初爻值建子之月陽氣始動而猶潛伏故曰潛龍也　沈注　假借也借龍象以明爻義也說文

龍鱗蟲之長能幽能明能大能小能短能長春分而登天秋分而入淵故云龍之爲物能飛能潛而天地之氣有升降君子之道有行藏故借龍以比君子之德也惟其潛伏是以勿用也　干注　鄭注乾鑿度云易氣從下生故位始於下乾鑿度曰陽變七之九故重陽爲老稱九陽在初九十一月之時自復來者以卦氣消息言也卦氣之說始於易緯稽覽圖以自復至坤十二卦爲十二月卦消息一陽初生子月卦也歷臨泰大壯夬而成四月之乾姤一陰初生午月卦也歷遯否觀剝而成十月之坤故干氏於乾坤十二爻皆歷言之此言者京房之學也初九甲子者以納甲言也乾納甲壬乾之初納甲子也京房易傳甲壬配內外二象陸績彼注云乾爲天地之首分甲壬入乾位甲子者支干之首故云天[illegible]之位而乾元所始也史記葬始皇酈山天下徒送詣七十餘萬人穿三泉師古曰三重之泉言其深也陽處三泉之下以況聖德在愚俗之中唯文王足以當之史記殷本紀紂以醢九侯脯鄂侯西伯昌聞之竊嘆崇侯虎知之以告紂紂囚西伯羑里西伯之臣閎夭之徒求美女奇物善馬以獻紂紂乃赦西伯周本紀文略同言文王有聖明之德未被時用當困於羑里與此爻相合故取以明潛龍勿用之義也

九二見龍在田利見大人王弼曰出潛離隱故曰見龍處於地上故曰在田德施周普居中不偏雖非君位君之德也初則不彰三則乾乾四則或躍上則過亢利見大人唯二五焉　鄭元曰二於三才爲地道地上卽田故稱田也　干寶曰陽在九二十二月之時自臨來也二爲地上田在地之表而有人功者也陽氣將施聖人將顯此文王免於羑里之日也故曰利見大人

【疏】王注　初爲潛龍二則出潛矣初龍德而隱二則離隱矣出潛離隱故曰見龍初潛在淵二見在田是處地之上故曰在田文言曰德博而化故云德施周普二居下中故云居中不偏居下故非君位得中故有君人之德也初隱三厲四疑上亢二五得中故皆利見大人乾鑿度曰大人者聖明德備也孟喜曰大人者聖人德備也二爲在下之聖人先儒云若夫子教於洙泗利益天下有人君之德故稱大人是也二有君德當升坤五時舍於田變正體离說卦曰离爲目又相見乎离故曰利見大人也　鄭注　孔疏引先儒云一二爲地道三四爲人道五上爲天道二在一上是九二處其地上所由食之處唯在地上所以稱田卽鄭義也　干注　九二自臨來者以消息言也二爲地上與鄭義同田在地之表而有人功者孔疏云言田之

耕稼利益及於萬物盈滿有益於人猶若聖人益於萬物故稱田是也臨爲二陽之卦二陽自臨來三陽則成泰矣故云陽氣將施聖人將顯而以文王免於羑里之日當之故曰利見大人也

九三君子終日乾乾夕惕若厲无咎。

鄭元曰三於三才爲人道有乾德而在人道君子之象　虞翻曰謂陽息至三二變成離離爲日坤爲夕　荀爽曰日以喻君謂三居下體之終而爲之君承乾行乾故曰乾乾夕惕以喻臣謂三臣於五則疾脩柔順危去陽行故曰无咎　干寶曰爻以氣表繇以龍興嫌其不關人事故著君子焉陽在九三正月之時自泰來也陽氣始出地上而接動物人爲靈故以人事成天地之功者在於此爻焉故君子以之憂深思遠朝夕匪懈仰憂嘉會之不序俯懼義和之不逮反復天道謀始反終故曰終日乾乾此蓋文王反國大釐其政之日也凡无咎者憂中之喜善補過者也文恨早耀文明之德以蒙大難增脩柔順以懷多福故曰无咎矣

【疏】鄭注　六爻位象三才三爲內卦之終人道之始而有參天地之功。故五爻皆以龍與而九三獨稱君子。春秋元命包曰陽成於三是三爲乾主。故云有乾德而在人道君子之象經言君子多謂九三。

以此也　虞注　昔伏羲作十言之教謂乾坤震巽坎离
艮兌消息是也剝彖傳曰君子尚消息盈虛易緯曰聖人
因陰陽起消息立乾坤以統天地是消息者固聖人所以
立卦推爻繫彖象之旨也漢人說易多主消息孟喜荀爽
鄭元而外虞氏尤詳息長也陽長至三爲泰二失位變正
成离离爲日說卦文泰上卦坤冥爲夕案下體終三故曰
終日息三成泰否道將反以乾接乾故曰乾乾虞注震六
五云厲危也詳見彼注二變三互坎爲惕泰否之際陽道
危故夕惕若厲正位故无咎也　荀注　一爻之義而君
臣巽喻者以侯國之君言也在一國則爲君在天下則爲
臣蓋卦有內外故一爻而君臣並見焉博雅曰日君象也
日主陽君陽也故日以喻君三居下體之上爲內卦之君
上承天子之乾以行諸侯之乾故曰乾乾夕主陰臣陰也
故夕以喻臣繫下曰三與五同功三承乎五則爲臣臣不
可以過剛故必疾脩柔順之道以危去陽剛之行則无咎
也　干注　爻以氣表者謂九六也繇以龍興者謂五爻
皆取象於龍也三有人道著乎君子闕人事也三自泰來
者陽息至三成泰也正月之時陽氣始出地上而接乎動
物人爲萬物之靈而居一卦之主泰象傳曰裁成天地之
道輔相天地之宜在乎此爻故云陽在九三正月之時自

泰來也君子知其任重責大是以憂深思遠朝夕匪懈仰憂嘉會之不序謂亨也俯懼義和之不逮謂利也反復天道謀始反終始謂元終謂貞也君子脩此四德故曰終日乾乾而唯文王返國釐政之日足以當之三不得中上應乎亢宜有咎矣然得正而能朝乾夕惕是以无咎繫上曰无咎者善補過者也故云凡无咎者憂中之喜善補過者也文為西伯文明之德權乎天下為飛廉所讒故紂忌之遂蒙美里之難及返其國增修柔順之德以懷多福是以无咎大學曰為人君止於仁為人臣止於敬實得此爻之義而與荀說亦合也

九四或躍在淵无咎崔憬曰言君子進德脩業欲及於時猶龍自試躍天疑而處淵上下進退非邪離羣故无咎干寶曰陽氣在四二月之時自大壯來也四虛中也躍者暫起之言既不安於地而未能飛於天也四以初為應淵謂初九甲子龍之所由升也或之者疑之也此武王舉兵孟津觀釁而退之爻也守柔順則逆天人之應通權道則違經常之教故聖人不得已而為之故其辭疑矣

疏　崔注此皆以文言釋爻辭也九三乾惕進德脩業也九四或躍則欲及時自試矣四變正成巽說卦曰巽為進退為不果故或之亦猶龍欲自試上躍

於五又疑而退處於淵然上下非爲邪進退非離羣故得无咎也　干注　陽息至四時當二月體大壯故自大壯來三四於三才居六爻之中三去地近有人道焉四則上不在天下不在地中不在人故虛中也大壯四在震說卦曰震爲足又曰震動也躍者暫起之言足有動象也下不在地上不在天故云既不安於地而未能飛於天也四與初應淵謂初九甲子水在淵也子十二月冬至之卦於時羣動皆蟄蟄極後啟而淵文爲水故云龍之所由升也或之者疑之也文言文武王舉兵孟津觀釁而退足當此爻之義守柔順則逆天人之應故不欲退不能通權道則違經常之教故欲進則不可進退兩難不得已而爲奉天伐暴之舉故疑而不果其所望於紂之攻過自新者志固可量也

九五飛龍在天利見大人　鄭玄曰五於三才爲天道天者清明无形而龍在焉飛之象也　虞翻曰謂四已變則五體離離爲飛五在天故飛龍在天利見大人也謂若庖犧觀象於天造作八卦備物致用以利天下故曰飛龍在天天下之所利見也　干寶曰陽在九五三月之時自夬來也五在天位故曰飛龍此武王

克紂正位之爻也聖功既就【疏】鄭注　六爻五上爲天上萬物既覩故曰利見大人矣浮者爲氣其氣清明而無形說文曰龍春分而登天四於消息爲二月春分之時巳有躍躍自試之勢五則飛而在天矣故云飛之象也　虞注　四失位變得正則五互离也离爲飛者說卦曰离爲雉郭璞洞林云离爲朱雀是离有飛鳥之象也故爲飛五在天位卽鄭氏所謂五於三才爲天道也文言虞注云日出照物物指相見故飛龍在天利見大人也又繫注云文王書經繫庖犧於乾五庖犧卽太皞也家語五帝德太皞配木昭十七年左傳太皞氏以龍紀故爲龍師而龍名庖儀蓋以木德王而以龍紀官者也月令季春之月其帝太皞於時爲夬於位爲君於五帝爲居首於八卦爲開始故以庖儀當之王逸天問注云言伏犧始作八卦脩行道德萬氏登以爲帝是也象曰大人造也故云觀象於天造作八卦繫下曰作結縄而爲罟以田以魚蓋取諸离四變體离故云備物致用以利天下文言曰聖人作而萬物覩故云飛龍在天天下之所利見也　干注　陽息至五於卦爲夬於月爲辰辰於象屬龍五於六爻爲天位故有飛龍在天之象唯武王克紂正位足以當之聖功既就於上萬物自覩於下所謂聖人作而萬物覩者卽利見大人之義

也揚雄云龍之潛亢不獲中矣過中則惕不及中則躍二五其中乎故有利見之占

上九亢龍有悔

王肅曰窮高曰亢知進忘退故悔也干寶曰陽在上九四月之時也亢過也乾體既備上位既終天之鼓物寒暑相報聖人治世威德相濟武功既成義在止戈盈而不反必陷於悔　案以人事明之若桀放於南巢湯有慚德斯類是也

【疏】王注以陽剛之爻處極上之位高亢極矣故曰窮高九四處上之下猶知進退上九居上之上故知進忘退知進退故无咎知進而不知退故有悔繫上曰震无咎者存乎悔明當變之正也　干注　陽息至上則爲純乾四月之卦也亢過也者謂陽過而亢也乾體既備上位既終繫下曰易窮則變變則通通則久若窮而不知變則盈不久也天之生物寒往則暑來暑往則寒來寒暑不相報則物不成聖人之治世寬則濟以猛猛則濟以寬德威不相濟則世不治宣十三年左傳曰夫文止戈爲武若武功既成而不知止戈之義盈而不久未有不貽夸志多窮之悔者也愚案書曰滿招損家語孔子觀於周廟有敧器焉使子路取水試之滿則覆中則正虛則敧虞氏繫注云乾盈動傾故有悔卽此義也　案　商書仲虺之誥曰成湯放桀于南巢惟有

慚德曰予恐來世以台為口實以臣伐君亢而有悔獨舉湯者以放伐之事始於湯也

用九見羣龍无首吉

劉瓛曰總六爻純陽之義故曰用九也王弼曰九天之德也能用天德乃見羣龍之義焉夫以剛健而居人之首則物之所不與也以柔順而為不正則佞邪之道也故乾吉在无首坤利在永貞矣

疏

劉注乾鑿度曰陽動而進變七之九陰動而退變八之六故九為陽爻之變六為陰爻之變凡卦皆有九六獨乾坤二卦言用九用六者以乾純陽坤純陰也蓋乾惟用九故能變坤惟用六故能化陽變陰化以成六十四卦三百八十四爻皆此用九用六者為之也故於二卦特明其用又六陽皆變故曰用九其例起於後儒然春秋傳蔡墨曰乾之坤曰見羣龍无首吉是六爻變則為坤亦古義也　王注　九陽也陽為天德故云天之德也聖人體乎乾元能用天德則見羣龍之義焉以剛健而居人首則物所必忌以柔順而為不正則邪所由生乾之吉在无首者不以剛健居人首也坤之利在永貞者不以柔順為不正也且乾為首變坤則无首直正為貞坤變成乾健則能永故永貞乾剛變坤則濟以柔坤柔變乾則濟以剛故乾吉在无首坤利在永貞餘詳坤卦用六

彖曰　劉瓛曰：彖者，斷也。斷一卦之才也。【疏】正義引褚氏莊氏並云彖者斷也，斷定一卦之義。其云斷一卦之才者，繫下曰彖者材也，王注云材者才德也，彖言成卦之材以統卦義也。

大哉乾元　九家易曰：陽稱大，六爻純陽，故曰大。乾者純陽，衆卦所生，天之象也。觀乾之始以知天德，惟天爲大，惟乾則之，故曰大哉。元者氣之始也。【疏】泰否二卦皆言大小往來，大謂陽，小謂陰，故知陽稱大。六爻純陽，所以稱大。乾爲純陽之卦，而元文陽卦之始。乾鑿度曰易始於一，蓋乾始一畫，六十四卦三百八十四爻皆受始於乾之一陽，故云衆卦所生。在天成象，故云天之象也。乾之始即天之始，故觀乾之始以知天德。乾之大即天之大，故惟天爲大，惟乾則之。於文一大爲天，一即乾元，故贊以大哉也。乾鑿度曰大初者氣之始也，大初即乾元也，故云元者氣之始也。何休公羊注云元者氣也，天地之始，故傳曰大者乾元萬物資始，是其義也。

萬物資始　荀爽曰：謂分爲六十四卦，萬一千五百二十册，皆受始於乾也。册取始於乾，猶萬物之生本於天。【疏】鄭注云資取也。繫上曰乾之册二百一十有六，坤之册百四十有四，二篇之册萬有一千五百二十，當萬物之數，而皆受始於乾之一陽，故云册取始於乾，猶萬物之生本於天說文曰惟初大始道立於一造分天地化成萬物呂覽論人曰凡彼萬形得一後成董子曰元爲萬物之本何休公羊注曰元者天地之始皆此義也

乃統天 九家易曰乾之爲德乃統繼天道與天合化也【疏】繫上曰繼之者善也虞彼注云繼統也孟子曰君子創業垂統爲可繼也是統有繼義故言乾德統繼天道與天合化即九家注所云惟天爲大惟乾則之是也鄭氏訓統爲本謂乾能繼天則可謂乾爲天本則非也

雲行雨施品物流形 虞翻曰已成既濟上坎爲雲下坎爲雨故雲行雨施乾以雲雨流坤之形萬物化成故曰品物流形也【疏】二四六皆失正之坤成兩坎爲既濟上成坎爲雲如需之坎在上則象雲下互坎爲雨如解之坎在下則象雨是也凡物稟氣於天受形於地雲行雨施則坤受乾氣而成形坤形下爲形繫上曰坤化成物故云萬物化成說文品衆庶也說卦坤爲衆品物即衆物故曰品物流形也

大明終始 荀爽曰乾起坎而終於离坤起於离而終於坎离坎者乾坤之家而陰陽之府故曰大明終始也【疏】坤二五之乾成离乾二五之坤成坎坎离爲天地之交而得乾坤之中者也坎本乾之氣故乾起於坎之一陽而終於离之二陽离本坤之氣故坤起於

离之一陰而終於坎之二陰乾寓坎中坤寓离中故坎离爲乾坤之家而陰陽之府也且坎也者坤受乾體而爲月离也者乾含坤象而爲日日月合而爲明故曰大明終始也乾鑿度曰离爲日坎爲月日月之道陰陽之經所以終始萬物卽此義也

六位時成荀爽曰六爻隨時而成乾【疏】六位六爻也以十二月消息言之乾始於十一月之一陽而成於四月之六陽坤始於五月之一陰而成於十月之六陰故云六爻隨時而成乾也以十二月爻辰言之乾始於子而成於戌坤始於未而成於巳亦六爻隨時而成乾也言成乾而六爻隨時成坤在其中矣

時乘六龍以御天侯果曰大明日也六位天地四時也六爻效彼而作也大明以晝夜爲終始六位以相揭爲時成言乾乘六氣而陶冶變化運四時而統御天地故曰時乘六龍以御天也故乾鑿度曰日月終始萬物是其義也【疏】禮禮器大明生於東鄭注大明日也故以大明爲日不言月舉日以該月也繫下曰周流六虛虞彼注云六虛卽六位也以六位爲天地四時者上天下地四時運行其中而六爻之卦卽效彼六位而作所謂周流六虛是也大明流行而不巳故曰以晝夜爲終始六位對待而成功故云以相揭爲時成揭舉也舉對待而言也

說卦曰乾以君之，又曰乾爲君，人君乘六爻之陽氣以陶治變化，運行四時，統御天地，故曰時乘六龍以御天也。終引乾鑿度日月終始萬物以明其義，故知舉日以該月也。

愚案：乾始統天，言其體也；乘龍御天，言其用也。體始於一畫，故曰乾元；用周於六爻，故曰六龍。不舉其體无以見乾之大，不言其用无以見乾之時。

乾道變化，各正性命，保合大和，乃利貞。

疏　乾元爲道，故曰乾道。上繫始以陰陽之謂道，終以陰陽不測之謂神。韓康伯彼注云：神者變化之極。故曰乾道變化。繫又曰：知變化之道者，其知神之所爲乎。虞彼注云：在陽稱變，乾二之坤；在陰稱化，坤五之乾。蓋以乾統坤，乾主變，坤主化也。中庸曰天命之謂性，乾爲天，是性謂乾也。坤伏乾初爲巽，巽象曰君子以申命行事，是命謂巽也。以乾變坤，以坤化乾，成既濟定，六爻皆正，剛柔位當，故曰各正性命。六爻皆合，陰陽合德，故曰保合大和，和卽利也。乾不言利，故稱大和。皆釋和貞之義，故曰乃利貞也。

首出庶物，萬國咸寧。

劉瓛曰：陽氣爲萬物之所始，故曰首出庶物。立君而天下皆寧，故曰萬國咸寧也。

疏　說卦曰乾爲首，故曰首。乾初息震，說卦曰帝出乎震，故曰出。繫下曰乾陽物也，坤陰物也，是物爲陰陽之

總名虞注比象云坤爲萬國坤爲地地有九州故曰萬國坤安貞故曰寧陽出震而陰靜故曰首出庶物萬國咸寧也

象曰案象者象也取其法象卦爻之德【疏】繫辭曰象也者象也又曰象也者象此者也故曰象者象也又曰八卦成列象在其中矣又曰八卦以象告故云取其法象卦爻之德也

天行健何妥曰天體不健能行之德健也猶如地體不順承弱之勢順也所以乾卦獨變名爲健者宋衷曰晝夜不懈以健詳其名餘卦各當名不假於詳矣【疏】剝象傳曰君子尚消息盈虛天行也復象曰反復其道七日來復天行也蓋乾之一陽從艮入坤而剝盡復從坤出震而復來皆天之一陽行乎其間故乾象曰天行說卦曰乾健也故曰天行健天地之健順以理不以形故云天體不健能行之德健也猶如地體不順承弱之勢順也乾卦獨名健者天一晝一夜過周一度故宋氏云晝夜不懈以健詳其名也云餘卦當名不假於詳者孔氏謂所以尊乾異於他卦也

君子以自強不息虞翻曰君子謂三乾健故強天一日一夜過周一度故自強不息老子曰自勝者強干寶曰言君子通

之於賢也凡勉強以進德亦不必須在位也故堯舜一日萬機文王日昃不暇食仲尼終夜不寢顏子欲罷不能自此以下莫敢淫心捨力故曰自強不息矣【疏】虞注　君子謂三者以三爲人道體天而爻言君子有終日乾乾之德也虞注說卦云精剛自勝動行不休是乾健故強也周天三百六十五度四分度之一日行一晝一夜不及天一度故曰天一日一夜過周一度也天惟健故強強故不息自勝者強老子道經文又史記商君傳自勝之謂強亦此義也　干注　君子通上下言之凡勉強學問之事在德不在位也皐陶謨曰兢兢業業一日二日萬幾謂堯舜也無逸曰自朝至于日中昃不遑暇食謂文王也論語曰吾嘗終日不食終夜不寢以思謂仲尼也又曰欲罷不能既竭吾才如有所立卓爾謂顏子也此皆大聖大賢自強不息之事自此以下謂庶人農工之屬皆莫敢淫心捨力以期於自強不息庶足以法天行而成君子也樂記曰著不息者天也中庸曰至誠無息君子法天之行莊敬日強故能自強不息亦如天也

潛龍勿用陽在下也荀爽曰氣微位卑雖有陽德潛藏在下故曰勿用也【疏】一陽初動故氣

微其爻在下，故位卑。繫下曰：龍蛇之蟄，以存身。有復象焉，雖有陽氣，潛藏在下，隱而未見，故勿用也。

見龍在田，德施普也。荀爽曰：見者，見居其位。田謂坤也。二當升坤五，故曰見龍在田。大人謂天子，見據尊位，臨長羣陰，德施於下，故曰德施普也。【疏】位，二也，謂陽見諸二位也。二在地上稱田。陽息至二，故田謂坤也。荀氏說易，彖主乾升坤降之義。蓋乾主陽，陽動而進，故升；坤主陰，陰動而退，故降。二得中有君德，當升居坤五，升自二田，故曰見龍在田也。五為君位，故大人謂天子，見據尊位者也。以二陽升居五位，臨長羣陰，有比親萬國之象焉。盍象傳曰：陽施陰生，陽主施，文為德，故有德施於下之象。下傳曰：善世而不伐，德博而化，故曰德施普也。

終日乾乾，反復道也。虞翻曰：至三體復，故反復道。謂否泰反其類也。【疏】乾陽息三至上，體復，其卦為泰。泰反則為否矣。惟以乾承乾，則復體在焉，故能反乎復道，常泰而不否也。否泰反其類也，雜卦傳文。

或躍在淵，進无咎也。荀爽曰：乾者君卦，四者陰位，故上躍居五者，欲下居坤初，求陽之正。地下稱淵也。陽道樂進，故曰進无咎也。【疏】說卦曰：乾以君之，故乾為君卦。繫上曰：天三地四，故四為陰位。四承五，故將上躍居五；四應初又欲下居坤初，蓋四陽不正，初五皆正，故云求陽之正也。乾鑿度曰：陽動而進，故陽道樂進，進得位得中，故无咎也。

飛龍在天，大人造也。

荀爽曰：飛者喻无所拘，天者首事造制，大人造法，見居天位，聖人作而萬物覩，是其義也。【疏】初與三得位而不中，二中而不正，四上不中不正，皆有所拘也。五得位得中，故无所拘而稱飛也。萬事皆造始於天，故云天者首事造制。聖人憲天以創法，故云大人造法。繫上曰：天垂象，聖人則之，是也。天位謂五，見居天位者，聖人也。文言曰：聖人作而萬物覩。釋詁云：作、造，為也。是作、造同義。作謂伏羲造作八卦，聖人作卽大人造也，萬物覩卽利見大人也，故云是其義也。

亢龍有悔，盈不可久也。

九家易曰：陽當居五，今乃居上，故曰盈也。亢極失位，當下之坤三，故曰盈不可久。若太上皇者也，下之坤三，屈為諸侯，故曰悔者也。【疏】陽居五為得中得位，進而居上則亢，故曰盈也。以九居上為亢極，以陽居陰為失位，上與三應，亢極故當下之坤三。以納甲言之。月至十五乾盈於甲，十六退辛，故曰盈不可久也。失位在上，故云若太上皇者也。爻位三為三公，公與侯等，且上降坤三，五震為侯，故云屈為諸侯，盈不可久，故有悔也。

用九，天德不可為首也。

宋衷曰：用九六位皆九，故曰見羣龍。純陽則天德也。萬物之始，莫能先之，不可爲首。先之者凶，隨之者吉，故曰无首吉。

疏 六爻皆九，故用九。六位皆取龍象，故曰見羣龍。乾純陽爲剛，春秋傳曰剛爲天德，故云則天德也。文言曰乾元用九天德，即乾元也。大哉乾元，萬物資始，故云萬物之始莫能先之。陽唱而陰和，男行而女隨，此乾坤二用之大義，所以不可爲首也。先則過剛故凶，隨則柔以濟剛故吉。案乾坤之妙，存乎二用。惟天道變化莫測其端，故不可爲首也。

周易集解纂疏卷一

男守甫冠風
侗同人 校

周易集解纂疏卷二

唐李鼎祚集解

安陸李道平遵王纂疏

文言曰 劉瓛曰依文而言其理故曰文言 姚信曰乾坤爲門戶文說乾坤六十二卦皆放焉 **疏** 劉注依爻象而言其理孔氏謂釋二卦之經文故稱文言是也 姚注 孔氏云乾坤其易之門耶其餘諸卦及爻皆從乾坤而出義理深奧故特作文言以開釋之卽姚義也

元者善之長也 九家易曰乾者君卦也六爻皆當爲君始而大通君德會合故元爲善之長也 **疏** 說卦曰乾以君之故云乾者君卦也大雅曰克長克君是君有長義也周語太子晉曰古之長民者韋昭彼注云長猶君也下傳以長人言體仁故以君卦釋乾元也六爻皆陽故六爻皆當爲君始而大通君德會合蓋合嘉會以明元善也繫上曰繼之者善也虞彼注云繼統也謂乾能統天生物故繼之者善是乾統萬善而元爲乾始人君上體乾元足以繼天立極故曰元者善之長也書洛誥曰惟王

位在德元是其義也又自復至乾爲積善始息於子首出庶物故曰長也**亨者嘉之會也**九家易曰通者謂陽合而爲乾衆善相繼故曰嘉之會也疏子夏傳云亨通也春官大宗伯嘉禮注云嘉善也禹貢灉沮會同鄭注雍水沮水相觸而合是會訓合也六爻皆陽合而爲乾乾陽爲善是衆善相繼而成乾陽主開通故曰嘉會其曰衆善相繼蓋合元善以明嘉會也又以乾通坤嘉美所合故曰亨者嘉之會也**利者義之和也**荀爽曰陰陽相和各得其宜然後利矣疏中庸曰義者宜也荀子王制曰義以分則和和則一故序四時裁萬物兼利天下無他故焉得之分義也陰陽相和各得其宜是亦分義義分則和故曰義之和也說文利銛也从刀和然後利从和省易利者義之和也蓋利从刀故主分分故能裁制事物使各宜也各得其宜則和矣利又从禾說文禾二月始生八月而熟得時之中是利有中和之義故云陰陽相和各得其宜然後利矣**貞者事之幹也**荀爽曰陰陽正而位當則可以幹舉萬事疏師彖傳曰貞正也六爻正則陰陽正而位當矣大戴禮保傳篇引易逸文曰正其本萬事理故可以幹舉萬事薛君韓詩章句云幹正也詩詁云木旁生者爲枝正出者爲幹是幹

有正義故曰貞者事之幹也

君子體仁足以長人

何妥曰此明聖人則天合五常也仁爲木木主春故配元爲四德之首君子體仁故有長人之義也【疏】聖人謂君子也五常仁義禮知信也五者人之德也元亨利貞天之德也此言聖人則天之元亨利貞以合仁義禮知之德也乾初出震震屬東方木說文木東方之行禮月令曰立春盛德在木凡果核中實有生氣者曰仁是仁爲木木主春也六書正譌元从二从人仁則从人从二在天爲元在人爲仁故仁配元而爲四德之首也體仁謂以仁爲體也長人猶君人也襄九年左傳曰元者體之長也元爲首故爲體之長震爲仁又爲諸侯故君子體仁有長人之義又禮運曰仁者義之本也順之體也得之者尊故曰體仁足以長人也

嘉會足以合禮

何妥曰禮是交接會通之道故以通配五禮有吉凶賓軍嘉故以嘉合於禮也【疏】繫上曰觀其會通以行其典禮是禮爲交接會通之道故取以配亨通也五禮是有吉凶賓軍嘉春官大宗伯以嘉禮親萬民注云嘉禮通於上下所以別於四禮愚謂春官始於吉禮終於嘉禮儀禮則始於嘉禮之冠婚而終於吉禮之有司徹蓋成民而後致力於神故五禮獨言嘉合者郎儀禮始冠婚之義也又乾以嘉

美旁通合坤陽稱嘉坤爲禮故曰嘉會足以合禮也

利物足以和義

何妥曰利者裁成也君子體此利以利物足以合於五常之義

疏 說文利从刀訓銛故主裁成也君子體此自然之利以裁成萬物故足以合於五常之義也周語曰言義必及利韋注云能利人然後爲義呂氏春秋曰義之大者莫大於利人故利言利物也又乾精氣爲物稱物地静而理曰義坤來成乾說卦曰和順於道德而理於義故曰利物足以和義

貞固足以幹事

何妥曰貞信也君子貞正可以委任於事故論語曰敬事而信故幹事而配信也

案此釋非也夫在天成象者乾元亨利貞也言天運四時以生成萬物在地成形者仁義禮智信也言君法五常以教化於人元爲善長故能體仁仁主春生東方木也亨爲嘉會足以合禮禮主夏養南方火也利爲物宜足以和義義主秋成西方金也貞爲事幹以配於智智主冬藏北方水也故孔子曰仁者樂山智者樂水則智之明證矣不言信者信主土而統屬於君故中孚云信及豚魚是其義也若首出庶物而四時不忒者乾之象也厚德載物而五行相生者土之功也上居中宮分王四季亦由人君无爲皇極而奄有天下水火金木非土不載仁義禮智非君不弘信旣統屬於君

故先言乾而後不言信明矣

疏　何注此以貞配信言貞正可以任事故引論語敬事而信之文以證其義也案李以貞配智故云此釋非也在天成象謂乾元亨利貞者乾即天元亨利貞即四時故言天運四時以生成萬物也在地成形者謂人生而成形即有是仁義禮智信五常之性也言人君當法五常之性以教化天下之人在天爲元在人爲仁在時爲春在五行爲東方木在天爲亨在人爲禮在時爲夏在五行爲南方火在天爲利在人爲義在時爲秋在五行爲西方金在天爲貞在人爲智在時爲冬在五行爲北方水仁者樂山智者樂水引之以明貞爲智而屬水也繫上曰卦之德方以智貞正而固所以爲智也說文固四塞也从口古聲口古圜字繫上曰範圍天地之化而不過九家彼注云圜周也又曰智周乎萬物而道濟天下智周即貞固道濟天下即足以幹事也不言信者蓋以乾爲信也說卦乾爲天爲君繫上曰天五五爲土故以信主土而統屬於君也中孚彖傳曰信及豚魚又曰中孚以利貞乃應乎天也言人君信及豚魚而上應乎天天即乾也即乾言信之義也天運於上而春夏秋冬成序天之信也故云首出庶物而四時不或乾之象也土載於下而水火金木無違土之信也故云厚德載物而五行相

生殺土之功也天數五爲戊土居中宮洪範曰五皇極惟皇建極亦居中宮故土居中而王四季亦猶皇極居中而運四方水火金木皆生於土仁義禮智皆備於君信既居中而屬君故先言乾以統元亨利貞不必復言信以終仁義禮智也又貞者正也六爻正既濟定坤爲事以乾舉坤坤智藏往故以貞配智足以幹事也

君子行此四德者故曰乾元亨利貞

干寶曰夫純陽天之精氣四行君之懿德是故乾冠卦首辭表篇目明道義之門在於此矣猶春秋之備五始也故夫子留意焉然則體仁正巳所以化物觀運知時所以順天器用隨宜所以利民守正一業所以定俗也亂則敗禮其教淫逆則拂時其功否錯則妨用其事廢忘則失正其官敗四德者文王所由興四愆者商紂所由亡

疏 乾體純陽故爲天之精氣人稟之以成四德故四行爲君之美德也繫上曰成性存存道義之門蓋仁義禮智之性出於乾之元亨利貞故乾冠卦首而辭列四目是乾之四德爲道義之門而性從此出也漢書王襃聖主得賢臣頌春秋法五始之要注云元者氣之始春者四時之始王者受命之始正月政教之始公卽位者一國之始是易首之備四德猶春秋篇首之備五始也皆聖人所留意者也論語爲仁由

巳故體仁正巳所以化物則長人也運猶會也禮器禮時為大變通趨時禮之亨也故觀運知時皐陶謨天勅五禮所以順天則合禮也繫下十二蓋取是利也故器用隨宜中庸義者宜也所以利民則和義也師象傳曰貞正也業事業也坤曰發於事業是也守正一業所以定俗則貞固足以幹事也禮體也亂則敗仁之體故其教必至於淫濫逆則拂禮之時故其功必至於否塞錯則妨義之用故其事必至於荒廢忘則失貞之正故其官必至於覆敗有是四德則興故云四德者文王所由興反是而有四德則亡故云四德者商紂所由亡是以君子終日乾乾行此四德也

初九曰潛龍勿用何謂也何妥曰夫子假設疑問也後五爻皆放此也疏假設問答以明經義傳體也下五爻皆言何謂放此也

子曰龍德而隱者也何妥曰此直答言聖人有隱顯之龍德今居初九窮下之地隱而不見故云勿用矣疏說文曰龍能明能幽是能隱能顯者龍也聖人則有能隱能顯之龍德者也今居初九則時當隱矣隱故勿用也案初變為巽巽繫下曰巽稱而隱言聖人有可稱之龍德隱而不見故曰龍德而隱者也

不易世崔憬曰言據當潛之時不易乎世而行者龍之德也疏趙岐

孟子注云易治也言當潛藏不治世而行道於時也又王弼注云不爲世俗所移易虞氏屯象傳注云初剛難拔故不易即確乎不拔之意也　愚案震長子繼世爲世初九陽伏不動未成乎震故不易乎世

不成名鄭元曰當隱之時以從世俗不自殊異无所成名也

疏　時常隱而隱俯仰從俗不自立異故无所成名　案乾爲善陽成於三善不積不足以成名繫下曰其初難知故不成乎名

遯世无悶崔憬曰道雖不行達理无悶也

疏　震爲世震陽隱初故曰遯世然道雖不行而理達於心故无悶即中庸所謂遯世而无悶也遯世承不易世而言也

不見是而无悶崔憬曰世人雖不已是而已知不違道故无悶

疏　復坤五陰同亂於上一陽潛下故不見是然世人雖不已是而自信不違乎道故无悶即論語所謂人不知而不慍也不見是承不成名而言也以初震爲樂故皆言无悶

樂則行之憂則違之虞翻曰陽出初震爲樂爲行故樂則行之坤死稱憂隱在坤中遯世无悶故憂則違之也

疏　陽出於初爲震體復震爲樂者震東方木於時爲春春秋繁露曰春蠢也蠢蠢喜樂之貌故爲樂也爲行者說卦震動也又震爲足爲作足韋昭國語注亦云震爲作足故爲行是

以樂則行之也坤死稱憂者月三十滅於坤爲旣死魄故坤爲死昭二十六年左傳曰死惡物也故坤死爲稱憂陽隱坤中遯世无悶也故憂則違之也

確乎其不可拔潛龍也

虞翻曰確剛貌也乾剛潛初坤亂於上君子弗用隱在下位確乎難拔潛龍之志也【疏】繫下曰夫乾確然示人易矣以初剛言也馬氏彼注訓確爲剛故云確剛貌也乾陽始動剛伏坤初坤反君道亂見於上君子隱而弗用之時也大過棟椃象曰本末弱也初爲本上爲末兩爻皆柔故椃剛則難拔矣拔鄭云移也潛龍有至剛之志是以確乎其不可拔也

九二曰見龍在田利見大人何謂也子曰龍德而正中者也

虞翻曰中下之中二非陽位故明言能正中也【疏】二居下之中故曰中二非陽位不正當變之正變而得正故曰正中也

庸言之信

荀爽曰處和應坤故曰信【疏】九家說卦曰乾爲言陽息至二五震亦爲言也二處中和之位上應坤五二五相孚故曰信二體坎坎有孚彖曰行險而不失其信故庸言必信

庸行之謹

九家易曰以陽居陰位故曰謹也庸常也謂言常以信行常以謹矣【疏】陽息二互震震作足爲行以陽居陰位非其正坎以一陽陷

於二陰之間舉動不可不謹坎象曰常德行故曰庸言之謹庸常也釋詁文虞云坎爲常言常信行常謹皆坎象也以坎二卽乾二也

閑邪存其誠宋衷曰閑防也防其邪而存其誠也二在非其位故以閑邪言之能處中和故以存誠言之

疏說文閑闑也从門中有木以木距門有防闑之意故云防也二陽居陰其位不正不正則邪故必閑邪然二位得中能處中和者也中庸首言中和終歸至誠二處中和故以存誠

善世而不伐九家易曰陽升居五處中居上始以美德利天下不言所利卽是不伐故老子曰上德不德是以有德此之謂也

疏二有君德上與五應陽升則居坤五五處上中故能以美德利天下也陽升始於二故云始以美德利天下不言所利故不伐上德不德是以有德老子德經文引之以明善世不伐之意案乾爲善息二互震爲世兌體毀折乾象不見故不伐

德博而化荀爽曰處五據坤故德博羣陰順從故物化也

疏二升處五據坤坤爲地地道廣博故曰德博坤承乾施化成萬物羣陰順從一陽故能化也愚案乾爲德二於三才爲地道中庸之言地道曰博也故曰德博陽變陰化二動得正以乾交坤故化

易曰見龍在田利見大人

君德也 虞翻曰：陽始觸陰，當升五爲君。時舍於二，宜利天下。直方而大，德无不利，明言君德。地數始二，故稱易曰。二爲陰位，陽息至二，是陽始觸陰也。二與五應，陽主升，故二當升五爲君也。然時舍居於二，已有利天下之德焉。乾二旁通坤二，坤六二曰「直方大，不習无不利」。田在地表，有直方大之象，故養人之德，天下見之，无不利，是二之大人。雖在下位，實有君人之德也。繫上曰「天一地二」，是地數始二也。初陽得正不變，二陰失正當變，言變易自此爻始，故稱易曰也。

九三曰君子終日乾乾夕惕若厲无咎何謂也子曰君子進德脩業 虞翻曰：乾爲德，坤爲業，以乾通坤，謂爲進德脩業。宋衷曰：業，事也。三爲三公，君子處公位，所以進德脩業也。疏 虞注：陽息至三成泰，泰內乾外坤。上繫「由乾以易知，推之可久，則賢人之德；由坤以簡能，推之可大，則賢人之業」。又曰：「夫易，聖人之所崇德而廣業也。知崇體卑，崇效天，卑法地」，謂乾坤也。故云乾爲德，坤爲業，以乾通坤，謂天地交而爲泰也。崇效天爲進德，卑法地爲脩業。宋注：坤發於事業，故業訓事。三爲三公，乾鑿度文。以君子而處三公之位，所以貴於進德脩業也。

忠信所以進德也 翟元

曰忠於五所以脩德也　崔憬曰推忠於人以信待物故其德日新也【疏】翟注　乾鑿度曰三為三公五為天子三臣於五故云忠於五所以進德也　崔注　人能推忠於人以信待物則德日新　愚案忠信在內三終乾事而在內故忠信所以進德三處乾上上故崇崇故德言進論語曰主忠信所以崇德也是其義也又案坤來乾二成离离中為忠乾二之坤成坎坎孚為信三與初二為离坎此終乾之事故曰所以進德也**脩辭立其誠所以居業也**荀爽曰脩辭謂終日乾乾立誠謂夕惕若厲居業謂居三也　翟元曰居三脩其教令立其誠信民敬而從之【疏】荀注　乾乾故言脩惕厲故言誠鄭云三為艮爻虞云艮為居蓋艮上來自乾三艮門闕為居故居業謂居三也　翟注　以居業為居三即荀義也外而脩其教令內而立其誠信則民莫不敬而從之此居業之事也　愚案三動之坤互震聲為辭坎孚為誠故曰脩辭立其誠坤為業體艮艮止為居此通坤之事故曰所以居業也**知至至之可與言幾也**翟元曰知五可至而至之故可與行幾微之事也【疏】陽在五為得位得中初與三得位而不得中三至五為得中故知五可至而至之然三始於初故可與行幾微之事

也　愚案劉瓛云至極也莊氏云極卽至也三在下卦之上足爲至極繫下曰知幾其神乎虞彼注云幾謂陽也陽在復初稱幾又曰幾者動之微虞彼注云陽見初成震故動之微內體乾乾爲陽知初陽已動必至於三故曰知至至之可與言幾也

知終終之可與存義也

姚信曰知終者可以知始終謂三也義者宜也知存知亡君子之宜矣　崔憬曰君子喻文王也言文王進德脩業所以貽厥武王至於九五至於九五可與進脩意合故言知至至之可與言徵也知天下歸周三分有二以服事殷終於臣道終於臣道可與進脩意合故言知終終之可與存義

疏　姚注　繫上原始反終故知終可以知始三處乾上故終謂三也義者宜也中庸文三與上應上知存而不知亡三知乾終於三而終之不至於亢知存知亡合乎君子之宜故曰知終終之可與存義　愚案繫上成性存存道義之門虞彼注云知終終之可與存義也乾爲道門坤爲義門又云陽在道門陰在義門乾鑿度地靜而理曰義是坤爲義也幾屬乾而爲陽在內義屬坤而爲陰在外乾三卽泰三出乾入坤終應於上以坤成乾性乾元常存故曰可與存義卽承上德業以乾通坤之義也　崔注　此以文王明九三爻義也武王飛龍也居九五

之尊而化家爲國之幾實進德脩業之文王有以基之故曰知至至之可與言幾也以三承五即翟注義也殷紂亢龍也處上九之位是時天下歸周三分有二而服事殷紂終於臣道不失事君之義惟進德脩業之文王有以守之故曰知終終之可與存義也以三應上即姚注義也**是故居上位而不驕**虞翻曰天道三才一乾而以至三乾成故爲上夕惕若厲故不驕也疏繫上曰有天道焉有人道焉有地道焉是三爻而有三才也一至三而乾成有天道焉故爲上夕惕若厲位愈高而心愈下故不驕**在下位而不憂**虞翻曰下位謂初隱於初憂則違之故不憂疏下位謂初言三息自下隱而在下遯世无悶不見是而无悶時雖困而心自亨是以憂則違之故不憂也**故乾乾因其時而惕雖危无咎矣**王弼曰惕怵惕也處事之極失時則廢懈怠則曠故乾乾因其時而惕雖危无咎疏書冏命曰怵惕惟厲故云惕怵惕也處事之極謂處上之極也失時則德業廢懈怠則進脩曠時謂知至知終在上在下之時乾乾之心各因其時而加惕故雖危无咎矣**九四曰或躍在淵无咎何謂也子曰上下无常非爲**

邪也荀爽曰：乾者君卦，四者臣位也，故欲上躍居五。下者當下居坤初，得陽正位，故曰「上下无常，非爲邪也」。

疏 乾爲君，故乾者君卦也。四爲三公，故四者臣位也。四近於五，故欲上躍居五。四與初應，故當下居坤初。四陽不中不正，故言邪。上居五得中，下居初得正，故曰上下无常，非爲邪也。

進退无恒，非離羣也。荀爽曰：進謂居五，退謂居初，故進退无恒，非離羣也。

疏 四變巽爲進退，乾陽稱羣。繫上曰「物以羣分」，虞彼注云「乾物動行，故以羣分」。進居五，退居初，不離乎陽，故不離羣也。何氏云：所以進退无恒者，時使之然，非欲苟離羣也。義亦可通。无常无恒，釋或躍也。

君子進德脩業，欲及時也，故无咎。崔憬曰：至公欲及時濟人，故无咎也。

疏 三已進德脩業矣，四言欲及時者，謂德業已具，至公之心欲及時濟人，故无咎。或躍在淵，自試也，故知欲及時自試也。

九五曰：飛龍在天，利見大人，何謂也？子曰：同聲相應，虞翻曰：謂震巽也。庖犧觀變而放八卦，雷風相薄，故相應也。張璠曰：天者陽也，君者陽也。雷風者，天之聲；號令者，君之聲。明君與天地相應，合德同化，動靜不違也。

疏 虞注 說卦「天地定位」，虞注謂乾坤五貴二賤故定位傳因五與二應故推廣其義而言相應之理也又曰觀變於陰陽而立卦虞彼注云說卦謂立天之道曰陰與陽陽變成震坎艮陰變成巽离兑故立卦震爲雷巽爲風雷風相薄故同聲相應謂震納庚巽納辛庚辛相得而合金故相應也　張注天與君皆陽雷風與號令皆聲郊特牲曰凡聲陽也故陽言聲也天人一理故君與天地相應震陽屬動巽陰屬靜故合德同化動靜不違也

同氣相求

虞翻曰謂艮兑山澤通氣故相求也崔憬曰方諸與月同有陰氣相感則水生陽燧與日同有陽氣相感則火生也

疏　虞注　艮爲山兑爲澤山澤通氣故同氣相求謂艮納丙兑納丁丙丁相得而合火故相求也　崔注　周禮秋官司烜氏掌以夫遂取明火於日以鑒取明水於月注云夫遂卽陽燧也疏云取火於木爲木遂以其取火於日故名陽遂以銅爲之注云鑒方諸也疏云鑒鏡也可以取水方以象地故名方諸注又云日太陽之精故取明火焉月太陰之精故取明水焉蓋方諸陽遂與日月同有陰陽之氣陰陽相感則水火生故引以明同氣相求之義也

水流溼

荀爽曰陽動之坤而爲坎坤者純陰故曰溼也

疏　陽動之坤謂乾二升坤五也爲坎者謂天一生水地六成之也坤純陰故曰溼者說

文溼从水一所覆也覆而有土故溼也坤爲土土純陰坎水流坤所以濡土而爲溼也

火就燥

荀爽曰陰動之乾而成離乾者純陽故曰燥也 虞翻曰離上而坎下水火不相射 崔憬曰決水先流溼□火先就燥

【疏】荀注 陰動之乾謂坤五降乾二也爲火者謂地二生火天七成之也乾純陽故曰燥者說文燥乾也易緯乾坤鑿度曰乾者乾天也鄭彼注古乾字乾燥亢陽之名乾燥之乾从乾者以乾純陽故主乾燥離火就乾所以炎上而爲燥也 虞注 坎爲水離爲火火動而炎上水動而潤下射厭也惟不相厭故水流溼火就燥也坎納戊離納巳戊巳相得而合土是也 崔注 決水先流溼者流下溼則水易決也然火先就燥者就乾燥則火易然也

雲從龍

荀爽曰龍喻王者謂乾二之坤五爲坎也 虞翻曰乾爲龍雲生天故從龍也

【疏】荀注 蒼龍東方之宿也帝出乎震震爲龍故喻王者陽主升故乾二上之坤五則爲坎上坎爲雲需象傳曰雲上于天不稱水稱雲故知坎爲雲也昭二十九年左傳曰龍水物也坎水上天爲雲故曰雲從龍 虞注 子夏傳云龍所以象陽故乾爲龍乾爲天內經曰雲出天氣故雲從龍

風從虎

荀爽曰虎喻國君謂坤五之乾二爲巽而從三也三者下體之

君故以喻國君。虞翻曰：坤爲虎，風生地，故從虎也。【疏】荀注：白虎西方之宿也。說文：虎，西方獸。蓋虎感之金氣而生，金星附日而行者也，故喻國君。陰主降，坤五下之乾二，互三四成巽，故云從三也。三居下體之上，故喻國君。虞注：京房易傳曰：坤爲虎刑。高誘注淮南曰：虎，土物也。坤爲土，故爲虎。又月令仲冬之月虎始交，春秋考異郵：虎七月而生，是交於復而生於姤。姤之一陰自坤來，故坤爲虎。姤下體巽，巽爲木爲風。管輅別傳曰：虎，陰精而居於陽，依木長嘯，動於巽，二氣相感，故能運風。蓋虎依巽木而生風，猶龍居坎水而興雲也。坎雲天氣也，巽風地氣也。洪範曰風，鄭彼注云：風，土氣也。內經曰：風生地氣，故風從虎。天地定位，故雲龍風虎各以類相從也。此庖犧則象觀變，六位之列，所以摩剛柔也。初震二巽，貞地位，故同聲相應；五艮上兌，貞天位，故同氣相求。三貞下坎，水流溼也；四貞上離，火就燥也。天尊貞五，坎體成於乾，雲從龍也；地卑貞二，二巽位，風從虎也。此參天兩地之數，萬物之本也。

聖人作而萬物覩。虞翻曰：覩，見也。聖人則庖犧，合德乾五，造作八卦，以通神明之德，以類萬物之情。五動成離，日出照物，皆相見，故曰聖人作而萬物覩也。陸績曰：陽氣至五，萬物茂盛，故譬以聖人在天子之位，功成制作

萬物咸見之矣

【疏】虞注　覩於爻从見，故云見也。庖犧始畫八卦，故知聖人爲庖犧。太昊以木德王天下，故知德合乾五。作，造也。聖人作，卽象傳大人造也。卽繫下始作八卦以通神明之德，以類萬物之情是也。九家易云：隱藏之謂神，著見之謂明。又云：六十四卦凡有萬一千五百二十冊，冊類一物。八卦既作，則陰陽之德由是通，萬物之情由是類也。五動成离，离爲日，日出則萬物皆見。說卦曰：相見乎离是也。聖人造作八卦，則萬物皆覩，卽飛龍在天，利見大人之義也。　陸注　五爲陽氣正盛之時，猶聖人在天子之位，功成制禮，治定作樂，萬物皆見其明備之休，故曰聖人作而萬物覩。

本乎天者親上

荀爽曰：謂乾九二本出於乾，故曰本乎天；而居坤五，故曰親上。

【疏】此以陽升陰降言也。乾九二失位，當升，故出於乾。二本乾也，乾爲天，故曰本天。升居坤五，五在上，故曰親上。

本乎地者親下

荀爽曰：謂坤六五本出於坤，故曰本乎地；降居乾二，故曰親下也。　崔憬曰：謂動物親於天之動，植物親於地之靜。

【疏】荀注　坤六五失位，當降，故出於坤。五本坤也，坤爲地，故曰本地。降居乾二，在下，故曰親下。　崔注　莊氏云：天地絪縕，和合二氣，共生萬物。然萬物之體，有感於天氣偏多者，有感於地氣偏多者故周禮大宗伯有天產地產大司徒云動物植物本受氣於天者是動物含靈之屬天體運動含靈之物亦運動是親附於上也本受氣於地者是植物无識之屬地體凝滯植物亦不移動是親附於下也此即崔氏義也案震坎艮皆出於乾故曰本乎天而與乾親故曰親上巽离兌皆出於坤故曰本乎地而與坤親故曰親下蓋乾道成男而三男皆親乾父也坤道成女而三女皆親坤母也天尊故曰上地卑故曰下表記曰父尊而不親母親而不尊故有上下之別也此本虞氏義也

則各從其類也　虞翻曰方以類聚物以羣分乾道變化各正性命觸類而長故各從其類　疏　方以類聚物以羣分繫上文虞彼注云坤方道靜故以類聚乾物動行故以羣分乾道變化於上性命各正於下各有其類矣觸類而長本繫傳文虞彼注云觸動也蓋本天者陽爻也本地者陰爻也上乾下坤五正坤乾道三百八十四爻資始消息故各從其類也

上九曰亢龍有悔何謂也

子曰貴而无位　荀爽曰在上故貴失正故无位　疏　處六爻之上故貴虞氏繫注所謂天尊故貴是也以陽居陰失乎正矣失正即失位故无位

高而无民　何妥曰既不處九五帝王之位故无民也夫率

土之濱莫非王臣既非王位則民不隸屬也【疏】窮高曰亢亢故高也率土之濱莫非王臣詩北山文人所歸往曰王王位非九五之尊故无民九家易所謂若太上皇者也**賢人在下位**荀爽曰謂上應三三陽德正故曰賢人別體在下故日在下位【疏】上與三敵、應三・陽德居正、而稱君子故曰賢人三與上別爲一體而在下故在下位上傳云、在下位而不憂是也**而无輔**荀爽曰兩陽无應故无輔【疏】陰陽相應則有輔三上兩陽敵應是應而无應也无應故无輔**是以動而有悔也**荀爽曰升極當降故有悔【疏】升極當降卽虞繫注乾盈動傾故有悔也又淮南繆稱篇動於上不應於下故有悔謂兩陽敵應也

潛龍勿用下也何妥曰此第二章以人事明之當帝舜耕漁之日卑賤處下未爲時用故云下【疏】此章以人事明爻義也史記舜耕歷山歷山之人皆讓畔漁雷澤雷澤之人皆讓居身處卑下正潛龍勿用之時也

見龍在田時舍也何妥曰此夫子洙泗之日開張業藝教授門徒自非通舍孰能如此虞翻曰二非王位時舍也【疏】何注孟子曰孔子聖之時者也道不行於天下設教洙泗以開來學時當舍而舍也舍

音捨訓置遁舍者謂出初爲遁對五則舍言雖遁而仮舍如南史何點時人稱爲遁隱是也故云自非遁舍孰能如此　虞注二雖得中而非正位且不正二陽當上升坤五在田者不過暫舍於二也舍讀若月令命田舍東郊及孟子出舍於郊之舍

終日乾乾行事也何妥曰此當文王爲西伯之時處人臣之極必須事上接下故言行事也

疏三處下卦之上故乾鑿度曰三爲三公春官大宗伯曰九命作伯注云上公有功德者加命爲二伯得征五侯九伯者史記紂賜文王弓矢斧鉞使得專征伐爲西伯可謂處人臣之極矣而上應亢龍之主下臨初二之陽事上接下所有事也故言行事泰三過坤互震爲行坤爲事故曰行事事上接下之事無外乾惕進德脩業已是

或躍在淵自試也何妥曰欲進其道猶復疑惑此當武王觀兵之日欲以試觀物情也

疏史記武王觀兵至孟津諸侯不期而會者八百諸侯皆曰紂可伐矣武王曰女未知天命未可也乃還蓋四可進居於五而猶有疑惑故觀兵以試觀物情也

飛龍在天上治也何妥曰此當堯舜冕旒之日以聖德而居高位在上而治民也

疏繫下曰黃帝堯舜垂衣裳而天下治以聖人之德而居九五之尊在上位而治

天下之象也**亢龍有悔窮之災也**案此當桀紂失位之時亢極驕盈故致悔恨窮斃之災[illegible]也疏史記夏桀虐政荒淫湯乃興師伐桀左傳商紂暴虐鼎遷於周桀紂失位之事載於詩書者尤詳唯其亢極驕盈故以窮災致悔甚言盈不可久也案李氏於上九爻辭以湯有慚德釋之謂聖人而有陽剛之德不可過剛招悔於文言傳復以桀紂失位釋之謂非聖人而有陽剛之德尤不可過剛致災言各有當非異義也且乾剛之德雖亢極致悔豈同桀紂然窮必有災欲占者以是為戒而當知進退存亡不失其正也**乾元用九天下治也**案此當三皇五帝禮讓之時垂拱无為而天下治矣王弼曰此一章全以人事明之也九陽也陽剛直之物也夫能全用剛直放遠善柔非天下至治未之能也故乾元用九則天下治也夫識物之動則其所以然之理皆可知也龍之為德不為妄者也潛而勿用何乎必窮處於下也見而在田必以時之通舍也以爻為人以位為時人不妄動則時皆可知也文王明夷則主可知矣仲尼旅人則國可知矣疏案　春官外史掌三皇五帝之書注云三皇之書謂之三墳五帝之書謂之五典三皇五帝說者不一孔安國尚書序以伏羲神農黃帝之書

爲三墳少昊顓頊高辛唐虞之書爲五典不必區分皇帝而於三五之數自協也乾天也元始也九者陽變之數有變化之義三皇五帝當天運始開之時首出庶物有禮讓而无征誅蓋以无用爲用而天下皆化故垂拱而天下治矣

王注云正義云此一章全以人事明之者下云陽氣潛藏文云乃位乎天德文云乃見天則此一章但云天下治是皆以人事說之也夫能全用剛直放遠善柔非天下至理未之能也者以乾元用九六爻皆陽是全用剛直放遠善柔謂放棄善柔之人善能柔諂貌恭心狠使人不知其惡識之爲難此用九純陽者是全用剛直更無餘陰善柔之人堯尚病之故云非天下之至理未之能也夫識物之動則其所以然之理皆可知者此欲明在下龍潛見之義故張氏云識物之動謂龍之動也則其所以然之理皆可知者謂識龍之所以潛所以見然此之理皆可知也龍之爲德不爲妄者言龍靈異於他獸不妄舉動可潛則潛可見則見是不虛妄也見而在田必以時之通舍者經唯云時舍也注云必以時之通舍者則輔嗣以通解舍舍是通義也初九潛藏不見九二既見而在田是時之通舍之義也以爻爲人以位爲時者爻居其位猶若人遇其時故文王明夷則主可知矣主則時也謂當時无道故明傷也

仲尼旅人則國可知矣國亦時也若見仲尼羈旅於人則知國君无道令其羈旅出外引文王明龍潛龍見之義愚案明夷象傳内文明而外柔順以蒙大難文王以之故云文王明夷易緯乾坤鑿度附載仲尼魯人生不知易本偶筮其命得旅故云仲尼旅人

潛龍勿用陽氣潛藏何妥曰此第三章以天道明之當十一月陽氣雖動猶在地中故曰潛龍也

【疏】此章以天道明爻辭也一陽初息為震體復初陽貞子十一月之卦也震動也雷在地中復故云陽氣雖動猶在地中震為龍而潛於地下故曰潛藏

見龍在田天下文明案陽氣上達於地故曰見龍在田百草萌牙孚甲故曰文明孔穎達曰先儒以為九二當太蔟之月陽氣見地則九三為建辰之月九四為建午之月九五為建申之月上九為建戌之月羣陰既盛上九不得言與時偕極先儒此說於理稍乖此乾之陽氣漸生似聖人漸進宜據十一月之後建巳之月已來此九至爻當建丑建寅之間於時地之萌牙物有初生者即是陽氣發見之義也但陰陽二氣共成歲功故陰興之時仍有陽在陽生之月何有陰氣所以六律六呂陰陽相關取象

論兼與此不殊也。〔疏〕案九二貞寅正月之卦也。月令曰孟春之月地氣上騰謂土中陽氣上達於地故有見龍在田之象又曰草木萌動謂百草皆萌牙孚甲故有天下文明之彖又二變正成离离自坤來坤爲文离嚮明故曰文明孔注先儒云云蓋指鄭氏爻長也孔氏不取其說故據消息以駁之云建戌之月羣陰既盛上九不得與時借極者言九月陰盛不得言陽氣與時借極故云先儒此說於理稍乖也云此乾之陽氣漸生似聖人漸進者言陽息有漸不得爻隔一辰也云宜據十一月之後建巳之月巳來者言十一月子一陽初生於復由臨而泰而壯而夬至四月巳成乾也據此則九二爻當丑寅之間萬物萌牙實合陽氣發見之義故曰見龍在田也但立天之道曰陰與陽二氣迭運共成歲功所以鄭氏爻辰以六陽爻配六律以六陰爻配六呂左右相錯上下相生而陰陽實相關也蓋消息爻辰雖出兩家而陰陽盛衰理實一貫故取象論義與此不殊。

終日乾乾與時偕行

何妥曰此當三月陽氣浸長萬物將盛與天之運俱行不息也〔疏〕九三貞辰三月之卦也。月令季春之月生氣方盛陽氣方洩卽陽氣浸長萬物將盛之謂也天時不息實陽氣之盛與天時俱行不息也。又外互震爲行故曰

與時偕行

或躍在淵，乾道乃革。何妥曰：此當五月，微陰初起，陽將改變，故云乃革也。【疏】九四貞午，五月之卦也。五月爲姤，一陰初生，乾陽改變，故云乃革。此以消息言也。又爻辰乾四貞午，坤初即貞未，是陽方盛而陰即生，乾道將變，故曰乃革。　愚案：乾唯二四上不得正，二上已變成革，四或躍，亦將變成既濟定也。革卦辭曰「元亨利貞」，與乾同德，故發其義於九四爻，以四處內外變革之際，將變未變，則乾而兼革，故曰乾道乃革。

飛龍在天，乃位乎天德。何妥曰：此當七月，萬物盛長，天功大成，故云天德也。【疏】九五貞申，七月之卦也。淮南子曰：春氣發而百草生，正得秋而萬實成。是七月爲萬物盛長、天功大成之時，故曰天德也。陽至九五，乃得其位，故曰位乎天德。

亢龍有悔，與時偕極。何妥曰：此當九月，陽氣大衰，向將極盡，故云偕極也。【疏】上九貞戌，九月之卦也。戌於消息爲剝，剝剩一陽在上，故云陽氣大衰，向將極盡也。廣雅：亢，極也。爾雅釋天：月在癸曰極。癸爲十幹之盡，故極有盡義，言是時陽氣將盡，當與時偕盡也。

乾元用九，乃見天則。何妥曰：陽消，天氣之常，天象法則，自然可見。　王弼曰：此一章全說天氣以明之也。九，剛直之物，唯乾體能用之用純剛以觀天天則可見矣 疏 何注爾雅釋詁則常也陰長則陽消乃天氣自然之常則也然貞下有起元之義故六爻盡變而乾元自在乾惟體元乃能用九用九者用其陽也樂記曰天秉陽故陽爲天則用九故天象法則自然可見 王注 此以天氣之消長明爻象也九陽數也故爲剛亶之物乾體元故惟乾體能用之天純剛也故用純剛則天則可見

乾元者始而亨者也 虞翻曰乾始開通以陽通陰故始通 疏 大哉乾元萬物資始始卽元也陰陽不變不能通氣乾始交坤以陽通陰故曰始通也

利貞者性情也 干寶曰以施化利萬物之性以純一正萬物之情 王弼曰不爲乾元何能通物之始不性其情何能久行其正是故始而亨者必乾元也利而正者必性情也 疏 干注孟子天下之言性也則故而已矣故者以利爲本故云以施化利萬物之性大壯象辭曰正大而天地之情可見矣故云以純一正萬物之情此以利貞分配性情也要之性利情亦利性正情斯正故曰利貞者性情也 王注 正義云乾之元氣其德廣大故能偏通諸物之始若餘卦元德雖能始生萬物物不

周晉故云不爲乾元何能通物之始性者天生之質而不邪情者性之欲也言若不能以性制情使其情如性則不能久行其性

愚案彖辭曰乾道變化各正性命即乾元者始而亨者也保合太和乃利貞即利貞者性情也此不言性命者以始而亨者創性命也彼不言性情者以保和太和創性情也性原於命故屬元亨性動爲情故屬利貞辭若相錯而義實相備相提並論而性之源流體用一以貫之矣

乾始而以美利利天下

虞翻曰美利爲雲行雨施品物流形故利天下也

疏 繫上曰乾知大始故稱乾始即大哉乾元萬物資始是也釋詁嘉美也亨者嘉之會故稱美也雲行雨施品物流形莊氏謂釋亨之德亨通也變而通之以盡利故知美利謂雲行雨施品物流形所以利天下也

愚案經文而字從鄭本也當是耐字之譌別本亦作能蓋古能字皆作耐禮運故聖人耐以天下爲一家注云耐古能字樂記故聖人不耐無樂樂不耐無形形而不爲道不耐無亂注云耐皆讀作能宋祁漢書高帝紀注云古者能字皆作耐字後世以三足之能爲能故今人書能無有作耐者據此則而字當是耐脫旁寸從上文始而亨遂作而也作能者今書作而者從古本誤也當增寸作耐始復古本之舊履卦眇而

視跛而履其誤亦然

不言所利大矣哉　虞翻曰天何言哉四時行焉百物生焉故利者大也【疏】引論語文以釋不言所利之意不言所利則貞在其中矣大矣哉贊利之大實贊元之大也以此章重釋乾元也

大哉乾乎剛健中正純粹精也　崔憬曰不雜曰純不變曰粹言乾是純粹之精故有剛健中正之四德也【疏】不雜曰純言其專不變曰粹言其久純即誠粹即不息精則至誠無息乾惟至誠而自然無息所以能有是剛健中正之德也　愚案大哉乾乎承上文大矣哉而言也雜卦曰乾剛言其體也說卦曰乾健也言其用也四上不中不正二中而不正初三正而不中中而且正其惟五乎蓋剛健統贊六爻而中正則獨贊九五純不雜者即贊剛之體粹不變者即贊健之用精則合剛健而歸於中正然則剛健中正純粹精也非九五其孰當之蓋九五爲乾卦之主此節專釋九五而發揮旁通則統論六爻也

六爻發揮旁通情也　陸績曰乾六爻發揮變動旁通於坤坤來入乾以成六十四卦故曰旁通情也【疏】說卦曰發揮於剛柔而生爻虞彼注云發動揮變故此云發揮變動也旁通即反對卦也陰陽相通如乾與坤爲旁通屯與鼎蒙與革爲旁通推之

六十四卦皆然故曰乾旁通於坤坤來入乾以成六十四卦揚子法言或問行曰旁通厥德李軌注云乾應萬變而不失其正者唯旁通乎繫下曰吉凶以情遷遷與通同義唯陰陽之爻既變而吉凶之情遂遷故曰旁通情也

時乘六龍九家易曰謂時之元氣以王而行履涉眾爻是乘六龍也

疏 王于況反盛也云時之元氣以王而行者如月令盛德在木則行春令盛德在火則行夏令盛德在金則行秋令盛德在水則行冬令是也乾以純陽之氣乘時而履涉六爻故云是乘六龍也

以御天也荀爽曰御者行也陽升陰降天道行也

疏 說文御使馬也茲訓行者謂駕焉使行也立天之道曰陰與陽陽主升陰主降陽升陰降故天道行也

雲行雨施天下平也荀爽曰乾升於坤曰雲行坤降於乾曰雨施乾坤二卦成兩既濟陰陽和均而得其正故曰天下平

疏 既濟者泰乾二升居於坤五則為坎上坎為雲故乾升於坤曰雲行坤五降居於乾二則互坎下坎為雨故坤降於乾曰雨施乾坤二卦旁通則成兩既濟既濟彖傳曰剛柔正而位當故云陰陽和均而得其正也春秋元命包曰陰陽聚為雲陰陽和為雨說文曰雨水從雲下也雲從龍故乘龍乘龍則雲行雲行則雨施雲行雨施

澤被天下矣故曰天下平**君子以成德爲行**干寶曰君子之行動靜可觀進退可度動以成德无所苟行也【疏】動靜可觀進退可度語本孝經左傳而小異其辭言君子之行所以如此者唯以成德爲行故能行无所苟如此也蓋初息震爲行行又震動也故動以成德无所苟行也**日可見之行也**虞翻曰謂初乾稱君子陽出成爲上德雲行雨施則成离日新之謂上德故曰可見之行【疏】謂初者謂初九也乾稱君子者陽德故稱君子也初陽爲元元者善之長也虞注坤文言云初乾爲積善荀子勸學篇曰積善成德是陽出坤初爲善積而成之爲德故云陽出成爲上德雲行雨施謂既濟也則成离者謂既濟互兩离也离爲日故日新之謂上德相見乎离故日可見之行也**潛之爲言也隱而未見行而未成是以君子弗用也**荀爽曰隱而未見謂居初也行而未成謂行之坤四陽居陰位未成爲君乾者君卦也不成爲君故不用也【疏】專釋潛義故曰潛之爲言居初故隱而未見初與四應初行之四四陰位初陽爻以陽据陰故云未成爲君乾以君之故云乾者君也不成爲君故君子弗用於世也

愚案初伏巽巽稱而隱故云隱而未見初息震

爲行春秋元命包曰陽起於一成於三今陽在初故云行而未成潛龍以象君子故弗用也

君子學以聚之問以辯之虞翻曰謂二陽在二兌爲口震爲言爲講論坤爲文故學以聚之問以辯之兌象君子以朋友講習【疏】謂九二也陽息在二成兌互震兌爲口說卦文震善鳴爲言口而有言故爲講論外臨坤坤爲文說卦文學以聚之者博學於文也問以辯之者兌象君子以朋友講習是也中庸孔子告哀公曰博學之審問之明辯之故知學問爲君德也

寬以居之仁以行之虞翻曰震爲寬仁爲行謂居寬行仁德博而化也【疏】震東方主春爲元故爲寬仁震足故爲行居寬謂博行仁謂化故上云德博而化也商書仲虺稱湯曰克寬克仁故知寬仁爲君德也

易曰見龍在田利見大人君德也虞翻曰重言君德者大人善世不伐信有君德後天而奉天時故詳言之【疏】言二有善世之德而不自矜伐故重言君德以贊之初息震二息兌爻始於乾初故乾爲先天帝出乎震故震爲後天二當震春兌秋故云後天而奉天時二後於初故詳言之以明承天時而順行也

九三重剛而不中虞翻曰以乾接乾故重剛位非二五故不

中也。【疏】乾剛坤柔，以內乾接外乾，故曰重剛。上乾不在乾五，下不在坤二，故不中。**上不在天，下不在田，**何妥曰：上不及五，故云不在天，下已過二，故云不在田，處此之時，實為危厄也。【疏】九五曰飛龍在天，上不及五，故不在天。九二曰見龍在田，下已過二，故不在田。以重剛而處不中之時，安得不危厄也。**故乾乾，因其時而惕，雖危无咎矣。**何妥曰：處危懼之地而能乾乾，懷厲至夕，猶惕，乃得无咎矣。【疏】處危懼之地而能因時而惕，揚子所謂過則惕也。惕故无咎。法言曰：立政鼓衆，莫尚於中和。又曰：甄陶天下，其在和乎。龍之潛亢，不獲其中矣，是以過則惕，不及中則躍，其近於中乎？蓋三四有求中之心，故進吉无咎也。**九四重剛而不中，**案：三居下卦之上，四處上卦之下，俱非得中，故曰重剛而不中也。【疏】四以外乾接內乾，故亦為重剛。四不中，與三同也。**上不在天，下不在田，中不在人，**侯果曰：案下繫，易有天道，有地道，有人道，兼三才而兩之，謂兩爻為一才也。初兼二，地也；三兼四，人也；五兼六，天也。四是兼才之非正，故言不在人也。【疏】此據下繫兼三才而兩之，以釋中不在人之義。三四居中有人道，然三得正，四不得正，故曰不在人孔疏云三之與四俱爲人道但人道之中人下近於地上遠於天九三近二是下近於地正是人道故九三不云中不在人九四則上近於天下遠於地非人所處故特云中不在人

故或之或之者疑之也故无咎

虞翻曰非其位故疑之也 疏 四不得正故非位欲進躍五而仍下應初猶豫不定故疑之

夫大人者

乾鑿度曰聖明德備曰大人也 疏 乾鑿度曰易有君號五大人者聖德明備也准南泰族曰大人者與天地合德日月合明鬼神合靈四時合信故聖人懷天氣抱天心執中含和不下廟堂而衍四海變習萬物民化而遷善若性諸已能以神化所謂執中含和者非九五之大人既中且正聖德明備其孰能如此乎

與天地合其德

荀爽曰與天合德謂居五也與地合德謂居二也　案謂撫育无私同天地之覆載 疏 荀注五爲天位故與天合德謂居五二爲地位故與地合德謂居二以二五俱言大人也　案即孔疏引莊氏云謂覆載也中庸辟如天地之無不覆幬無不持載是也言大人撫育萬物如天無私覆地無私載故同天地之覆載也

與日月合其明

荀爽曰謂坤五之乾二成離離爲日乾二之坤五爲坎坎爲月　案威恩

讀初息成离三息成兑

遠被若日月之照臨也。【疏】荀注陰主降坤五下居乾二成离陽主升乾二上之坤五成坎离爲日坎爲月皆說卦文史記厤書日月成故明卽繫傳日月相推而明生是也故與日月合其明案莊氏謂照臨也書泰誓若日月之照臨是也言大人威恩廣被無遠弗屆若日月照臨於四方也

與四時合其序

翟元曰乾坤有消息從四時來也案賞罰嚴明順四時之序也【疏】翟注乾坤剝復十二卦陽息陰消分位十二月四時迭運而十二卦以成故云乾坤有消息從四時來也又四時四正坎离震兌也消息之序剝窮於上乾五歸三成謙體坎陽生仲冬也謙息履乾三之坤初爲復出震春也上息成离兌初三易位离位先成是离夏兌秋相次故與四時合其序也案莊氏云若賞以春夏刑以秋冬之類也此本左傳襄二十年文言大人賞罰嚴明不僭不濫順乎四時之序也

與鬼神合其吉凶

虞翻曰謂乾神合吉坤鬼合凶以乾之坤故與鬼神合其吉凶案禍淫福善叶鬼神之吉凶矣【疏】虞注乾陽故爲神坤陰故爲鬼陽爲善故吉說文曰吉善也陰爲惡故凶釋詁曰凶咎也疏謂咎惡也乾動成坤故以乾之坤陽體伏陰故與鬼神合其吉凶案莊氏云若福善

禍淫也。商書湯誥曰：天道福善禍淫，是也。言大人禍淫福善，與鬼神害盈福謙，其理一也，故云叶鬼神之吉凶。

先天而天弗違，

虞翻曰：乾為天為先，大人在乾五，乾五之坤五，天象在先，故先天而天弗違。崔憬曰：行人事合天心也。

【疏】虞注　乾為天，說卦文。又為首，且居八卦之始，故為先。大人在天，乾五者，五為天位也。乾五之坤五，謂成坎也。就乾而言，四上之正成坎；就五而言，五之坤成坎。五本天位，故天象在先。動自乾五，故曰先天。應自坤五，故而天弗違。崔注　大人行人事，上合天心，故天弗違。

後天而奉天時。

虞翻曰：奉，承行。乾三之坤，初成震，震為後也。震春，兌秋，坎冬，離夏，四時象具，故後天而奉天時，謂承天時行順也。崔憬曰：奉天時布政，聖政也。

【疏】虞注　說文：承，奉也，故云承行。震為乾之長子，奉乾者震也。消息之義，乾盡於剝，上反坤三，成艮體謙。謙三之坤初為震，體復。虞復象注云：剛從艮入坤。又云：陽不從上來反初。又云：三復位時，離為目，坎為心。故云乾三之坤初為震。帝出乎震，一陽來自乾三，故云震為後。震象傳曰：後有則，是也。初息震為春，二息兌為秋，成既濟定，坎為冬，離為夏，是四時之象皆具矣。今自初息至五，故曰後天而奉天時。乾坤合德，震為行，坤為順，故謂承天時行

順也　崔注　奉時布政如夏小正月令所載諸政令是也聖人之政順乎天時故稱聖政　愚案九五飛龍在天位乎天德故曰天先天謂初九也初即乾元資始萬物故曰先天統天故天弗違後天謂用九也陽變之陰故曰後天天德不為首故奉天時蓋先天者未動之陽也元陽伏初息五成乾故先天而天弗違後天者已動之陽也陽動用九變成坎离震兌故後天而奉天時

天且弗違況於人乎

荀爽曰人謂三

【疏】三有人道故人謂三

況於鬼神乎

荀爽曰神謂天鬼謂地也　案大人惟德動天无遠不居鬼神饗德夷狄來賓人神叶從猶風偃草豈有違忤哉

【疏】荀注　神陽故謂天鬼陰故謂地　案　惟德動天無遠弗居大禹謨文鬼神饗德謂鬼神弗違也夷狄來賓謂人弗違也人神叶從合人與鬼神弗違並言也言大人有動天之德故能無遠不居如此所謂聖人作而萬物觀也　案中庸曰建諸天地而不悖質諸鬼神而無疑百世以俟聖人而不惑質諸鬼神而無疑知天也百世以俟聖人而不惑知人也鄭彼注云鬼神從天地者也易曰故知鬼神之情狀與天地相似聖人則百世同道但不悖於天地斯能質鬼神俟後聖由此觀之君子之道卽大人之德君子惟能建諸天地

而不悖，故能質鬼神而俟聖人。大人惟能先天弗違，故人與鬼神幽明咸格而弗違，易與中庸一以貫之矣。**亢之爲言也，知進而不知退，**荀爽曰：陽位在五，今乃居上，故曰知進而不知退也。【疏】上爲進，下爲退。五爲陽位且得中，今乃進居於上，是知進而不知退也。**知存而不知亡，**荀爽曰：在上當陰，今反爲陽，故曰知存而不知亡也。【疏】陽爲存，陰爲亡。上位陰，故在上當陰。以九居之，是今反爲陽，故曰知存而不知亡也。**知得而不知喪。**荀爽曰：得謂陽，喪謂陰。案：此論人君驕盈過亢，必有喪亡，若殷紂招牧野之災，太康遘洛水之怨，即其類矣。【疏】荀注陽爲得，陰爲喪，以陽居陰，是知陽之爲得而不知陰之爲喪也。案考周書稱商王受弗敬上天，降災下民，諸敗德卒至，會于牧野，前徒倒戈，血流漂杵，故云若殷紂招牧野之災。夏書稱太康尸位以逸豫，滅厥德，諸荒行卒致厥弟御母，徯于洛汭，怨而作歌，故云太康遘洛水之怨。惟其驕淫過亢，是以有喪亡之禍，舉二君以例其餘也。**其唯聖人乎！知進退存亡而不失其正者，其唯聖人乎！**荀爽曰：進謂居五，退謂居二，存謂五爲陽位，亡謂上爲陰位也。再出聖人者，上

聖人謂五下聖人謂二也

案此則乾元用九天下治也者垂拱无爲芻狗萬物生而不有功成不居百姓日用而不知豈荷生成之德者也此則三皇五帝乃聖乃神保合太和而天下自治矣今夫子爻言再稱聖人者歎美用九之君能知進退存亡而不失其正故得大明終始萬國咸寧時乘六龍以御天也斯郎有始有卒者其唯聖人乎是其義也

崔憬曰謂失其正者若燕噲讓位於子之之類是也

案三王五伯揖讓風穨專恃干戈遮相征伐失正忘退其徒實繁略舉宏綱斷可知矣

疏 荀注進謂二上居五退謂五下居二五爲陽位故爲存上爲陰位故爲亡上聖人謂五者五得中得正而不至於九故先舉九五之聖人以贊之曰其唯聖人乎下聖人謂二者二中而不正進居於五則正矣故復舉九二之聖人以贊之曰知進退存亡而不失其正者其唯聖人乎

案 文言傳四釋爻辭前兩章皆釋用九至末章復釋之以結全篇之旨故云此則乾元用九天下治也老子道經曰天地不仁以萬物爲芻狗聖人不仁以百姓爲芻狗注云芻狗縛草爲狗之形禱雨所用也既禱則棄之無復有顧惜之意天地無心於愛物而任其自生自成聖人無心於愛民而任其自作自息故以芻狗爲喻生

而不有，功成不居，亦道經文。百姓日用而不知，上繫文。引之以明乾元用九，垂拱无爲。民若不荷生成之德也。復稱三皇五帝乃聖乃神，保合太和，不期治而天下自治，以終前章天下治之義也。二五爲大人，用九則爲聖人，故再稱聖人以歎美之。蓋用九之君，合用六爻之陽，故能知進居五，退居二，陽位存，陰位六而不失其正，由是明終始以寧國，乘六龍以御天，非聖人其孰當之。有始有卒者，其惟聖人乎，論語文。元，始也。九，陽之終也。有始有卒，適合乾元用九之義，引之以明贊聖人者信而有徵也。　崔注　史記燕世家：易王卒，子噲立。蘇代與子之交。齊宣王用蘇代。燕噲三年，子之相燕，貴重。蘇代爲齊使於燕，燕王問曰：齊王何如？對曰：必不霸。燕王曰：何也？對曰：不信其臣。蘇代欲以激燕王以尊子之也。於是燕王大信子之。鹿毛壽謂燕王：不如以國讓相子之。人謂堯賢者，以其讓天下於許由，許由不受，有讓天下之名而實不失天下。今王以國讓子之，子之必不敢受，是王與堯同行也。燕王因屬國於子之，子之南面行王事，而噲老不聽政。三年，大亂，百姓怨惘。引此以明亢陽失正之義。　案　言堯舜既往，揖讓變爲干戈，征伐失正，進而忘退。雖三王猶不免焉，況五伯乎？蓋以亢陽爲害，因舉聖人以爲宏綱，而進退存亡不失其正之道從可識矣。

周易集解纂疏卷二

男守南冠風
侗同人校

周易集解纂疏卷三

唐李鼎祚集解

安陸李道平遵王纂疏

坤下
坤上

坤元亨利牝馬之貞

干寶曰陰氣之始婦德之常故稱元與乾合德故稱亨行天者莫若龍行地者莫若馬故乾以龍繇坤以馬象也坤陰類故稱利牝馬之貞矣　虞翻曰謂陰極陽生乾流坤形坤含光大凝乾之元終於坤亥出乾初子品物咸亨故元亨也坤爲牝震爲馬初動得正故利牝馬之貞矣

疏　干注坤爲陰凡陰氣皆由是始故云陰氣之始始卽元也婦德之常亦稱元者坤地道也妻道也莊三年穀梁傳曰獨陰不生獨陽不生獨天不生三合然後生六書精藴曰元天地之大德所以生生者也天無地不生夫無妻不生故婦德之常亦稱元也亨通也以乾通坤爲亨故云與乾合德故稱亨也行天莫若龍者說文龍春分而升天本乎天者親上也

行地莫若馬者春秋說題辭地精爲馬本乎地者親下也龍上行天故乾以龍繇馬下行地故坤以馬象也說文牝畜母也坤爲母陰類也故利牝馬之貞　虞注　乾象傳曰雲行雨施品物流形虞彼注云已成既濟上坎爲雲下坎爲雨乾以雲雨流坤之形蓋乾之坤成坎故云陰極陽生在地成形故坤爲形陽施則陰生故云乾流坤形含宏光大坤之德也初六象傳曰陰始凝也坤消乾自初始乾初爲元故云凝乾之元坤之一陰始於姤姤消自午而終亥成坤至復一陽復生出於乾初而息子故云坤終於亥出乾初子乾坤交通故品物咸亨是以元亨坤爲牝九家易說卦爻震於馬爲善鳴故爲馬初動坤變爲震陽居陽位故得正貞正也故利牝馬之貞蓋坤之元亨皆乾爲之易者乾陽地道資生與天合德故義取凝乾出震六爻皆息乾利貞獨言初者乾之元也坤不成既濟則六爻不正矣

君子有攸往先迷後得主利

盧氏曰坤臣道也妻道也後而不先先則迷失道矣故曰先迷陰以陽爲主當後而順之則利故曰後得主利　九家易曰坤爲牝爲迷

疏　盧注　臣道也妻道也文言傳文臣後乎君妻後乎夫如臣當後而先之則迷失臣道妻道矣陰以陽爲主者如臣以君爲主妻以夫爲主能後

而順之則得主而有利矣　案坤貞十月亥先坤者九月剝也後坤者十一月復也剝上曰小人剝廬虞彼注云上變滅艮坤陰迷亂故小人剝廬復初體震序卦曰主器者莫若長子故受之以震是震爲主震主一陽卽盧氏所謂陰以陽爲主也剝曰不利有攸往以迷亂也復曰利有攸往以得主也坤由剝至復故君子有攸往先來自剝則迷後出爲震則得主利也　九家注　此九家易說卦逸象也坤爲母故爲牝坤晦冥故爲迷

西南得朋東北喪朋安貞吉

崔憬曰妻道也西方坤兌南方巽離二方皆陰與坤同類故曰西南得朋東方艮震北方乾坎二方皆陽與坤非類故曰東北喪朋以喻在室得朋猶迷於失道出嫁喪朋乃順而得常安於承天之正故言安貞吉也

疏妻道也者謂坤爲母而有妻道巽長女離中女兌少女坤位西南兌正西巽東南離正南女從乎母故云二方皆陰與坤同類而曰西南得朋也乾爲父震長男坎中男艮少男艮位東北震正東乾西北坎正北男從乎父故云二方皆陽與坤非類而曰東南喪朋也以喻女子在室得陰爲朋雖迷失事夫之道正也旣出嫁雖喪陰朋而得陽主乃柔順而得婦道之常以安於承天之正亦正也故曰安貞吉論語曰君子羣而不黨羣卽

得朋不黨卽喪朋得朋喪朋以其能安於正故吉也或以爻辰釋之言坤初六貞未未位西南故曰得朋六四在丑丑位東北故喪朋義亦可通又虞以納甲言之詳見後

彖曰至哉坤元九家易曰謂乾氣至坤萬物資受而以生也坤者純陰配乾生物亦善之始地之象也故又歎言至美【疏】說文曰元氣初分濁陰爲地萬物所陳列也白虎通曰地者元氣所生萬物之祖是地生於元氣卽坤所稟以爲元而生物者也繫下曰天地之大德曰生六書精蘊曰元天地之所以生生者也穀梁傳曰獨陽不生獨天不生故必以乾氣至坤然後萬物資受以生也又曰獨陰不生故坤必以純陰配乎乾之純陽然後能化生萬物所以亦爲善之始而象乎地也蓋坤之生資乎乾之生故乾之元卽爲坤之元歎言至美所以贊之也說文曰至從高下至地从一一猶地也故贊坤元曰至哉又曰天至高在上从一大也故贊乾元曰大哉

萬物資生荀爽曰謂萬一千五百二十冊皆受始於乾由坤而生也冊生於坤猶萬物成形出乎地也【疏】繫上曰二篇之冊萬有一千五百二十當萬物之數也乾鑿度曰乾坤相並俱生故合於一元三統厤曰陰陽合德氣鍾

於子化生萬物蓋子貞震初震以一陽息坤生由是始微云萬有一千五百二十册皆受始於乾由坤而生也繫又曰大衍之數五十其用四十有九于彼注云衍合也崔注云舍一不用者以象太極當合而爲一、册猶未兆及分而爲二而陰陽之册由是生故云册生於坤册不分則不生猶萬物資始於天不得地氣則形不成也老子德經曰一生二二生三三生萬物高誘淮南注云一謂道也三者和氣也或說一者元氣也生二者乾坤也二生三三生萬物天地設位陰陽流通萬物乃生故曰至哉坤元萬物資生

乃順承天 劉瓛曰萬物資生於地故地承天而生也【疏】說卦坤順也說文承奉也蓋萬物資生於地者也然獨陰不生故地唯以柔順上承乎天而後萬物生明坤凝乾元也

坤厚載物 蜀才曰坤以廣厚之德載含萬物無有窮竟也【疏】說卦坤爲大轝取能載物之義中庸曰博厚所以載物也故云坤以廣厚之德載含萬物下云无疆故云無有窮竟也

德合无疆 蜀才曰天有无疆之德而坤合之故云德合无疆也【疏】說文疆本作畺界也无疆者地以形言也中庸曰悠久無疆則合天地言之矣蓋地之无疆者形天之无疆者氣而皆德爲之天德无疆而坤能合之故曰德合无疆即中庸

德合无疆之義也

含弘光大

荀爽曰乾二居坤五為含坤五居乾二為弘坤初居乾四為光乾四居坤初為大也

【疏】乾二之坤五成坎坤中實二陰包一陽故為含坤五居乾二成离离中虛二陽包一陰故為弘坤初居乾四體觀觀曰觀國之光故曰光乾四居坤初為震說卦曰震為大塗故曰大或曰其靜也翕故曰含弘其動也闢故曰光大

品物咸亨

荀爽曰天地交萬物生故咸亨　崔憬曰含育萬物為弘光華萬物為大動植各遂其性故言品物咸亨也

【疏】荀注　天地交為泰泰象傳曰天地交而萬物通也何氏彼注云泰之為道本以通生萬物泰通也通即亨也是以天地交萬物生而咸亨明坤受乾亨也　崔注　含宥萬物為弘者即君陳曰有容德乃大是也光華蔭物為大者即堯典曰光被四表格于上下是也地官大司徒以土會之灋辨五地之物生一曰山林其動物宜毛物其植物宜皂物二曰川澤其動物宜鱗物其植物宜膏物三曰邱陵其動物宜羽物其植物宜覈物四曰墳衍其動物宜介物其植物宜莢物五曰原隰其動物宜蠃物其植物宜叢物動植各遂其生故曰品物咸亨

牝馬地類行地无疆

侯果曰地之所以含弘物者以其順而承天也馬之所以行地

違者以其柔而伏人也而又牝馬順之至也誠臣子當至順故作易者取象焉【疏】言地所以生物者以其順而承天馬所以行遠者以其柔而伏人馬而牝馬順之又順矣柔順之道於臣子宜作易者欲臣子以柔順事其君父故特取象於是焉　案九家易坤爲牝是牝馬爲地類矣漢書食貨志地用莫如馬故王氏注云坤以馬行地坤初動爲震震於馬爲馵足爲作足故爲行又爲大塗故爲行地馬稟乾氣牝爲坤類是健而且順矣德順而健故曰行地无疆

柔順利貞君子攸行

九家易曰謂坤爻本在柔順陰位則利貞之乾則陽爻來據之故曰君子攸行【疏】虞繫下注云乾六爻二四上非正坤六爻初三五非正言坤爻當在柔順陰位其不得位者當變居乾之二四上則正矣故云利貞之乾坤之乾則乾來居坤之初三五而六爻皆正矣君子謂陽乾來據坤初動震爲行故曰君子攸行

先迷失道後順得常

何妥曰陰道惡先故先致迷失後順於主則保其常慶也【疏】虞注道義之門云乾爲道門陽先陰後故陰惡先先則以迷而失乎乾之道九家說卦曰坤爲裳說文裳作常後之而得所主則以順而得乎坤之常保其常慶者卽乃終有慶也

西南得朋乃與類行

虞翻曰謂陽得其類月朔至望從震至乾與時偕行故乃與類行

疏 此以納甲言也乾納甲壬坤納乙癸即天地定位也震納庚巽納辛即雷風相薄也艮納丙兌納丁即山澤通氣也坎納戊離納己即水火不相射也坎離為日月本體繫上曰縣象著明莫大乎日月虞彼注云日月縣天成八卦象三日莫震象出庚八日兌象見丁十五日乾象盈甲十六日旦巽象退辛二十三日艮象消丙三十日坤象滅乙晦夕朔旦坎象流戊日中則離離象就己此云謂陽得其類者謂一陽出震為生明二陽見兌為上弦三陽盈乾為望也自朔至望皆與時偕行且三陽由漸而息為得朋又始出震震為行故曰乃與類行

東北喪朋乃終有慶

虞翻曰陽喪滅坤坤終復生謂月三日震象出庚故乃終有慶此指說易道陰陽消息之大要也謂陽月三日變而成震出庚至月八日成兌見丁庚西丁南故西南得朋謂二陽為朋故兌君子以朋友講習文言曰敬義立而德不孤象曰乃與類行二十九日消乙入坤滅藏於癸乙東癸北故東北喪朋謂之以坤滅乾坤為喪故也馬君云孟秋之月陰氣始著而坤之位同類相得故西南得朋孟春之月陽氣始著陰始從陽失其黨類故東北喪朋失之甚矣而荀君以為陰起於午至

申三陰得坤一體故曰西南得朋陽起於子至寅三陽喪坤一體故東北喪朋就如荀說從午至申經當言南西得朋子至寅當言北東喪朋以乾變坤而言喪朋經以乾卦爲喪邪此何異於馬也

疏陽喪滅坤者卽十六日一陰生退巽至坤而盡滅也坤終復生者陰盡陽生終則有始也滅於坤三日復出於震故曰乃終有慶卽餘慶也此指說易道陰陽消息之大要也者蓋孟喜焦京以十二月辟卦明一歲陰陽消長之要此則以六純卦言一月陰陽消長之要也消息不言坎離者坎離爲天地之合也納甲不言坎離者坎離爲日月之本也繫曰縣象著明莫大乎日月月受日光陰陽消息之最著者故以此爲候焉庖犧觀象而放八卦謂此也文言曰敬義立而德不孤虞彼注云陽見兌丁西南得朋乃與類行本象辭以釋不孤之義故復援彼以證此也繫傳注言三十日此言二十九日爲是月至二十九日消乙方而入坤滅藏於癸方晦朔乃天地之合也乙東方癸北方由東而北故曰東北喪朋乾甲三陽漸消於坤故云以坤滅乾月喪於坤故坤爲喪也馬君謂融馬以申爲西南寅爲東北又春夏爲陽秋冬爲陰坤陰也故七月陰始著於秋爲西南得朋正月陽始著於春爲東北喪朋然申貞於否不可謂得寅貞於泰不可謂

喪故不取荀君謂爽荀以陰起於午月姤歷遯至否而成三陰皆得坤一體故曰得朋陽起於子月復歷臨至泰而成三陽皆喪坤一體故曰喪朋虞意謂從午至申不可逆言西南從子至寅不可逆言東北且以乾息消坤謂為喪朋尤不合經旨故兩說皆不取也

安貞之吉虞翻曰坤道至靜故安復初得正故貞吉疏文言曰至靜而德方惟靜故安初動為復復陽得正故貞吉

應地无疆虞翻曰震為應陽正於初以承坤陰地道應故應地无疆疏震與巽同聲相應故為應震陽正於復初上承坤陰是陽爻初交於地而地道應之故曰應地无疆喪朋猶吉以有應故也

象曰地勢坤王弼曰地形不順其勢順宋衷曰地有上下九等之差故以形勢言其性也疏王注孔疏云地形方直是不順也其勢承天是其順也愚案坎象辭曰山川邱陵地險也不順甚矣由西北而趨東南其勢則順也宋注地有上下九等之差者漢書敘贊坤作墜勢高下九則劉德注謂九州土田上中下九等是也其詳具於禹貢性不可見故據形勢以言其性也

君子以厚德載物虞翻曰勢力也君子謂乾

陽爲德動在坤下君子之德車故厚德載物老子曰勝人者有力也【疏】鬼谷子曰以陽求陰苞以德也以陰結陽施以力也勢訓力者言地以勢力凝乾也與乾旁通故君子謂乾乾陽積善故爲德初變爲震故云動在坤下禮運曰天子以德爲車故云君子之德車說卦曰坤爲大轝取其能載言君子之德法坤之厚君子之德車即法坤之厚以載物中庸曰博厚所以載物即其義也勝人者有力老子道經文引此以明地有勝人之勢故勢訓力也

初六履霜堅冰至干寶曰重陰故稱六剛柔相推故生變占變故有爻繫曰爻者言乎變者也故易繫辭皆稱九六也陽數奇陰數偶是以乾用一也坤用二也陰氣在初五月之時自姤來也陰氣始動乎三泉之下言陰氣動矣則必至於履霜履霜則必至於堅冰言有漸也藏器于身貴其俟時故陽在潛龍戒以勿用防禍之原欲其先幾故陰在三泉而顯以履霜也【疏】乾鑿度曰陰變八之六鄭注陰動而退變八之六象其氣消也廣顛三兩爲六老陰數也故云重陰稱六剛動變柔柔動變剛故剛柔相推則生變也動則觀變玩占而爻生焉故占變則有爻也爻者言乎變者也繫上爻虞彼注云謂九六變化故繫爻辭皆稱九六也乾用一成於七而重於九皆奇

數坤用二成於八而重於六皆偶數也陰之消陽始於五月姤初成於九月剝上至十月剝盡而成坤故知坤初自姤來也釋水濫泉沃泉氿泉亦謂三泉又見乾注三泉初動震爲足故曰履又履一陰之卦自姤來姤初即坤初故稱履也九月剝月令季秋之月霜始降十月坤月令孟冬之月水始冰言三泉之下陰氣始動其漸必至於履霜而成剝履霜必至於堅冰而成坤防微杜漸故不可不慎於初也末復引乾初以明之者蓋以時之未至貴於能待故云藏器于身貴其俟時禍之未至貴於豫防故云防禍之原欲其先機能待則不至於亢而有悔故陽在潛龍而戒以勿用豫防則不至於戰而道窮故陰在三泉而顯以履霜也

象曰履霜堅冰陰始凝也馴致其道至堅冰也

九家易曰霜者乾之命也堅冰者陰功成也謂坤初六之乾四履乾命令而成堅冰也此卦本乾陰始消陽起于此爻故履霜馴猶順也言陽順陰之性成堅冰矣初六始姤姤爲五月盛夏而言堅冰五月陰氣始生地中言始于微霜終至堅冰以明漸順至也

疏 五經通義曰寒氣凝以爲霜從地升也說卦曰乾爲寒蓋乾居西北而主立冬巳後冬至巳前故爲寒寒凝爲霜是乾氣加坤故云霜者乾之命也韓詩

外傳冰者窮谷陰氣所聚不洩則結爲伏陰故云堅冰者陰功成也乾坤旁通初與四應故坤初六之乾四霜凝於寒爲乾之命令乾爲冰馴至堅冰而陰功始成故云履乾命令而成堅冰也陰消乾陽而成坤故云此卦本乾陰之消陽自初始故云陰始消陽起於此爻以陰消陽漸有陰勝之勢故曰履霜說文馴馬順也故云馴猶順也陰消陽陽遂順之而成陰故云陽順陰之性成堅冰矣初陰爲姤姤當五月盛夏而言堅冰者蓋五月一陰初生至九月陰氣始凝而肅霜十月陰道馴至而堅冰以明漸不可長也繫下曰其初難知惟聖人能見微而知著故取象如此以示戒焉

六二直方大荀爽曰大者陽也二應五五下動之則應陽出直布陽于四方【疏】泰大來謂陽在內否大往謂陽在外故知大者陽也九家易說卦乾爲直繫上曰夫乾其動也直故乾爲直文言曰坤至靜而德方故坤爲方坤與乾旁通坤二上應乾五五動於乾下應坤二坤二卽應陽而動以之乾五應陽故出直動直故陽氣布于四方陽動至二體臨序卦曰臨者大也故曰大

不習无不利荀爽曰物唱乃和不敢先有所習陽之所

唱從而和之无不利也　干寶曰陰氣在二六月之時自遯來也陰出地上佐陽成物臣道也妻道也臣之事君妻之事夫義成者也臣貴其直義尚其方地體其大故曰直方大土該九德然後可以從王事女躬四教然後可以配君子道成於我而用之於彼不妨以仕學爲政不妨以嫁學爲婦故曰不習无不利也

疏　荀注　陰隨乎陽者也陽唱於先陰和於後故物唱乃和不敢先有所習也陽動陰隨所以无不利也　干注　陰消至二爲六月遯故知坤二自遯來也初二爲地道二在地上故云陰出地上萬物皆始於天而成於地故云佐陽成功地道卽臣道妻道臣事君妻事夫皆義主於成人者也臣事君以直則不入於邪妻事夫以方則不蹈於淫亦猶地以廣生成天之大生而德合无疆也故曰直方大九德皋陶謨寬而栗柔而立愿而恭亂而敬擾而毅直而溫簡而廉剛而塞彊而義是也九德者臣道之本故士該九德然後可以從王事四德卽天官九嬪掌婦學以教九御婦德婦言婦容婦功是也四教者妻道之常故女躬四教然後可以配君子惟道成於我故不習所以用之於彼无不利不妨以仕學爲政者仕而優則學也故不必學爲政然後仕不妨以嫁學爲婦者未有學養子而後嫁者也故不必學爲婦然後嫁

故不習无不利

愚案繫下曰坤天下之至順也又曰德行恆簡以知阻六二得中得正應陽而動有直方大之德故順順故簡簡故不習知阻故无不利所謂因其勢而利導之者也

象曰六二之動直以方也

九家易曰謂陽下動應之則直而行布陽氣於四方也

疏 謂陽者謂乾五陽直也二動於下應陽之直故直而行應五居中以布陽氣於四方故曰六二之動直以方也

不習无不利地道光也

干寶曰女德光於夫士德光於國也

疏 女躬四教故女德光於夫士該九德故士德光於國也

愚案坤秉乾直以成坤方故曰六二之動直以方也地育萬物生長收成聽其自然而无所造作陽動至二萬物化光故曰不習无不利地道光也乾五坤二得天地之中和故乾九五曰天德坤六二曰地道坤二之乾成離離爲日爲火爲光故曰地道光也

六三含章可貞

虞翻曰貞正也以陰包陽故含章三失位發得正故可貞也

疏 貞正也師彖傳文坤本含乾又三爲陽位六爲陰爻以六居三故云以陰包陽孔疏云章美也美即陽也以陰包陽故曰含章陰在

三爲失位象曰以時發也動陽得正故曰可貞　愚案攷工記曰赤與白謂之章注云坤位西南萬物成於致役之時故赤與白曰章章卽坤也繫上曰夫坤其靜也翕又兌口自坤三往也故曰含章

或從王事无成有終

虞翻曰謂三已發成泰乾爲王坤爲事震爲從故或從王事地道无成而有終故无成有終　干寶曰陰氣在三七月之時自否來也陽降在四三公位也陰升在三三公事也上失其權位在諸侯坤體旣具陰黨成羣君弱臣強戒在二國唯文德之臣然後可以遭之運而不失其柔順之正坤爲文坤象旣成故曰含章可貞此蓋平襄之王垂拱以賴晉鄭之輔也苟利社稷專之則可故曰或從王事遷都誅親疑於專命故亦或之失後順之節故曰无成終於濟國安民故曰有終

疏　虞注　初二已動三發則成泰說卦曰乾爲君又曰乾以君之故乾爲王坤致役故爲事荀子曰臣道知事坤臣道故坤爲事說卦曰震爲馵足釋獸左白馵說文馵馬後左足白也虞注說卦云震爲左爲足唐韻左步爲彳從从彳故震爲從泰內乾爲王外坤爲事互震爲從三雖體乾不敢當王故別取震象而曰從王事乾九四故或之虞注云非其位故疑之此亦非位故曰或從王事也文言曰地道无成而代有終故引

以明无成有終之義

干注　陰消至三爲七月否故知知坤三自否來也陰當居二否陰升三出於地上陽當居五否四爲陽是陽降在四矣乾鑿度三爲三公三本陽位陽降在四本由於三故以陽降在四爲三公位也六三居三之位是陰升在三而行三公之事也陰升於三象諸侯入爲三公否乾猶在上用事故云上失其權位在諸侯也陰升至三坤體既具是君弱臣強之勢臣與君並是謂二國故戒在二國也唯有文德之臣能遭其時而不失柔順之正坤爲文說卦文消至三坤象成故曰含章可貞云此蓋平襄之王垂拱以賴晉鄭之輔也者隱六年左傳曰我周之東遷晉鄭焉依周語曰襄王十三年凡我周之東遷晉鄭是依晉語曰鄭先君武公與晉文侯戮力一心股肱周室夾輔平王杜預左傳注云幽王爲犬戎所殺平王東徙晉文侯鄭武公左右王室故曰晉鄭焉依蓋平王東遷傳及襄王垂拱南面皆賴二國之輔故引之以明柔順守正之意也莊十九年公羊傳曰聘禮大夫受命不受辭出覔有可以安社稷利國家者則專之可也故云苟利社稷專之則可言三居強位能以柔順而事弱君故曰或從王事也昭二十六年左傳曰至於幽王天不弔周王昏不若用愆厥位攜王奸命諸侯替之而建王嗣用遷郟鄏攜王

注謂伯服竹書紀年伯服殺死虢公翰立王子余臣于攜是爲攜王後爲晉文侯所殺此遷國誅親疑於專命之事也故亦或之者言六本柔順能守臣節而與乾四同辭者乾四陽居陰坤三陰居陽皆不得正故皆曰或或之者疑之也但後順之節不可失故戒以无成而濟國安民貴能終故勉以有終　愚案三與上應上卦未成故无成三居下卦之終故有終且三變正爲謙謙九三曰勞謙君子有終吉即此義也

象曰含章可貞以時發也崔憬曰陽命則發非時則含也　疏京房云靜爲悔發爲貞凡象辭言發者皆謂發得正也說卦曰發揮于剛柔而生爻虞訓發爲動三爲陽位六陰含之六稟陽命而動則得其正三動艮爲時變動有時故以時發苟非其時則含而不發也

或從王事知光大也干寶曰位彌高德彌廣也　疏三處下之上上從王事故云位彌高發於事業故光大光大故德彌廣也又孔疏云或從王事知光大者釋无成有終也既隨從王事不敢主成物始但奉終而行是知慮光大不自擅其美唯奉於王義亦通也愚案三動互坎心爲知伏离日爲光坤富有之謂大業爲大故曰知光大也孟子曰惟知者能以小事大以小事大者畏天者也畏天者保其國即從王事知

光大之義也

六四括囊无咎无譽虞翻曰括結也謂泰反成否坤爲囊艮爲手巽爲繩故括囊在外多咎也得位承五繫于包桑故无咎陰在二多譽而遠在四故无譽干寶曰陰氣在四八月之時自觀來也天地將閉賢人必隱懷智苟容以觀時釁此蓋寗戚蘧瑗與時卷舒之爻也不艱其身則无咎功業不建故无譽也

疏虞注 說文絜括也大學是以君子有絜矩之道也鄭注絜猶結也故括訓結也乾息至三成泰至四則泰反成否文言曰天地閉賢人隱故知泰成否也坤爲囊九家說卦文坤中虛故爲囊艮爲手巽爲繩說卦文否內坤爲囊內互四爲艮手外互四爲巽繩故有括象坤在內而括在外外四也四近五多懼故多告然四陰得位上承五陽否九五曰休否大人吉其亡其亡繫于包桑故无咎繫下曰二與四同功二多譽者二陰得中且應五也四多懼者四不得中且近五故无譽　干注　陰消至四爲八月觀故知坤四自觀來也方其未消爲否有天地閉賢人隱之象故惟有懷智苟容以觀時釁如囊斯括可矣云此蓋寗戚蘧瑗與時卷舒之爻也者淮南子寗戚欲干齊桓公困窮無以自

遠，於是爲商旅，將任車以商於齊，暮宿於郭門外。桓公迎客，夜開門，辟任車，爝火甚衆，越飯牛車下，擊牛角而疾商歌。桓公聞之曰：「異哉！非常人也。」命後車載之，因授以政。襄十四年左傳：衛獻公戒孫文子、甯惠子食，皆服而朝，日旰不召，而射鴻於囿。二子從之，不釋皮冠而與之言。二子怒。孫文子如戚，孫蒯入使。公飲之酒，使大師歌巧言之卒章。大師辭，師曹請爲之。蒯懼，告文子。文子曰：「君忌我矣，弗先，必死。」並帑於戚，而入見蘧伯玉，曰：「君之暴虐，子所知也。大懼社稷之傾覆，將若之何？」對曰：「君制其國，誰敢奸之？奸之，庸知愈乎？」遂行，從近關出。又二十六年傳：初，獻公使與甯喜言，甯喜曰：「必子鮮在，不然必敗。」故公使子鮮。子鮮以公命與甯喜言曰：「苟反，政由甯氏，祭則寡人。」甯喜告蘧伯玉，伯玉曰：「瑗不得聞君之出，敢聞其入？」遂行，從近關出。蓋時當否閉，二子委蛇隨俗，合括囊之義，故援以證之。不以身試艱難，故无咎；亦不能大建功業，故无譽。

象曰：括囊无咎，慎不害也。

盧氏曰：慎言則无咎也。

疏　虞注：謙象傳云「坤爲鬼害」，是坤有害義也。四變震善鳴爲言，又互艮以止之，艮陽小爲慎。繫上曰：「亂之所生也，則言語以爲階。君不密則失臣，臣不密則失身，幾事不密則害成。是以君子慎密而不出也。」故云慎言則

无咎也

六五黃裳元吉干寶曰陰氣在五九月之時自剝來也剝者反常道也黃中之色裳下之飾元善之長也中美能黃上美爲元下美則裳陰登於五柔居尊位若成昭之主周霍之臣也百官總已專斷萬機雖情體信順而貌近僭疑周公其猶病諸言必忠信行必篤敬然後可以取信於神明无尤於四海也故曰黃裳元吉也

疏陰消至五爲九月剝故知坤五自剝來也以六陰居九五之位故云剝者反常道也黃中之色裳下之飾元善之長也中美能黃上美爲元下美則裳皆昭十二年左傳文蓋南蒯枚筮遇坤之比子服惠伯釋其義如此也文言曰天玄而地黃九家說卦曰坤爲黃說文坤从土从申坤位未申之維月令曰季夏之月坤中央土郊特牲曰黃者中也故云黃中之色九家說卦曰坤爲裳繫下曰黃帝堯舜垂衣裳而天下治蓋取諸乾坤虞彼注云乾在上爲衣坤下爲裳故云裳下之飾象曰至哉坤元九家注云坤者純陰配乾生物亦善之始故云元善之長也黃中通理故云中美能黃元首明哉故云上美爲元垂衣裳而天下治故云下美則裳六陰登五是以柔居尊位也云若成昭之主周霍

之臣也者明堂位武王崩成王幼周公踐天子之位以治天下六年朝諸侯於明堂制禮作樂頒度量而天下服七年致政於成王漢書昭帝紀年八歲武帝崩即皇帝位大將軍光秉政上官桀詐使人爲燕王旦上書言光罪時上年十四覺其詐後有譖光者上輒怒曰大將軍國家忠臣先帝所屬敢有譖毁者坐之光由是得盡忠二公輔佐幼主百官總已以聽專斷萬機中雖信順而外貌略近僭疑以周公之聖猶有流言況霍光乎言必忠信行必篤敬本論語文惟忠信篤敬然後幽可取信於神明明可无尤於四海也左傳曰中不忠不得其色下不共不得其飾今黃在中則中自忠裳飾下則下自共所以事元不善而得其吉也故曰黃裳元吉

象曰黃裳元吉文在中也　王肅曰坤爲文五在中故曰文在中也　干寶曰當總已之任處疑僭之閒而能終元吉之福者由文德在中也

疏　王注　坤爲文說卦文楚語曰地事文章昭注云地質柔順故文五居上中文言曰美在其中故曰文在中也　干注　言周公霍光以臣攝君踐阼於僭而終能獲元吉之福者由文德在中也文德者柔順之德也

上六龍戰于野荀爽曰消息之位坤在於亥下有伏乾爲其嫌于陽故稱龍也

【疏】陰之消陽至上而極乾盡則成坤坤位在十月亥亥居西北乾方也乾鑿度曰陽始於亥又曰乾制之於西北方位在十月是也坤於消息在亥乾於方位在亥故云坤在於亥下有伏乾文言自爲其嫌于陽者以坤兼乾也震得乾之一陽爲龍故稱龍焉乾居西北廣莫之方故稱野說卦曰戰乎乾崔氏注謂陰陽相薄是也坤陰至上與乾陽戰于西北亥方故曰龍戰于野

其血玄黃九家易曰實本坤體未離其類故稱血焉血以喻陰也玄黃天地之雜言乾坤合居也侯果曰坤十月卦也乾位西北又當十月陰窮於亥窮陰薄陽所以戰也故說卦云戰乎乾是也六稱龍者陰盛似龍故稱龍也干寶曰陰在上六十月之時也爻終於酉而卦成於乾乾體純剛不堪陰盛故曰龍戰戌亥乾之都也故稱龍焉陰德過度以逼乾戰郭外曰郊郊外曰野坤位未申之維而氣溢酉戌之間故曰于野未離陰類故曰血陰陽色雜故曰玄黃言陰陽離則異氣合則同功君臣夫妻其義一也故文王之忠於殷抑參二之強以事獨夫之紂蓋欲彌縫其闕而匡救其惡以祈殷命以濟生民也紂遂長惡不悛天命殛之是以至於武王遂有

牧野之事疏九家注　文言曰猶未離其類者未離乎坤
是其義也也故稱血焉者坤陰類血亦陰類故血以喻
陰也坤亥臨於乾亥天玄地黃故云玄黃天地之雜乾鑿
度曰乾坤氣合戌亥故云乾坤合居也　愚案上與三應
上爲陰位三爲陽位陰凝于陽必戰戰則變三失位變正
互坎爲血卦互震爲玄黃故曰其血玄黃　侯注坤　於
消息十月卦乾也居西北文當十月亥方也坤陰窮於
亥位乾陽即始於亥方以窮陰薄乎陽陰陽相疑故戰
說卦曰戰乎乾是也陰盛似龍者陰有伏陽故六亦稱龍
也　干注　剝盡成坤故上六爲十月之時爻終於酉者
坤上六納癸酉也而卦成於乾者陰消乾至上始成坤也
乾本純剛之體不堪陰盛來消陰陽相薄故曰龍戰乾西
北之卦乾鑿度乾位在十月而漸九月居乎戌亥之間故
云戌亥乾之都也廣顧天子所居曰都乾爲若故所居稱
都上六在亥爲乾之都故稱龍焉乾象既盈坤道至盛陽
功既說當返入坤中出震北乾坤德乃備是陰德過度以
適乾而爲龍戰也郭外曰郊郊外曰野本魯頌毛傳文但
郭稱邑耳坤居酉南乾鑿度坤位六月而漸七月故位於
末申之維云溢於酉戌之間者溢於酉戌則亥也吉酉戌
者爻終於酉以爲端也自未申至酉戌違故曰野龍雖屬

乾然上本坤卦未離陰類故曰其血戰者陰陽疑也疑故雜玄黃者天地之雜也乾坤氣合戌亥故曰玄黃陰陽之氣離則相異合之則相濟而有功如君臣夫婦與天地之義无殊復引文王事紂武王伐殷之事以明之者文王抑三分有二之勢以事獨夫凡所以彌縫其闕匡救其失者靡所不至使紂柔順得中則以祈殷命以濟生民未必不有黃裳元吉之占矣乃長惡不悛陰窮於上而疑陽必戰卒致天命不佑武遂興師牧野一戰血流漂杵非卽龍戰于野其血玄黃之象乎故云是其義也

象曰龍戰于野其道窮也

干寶曰天道窮至於陰陽相薄也君德窮至於攻戰受誅也柔順窮至於用權變矣

疏 天道窮至於陰陽相薄者戰乎乾是也君德窮至於攻戰受誅誅者會于牧野是也柔順窮至於用權變者揖讓變爲征誅是也 案後漢書朱穆奏記曰易經龍戰之會其文曰龍戰于野其道窮也謂陽道將勝而陰道負也蓋易窮則變陰盡陽生陰窮於上故云負陽復於下故云勝此終亥出子之義也

用六利永貞

干寶曰陰體其順臣守其柔所以秉義之和履貞之幹唯有推變終歸於正是周公始於

貧辰南面以光王道卒於復子明辟以終臣節故曰利永貞也【疏】陰體其順者六也臣守其柔者用六也兼義之和者利也履貞之幹者貞也唯當作雖推當作權雖有權變終歸於正者變通盡利則終歸於正利永貞也負辰南面本明堂位文復子明辟本洛誥文以陰升逼陽象負辰權變以陰陽合則同功象復子明辟終歸於正言公守柔順之道始光王道卒終臣節始終不失其正故曰利永貞也

案六十四卦皆出於乾坤始於乾成於坤乾坤相須爲用者也乾用九者用其變陰以濟陽坤用六者用其變陽以濟陰也用九者用其始於乾之元然元自貞來故用九之吉在无首用六者用其成於坤之貞然貞下起元故用六之利在永貞餘詳乾卦用九

象曰用六永貞以大終也侯果曰用六妻道也臣道也利在長正矣不長正則不能大終陽事也【疏】用六妻道也臣道也者用其永久也柔不能久故利在長正陽爲太六變爲陽是用陽之大以終陽之事所謂地道无成而代有終也故曰用六永貞以大終也若不能用陽之剛則不能長正不能長正則不能大終陽事矣

愚案乾无首者循之不見其端坤大終者推之不見其委循環迭運之道於乾坤二用見之矣

文言曰何妥曰坤文言唯一章者以一心奉順於主也疏陰以陽爲主坤以一心奉順乎乾故文言止一章也愚謂乾坤易門故特著文言以闡陰陽剛柔之大旨乾居首坤次之故言乾詳言坤從略也坤至柔荀爽曰純陰至順故柔也疏雜卦曰乾剛坤柔從虞彼注云坤陰和順故柔即荀義也而動也剛九家易曰坤一變而成震陰動生陽故動也剛疏說卦曰立地之道曰柔與剛地之爲體柔而其爲用也剛蓋靜則生陰陰故柔動則生陽陽故剛如初動則成震二動則成坎三動則成艮並動則成乾初三五動則成既濟故曰動也剛至靜而德方荀爽曰坤性至靜得陽而動布於四方也疏繫上曰夫坤其靜也翕故性至靜感陽氣而動則發生布於四方繫又曰其動也闢虞注六二直方大云方謂闢陰開爲方故曰德方後得主而有常虞翻曰坤陰先迷後順得常陽出初震爲主爲常也疏坤性陰故先迷後順得常者初陽變震震後有則爲後主器爲主世守爲常故後得主而有常含萬物而化光干寶曰光大也謂坤含藏萬物順承天施然後化光也疏象傳曰含宏光大光大也者言光可以該大即言含可以該宏也說卦曰坤以藏之

故謂坤含藏萬物以其靜翕也益象傳曰天施地生故云順承天施然後化光以其動闢也繫上曰坤化成物故坤言化卽含宏光大也品物咸亨之義也

坤道其順乎承天而時行荀爽曰承天之施因四時而行之也

疏　說卦曰坤順也逸雅曰上順乾也承天之施者天施而地生也因四時而行之也者乾鑿度曰坤貞於六月未右行陰時六以奉順成其歲故曰承天而時行

積善之家必有餘慶虞翻曰謂初乾爲積善以坤牝陽滅出復震爲餘慶謂東北喪朋乃終有慶也

疏　謂初者謂初六也乾交言曰元者善之長也故乾爲善初動爲震體復陽息於初故善震爲專專則積故爲積善坤雖滅陽陽道不息潛孕坤中故云以坤牝陽卽滅坤出震是也以納甲言之乾陽滅於二十九日坤乙三日復出於震庚是爲餘慶卽東北喪朋乃終有慶之義也

積不善之家必有餘殃虞翻曰坤積不善以臣弑君以乾通坤極姤生巽爲餘殃也　案聖人設教理貴隨宜故夫子先論人事則不語怪力亂神絕四毋必今於易象闡揚天道故曰積善之家必有餘慶積不善之家必有餘殃者以明陽生陰殺天道必然理國脩身積善爲本故於坤爻初六陰始生時著此微言永爲深

誠欲使防萌杜漸災害不生開國承家君臣同德者也故繫辭云善不積不足以成各惡不積不足以滅身是其義也

疏 虞注乾陽爲善坤陰爲不善坤初消陽爲巽體姤陰消於初爲不善巽爲高陽愈消則陰愈高故爲積不善以臣弒君者以陰消陽也以乾通坤極姤生巽者謂乾極於上爲夬則坤通於下爲姤姤下爲巽是十六日生魄以平旦沒於巽辛陽極陰生是爲餘殃 案 聖人不語神怪者幽冥之事隱於易復言慶殃者禍福之跡著也聖人絕四毋必者聖人无成心於易決言必有者善惡有定理也陽生陰殺必然之理但坤初陰始禍所由基自非哲人罕覩未形故勸善之心既切而防惡之意更深蓋閑邪所以存誠克已即可復禮將欲勸之必先懲之賈生所謂絕惡於未萌而起教於微渺使民日遷善遠罪而不自知者即此意也理國脩身者誠知積善爲本則防萌杜漸災害不生將開國承家君臣同德庶幾積善以成名而不至積惡以滅身也履霜堅冰之戒安可一日而忽諸

臣弒其君子弒其父

虞翻曰坤消至二艮子弒父至三成否坤臣弒君上下不交天下無邦故子弒父臣弒君也

疏 坤陰消陽其幾已萌不至上消不已說卦曰乾爲君爲父下乾爲父故消至二成遯遯艮爲少

子滅陽故爲弑父上乾爲君故消至三成否否坤臣道也滅陽故爲弑君上下不交天下无邦否象傳文虞否注云以臣弑其君以子弑其父故曰匪人其義互備故交引以釋之**非一朝一夕之故其所由來者漸矣**虞翻曰剛爻爲朝柔爻爲夕乾爲寒坤爲暑相推而成歲焉故非一朝一夕所由來漸矣

疏繫上曰剛柔者晝夜之象故剛爻爲朝柔爻爲夕乾爲寒說卦文尋乾貞於十一月子故爲寒坤貞於六月未故爲暑一朝謂乾初息三成泰一夕謂坤初消三成否一陽始子歷六陽時而成乾一陰始未歷六陰時而成坤積朝夕而成寒暑積寒暑而成歲故曰非一朝一夕之故其由來漸矣史記太史公自叙曰春秋弑君三十六亡國五十二察其所以皆失其本已故易曰差以毫釐繆以千里故曰臣弑君子弑父非一朝一夕之故其漸久矣即此爻之遺文也又否三之四爲漸故坤消三成否言漸也**由辯之不早辯也**孔穎達曰臣子所以久包禍心由君父不早辯明故也此文誠君父防臣子之惡也

疏正義作由君父欲辯明之不早分辯故也文微不同案繫下曰復小而辯于物虞彼注云陽始見故小乾陽物坤陰物以乾居坤故稱別物坤初動爲復復初九曰不遠復是

辯之早辯者也**易曰履霜堅冰至蓋言順也**荀爽曰霜者乾之命令坤下有伏乾履霜堅冰蓋言順也乾氣加之性而堅象臣順君命而成之【疏】霜者乾之命令釋已見前坤成於亥而乾位居之故云坤下有伏乾由履霜至於堅冰其勢甚順故曰蓋言順也逸雅順循也說文循順也是循與順同義蓋言順者釋循致其道也孟子曰今之君子過則順之言順以過不可順也聖人懼人順陰之性積惡以滅身故結言順以示戒也乾氣加之之性而堅者說卦曰乾為寒而寒氣加之而冰堅之言陰順陽之性而成堅冰也臣順君命而成事其象亦如之但荀意以陰順陽恐非經義爾

直其正也方其義也虞翻曰謂二陽稱直乾其靜也專其動也直故直其正方謂闢陰開為方坤其靜也翕其動也闢故方其義也【疏】謂二者謂六二也陽息至二二稱直以乾靜專而動直也直其正者賈誼新書道術篇方直不曲謂之正是也說文正从止一以止注守一以止也方謂敬止之義也乾為敬是正者乾之德也方謂闢陰者書舜典闢四孔傳開闢四方之門是也陰開為方者陰感陽而開為方以坤靜翕而動闢也故方其義者隱三年左傳之教以義方是也虞繫注云坤為義門是義者坤之德也**君子**

敬以直內，義以方外，敬義立而德不孤。虞翻曰：陽息在二，故敬以直內；坤位在外，故義以方外。謂陽見兌丁，西南得朋，乃與類行，故德不孤。孔子曰：必有鄰也。【疏】陽息至二，乾惕爲敬，且動直，二爲內，故曰敬以直內。坤位在外，坤爲義，且爲方，五爲外，故曰義以方外。陽息二成兌，兌見丁，故謂陽見兌丁也。兌西方，丁南方，故即西南得朋，乃與類行，以明德不孤也。論語曰：德不孤，必有鄰。復引孔子曰必有鄰者，以申德不孤之意也。且敬立於二，義立於五，五動二應，陰陽合德，故曰德不孤。

直方大，不習无不利，則不疑其所行也。荀爽曰：直方大，乾之唱也；不習无不利，坤之和也。陽唱陰和，而无所不利，故不疑其所行也。【疏】陽動爲直，感開爲方，陽德爲大，三者乾之唱也。坤則不待習乎直方大而自无不利，是坤之和也。陽未唱而陰和之，則陽疑陰也；陽既唱而陰不和之，是陰疑陽也。唯陽唱陰和，无所不利，故不疑其所行也。二動變坎爲疑，不變則不疑也。

陰雖有美，含之以從王事，弗敢成也。荀爽曰：六三陽位，下有伏陽，坤陰卦也。雖有伏陽，含藏不顯，以從王事，要待乾命，不敢自成也。【疏】美謂陽也。三數奇爲陽位，故六下有伏陽也六爲陰爻雖有伏陽在下含藏不顯虞氏所謂以陰包陽是也否内卦爲臣三爲三公外乾爲君五爲天子三與五同功故三從王事必待乾命而行美也則歸君不敢以成功自居卽下无成之義也**地道也妻道也臣道也**翟元曰坤有此三者也【疏】說卦曰坤爲地故曰地道也繫上曰乾道成男坤道成女以女配男故曰妻道也說卦曰乾爲君則知坤爲臣故曰臣道也三者皆乾尊坤卑之道也**地道无成而代有終也**宋衷曰臣子雖有才美含藏以從其上不敢有所成名也地得終天功臣得終君事婦得終夫業故曰而代有終也【疏】論語曰如有周公之才之美使驕且吝其餘不足觀也已況臣子之於君父而可以才美自居乎故必含藏其美以從上事善則歸君不敢有所專以成名也繫上曰乾知太始坤化成物是凡物之生皆始於乾而終於坤成物卽終也周語單襄公曰成德之終也卽此義也成者坤之功不敢曰成而曰无成有終者坤之事不敢曰有終而代有終非自抑也蓋非乾資於始則坤亦無爲凡成者皆成乾之功故曰无成凡終者皆終乾之事故曰代有終也由地道得終天功推之而臣道得終君事婦道得終夫業其理一也**天地變化草**

木蕃虞翻曰：謂陽息坤成泰，天地反，以乾變坤坤化升乾，萬物出震，故天地變化，草木蕃矣。

【疏】陽息坤三成泰，天下地上，故云天地反。天地反者，天地交也。陽主變，陰主化。以乾變坤者，陽息坤成乾也。坤化升乾者，坤本化乾始，升居乾上也，故曰天地變化。泰三互四五成震，萬物出乎震，震爲草木，其究爲蕃鮮，故曰草木蕃。此言天地交而萬物通也。

天地閉，賢人隱。虞翻曰：謂四。泰反成否，乾稱賢人，隱藏坤中，以儉德避難，不榮以祿，故賢人隱矣。

【疏】謂四者，謂六四也。坤變爲否，自四始，故於四變爲陽，知爲大往，則否勢將成。四爲否泰之交，否泰反其類，四變，故泰反成否。漢樊毅脩西嶽廟記云「泰氣推否」是也。乾文言曰：「賢人在下位而无輔。」故知乾稱賢人。說卦曰：「坤以藏之。」故知賢人隱藏坤中。「以儉德避難，不榮以祿」，否象傳文，引之以明天地閉、賢人隱之象也。此言天地不交而萬物不通也。

易曰：「括囊，无咎无譽。」蓋言謹也。荀爽曰：六四陰位，迫近於五，雖有成德，當括而囊之，謹慎畏敬也。孔穎達曰：括，結也。囊所以貯物，以譬心藏智也。閉其智而不用，故曰括囊。不與物忤，故无咎；功名不顯，故无譽也。

【疏】荀注：六居四爲得位，故有成德。四近五則多懼，故當謹慎括而囊

之則斂慧韜光謹慎畏敬之至也

孔注括結也釋已見前囊所以貯物者詩大雅于橐于囊毛傳小曰橐大曰囊是也以譬心藏智也者明夷六四曰獲明夷之心于出門庭是四爲心位又四變互坎爲心故曰心藏智如素以智囊稱樗里子疾漢以智囊稱鼂錯晉以智囊稱桓範以及叩囊底餘智之類皆是也閉其智而不用故曰括囊者中庸曰國無道其默足以容是也惟其閉智所以不與物忤故无咎惟其不用所以功名不顯故无譽

君子黃中通理正位居體虞翻曰謂五坤息體觀地色黃坤爲理以乾通坤故稱通理五正陽位故曰正位艮爲居體謂四支也艮爲兩肱巽爲兩股故曰黃中通理正位居體

疏謂五謂六五也坤息體觀者陽息陰消坤亦言息者息者長也謂陰長至四而體成觀也坤爲地說卦文天玄而地黃故云地色黃繫上曰俯以察于地理乾鑿度曰天地靜而理曰義故坤爲理觀陽自乾來故云以乾通坤稱通理位中色黃故曰黃中通理孟子曰立天下之正位趙岐注云正位請男子純乾正陽之位故以至陽爲正位說卦曰艮以止之又爲門闕故爲居中庸曰動乎四體故體謂四支說卦曰艮爲手故爲兩肱又巽爲股故爲兩股股肱具故謂四支也觀五體巽互艮故

正位居體黃中通理言其內也正位居體言其外也**美在其中而暢於四支**虞翻曰陽稱美在五中四支謂股肱疏乾美利故陽稱美觀五九居陽位故曰美在其中四支謂股肱釋已見上暢於四支卽居體是也**發於事業**九家易曰天地交而萬物生也謂陽德潛藏變則發見若五動爲比乃事業之盛疏天地交謂泰也泰彖傳曰天地交而萬物通通故生也陽德潛藏謂伏乾也變則乾陽發見五動變比比彖曰先王以建萬國親諸侯故爲事業之盛所謂正位也繫上曰崇德而廣業虞彼注云業廣法坤故坤言事業**美之至也**侯果曰六五以中和通理之德居體於正位故能美充於中而旁暢於萬物形於事業无不得位宜其是美之至也疏六五內而中和以通理外而居體於正位美在其中卽黃中通理也聖人萬物爲一體故旁暢萬物猶暢四支卽居體之謂也形於事業卽正位而成富有之大業也內外无不得宜故曰美之至也左傳曰中美能黃上美爲元下美則裳釋六二也三五皆中故五亦中美能黃至哉坤元元正位於五是上美爲元五下應二二居體於下是下美則裳三美備故美之至也美乾陽也坤承乾陽故嫓乾美也**陰疑於陽必戰**孟喜曰陰

乃上薄疑似于陰迫於上變而爲陽則疑似於陽故必陽必與陽戰也【疏】與陽戰也案說卦戰乎乾言陰陽相薄也坤上六兼有羣陽與乾合體戰而相薄乃能牝震陰不與陽同盛不能受化也

爲其兼于陽也九家易曰陰陽合居故曰兼陽謂上六坤行至亥下有伏乾陽者變化以喻龍焉【疏】坤在十月亥位乾居西北亥方爾雅釋天十月曰陽陽即此義也乾鑿度乾坤氣合戌亥故云陰陽合居陰合於陽故曰兼陽剝上變六成坤行至十月亥乾位在亥故云下有伏乾九家說卦曰乾爲龍以陽氣變化象龍故稱龍以象陽焉

故稱龍焉

猶未離其類也故稱血焉荀爽曰實本坤卦故曰未離其類也血以喻陰順陽也崔憬曰乾坤交會乾爲大赤伏陰柔之故稱血焉【疏】荀注　陰與陽戰於亥戰極則下出於子變而從陽然上實坤卦猶未離其陰類故稱血以喻陰焉以陰能順陽也崔注　亥爲乾坤交會之地乾爲大赤說卦文血之色也伏陰柔之血之形也故稱血焉蓋龍本陽氣亥下伏兼乾陽故稱龍血本陰象上位未離陰類故稱血

夫玄黃者天地之雜也荀爽曰消息之卦坤位在亥下有伏乾陰陽相和故言天地之雜也【疏】坤於沮

其位在亥，乾位西北，亦在亥，故下有伏乾也。惟乾坤合居，故陰陽相和。考工記曰：「天謂之玄，地謂之黃。」故曰玄黃者，天地之雜也。

天玄而地黃。王凱仲曰：陰陽交戰，故血玄黃。荀爽曰：天者陽，始於東北，故色玄也。地者陰，始於西南，故色黃也。

疏　王注：乾陽坤陰，交戰於上，陰戰不勝，則退而生陽，陽生於下，即復初震也。說卦曰：「震為玄黃。」故血玄黃。荀注：鄉飲酒義曰：「天地溫厚之氣始於東北。」正北坎得乾中，東北艮得乾上，正東震得乾初，乾三爻分布東北，故天始東北。北其色玄者，說文：「黑而有赤色曰玄。」考工記：「南方謂之赤，北方謂之黑。」陽氣始東北而盛東南，以北方黑兼南方赤，故色玄。又曰：「天地嚴凝之氣始於西南而盛於西北。」故云地者陰始於西南。其色黃者，西南坤位，坤土，故色黃也。

受業胞姪守礐竹泉校

周易集解纂疏卷三

周易集解纂疏卷四

唐李鼎祚集解　安陸李道平遵王纂疏

序卦曰：有天地然後萬物生焉，盈天地之間者唯萬物，故受之以屯。屯者，盈也。屯者，萬物之始生也。崔憬曰：此仲尼序文王次卦之意也○不序乾坤之次者，以一生二、二生三、三生萬物○則天地之次第可知○而萬物之先後宜序也○萬物之始生者，言剛柔始交○故萬物資始於乾而資生於坤○

【疏】文王六十四卦○其次相依，各有意義○孔子序其所以相次之意○故曰序卦○易有序卦○猶書有書序○詩有詩序○本自爲一傳○李氏欲使次卦之意開卷○瞭然○故取冠各卦之首。乾坤爲易之門，故不序乾坤之次○一生二、二生三、三生萬物○老子德經文。一者，太一○天也○二謂陰陽也○太一分爲兩儀，故一生二○二與一爲三○故二生三○穀梁傳曰：獨陰不生○獨陽不生○獨天不生○三合然後生○故三生萬物○乾鑿度曰：乾坤相並中生其次第不可序天地之生萬物變化无窮其先後不不序也屯爲萬物之始生者乾坤之後乾初交坤爲坎爲震而始交在初說卦曰萬物出乎震蓋萬物資始於乾剛而資生於坤柔是屯者固剛柔之始交而爲萬物之始生曰也其云盈者說文盈滿器也彖傳曰雷雨之動滿形故曰盈自雷雨之滿形言之故曰屯者盈也自剛柔之始交言之故曰屯者萬物之始生也　愚案坤上六曰其血玄黃坎爲血震爲玄黃屯上坎下震是陰陽戰而後屯難生也故屯次坤

䷂ 震下坎上

屯元亨利貞　虞翻曰坎二之初剛柔交震故元亨之初得正故利貞矣【疏】以四陰二陽之例則當自臨觀來茲自坎來者乾由離入坎合坤生震所謂其血玄黃故坎二之初成屯而與鼎旁通也二之初剛柔始交而爲震是始而亨者也故元亨陽之初得正陰之二亦得正故利貞

勿用有攸往利建侯　虞翻曰之外稱往初震得正起之欲應動而失位故勿用有攸往震爲侯初剛難拔故利以建侯老子曰善建者不拔也【疏】

說交往之也之外稱往易例也如泰坤在外爲小往否乾在外爲大往也是也震初陽得正初與四應說卦曰震起也起往之外欲上應四不得正是以動而失位且初在震爲行四在坎爲險行則遇險故勿用有攸往晉語司空季子曰小事不濟壅也故曰勿用有攸往一夫之行也是其義也序卦曰主器者莫若長子故受之以震故震爲侯逸禮王度記曰諸侯封不過百里象雷震百里是也初剛在下即乾初潛龍確乎其不可拔故云初剛難拔善建者不拔老子德經文引之以明震初不拔故利建侯也

彖曰屯剛柔始交而難生虞翻曰乾剛坤柔坎二交初故始交確乎難拔故難生也崔憬曰十二月陽始浸長而交於陰故曰剛柔始交萬物萌牙生於地中有寒冰之難故言難生於人事則是運季業初之際也

【疏】虞注乾剛坤柔雜卦傳文卦自坎來坎二始交於初故曰始交所謂元也屯之初剛與乾之初剛同義故云確乎難拔說文屯難也象艸木之初生屯然而難从屮貫一一地也尾曲故曰難生也崔注此以消息言也四陰二陽之卦自臨來屯臨二上之五也易緯稽覽圖臨屯皆十二月卦陽生於復初臨二浸長而交於中

陰故曰剛柔始交也萬物萌牙生於地中者互震爲初坤在外故云地中也月令季冬之月出土牛以逆寒氣又曰冰方盛水澤堅腹故有寒冰之難屯正値小寒故難生也十二月天數幾終歲且更始是天時之屯也故屯在丑國家當元二之際如干氏下注云水運將終木德將始新舊乘除是運季業初人事之屯也故屯爲難引人事所以明天時也

動乎險中大亨貞

荀爽曰物難在始生此本坎卦也案初六升二九二降初是剛柔始交也交則成震震爲動也上有坎是動乎險中也動則物通而得正故曰動乎險中大亨貞也

疏荀注說卦曰萬物出乎震故震爲始生外過坎以陷之又曰勞乎坎崔氏彼注云陽氣潛伏於子潛藏地中未能浸長勞局衆陰之中故云物難在始生屯自坎來故云此本坎卦也案初升二降剛柔交而成震震爲動也本說卦坎彖傳曰習坎重險也坎險在上震動在下是動乎險中也人處險中而能震動恪恭則通而得正故曰大亨貞也愚案初陽爲大動則通爲亨得乎正爲貞故曰大亨貞

雷雨之動滿形

荀爽曰雷震雨潤則萬物滿形而生也虞翻曰震雷坎雨坤爲形也謂三已反正成既濟坎水流坤故滿形謂雷動雨施品物流形也

疏

荀注說文雷雨生物者也故雷以震之則伏者起雨以潤之則勾者達萬物所以滿形而生也虞注說卦震爲雷文雨以潤之謂坎也故云震雷坎雨繫上曰在地成形故坤爲形六爻惟三失位動而成陽六爻皆正成既濟定坎一陽入坤爲坎水流坤滿形者謂滿坤形也益屯與乾同義乾坤交成既濟故雲行雨施品物流形屯三動成既濟故雷動雨施品物流形

天造草昧

荀爽曰謂陽動在下造生萬物於冥昧之中也

疏陽動在下謂震動於初在互坤之下坤夜屬陰故云冥昧王冰玄珠密語曰陽爲造生陰爲化澌故云造物於冥昧之中且屯象屮出一上故曰草昧也

宜建侯而不寧

荀爽曰天地初開世尙屯難震位承乾故宜建侯動而遇險故不寧也 虞翻曰造造生也草草創物也坤冥爲昧故天造草昧成既濟定故曰不寧言寧也 干寶曰水運將終木德將始殷周際也百姓盈盈匪君子不寧天下既遭屯險之難後王宜蕩之以雷雨之政故封諸侯以寧之也

疏荀注 天地初開世尙屯難者謂乾坤之後繼之以屯也屯初震爲長子上承乾父故曰宜建侯內震動而外遇坎險坎爲勞卦故不寧左傳曰外寧必有內憂雖不寧故寧也 虞注 陽爲造生故云造造生也屯象屮

出地中古草字凡物之初創者謂之草創論語裨諶草創之義與此同故云草草創物也下體互坤坤冥爲昧者繫上曰剛柔者晝夜之象也荀彼注云坤爲夜說文曰冥幽也从日六冖聲冖亦夜也書堯典宅西曰昧谷傳云昧冥也日入於谷而天下冥故曰昧谷是坤夜爲冥冥即爲昧也震一陽自乾來乾爲天天生物於坤中故曰天造草昧也三正成既濟六爻既定萬國咸寧言不寧者猶詩以不顯爲顯也

干注　家語殷人以水德王周人以木德王屯坎宮二世卦也坎水變之震木故以水運將終木德將始象殷周之際也百姓盈盈屯者盈也匪君子不寧匪六三伏陽之君子不寧也天下既遭屯險之難是殷運將季後王宜蕩之以雷雨之政是周業方初故必建侯以扶屯難始足以寧之也如周公弔二叔之不咸建親戚以藩屏周是也

象曰雲雷屯　九家易曰雷雨者興養萬物今言屯者十二月雷伏藏地中未得動出雖有雲雨非時長育故言屯也

疏　雨以潤之者坎也惟雲行則雨施故雲从雨而坎亦爲雲所謂上坎爲雲是也彖言雷雨者以滿形言也象言雲雷者以屯時雲在上而未成雨也坎成雨則爲雷雨解矣震爲雷雷以動之則興雨以潤之則養

故云雲雨者興養萬物也屯消息十二月卦也是時雷藏地中雖有雷雨尚无養育之功萬物難生故曰雲雷屯

君子以經論

荀爽曰屯難之代萬事失正經者常也論者理也君子以經論不失常道也姚信曰經緯也時在屯難是天地經論之日故君子法之須經論艱難也

疏 荀注當屯難之代三陰失正則不能成既濟定故萬事失正矣書酒誥經德秉哲孔傳云能常德持智故云經者常也釋名論倫也有倫理也故云論者理也當萬物冥昧之時君子宜法雲雷之動物而經論之則不失天地之常道也　姚注天官冢宰體國經野疏云南北道謂之經東西之道謂之緯經者縱橫之名釋名緯圍也反覆圍繞以爲經故云經緯也孔疏經謂經緯綸謂綱也以織綜經緯皆以經論爲經緯也屯難在十二月之時三動在臨則成泰在屯則成既濟是天地經論之日也君子法之須經論於艱難之中以成既濟泰則屯解矣史證之口訣義引李氏云雲陰也雷陽也陰陽二氣相激薄而未通感情不相得故難生也君子處屯難之時不得安然无事經營綸理以輔屯難義亦通也

初九盤桓利居貞利建侯

虞翻曰震起艮止動乎險中故盤桓得正得民故利居貞謂君

子居其室慎密而不出也。【疏】內震爲起，互艮爲止，外坎爲險。震陽動乎險中，初剛難拔，觸艮而止，故有盤桓難進之象。爾雅釋水：鉤盤。孫炎彼注云：水曲如鉤，流盤桓不直前也。書禹貢：織皮西傾因桓是來。鄭彼注云：桓是隴阪名，其道盤旋曲而上，故曰桓。此經盤桓，其義同也。二往居初，故得正。互坤爲民，故得民。艮爲宮，坤爲闔戶，初在艮坤下，不出戶庭，故利居貞。閔元年左傳曰：初，畢萬筮仕於晉，遇屯之比。辛廖占之曰：吉。屯固比入，吉孰大焉，其必蕃昌。震爲土，車從馬，足居之，兄長之，母覆之，衆歸之，六體不易，合而能固，安而能殺，公侯之卦也。故利建侯。君子慎密而不出，繫上文釋節初不出戶庭也。虞彼注云：二動坤爲密，體屯盤桓，利居貞，故不出。二失位，變正，節初即屯初，故彼此互相發也。

象曰：雖盤桓，志行正也。

荀爽曰：盤桓者，動而退也。謂陽從二動而退居初，雖盤桓，得其正也。【疏】動而退者，盤桓之象也。謂坎陽從二爻動而退居於初，雖有盤桓難進之象，然所居實得其正，上應坎爲志，震爲行，故曰志行正也。

以貴下賤，大得民也。

荀爽曰：陽貴而陰賤，陽從二來，是以貴下賤，所以得民也。【疏】陽貴而陰賤，漢書董仲舒傳文。陽貴爲君，陰賤爲民。陽從坎二來居於初，是以貴下賤也。坤爲

民所以得民也宣十二年左傳曰其君能下人必能信用其民矣是其義也初陽爲大故曰大得民也

六二屯如邅如荀爽曰陽動而止故屯如也陰乘於陽故邅如也【疏】陽動於下二應民以止之故有屯如難進之象二陰乘於初陽以柔乘剛故有邅如不行之象

乘馬班如虞翻曰屯邅盤桓謂初也震爲馬作足二乘初故乘馬班躓也馬不進故班如矣【疏】初剛難拔故屯邅盤桓皆謂初也震爲馬作足說卦文二乘初故有乘馬之象外遇坎險則躓故班訓躓也子夏傳曰班如相牽不進貌故以馬不進爲班如矣案鄭箴膏肓曰自天子以至大夫皆有畱車反馬之禮又士昏禮曰主人爵弁纁裳緇衣乘車從車二乘婦車亦如之此婦車出於夫家則士妻始嫁乘夫家之車也今以乘馬爲乘初者亦是乘初之車但二與初非昏因之正故云屯如邅如乘馬班如也

匪寇婚媾女子貞不字十年乃字虞翻曰匪非也寇謂五坎爲寇盜應在坎故匪寇陰陽德正故婚媾字姙娠也三失位變復體离离爲女子爲大腹故稱字今失位爲坤离象不見故女子貞不字坤數十三動反正离女大腹故十年反常乃字謂成旣濟定也【疏】匪非古今字二與五應故寇謂

五說卦坎爲盜故云坎爲寇盜應在坎故匪寇者下不得初則將上求五故止之言所求者非此寇也陰陽德正故婚媾者謂三變正二承之是陰陽德正而爲婚媾也說文字乳也故云字妊娠也三失位變復體离者復反也三本失位變正體反爲离也說卦曰离再索而得女謂之中女故离爲女子又离爲大腹故稱字爲妊娠也今三失位爲坤是离象不見故爲女子貞不字也坤數十者繫上地十癸數也故曰十年三動反正則爲离女大腹故十年反常則字乳也謂三正成既濟定者三反正則陰陽氣通成既濟六位定也愚案虞氏易例不以陰陽爻爲男女四求婚媾亦以三變體离言也但以字爲妊娠是已嫁非貞不字也曲禮曰女子許嫁笄而字字爲許嫁之義二不許初故不字

象曰六二之難乘剛也

崔憬曰下乘初九故爲之難也

疏 屯如邅如班如皆難進之象故曰六二之難以下乘初九之剛爲二之難故曰乘剛也

十年乃字反常也

九家易曰陰出於坤今還爲坤故曰反常也陰出於坤謂乾再索而得坎今變成震中有坤體故言陰出於坤今還於坤謂二從初即逆應五順也去逆就順陰陽道正乃能長養故曰十年乃字

疏 陰出於坤謂震坎之陰皆出於坤也乾再索而

得坎。坎二之初，變震，中互體坤。是陰出於坤，今還於坤，故曰反常也。但從初爲逆，應五爲順，去初之逆，就五之順，則二陰五陽，得中得正，反歸常道，乃能長養，故曰十年乃字。反常也。愚案：震反生爲反，世守爲常，歷坤十年乃字。於五陰陽正應，故反歸常道也。

六三：即鹿无虞，惟入于林中。虞翻曰：即，就也。虞謂虞人，掌禽獸者。艮爲山，山足稱鹿。鹿，林也。三變體坎，坎惟叢木，山下，故稱林中。坤爲兕虎，震爲麋鹿，又爲驚走，艮爲狐狼。三變，禽走入于林中，故曰即鹿无虞，惟入林中矣。

疏 即，就也，《說文》文。虞謂虞人，掌禽獸者，《周禮·地官》：山虞掌山林之政令，若大田獵，則萊山田之野，及弊田，植虞旗於中，致禽而珥焉，是也。鹿，王肅本作麓。《詩·大雅》"瞻彼旱麓"，《周語》引作"旱鹿"，是鹿、麓古字通也。《詩》毛傳云"麓，山足也"。三互艮，《說卦》艮爲山，三在艮下，故山足稱鹿也。鹿，林也者，《春秋》僖十四年"沙鹿崩"，《穀梁傳》"林屬於山爲鹿"，鹿與麓通也。三變，下體成坎，九家《說卦》坎爲叢棘，故坎爲叢木也。木在山下，故稱林中。《說卦》坤爲子母牛，獸兕似牛，《說文》"兕狀如野牛"。坤爲虎，說見乾卦"風從虎"，故坤爲虎兕。《說文》"麋，鹿屬"，《字統》"鹿性驚"。震，《說卦》辭曰"震驚百里"

故震爲麋鹿。京房易傳曰：震遂泥，厥咎國多麋。亦以震驚故致麋也。震驚且爲足，故又爲驚走。九家說卦曰：艮爲狐。埤雅：狼搏物，搏爲手擊，艮爲手，故爲狐狼。皆三未變時象也。坎爲叢棘，故爲林中。三變爲坎，則坤兕虎、震麋鹿、艮狐狼皆入坎林，故曰即鹿无虞，惟入于林中。

君子幾不如舍往吝

虞翻曰：君子謂陽已正位。幾，近。舍，置。吝，疵也。三應於上，之應歷險，不可以往。動如失位，故不如舍之，往必吝窮矣。

【疏】三變正，伏陽出，故稱君子也。幾近，釋詁文。杜注左傳使杜洩舍路云：舍，置也。即虞義也。繫上曰：悔吝者，言乎其小疵也。故云吝，疵也。三應在上，之往也。往應於上，則歷乎坎險矣，故不可往也。三動已正成既濟，往則動而失位，故不如舍之，不必往取吝窮也。

象曰：即鹿无虞，以從禽也。

案：白虎通云：禽者何？鳥獸之總名，爲人所禽制也。即比卦九五爻辭王用三驅失前禽是其義也。

【疏】釋鳥：二足而羽謂之禽，四足而毛謂之獸。此以禽獸分言也。白虎通曰：禽，鳥獸總名，言爲人禽制也。此言禽以該獸也。比九五曰：王用三驅失前禽，亦言禽而獸在其中也。他如大司馬大獸公之，小禽私之，禽獸互言也。大宗伯以禽作六摯，卿執羔，大夫執雁。曲禮：猩猩能言，不離禽獸。月令：戮禽，祭禽，皆禽

獸通言也以无虞而求上是從禽也非初之行正也案郭京周易舉正何以從禽也義亦通**君子舍之**

往吝窮也崔憬曰見動之微逆知无虞則不如舍勿往往必吝窮也【疏】繫下曰幾者動之微君子見幾即逆知无虞蓋三與上非正應故舍而不往以往必吝窮也

六四乘馬班如虞翻曰乘三也謂三已變坎爲馬故曰乘馬馬在險中故班如也或說乘初初爲建侯安得乘之也【疏】三已變成坎說卦坎其於馬也爲美脊故爲馬四在坎上故曰乘馬上坎下坎是爲險中故班如也或說乘初者初爲建侯初不拔則不應四故安得乘之然四與初應初震於馬爲善鳴則乘初義亦通初剛難拔故班如

求婚媾往吉无不利崔憬曰屯難之時勿用攸往初雖作應班如不進既比於五五來求婚男求女往吉无不利【疏】當屯難之代勿有所往初震作足雖作而與起上與四應然初剛難拔且四在坎險故有班如不進之象但四與五比五陽來求婚於四陰是男求女也故往吉无不利

象曰求而往明也虞翻曰之外稱往體离故明也【疏】之外稱往謂之五也五來求四是親迎也而四往焉是往之女家也

三已變正體离故明謂明於婚禮也

九五屯其膏　虞翻曰坎雨稱膏詩云陰雨膏之是其義也　疏　坎爲雨故稱膏陰雨膏之詩曹風文膏去聲與潤同義說卦雨以潤之故稱膏愚案坎雨膏象也互艮爲止故屯其膏

小貞吉大貞凶　崔憬曰得屯難之宜有膏澤之惠謂與四爲婚媾施雖未光小貞之道也故吉至於遠求嘉偶以行大正赴二之應冐難攸往固宜且凶故曰大貞凶也貞正也　疏　謂得屯難之宜者惟有膏澤之惠也五與四爲婚媾是有膏澤於近矣所施雖未光亦小貞之道故曰吉二與五應以屯膏之象遠求嘉偶以行大正之禮膏澤既不廣被而遠赴二應是冐屯難攸往雖宜且凶矣故曰大貞凶貞正也師象傳文　愚案辛廖之占以屯爲固者貞也卽貞固足以幹事也　屯六爻二五得中得正故二五言貞亦惟二五言屯二陰也陰稱小二乘初剛宜貞不字女子之貞也故小貞吉五陽也陽稱大五爲君位陷於陰中又互艮止位雖得正居上屯膏亦凶也故大貞凶孟康釋此爻云大貞君也遭屯難饑荒當開倉廩振百姓而反吝則凶得其解矣

象曰屯其膏施未光也　虞翻

曰陽陷陰中故未光也**疏**坎陽陷於陰中陽爲陰弇故未光愚案天施地生五陰主施爲艮所止故屯其膏离明爲光伏於坎下坎成离毁故未光也

上六乘馬班如虞翻曰乘五也坎爲馬震爲行艮爲止馬行而止故班如也**疏**乘五者乘剛也說卦坎美脊故爲馬震作足故爲行五互艮故爲止馬行而止故有班如之象

泣血漣如九家易曰上六乘陽故班如也下二四爻雖亦乘陽皆更得承五憂解難除今上无所復承憂難不解故泣血漣如也體坎爲血伏离爲目互艮爲手掩目流血泣之象也**疏**上乘五陽是亦乘剛故有班如之象二比初故乘初四應初亦乘初二與五應四上承五皆得陽爲援故憂解難除雖班如而无泣血漣如之象也今上乘五陽下无正應又上无所承獨陰无與又坎爲加憂是憂難不解所以泣血漣如也上體坎坎爲血卦伏离爲目五互艮爲手以手掩目而流血是泣血之象也桓寬鹽鐵論曰小人先合而後怍初雖乘馬後必泣血是其義也詩衛風泣涕漣漣即漣如之義說文引作𢘢如訓泣下蓋古今字

象曰泣血漣如何可長也虞翻曰謂三變時离爲目坎爲

血。震爲出。血流出目。故泣血漣如。柔乘於剛。故不可長也。**疏** 上與三應。三變正時。离爲目也。坎血卦。爲血。萬物出震爲出。血流出目。故曰泣血漣如。坤用六利永貞。柔承剛。故永。今柔乘剛。上无所承。故不可長也。

序卦曰。物生必蒙。故受之以蒙。蒙者。蒙也。物之穉也。 崔憬曰。萬物始生之後。漸以長穉。故言物生必蒙。○鄭元曰。蒙。幼小之貌。齊人謂萌爲蒙也。**疏** 崔注　屯十二月卦。故爲物之始生。蒙正月卦。故爲物之長穉。此物生必蒙而屯受以蒙也。　鄭注　書伊訓具訓于蒙士。故蒙幼小之貌。齊人謂萌爲蒙者。方言也。言蒙與萌通也。說文。萌。草生芽也。以明蒙有始生之義也。說文又云。穉。幼禾也。是物生之蒙也。詩衞風衆穉且狂。毛傳。穉。幼穉。是人生之蒙也。愚案。乾坤之後。剛柔始交。初交成震。再交成坎。三交成艮。故震坎合而爲屯。即坎艮合而爲蒙。此屯所以次乾坤。蒙所以次屯也。

䷃ 坎下 艮上

蒙亨。 虞翻曰。艮三之二。亨謂二。震剛柔接。故亨。蒙亨以通行時中也。干寶曰。蒙者。离宮陰也。世在四。八月之時降陽布德薺麥竝生而息來在寅故蒙於世爲八月於消息爲正月卦也正月之時陽氣上達故屯爲物之始生蒙爲物之穉也施之於人則童蒙也苟得其運雖蒙必亨故曰蒙亨此蓋以寄成王之遭周公也

疏 虞注四陰二陽之卦從臨觀來云艮三之二者據消息也坤入中宮以剛接柔而爲蒙革巽生姤成故蒙革旁通猶屯鼎也內艮三陽之二得中上應五陰所以亨行時中而謂二也二取互震接伏巽震剛巽柔乾坤交故亨也蒙之所以亨以艮三當行則通行於二以合時中也 干注 蒙爲商宮四世卦四陽變陰故云蒙者商宮陰也世月之例四世卦陰主八月陰在西也禮月令仲秋之月乃勸種麥蔡邕章句陽氣始胎於酉故八月薺麥應時而生廣雅太初之氣生於酉仲宋均云必知生八月仲者據此時薺麥生以爲驗也又漢書董仲舒雨雹對曰薺麥始生繇陽升也故云降陽布德薺麥竝生也消息蒙爲正月大夫值日卦故云息來在寅合八宮消息言之故云蒙於世爲八月於消息爲正月卦也正月之時陽氣上達者三陽息而成泰史記歷律書所謂引達於寅是也屯在十二月丑故爲物之始生蒙在正月寅故爲物之長穉施之於人則幼穉爲童蒙也童蒙在五則得其運矣故雖蒙必亨也此蓋以寄成

王之遭周公也者成王以幼冲之年居六五之位周公以陽剛之德居九二之中以聖臣而輔賢主卒致天下安寧刑措不用故曰蒙亨蒙二之能啟蒙亦猶屯初之能扶屯也

匪我求童蒙童蒙求我

虞翻曰童蒙謂五艮為童蒙我謂二也震為動起嫌求之五故曰匪我求童蒙五陰求陽故童蒙求我志應也艮為求二體師象坎為經謂禮有來學無往教

疏 五言童蒙故童蒙謂五艮為少男故為童蒙我謂二者二應五也二互震為動為起震長男坎中男嫌二求五之少男故曰匪我求童蒙五陰下求於二陽坎為志二應五故象曰童蒙求我志應也艮兌同氣相求故為求初至五有師象乾鑿度曰坎离為經震兌為緯六經取義於經緯故周書諡法曰經緯天地曰文故坎為經以經訓蒙為經師是童蒙求我也曲禮曰禮聞來學不聞往教故曰匪我求童蒙童蒙求我

初筮告再三瀆瀆則不告

崔憬曰初筮謂六五求決於九二二則告之再三瀆謂三應於上四隔於三與二為瀆故不告也瀆古黷字也

疏 初筮謂六五者五童蒙求我且得中也求決於九二者二正應五也二應五故告之三應上四隔三且應初皆與二為瀆故曰再三瀆二皆不應故不告也說卦坎為溝瀆故稱瀆

瀆古黷也者瀆黷古字通也賈逵國語注云黷媟也是瀆亦訓媟也。**利貞**虞翻曰二五失位利變之正故利貞蒙以養正聖功也。【疏】二陽五陰皆失正位利變而之正故曰利貞戒五不可過柔二不可過剛也如變之正則爲觀中正以觀天下是也孔疏云貞正也言蒙之爲義利以養正故彖云蒙以養正聖功也。

彖曰蒙山下有險險而止蒙侯果曰艮爲山坎爲險是山下有險險被山止止則未通蒙昧之象也。【疏】艮爲山說卦文坎象傳曰習坎重險也故爲險山上險下故曰山下有險坎險在前而艮以止之故云險被山止止則窮而未通故爲蒙昧之象王氏云退則困險進則閡山不知所適蒙之義也愚案山下有險先言山後言險卦象自上而下也險而止先言險後言止易氣皆自下生也餘卦倣此。**蒙亨以亨行時中也**荀爽曰此本艮卦也案二進居三三降居二剛柔得中故能通發蒙時令得時中矣故曰蒙亨以亨行時中也。【疏】荀注蒙自艮來故云此本艮卦也案艮二陰爻進居三陽位三陽爻降居二曰陰位以爻濟位而二又得中故云剛柔得中也得中則能通發六五之蒙昧使得時中之道故曰蒙亨以亨行時中也艮三時行則行。二由艮三下，故以亨行時中也。

匪我求童蒙，陸績曰：六五陰爻在蒙暗。蒙又體艮少男，故曰童蒙。疏 六五陰爻在蒙昧之中。上體艮，說卦曰：艮三索而得男，謂之少男，故曰童蒙。

童蒙求我志應也。荀爽曰：二與五志相應也。疏 二與五應，坎心爲志。志相通，故應也。

初筮告以剛中也。崔憬曰：以二剛中，能發於蒙也。疏 二以剛居中，剛則誨人不倦，中則立教不偏，故能告以啟蒙也。

再三瀆，瀆則不告，瀆蒙也。荀爽曰：再三，謂三與四也。皆乘陽不敬，故曰瀆。瀆不能尊陽，蒙氣不除，故曰瀆蒙也。疏 三與四比，下乘二陽。承陽則敬，乘陽則不敬。三、四皆不敬二，故曰再三瀆。二與三、四无應，故瀆則不告。黷媟則不尊陽。中庸曰：敬大臣則不眩。不敬則蒙氣不除，故曰瀆蒙也。

蒙以養正，聖功也。虞翻曰：體頤，故養。五多功，聖謂二。二志應五，變得正而亡其蒙，故聖功也。干寶曰：武王之崩，年九十三矣，而成王八歲。言天後成王之年，將以養公正之道，而成三聖之功。疏 虞注：二至上體頤象。序卦曰：頤者養也。頤象曰：養正則吉也。五多功，繫下文。聖謂二者，二坎心爲思，洪範曰：思曰睿，睿作聖，故聖謂二。二剛中，養蒙者也。二與五應，以二養五。五變得正。是養正也。養正則蒙亡矣。故為聖功。洪範又曰休徵曰聖時風若。咎徵曰蒙恒風若。是蒙與聖反。反蒙則為聖矣。故曰蒙以養正聖功也。干注禮記文王世子武王九十三而崩。家語武王崩成王年十有三而嗣。此云八年。又鄭康成以為十年。皆不審所出。言天所以後成王之年者。將以養天下公正之道而成周家三聖之功也。三聖謂文王武王周公也。

象曰。山下出泉蒙。虞翻曰。艮為山。震為出。坎泉流出。故山下出泉。疏 艮為山。說卦文。帝出乎震。故震為出。坎為水。故為泉。坎泉流出於山下。故曰山下出泉。王氏云。山下出泉。未知所適。蒙之象也。按禮緯斗威儀曰。君乘土而王。其政太平。則蒙水出於山。宋均彼注云。蒙小水也。出可為灌注。無不植也。小水可以灌注。猶童蒙可以作聖。是其義也。

君子以果行育德。虞翻曰。君子謂二。艮為果。震為行。育養也。二至上有頤養象。故以果行育德也。疏 君子謂二。二剛中也。說卦曰。艮為果蓏。故艮為果。又為堅多節。傳曰。致果為毅。亦取其堅也。震作足。為行。育養也。釋詁文。蒙似頤體。故象養。果行育德。所以養正也。

初六發蒙利用刑人用說桎梏以往吝虞翻曰：發蒙之正，初爲蒙始而失其位。發蒙之正以成兌。兌爲刑人。坤爲用。故曰利用刑人矣。坎爲穿木。震足艮手。互與坎連。故稱桎梏。初發成兌。兌爲說。坎象毀壞。故曰用說桎梏之應歷險。故以往吝。吝，小疵也。

【疏】虞繫注云：發，動也。初居蒙始，陰爲失位，動陽得正成兌。兌正秋也。周禮天官小宰：五日秋官，其屬六十，掌邦刑，故兌爲刑。又兌折震足，爲見刑斷足者，故爲刑人。致役乎坤，故坤爲用。利用刑人之義取此也。坎穴震木，故坎爲穿木。郎九家說卦坎爲桎梏之義也。震爲足，艮爲手。說文：桎，足械也；梏，手械也。上四爻皆待發蒙，下繫於二，故互與坎連，稱桎梏也。初動成兌，說卦：兌，說也，故爲說。此讀若脫。蓋說、脫皆从兌，故說與脫通。變兌則坎象毀壞，故曰用說桎梏。蓋二用初脫上四爻之桎梏也。四當求初，初不當往四，若歷坎險以往，必吝。繫上曰：悔吝者，言乎其小疵也。故云吝，小疵也。

象曰：利用刑人，以正法也。虞翻曰：坎爲法。初發之正，故正法也。干寶曰：初六戊寅，平明之時，天光始照，故曰發蒙。此成王始覺周公至誠之象也。坎爲法律，寅爲貞廉，以貞用刑，故利用刑人矣。此成王將正四國之象也。說，解也。正四國之罪，宜釋

周公之黨故曰用說桎梏既感金縢之文追恨昭德之晚故曰以往吝初二失位吝之由也

【疏】虞注九家說卦曰坎爲律爾雅釋言曰坎律銓也樊光彼注云坎卦水水性平律亦平銓亦平也坎爲水故古刑法讞之字皆从水法律同義法平如水故云坎爲法初陰失位發動得正故曰以正法也　干注此火珠林法也蒙內體坎坎初納戊寅故云初六戊寅也說文注云寅東方之神祭義曰日出於東是日出寅方正平明之時天光始照萬物皆見昧者悉明故曰發蒙書金縢王執書以泣曰其勿穆卜昔公勤勞於王家惟予沖人弗及知今天動威以彰周公之德與發蒙之義相符故云此成王始覺周公至誠之象也坎爲法律釋巳見上寅爲貞廉者前漢書翼奉傳曰南方之情惡也惡行廉貞寅午主之孟康彼注云南方火火生於寅盛於午火性炎猛無所容受故爲廉貞奉又曰情得公正貞廉張宴彼注云戌爲公正寅午爲貞廉是其義也傳與注並前作廉貞後作貞廉今術家作廉貞此注作貞廉文異義同也貞正也以正用刑故利用刑人金縢曰周公居東二年則罪人斯得與以貞用刑之象相符故云此成王將正四國之象也說文解捝也捝亦作說通作脫故云說解也正四國之罪者正四國流言之罪釋周公之

黨者，釋周公辟東之黨與。用說桎梏之意相符，故云用說桎梏。既感金縢之文者，書金縢主與大夫盡弁以啟金縢之書，乃得周公所自以爲功代武王之說是也。追恨昭德之晚者，即昔公勤勞王家，惟予沖人弗及知是也。已往多咎，故曰以往吝。初陰二陽，皆失正位，致吝之由也。

九二：包蒙，吉。納婦吉，子克家。象曰：子克家，剛柔接也。

虞翻曰：坤爲包。應五據初，初與三、四同體，包養四陰，故包蒙吉。震剛爲夫，伏巽爲婦，二以剛接柔，故納婦吉。二稱家，震長子主器者，納婦成初，故有子克家也。

【疏】包从勹从巳。說文：包象人褱妊，巳在其中，象子未成形也。二變成坤，說卦曰：坤爲母爲腹，巳爲母腹包藏，故坤爲包。二上應五，下據初，初與三、四同爲陰體。二本剛中，過剛則无包涵之量，變陰濟陽，故能包養四陰，是寬柔以教而獲包蒙之吉也。震剛長男爲夫，伏巽長女爲婦。蓋蒙旁通革，革坤成乾，二巽姤下，由蒙二接之，故九二有伏巽爲震婦也。二以震剛接巽柔，故納婦吉也。二稱家者，乾鑿度曰：二爲大夫。鄭注禮記云：大夫稱家。又在內卦，曰家人內也，故知二稱家。震爲長子主器者也。納婦成初者，謂初已發成陽之正，二伏巽出

成陰得正使初成震爲子故曰子克家象曰剛柔接也者明二納巽初乃成震也

六三勿用娶女見金夫不有躬无攸利虞翻曰謂三誠上也金夫謂二初發成兌故三稱女兌爲見陽稱金震爲夫三逆乘二陽所行不順爲二所淫上來之三陟陰故曰勿用娶女見金夫矣坤身稱躬三爲二所乘兌澤動下不得之應故不有躬失位多凶故无攸利也

疏謂三者女謂三也誠上也者三與上應三不正故誠之也金夫謂二者二震爲夫也初不正發動已成兌兌爲少女故三稱女也雜卦曰兌見而巽伏故兌爲見也兌之陽爻本自乾來說卦曰乾爲金故云陽爲金又兌西方正秋亦爲金震男爲夫而又兼乾陽故稱金夫三兌逆說乘於二陽是所行不順坎水爲淫兌逆說之故爲二所淫上九謂二爲惡者以此也釋詁陟陞也三上皆不正上來之三將欲墜陰乃陰不應上而比二故曰勿用娶女見金夫矣坤在地成形故爲身稱躬三爲二所乘震乘兌也兌爲澤澤性就下震又動之故云兌澤動下就下則不得之應於上也之上成坤不之則失坤體故曰不有躬繫下曰三多凶六居三爲失位多凶故无攸利也

象曰勿用娶女行不順也

虞翻曰：失位乘剛，故行不順也。【疏】六居三，陽爲失位。三乘二，陽爲乘剛。震爲行，坤爲順。三逆從二，行不應上，故曰「行不順也」。

六四：困蒙，吝。象曰：困蒙之吝，獨遠實也。王弼曰：陽稱實也。獨遠於陽，處兩陰之中，闇莫之發，故曰困蒙也。困於蒙昧，不能比賢以發其志，亦鄙矣，故曰吝。【疏】陽實陰虛，故陽稱實也。陽實謂二，有剛中之德。四獨遠之，處於三五兩陰之間，又初无正應，故闇莫之發，所以爲困蒙也。困於蒙昧之中，不能比於二賢以發動其志，鄙吝之甚也。論語曰：「困而不學，民斯爲下矣。」是其義也。又艮伏兌，兌上坎下，其體爲困，故曰困蒙。柔之爲道，不利遠者。四獨遠陽，故困也。

六五：童蒙，吉。虞翻曰：艮爲童蒙，處貴承上，有應於二，動而成巽，故吉也。【疏】艮少男，故爲童蒙。居五爲處貴，比陽爲承上。二五皆失正，二動包五，五下應之，動而成巽，得中得正。巽象傳曰「剛巽乎中正而志行」，故吉。**象曰：童蒙之吉，順以巽也。**荀爽曰：順於上，巽於二，有似成王任用周召也。【疏】互坤爲順，以承上。故曰順於上。變而爲巽，以應二，故曰巽於二。五，艮，以童稺之年，居於尊位，委任於二，君師於臣，反蒙爲聖，故曰吉，似成王任用周召也。

上九：擊蒙，不利爲寇，利禦寇。虞翻曰：體艮爲手，故擊。謂五已變，上動成坎，稱寇，而逆乘陽，故不利爲寇矣。禦，止也。此寇謂二，坎爲寇，巽爲高，艮爲山，登山備下，順有師象，故利禦寇也。疏 艮爲手，說卦文。爲手，故擊。三行不順，與二坎同體，故擊之。五已變陽，上動爲陰，則成坎矣。坎爲盜，故稱寇。五變上動，乘之，是逆乘陽也，故不利爲寇矣。釋詁曰：禦，禁也。禁有止義，故云禦止也。此寇謂二者，二坎爲寇盜也。三應上，爲二所淫，故二爲寇。巽爲高，艮爲山，皆說卦文。登山謂上，備下謂二。互坤爲順，初至五體師，故云順有師象，順在下，故利禦寇。

象曰：利用禦寇，上下順也。虞翻曰：自上禦下，故順也。疏 自上禦下，中歷坤順，故曰上下順也。

序卦曰：物稺不可不養也，故受之以需。需者，飲食之道也。

干寶曰：需，坤之遊魂也。雲升在天，而雨未降，翱翔東西，須之象也。王事未至，飲宴之日也。夫坤者，地也，婦人之職也。

百穀果蓏之所生禽獸魚鼈之所託也而在遊魂變化之家卽烹爨腥實以爲和味者也故曰需者飲食之道也

疏 需坤宮第七卦四不變是坤之遊魂也京房易傳曰夬剛決柔陰道滅五陽務下一陰危上將反游魂陸續彼注云夬五世六位周而復始爲游魂至九四成陰人坎爲需是其義也說卦曰坤也者地也萬物皆致養焉故物稱不可不養而受之以需以需自坤變也上坎爲雲升在天上而雨猶未降翱翔東西回旋不定其象爲須須者待也乾爲君故爲玉坤爲事王事未至卽需在天而雨未降之象也王事未至則從容俯仰可以飲食宴樂之日也坤地道也妻道也故曰婦人之職也地養萬物故云百穀果蓏之所生禽獸魚鼈之所託也在遊魂變化之家者謂需也需初至五有鼎象鼎主烹飪腥謂禽獸魚鼈實謂百穀果蓏烹爨腥實以爲和味婦人之職也養受以需卽坤變爲需之義坤變爲需卽地生物而婦司中饋之義需者飲食之道所以養物者也

☰ 乾下
☵ 坎上

需有孚光亨貞吉 虞翻曰大壯四之五孚謂五离日爲光四之五得位正中故光亨貞吉謂壯于

大轝之輹也。【疏】二陰四陽之卦自大壯來。故云大壯四之五也。陽在二五稱孚。坎為孚。故云孚謂五也。五之四互離日為光。大壯四失位。之五得位正而且中。坎通為亨。四互離光。故光亨。五得正。故貞吉也。謂壯于大轝之輹也者。輹當為腹。大壯九四貞吉悔亡壯于大轝之腹。虞彼注云失位悔也。之正得中。故貞吉而悔亡矣。坤為大轝為腹。四之五折坤。故壯于大轝之腹。卽此需五貞吉之義也。

利涉大川何妥曰。大川者大難也。須之待時本欲涉難。既能以信而待。故可以利涉大川矣。【疏】說卦曰坎為溝瀆。考工記曰匠人為溝洫專達於川。宣十二年左傳曰川壅為澤。杜彼注云坎為川。是坎為大川也。謂大川為大難者。以坎險在前也。乾知險而不遽進。故云須之待時。所以然者未嘗須臾忘涉難也。故云本欲涉難。需而有孚。故云能以信而待。惟正故吉。故可利涉大川也。所謂伏忠信以涉波濤者此也。

彖曰需須也險在前也何妥曰。此明得名由於坎也。坎為險也。有險在前。不可妄涉。故須待時然後動也。【疏】卦名為需。由坎得名也。釋詁須待也。需之為言待也。故曰需須也。雜卦曰需不進也。虞彼注云險在前也故不進即須義也習坎重險故坎爲險也卦以外爲前故曰險在前也有險在前故不可妄涉需者須也故須待時而動又京房易傳曰需雲上於天凝於陰而待於陽故曰需者待也三陽務上而隔於六四陸彼注云外卦坎水爲險亦陰稱血也義亦可從

剛健而不陷其義不困窮矣侯果曰乾體剛健遇險能通險不能險義不窮也【疏】乾文言曰大哉乾乎剛健中正故云乾體剛健也說卦曰坎陷也繫下曰乾天下之至健也德行恒易以知險需時而升所以遇險能通險不能陷其義自不困窮也不能險之險當作陷

需有孚光亨貞吉位乎天位以正中也蜀才曰此本大壯卦也案六五降四有孚光亨貞吉九四升五位乎天位以正中也【疏】需自大壯來故云此本大壯卦也大壯六五降四體坎有孚互离爲光所以有孚光亨貞吉九四升五五爲天位位乎天位既正且中宜其光亨貞吉也

利涉大川往有功也虞翻曰謂二失位變而涉坎坎爲大川得位應五故利涉大川五多功故往有功也【疏】二以陽居陰爲失位變而之正互坎應坎爲涉坎坎爲大川二變得位上應乎五故曰利涉大川五多功下繫文之外稱往二往應

五，故曰往有功也。

象曰：雲上于天，需。宋衷曰：雲上于天，須時而降也。【疏】上坎爲雲，乾爲天。六四曰出于穴，是雲上于天之象也。上六入于穴，是待時而降爲雨也。

君子以飲食宴樂。虞翻曰：君子謂乾。坎水兌口，水流入口爲飲，二失位變體噬嗑爲食，故以飲食。陽在內稱宴，大壯震爲樂，故宴樂也。【疏】君子謂乾者，乾陽爲君子也。外坎爲水，互兌爲口，水流入口，飲象也，故曰飲。二失位變之正，初至五體象噬嗑，雜卦曰噬嗑食也，故曰食。於文，日在安內稱宴，故云陽在內稱宴。今乾陽在內，故曰宴也。卦自大壯來，大壯震陽和，陽象春，故知震爲樂。天須雲降爲雨，以養物；人需飲食宴樂，以養身。故曰雲上于天，需，君子以飲食宴樂。

初九：需于郊，利用恒，无咎。干寶曰：郊，乾坎之際也。既已受命進道，北郊未可以進，故曰需于郊。處不避汙，出不辭難，臣之常節也。得位有應，故曰利用恒。雖小稽留，終於必達，故曰无咎。【疏】乾西北，坎正北，乾與坎接，故乾坎之際爲郊。乾陽主進，大壯震大塗爲道。初變巽爲命，故云受命進道。既已受命進道，即可由西北以進於北然坎險在前未可遽進雜卦曰需不進也故必需于郊以待之處所當處非避污也出所當出非辭難也待時而進人臣之常節常者恒也初陽得位四爲正應久以待之无不利也故曰利用恒雖遲迴不進小有稽留然終於必達故无咎也愚案初與四應初需四郊謂四也三與四接亦乾坤之際爲郊也釋地邑外謂之郊乾爲內乾之外即郊故知郊謂四也需于四者以坎在前也需爲坤之游魂坤致役爲用自大壯來初變爲恒故曰利用恒四應初得位承五需之得其地也故曰无咎

象曰需于郊不犯難行也利用恒无咎未失常也王弼曰居需之時最遠於險能抑其進不犯難行雖不應幾可以保常故无咎

疏 需初最遠於難需于郊是能抑其進不犯難而行也雖非應幾亦可保常故无咎愚案坎之難在五初需於四而不進是不犯難行也初變失位是失常宜有咎然上居於四爲得位是未失常道故无咎說文恒常也故經言恒傳言常也

九二需于沙小有言終吉虞翻曰沙謂五水中之陽稱沙也二變之陰稱小大壯震爲言兌爲口四之五震象半見故小有言二變應之故終吉

疏 二需五五故沙謂五也五爲水中之陽陽剛故稱沙也

二變爲陰泰曰小往大來否曰大往小來故知陰稱小也大壯震善鳴爲言四體兌故兌爲口四雖之五震象半見又互兌口兌少女亦爲小故小有言五陽在外二變陰以應之得中得正故終吉也

象曰需于沙衍在中也

虞翻曰衍流也中謂五也荀爽曰二應於五水中之剛故曰沙知前有沙漠而不進也體乾處和美德優衍在中而不進也

疏

虞注 說文衍水朝宗于海也从水从行故云衍流也二與五應故中謂五也謂五有中德流澤於二也愚案穆天子傳天子乃遂東征南絕沙衍水中有沙者曰沙衍需于沙者以沙衍在五中也荀注 二與五應坎五在中其剛象沙故曰沙需于沙者知前有沙漠而不進也內體爲乾處中爲和是美德優衍在中不進之象也優衍與游衍同詩大雅昊天曰旦及爾游衍游衍自恣之意也

雖小有言以吉終也

荀爽曰二與四同功而三據之故小有言乾雖在下終當升上二當居五故終吉也

疏

二與四同功繫下交韓彼注云同陰功也四兌爲口舌而三據其閒四陰稱小故小有言乾雖在下終當升上者陽主升也二雖得中其位不正升居於五則中且正矣故終吉也

九三需于泥致寇至荀爽曰親與坎接故稱泥須止不進不取於四不致寇害疏乾上接坎下故云親與坎接坎爲水泥在水旁故稱泥乾知險阻故須止不進三應在上故不取於四坎爲盜故爲寇三近四雖有寇至然需而不進故不爲害也

象曰需于泥災在外也崔憬曰泥近乎外者也三逼於坎坎爲險盜故致寇至是災在外也疏泥在外卦而近乎三者也三與坎逼坎爲險又爲盜故有致寇至之象又虞義坎爲災坎在外故曰災在外也

自我致寇敬慎不敗也虞翻曰离爲戎乾爲敬陰消至五遯臣將弑君四上壯坤故敬愼不敗疏釋文鄭本王肅本寇作戎虞云离爲戎知虞本亦作戎也說卦离爲甲胄爲戈兵故爲戎乾陽剛之德且惕厲故爲敬陰消至五遯臣將弑君者消息之卦遯反大壯大壯乾四失位爲陰所傷遂進不需則陰消至五而反遯故有臣弑君之象也四上壯坤者四上之五折坤爲坎壯于大輿之腹則不反遯也三居乾上卽乾三君子終日乾乾夕惕若厲无咎故敬愼不敗也

六四需于血出自穴案六四體坎坎爲雲又爲血卦血以喻陰陰體卑弱宜順從陽故曰需于

血　九家易曰雲從地出上升于天自地出者莫不由穴故曰需于血出自穴也

疏案　四坎體下也上坎為雲坎為血卦故有血象六陰爻四陰位故血以喻陰陰以卑弱之體故宜順從於五陽需于血者彔順而能待者也　九家注　坎為坎窞其象為穴乾二之坤五為坎故云雲從地出上升于天僖三十一年公羊傳曰觸石而出膚寸而合故云自地出者莫不由穴也愚案四欲進居於五貴彔順以待不可急也需于血者待以彔順也坎下口開者為穴四未之五為震震為出故曰出自穴既出自穴已有進五之勢然進不遽進故曰需于血出自穴

象曰需于血順以聽也王廙曰穴者陰之路也四處坎始居穴者也九三剛進四不能距見侵則避順以聽命也　九家易曰雲欲升天須時當降順以聽五五為天也

疏王注　孔疏凡孔穴穿道皆是幽隱故云陰之路也又云處坎之始是穴居者也三來逼已四不能距故出此浙居之穴以避之但順以聽命而得免咎也故象曰需于血順以聽命也　九家注　雲出自穴已有升天之勢須時即降當有為雨之期然需于血則彔順而聽命於五升不遽升也五為天者五為天位也乾入坤成坎順者坤之陰也聽者坎為耳也

九五需于酒食貞吉荀爽曰五互离坎水在火上酒食之象需者飲食之道故坎在需家爲酒食也雲須時欲降乾須時當升五有剛德處中居正故能帥羣陰舉坎以降陽能正居其所則吉故曰需于酒食也

【疏】五互离火坎水在离火之上且鼎象半見故有酒食之象需者飲食之道序卦文惟需有飲食之道而坎又爲水故知坎在需家爲酒食也上坎爲雲待時將降於下下乾爲天待時當升於上五有陽剛之德處中居正爲坎之主故能帥上四二陰舉坎以降于二二陽卽隨乾以升居於五正而得所故需于酒食貞吉此以內外卦爲升降與應交爲升降者爻一例也案五與二應五需於二二變正以應五則體象噬嗑故有酒食之象需須也酒食享食之禮禮速客之辭曰主人須矣五爲卦主需二變爲食上需於下下應於上二升居五得正故吉也

象曰酒食貞吉以中正也九家易曰謂乾二當升五正位者也盧氏曰沈湎則凶中正則吉也

【疏】九家注　二應五故升居於五五惟中正故二變應之也盧注　書泰誓沈湎冒色沈湎謂溺於酒也溺於酒則凶得乎中正則吉也

上六入于穴荀爽曰需道已終雲當下入穴也雲上升極則降而爲雨故詩云朝隮于西崇朝其雨則還入地故曰入于穴雲雨入地則下三陽動而自至者也【疏】爻終於上故云需道已終升極必降故云雲當入穴朝隮于西崇朝其雨詩鄘風文隮言升雨言降也升極則降而爲雨如詩言是也既雨則還入地如入于穴是也雲雨下入於地則下三陽動而自至故言不速之客三人來也有不速之客三人來敬之終吉荀爽曰三人謂下三陽也須時當升非有召者故曰不速之客焉乾升在上君位以定坎降在下當循臣職故敬之終吉也【疏】馬融云速召也乾稱人故三人謂下三陽也上與三應初二同乾體乾性本升不待召而自來故曰不速之客乾三俱升二居天位故云君位以定坎降居下二變爲坤坤臣道也故云當循臣職乾爲敬故敬之終吉也愚案五爻皆需終則无所需矣故不言需坎口在上亦爲穴上變巽爲入故曰入于穴上與三應陰降則陽升初二同稟乾陽爲入內卦同升於外故有不速之客三人來變巽爲恭故敬之終吉也象曰不速之客來敬之終吉雖不當位未大失也荀爽曰上降居三雖不當位承陽有

實故終吉无大失矣【疏】上降居三是陰居陽也故不當位然上之三則三亦之上矣九之上六承之是能敬上者也陽實陰虛故云承陽有實不當位宜有失承陽能敬則无大失矣論語曰君子敬而無失是其義也

周易集解纂疏卷四

受業從姪守勳謹之校

周易集解纂疏卷五

唐李鼎祚集解　安陸李道平遵王纂疏

序卦曰：飲食必有訟，故受之以訟也。鄭元曰：訟猶爭也，言飲食之會恒多爭也。

疏 說文：「訟，爭也。」故云「訟猶爭也」。禮運曰：「飲食男女，人之大欲存焉。」有欲則爭，故飲食之會恒多爭也。樂記曰：「夫豢豕為酒，非以為禍也，而獄訟益繁，則酒之流生禍也。」此飲食必有訟，故受之以訟也。

䷅ 坎下乾上

訟有孚，干寶曰：訟，離之遊魂也。離為戈兵，此天氣將刑殺，聖人將用師之卦也。訟，不親也。兆民未識天命不同之意。荀爽曰：陽來居二而孚於初，故曰「訟有孚」也。

疏 干注：訟四不變，是離宮遊魂卦也。「離為戈兵」，說卦文。四世陰卦主八月，故云「此天氣將刑殺」。下象注云「武王觀兵」，故云「聖人將用師之卦也」。「訟，不親也」，雜卦文。二變正坤為民。外乾為天。互巽為命。說卦又曰。同人親也。訟下坎反离為同人。同人离宮歸魂卦也。同人親而訟不親。訟則不同。故未識天命不同之意也。荀注四陽二陰之卦。自遯來。三陽來居於二而孚於初陰。陰陽相感。故曰訟有孚。坎為孚。故曰有孚也。

窒惕中吉

虞翻曰。遯三之二也。孚謂二。窒塞止也。惕懼二也。二失位。故不言貞。遯將成否。則子弒父。臣弒君。三來之二得中。弒不得行。故中吉也。

【疏】遯三之二者。訟自遯來也。孚謂二者。坎卦辭曰。坎有孚。以二中實也。說文。窒塞也。塞有止義。故云塞止也。艮土下塞坎水。止遯不成否也。坎為加憂。故為惕。懼二也者。懼坎險也。二失位不正。故不言貞。遯消二及三則成否矣。有弒父弒君之象。今三之二得中有孚。消不成否。弒不得行。故中吉也。

終凶

虞翻曰。二失位。終止不變。則入於淵。故終凶也。

【疏】二陽失位。止而不變。初在坎水。故為淵。不變自初始。陷于坎險。故入于淵。所以終凶也。

利見大人不利涉大川

侯果曰。大人謂五也。斷決必中。故利見也。訟是陰事。以險涉險。故不利涉大川。

【疏】五位天子。故知大人謂五也。二四爭三。故二與四訟。諸爻不正。惟五有剛健之德。居上正中。故斷決必中。下互离為目。故利見九五大人。訟是陰險之事。坎為

險爻爲大川以險涉險故不利涉大川也

彖曰訟上剛下險險而健訟 盧氏曰險而健者恒好爭訟也【疏】上剛乾也下險坎也內險而外健好訟之象也

訟有孚窒惕中吉剛來而得中也 蜀才曰此本遯卦也案二進居三三降居二是剛來而得中也【疏】卦自遯三之二在內曰來二位得中故曰剛來而得中也

終凶訟不可成也 王肅曰以訟成功者終必凶也　王弼曰凡不和而訟无施而可涉難特甚焉唯有信而見塞懼者乃可以得吉也猶復不可以終中乃吉也不閉其源使訟不至雖每不枉而訟至終竟此亦凶矣故雖復有信而見塞懼猶不可以爲終故曰訟有孚窒惕中吉終凶也无善聽者雖有其實何由得明而令有信塞懼者乃得其中吉必有善聽之主焉其在二乎以剛而來正夫羣小斷不失中應其任矣　案夫爲訟善聽之主者其在五焉何以明之案爻辭九五訟元吉王氏注云處得尊位爲訟之主用其中正以斷枉直即象云利見大人倘中正是其義也九二象曰不克訟歸逋竄也自下訟上患至掇也九二居訟之時自救不暇訟既不克懷懼逃歸僅得免其

終凶禍豈能爲善聽之主哉年代緜流師資道喪恐傳寫字誤以五爲二後賢當審詳之也

【疏】王注爻終於上上九曰或錫之盤帶卽以訟成功也終朝三褫之卽終必凶也愚案失位不變故訟成也卦唯九五得正餘爻皆不正初變正則不永所事二變正則无眚三變正則食舊德四變正則安貞吉以四承五三與五同功二應五初應四以承五五爲聽訟之主訟不可成故皆利變之正上九乘陽亢而不變不變則訟成矣受服終掩故終凶也 王注 孔疏无施而可者言若性好不和又與人鬭訟卽无處設施而可言所往之處皆不可也涉難特甚焉者言好訟之人習常施爲已且不可若更以訟涉難其不可特甚焉故云涉難特甚焉中乃吉者謂此訟事以中途而止乃得吉也不閉其源使訟不至者若能謙虛退讓與物不競卽此是閉塞訟之根源使訟不至也今不能如此是不閉塞訟源使訟得至也雖每不枉而訟至終竟者謂每雖訴訟陳其道理不有枉曲而訟至終竟此亦終矣愚案无善聽者以下孔不釋者以善聽之主非二故不釋也善聽當主九五故李氏詳辯之 案 五得中得正剛而能斷故爲善聽之主二雖得中而不得正僅能无眚而已未足爲聽訟之主也且以王注九五訟元吉證之二爲五之誤无

疑蓋餘爻皆失位不親故爭而成訟唯五剛而得中故云以剛而來正夫羣小斷不失中應其任矣**利見大人尚中正也**荀爽曰二與四訟利見於五五以中正之道解其訟也【疏】二與四同功不正故訟體离故利見大人五中且正善聽之主比四應五故能解二四之訟也**不利涉大川入于淵也**荀爽曰陽來居二坎在下為淵【疏】遯三陽來居於二成坎坎水在下為淵互巽為入故曰入于淵也

象曰天與水違行訟荀爽曰天自西轉水自東流上下違行成訟之象也【疏】王充論衡曰天門在西北文日月星辰隨天而西移行遲天耳故云天自西轉孫卿子曰孔子見大水必觀焉曰發源必東似志故云水自東流上乾下坎東西違行猶人彼此乖違故云成訟之象也**君子以作事謀始**虞翻曰君子謂乾三來變坤為作事坎為謀乾知大始故以作事謀始干寶曰省民之情以制作也武王故先觀兵孟津蓋以卜天下之心故曰作事謀始也【疏】虞注君子謂乾三者遯不消否而三陽之二成訟蓋艮三自乾來也來變坤為作事者變遯成坤坤為事故以作事坎為謀者洪範謀屬水坎為水又為心故為謀乾知大始繫下文故以

作事謀始者始以乾健與坎險違行所以有訟若以坎之險變而爲謀乾之健變而知始則由西而北乾坎順行故作事謀始則訟端自絶坎則止之於中亦吉若成之於終則凶矣　干注察民情之向背以定制作言慎始也復引武王之事以明之者節大刑用甲兵之意也武王將伐商紂先觀兵于孟津以卜天下之心諸侯不期而會者八百國然後陳師牧野是作事謀始之大者也

初六不永所事小有言終吉　虞翻曰永長也坤爲事初失位而爲訟始故不永所事也小有言謂初四易位成震言三食舊德震象半見故小有言初變得正故終吉也【疏】永長也釋詁文坤爲事謂遯變坤也初失位故爲訟始變之正故不永所事也初與四應易位成震震聲爲言三合二震象半見故曰小有言初變得正其卦爲履履者禮也曲禮曰分爭辨訟非禮不決故雖小有言終吉也又變兌爲口爲小故小有言二動應五三食舊德兌象毁壞故終吉也

象曰不永所事訟不可長也雖小有言其辯明也　盧氏曰初欲應四而二據之蹔爭事不至永雖有小訟訟必辯明故終吉【疏】初與四爲正應

而二據之與四釁爭事不至永故曰訟不可長也坤初曰由辯之不早辯也雖小有訟初變兌口能辯四互离爲明故曰其辯明也辯之早且明故終吉矣

九二不克訟歸而逋虞翻曰謂與四訟坎爲隱伏故逋乾位剛在上坎濡失正故不克也【疏】謂與四訟者坎之險在二乾之健自四始也坎爲隱伏說卦文隱伏故逋乾五剛而得位坎陽居陰濡溺失正故不克也 愚案書泰誓多罪逋逃漢書匈奴傳贊遂逃竄伏是逋與遯同義遯三之二成訟二歸於三則仍成遯矣故曰歸而逋

其邑人三百戶无眚虞翻曰眚災也坎爲眚謂二變應五乾爲百坤爲戶三爻故三百戶坎化爲坤故无眚【疏】書舜典眚災肆赦故云眚災也說卦坎爲多眚故云坎爲眚二變正上應五外乾內坤乾爲百者三爻之册皆三十六略其奇八以就盈數故稱百也坤爲戶者乾門坤戶陰陽大小異名也三爻謂內三爻坤三爻故稱三百戶坎多眚化坤之正坤成坎毀故无眚也 案乾鑿度二爲大夫孔疏三百戶者鄭注禮記云小國下大夫之制又云小國之下大夫采地一成其定稅三百家故三百戶也又案二剛變柔不與五敵故曰不

克訟，二爲大夫，不敢據邑以叛，故曰歸而逋。二變化坎爲坤，二爲邑主，二无眚則邑人亦无眚，故曰其邑人三百戶无眚。

象曰：不克訟，歸逋竄也。荀爽曰：三不克訟，故逋而歸坤，稱邑。二者邑中之陽人，逋，逃也，謂逃失邑中之陽人。【疏】三失位，故不克訟，逋而歸也。坤爲地，故稱邑。乾陽爲人，二坎陽自乾來，故爲邑中之陽人。泰誓「多罪逋逃」，文六年左傳「董逋逃」，皆逋逃連文，故云逋逃也。變坤成險，則逃失邑中之陽人矣，故曰歸逋竄也。

自下訟上，患至掇也。荀爽曰：下與上爭，即取患害，如拾掇小物而不失也。坤有三爻，故云三百戶无眚。二者下體之君，君不爭則百姓无害也。【疏】以下訟上，尊卑失序，其取患害如掇小物，言至易也。坤有三爻，故云三百戶者，坤爲邑，且爲戶也。二主下體，主不爭於上，則邑民不災於下也。

六三：食舊德，貞厲，終吉。虞翻曰：乾爲舊德，食謂初四，二已變之正，三動得位，體噬嗑食，四變食乾，故食舊德。三變在坎，正危貞厲，得位故終吉也。【疏】繫上曰「可久則賢人之德」，謂乾也。訟乾即遯乾，故爲舊德。食謂初四者，初與四易位，則食乾也。初四已易位，二變正爲陰，三動得位爲陽，是體象噬嗑食也。四變食乾者，四變則乾體壞如日有食之月有食之故云食乾也乾鑿度曰三爲三公食舊德食父故祿也乾爲父三失位動而承乾有食舊德之象二四之正三體變坎雖正而危是貞厲也變得位故終吉也

或從王事无成

虞翻曰乾爲王二變否時坤爲事故或從王事道无成而代有終故曰无成坤三同義也

疏 乾爲君故爲王二變成否體坤坤發事業故爲事坤臣上承乾君故言或從王事也道上脫地字當從坤文言地道无成而代有終也故曰无成云坤三同義也者坤三發成泰乾爲王坤爲事震爲從地道无成而代有終故曰或從王事无成有終坤三以泰從王事此以否從王事皆爲地道故義同彼發而從王事故有終此未動故但言无成變而終吉則亦有終也四已易二未正三亦有震象故亦言從也　愚案三上皆不得位雖爲不義之應然陰陽相從上不侵三故三得食遯乾舊德二无正應幾不保其邑人三有正應故能食其舊德若變而之正不與上應雖危亦吉故曰貞厲終吉也但變正從乾或有王事亦當守柔順之道與坤三同位故與坤三同辭不言有終訟不可終也

象曰食舊德從上吉也

侯果曰雖失其位專心應上故能保全舊恩食舊德者也處兩剛之間而皆近不能相得乘二負

四正之危也剛不能使故終吉也【疏】以陰居陽三雖失位然與上爲正應專心從上故能保全舊恩而食舊德也處二四兩剛之間位相逼而不相拔下乘上負勢亦危矣然正應於上故云正之危也上有正應二四兩剛自不能使故終吉也

九四不克訟復即命渝安貞吉虞翻曰失位故不克訟渝變也不克訟故復位變而成巽巽爲命命故復即命渝動而得位故安貞吉謂二已變坤安也【疏】二與四皆失位故皆不克訟也渝變也釋言文惟不克訟故復其本位變陰成巽巽彖傳曰重巽以申命故巽爲命令也復即命渝者即就也與初易位體復故復即命渝也動而得位者動變爲陰得正位也故安貞吉者貞正也安乎正則吉也二已變四又變則體坤坤爲土故爲安坤卦辭曰安貞吉是也

愚案二不克訟者二爲坎土變其險故上不逼五也四爲乾始變其健故下不陵初也復其陰位則就乎巽之命渝爲陰爻則安乎坤之貞是以吉也

象曰復即命渝安貞吉不失也侯果曰初既辯明四訟妄也訟既不克當反就前理變其詔命則安靜貞吉而不失初也【疏】

四與初訟初既辯明則知四之訟爲妄也既不克訟即當反就未訟之理變其已訟之命所以安靜貞吉而與初不相失也且變而得位亦不失乎正也說文詔告也成二年左傳欒伯曰變之詔也書何力之有焉杜注云告也葢詔者上下通用之辭故訟上亦稱詔命也

九五訟元吉象曰訟元吉以中正也王肅曰以中正之德齊乖爭之俗元吉者也王弼曰處得尊位爲訟之主用其中正以斷枉直中則不過正則不邪剛則无所溺公則无所偏故訟元吉

疏王注上下五爻皆不得位惟九五既中且正故以九五中正之德齊上下乖爭之俗是以元吉也王注以九處五是得尊位而爲聽訟之主者也用其中正之德以斷枉直之情中則无過差正則无邪曲復言剛與公者九爲陽剛與六二言中正者殊也故云剛則不溺爲訟史記呂后紀未敢訟言誅之注云訟公也葢於文公言爲訟知聽訟貴公也故云公則不偏有是四德故訟元吉也

上九或錫之鞶帶虞翻曰錫謂王之錫命鞶帶大帶男子鞶革初四已易位三二之正巽爲腰帶

故鞶帶

【疏】乾爲君，故爲王。巽爲命，故云錫謂王之錫命也。說文鞶大帶也，故云鞶帶大帶。內則男鞶革，故云男子鞶帶。訟本有巽，初四易位，則乾亦變巽。三二之正，則坎亦變巽。巽爲腰帶者，巽爲帛爲交，坎屬腎水爲腰，巽覆坎腰，故爲腰帶。

終朝三褫之

虞翻曰：位終乾上，二變時坤爲終。离爲日，乾爲甲，日出甲上，故稱朝。應在三，三變時艮爲手，故終朝三褫之。使變應已，則去其鞶帶，體坎乘陽，故象曰不足敬也。

侯果曰：褫，解也。乾爲衣，爲言，故以訟受服。

荀爽曰：二四爭三，三本下體，取之有緣。或者，疑之辭也。以三錫二，於義疑矣。爭競之世，分理未明，故或以錫二。終朝者，君道明。三者，陽成功也。君明道盛，則奪二與四，故曰終朝三褫之也。鞶帶，宗廟之服。三應於上，上爲宗廟，故曰鞶帶也。

翟元曰：上以六三錫下二陽，羣剛交爭，得不以讓，故終一朝之間，各一奪之，爲三褫。

【疏】上居乾終，二變作坤，月出震終坤，故坤爲終。互离日，故云离爲日。乾納甲，故云乾爲甲。离日出於乾甲之上，於文爲𠦝，說文早作𠦝，𠦝故稱朝也。下應三，三變還避，成艮，艮爲手，說卦文。褫从手，故取艮手，而曰終朝三褫之也。三使上變應已，而艮手卽去其鞶帶，自三至上隔三爻，故三褫之。三以坎體上乘陽位，乾敬象壞，故象言不足敬也。

侯注

三、衍字、

拕本亦作褫荀子非相篇極禮而褫褫亦訓解義與此
同乾爲衣爲言九家說卦文爲言即訟爲衣即受服也
荀注　乾鑿度曰初爲元士二爲大夫三爲三公四爲諸
侯五爲天子上爲宗廟二與四爭三公之服三本下體與
二相比是以取之有因也乾文言或之者疑之也故云或者
疑之辭也以三公之服錫二大夫故於義疑矣惟爭競之
世分理未明故或以錫二也尚書大傳曰歲之朝月之朝
日之朝則后王受之鄭彼注云自正月盡四月爲歲之朝
上旬爲月之朝平旦至食時爲日之朝故終朝爲君道明
春秋元命包曰陽成於三故云三者陽功成也四爲諸侯
入爲三公宜服三公之服故君道盛則奪二與四陽道方
長故三拕之也鞶帶服之以祭者故云宗廟之服三應於
上上爲宗廟故知鞶帶爲祭服而在上也　翟注　上與
三應故上以六三錫三陽爻乃二與四五羣剛交爭得者
不讓故一日之間三陽各一奪之爲三拕也　愚案上與
三應三亙巽帛爲鞶帶互离日爲終朝自上至三歷三爻
爲三拕上以陽剛居極健勝於險克訟者也即或訟而得
勝錫之鞶帶然過剛失位亦終朝三拕之矣夫訟而獲勝
辱且隨之況不勝者乎初以不永獲吉是謀始者也三四
在中變而得正是中吉者也上處乎終健訟爲事雖榮亦

辱。是終凶者也。

象曰：以訟受服，亦不足敬也。

虞翻曰：服謂鞶帶。終朝見拕，乾象毀壞，故不足敬也。九家易曰：初二三四皆不正。以不正相訟而得其服，故不足敬也。

疏 虞注：鞶帶所以飾服者也。故服謂鞶帶。以訟受服，終朝見拕，以好訟不足敬也。上變爲兌，兌爲毀折，乾爲敬，乾象毀，故不足敬。九家注：初二三四與上皆不正也，以不正相訟而上獨受服，何足敬乎。

序卦曰：訟必有衆起，故受之以師。師者，衆也。

崔憬曰：因爭必起衆相攻，故受之以師也。

疏 凡有血氣者，皆有爭心。訟與師皆起於有所爭。兩造相爭謂之訟，兩國相爭謂之師。師起於訟者，因微而至著也。唐虞之世，兵屬於刑。周語曰：大刑用甲兵，中刑用刀鋸，薄刑用鞭扑。蓋以訟與師有同情，故聽訟之後，即次以用師也。

䷆ 坎下 坤上

師：貞，丈人吉，无咎。

何晏曰：師者，軍旅之名。故周禮云：二千五百人爲師也。王弼曰：丈人，嚴莊之稱有軍正者也。爲師之正丈人乃吉。與役動衆无功則罪故吉乃无咎。　陸績曰丈人者聖人也。帥師未必聖人。若漢高祖光武應此義也。　崔憬曰子夏傳作大人竝王者之師也。　案此象云師衆貞正也能以衆正可以王矣故老子曰域中有四大而王居其一焉。由是觀之則知夫爲王者必大人也。豈以丈人而爲王哉。故乾文言曰夫大人與天地合德與日月合明先天而天不違後天而奉天時天且不違而況於人乎況於行師乎以斯而論子夏傳作大人是也。今王氏曲解大人爲丈人臆云嚴莊之稱。學不師古匪說攸聞既誤違於經旨。輒改正作大人明矣。

【疏】何注　周禮地官小司徒五旅爲師五師爲軍故云師者軍旅之名。夏官大司馬二千五百人爲師鄭氏云多以軍名。次以師名。少以旅名。師者舉中之言服虔左氏解誼說此卦云坎爲水。坤爲衆。互體震震爲雷雷鼓類又爲長子長子帥衆。鳴鼓巡水而行師之象也　王注　丈人嚴莊之稱者謂丈人爲嚴威莊重之人也有軍正者貞者正也鄭氏云丈之言長能御衆有正人之德者也故必爲師之正丈人乃吉也。凡興役動衆必以嚴莊乃有功勞否則无功而有罪矣。惟貞故吉吉則无咎也　陸注　以丈人爲聖人者言丈人有聖人之德者也唯武王興師伐紂未年受命定。以當之。後世師師之長。未必皆聖。唯漢高祖因陳涉之亂而興眾。光武因王莽之篡而用兵。皆師出有名。動而得正。與經義相應。故引以實之也。崔注此據子夏傳以丈人作大人。而謂爲王者之師。益必以王者當受命之大人。與象傳可以王矣之言乃相符也。案李氏據象傳及道德經乾文言以證子夏傳作大人爲是。竝斥王注作丈人爲非。然經文顯白。據傳輒更。有乖傳信傳疑之旨。愚謂卦辭之丈人。卽爻辭之長子。大戴禮本命曰。丈者長也。互震爲長子。故稱丈人。長丈同稱。又何疑焉。且論語遇丈人注云。丈人老人也。詩大雅曰。維師尚父。小雅曰。方叔元老。蓋古之命帥。多擇老成。故曰丈人吉也。

彖曰。師。眾也。貞。正也。能以眾正。可以王矣。虞翻曰。坤爲眾。謂二失位。變之五爲比。故能以眾正。乃可以王矣。荀爽曰。謂二有中和之德。而據羣陰。上居五位。可以王也。

疏 虞注坤爲眾。說卦文。卦辭曰。貞丈人。二中而不正。爲失位。變之五則體比。得中得正。孟子曰。征之爲言正也。以師正天下。故曰能以眾正。可以王矣。荀注二陰位居中。故有中和之德也。據羣陰者。謂上下五陰也。陽主升。陰主降。二上居五則中而且正，故曰可以王矣。

剛中而應，行險而順，

蜀才曰：此本剝卦也。案上九降二，六二升上，是剛中而應，行險而順也。

【疏】一陽之卦自剝來，故云此本剝卦也。剝上九降二，六二升上，為師。陽居二為剛中，上與五為正應，故曰剛中而應。坎為險，震為行，坤為順，故曰行險而順也。

以此毒天下而民從之，

干寶曰：坎為險，坤為順，兵革刑獄所以險民也。毒民於險中而得順道者，聖王之所難也。毒，茶苦也。五刑之用，斬刺肌體；六軍之鋒，殘破城邑，皆所茶毒姦凶之人，使服王法者也。故曰以此毒天下而民從之。毒以治民，明不獲已而用之，故於彖象六爻皆著戒懼之辭也。

【疏】內坎為險，外坤為順。大而兵革，小而刑獄，皆險民之具。毒民於坎險之中而得坤順之道，聖王猶難之，況其下焉者乎？詩邶風：誰謂茶苦。傳云：茶，苦菜也。大雅：民之貪亂，寧為茶毒。詩注云：苦也。故云毒，茶苦也。秋官司刑掌五刑之灋，以麗萬民之罪：墨罪五百，劓罪五百，宮罪五百，刖罪五百，殺罪五百。此皆肉刑，故云五刑之用，斬刺肌體。詩大雅：周王于邁，六師及之。傳云：天子六軍。疏云：昔秋之時，雖累萬之眾，皆稱師。詩之六師，謂六軍之師。夏官大司馬九伐之法：放弒其君則殘之。釋名：殘，踐也。踐使殘壞也。故云六軍之鋒殘破城邑周語曰大刑用甲兵其次用斧鉞中刑用刀鋸其次用鑽笮故云皆所以荼毒姦凶之人使服王法者也馬氏云毒治也故云毒以治民老子道經曰兵者不祥之器非君子之器不得已而用之故云明不獲已而用之也故於彖象六爻皆著戒懼之辭也者所以示止戈爲武弗戢自焚之意也悳案天官醫師聚毒藥以供醫事鄭彼注云毒五毒也藥五藥也疾醫以五味五穀五藥養其病瘍醫以五毒攻之聖人之治天下不外禮樂兵刑世治則以禮樂養之世亂則以兵刑攻之是禮樂卽五味五穀之屬兵刑卽五毒之屬皆所以治世者也馬君訓毒爲治義實基此蓋除暴所以安良故曰以此毒天下而民從之呂氏春秋論兵曰若用藥得良藥則活人得惡藥則殺人義兵之爲天下良藥也亦大矣卽此義也

吉又何咎矣

崔憬曰剛能進義中能正衆既順且應行險戡暴亭毒天下人皆歸往而以爲王吉又何咎矣

疏　二陽爻故云剛能進義得位故云中能正衆上應坤五故云既順且應內坎故云行險戡暴外坤故云亭毒天下老子道德經亭之毒之注亭以品其形毒以成其質毒徒篤反今作育亭毒者化育之意也蓋以坤有萬物致養之義故以亭毒言之莊三年穀梁傳曰其曰王者民之所歸往也故云人

皆歸往而爲王吉又何咎矣

象曰地中有水師 陸績曰坎在坤內。故曰地中有水。師眾也。坤中眾者莫過於水。【疏】坎爲水。坤爲地。坎之一陽。本在坤中。又居坤內。是地中有水之象也。師眾也。象傳文。說卦曰坤爲眾。晉語曰坎水也眾也。是坎亦爲眾也。玄中記曰天下之多者水焉。浮天載地。高下無不至。萬物無不潤。故云坤中眾者莫過於水。愚案坤之眾以散爲眾者也。水之眾以聚爲眾者也。水聚於地中而爲眾。猶兵聚於民中而爲師。此地中有水所以取象於師也。

君子以容民畜眾 虞翻曰君子謂二。容寬也。坤爲民眾。又畜養也。陽在二。寬以居之。五變執言。時有頤養象。故以容民畜眾矣。【疏】君子謂二者。以二陽爲卦主也。容寬也。洪範五行傳文。坤爲民眾者。說卦曰坤爲眾。虞彼注云物三稱羣。陰爲民。三陰相隨故爲眾。即爲民眾之義也。又畜養也者。詩日月曰畜我不卒。毛傳畜養也。說卦曰坤也者地也。萬物皆致養焉。故坤又爲畜養也。陽在二寬以居之者。謂乾九二也。坎之二自乾來。故容訓爲寬。與乾二同物也。五變執言時有頤象者。五已變。二至五有頤象。說卦曰頤者養也是也。故以容民畜眾矣者坤雖有畜象既爲民衆不得又取養故容畜有取於五體頤以頤有養義也 愚案全體爲坤二變坎爲師坤廣故容養故畜外坤陰爲民內坎水爲衆故爲師民則寬以養之衆則聚以畜之周禮地官大司徒之職以保息六養萬民以本俗六安萬民是容民也小司徒之職乃會萬民之卒伍而用之五人爲伍五伍爲兩五兩爲卒五卒爲旅五旅爲師五師爲軍是畜衆也而皆屬地官者以坤爲地也又春官大宗伯以軍禮同邦國大師之禮用衆也大均之禮恤衆也大田之禮簡衆也大役之禮任衆也大封之禮合衆也故知衆卽爲師而用衆恤衆簡衆任衆合衆者卽畜衆之義也

初六師出以律否臧凶象曰師出以律失律凶也 案初六以陰居陽履失其位位既匪正雖令不從以斷行師失律者也凡首率師出必以律若不以律雖臧亦凶故曰師出以律失律凶也 九家易曰坎爲法律也 疏 案陰居陽位非正雖有號令衆必不從是行師而失律者也初居師首承二二互震爲出出言師出以律則愼終於始何凶之有今陰柔失位不能以律則爲否否則雖臧亦凶象言失律謂失

位也釋詁臧善也宣十二年左傳說此爻云執事順成爲臧逆爲否初失位故否臧凶也 九家注 九家說卦曰爲坎爲律故云坎爲法律也古者律度量衡之法皆起於黃鍾之律九寸黃鍾坎位也釋言曰坎律銓也然則以坎爲律者樂律也非法律也周禮太師執同律以聽軍聲而詔吉凶又若師有功則左執律右秉鉞以先愷樂是古者出師皆執律以從左傳稱師曠知南風之不競吳越春秋載大夫皋如之言曰審聲則可以戰皆其遺法逮後史記律書獨拳拳於兵械而索隱所援易文師出以律釋之得其旨矣律書曰六律爲萬事根本其於兵械尤所重焉故云望敵知吉凶聞聲效勝負百王不易之道也武王伐紂吹律聽聲推孟春以至於季冬殺氣相并而音尚宮同聲相從物之自然也又兵書云太師吹律合商則戰勝軍士強角則軍擾多變失志宮則軍和士卒同心徵則將急數怒軍士勞羽則兵弱少威此皆師出以律之明證也

九二在師中吉无咎王三錫命象曰在師中吉承天寵也

九家易曰雖當爲王尚在師中爲天所寵事克功成故吉无咎二非其位蓋謂武王受命而未即位也受命爲王定

天下以師故曰在師中吉【疏】陽主升二升於五雖當爲王然居坎中是尚在師中也二有剛中之德是以爲天所寵也事克功成故吉无咎也陽當升五處二非位故以武王受命而未即位當之及受命爲王壹戎衣而天下大定是在師中吉之象也　愚案卦以羣陰統於二陽剛有將才故吉中有將德故无咎將在師中之象也師適同人同人乾爲王巽爲命離爲三故有王三錫命之象

王三錫命懷萬邦也

荀爽曰王謂二也三者陽德成也德純道盛故能上居王位而行錫命羣陰歸之故曰王三錫命懷萬邦也　案二互體震震木數三王三錫命之象周禮云一命受職再命受服三命受位是其義也【疏】荀注　二當升五故王謂二也春秋元命包曰陽成於三故云三者陽德成也德純道盛謂有中和之德也上居王位而行錫命故曰王三錫命坤土爲邦坤眾爲師坎心爲懷羣陰歸之故曰懷萬邦也乾鑿度說此爻云師者眾也言有盛德行中和順民心天下歸往之莫不美命爲王也行師以除民害賜命以長世德之盛是其義也　案　二陽互震震東方木也天三生木木數爲三故曰三錫周禮春官大宗伯以九儀之命正邦國之位壹命受職再命受服三命受位鄭注王之下士與公侯伯之士子男之

大夫皆一命受職，謂始受職事。王之中士與公侯伯之大夫，子男之卿，皆再命受服，謂元冕之服。王之上士與公侯伯之卿，皆三命受位，謂王朝之位。此王三錫命之義也。愚案：乾通同人，同人乾爲天，承天命而在師中，故曰承天寵也。全體坤，坤爲萬邦，以衆正而受錫命，故曰懷萬邦也。

六三：師或輿尸，凶。虞翻曰：坤爲尸，坎爲車多眚。同人离爲戈兵，爲折首。失位乘剛无應，尸在車上，故輿尸凶矣。【疏】坤形爲身，滅乙爲喪，身喪故爲尸。坎爲車多眚，本說卦文。旁通同人，离爲戈兵，說卦文。又曰离爲折上槁。离上九曰「有嘉折首」，故爲折首。三陰爲失位，履陽爲乘剛，上陰爲无應。坤尸在坎車之上，故爲輿尸凶也。

象曰：師或輿尸，大无功也。盧氏曰：失位乘剛，內外无應，以此帥師，必大敗，故有與尸之凶，功業大喪也。【疏】失位乘剛，又內外无應。三无上應則爲小人，三喪五功則爲弟子。以小人而用師，師必大敗；以弟子而從師，師必輿尸。五多功，三多凶，三失位乘剛无應，而五使不當，功業大喪，故大无功也。

六四：師左次，无咎。荀爽曰：左謂二也，陽稱左。次，舍也。二與四同功，四承五，五无陽，故呼二舍於五，四得承之故无咎【疏】左謂二也者二爲陽也陽稱左者震初陽爲春爲木管子曰春生於左秋殺於右董子曰木居左金居右故陽稱左也莊三年左傳凡師一宿爲舍再宿爲信過信爲次次雖多日亦是舍義故云次舍也二與四同功繫下文四近承五五虛无陽四呼二陽上舍於五故曰師左次二旣升五四順承之以陰承陽故无咎案行軍以右爲前以左爲後初在後四與同志故有左次之象

象曰左次无咎未失常也

崔憬曰偏將軍居左左次常備師也師順用柔與險无應進取不可次舍无咎得位故也【疏】少儀曰軍尚左故古者偏將軍居左師左次者常備不虞也師順用柔者四居坤初也與險无應者與坎初无正應也進取不可者以已柔順才難克敵而又无正應故不敢輕進也次舍无咎得位故也者陰居四爲得位次舍於左觀變以爲進退故无咎也案震世守爲常故曰未失常也

六五田有禽利執言无咎虞翻曰田謂二陽稱禽震爲言五失位變之正艮爲執故利執言无咎荀爽曰田獵也謂二帥師禽五五利度二之命執行其言故无咎也案六五居尊失位在師之時蓋由

殷紂而被武王禽於鹿臺之類是也以臣伐君假言田獵六五离爻體坤离爲戈兵田獵行師之象也

【疏】虞注　二自乾來乾九二見龍在田故田謂二陽稱禽者本乎天者親上也互震聲爲言五陰失位變而爲陽互艮手爲執故曰利執言變得正故无咎執言者即詩云執訊也　荀注　坤爲田田獵者爲田除害獵之言獲也二與五應土當升五故二欲獲五五當降二故利度二之命執行其言所執之言即王與大君之命在上謂之命在下謂之言尊卑之義也二執五言故无咎　案　五位尊六失正殷紂在上之象二陽得中武王在師之象故猶殷紂而被武王禽於鹿臺之類也以臣伐君其辭不順故假言田獵六五离之中爻全體則坤也以离之兵戈田於坤中故云田獵行師之象也

長子帥師

虞翻曰長子謂二震爲長子在師中故帥師也

【疏】長子謂二者以二互震也震長子主器故震爲長子二日在師中是帥師者長子也

弟子輿尸貞凶

虞翻曰弟子謂三三體坎坎震之弟而乾之子失位乘陽逆故貞凶

【疏】弟子謂三者以三體本坎也說卦曰震一索而得男謂之長男坎再索而得男謂之中男皆得乾之一陽故坎爲震之弟而乾之子也三失陰位爻乘陽爻爲逆故貞凶輿尸言貞明三

之同人折首也。愚案：坤爲地，故稱田。田，田獵也。坎爲弓，故稱禽。禽，禽獲也。僖卅三年左傳外僕髡屯禽之以獻。禽與擒通。戰勝執獲之意。田有禽者，即詩小雅獲醜也。變艮爲手，爲執。互震聲爲言。利執言者，即詩小雅執訊也。六雖失位，五則得中，下應於二，受命徂征，有執訊獲醜之功，所以无咎。然五與二爲正應，故震爲長子，帥師則吉。五多功，三多凶，故坎爲弟子，與尸則凶也。葢三剛而得中，有御衆之才。三柔而失位，无撫軍之德。言擇將不可不慎，而專權不可不一也。

象曰：長子帥師，以中行也。荀爽曰：長子謂九二也。五處中應二，二受任帥師，當上升五，故曰長子帥師以中行也。

疏 長子謂九二，震也。五得中，而與二爲正應。二受五命帥師，陽當升五，震又爲行，故曰長子帥師以中行也。

弟子輿尸，使不當也。宋衷曰：弟子謂六三也。失位乘陽，處非所據，衆不聽從，師人分北，或敗績死亡，輿尸而還，故曰弟子輿尸，謂使不當其職也。

疏 弟子謂六三者，三在坎也。三失正位，下乘二陽，處非所據，不能統領羣陰，故坤衆皆不聽命，以致師人分北，敗績死亡，而有輿尸之凶。然弟子輿尸，咎在六三，而使不當職，則凶在六五也。

上六大君有命虞翻曰同人乾爲大君巽爲有命干寶曰大君聖人也有命天命也五常爲王位至師之家而變其例者上爲郊也故易位以見武王親征與師人同處于野也离上九曰王用出征有嘉折首上六爲宗廟人武王以文王行故正開國之辭於宗廟之爻明已之受命文王之德也故書泰誓曰予克紂非予武惟朕文考无罪紂克予非朕文考有罪惟予小子无良開國封諸侯也承家立都邑也小人勿用非所能也

【疏】虞注旁通同人乾以君之故爲大君巽以申命行事故爲有命干注　乾鑿度曰大君者君人之盛者也孟喜曰大君者與盛行異者也故云大君聖人也上於三才爲天位故云有命有天命也五爲天子故云五常爲王位今上稱大君故云至師之家而變其例也爾雅邑外謂之郊上在外卦之外故云上爲郊也大君在五易稱上六以上在郊外故云易位以見武王親征與師人同處於野外也復引离上九爻辭者以稱王可以明大君出征可以明王在郊野之象也上六爲宗廟乾鑿度義也史記周本紀武王觀兵至于盟津爲文王木主載以車中言奉文王以伐不敢自專故云武王以文王行書泰誓上篇曰予小子夙夜祗懼受命文考故云正開國之辭於宗廟之爻又以明已之受命

皆文王之德故復引泰誓下篇文以證之也春官大宗伯五命賜則六命賜官七命賜國皆封諸侯之事故云開國封諸侯也地官載師以家邑之田任稍地以小都之田任縣地以大都之田任畺地注謂家邑之田謂大夫采邑小都卿之采邑大都公及王親子弟之采邑故云承家立都邑也小人勿用者謂開國承家非小人所能也

開國承家

虞翻曰承受也坤為國二稱家謂變乾為坤欲令二上居五為比故開國承家　荀爽曰大君謂二師旅已息既上居五當封賞有功立國命家也開國封諸侯承家立大夫也　宋衷曰陽當之五處坤之中故曰開國陰下之二在二承五故曰承家開國謂析土地以封諸侯如武王封周公七百里地也承家立大夫為差次立大夫因采地名正其功勲行其賞祿

疏

虞注　禮運是謂承天之祐疏云受天之祐承訓受義同此也坤土故為國二為大夫故稱家同人通師故謂變乾為坤二失位升五得中得五故云欲令二上居五為比比象曰建萬國親諸侯故曰開國承家　荀注　二升五為君故大君謂二上處師終故師旅已息二既上居於五當封賞行師有功之人大者開國其次承家開國則封諸侯承家則立大夫　宋注　五坤為國二陽上之五處坤之中故曰開國二位大

夫稱家五陰下之二二土承五故曰承家書武成列爵惟
五分土惟三故開國謂析土地以封諸侯禮明堂位成王
封周公於曲阜地方七百里故云如武王封周公七百里
地也皐陶謨夙夜浚明有家注謂以爲大夫王制諸侯之
上大夫卿下大夫五人故云承家立大夫爲差次禮運大
夫有采以處其子孫故云立大夫因采地名夏官司士以
功詔祿故云正其
功勳行其賞祿

小人勿用

虞翻曰陰稱小人坤虛无君
體迷復凶坤成乾滅以弑君
故小人
勿用

疏
六陰故稱小人坤无陽故坤虛无君自二至上
體復復上六曰迷復凶有災眚用行師終有大
敗以其國君凶虞彼注云三復位時體師象坤爲死喪坎
流血故終有大敗始乾爲君滅藏於坤故國君凶矣象曰
反君道也故小人勿用　愚案五爲侯國之君二爲其臣
上爲天王故曰大君如詩魯頌言明明魯侯是六五也矯
矯虎臣是九二也王曰叔父建爾元子是上六也又乾鑿
度曰上爲宗廟師伏同人乾君伏於坤陰以陰居陰是大
君有先王之象故云宗廟伏巽爲命故曰大君有命開國
謂五陰得中執訊獲醜也承家謂二陽得中長子師師也
小人謂三以陰柔失位弟子與尸也三與上應上體迷復
易爲所引坤爲用變艮爲止故曰小人勿用且開國承家

是用命賞于祖小人勿用是不用命戮于社而總示其義於宗廟爻云命

象曰：大君有命，以正功也。

虞翻曰：謂五多功，五動正位，故正功也。○干寶曰：湯武之事。

【疏】虞注　五多功，繫下文。五動成陽，得正，故曰正功。　愚案：三陰失位，故无功。○上陰得正，故正功。　干注　湯武皆以征誅而有天下，故云湯武之事。如詩商頌「帝命武湯，正域彼四方」，是湯之事也。周頌「嗣武受之，勝殷遏劉，耆定爾功」，是武之事也。

小人勿用，必亂邦也。

虞翻曰：坤反君道，故亂邦也。○干寶曰：楚靈、齊閔，窮兵之禍也。

【疏】虞注　復上六象曰「迷復之凶，反君道也」，故曰亂邦。　干注　昭十三年左傳：楚子使蕩侯、潘子、司馬督、囂尹午、陵尹喜帥師圍徐以懼吳，次于乾谿以爲之援。○十三年，楚公子比、公子黑肱、公子棄疾、蔓成然、朝吳帥陳、蔡、不羹、許、葉之師，因四族之徒以入楚。○公子棄疾爲司馬，先除王宮，使觀起從從師于乾谿，而遂告之，師及訾梁而潰。○夏五月癸亥，王縊于芋尹申亥氏。○此楚靈王窮兵之禍也。○戰國策齊策：負郭之民有孤狐咺者，正議閔王，斮之檀衢，百姓不附。齊孫室子陳舉直言，殺之東閭，宗室離心。司馬穰苴爲政者也，殺之，大臣不親。以故燕舉兵，使昌國君將而擊之。齊使向子將而應之，齊軍破，

王奔呂淖齒數之於是殺閔王於鼓里此齊閔王窮兵之禍也愚案五用二故多功正功者正二五之功也坤爲邦亂坤邦者三故勿用以防亂也

周易集解纂疏卷五

壻毛秀松益軒校

周易集解纂疏卷六

唐李鼎祚集解

安陸李道平遵王纂疏

序卦曰：眾必有所比，故受之以比。比者，比也。 崔憬曰方以類聚物以羣分人眾則羣類必有所比矣上比相阿黨下比相和親也相黨則相親故言比者比也

疏 方以類聚物以羣分繫上文九家彼注方以類聚謂姤卦陽爻聚於午也物以羣分謂復卦陰爻羣於子也坤為眾比以一陽居五而羣陰有所比附故云人眾則羣類必有所比矣上比云者比者之比也論語君子周而不比鄭注忠信為周阿黨為比故云上比相阿黨下比云者比也之比也春官筮人六日巫比鄭注比謂筮與民和比也夏官形方氏大國比小國注云比猶親也故云下比相和親惟其相黨是以相親故曰比者比也

䷇ 坤下坎上

比吉

虞翻曰師二上之五得位眾陰順從比而輔之故吉與大有旁通　子夏傳曰地得水而柔水得土而流比之象也夫凶者生乎乖爭今既親比故云比吉也

【疏】虞注　師二失位上居九五為得位坤陰為眾為順象傳曰下順從也故云眾陰順從也又曰比輔也故云比而輔之以五陰比一陽為比以五陰順一陽故吉也比伏大有故與大有旁通　子夏傳　地本柔也得水而始柔不得水則失之燥矣水本流也得地而始流不得地則无所附矣地本親下水曰潤下故云比之象也乖爭則凶親比則吉故曰比吉也

原筮元永貞无咎不寧方來後夫凶

干寶曰比者坤之歸魂也亦世於七月而息來在巳去陰居陽承乾之命義與師同也原卜也周禮三卜一曰原兆坤德變化反歸其所四方既同萬國既親故曰比吉考之蓍龜以謀王業大相東土卜惟洛食遂乃定鼎郟鄏卜世三十卜年七百德善長於兆民戩祿永於被業故曰原筮元永貞逆取順守居安如危故曰无咎天下歸德不唯一方故曰不寧方來後服之夫違天失人必從其身故曰後夫凶也

【疏】坤變至五遊魂於二歸魂於三成比故云坤之歸魂也坤宮泰世在三比歸魂亦世在三三世卦陰主七月三陰在申也故云

亦世於七月而息來在已者比於消息為四月卦申為陰
已為陽故云去陰居陽承乾之命乾用事四月師亦四月
故云義與師同也周禮太卜掌三兆之灋一曰玉兆二曰
瓦兆三曰原兆原訓為卜舉原兆以垓玉兆瓦兆也由坤
至比八變而反歸其所坤為方故云四方既同又為國故
云萬國既親同而且親故曰比吉也書洪範曰謀及卜筮
龜從筮從故云考之著龜以謀王業洛誥曰大相東土我
乃卜澗水東瀍水西惟洛食我又卜瀍水東亦惟洛食故
云大相東土亦惟洛食定鼎郟鄏卜世三十卜年七百宣
三年左傳文引三書者釋原筮也德善長於兆民者釋元
也戩祿永於被業釋永貞也故曰原筮元永貞逆取順守
者周以征誅取天下而以忠厚守之也居安如危者安不
忘危所以長守貴也故曰无告武成曰大資于四海而萬
姓悅服是天下歸德不唯一方也故曰不寧方來史記衞
世家武王既已克殷以殷餘民封紂子武庚祿父乃命其
弟管叔蔡叔傳相武庚以和其民管叔蔡叔乃與武庚作
亂周公以成王命與師伐殷殺武庚管叔放蔡叔是後服
之夫違天失人必災其身也故曰後夫凶　愚案爾雅釋
言原再也互艮為手師震為萆以手持草有筮象焉蒙之
初筮謂初比之再筮謂二謂二者師二之五成比也五陽

乾元，故曰元；全體坤，坤利永貞，故曰永；五得正，故曰正〔貞〕。萃九五亦曰元永貞，以萃與比同體，而四未變也。虞彼注云：四變之正，則五體皆正，故元永貞，與比象同義也。貞，故无咎。五，比之主也。坎勞卦，故不寧。坤爲方，故方來，猶詩所謂幹不庭方也。以一陽動於上，而坤陰在下應之，故曰不寧方來，則比矣。五陽爲夫，上在五後，爲後夫。坤之方咸來，而上處艮背，爻无正應，是不比者也，故不吉而凶。

彖曰：比，吉也。比，輔也，下順從也。崔憬曰：下比於上，是下順也。**疏**比吉也，人相親比則吉也。釋詁：比，俌也。郭注：俌猶輔。僖五年左傳：輔車相依，故曰比，輔也。坤爲順，坤在下而比於上，是下順從於上也。詩大雅：王此大邦，克順克比，是其義也。**原筮元永貞，无咎，以剛中也。**蜀才曰：此本師卦也。案：六五降二，九二升五，剛往得中，爲比之主，故能原究筮道，以求長正而无咎矣。**疏**比五自師來，故云此本師卦也。師五降二，二升居五，是剛往於上而得中，且得正，爲比之主，所以原筮元永貞而无咎也。原作原究，又一義也。**不寧方來，上下應也。**虞翻曰：水性流動，故不寧。坤陰爲方，上下應之，故方來也。**疏**坎爲水勞卦也，故水性流動不寧者，陰初從陽，當惕厲以待其定也。坤陰爲方者，九家說卦「坤爲方」是也。上下應之者，師二升五時，三四在上，初在下，四陰皆應，故上下應也。故方來者，四方來同是也。

後夫凶。虞翻曰：後謂上，夫謂五也。坎爲後，艮爲背，上位在背後，无應乘陽，故後夫凶也。【疏】故夫謂五也。上居終，故後謂上。五體陽，故夫謂五也。曲禮「前朱雀而後玄武」。玄武者，北方七宿，即渾天賦所謂「北宮則靈龜潛匿」是也。坎位正北，故爲後。五互艮，故爲背。上居艮背之後，內无正應，下乘五陽，近不相比，故後夫凶也。

其道窮也。荀爽曰：後夫謂上六，逆禮乘陽，不比聖王，其義當誅，故其道窮凶也。【疏】後夫謂上六者，謂六在五後也。逆禮乘陽者，在上逆乘五剛也。不比聖王者，不與下四陰順從於五也。其義當誅者，魯語仲尼曰「昔禹致羣神於會稽之山，防風氏後至，禹殺而戮之」。夏官大司馬「建太常，比軍衆，誅後至者」是也。故其道窮凶也者，三爲匪人，无正應也。

象曰：地上有水，比。何晏曰：水性潤下，今在地上，更相浸潤，比之義也。【疏】洪範「水曰潤下」。水有順下之性，今行於地上，漸相浸潤而以潤之，即坤以藏之，比之象也。

先王以建萬國，親諸侯

虞翻曰：先王謂五。初陽已復，震爲建，爲諸侯，坤爲萬國，爲腹，坎爲心，腹心親比，故以建萬國，親諸侯。詩曰「公侯腹心」，是其義也。【疏】五爲天子，乾滅坤中，故曰先王。比之一陽自復來，故云初陽已復。初剛難拔，故云震爲建。震長子主器，故爲諸侯。地有九州，故坤爲萬國。說卦謂坤爲腹，坎爲心，故心在上，腹在下，是腹心親比之象，故曰先王以建萬國，親諸侯。公侯腹心，詩周南文，合坎心坤腹之義，故引以明諸侯親親比之意。案：比於消息爲四月，九卿值月之卦，內爲卿節，外爲侯也。建國親侯在四月者，明堂月令曰：立夏之日，天子親帥三公九卿大夫以迎夏於南郊，還反，賞封諸侯。白虎通曰：封諸侯以夏何？陽氣盛養，故封諸侯，盛養賢也。襄二十六年左傳曰：賞以春夏。是慶賞封建皆在於夏，故建國親侯有取於比也。

初六：有孚比之，无咎。虞翻曰：孚謂五。初失位，變來得正，故无咎也。荀爽曰：初在應外，以喻殊俗。聖王之信，光被四表，絕域殊俗，皆來親比，故无咎也。【疏】虞注：孚謂五者，坎爲孚也。初失位者，陰居陽也。比與大有旁通，消息之卦，五下初息大有，故云變來得正，得正故无咎也。荀注：二與五爲正應，故曰比之自內，初在二下故云初在應外初遠於五故以喻殊俗也光被四表書堯典文禮聘義曰孚尹旁達信也故云聖王之信光被四表也中庸曰凡有血氣者莫不尊親故云絶域殊俗皆來親比也在比之初信以相與故无咎也

有孚盈缶終來有它吉

虞翻曰坤器爲缶坎水流坤初動成屯屯者盈也故盈缶終變得正故終來有它吉在內稱來也

【疏】繫上曰形乃謂之器又曰形而下者謂之器皆謂坤在地成形也故知坤爲器考工記範土以爲器坤爲土缶土器也且坤腹有容其象爲缶故云坤器爲缶坎水在上流於坤土初動成陽其體爲屯序卦曰屯者盈也故曰盈缶變陽得正故終來有它吉自外來內故云在內稱來也比卦五陰皆以比五爲吉凶獨初則五來比之變正爲前禽故有它吉

象曰比之初六有它吉也

荀爽曰缶者應內以喻中國孚既盈滿中國終來及初非應故曰它也象云有它吉者謂信及非應然後吉也

【疏】應內謂二比之自內也坤土爲國缶爲土器故以喻中國也九五之信既已及二盈滿中國初六在二外不與五應而五之誠信足以及乎殊俗故云終來及初莊廿七年穀梁傳來者接內也以五來初故稱終來初正應四而遠應五故云非應子夏傳非應稱

坤位近西，辰巽巳在東南。

它，是也。後漢書魯恭傳：和帝初立，議遣車騎將軍竇憲擊匈奴，恭上疏諫曰：人道乂於下，則陰陽和於上，祥風時雨，覆被遠方，夷狄重譯而至矣。易曰：有孚盈缶，終來有它吉。言甘雨滿我之缶。誠來有它而吉矣。故云信及非應，然後吉也。

六二：比之自內，貞吉。干寶曰：二在坤中，坤，國之象也。得位應五，而體寬大，君樂民人自得之象也。故曰比之自內，貞吉矣。疏 二在坤中，內也。坤為地，故云國之象也。陰得位正應五。坤二納乙巳，巳主西方。翼奉傳曰：西方之情，喜也。喜行寬大，故云而體寬大。坤為民，位在中。中和化應，故民人自得。雜卦曰：比樂，是比有樂象，故君樂民人自得之象也。自二應五，故比之自內得正，故貞吉也。

象曰：比之自內，不自失也。崔憬曰：自內而比，不失己親也。疏 自內而比於五，不失己可親之人也。論語曰：因不失其親，亦可宗也。是其義也。又二比自內，得中得正，內不失己者也。坤身為自，故曰不自失也。

六三：比之匪人。虞翻曰：匪，非也。失位无應，三又多凶，體剝傷象，弒父弒君，故曰匪人。疏 匪非古今字三陰失位與上无正應繫下曰三多凶故云三又多凶初至五體剝剝者傷也故云體剝傷象也此與否六三同義故二卦皆曰匪人虞彼注云謂三比坤滅乾以臣弑其君以子弑其父故云匪人與比同義也

象曰比之匪人不亦傷乎

干寶曰六三乙卯坤之鬼吏在比之家有土之君也周爲木德卯爲木辰同姓之國也爻失其位辰體陰賊管蔡之象也比建萬國凶唯去此人故曰比之匪人不亦傷王政也

疏 坤六三納乙卯木干也比者坤宮歸魂卦坤爲土土以木爲官木尅土故云坤之鬼吏此火珠林法也鬼吏故稱匪人坤爲土坤在比家故爲有土之君家語周以木德王故云周爲木德孟康云木生於亥盛於卯故云卯爲木辰木德木辰故云同姓之國三陰失位故云爻失其位卯主東方翼奉傳曰東方之情怒也怒行陰賊孟康云木氣受水氣而生貫地而生以陰氣賊害土故爲陰賊木辰之體爲坤陰賊故云管蔡之象也比建萬國而有同姓匪人以傷王政必去其人然後无弑父弑君之憂矣否則傷之者至矣故曰比之匪人不亦傷乎

六四外比之貞吉

虞翻曰在外體故稱外得位比賢故貞吉也

疏 四在外體故稱外四應初

而承乎五，舍初比五，故曰外比。陰得正位，外比五賢，故曰貞吉也。

象曰：外比于賢，以從上也。干寶曰：四爲三公，在比之家，而得其位，上比聖主，下御列國，方伯之象也。能外親九服賢德之君，務宜上志，綏萬邦也。故曰外比於賢，以從上也。

【疏】四爲三公，四近五也。四在比家，而得三公之位。上比聖主，謂乾五也。下御列國，謂坤三爻也。以三公而得正位，故爲方伯之象。能外親九服賢德之君，故曰外比於賢。宣上志，謂五坎爲志也。綏萬邦，謂坤土爲邦也。從五而得外比于賢，五在四上，故曰以從上也。愚案：干謂外比爲親九服賢德之君者，以賢不足以當五也。不知繫上曰：可大則賢人之德。姚信彼注亦謂乾五。是乾五稱賢，正應經義。外即上也，上即五也。外比于賢，即從上也。

九五：顯比。虞翻曰：五貴多功，得位正中，初三已變體重明，故顯比，謂顯諸仁也。

【疏】繫上曰：卑高以陳，貴賤位矣。虞彼注云：乾高貴五。繫下曰：五多功。故云五貴多功。以陽居五，故云得位正中。初與三皆失位，當變而之正，成既濟定，有兩离象，故云初三已變體重明。說文㬎字下云：㬎，微杪也。从日中視絲，古文以爲顯字。卦自下升，微而之顯。顯从日，離爲日，日中視絲，案見微杪，故九五稱顯比。顯諸仁。繫上文。蓋震爲仁，五降初爲元善，三陰亦正其體爲離，故謂顯諸仁也。愚案：比通大有，五伏離明，故曰顯比。大有九五稱威如，謂伏乾也。比九五稱顯比，謂伏離也。

王用三驅，失前禽。 虞翻曰：坎五稱王，三驅謂驅下三陰，不及於初，故失前禽，謂初已變成震，震爲鹿，爲驚走。鹿之斯奔，則失前禽也。

疏 乾五交坤成坎，故坎五稱王。五自師二來，故三驅。謂驅下三陰，五降初爲復，故驅不及初。前禽謂初，故失前禽。初變成震，鹿性驚，震驚，故爲鹿。震爲作足，故爲驚走。鹿之斯奔，詩小弁文。鹿奔故失前禽也。案：伏離爲罔罟，故以田獵爲喻。三驅者，中冬大閱之法。周禮大司馬：中冬教大閱，虞人萊所田之野，爲三表，又五十步爲一表。田之日，司馬建旗於後表之中，乃陳車徒，鼓行，鳴鐲，車徒皆行，及表乃止，爲一驅。鼓進鳴鐲，車驟徒趨，及表乃止，爲二驅。乃鼓車馳徒走，及表乃止，爲三驅。意主教戰，不在獲禽，故師五曰田有禽。比五曰失前禽，喻舍逆而取順也。蓋師主義，故利在執；比主仁，故吉在失。

邑人不戒，吉。 虞翻曰：坤爲邑，師震爲人。師時坤虛无君，使師二上居五中，故不戒吉也。

疏 坤土，故爲邑。比自師來，師震陽生稱人，故象傳虞注謂邑人爲二。二本師震在坤中，故稱邑人。師時六五坤虛无君，今使師二上居五中，是眾陰所樂比者也。震爲言，震象不見，故不待告戒而自比之。不戒而孚者，是不言而信也，故吉。

象曰：顯比之吉，位正中也。虞翻曰：謂離象明，正上中也。疏 初三已變體重明，故謂离明。五在上得位居中，故正上中也。

舍逆取順，失前禽也。虞翻曰：背上六故舍逆，據三陰故取順，不及初故失前禽。疏 上在五後，五艮爲背，故稱背上。六逆乘五陽，故稱逆。五舍上應二，故曰舍逆。四三二皆順承陽而五據之，故曰取順。初在應外，五不及初，故曰失前禽也。

邑人不戒，上使中也。虞翻曰：謂二使師二上居五中。疏 師震爲邑人，故云謂二。不戒而孚於五，居中得正，故云使師二上居五中也。

上六：比之无首，凶。荀爽曰：陽欲无首，陰以大終。陰而无首，不以大終，故凶也。虞翻曰：首，始也。陰道无成而代有終，无首凶。疏 荀注陽欲无首者，乾用九見羣龍无首吉是也。陰以大終者，坤用六永貞以大終是也。今陰而无始，是无首也。不以大終，是不能大終陽事也。象傳曰後夫凶，謂上六也，故凶。虞注首始也者，乾陽爲首，上以陰居艮背之上，是无首也。轉言始者，上亦欲比五，失之於始，故後夫。以无始故无終也。陰道无成而代有終者，陰從陽乃有終也。无首則无終，故凶。

象曰：比之无首，无所終也。虞翻曰：迷失道，故无所終也。【疏】比自師來，師二至上體復，復上六曰「迷復」，上爲終，坤承乾而代終，以乾爲首故也。今迷失乾道，故无首，无首則无所終也。

序卦曰：比必有所畜，故受之以小畜。崔憬曰：下順從而上下應之，則有所畜矣。韓康伯曰：由比而畜，故曰小畜也。【疏】崔注：六四爲畜主，以一陰處外卦之下，其性順從，而上下五陽皆應之。四陰自坤來，說卦曰「坤以藏之」，五陽藏於一陰，故有所畜矣。韓注：地官大司徒「乃施教灋於邦國都鄙，使之各以教其所治民」，即繼以「頒職事十有二於邦國都鄙，使以登萬民」，蓋必比閭族黨之法行，而後稼穡樹藝之事作，故曰比必有所畜。論語曰：「既庶矣，又何加焉？曰：富之。」是其義也。比與大有旁通，陰居五爲大有，五陽位，故稱大。陰退而居四爲小畜，四陰位，故稱小。是由比而畜，故曰小畜也。又陰居四爲小畜，息而至五爲大畜，亦以四陰而五陽也。

䷈ 乾下巽上

小畜亨 侯果曰。四爲畜主。體又稱小。唯九三被畜。下剛皆通。是以小畜亨也。**疏** 陰主斂。故四爲畜主。陰爲小。互兌少亦爲小。故體又稱小。五陽皆爲所畜。而親被其畜者九三也。三爲四陰所畜。三乘二。四應初。故下剛皆通也。亨者通也。是以小畜亨也。

密雲不雨自我西郊 崔憬曰。雲如不雨。積我西邑之郊。施澤未通。以明小畜之義。案雲雨者陰之氣也。今小畜五陽而一陰。既微少。纔作密雲。故未能爲雨。四互居兌。西郊之象也。**疏** 崔注。小畜與豫旁通。四體坎。坎爲雲爲雨。今陰雖得位。坎象不見。而互离爲日。在乾天之上。又巽爲不果。故有密雲不雨之象。互兌。故稱西邑。西邑。西岐也。言密雲積我西邑之郊。雨澤鬱而未通。小畜之義也。至上變坎言雨。畜極而通也。案焦氏易林曰。陰積不已。雲作淫雨。故云雲雨者陰之氣也。今小畜五陽一陰。陽多陰少。故纔密雲。未能爲雨也。四互兌。說卦曰。兌正秋也。是西方之卦也。故云西郊之象。

彖曰小畜柔得位而上下應之曰小畜 王弼曰。謂六四也。成卦之義在此一爻者也。體无二陰以分其應，既得其位，而上下應之，三不能陵，小畜之義。【疏】四爲畜主，故謂六四也。以一陰畜五陽，故云「成卦之義，在此爻也」。大畜體有二陰，以分其應，故不言上下應之。小畜體无二陰，則其應專，故云「上下應之」也。陰既得位，而上下皆應，四雖乘剛，而剛亦得位，三自不至陵四，所以能畜也。

健而巽，剛中而志行，乃亨。

虞翻曰：需上變爲巽，與豫旁通。豫四之坤初爲復，復小陽潛，所畜者少，故曰小畜。二失位，五剛中正，二變應之，故志行乃亨也。【疏】虞无一陽一陰自剝復夬姤之例，故謂需上變爲巽而成小畜也。與豫旁通，而息來仍在復，蓋豫初變體復，至二成臨，至三成泰，至五成需，由需上變成小畜，而伏豫，故小畜取需豫四陽之坤初，其體爲復。復小而辯於物，一陽又潛藏於下，所畜者少，故曰小畜。二陽居陰爲失位，五剛居陽爲中正。二變之正，上應於五，故志行乃亨也。九五剛中，四與合志，畜乾至上九而畜道成，故陸績謂「外巽積陰，能固陽道，成在上九」。傳曰「剛中而志行乃亨」，謂柔道亨也。案健而巽者，乾健而陰巽也。言乾健在內，而巽畜於外也。剛中而志行乃亨者，五爲剛中，豫坎爲志，謂四也。又五震爲行，上與五孚，故爲志行乃亨者。難辭也，言非剛中而志行，則不能亨也。

密雲不

雨尚往也

虞翻曰密小也兑爲密需坎升天爲雲墜地稱雨上變爲陽坎象半見故密雲不雨尚往也

疏 小畜小過皆稱密雲故密稱小也虞義艮爲慎兑爲密蓋山澤通氣艮陽小稱慎故兑陰小稱密也需變小畜需上爲坎上坎爲雲故升天爲雲下坎爲雨故墜地稱雨也今上變巽爲陽是坎象半見故密雲不雨尚與上遇需上往而變坎雨爲巽風風以散之且不果故曰密雲不雨上往也京房易傳曰小畜之義在於六四陰不能固三連同進傳曰密雲不雨尚往也陸績注謂一陰劣不能固陽是以往也彼

自我西郊施未行也

虞翻曰豫坤爲自我兑爲西乾爲郊雨生於西故自我西郊九二未變故施未行矣　荀爽曰體兑位秋故曰西郊也時當收斂臣不專賞故施未行喻文王也

疏 虞注　伏豫有坤坤腹爲身故爲自我互兑爲西内乾爲郊二失正變坎爲雨故雨生於郊五陽主施二變應之則施行未變則陽不得應故施未行也　荀注　互體兑位正秋故曰西郊鄉飲酒義西方者秋秋之爲言愁也鄭注愁讀爲揫斂也故云時當收斂左傳曰賞以春夏秋非賞時故不賞且五君四臣臣不僭侍故不專賞文王化洽西岐而施未行於天下故以是喻之

象曰風行天上小畜九家易曰風者天之命令也今行天上則是令未下行畜而未下小畜之義也疏說卦曰巽爲風巽象傳曰重巽以申命故云風者天之命令也今風行天上則是天之命令未行於下畜於上而不行於下故云小畜之義也愚案以外巽畜內乾畜也以一陰畜五陽亦畜也皆以小畜大故曰小畜君子以懿文德虞翻曰君子謂乾懿美也豫坤爲文乾爲德离爲明初至四體夬爲書契乾离照坤故懿文德也疏君子謂乾者內乾也說文懿專一而美也故云懿美也坤爲文說卦文謂旁通豫坤也乾爲德者乾有四德也离爲明者互离日也初至四體象夬繫下曰易之以書契蓋取諸夬故夬爲書契也乾互离日照豫坤文豫伏坤爻坤文卽出畜乾德故懿文德也愚案內乾爲德伏坤爲文故曰文德逸書謚法溫柔聖善曰懿巽陰爲柔故曰以懿文德書洪範六三德曰高明柔克高明象乾柔克象巽是其義也

初九復自道何其咎吉象曰復自道其義吉也虞翻曰謂從豫四之初成復卦故復自道出入无疾朋來无咎何其咎吉乾稱道也疏與豫旁通豫四之初則成復矣故曰復自道復

彖傳曰出入无疾朋來无咎故曰何其咎吉乾稱道豫四本復初故言復自道且復初九曰不遠復无祇悔元吉故象曰復自道其義吉也

九二牽復吉 崔憬曰四柔得位羣剛所應二以中和牽復自守不失於行也【疏】四柔得位爲畜之主羣剛皆應二不應五而應四者二與四同功且有中和之德故雖牽復於初以應四然能自守其剛不失於行故吉也二仍言復者旁通於豫豫四之初成復陽息至二朋來失位五引之則變正反復故曰牽復五體巽繩二在豫艮手故曰牽復六二爻辭曰休復吉故二牽復亦曰吉也愚案四五皆言孚故初二皆言復初正應四是安於畜者也故曰自復二應五而旁應四是勉而畜者也故曰牽復

象曰牽復在中亦不自失也 虞翻曰變應五故不自失與比二同義也【疏】二變應五雖牽復於四而其位得中故不自失初得正二得中故亦不自失亦初也比二象曰比之自內不自失也今云與比二同義是亦比也

九三車說輹 虞翻曰豫坤爲車爲輹至三成乾坤象不見故車說輹馬君及俗儒皆以乾爲車非也

【疏】通豫伏坤，說卦曰坤爲大轝，故爲車。又爲腹，腹古文輹，故爲輹。說文：輹，車軸縛也。復息至三成乾，乾成坤毀，坤象不見。且互兌爲毀折，故車說輹也。馬君謂融。又漢書王莽傳有乾文車、坤六馬之文。易无乾爲車之說，故云非也。

夫妻反目。虞翻曰：豫震爲夫，爲反；巽爲妻，離爲目。今夫妻共在四，離火動上，目象不正，巽多白眼，夫妻反目。妻當在內，夫當在外。今妻乘夫而出在外，象曰不能正室。三體離需，飲食之道。飲食有訟，故爭而反目也。

【疏】通豫，體震。震爲長男，故爲夫。震於稼爲反生，故爲反。震長男，巽長女，故巽爲震妻。互離，故爲目。豫震爲夫，小畜巽爲妻，故共在四。離火動而上，動故目象不正。說卦曰巽爲多白眼。夫婦共爻而離巽相上，故有夫妻反目之象。妻在內，夫在外，正也。今巽妻乘震夫而出在外，不能正室之象也。三體互離，上變正應爲需。需者，飲食之道也。序卦文。又曰：飲食必有訟，故夫妻反目而爭也。

象曰：夫妻反目，不能正室也。九家易曰：四互體離，離爲目也。離既不正，五引而上，三引而下，故反目也。輿以輪成車，夫以妻成室。今以妻乘夫，其道逆，故不能正室。

【疏】四互三五爲離，離象爲目。離非居上居下，而互於上下之間，故云不正。互上則五引而上，互下則三引而下，故有反目之象。輿以輪成，車夫以妻成室者，考工記輿人爲車注云：車以輿爲主也。輿爲主，故象夫。輹與輻通，說文有輻曰輪。輿人鄭注：載物爲輿，行地爲輪。輿非輪不行，故象妻。桓十八年左傳曰：女有家，男有室。是夫以妻爲室也。家人曰：男正位乎外，女正位乎內，天地之大義也。今豫震夫在內，小畜巽妻在外，反乎居室之道，是以妻乘夫，其道逆也。故曰不能正室。

六四：有孚，血去惕出，无咎。虞翻曰：孚謂五。豫坎爲血，爲惕。惕，憂也。震爲出。變成小畜，坎象不見，故血去惕出。得位承五，故无咎也。疏五中實稱孚，四承五，故孚謂五也。通豫體坎，說卦坎爲血卦，故爲血。又爲加憂，故爲惕。以惕有憂義也。萬物出乎震，故震爲出。豫變小畜，巽成坎毀，故坎象不見，而爲血去惕出也。四陰得位，上承九五，其志相合，故无咎。

象曰：有孚惕出，上合志也。荀爽曰：血以喻陰。四陰臣象。有信順五。五惕疾也。四當去初，疾出從五，故曰上合志也。疏血，陰類，故云血以喻陰。五陽爲君，故云四陰爲臣象。四有孚，五亦有孚。孚，信也。故云有信順五。吳語一曰惕，韋注云：疾也。疾，速之疾，故云惕疾也。四與初爲正應，畜所當畜者也四於五爲臣道畜不易畜者也故四當去初疾出從五則四五交孚五剛畜而羣剛皆畜故曰上合志也豫坎爲志象傳曰剛中而志行乃亨剛中謂五四五相孚乃能畜乾故曰合志

九五有孚攣如富以其鄰虞翻曰孚五謂二也攣引也巽爲繩豫艮爲手二失位五欲其變故曰攣如以及也五貴稱富鄰謂三兌西震東稱鄰二變承三故富以其鄰象曰不獨富二變爲既濟與東西鄰同義

疏 陽在二五稱孚故孚五者謂二也攣訓引者言牽連相引也巽爲繩者說卦巽爲繩直也豫艮爲手者在艮末也二失位五欲其變者變承三爲坎志行乃亨故欲其變也二牽五攣皆取畜義巽繩艮手故曰攣如以訓及者由此及彼也五位貴且陽實故稱富五在豫爲震三體兌鄰謂三者以兌西震東故稱鄰也五欲二變二變承三故富以其鄰不獨富之象也二變既濟與東西鄰同義者既濟九五東鄰殺牛不如西鄰之禴祭實受其福既濟由泰來虞彼注泰震爲東兌爲西取象於鄰其義同也愚按四變成中孚故有孚攣如與中孚九五同辭又五與四孚四五易位成大有繫上曰富有之謂大業謂坤陰也然則五孚於四其象攣如五之富富以其鄰也此天子所

以不言有無而理財諸職獨責天官冏以不畜爲畜而藏富於不竭之淵者也

象曰有孚攣如不獨富也 九家易曰有信下三爻也體巽故攣如如謂連接其鄰鄰謂四也五以四陰作財與下三陽共之故曰不獨富也

疏 孚信也有孚者謂孚下三陽爻也體巽爲繩故攣如馬云攣連也連下三陽故稱攣釋名曰鄰連也相接連也故云如謂連接其鄰也四與五近故鄰謂四也五以四陰作財者火珠林巽屬木六四納辛未土以木克土成財三爻故四爲巽之財也四爲五財與下三陽共之則三陽皆接連而富矣故曰不獨富也

上九既雨既處尚得載婦貞厲 虞翻曰既已也應在三坎水零爲雨巽爲處謂二已變三體坎雨故既雨既處坎雲復天坎爲車積載在坎上故上得積載巽爲婦坎成巽壞故婦貞厲

疏 玉篇既已也即虞義也上應在三三坎爲雨以潤之故坎水零爲雨巽伏也故爲處二失正已變陰互三四體坎故爲既雨既處也坎雲復天者謂上亦變坎復需時也坎爲車者坎於輿爲多眚也積載在坎上者重坎故爲積也故上得積載者上通尚上得積載於坎也巽長女爲婦上變爲坎坎成巽壞故婦雖貞亦厲以陰盛將消陽也

愚案上變坎爲雨

畜極而通是前之不雨者今既雨矣又爲降是前之尚往者今既處矣又爲車是前之說輹者今得載矣體巽故稱婦應三夫妻反目變陰得正雖貞亦厲也

月幾望君子征凶

虞翻曰幾近也坎月离日上巳正需時成坎與离相望兌西震東日月象對故月幾望上變陽消之坎爲疑故君子征有所疑矣與歸妹中孚月幾望義同也

疏　幾近也釋詁文說卦坎爲月离爲日上巳正需時成坎者陰得正位如需時也與离日相望兌西震東者豫震爲坎月在震二小畜兌爲离日在兌三也禮禮器大明生於東月生於西鄭注大明日也故日月象對月幾望者謂上與三對非二五正故近望也上變則陽消之坎坎爲疑陰盛陽消故君子征凶有所疑矣與歸妹中孚月幾望義同也者歸妹體震兌五坎在震三离在兌中孚由訟坎离四之初體震兌坎在兌二离在震二故歸妹六五中孚六四皆吉月幾望其義同也

愚案上變坎爲月互體兌爲初七日下體乾爲十五日月至兌丁爲上弦將至乾甲爲幾望幾望者未望也盈甲則望矣既望則生魄而爲巽辛陽消之象月滿則盈既盈則消自然之理故戒君子以征凶也

象曰既雨既處得積載也

虞翻曰巽消承坎故得積載坎習爲積也

疏　承當

作成言巽陽消而成坎也坎爲輿故得積載也習坎重坎也故習坎爲積也積有畜義是畜道已成之象也

君子征凶有所疑也虞翻曰變坎爲盜故有所疑也疏坎爲盜說卦文變坎爲盜是以疑而不敢征也又坎心爲疑故曰有所疑也

序卦曰物畜然後有禮故受之以履崔憬曰履禮也物畜不通則君子先懿文德然後以禮導之故言物畜然後有禮也疏履禮也釋言文即序卦傳履者禮也是也物當畜而未通之時惟內懿文德以養其心外設禮文以制其宜美在其中暢於四支此禮所以繼畜也洪範曰既富方穀論語曰既富矣又何加焉曰教之孟子曰飽食煖衣逸居而無教則近於禽獸故人民育然後可教之以禮皆物畜然後有禮之義也

䷉ 兌下乾上

履虎尾不咥人亨利貞虞翻曰謂變訟初爲兌也與謙旁通以坤履乾以柔履剛謙坤爲虎艮爲尾乾爲人乾兌乘謙震足蹈艮故履虎尾兌悅而應虎口與上絕故不咥人剛當位故通俗儒皆以兌爲虎乾

履兌非也兌謙三爲復上息成履非由訟來以需上變剛鹵非柔【疏】巽成小畜故訟初變兌則成履也履由謙息故與謙旁通履踐行也謂坤踐行乾又以震足行兌成乾是爲以坤履乾以柔履剛繫下云履以和行坤爲和震爲行是履乾之義也謙坤爲虎釋見風從虎艮爲虎者黔喙之屬多長尾且艮陰爻象四足而一陽在後象尾也人稟乾陽而生故乾爲人以履乾兌乘謙震足蹈艮尾故曰履虎尾兌說而與上應虎口在三與上絕故不咥乾人也剛當位謂五通故亨也以兌爲虎乾履兌爲非者此一說以爲乾履兌乾非柔又虎在人後非履尾故非也兌剛鹵非柔也者此又一說以爲兌履乾以乾剛爲虎故破之云兌非柔下又兌不履乾也然兌實爲虎也郭璞洞林曰白虎西起注云兌爲白虎白虎西方宿兌正西故象虎坤三之乾以柔履剛故名履兌爲虎初爲尾四陰位應初陰位故曰履虎尾馬鄭皆云咥齕也乾爲人兌爲和說而應乾剛三爲虎口與乾巽體三不當位故咥人凶兌說而應故不咥人亨且履者禮也禮至則不爭故不咥人嘉會足以合禮故亨也九五貞厲是履危也以剛中故不疾彖傳剛中正以下釋利貞也王弼本脫利貞荀氏有之李從荀王本也

彖曰履柔履剛也虞翻曰坤柔乾剛。謙坤籍乾。故柔履剛。荀爽曰謂三履二也。二五无應。故无元。以乾履兌。故有通。六三履二。非和正。故云利貞也。【疏】虞注坤柔謂旁通謙也。乾剛謂本卦履也。籍踏也。以坤之柔蹈乾之剛。故曰柔履剛也。荀注三柔二剛。兌彖傳曰剛中而柔外。故謂三履二也。二剛與五非正應。故不言元。以乾履兌。兌說而應。故特言通。三柔二剛皆不得正。不正則不和。故云利貞也。**說而應乎乾**虞翻曰說兌也。明兌不履乾。故言應也。九家易曰動來爲兌而應上。故曰說而應乎乾也。以喻一國之君應天子命以臨下。承上以巽。據下以說。其正應天。故虎爲之不咥人也。【疏】虞注說卦曰說言乎兌。故云兌說也。明兌不履乾。故言應也者。若兌履乾。乾爲虎。兌不應虎也。若乾履兌。兌口承乾。正爲咥也。明由坤爲虎。故兌應乾爲不咥人也。九家注此據兌三言也。乾體三爻動來爲兌而應乎上九。兌爲說。故曰說而應乎乾也。三爲三公。文居下卦之上。故以喻一國之君。五爲天子。互巽爲命。故應天子命以臨下。互上爲巽。故承上以巽。在下爲兌。故據下以說。三與上爲正應。故其正應天。體說而得正應。故虎爲之不咥人也。**是以履虎尾不咥人亨**九家易曰虎尾謂三也。三以說道履五之應，上順於天，故不咥人亨也。虎能巽說之道順應於五，故雖踐虎，不見咥噬也。太平之代虎不食人。亨謂於五也。**疏** 三在兌終，故虎尾謂三也。三以兌和說之道，下履二剛，二五之應，故云履五之應。三下履二，二上順五，五為天位，順天故不咥人亨也。互巽為順，體兌為說，能以巽說之道順應於五，以柔克剛，故雖踐虎而不見咥噬也。後漢書法雄傳：雄為南郡太守，多虎狼，雄移書屬縣曰：古者至化之代，猛獸不擾，皆由仁及飛走。故云大平之代虎不食人。三乘二應五，上不咥人，故亨謂於五也。

剛中正，履帝位而不疚，光明也。虞翻曰：剛中正謂五。謙震為帝，五帝位，坎為疾病。乾為大明。五履帝位，坎象不見，故履帝位而不疚，光明也。**疏** 二剛中而非正，故知剛中正謂五也。謙震為帝者，帝出乎震也。五帝位者，五為天子，故為帝位也。說卦曰坎為心病，故坎為疾病。乾象曰大明終始，故乾為大明。震行之五，為履帝位，坎象不見，故不疾。體乾，故光明也。案：以陽居五，剛中且正，故為履帝位。三體坎，坎為心病，詩小雅憂心孔疢，故言疢。三體离，离為日，故言光明。坎毀故不疢，离成故光明也。

象曰：上天下澤，履。君子以辯上下，定民志。虞翻曰：君子謂乾。辯，別也。乾天為上，兌澤為下。謙坤為民，坎為志。謙時坤在乾上，變而為履，故辯上下定民志也。【疏】禮有定分，故上天下澤為履。辯，說文訓判，又判與別皆訓分，故云辯別也，謂分別也。乾天在上，兌澤在下，故言上下。謙坤眾為民，坎心為志，故言民志。謙時坤在乾上，則上下未辯。坤變而為履，故辯上下而定民志也。案樂記曰：天高地下，萬物散殊，而禮制行矣。乾為天，兌為澤。禮以地制，澤又卑於地，故君子法之以制禮。天高地下，禮者天地之別也，故以辯上下。萬物散殊而未定，禮節民心，故以定民志。又伏坤，故言民；伏坎，故言志。互离為明，明故辯；伏艮為止，止故定。

初九：素履往，无咎。虞翻曰：應在巽為白，故素履。四失位，變往得正，故往无咎。初已得正，使四獨變，在外稱往。象曰：獨行願也。【疏】應在巽者，四互巽也。為白，說卦文。曾頡：白，素也，故稱素。初為四所履，故稱素履。九四失位，愬愬終吉，變而得正。初往應四，故无咎。初已得正，故不可變，必使四獨變，然後已往應之也。四在外，故稱往。引象獨行以明使四獨變之意。

象曰：素履之往，獨行願也。荀爽曰：初九者，潛位隱而未見，行而未成素履者謂布衣之士未得居位獨行禮義不失其正故无咎也【疏】乾初九曰潛龍勿用故謂初九爲潛位隱而未見行而未成乾初文言文素履者謂布衣之士未得居位與乾初九同占故潛藏不見獨善其身初震爲行故獨行義禮以陽居陽故不失其正素位而行不願乎外故无咎也

九二履道坦坦幽人貞吉虞翻曰二失位變成震爲道爲大塗故履道坦坦訟時二在坎爲獄中故稱幽人之正得位震出兌說幽人喜笑故貞吉也【疏】二陽失位變成震則爲道以震爲大塗故爲道也大塗故坦寬平象震故履道坦坦幽人者幽繫之人也尸子曰文王幽於羑里荀子曰公侯失禮則幽初未變時爲訟訟二爲坎坎陷爲獄二在獄中故稱幽人變之正則得位震爲出又爲喜笑體兌爲說象幽人出獄而喜笑故貞吉也愚案虞說可備一解其實此爻之義與儒行幽居而不淫無異旨也

象曰幽人貞吉中不自亂也虞翻曰雖幽訟獄中終辯得正故不自亂【疏】雖幽繫訟獄之中變震爲言故云終辯得正得正故不自亂愚案坎險爲亂今變正獲吉上應乎五五正而且中故曰中不自亂也

六三眇而視跛而履虞翻曰離目不正兌爲小故眇而視視上應也訟坎爲曳變震時爲足足曳故跛而履俗儒多以兌刑爲跛兌折震足爲刑人見刑斷足者非爲跛也疏互離爲目故不正兌少女故爲小說文眇一目小也故眇而視三與上應上言視履故云視上應也在訟時爲坎二變時爲震坎爲曳震爲足說卦文儀禮士相見禮舉前曳踵鄭注備蹥跲也故足曳則跛而履也三陰將履上陽失正故有此象不取俗儒之說者以斷足非跛也　愚案古能字作耐此脫寸誤作而詳見乾始而以美利注　又案巽爲股兌爲毀折巽股而兌折之故跛

履虎尾咥人凶虞翻曰艮爲尾在兌下故履虎尾位在虎口中故咥人凶既跛又眇視步不能爲虎所嚙故咥人凶象曰位不當也疏謙艮爲尾伏在兌下故有履虎尾之象兌三爲口故云位在虎口中在口故咥人凶也既跛且眇視步不能而自以爲能視能履力不足以禦虎而直履其尾宜爲虎所嚙而有咥人之凶也以位不當故有是象　愚案卦辭不咥人亨以全體說而應乎乾也三亦不中亦不正且居兌口故咥人凶亦猶小畜密雲不雨上九變坎則既雨矣象言乎象爻言乎變爻象不嫌異辭也

武人爲于大君虞翻曰乾象在

上爲武人。三失位。變而得正成乾。故曰武人爲于大君。志剛也。

【疏】楚語曰天事武。韋注云乾稱剛。故武。乾爲人爲武。乾象在上。故爲武人。三陰失位。變陽得正。成乾爲剛。故有武人爲于大君之象。愚案三互離爲甲冑。變乾爲武人。外卦乾。說卦曰乾以君之。故爲大君。師上六曰大君有命。是上爲大君之位也。三應在上。故曰武人爲于大君。三失位。故有咥人之凶。變得正。故有武人爲于大君之象。

象曰。眇而視不足以有明也。跛而履不足以與行也。

侯果曰。六三兌也。互有離巽。離爲目。巽爲股。體俱非正。雖能視。眇目者也。雖能履。跛足者也。故曰眇能視不足以有明也。跛能履不足以與行。是其義也。

【疏】六三體兌。內互離。外互巽。離爲目。巽爲股。說卦文。互體。故云俱非正。雖能視能履。而視爲眇目。履爲跛足也。兩離稱明。今互一離。故不足以有明。而爲眇能視者也。伏震爲行。今震象不見。故不足以與行。而爲跛能履者也。

咥人之凶。位不當也。

案六三爲履卦之主。體說應乾。下柔上剛。尊卑合道。是以履虎尾不咥人通。今於當爻以陰處陽。履非其位。互體離兌。水火相刑。故獨唯三被咥凶矣。

【疏】一陰爲成卦之主。故三爲履主也。內兌故體說。外乾故應乾。六居三故下柔。乾在上，故上剛。尊卑合道，則上下辯而禮制行，有禮則安。是以履虎尾不咥人，亨。此以全卦言也。今於當爻者，謂六三也。三以陰爻處陽位，履非其正，爻不當位者也。互體离爲火，內體兌爲澤，水火相刑，故有被咥之凶矣。

武人爲于大君，志剛也。案以陰居陽，武人者也。三互离爻，离爲嚮明，爲于大君，南面之象，與乾上應，故曰志剛。【疏】樂記「始奏以文，復亂以武」，鄭注「文謂鼓，武謂金」。疏云「金屬西方，可爲兵刃，故爲武」。兌西方金也，又屬陰。三位陽爲人，六爻陰爲武，以陰爻居陽位，且兌金爲武，故云武人者也。說卦「聖人南面而聽天下，嚮明而治，蓋取諸离」。三互离爲嚮明，爲于大君，則南面之象也。伏坎爲志，乾上爲剛，三與上應，故曰志剛。

九四：履虎尾，愬愬終吉。虞翻曰：體與下絕，四多懼，故愬愬。變體坎，得位，承五應初，故終吉。象曰志行也。【疏】乾與兌巽體，故云體與下絕。四多懼，繫下文。子夏傳曰：愬愬，恐懼之貌也。馬本、說文皆作虩虩，與震同爻。四變互震，震爲恐懼，故曰愬愬。變體坎者，伏坎也。變陰得正，上承九五，下應初九，其志既行，故終吉也。

象曰：愬愬終吉，志行也。侯果曰：愬愬，恐懼也。履乎兌主，履虎尾也。逼近至尊，故恐懼。以其恐懼，故終吉也。執乎樞密。故志行也。疏愬愬恐懼。本子夏傳。兑主四也。上近乎四。故以履乎兑主爲履虎尾也。至尊謂五。上近於五。故恐懼也。震象曰。震來虩虩。恐致福也。故恐懼則終吉。即敬勝則吉之義也。伏坎爲志。變震爲行。志在樞密。下應乎初。故志行也。

九五夬履貞厲 虞翻曰謂三上已變體夬象。故夬履。四變。五在坎中也。爲上所乘。故貞厲。象曰位正當也。疏上兑下乾爲夬。上乾下兑爲履。三上易位。故謂三上已變也。其體象夬。故曰夬履。夬履者兩象易也。三易位。四又變。是五在坎中也。坎爲疾爲災。又爲上所乘。故雖貞亦厲。以乾履兑。五在乾體。有中正之德。而又常存危厲。此所以履帝位而不疚[illegible]。

象曰夬履貞厲位正當也 干寶曰夬決也。居中履正。爲履貴主。萬方所履。一決於前。恐夬失正。恒懼危厲。故曰夬履貞厲。位正當也。疏夬決也。夬象傳文。五居中剛履正。故爲履。履帝位。故云貴主萬方。凡所踐履。一決於前。恐過夬而失其正。是以恒懼危厲。然則夬履貞厲者。以位雖正而亦厲所當厲也。

上九視履考詳其旋元吉虞翻曰應在三三先視上故上亦視三故曰視履考詳矣考稽詳善也乾為積善故考詳三上易位故其旋元吉象曰大有慶也

疏上應在三三曰眇能視是三先視上矣上曰視履故上亦視三三互離目為視而上亦云視天視自我民視也上居天位視人所履以降祥故曰視履考祥矣考稽小爾雅文大戴四代曰天道以視地道以履人道以稽所謂人與天地相參也詳他本作祥大壯不詳也釋文王肅本作祥書君奭其終出于不祥石經殘碑作詳呂刑告爾祥刑後漢書劉愷傳鄭注周禮祥刑皆作詳昭十一年春秋經盟于祲祥服虔引祥亦作詳史記自序陰陽之術大祥漢書作詳是詳祥古字通也祥善也說文文坤文言曰積善之家謂復初至乾故乾為積善乾有善而人參之故曰考詳旋反也三位不當故視履皆非上亦失位兩爻相易各反於正則皆吉矣故曰其旋元吉二四巳正三上易位成既濟定故傳曰大有慶也

愚案三互離目視上上陽為君子三陰為小人君子履於上小人視於下詩大東曰君子所履小人所視是也三視上履可以考祥若三旋於上則陰陽得正而夬可成乾故元吉也

象曰元吉在上大有慶也盧氏曰王者履

禮於上則萬方有慶於下【疏】書周官宗伯掌邦禮治神人和上下故王者履禮於上則萬方有慶於下也履繼以泰其在上九乎。

受業姪壻陳學源仙槎校

周易集解纂疏卷六

周易集解纂疏卷七

唐李鼎祚集解

安陸李道平遵王纂疏

序卦曰履而泰然後安故受之以泰泰者通也崔憬曰以禮導之必通通然後安所謂君子以辯上下定民志通而安也【疏】乾文言曰亨者嘉之會也又曰嘉會足以合禮亨者通也故以禮導之必通曲禮曰人有禮則安禮主亨通故泰然後安合上下而辯之而民志以定所謂通而安也天地交而萬物通爲泰故曰泰者通也

☷☰ 乾下坤上

泰小往大來吉亨虞翻曰陽息坤反否也坤陰詘外爲小往乾陽信內稱大來天地交萬物通故吉亨【疏】泰三陽息臨云息坤者乾坤消息往來於否泰自姤至否坤成乾滅則陽息而反泰自復至泰乾成坤滅

則陽消而反否故否泰反其類乃見消息之用此云反否在他卦則云旁通是也坤陰稱小陰本居下自内而出爲往繫下曰往者詘也故坤陰詘外爲小往乾陽稱大陽本居上自外而反爲來繫又曰來者信也故乾陽信内爲大來二五失位二升五五降二天地交萬物通成既濟定故吉亨泰者通也故四德獨言亨

彖曰泰小往大來吉亨蜀才曰此本坤卦小謂陰也大謂陽也天氣下地氣上陰陽交萬物通故吉亨【疏】泰息自坤故云此本坤卦陰詘故稱小陽信故稱大泰於消息爲天子正月值日卦月令曰是月也天氣下降地氣上騰故云天氣下地氣上天氣下卽大來也地氣上卽小往也又曰天地和同草木萌動故云陰陽交萬物通惟交故通通故吉且亨也**則是天地交而萬物通也**何妥曰此明天道泰也夫泰之爲道本以通生萬物若天氣上騰地氣下降各自閉塞不能相交則萬物無由得生明萬物生由天地交也【疏】自天地言之則以通生萬物爲泰如蜀才注是已否則如月令所云孟冬之月天氣上騰地氣下降天地不通閉塞而成冬萬物奚由而生故云明萬物生由天地交也案乾下坤上乾天坤地乾二之坤五坤五降乾二成坎离

天地以坎離交陰陽故曰天地交乾升曰雲行坤降曰雨施雲雨澤物品彙咸亨又乾陽物坤陰物坎為通故曰萬物通謂已成既濟定時也

上下交而其志同也

何安曰此明人事泰也上之與下猶君之與臣君臣相交感乃可以濟養民也天地以氣通君臣以志同也

【疏】以人事之泰言之則君上臣下交相感應乃可濟養萬民陰陽有氣故天地之通以氣言上下有志故君臣之同以志言愚案二升五五降二二五相應為上下交已交成既濟坎為志兩坎為上下志又互震伏巽同聲相應故曰上下交而其志同也

內陽而外陰內健而外順

何安曰此明天道也陰陽之名就爻為語健順之稱指卦為言順而陰居外故曰小往健而陽在內故曰大來

【疏】此又以天道言也稽覽圖六十四卦策術曰陽爻九陰爻六軌當陽爻九七陰爻八六故云陰陽之名就爻為語繫下曰乾天下之至健坤天下之至順也故云健順之稱指卦為言坤順而陰詘居外故曰小往乾健而陽信在內故曰大來內外當位天道所以常泰也

內君子而外小人

崔憬曰此明人事也陽為君子在內健於行事陰為小人在外順以聽命

【疏】此又以人事言也君子之性剛強故陽為君子信在

內則健於行事小人之性柔弱故陰爲小人詘在外則順以聽命內外得所人事所以常泰也**君子道長小人道消也**九家易曰謂陽息而升陰消而降也陽稱息者長也起復成巽萬物盛長也陰言消者起姤終乾萬物成熟成熟則給用給用則分散故陰用特言消也【疏】陽主息息故升陰主消消故降月令鄭注陽生爲息故息即長也起於復終成巽巽居東南萬物盛長之時也陰主消陰之消陽起於姤終反成乾乾居西北萬物已成熟之後也物已成熟則給用於人給用於人則分散矣陰消自有而無故陰用特言消也君子陽也內之陽日息故曰君子道長小人陰也外之陰日消故曰小人道消也雜卦傳曰夬決也剛決柔也君子道長小人道消義並同也

象曰天地交泰荀爽曰坤氣上升以成天道乾氣下降以成地道天地二氣若時不交則爲閉塞今既相交乃通泰【疏】地本在下今坤氣上升即天氣上騰是也以成天道者陰濟陽也天本在上今乾氣下降即天氣下降是也以成地道者陽濟陰也若二氣不交則閉塞不通矣惟交故通通故曰泰**后以財成天**

地之道虞翻曰后君也陰升乾位坤女主故稱后坤富稱財守位以人聚人以財故曰成天地之道【疏】后君也釋詁文陰升乾位女主故稱后者曲禮天子有后疏云后後也言其後於天子亦以廣後胤也白虎通商以前皆曰妃周始立后正嫡曰王后蓋右者君稱后後世君稱王妃遂稱后故以坤為女主稱后也地生萬物故坤富稱財五為天位乾為人坤為財坤居五位尚二中行是守位以人聚人以財故曰成天地之道也愚案后本君稱茲不稱天子王者以坤為后土杜預左傳注云土為羣物主故稱后是也非女主稱后也財釋文云荀作裁釋言疏云財裁音義同史記封禪書民里社各自財以祠漢書郊祀志作自裁是也繫上曰坤化成物故曰財成道有偏陰偏陽則財而成之如周官所云變理陰陽是也

輔相天地之宜以左右民虞翻曰相贊左右助之震為左兌為右坤為民謂以陰輔陽詩曰宜民宜人受祿于天　鄭元曰財節也輔相左右助也以者取其順陰陽之節為出內之政春崇寬仁夏以長養秋教收斂冬敕蓋藏皆可以成物助民也【疏】虞注相訓贊者釋詁曰相導也注謂贊勉是也又曰左右助勴也故云左右助之也震春為左兌秋為右坤眾為民以六居五故謂以

陰輔陽也宜民宜人受祿于天詩假樂文引此言坤承乾命以地輔相於天而宜民也愚案天地之宜如考工記天有時地有利是也輔相則因天時順地利也鄭注節象曰節以制度不傷財故云財節也詩小雅無棄爾輔注云輔以佐助左右爲助皃爾雅故云輔相左右助也以者釋后以也取其順陰陽之節者釋財成天地之道爲出內之政者釋輔相天地之宜也體互震兌震春兌秋故春崇寬仁秋教收斂二五易位成既濟離夏坎冬故夏以長養冬敎蓄藏云皆可以成物助民者釋以左右民也愚案天道尚左地道尚右天左故稱佐地右故稱佑皋陶謨曰予欲左右有民是其義也

初九拔茅茹以其彙征吉王弼曰茅之爲物拔其根而相牽引也茹相牽引之貌也三陽同志俱志在外初爲類首已舉則從若茅茹也上順而應不爲違距進皆得志故以其類征吉也【疏】茅根相連拔則牽引茹牽引之貌也內三陽同志與坤爲正應故云俱志在外鄭云彙類也初爲陽類之首已舉則二陽相從如茅之茹也上坤爲順下應於乾不相違距陽升爲進進皆得志故曰以其彙征吉**象曰拔茅征吉**

志在外也虞翻曰否泰反其類否巽爲茅茹茅根艮爲手彙類也初應四故拔茅茹以彙震爲征得位應四征吉外謂四也疏否泰反其類雖卦爻反類卽旁通也否三互巽巽爲草木剛爻爲木柔爻爲草又巽爲白柔自故爲茅也否初應四與四同體在地中故茹爲茅根也艮爲手說卦文艮在否四拔茅以手也乾初无正應確乎不拔言難拔也泰初與四正應拔茅茹言易拔也彙類也本鄭注謂乾三陽爲類也四拔初初卽應四故曰拔茅茹以彙也陽息初震行爲征初得位與四正應故征吉也四應初既濟定四體坎爲志故外謂四也案初動成巽亦爲茅

九二包巟翟元曰巟虛也二五相應五虛无陽二上包之疏巟荒古今字鄭云荒讀爲康虛也翟從鄭故訓虛詩桑柔具贅卒荒毛傳荒虛也乾盈坤虛故五虛無陽二五相應二當升五故上包之用馮河不遐遺荀爽曰河出於乾行於地中陽性欲升陰性欲承馮河而上不用舟航自地升天道雖遼遠三體俱上不能止之故曰不遐遺疏釋水河出崑崙虛漢書溝洫志武帝時齊人延年上書言河出崑崙經中國注勃海是其

地勢西北高而東南下也說卦乾西北之卦也河源出於西北故云河出於乾孟子曰水由地中行江淮河漢是也今在坤下故云行於地中乾鑿度曰陽氣升上陰氣欲承故云乾性欲升陰性欲承詩小旻不敢馮河毛傳馮陵也故云馮河而上不用舟航馮河上五將爲既濟也二升五是自地升上也歷乾是天道遼遠也二獨上非三體俱上也五應二是雖遠不能止之也故曰不遐遺

朋亡得尚于中行荀爽曰中謂五坤爲朋朋亡而下則二上居五而行中和矣

疏 五居上中故中謂五坤曰西南得朋故坤爲朋坤喪乙爲亡五離朋類而下故云朋亡而下尚與上通五下二則二上居五各得其正而行中和矣中和謂六二九五合言之則二五爲中相應爲和分言之則五爲中二爲和故周禮大宗伯以天產作陰德以中禮防之以地產作陽德以和樂防之天地者二五也天交乎地以天產作陰德也五爲中故以中禮防之地交乎天以地產作陽德也二爲和故以和樂防之文曰以禮樂合天地之化百物之產中庸所謂致中和天地位焉萬物育焉是也

象曰包巟得尚于中行以光大也虞翻曰在中稱包巟大川也馮河涉河遐遠遺亡也失位變得正體坎坎爲大川爲河震

爲足故用馮河乾爲遠故不遐遺兌爲朋坤虛无君欲使二上故朋亡二與五易位故得上于中行震爲行故光大也

疏 二在中爲上下所包故稱包巟从巛巛川本字也說文巟水廣也故云巟大川釋訓馮河徒涉也故馮河云涉河遐遠釋詁文遺亡也說文文二陽失位變陰得正其體爲坎坎爲水故爲大川而稱巟也九家說卦坎爲河今作可者磨滅之餘也互震爲足以震足涉坎水故用馮河昭十八年左傳曰天道遠故乾爲遠雖遠不亡故曰不遐遺兌象曰君子以朋友講習故兌爲朋坤陰居五故坤虛无君二上居五則兌毀故曰朋亡尚與上通二五易位則二得尚于中行震足爲行五下二成离离爲光乾爲大故光大也

九三无平不陂无往不復 虞翻曰陂傾謂否上也平謂三天地分故平天成地平謂危者使平易者使傾往謂消外復謂息內從三至上體復終日乾乾反復道故无平不陂无往不復

疏 鄭注樂記云陂傾也三應上上者泰之極而否之始也故謂否上也平謂三者泰三也內天外地自三爻分故三稱平也上互震爲大塗故稱平下互兌爲澤故稱陂天成地平本書大禹謨文危者使平易者使傾繫下文平易泰三也危傾否上也

泰盈三則消外而爲否傾是爲易者使傾否窮上則復初而爲泰平是爲危者使平也往謂消外者坤爲消也復謂息內者乾爲息也從三至上復體半見終日乾乾反復道乾九三象傳文謂否反成泰至三而盈當反復道乃不陂故曰无平不陂无往不復也

艱貞无咎勿恤其孚于食有福

虞翻曰艱險貞正恤憂孚信也二之五得正在坎中故艱貞坎爲憂故勿恤陽在五孚險坎爲孚故有孚體噬嗑食也二上之五據四則三乘二故于食有福也

【疏】艱難也險亦難也故云艱險貞正見師彖傳恤憂孚信釋詁文二之五得正三在坎中故艱貞說卦曰坎爲加憂故勿恤三得位承上故无咎陽在五五孚於坎險者以三坎又爲孚也故有孚二五易位體象噬嗑雜卦曰噬嗑食也二之五則五據四陰即三乘二陰乘陰和則有福故于食有福也愚案二之五成既濟三體坎坎險故艱得正承上故无咎坎雖爲憂得正則勿恤坎爲孚三坎與五坎相孚故曰其孚坎爻五離爲水火昭十二年左傳曰水火醯醢鹽梅以烹魚肉燀之以薪故爲食福善也乾積善故爲福五坎既濟九五也九五乾陽爲實故曰實受其福三坎孚之故曰于食有福言處極盛之時而以艱貞之道持盈保泰則可長享其福也

象

曰无平不陂天地際也宋衷曰位在乾極應在坤極天地之際也地平極則險陂天行極則還復故曰无平不陂无往不復也【疏】三在乾上故云位在乾極三與上應故云應在坤極小爾雅曰際接也坤與乾接故云天地際也地以形言故云平極則險陂天以氣言故云行極則還復乾盡坤接則平必陂往必復故曰无平不陂无往不復也

六四翩翩不富以其鄰虞翻曰二五變時四體離飛故翩翩坤虛无陽故不富兌西震東故稱其鄰三陰乘陽不得之應象曰皆失實也【疏】二五變時成既濟四體離離爲雉又南方朱雀象鳥飛故曰翩翩坤凝乾元故廣生爲富坤虛无陽則不富矣互兌秋爲西震春爲東故曰其鄰三陰皆下乘陽之應則成否矣故不得之應也不之應則无陽无陽失實矣　愚案詩小雅曰緝緝翩翩毛傳云往來貌四與三接否泰往來之交四曰翩翩翩義取往來卽三无往不復之意坤廣生爲富三互震兌爲鄰四爲坤始四雖富不以富耀其鄰也**不戒以孚**虞翻曰謂坤邑人不戒故使二升五信來孚邑故不戒以孚二上體坎中正象曰中心願也與比邑人不

戒同義也。【疏】謂坤邑人不戒者，坤爲邑，此卦无邑人象，因比言之也。二升五，乾二信實來孚於坤邑也。戒，告也。四體震，震爲言，二來震滅成坎，故不戒以孚也。二上居五體坎，爲心，中而且正，故有中心願之象也。比五由師二升，比二爲邑人，故云與比邑人不戒同義也。案：三孚承四，曰其孚；四乘三，故曰不戒以孚。

象曰：翩翩不富，皆失實也。 宋衷曰：四互體震，震翩翩之象也。陰虛陽實，坤今居上，故言失實也。【疏】四在震，震驚，故爲翩翩之象。陽實陰虛，坤三爻皆陰，故皆失實也。

不戒以孚，中心願也。 九家易曰：乾升坤降，各得其正，陰得承陽，皆陰心之所願也。【疏】乾二升居五，坤五降居二，故云乾升坤降，各得其正。乾鑿度曰：陰性欲承，故云陰得承陽。承五也，五坎爲心，四陰承之，故云皆陰心之所願也。

六五：帝乙歸妹，以祉元吉。 九家易曰：五者帝位，震象稱乙，是爲帝乙。六五以陰處尊位，帝者之姊妹。五在震後，明其爲妹也。五應於二，當下嫁二，婦人謂嫁曰歸，故言帝乙歸妹。謂下居二，以中和相承，故元吉也。　虞翻曰：震爲帝，坤爲乙，帝乙，紂父。歸，嫁也。震爲兄，兌妹，故嫁妹。祉，福也。謂五變體离，离爲大腹，則妹嫁而孕得位正中故以祉元吉也〔疏〕九家注　五爲天子故五者帝位震東方乙位東故震象稱乙互震居五是爲帝乙陰爻居於尊位帝者姊妹之象也三爲震初五在其後是以知其爲妹也五與二爲陰陽正應故五當下嫁於二也婦人謂嫁曰歸隱二年公羊傳文故歸妹謂嫁也五下居二得中得正故云中和相承元吉者與坤六五黃裳元吉同占也　虞注　帝出乎震故震爲帝坤納乙故坤爲乙帝乙紂父者書多士曰自成湯至于帝乙哀九年左傳晉趙鞅筮得此爻其言曰微子帝乙之元子也故知帝乙爲紂父也又子夏傳曰帝乙歸妹湯之嫁妹也世本湯名天乙故稱帝乙京房章句載湯嫁妹之辭曰無以天子之尊而乘諸侯無以天子之貴而驕諸侯陰之從陽女之順夫本天地之義也往事爾夫必以禮義其辭未必傳於上世然亦以帝乙爲湯也又荀爽後漢書本傳言湯有娶禮歸其妹於諸侯也是先儒皆以帝乙爲湯也歸嫁也釋見上自二至五體互震兌震長男故爲兄兌少女故爲妹坤爲妻道五當降二故爲嫁妹祉福也釋詁文五變則體互离离爲大腹說卦文是嫁妹而孕也得位故正中正中故以祉元吉也愚案三四爲天地之交易位則體歸妹於五言之者五爲卦主也

象曰以祉元吉中

以行願也九家易曰五下於二而得中正故言中以行願也【疏】五陰下居於二中而且正互震足爲行坎心爲願是得中以行其願故曰中以行願也

上六城復于隍虞翻曰否艮爲城故稱城坤爲積土隍城下溝無水稱隍有水稱池今泰反否乾壞爲土艮城不見而體復象故城復于隍也【疏】泰之上否之三也泰之三本否之四故取否艮爲城艮爲門闕又陽在外以固內故稱城坤爲地故爲積土釋言曰隍壑也說文曰隍城池也故云隍城下溝又曰有水曰池無水曰隍故云无水稱隍有水稱池也今泰反爲否則乾壞爲坤艮象不見而復體半形故曰城復于隍上宜體坎爲水既濟未成故溝无水而爲隍也

勿用師自邑告命貞吝虞翻曰謂二動時體師陰皆乘陽行不順故勿用師坤爲自邑震爲言兌爲口否巽爲命今逆陵陽故自邑告命命逆不順陰道先迷失實遠應故貞吝【疏】二動時體師者二至上體師也天地雖交以坤三陰乘陽是爲行逆不順故勿用師坤身爲自衆爲邑故坤爲自邑謂上也互震聲爲言又互兌爲口皆請三也巽象曰重巽以申命故否三互巽爲命今逆行陵陽而告於坤故爲自

邑告命否巽行於上故爲命逆不順坤卦辭曰先迷故爲陰道先迷上體无陽而下應三命故爲失實違應上六得位雖正亦吝故曰貞吝愚案上極則泰反爲否乾毁坤成故城復于隍坤衆爲師乾成坤壞故勿用師自坤邑告命於否巽三上雖爲正應但否時震毁告命不行雖貞亦吝也

象曰城復于隍其命亂也

九家易曰乾當來上不可用師而拒之也自邑者謂從坤性而降也告命者謂下爲巽宣布君之命令也三陰自相告語俱下服順承乾也城復于隍國政崩也坤爲亂否巽爲命交在泰上故其命亂也

疏 言否時乾當來上非坤衆爲所能拒也坤爲邑陰性降故自邑爲從坤性而降也否巽爲命故告命謂下爲巽應在乾上乾爲君故宣布君之命令也否三互巽爲命坤身爲自故云三陰自相告語上陰降則四五俱降故云俱下服順承乾也坤陰爲亂而五否巽三交於上故曰其命亂也既濟彖曰初吉終亂傳謂終止則亂其道窮也即命亂之義也

序卦曰物不可以終通故受之以否

崔憬曰物極則反故不終通而否矣所謂城復于隍者也

疏 雜卦傳否泰反其類也故物極則反通不終通而泰受以否矣泰之反否其機始於三而其勢

成於上泰之否泰之上爲之也泰上象曰城復于隍其命亂也其卽否之謂乎

䷋ 坤下乾上

否之匪人不利君子貞大往小來虞翻曰陰消乾又反泰也謂三比坤滅乾以臣弑其君子弑其父故曰匪人陰來滅陽君子道消故不利君子貞陰信陽詘故大往小來則是天地不交而萬物不通與比三同義也【疏】否消卦也自乾來故云陰消乾與泰旁通故云反泰陰消至三成坤故云比坤滅乾臣謂坤子謂遯艮也遯消至二雖艮子弑父然乾猶未滅故弑君弑父並在否三人道滅絕故曰匪人君子謂五陰來滅陽陽道有日消之勢五雖得位其勢將消故不利君子貞也陽詘在外故曰大往陰信在內故曰小來否象閉塞故天地不交而萬物不通也比三體剝剝四曰剝牀以膚弑父弑君故曰比之匪人否三亦體剝艮膚也故云與比三同義也

象曰否之匪人不利君子貞崔憬曰否不通也於不通之時小人道長故云匪人君子

道消故不利君子貞也 【疏】泰通也否與泰反故云不通於否之時陰道日長故稱匪人陽道日消故不利君子貞

大往小來蜀才曰此本乾卦大往陽往而消小來陰來而息也 【疏】乾陽消而成否故云此本乾卦陽稱大陽往而消是大往也陰稱小陰來而息是小來也

則是天地不交而萬物不通也何妥曰此明天道否也 【疏】此以天道言也乾不降坤不升故天地不交亦不成既濟故萬物不通乾鑿度曰天地不變亦不能通氣鄭彼注云否卦是也

上下不交而天下无邦也何妥曰此明人事否也泰中言志同否中云无邦者言人志不同必致離散而亂邦國崔憬曰君臣乖阻取亂之道故言无邦 【疏】何注此以人事言也志爲氣帥民爲邦本泰交故民志同而邦本以固否則上下不交而人志不同必致民心離散而邦國擾亂故曰无邦崔注乾爲君在上坤爲臣在下上下不交則君臣乖阻賢人在下无輔於上故爲取亂之道乾爲人坤爲邦不交則坤虛无人故曰无邦

內陰而外陽內柔而外剛崔憬曰陰柔謂坤陽剛謂乾也 【疏】陰柔謂坤在內陽剛謂乾在外說卦曰立地之道曰柔與剛泰象傳曰內健而外順順者

順乎乾今坤消乾坤成則乾毀柔剛屬坤故變健順言柔剛矣**內小人而外君子小人道長君子道消也**崔憬曰君子在野小人在位之義也【疏】君子在野小人在位書大禹謨文小人謂三君子謂五陰消至三故小人道長至五成剝故君子道消也

象曰天地不交否宋衷曰天地不交猶君臣不接天氣上升而不下降地氣沈下文不上升二氣特隔故云否也【疏】乾為天為君坤為地為臣故天地不交猶君臣不接陽性本升今又在上故云天氣上升而不下降陰性本降今又在下故云地氣沈下又不上升二氣相隔其象為否否者閉塞不通也卽月令天氣上騰地氣下降天地不通之義也但否於消息為七月卦月令舉於孟冬者七月否之始孟冬否之成也**君子以儉德辟難不可營以祿**虞翻曰君子謂乾坤為營乾為祿難謂坤為弒君故以儉德辟難巽為入伏乾為遠艮為山體遯象謂辟難遠遁入山故不可營以祿營或作榮儉或作險　孔穎達曰言君子如此否時以節儉為德辟其危難不可榮華其身以居祿位若據諸侯公卿而言是辟時羣小之難不可重受官爵也若據王者

言之謂節儉爲德辟陰陽厄運之難不可自重榮貴而驕逸也【疏】虞注陽爲君子故君子謂乾營求陰道也故坤爲營曲禮士曰不祿謂其死也生則祿死則不祿乾陽爲生故乾爲祿陰消至否坤臣弑君故難謂坤爲弑君以儉約也艮爲愼乾爲敬故曰儉德危邦不入亂邦不居故以遠儉德辟難巽入也三互巽故爲入夫道遠故坤伏乾爲遠互艮爲山二至上象遯故謂梓難當遠遯入山坤消乾祿故不營以祿營或作榮今王弼本是也儉或作險釋文亦未詳 孔注 士君子伏處草野有道則見無道則隱進退可以自如若身據王侯公卿之貴不幸而遭否阨亦必節儉爲德遵養時晦以俟休明在公卿則辟時羣小之難不可重受官爵在王者則辟陰陽阨運之難不可自重榮貴而驕逸位既不同義亦攸別疏特推廣其說以備占者之用庶幾貴賤咸宜而經无滯旨矣

初六拔茅茹以其彙貞吉亨荀爽曰拔茅茹取其相連彙者類也合體同包謂坤三爻同類相連欲在下也貞者正也謂正居其所則吉也【疏】泰取拔茅以否互巽也釋見泰初三互巽柔爻爲茅初二三陰相連象茅根爲茹故云拔茅茹取其相連彙訓類本鄭注合體謂合坤體同包謂二三同包坤三爻皆陰故云

同類相進不言征故云欲在下也貞者正也本師彖傳初不正變之正不征則正居其所故吉也　愚案泰否初爻皆取象於茅其初難知聖人不肯遽疑其異但九爲陽剛君子之象也故稱其其進則吉六爲陰柔小人之象也故戒以守正則吉且否初言亨者初動成剛反泰之始泰者通也故獨言亨與泰卦吉亨同辭

象曰拔茅貞吉志在君也九家易曰陰志在下欲承君也　案初六巽爻巽爲草木陽爻爲木陰爻爲草初六陰爻草茅之象也【疏】九家注　初應四四變應初體坎故爲志乾爲君卦五爲君位坤性承乾初應四是承乾君也二承五初與三以其陰類在下同承五君故曰志在君也　案陰消陽自巽始姤初是也故以初六爲巽爻巽爲木謂陽爻其陰爻則草也故以初六陰爻爲草茅之象

六二包承小人吉大人否亨荀爽曰二與四同功爲四所包故曰包承也小人二也謂一爻獨居間象相承得繫於陽故吉也大人謂五乾坤分體天地否隔故曰大人否也二五相應否義得通故曰否亨矣【疏】二與四同功繫下文四承五二爲四所包故曰包承陰本小人二居否時位雖得正亦象小人也一爻獨

居正位間隔三象與四相承於五是得繫於陽爲正應故吉也五位天子爻屬陽爻故爲大人乾陽坤陰分陰分陽故云分體天地不交故云否隔五爲卦主故云大人否也二五得中爻爲陰陽正應故否義得通通故雖否亦亨也愚案二正承五爲五所包故包承小人道長故小人則吉君子道消故大人則否然得正應五爲五所包故雖否亦亨也

象曰大人否亨不亂羣也虞翻曰否不也物三稱羣謂坤三陰亂弑君大人不從故不亂羣也 疏 否不也說文文詩小雅或羣或友毛傳獸三稱羣故云物三稱羣坤三爻故稱羣坤陰爲亂有弑君之象時雖否隔大人居五以中正感之不爲羣陰所亂故曰不亂羣也

六三包羞象曰包羞位不當也荀爽曰卦性爲否其義否隔今以不正與陽相承爲四所包違義失正而可羞者以位不當故也 疏 卦性本有否隔之義而否實成於三也三以不正之陰與四相承爲四所包既違泰義又失陰正可羞孰甚焉其可羞者以位不中不正不當故也案虞云坤爲耻廣雅耻羞也陰消至三否象始成位既不正爲上所包以陽包陰是包羞也孟子曰無羞惡之心非人也故象以三爲匪人三與上

應皆不得正，故曰位不當也。

九四有命无咎，疇離祉。九家易曰：巽爲命，謂受五之命以據三陰，故无咎。无命而據則有咎也。疇者，類也。謂四應初，據三與二同功，故陰類皆離祉也。離，附；祉，福也。陰皆附之，故曰有福，謂下三陰離受五四之福也。疏 巽爲申命，互巽，故爲命。四承五，故謂受五之命。受命以據三陰，故无咎。若无命而失位據陰，則有咎矣。漢書律厤志曰「疇人子弟分散」，李奇注云：「同類之人。」是疇爲類也。坤彖傳曰「乃與類行」，繫上曰「方以類聚」，此卦曰「彙」，曰「疇」，皆以陰爲類也。繫下曰「二與四同功」，四遠應初，近據三，又與二同功，皆上與乾爲正應，故同類陰爻皆得上離乾祉也。离彖傳曰「离，麗也」，訓离爲附，謂附著也。故离義與麗同也。祉，福也，釋詁文。陰附於陽，故皆有福。四承五命，故謂下三陰離受五四之福也。

象曰：有命无咎，志行也。荀爽曰：謂志行於羣陰也。疏 四承五命，下據三陰，而陰類皆離其福，是四之志得行於羣陰也。

九五休否，大人吉。九家易曰：否者，消卦，陰欲消陽，故五處和居正，以否絕之。乾坤異體，升降殊隔，卑不犯尊，故大人吉也。

【疏】否爲消卦，坤陰欲消乾陽，以九居五，故處和居正。休者止息，否者閉隔，故以否絕之爲休否。天地不交，故乾坤異體；上下不交，故升降殊隔。否爲七月卦，是時萬物已成，乾坤位定，卑不犯尊，故大人吉也。又鄭注：休，美也。義亦通。

其亡其亡

荀爽曰：陰欲消陽，由四及五，故曰其亡其亡。謂坤性順從，不能消乾使亡。

【疏】陰欲消陽，由四漸有及五之勢，存不忘亡，故曰其亡。其亡猶曰豈其亡乎？豈其亡乎？言陰雖善消，而坤性順從，不能消乾使遽亡也。

繫于包桑

荀爽曰：包者，乾坤相包也。桑者，上玄下黃，以象乾坤也。乾職在上，坤體在下，雖欲消乾，繫其本體，不能亡也。京房曰：桑有衣食人之功，聖人亦有天覆地載之德，故以喻。陸績曰：包，本也。言其堅固不亡，如以巽繩繫也。案：其亡其亡，近死之嗟也。其與幾同。幾者，近也。九五居否之時，下包六二，二互坤艮，艮山坤地，地上即田也。五互巽木，田上有木，莫過於桑，故曰其亡其亡，繫于包桑。言五二包繫，根深蔕固，若山之堅，如地之厚者也。雖遭危亂，物莫能害矣。鄭元曰：猶紂囚文王於羑里之獄，四臣獻珍異之物，而終免於難，繫于包桑之謂。

【疏】荀注 乾坤相包，參同契文。同言陰包陽，陽亦包陰，故引以釋包義也。文言曰：天玄而地黃。考工記曰天曰玄地曰黃桑本上玄下黃故取其色以象乾坤繫上曰天尊地卑乾坤定矣故云乾職在上坤體在下陰雖欲消乾然繫於玄黃之木黃亦坤之本體消亦安能遠亡也　京注　典術桑木者箕星之精神木也蟲食葉爲文章人食之老翁爲小童文章卽黼黻也故云桑有衣食人之功聖人於人有天覆地載之德天覆象玄地載象黃故取桑之上玄下黃而衣食於人者以喻之也　陸注　說文包象人懷妊巳在中是包固生人之本故云包本也言根本堅固自不能亡說卦曰巽爲繩五互四三爲巽故如以巽繩繫也　案　春官大宗伯以喪禮哀死亡亡卽死也故云其亡其亡近死之嗟也史記酈生傳注酈食其讀歷異幾是其有幾音亦有幾義故云其與幾同釋詁幾近也故云幾者近也九居否五與二正應故云下包六二二體坤爻互艮艮爲山坤爲地地上爲田故云地上卽田也五互巽爲木詩衞風星言夙駕于彼桑田故云田上有木莫過於桑其亡其亡繫于包桑者言五與二相包繫得位正應根深蔕固若艮山之堅坤地之厚也雖遭危亂物莫能害者所謂亡者保其存者也　鄭注　文王囚於羑里之事詳具乾初九注引之以明處難終免有合繫于包桑之義

象曰大人之吉位正當

也崔憬曰得位居中也疏九爲得位五爲居中得位居中則陰不能消故大人吉也

上九傾否先否後喜侯果曰傾爲覆也否窮則傾矣傾猶否故先否也傾畢則通故後喜也疏中庸曰傾者覆之故云傾爲覆也月令曰五覆五反覆反覆也否極則泰來窮上反下故否窮則傾矣方傾之時其體猶否故先否也傾畢則反泰而通矣故後喜也

象曰否終則傾何可長也虞翻曰否終必傾盈不可久故先否下反於初成益體震民說无疆故後喜以陰剝陽故不可久也疏高誘淮南注云傾猶下也上反初爲傾否故曰否終則傾謙象傳曰地道變盈而流謙故云盈不可久卦體下爲先上爲後上應在三否成於三故先否益自否來故云下反於初成益下體震震陽爲喜民說无疆益彖傳文成益則說說故後喜上不益下則消成剝以陰剝陽剝極必復故不可久也

序卦曰物不可以終否故受之以同人崔憬曰否終則傾故同於人通而利涉矣疏上下不交其志不同所以成否當否極之時須同力相濟乃能傾否故否終於上必同於人以傾之則塞

者易通而辟難者可以利涉矣

䷌ 离下乾上

同人于野亨　鄭元曰：乾爲天，离爲火，卦體有巽，巽爲風。天在上，火炎上而從之，是其性同於天也。火得風然後炎上益熾，是猶人君在上施政教，使天下之人和同而事之。以是爲人和同者，君之所爲也，故謂之同人。風行无所不偏，徧則會通之德大行，故曰同人于野亨。

疏　上乾爲天，下离爲火，卦體互巽，巽爲風。乾鑿度曰：輕清上爲天，故云天在上。洪範曰：火曰炎上，故云火炎上而從之。乾文言曰：本乎天者親上，故云是其性同於天也。巽爲木爻，爲風，木生火而風揚之，故火得風然後炎上益熾。畢命曰：樹之風聲，故云是猶人君在上施政教。說卦曰：聖人南面而聽天下，嚮明而治，故云使天下之人和同而事之。坤爲民，乾爲君，坤之一陰人乾成离，是火之就燥，無巽民之就君，故云以是爲人和同者，君之所爲也。本天親上，雜卦曰：同人親也，故謂之同人。風行无所不徧者，釋于野。徧則會通之德大行者，釋亨也。蓋同則通，通則亨，故曰同人于野亨。

愚案：同人自乾九二變也。乾二曰見龍在田，田即野也。象曰德施普也。文言曰天下文明。天節乾，明節離，同人于野之象也。

利涉大川，利君子貞。崔憬曰：以離文明而合乾健，九五中正，同人於二，為能通天下之志，故能利涉大川，利君子之貞。

疏 此本彖傳「文明以健，中正而應，君子正也。唯君子為能通天下之志」以釋之也。愚案：乾郊為野，伏坎為川。野者夷塗，川者險道。同于野者，是謂大同之象也，故亨。涉大川者，同舟共濟之義也，故利。君子貞，貞者二五皆正也。京氏易傳：訟降為同人。蓋訟之乾在坎水之下，故不利涉大川。同人則乾居上體，而下互巽木，又伏坎，故利涉大川。

彖曰：同人，九家易曰：謂乾舍於離，同而為日。天日同明，以照于下，君子則之，上下同心，故曰同人。

疏 坤二之乾為離，是離舍於乾矣。今乾居離上為同人，是乾舍於離矣。乾虛其中則同而為日。乾大明，離嚮明，皆萬物所瞻仰也，故云天日同明以照于下。君子則其同明之象，而上下同心，故曰同人。

柔得位得中而應乎乾，曰同人。蜀才曰：此本夬卦。九二升上，上六降二，則柔得位得中而應乎乾，下奉上之象，義同於人，故曰同人。

疏 以五陽一陰之例論其升降，故云此本夬卦九二升上，上六降二。二為成卦之主，以六居二上應九五，故曰「柔得位得中而應乎乾」。中庸曰：「行同倫，車同軌，書同文。」是以下奉上之義，同於人之象，故曰同人也。

同人曰：同人于野，亨，利涉大川，乾行也。虞翻曰：旁通師卦。巽爲同，乾爲野，師震爲人。二得中應乾，故曰「同人于野，亨」。此孔子所以明嫌表微。師震爲夫，巽爲婦，所謂「二人同心」，故不稱君臣父子兄弟朋友，而故言人耳。乾四上失位，變而體坎，故曰「利涉大川，乾行也」。侯果曰：九二升上，上爲郊野，是同人于野，而得通者，由乾爻上行耳，故特曰「乾行也」。

疏 虞注：虞无一陰五陽之例，蓋消息師二降初爲復，息成同人，故云「旁通師卦」。師互震，同人互巽，震巽同聲相應，故巽爲同。乾居戌亥之郊，故爲野。師震，乾元，人秉以生，故爲人。二得中位，震巽同心，上應乾五，故曰「同人于野，亨」。師震長男爲夫，同人巽長女爲婦，震巽交乾坤於二，夫婦同心之象。序卦曰：「有天地然後有萬物，有萬物然後有男女，有男女然後有夫婦，君臣父子特由此而錯之耳。」故以二人同心爲夫婦，不稱君臣父子兄弟朋友而言人也。乾四上失位，變成既濟定，體坎爲水，故曰「利涉大川」。坎從乾來，故曰「乾行也」。其曰明嫌表微者，名卦止取六二一爻，卦辭乃取于野涉川，非夫婦相同之義。然同人者，夫婦也，其本義也。至于野

二八二

涉川。則取乾通天下之志。體坎而行而推廣之。　侯注卦自夬來。九二升上爲同人。上在外卦之外。故爲郊野。言同人于野。所以得亨者。由九二乾爻上升耳。故曰乾行也。

文明以健。中正而應。君子正也。何妥曰。離爲文明。乾爲剛健。健非尙武。乃以文明。應不以邪。乃以中正。故曰利君子貞也。**疏**坤爲文。離爲明。離之中畫自坤來。故離爲文明。乾文言曰剛健中正。故乾爲剛健。健非尙武。乃以文明者。柔以濟剛也。應不以邪。乃以中正者。二五得中得正也。五陽得位。爲君子。下有正應。故曰利君子貞也。

唯君子爲能通天下之志。虞翻曰。唯。獨也。四變成坎。坎爲通。爲志。故能通天下之志。謂五以類族辯物。聖人作而萬物覩。崔憬曰。君子謂九五。能舍已同人。以通天下之志。若九三九四。以其人臣。則不當矣。故爻辭不言同人也。**疏**虞注唯訓獨者。專辭也。上四皆不得正。變則成坎。坎爲通。說卦文。坎心爲志。故曰能通天下之志。象言類族辯物。謂五。卽乾九五聖人作而萬物覩之義也。蓋通志取乎坎。而能通天下之志。則在五也。　崔注五本乾陽。又爲卦主。故君子謂五。五能舍已同人。故通天下之志。三爲三公。五爲諸侯。皆人臣之位。不足當同人之任。故爻辭皆不言同人也。惠案：明則私不能蔽，健則欲不能屈，中正則足以有敬。應則天下皆通。論語曰：一日克己復禮，天下歸仁焉。是其義也。

象曰：天與火，同人。荀爽曰：乾舍於离，相與同居，故曰同人也。【疏】乾居离上，故云乾舍於离。乾親上，离炎上，故云相與同居。繫下曰：中心疑者其辭枝。虞注云：离人之辭也。又曰：誣善之人其辭游。注云：乾為善人，乾离皆稱人，而又同居，故曰同人。

君子以類族辯物。虞翻曰：君子謂乾。師坤為類，乾為族。辯，別也。乾陽物，坤陰物。體姤，天地相遇，品物咸章，以乾照坤，故以類族辯物。謂方以類聚，物以羣分。孔子曰：君子和而不同。故於同人象見以類族辯物也。【疏】君子謂乾者，謂乾五也。伏師體坤，坤方類聚，故為類。上體乾，人本乎天，又族有九，與圖則九重同義，故乾為族。說文：辯，判也。故辯訓別。乾陽物，坤陰物，本繫下文。陽物以族辯，三也；陰物以類辯，四也。自二至上體姤，天地相遇，品物咸章，姤彖傳文。天地遇而品物章者，二應五也。上體乾，伏體坤，下离為照，故云以乾照坤。照則物无不明，故以乾坤類族辯其陰物陽物。方以類聚，物以羣分，繫上文。又禮樂記曰：方以類聚，物以羣分則性命不同矣故引之以明類族辯物之意也君子和而不同論語文和中和和也謂二五不同謂類族辯物也於同人家言類族辯物則統同而辨異在其中矣

初九同人于門无咎虞翻曰乾爲門謂同於四四變應初故无咎也【疏】繫下曰乾坤其易之門耶故乾爲門初應四故謂同於四正應辯類故四變應初所以无咎也

象曰出門同人又誰咎也崔憬曰剛而无應比二以柔近同於人出門之象又誰咎矣　案初九震爻帝出乎震震爲大塗又爲日門出門之象也【疏】崔注　初體剛而四亦剛是无應也柔在二而近初初比二以剛是近同於人而爲出門之象以陽承陰剛柔相得又誰咎也　案　初九震之一陽也帝出乎震震爲大塗皆說卦文日出東方震故又爲日門所以取象於出門也　愚案二三艮象半見故爲門初二震象半見故爲出所同者二二陰爲偶象同人故曰出門同人三爻皆剛柔當位故曰又誰咎也

六二同人于宗吝荀爽曰宗者衆也三據二陰二與四同功五相應初相近上下衆陽皆欲與二

爲同。故曰同人于宗也。陰道貞靜。從一而終。今宗同之。故吝也。

【疏】書禹貢江漢朝宗于海注云言百川以海爲宗今宗訓眾者言一陰爲眾陽所宗主卽江漢朝宗之義也三據二陰三同二也。二與四同功四同二也。二五應五同二也。初相近。初同二也。故謂上下眾陽皆欲與二爲同而云同人于宗也。從一而終。恒六五象傳爻陰爲婦道貴於貞靜從一而終卽郊特牲壹與之齊終身不改之義也。今眾陽皆同於二宜其吝也。　愚案二自坤來坤爲陰宗二互巽本體离离巽皆陰。爻二爲陰位雖得中得正然所同者特同人于宗而已。以卦言。則同人于野其象廣廣故亨以爻言則同人于宗其象狹狹故吝與履卦言不咥人三爻言咥人其義一也。又許愼五經異義曰易曰同人于宗吝言同姓相取吝道。意謂二與五爲陰陽正配。以在同人家爲同姓。義亦可通

象曰同人于宗吝道也

侯果曰宗謂五也。二爲同人之主和同者之所仰也。有應在五。唯同於五。過五則否。不能大同於人則爲主之德吝狹矣。所同雖吝亦妻臣之道也。

【疏】五爲卦主。故宗謂五也。二爲成卦之主。故云二爲同人之主二爲和同者所共宗仰。乃五爲正應。而二唯同於五焉非五則不同是不能如于野者之大同于人矣。爲主之德其吝狹可

知也然所同雖吝得中得位五爲正應亦妻道臣道之常也

九三伏戎于莽升其高陵三歲不興虞翻曰巽爲伏震爲草莽離爲戎謂四變時三在坎中隱伏自藏故伏戎于莽也巽爲高師震爲陵以巽股升其高陵爻在三乾爲歲興起也動不失位故三歲不興也【疏】雜卦曰兌見而巽伏也故巽爲伏通師互震說卦曰震爲萑葦故爲草莽又曰離爲甲胄爲戈兵故爲戎四不正變成坎三在坎中乃入伏就震隱而自藏故有伏戎于莽之象也巽爲高說卦文又震爲反生虞作阪生阪陵也故師震爲陵又巽爲股是以巽股升其高陵也乾爲天周天三百六十五度四分度之一故爲歲爻在三故爲三歲興起也釋文言動不失位不字當作而動而失其剛位所以三歲不興也　愚案三與上應伏戎敵上也升陵望上也自三至上歷三爻三歲不興欲上變正應已庶從同也

象曰伏戎于莽敵剛也三歲不興安行也崔憬曰與二相比欲同人焉盜憎其主而忌於五所以隱兵于野將以襲之故曰伏戎于莽五既居上故曰升其高陵一爻爲一年自三至五頻遇剛敵故三歲不興安可行也　案三互離巽巽

爲草木，离爲戈兵，伏戎于莽之象也。疏 以陽比陰，故云與二相比。陰陽和合，故云欲同人焉。成十五年左傳曰：盜憎主人。盜謂三，主謂二也。而忌於五者，謂五與二應也。欲同二而忌五，所以隱兵於三，將以襲五，故曰伏戎于莽。五居上，故升其高陵以敵之。自三至五，一爻爲一歲，四五皆剛，故頻遇剛敵，歷三歲而不能興起，則安可行也。案三體离互巽，巽爲草木，故爲莽；离爲戈兵，故爲戎。所以有伏戎于莽之象也。愚案：三與上應，以陽應陽，所以伏戎于莽者，隱以備之，防其亢也，故曰敵剛。以正應不正，所以三歲不興者，徐以俟之，冀其正也，故曰安行。

九四：乘其庸，弗克攻，吉。

虞翻曰：巽爲庸，四在巽上，故乘其庸。變而承五，體訟乾剛在上，故弗克攻則吉也。疏 庸，王弼本作墉。今作庸者，從鄭本也。詩大雅「以作爾庸」，注云：庸，城也。禮王制「附庸」，注云：小城也。是庸與墉通。巽爲庸者，巽爲高，又爲伏，高而可伏，城庸之象。釋名：墉，容也，所以隱蔽形容也。與巽稱而隱之義亦符。故知巽爲庸也。四在巽上，故乘其庸者，欲攻初也。四與初皆陽，故敵應。初得位，四无攻初之義，變而承五，其體爲訟。訟六四曰：不克訟。且乾剛在上，護不可攻，弗克攻則吉者，喜其變正以同初也。

象曰：乘其庸，義弗

克也其吉則困而反則也 王弼曰：處上攻下，力能乘庸者也。履非其位，與三爭二，二自應五，三非犯已，攻三求二，尤而效之，違義傷禮，眾所不與。勢雖乘墉，義終弗克，而得吉者，以困而反正則也。【疏】以陽處四，力能顯亢，故乘高庸，欲攻於三。但所履非正，而妄與人爭二。二與五為正應，三得位非犯已，三欲求二，其事已非。四又效之，以求二，違義傷禮，故為眾人所不與。雖欲乘庸攻三，必不克也。不克攻則反，反則吉。其所以吉者，以困不能攻，故反自思愆，以從法則也。案：四乘庸欲攻初也。初正四不正，故曰義弗克也。文十四年《穀梁傳》曰「弗克納，弗克其義也」，范甯彼注云「非力不足，義不可勝」，與傳義同也。《釋詁》：「則，法也。」韋昭《晉語》注云：「謀不中為困。」四欲攻初，以初正已不正而止，困而自反，變正成坎，坎水平為法則，故曰反則。四變陰，承五下應於初，是困而反歸於則。初四陰陽得應，始異終同，故吉也。

九五同人先號咷而後笑大師克相遇 虞翻曰：應在二，巽為號咷，乾為先，故先號咷。師震在下，故後笑，震為後笑也。乾為大，同人反師，故大師。二至五體姤，遇也，故相遇。【疏】五應在二，二體互巽雷風同聲震陽笑言巽陰號咷故巽爲號咷乾陽主倡爲先震後有則爲後又陽聲爲笑旁通師震在下故後笑大哉乾元故乾爲大與師旁通故同人反師爲大師二至五體姤姤彖傳曰姤遇也故相遇案體互巽在先故先號咷通師震在後故後笑旁通則大師相遇矣三與上敵四欲攻初是在同人家而異德者也崔氏所云九三九四不言同人是已故五用師克去三四則五與二應故相遇也五遇二則天下之志通矣

象曰同人之先以中直也大師相遇言相克也侯果曰乾德中直不私於物欲天下大同方始同二三四失義而近據之未獲同心故先號咷也時須同好寇阻其逆以言相克然後始相遇故笑也 九家易曰乾爲言

疏 侯注 五位居中九家易曰乾爲直故云乾德中直中直則不私於物而欲天下大同也五與二應中故始同二三敵四攻所處失義而近據之三四兩爻不言同人所以未獲同心而先號咷也二五爲正應故云時須同好三四異德故云寇阻其逆繫上釋此爻云同心之言其臭如蘭是二五同心其言相合故云以言相克二四既克然後五與二相遇故笑也 九家注 九家易說卦有乾爲言之爻初息震再息兌震聲兌口故爲言

上九同人于郊无悔虞翻曰乾爲郊失位无應與乾上九同義當有悔同心之家故无悔【疏】乾位西北之郊故爲郊以九居上故失位三敵剛故无應失位无應故與乾上九同義乾上曰亢龍故宜有悔變之正與三應故在同心之家无悔也

象曰同人于郊志未得也侯果曰獨處于外同人于郊也不與內爭无悔吝也同人之時唯同于郊志未得也【疏】釋地邑外謂之郊上處外卦之外故曰同人于郊三正上不正故不與內爭不爭故无悔吝同人之時初无咎四吉二雖吝而五相遇唯三伏戎與上敵剛而遠在外故云唯同于郊三伏坎爲志與上不相得故曰志未得也

周易集解纂疏卷七

姪壻周化南雨亭校

清道光有獲齋本周易集解纂疏

第二册

唐 李鼎祚集解 清 李道平纂疏

中國國家圖書館藏清道光二十二年有獲齋刻本

山東人民出版社·濟南

周易集解纂疏卷八

唐李鼎祚集解

安陸李道平遵王纂疏

序卦曰與人同者物必歸焉故受之以大有 崔憬曰以欲從人物必歸己所以成大有 疏 以欲從人僖廿一年左傳文以己之欲從人之欲則天下之物皆歸於己蓋君子以類族辯物推己及人善與人同由人及物各遂其生品物咸章所以成大有也

䷍ 乾下离上

大有元亨 虞翻曰與比旁通柔得尊位大中應天而時行故元亨也 姚規曰互體有兌兌為澤位在秋也乾則施生澤則流潤離則長茂秋則成收大富有也大有則元亨矣 鄭元曰六五體離處乾之上猶大臣有聖明之德代君為政處其位有其事而理之也元亨者又能長羣臣以善使嘉會禮通若周公攝政朝諸侯於明堂是

也【疏】虞注 此初動陽爲屯息成大有故與此旁通成卦之主在五故引彖傳文以明之義詳於後 姚注 三至五互兌兌爲澤說卦文又曰兌正秋也故云位在秋乾陽則主施生兌澤則主流潤離夏則主長茂兌秋則主收成大而富有之象也唯其大有是以元亨 鄭注 五爲君位陰爲臣象六陰故云猶大臣體離爲明故云有聖明之德離處乾上故云代君爲政六處五位則當行五之事故云處其位有其事而理之也元者善之長故云長羣臣以善使亨者嘉之會故云嘉會禮通禮明堂位曰武王崩成王幼弱周公踐天子之位以治天下六年朝諸侯於明堂是周公攝政之事也

彖曰大有柔得尊位大中而上下應之曰大有王弼曰處尊以柔居中以大體无二陰以分其應上下應之靡所不納大有之義也【疏】處尊以柔居中以大謂六五也五止一陰而眾陽皆應故云无二陰以分其應五正應二上承上下乘四三與五同功唯初在應外亦比二以應五故云上下應之靡所不納上應則天道助信下應則人道助順故曰大有

其德剛健而文明應乎天而

時行是以元亨虞翻曰：謂五以日應乾而行於天也。時謂四時也。大有亨比，初動成震為春，至二兌為秋，至三离為夏，坎為冬，故曰時行。以乾亨坤，是以元亨。

疏乾德剛健，离德文明。五本乾陽，天位，動而成离為日，故云五以日應乾而行於天也。應天而四時常行者唯日，故時謂四時也。大有亨比者，亨當作通，言旁通於比也。下亨坤亦然。別本重此字者是也。言大有旁通於比，初動成震，震東方卦，為春息。至二成兌，兌正秋也。至三互离，南方之卦，為夏。體坎，北方之卦，為冬。故曰時行。乾為元，亨為通，故云以乾通坤，是以元亨。

象曰：火在天上，大有。荀爽曰：謂夏火王在天，萬物并生，故曰大有也。疏离位南方，故謂夏。离為火，在乾上，故云火王在天。夏正萬物并生之時，故曰大有。不曰日而曰火者，日中則离，陰陽相就，陽氣盛行，萬物畢納，故曰大有。日中則盛，如火，故曰火在天上。

君子以遏惡揚善，順天休命。虞翻曰：遏絕，揚舉也。乾為揚善，坤為過惡，為順，以乾滅坤，體夬揚于王庭，故遏惡揚善。乾為天休，二變時巽為命，故順天休命。

疏遏絕、揚舉，訓見廣韻。乾陽為善，陽升為揚善。旁通比坤，坤陰為遏，陰凝為遏惡。坤又為順，初至五體夬，以乾滅坤，是遏惡也。夬曰「揚于王庭」，是揚善也。乾爲天，又美利爲美，休即美也，故爲天休。二變時體巽，巽申命，故爲命。伏坤順，故曰順天休命。

初九：无交害，匪咎，艱則无咎。 虞翻曰：害謂四，四离火爲惡人，故无交害。初動震爲交，比坤爲害。匪，非也。艱，難，謂陽動比初，成屯，屯，難也。變得位，艱則无咎。【疏】初與四爲敵應，故害謂四。离火在四，焚如死如，故爲惡人。敵應不可交，故无交四而受其害也。通比，初動震，震爲陽，交陰，故爲交。比體坤，坤陰惡，故爲害。匪、非古今字。无應宜咎，以惡宜遠，故非爲咎也。說文：「艱，土難治也。」故艱訓難。陽動比初，則成屯，據消息也。屯，難也，說卦文。四變爲得位，下應初。屯爲難，故艱則无咎也。

象曰：大有初九，无交害也。 虞翻曰：害謂四。【疏】釋見上。

九二：大轝以載，有攸往，无咎。 虞翻曰：比坤爲大轝，乾來積上，故大轝以載。往謂之五，二失位，變得正應五，故有攸往，无咎矣。【疏】旁通比坤，坤爲大轝，說卦文。乾息二至五，故云乾來積上。乾積坤上，故爲

大轝以載自內稱往二與五應故往謂之五二失位宜有咎變而得正上應於五故有攸往无咎

象曰大轝以載積中不敗也盧氏曰乾爲大車故曰大車以載體剛履中可以任重有應於五故所積皆中而不敗也【疏】漢書王莽傳有乾文車之交故云乾爲大車謂乾圜象輪也九故體剛二爲履中任重之德也二與五爲正應位皆在中故云所積皆中而不敗也案伏坤爲轝積乾爲載息自二始故曰積積中僖十五年左傳涉河侯車敗隱三年傳曰鄭伯之車僨于濟是車僨爲敗也五降二坤厚載物故不敗也

九三公用亨于天子小人弗克也虞翻曰天子謂五三公位小人謂四二變得位體鼎象故公用亨于天子四折鼎足覆公餗故小人不克也【疏】爻例五爲天子故天子謂五三爲三公故謂三爲公位也四不得正故小人謂四二變得正體有鼎象鼎彖傳曰大亨以養聖賢三賢人故曰公用亨于天子僖二十五年左傳秦伯師於河上將納王狐偃言於晉侯曰求諸侯莫如勤王公曰筮之遇大有之睽曰吉遇公用亨于天子之卦天爲澤以當日天子降心以逆公不亦可乎五履信思順又以尚賢降心逆公謂五亨三也三應上上爲宗廟

天子亨諸侯必於祖廟也虞注鼎九四云四變正震爲足二折入兑故鼎折足覆公餗是小人不克當天子之享也

象曰公用亨于天子小人害也虞翻曰小人謂四也**疏**小人謂四四不正也伏坤陰慝故爲害案通比三匪人是伏有小人書洛誥曰汝其敬識百辟享亦識其有不享者即所謂小人弗克者也故曰小人害也

九四匪其尫无咎虞翻曰匪非也其位尫足尫體行不正四失位折震足故尫變而得正故无咎尫或爲彭作旁聲字之誤**疏**匪非古今字鼎四折足故云其位尫說文云尫跛曲脛也從大象偏曲之形足尫故體行不正四失位體兑折震足故足尫也變而得正故曰匪其尫无咎今本作彭子夏傳作旁干寶云彭亨驕盛貌姚信云彭旁也是皆讀彭爲旁旁尫聲相近故云字之誤

象曰匪其尫无咎明辯折也虞翻曰折之离故明辯折也四在乾則尫在坤爲鼠在震噬嗑胏得金矢在巽折鼎足在坎爲鬼方在离焚死在艮旅于處言无所容在兑睽孤孚厲三百八十四爻獨無所容也**疏**四體离說卦离爲折上槁故云折之离离火明

震言辯故明辯折也四在乾則㞐者乾爲人故象足㞐在坤爲鼠者謂晉四也三上易位體小過有飛鳥之象艮爲穴動出穴中飛而不高碩鼠之象故曰晉如碩鼠在震噬肺得金矢者謂噬嗑四也艮爲膚陽爲骨月有骨謂之胏离火燔之故爲乾肺金矢毒害之物离爲兵下震動之矢象故曰噬乾肺得金矢在巽折足者謂鼎四也詳具上在坎爲鬼方者謂未濟四也變之正體師坤爲鬼方爲三所伐故曰震用伐鬼方在离焚死者离在四爲下火所焚故曰焚如二至五體大過死象故曰死如在艮旅于處言无所容者謂旅四也虞彼注云巽爲處四焚棄惡人失位遠應故旅于處言无所容也在兑睽孤孚厲者謂睽四也睽孤遇元夫交孚厲无咎虞彼注云孤顧也在兩陰閒睽五顧三故曰睽孤震爲元夫謂二已變動而應震故遇元夫也震爲交坎爲孚動而得正故交孚厲无咎矣三百八十四爻獨无所容也者离四象曰无所容也此知惡人宜焚宜死无所容矣折俗本作哲釋文王廙作嘶又作哲鄭本作遰陸本作逝虞作折是

六五厥孚交如威如吉

虞翻曰孚信也發而孚二故交如乾稱威發得位故威如吉

疏

孚信也。釋詁文。伏坎有孚，故爲孚。二五失位。二變應五，五發動而孚二，故交如也。國語曰：天事武。乾陽剛爲武，故稱威。發五變體乾。發而得位，故威如吉也。呂刑曰：德威惟畏。荀子曰：有道之威，威本於德，故吉也。

象曰：厥孚交如，信以發志也。威如之吉，易而无備也。

侯果曰：其體文明，其德中順，信發乎志，以覃於物。物懷其德，以信應君。君物交信，厥孚交如也。爲卦之主，有威不用，唯行簡易，无所防備，物感其德，翻更畏威，威如之吉也。

【疏】體离故文明。五爲中，陰爲順，故德中順。伏坎爲孚，爲志。故云信發乎志。覃及也。五與二應，故云以覃於物。二懷五德，以正應之，故云物懷其德，以信應君。二五正應，相交以信，故云君物交信，厥孚交如也。五爲卦主，柔以濟剛，故有威不用。五寓於乾，則用乾之易。易以知險，故无所防備。不怒而威於鈇鉞。是德威惟畏也。故物感其德，翻更畏威。威如之吉，惟其孚也。无備者无戰備也。昭廿年左傳曰：去備薄威。尉繚子曰：兵有去備徹威而勝者，以有法。鹽鐵論曰：德威則寡備。董子曰：冠之在首，元武之象也。元武者，貌之最有威者也。其象在後，其服反居首，武之至而不用矣。夫執胄甲而後能拒敵者，非聖人之所貴也。君子顯之於服，而勇武者消其志於貌也矣。

是皆威如之吉易而无備之義也

上九自天右之吉无不利虞翻曰謂乾也右助也大有通比坤為自乾為天兌為右故自天右之比坤為順乾為信天之所助者順人之所助者信履信思順又以尚賢故自天右之吉无不利 王弼曰餘爻皆乘剛已獨乘柔順也五為信德而已履焉履信者也居豐富之代物不累心高尚其志尚賢者也爻有三德盡夫助道故繫辭具焉也

疏 虞注坤五之乾故謂乾也右助也本繫上文大有通比坤身為自體乾為天兌為右者虞繫注云兌為口口助為右說文右手口相助故口助為右又兌西方亦為右故自天右之坤順也故比坤為順乾行至信故乾為信天之所助以下繫上說此爻也賢謂三天道助信人道助順虞注云比坎為思履信謂坤履乾思順謂乾比坤又云乾為賢人坤在乾下故又以尚賢居大有之上而具是三德宜為天之所右吉而且利也王注 自五以下皆乘剛上獨乘柔柔者順也五下孚二為信而上履焉是履信者也居豐富之代者謂大有之世物不累心者謂居无位之地不以富有累心高尚其志者尚與上通謂上九也蠱上九曰高尚其事象曰志可則也

鄭彼注云君猶高尚其所爲之事是高尚賢人之志爲尚賢也爻有三德者履信一也思順二也尚賢三也盡夫助道則天无不右故繫辭具吉三德也**象曰大有上吉自天右也**九家易曰上九說五以柔處尊而自謙損尚賢奉己上下應之爲乾所右故吉且利也疏五互兌爲說上九說五者以五柔處尊位而能自謙損下尚賢上奉己上下皆應於五故爲乾天所右吉而且利也

序卦曰有大者不可以盈故受之以謙崔憬曰富貴而自遺其咎故有大者不可盈當須謙退天之道也疏孝經曰高而不危所以長守貴也滿而不溢所以長守富也若高而志危滿而自溢是富貴而自遺其咎矣故曰有大者不可以盈天道惡盈故云須當謙退天之道也夫有而繼之以謙其卽虞書謙受益滿招損之旨乎

䷎艮下坤上

謙亨虞翻曰乾上九來之坤與履旁通天道下濟故亨彭城蔡景君說剝上來之三疏乾上九來之三者乾

盡坤中上來反三也乾上亢極失位天道盈而不溢斷之謙三致恭存位故名爲謙三之初爲復息履故與履旁通之天道下濟者乾爲天道上之三故下濟以乾通坤故亨蔡景君說剝上來之三剝上卽乾上義亦同也不見乾元之正且虞无一陽五陰之例故不用也

君子有終

虞翻曰君子謂三艮終萬物故君子有終　鄭元曰艮爲山坤爲地山體高今在地下其於人道高能下下謙之象亨者嘉會之禮以謙而爲主謙者自貶損以下人唯艮之堅固坤之厚順乃能終之故君子之人有終也

疏虞注　乾三稱君子艮三自乾來故君子謂三說卦曰終萬物始萬物者莫盛乎艮三體艮故終萬物三兼勞謙終當升五爲有終故君子有終三獨當之也　鄭注　艮爲山坤爲地說卦文山體本高今在地下其於人道是能下下而有謙退之象者也乾文言曰亨者嘉之會又曰嘉會足以合禮故云亨者嘉會之禮史記樂書君子以謙退爲禮故禮以謙退爲主謙者自貶損以下人合於嘉會之禮故亨艮終萬物以其堅固坤无成而代有終以其厚順君子之人體艮坤之德故有終也

彖曰謙亨

九家易曰艮山坤地山至高地至卑以至高下至卑故曰謙也謙者兌世艮與兌合故亨

疏

山高地卑。以高居卑。其象為謙。即鄭義也。謙者兌宮五世卦也。艮為山。兌為澤。艮與兌合。是山澤通氣也。惟通故亨。

天道下濟而光明

荀爽曰。乾來之坤。故下濟。陰去為離。陽來成坎。日月之象。故光明也。

疏　天道謂乾。乾上來之坤三。故為下濟。陰去陽中為離。陽來陰中成坎。本體坎亦伏離。離日坎月。故象光明也。

地道卑而上行

侯果曰。此本剝卦。乾之上九來居坤三。是天道下濟而光明也。坤之六三上升乾位。是地道卑而上行者也。

疏　此本剝卦者。一陽五陰之例也。乾上來居坤三。以乾照坤。是天道下濟而光明也。坤三升居乾上。天尊地卑。互震為行。是地道卑而上行也。

天道虧盈而益謙

虞翻曰。謂乾盈履上。虧之坤三。故虧盈。貴處賤位。故益謙。崔憬曰。若日中則昃。月滿則虧。損有餘以補不足。天之道也。

疏　虞注　謙與履旁通。謙息履。非履變謙。此自亢龍盈不可久。虧之坤三。云盈履上者。不可云盈乾上。文不可云盈剝上。因通履。遂假履上見義。而云乾盈履上也。盈則必虧。虧而下之坤三。故曰虧盈。上貴三賤。以貴處賤。故曰益謙。崔注　日中則昃。月滿則虧。本豐象傳文。天道損有餘。故虧盈。補不足。故益謙。與日中則昃。月滿則虧。同一消息盈虛之理也。

地道

變盈而流謙虞翻曰謙二以坤變乾盈坎動而潤下水流溼故流謙也崔憬曰高岸爲谷深谷爲陵

是爲變盈而流謙地之道也【疏】虞注二當作三坤三變乾而乾自上來故云以坤變乾盈變互坎水又互震動洪範曰水曰潤下故云坎動而潤下水流溼乾文言文潤下故流流溼就下故流謙也崔注高岸爲谷深谷爲陵詩十月之交文岸以高爲盈谷以深爲盈高岸崩陷而爲谷深谷塡塞而爲陵此卽變盈而流謙地之道也

鬼神害盈而福謙虞翻曰鬼謂四神謂三坤爲鬼害乾爲神福故鬼神害盈而福謙也崔憬曰朱門之家鬼闞其室黍稷非馨明德惟馨是其義矣【疏】虞注謙兌宮五世卦也遊魂在四歸魂在三四詘三信故鬼謂四神謂三皆乾精也坤爲鬼害乾爲神福者盈則詘坤而爲鬼謙則信乾而爲神故鬼神害盈而福謙也崔注朱門之家鬼闞其室本揚子是鬼害盈也黍稷非馨明德惟馨書君陳文是神福謙也故曰是其義矣

人道惡盈而好謙虞翻曰乾爲好爲人坤爲惡也故人道惡盈從上之三故好謙矣崔憬曰滿招損謙受益人之道也【疏】虞注賈逵云好生於陽故乾爲好人得陽以生故爲人又云惡生於陰故坤爲惡也乾

盈則就坤，故人惡盈。從上之三，是乾來而成謙，故曰好謙。崔注「滿招損，謙受益」，書大禹謨文。滿則溢，溢則損，故人道惡盈。謙則虛，虛則益，故人道好謙。

謙尊而光，卑而不可踰，虞翻曰：天道遠，故尊光。三位賤，故卑。坎水就下，險弱難勝，故不可踰。【疏】天道遠，昭十八年左傳文。三自上來，故尊。息履离，故光。三對上，則位賤，故卑。坎爲水，水就下。坎爲險，尸子曰：夫水弱而難勝，故云險弱難勝。難勝，故不可踰。

君子之終也。孔穎達曰：尊者有謙而更光明盛大，卑者有謙而不踰越，是君子之終也。言君子能終其謙之善，而又獲謙之福，故曰君子有終也。【疏】尊者能謙則人仰光明，卑者能謙則物難踰越。艮始終萬物，艮三君子始終不易，故曰君子之終也。使始能謙而終不能謙，不可謂之有終。今能終其謙之善，又獲謙之福，故曰君子有終。

象曰：地中有山，謙。劉表曰：地中有山，以高下下，故曰謙。謙之爲道，降已升人。山本地上，今居地中，亦降體之義，故爲謙象也。【疏】艮山居坤地之中，是以高下下，故名爲謙。謙之爲道，降已升人，即曲禮所謂禮者自卑而尊人之意也。山本地上，今居地中，合乎貴而能降之義，故其象爲謙也。愚案：禮有定分，分不可干，故上天下澤

則爲履禮有內心心不可亢故地中有山則爲謙

君子以捊多益寡稱物平施

虞翻曰君子謂三捊取也艮爲多坤爲寡乾爲物爲施坎爲平謙乾盈益謙故以捊多益寡稱物平施　侯果曰裒聚也象云天道益謙則謙之大者天益之以大福謙之小者天益之以小福故君子則之以大益施大德以小益施小德是稱物平施也

【疏】虞注　君子謂三釋見前捊俗本作裒或作褒惟荀鄭董蜀才及虞本皆作捊皆云取也說文捊引取也故捊訓取說卦艮爲堅多節故艮爲多坤陰小故爲寡精氣爲物故乾爲物天主施故乾爲施坎爲水考工記輪人曰水之以眡其平沈之均尙書大傳曰非水無以準萬里之平故坎爲平以乾之上九益謙故云乾盈益謙捊艮之多以益坤寡量乾之物以平乾施故曰捊多益寡稱物平施　愚案乾陽大爻主長爲多坤陰小文主消爲寡艮爲手爲捊互震動伏巽是益動而巽爻損上益下爲益故曰捊多益寡說卦巽稱而隱伏巽爲稱巽稱乾物而次平乾施故曰稱物平施　侯注　裒積也釋詁文此從俗本也象曰天道益謙謙有大小福亦有大小天蓋稱物以益謙君子則天以德之大小而益之大小因之是爲稱物平施

初六謙謙君子用涉大川吉　荀爽曰：初最在下爲謙，二陰承陽亦爲謙，故曰謙謙也。二陰一陽相與成體，故曰君子也。九三體坎，故用涉大川吉也。**疏**　乾上之三爲謙，初爻最在下位，則益謙。以二陰承乎三陽之謙，是謙而又謙也，故曰謙謙。以二陰承乎一陽，其體爲艮，是君子之徒也，故曰君子。三體坎，坎爲水，故用涉大川吉。　愚案：卦辭、象辭皆吉君子，謂九三也。以三爲謙主也。初六稱君子者，三自上來，在上之君子，尊而光者也；初居艮下，在下之君子，卑而不可踰者也。四互震木爲舟，坎水爲川，又坤致役爲用，初變之四應正也，故用涉大川吉也。

象曰謙謙君子卑以自牧也　九家易曰：承陽卑謙，以陽自牧養也。**疏**　初與二上承三陽，以盡乎卑謙之道，蓋法三之謙以自牧養也。案：說文：牧，養牛人也。初體坤，坤爲牛，故象牧。坤身爲自，故自牧。天尊地卑，故曰卑以自牧。韓嬰曰：夫易有一道焉，大足以治天下，中足以安國家，近足以守其身者，其唯謙德乎。是卑以自牧之義也。

六二鳴謙貞吉　姚信曰：三體震，震爲善鳴，二親承之，故曰鳴謙，得正處中，故貞吉。**疏**　說卦曰：震爲善鳴夏小正曰雉震呴傳曰震也者鳴也。呴也者鼓其翼也。洪範五行論正月雷微動而雉呴。故三體互震爲善鳴也。二親承震。故曰鳴謙。上六鳴謙。亦以親乘震也。六爲得正。二爲處中。正故貞。中故吉也。○

象曰鳴謙貞吉中心得也

崔憬曰言中正心與謙相得。虞翻曰中正謂二。坎爲心也。

【疏】崔注言二體中正。其心與謙相得。故曰中心得也。虞注二居中得正。故中正謂二。二體坎。說卦坎爲亟心。故爲心。

九三勞謙君子有終吉

荀爽曰體坎爲勞。終下二陰。君子有終。故吉也。

【疏】三體在坎。說卦曰勞乎坎。故坎爲勞。而曰勞謙。艮爲終。以一陽終下二陰也。象辭君子有終謂九三也。故三曰君子有終。坎正北。艮東北。勞乎坎。卽成乎艮。勞則有終。故吉也。

象曰勞謙君子萬民服也

荀爽曰陽當居五。自卑下眾。降居下體。君有下國之意也。眾陰皆欲撝陽上居五位。羣陰順陽。故萬民服也。

【疏】人道惡盈而好謙。陽當居五。今自卑抑下於坤眾。降居下體之上。乾陽爲君。坤眾爲國。是君有下國之意也。三與五同功。眾陰皆欲舉陽上居五位。坤爲民。又爲順。五陰順陽。故萬民服也。

六四无不利撝謙荀爽曰四得位處正。家性爲謙。故无不利。陰欲撝三。使上居五。故曰撝謙。撝猶舉也。疏太元八十一家。各有剛柔之性。故稱家性。六十四卦亦然。以六居四。故得位處正。而在謙家。家性爲謙。故无不利也。眾陰皆欲三居五。而撝之者四、乘艮爲手。故曰撝謙。撝以手。舉亦从手。故云撝舉也。象曰无不利撝謙不違則也九家易曰陰撝上陽、不違法則。疏三在坎中。坎水平。故爲法則。四隨眾陰。欲舉三陽上居於五。是不違三之法則者也。

六五不富以其鄰荀爽曰鄰、謂四、與上也。自四以上、乘陽。乘陽失實、故皆不富。五居中有體。故總言之。疏四上皆近於五。故鄰謂四與上也。自四以上皆乘三陽。故云乘陽。猶初言二陰承陽之意也。泰六四象曰翩翩不富。皆失實也。故知不富爲失實。三爻皆乘陽而獨言於五。以五居中有體故也。　愚案坤爲富有、互震伏兌爲鄰。五居坤中。雖云富有。不以富耀其鄰。富而能謙者也。與泰四同義。利用侵伐无不利荀爽曰謂陽利侵伐來上无敢不利之者。疏二至上體師。故五言侵伐。上言行師。坤爲用。故曰利用。五虛无君。三來侵伐坤之邑國衆陰同志承陽故无敢不利之者愚案五爲坤之主當謙之世以柔居尊處過寬也故六五獨不言謙體師五利執言故利用侵伐然以謙行師德威并用故无不利又夏官大司馬賊害賢良則伐之負固不服則侵之莊廿九年左傳凡師有鐘鼓曰伐無曰侵互震鳴鐘鼓又體艮止不鳴故曰兼言侵伐

象曰利用侵伐征不服也荀爽曰不服謂五也案六五离爻离爲戈兵侵伐之象也

疏荀注不服謂五者五不正征之爲言正也三陽以正侵不正故曰征不服也案坤之乾爲离故六五爲离爻中畫离爲戈兵說卦文戈兵故爲侵伐愚案艮坎險阻有負固不服之象故曰征不服也

上六鳴謙利用行師征邑國虞翻曰應在震故曰鳴謙體師象震爲行坤爲邑國利五之正已得從征故利用行師征邑國

疏上與三應三互震爲善鳴故曰鳴謙體有師象應震又爲行坤爲土又爲衆故爲邑國五變正利用侵伐則已得從征利用行師征邑國也

象曰鳴謙志未得也可用行師征邑國也九家易曰陰陽相應故鳴謙也雖應不承故志未得謂下九三可行師來上坤

爲邑國也三應上上呼三征來居五位故曰利用行師征邑國也案上六兌爻兌爲口舌鳴謙之象也 **疏** 九家注上與三爲陰陽正應又震伏巽向聲相應故曰鳴謙三至上隔四五故雖應不承三坎爲志不承故志未得也九三可行師來上者以坤爲邑國虛而无君也三正應上上卽呼三三征居五得中得正故曰利用行師征邑國也案兌上自坤來也故上六爲兌爻兌爲口舌說卦文口舌有聲故爲鳴謙 愚案謙主禮五上位尊以軍禮同邦國者也故以侵伐行師言謙且於謙見謙其謙小於不謙見謙其謙大論語曰君子无所爭必也射乎揖讓而升下而飲其爭也君子是其義也

序卦曰有大而能謙必豫故受之以豫 鄭元曰言國既大而能謙則於政事恬豫**雷出地奮豫**豫行出而喜樂之意 **疏** 此承上兩卦而言其序也有大則有天下國家之象能謙則有政事恬豫之休王者禮明則樂備所以有取於雷出地奮而繼之以豫也帝出震爲出震足爲行又陽生爲喜樂故云豫行出而喜樂之意

䷏ 坤下 震上

豫利建侯行師

鄭元曰坤順也震動也順其性而動者莫不得其所故謂之豫豫喜佚說樂之貌也震又為雷諸侯之象坤又為衆師役之象故利建侯行師矣　虞翻曰復初之四與小畜旁通坤為邦國震為諸侯初至五體比象四利復初故利建侯三至上體師象故行師

【疏】鄭注　坤順也震動也說卦文凡物順其性而動者莫不樂得其所故謂之豫也晉語司空季子解此經曰豫樂也故太玄準之以樂故云豫喜佚悅樂之貌也震為雷說卦文震長子主器故有諸侯之象坤為衆說卦文師者衆也故有師役之象震故利建侯與屯初體震同坤故利行師與師外體坤同也　虞注　復初乾元也坤盡夬上而入乾乾元索坤之四為豫故云復初之四也豫四之坤初為復息成小畜故與小畜旁通坤土故為邦國震主器故為諸侯初至五體比象比建萬國親諸侯二利四復初初剛善建不拔故利建侯三至上師體半見故體師象又震足為為行故利行師案卦之取義於豫者有三焉漢書五行志曰雷以二月出其卦曰豫言萬物隨雷出地皆逸豫一也取象制樂樂者樂也薦之神祇祖考與天地同

三也震上坤下母老子彊居樂出威三也

彖曰豫剛應而志行 侯果曰四爲卦主五陰應之剛志大行故曰剛應而志行【疏】卦唯一陽爲剛故知四爲卦主上下皆樂故云五陰應之陽爲剛爲大坎爲志震爲行故云剛志大行四象傳曰由豫大有得志大行也故曰剛應而志行

順以動豫 崔憬曰坤下震上順以動也【疏】坤順震動四本復初動乎順而成豫故曰順以動豫

豫順以動故天地如之 虞翻曰小畜乾爲天坤爲地如之者謂天地亦動以成四時而況建侯行師言其皆應而豫也【疏】旁通小畜乾爲天豫坤爲地說文曰如隨從也如之者謂天地亦動以成四時如下文所云是也建侯行師羣陰皆應而說樂故云皆應而豫也

而況建侯行師乎 九家易曰震爲建侯坤爲行師建侯所以興利行師所以除害利興害除民所豫樂也天地有生殺萬物有始終主者盛衰亦有迭更猶武王承亂而應天地建侯行師奉辭除害民得豫謠君得安樂也【疏】象震以建侯作君作師所以興民利也象坤以行師鋤奸誅暴所以除民害也利興害除民所由豫樂者也震東方爲生伏兇

西方爲死故天地有生殺艮終萬物始萬物故萬物有始終體艮伏兊艮兊爲損體震伏巽震巽爲益損益盛衰之始故王者盛衰亦有更迭武王承殷紂之亂順應天地法震建侯法坤之師奉天之辭以除民害所以民得豫說君得安樂大武之樂所由作也樂記之稱大武曰周道四達禮樂交通則夫武之遲久不亦宜乎遲之又久卽豫順以動也武成曰告于皇天后土卽天地如之也豫樂也而名以大武建侯行師之意寓其中矣

天地以順動虞翻曰豫變通小畜坤爲地動初至三成乾故天地以順動也【疏】豫與小畜旁通小畜體巽豫體震震巽特變故豫變成小畜也坤爲地謂豫坤也變從初始初息至三下體成乾乾爲天故天地以順動也

故日月不過而四時不忒虞翻曰過謂失度忒差迭也謂變初至需离爲日坎爲月皆得其正故日月不過動初時震爲春至四兊爲秋至五坎爲冬离爲夏四時位正故四時不忒通變之謂事蓋此之類【疏】續漢書律厤志曰兩儀既定日月始離初行生分積分成度又曰察日月俱發度端日行十九周月行二百五十四周復會於端無失度之事故過謂失度月令孟春宿離不貸鄭注云離讀如儷偶之儷宿儷謂相與宿偶當審候伺不得過差

故云忒差迭也變初至五成需離爲日豫坎爲月四爻皆正是日月皆得其正故日月不過也初動體震震爲春至二即兌云至四兌爲秋者二不正四兌位定對下刑罰清而言也至五體坎坎爲冬離爲夏體分四時爻皆得正故四時不忒也通變之謂事繫上文虞彼注云事謂變通趨時以盡利天下之民謂之事業也不過不忒皆以時言故云蓋此之類

聖人以順動則刑罰清而民服

虞翻曰清猶明也動初至四兌爲刑至坎爲罰坎兌體正故刑罰清坤爲民乾爲清以乾乘坤故民服

案帝出震聖人也坤爲法律刑罰也坤爲衆順而民服也

【疏】虞注說文清朗也釋言明朗也清明同訓故云清猶明也兌正秋秋殺於右故爲刑晉語以辠收爲天之刑人亦此義也坎水平爲法罰者施法之罪名故爲罰初動至四體兌爲刑至五體坎爲罰坎兌剛柔得正故刑罰清楚語曰命火正黎司地以屬民故坤爲民乾鑿度輕清者上爲天故乾爲清豫下體坤初息至三成乾是以乾乘坤坤爲民故民服也

案帝出震本說卦文乾鑿度孔子曰坤變初六曰復正陽在下爲聖人復初震也故云帝出震聖人也乾動復初故曰聖人以順動體坎爲法律故爲刑罰坤爲衆說卦文又曰坤順也故坤爲衆順

而民服也○**豫之時義大矣哉**虞翻曰順動天地使日月四時皆不過差○刑罰清而民服故義大也○【疏】法象莫大乎天地○今天地順動矣○縣象著明莫大乎日月○今日月不過矣○變通莫大乎四時○今四時不忒矣○備物致用莫大乎聖人○今聖人以順動○刑罰清而民服矣○事之大者皆備於豫之時○故曰義大也

象曰雷出地奮豫崔憬曰震在坤上○故言雷出地○雷陽氣○亦謂龍也○夏至後陽氣極而一陰生○陰陽相擊而成雷聲○雷聲之疾○有龍奮迅豫躍之象○故曰奮豫○【疏】震為雷坤為地又震為出○震在坤上故曰雷出地○震又為龍○雷本震之一陽○龍亦震之一陽故云雷陽氣亦謂龍也○陽氣至五月成乾○至六月夏至後陽氣極而一陰爻生○姤卦是也○准南子陰陽相薄○感而為雷○故云陰陽相擊而成雷聲○說卦曰動萬物者莫疾乎雷○故云雷聲之疾○易緯通卦驗曰立夏清風至而龍昇天○故云有龍奮迅豫躍之象○雷與龍皆象震○故曰奮豫○**先王以作樂崇德殷薦之上帝以配祖考**鄭元曰奮動也○雷動於地上而萬物乃豫也○以者取其喜佚動搖○猶人至樂則手欲鼓之足欲舞之也○崇充也○殷盛也○薦進也○上帝天帝也○王者功成作樂以文得之者

作籥舞以武得之者作萬舞各充其德而爲制祀天帝以配祖考者使與天同饗其功也故孝經云郊祀后稷以配天宗祀文王於明堂以配上帝是也[illegible]說卦云震動也震有奮義故云奮動也雷動於地上養長華實發揚隱佚萬物莫不被盛陽之德故云萬物乃豫也孟子曰樂之實樂斯二者樂則生矣生則惡可已也惡可已則不知手之舞之足之蹈之故云以者取其喜佚動搖猶人至樂則手欲鼓之足欲舞之也互艮故稱手體震故稱足崇充也釋詁文說文曰殷作樂之盛稱故云殷盛也天官庖人曰與其薦羞之物鄭彼注云薦亦進也此殷薦者謂薦盛樂非薦羞也謂上帝爲天帝者鄭注孝經云上帝者天之別名也又禮運曰祭帝於郊所以定天位也禮器云祀帝於郊故知上帝爲天帝也王者功成作樂樂記文春官籥師掌教國子舞羽龡籥注云羽籥文舞也籥師掌之武舞則司干掌之詩邶風方將萬舞夏小正萬也者干戚舞也韻會湯武以萬人得天下故干舞稱萬舞以文得之者作籥舞卽左傳所稱南籥爲文王之舞是也以武得之者作萬舞卽樂記所稱總干爲武王之舞是也蓋充其文武之德而各爲之制也郊特牲曰萬物本乎天人本乎祖此所以配上帝也故云祀天地以配祖考者使與天同饗其功也郊

祀后稷以配天，宗祀文王於明堂以配上帝，孝經文。禘郊祖宗皆配天之祭，郊於南郊，禘祖宗皆於明堂。其禮始於虞，三代因之。傳謂先王，盖夏商之王也。案：復乾，故曰先王。震聲，故為樂；震起也，作亦訓起，故曰作樂。乾為德，初息成乾，故曰崇德。震為帝，在乾天上，故稱上帝。坤為鬼，乾盈甲。復初，故乾；小畜亦故乾。乾為父，復乾為祖。四下初，亦為震。體復，故殷薦之上帝以配祖考也。又小畜離為南，乾為郊。南郊之象也。離嚮明而治，明堂之象也。復初十一月，郊時也。小畜四月，禘時也。故知配上帝而配天在其中，言宗祀而郊祀在其中也。

初六：鳴豫，凶。

虞翻曰：應震善鳴，失位，故鳴豫凶也。[疏] 初應四，四體震，為善鳴，說見謙二。應震，故鳴豫。初陰失位，雖有正應，亦凶也。鳴謙則有自下之情，故吉；鳴豫則有自矜之意，故凶。

象曰：初六鳴豫，志窮凶也。

虞翻曰：體剝蔑貞，故志窮凶也。[疏] 初至四體象剝，剝初六曰剝牀以足，蔑貞凶，故云體剝滅貞。四坎為志，失位，故窮。初在剝初，故凶也。傳凡言窮皆指上。豫之窮凶不在上而反在初者，以初在逸豫之家，獨與四應，志得而鳴，樂不可極，極豫盡樂，故窮凶也。

古

六二介于石虞翻曰介纖也與四為艮艮為石故介于石【疏】繫上曰憂悔吝者存乎介謂纖介也故云介纖也與四互艮說卦曰艮為小石故曰介于石繫上以豫二知幾虞彼注云知四當復初則此介謂幾之纖微如小石也

不終日貞吉虞翻曰與小畜通應在五終變成離離為日得位欲四急復初已得休之故不終日貞吉【疏】與小畜旁通上應在五息小畜至五則四成離故云終變成離離為日故曰日二陰為得位唯知幾故欲四下於初以成復象復六二曰休復吉故已得休之離伏不見故不終日二得正故貞吉也欲四復初是繫上所云上交不諂也已得休之是下交不瀆也二五无應四為卦主故發其義於此爻也　愚案初六應四鳴豫凶不知幾而過於豫者也二與四同功又同互艮艮為小石而二居艮初其初難知故纖介如小石二得中得位之乾成離離明故知幾知幾故知樂不可極而望四復初以免窮凶之悔也二本離爻故為日未成離故不終日言知幾之早以正而得吉也

象曰不終日貞吉以中正也侯果曰得位居中柔順正一明豫動之可否辯趣舍之權宜假如堅石不可移變應時則改不待終日故曰豫之正吉【疏】六為得位二為居中

坤爲柔順得正故爲正一中正知幾故明豫順之可否辯趨舍之權宜也靜則譬如堅石不可移變動則應時而改不待終日所以爲豫之正吉也

六三盱豫悔遲有悔象曰盱豫有悔位不當也 王弼曰履非其位承動豫之主若其睢盱而豫悔亦至焉遲而不從豫之所疾進退離悔位不當也 向秀曰睢盱小人喜説佞媚之貌也

疏 王注以柔居剛故履非其位上承震動爲豫之主若以睢盱而求豫悔所由生也若遲而不從於豫亦豫之所疾也位既不正而又多僭豫宜其進退皆離悔也 向注 説文盱張目也睢仰目應在上三張目仰視視上之顏色爲佞媚故爲小人喜悦佞媚之貌所謂上交諂也上三不正故有是象變之正則无悔下經所云成有渝无咎是也伏巽爲進退爲不果故爲遲爻之失位以速改爲善故二不終日貞吉三遲則有悔也

九四由豫大有得勿疑朋盍簪 侯果曰爲豫之主衆陰所宗莫不由之以得其豫體剛心直志不懷疑故得羣物依歸朋從大合若以簪篸之固括也 虞翻曰由自從也據有五陰坤以衆順故大有

得得羣陰也坎爲疑故勿疑小畜兌爲朋盍合也坤爲盍戠聚會也坎爲聚坤爲衆衆陰並應故朋盍戠戠舊讀作撍作宗也

疏

侯注　豫之成卦在乎一陽故四爲豫主而衆陰所宗故莫不由之以得其逸陽體剛坎爲心剛在坎中乾動直故心直坎爲心故爲志爲疑剛直故志不懷疑四不疑衆衆亦不疑四故得羣物依歸朋從大合也簪說文作兂首笄也象簪形釋名簪兟也連冠於髮也士喪禮簪裳於衣鄭注云簪連也即連髮之義也篸簪去聲海篇云以針篸物也言一陽篸五陰若以簪篸髮使之固也

虞注　釋詁由自也故云由自從也卦以一陽居五陰之閒故云據有五陰坤爲衆爲順故云坤以衆順陽稱大得羣陰故大有得且离乾合而爲大有豫通小畜四在小畜亦离乾之合兩象易也故曰由豫大有得坎爲心失位故疑剛而得衆故勿疑小畜有兌兌以朋友講習故爲朋盍合也釋詁文盍與闔同闔戶謂之坤故坤爲盍坤盍故云戠聚會也釋文作蔡合是以坎爲蔡棘也坤廣爲衆衆坤曰得朋故曰朋盍戠戠同埴說文埴戠爲黏土鄭本禹貢曰厥土赤戠墳今用土爲瓦謂摶埴之工摶埴以水合土爲水一陽倡而衆陽應若水土之相黏

據文義當是一陽倡而衆陰應才

坤爲柔順得正，故爲正。一中正知幾，故明豫順之可否，辯趨舍之權宜也。靜則譬如堅石，不可移變；動則應時而改，不待終日，所以爲豫之正吉也。

六三：盱豫悔，遲有悔。象曰：盱豫有悔，位不當也。王弼曰：履非其位，承動豫之主，若其睢盱而豫，悔亦至焉；遲而不從，豫之所疾，進退離悔，位不當也。向秀曰：睢盱，小人喜說佞媚之貌也。疏 王注：以柔居剛，故履非其位，上承震動爲豫之主。若以睢盱而求豫，悔所由生也；若遲而不從於豫，亦豫之所疾也。位既不正，而又多僭豫，宜其進退皆離悔也。向注：說文：盱，張目也；睢，仰目。應在上，三張目仰視，視上之顏色，爲佞媚，故爲小人喜悅佞媚之貌，所謂上交諂也。三不正，故有是象，變之正則无悔，下經所云「成有渝，无咎」是也。伏巽爲進退，爲不果，故爲遲。爻之失位，以速改爲善，故二不終日貞吉，三遲則有悔也。

九四：由豫，大有得，勿疑，朋盍簪。侯果曰：爲豫之主，衆陰所宗，莫不由之以得其豫。體剛心直，志不懷疑，故得羣物依歸，朋從大合，若以簪篸之固括也。虞翻曰：由，自從也。據有五陰，坤以衆順，故大有

得得羣陰也坎爲疑故勿疑小畜兌爲朋盍合也坤爲盍
戠聚會也坎爲聚坤爲衆衆陰並應故朋盍戠戠舊讀作
撍作宗也
疏侯注　豫之成卦在乎一陽故四爲豫主而衆陰
所宗故莫不由之以得其逸陽體剛坎爲心剛在
坎中乾動直故心直坎爲心故爲志爲疑剛直故志不懷
疑四不疑衆衆亦不疑四故得羣物依歸朋從大合也簪
說文作兂首笄也象簪形釋名簪兟也連冠於髮也士喪
禮簪裳於衣鄭注云簪連也即連髮之義也篸簪去聲海
篇云以針篸物也言一陽篸五陰若以簪篸髮使之固也
　虞注　釋詁由自也故云由自從也卦以一陽居五陰
之閒故云據有五陰坤爲衆爲順故云坤以衆順陽稱大
得羣陰故大有得且離乾合而爲大有豫通小畜四在小
畜亦離乾之合兩象易也故曰由豫大有得坎爲心失位
故疑剛而得衆故勿疑小畜有兌兌以朋友講習故爲朋
盍合也釋詁文盍與闔同闔戶謂之坤故坤爲盍坤盍故
云戠聚會也釋文作蓁合是以坎爲蓁棘也坤廣爲衆衆
陰並應於一陽且坤曰得朋故曰朋盍戠戠同埴說文埴
黏土也集韻亦訓戠爲黏土鄭本禹貢曰厥土赤戠墳今
本作赤埴考工記用土爲瓦謂摶埴之工摶埴以水合土
之義也坤爲土坎爲水一陽倡而衆陽應若水土之相黏

蕃故云朋盍戠戠京房作撍荀爽作宗又王肅作貸馬融作臧或作宜今王弼本作簪侯氏訓爲固冠之簪但古有笄而无簪至秦漢始有之虞作戠是也

象曰由豫大有得志大行也崔憬曰以一陽而衆陰從已合簪交歡故其志大行也　疏　四以一陽統五陰而衆陰皆從合簪交歡之象也坎心爲志陽稱大震足爲行故曰志大行象傳曰剛應而志行是也

六五貞疾恆不死虞翻曰恆常也坎爲疾應在坤坤爲死震爲反生位在震中與坤體絕故貞疾恆不死也　疏　恆常也釋詁文坎爲心病故爲疾下應在坤月滅於坤乙爲既死魄故坤爲死震爲反生說卦文五體震位在震而得中與下坤二无正應且隔四不能互坤故與坤體絕月生於三日震爲哉生明又東方春生於左故貞疾恆不死也且震巽合而爲恆五體震變正互巽亦震巽之合而體又象恆故貞疾恆不死五位不正是死於安樂者也變之正雖疾恆不死是生於憂患者也

象曰六五貞疾乘剛也恆不死中未亡也侯果曰六五居尊而乘於四四以剛動非已所乘乘剛爲政終亦病若恆不死者以其中也

疏　五居尊位，而乘四剛，四剛而動，強臣也，非已所當乘者。若乘剛為政，必致疾矣。恒不死者，以已居中，故未至於亡也。案坎為疾，五乘坎，剛，故貞疾。乾文言曰「知存而不知亡」，荀彼注云：存謂五為陽位，亡謂上為陰位。五陽位，文居中，故云「中未亡」也。

上六：冥豫成，有渝，无咎。　虞翻曰：應在三，坤為冥。渝，變也。三失位无應，多凶，變乃得正，體艮成，故成有渝无咎。疏　應在三，三體坤。釋言：「冥，晦也。」月滅於坤，三十日，故為晦也。說文：「冥从日从六，冖聲。日數十，十六日而月始虧，幽也。」納甲之義，退辛消艮，入坤，故坤晦為冥。上應在三，冥豫極樂，是下交瀆也。渝，變也，釋言文。三失位无正應，故多凶。繫下曰「三多凶」是也。變之正，下體成艮。艮，物所成終而成始，故云體艮成也。艮體成以善變也，故曰「成有渝」。上得位，三變正有應，是上交不諂，下交不瀆也，故无咎。

愚案：初應震，震為鳴，故鳴豫；上應坤，坤為冥，故冥豫。豫未來而先鳴其豫，是豫之始而其志已滿矣，故志窮則致凶。豫已極而猶冥於豫，是豫之終而一成不變矣，故有渝則无咎。

象曰：冥豫在上，何可長也。　荀爽曰：陰性冥昧，居尊在上而猶豫說，故不可

長

疏 陰本冥昧之性，文居極上之位，而猶耽於逸豫，樂而忘返，是昏於豫而非明於豫者也。冥之爲義，於月爲晦，於日爲夜，又處豫極，所謂舞斯慍，慍斯戚，將於冥豫見之矣。彖遯小畜巽爲長，震巽特變，震成巽毀，故曰何可長也。

周易集解纂疏卷八

嶧劉熙文春臺校

周易集解纂疏卷九

唐李鼎祚集解

安陸李道平遵王纂疏

序卦曰豫必有隨也故受之以隨韓康伯曰順以動者衆之所隨疏豫内坤外震坤順也震動也故云順以動豫順以動是動而說者也故受之以隨隨震動而兌說也隨自否來否坤爲衆故云衆之所隨蓋豫爲喜樂喜樂出入人必喜悅孟子曰吾王不遊吾何以休吾王不豫吾何以助此之謂也

䷐震下兌上

隨元亨利貞无咎虞翻曰否上之初剛來下柔初上得正故元亨利貞无咎鄭元曰震動也兌說也内動之以德外說之以言則天下之人咸慕其行而隨從之故謂之隨也既見隨從能長之以善通其嘉禮和之以義幹之以正則功成而有福若无此四德虞注則有凶咎焉焦贛曰漢高帝與項籍其明徵也疏從三陰

三陽之例，隨自否來，故云否上之初也。剛來下柔，釋詳彖傳。否上之初，乾元復正，故元亨。初上既正，天行消息，三四易位，終成既濟，故利貞。陽降陰升，非益之道，嫌於有咎，以否成隨，故无咎也。鄭注：震，動也；兌，說也。說卦文。德在內，震初龍德，又在內卦，故內動之以德。言在外，兌口舌爲言，又在外卦，故外說之以言。言而民莫不信，行而民莫不說，故天下之民咸慕其行而隨從，謂之隨也。既見隨從，則長之以善而爲元，通其嘉禮而爲亨，和之以義而爲利，幹之以正而爲貞，功成有福，故无咎也。若无此四德，人卽隨從，凶咎難免矣。襄九年左傳穆姜筮得艮之隨，姜曰：周易曰隨元亨利貞无咎，有是四德者，隨而无咎，我皆无之，豈隨也哉？我則取惡，能无咎乎？鄭氏之義蓋本此也。焦延壽字贛，漢人，郎京房所從受學者也，著有焦氏易林十六卷，今存；又有易林變占十六卷，今佚。茲所引焦氏云云，當變占中語也。史稱漢高祖寬仁愛人，常有大度，順民而定天下，規模宏遠；又謂項羽自矜功伐，奮其私智，欲以力征，卒亡其國。一衆隨而有是四德則興，一衆隨而无是四德則亡，故云漢高祖與項籍，其明徵也。

彖曰：隨，剛來而下柔，動而說，隨。虞翻曰：否乾上來之坤初，故剛來而下柔。動震說兌。

也。【疏】雜卦曰乾剛坤柔隨自否來乾上來之坤初是剛來而下於柔陰之隨陽由剛下之夫婦之義也動之以震說之以兌故名隨也**大亨貞无咎**荀爽曰隨者震之歸魂震歸從巽故大通動爻得正故利貞陽從降陰升嫌於有咎動而得正故无咎【疏】隨震宮歸魂卦也震自三變恒四變升五變井四不變大過爲遊魂內卦皆巽至隨歸魂始復震震故云震歸從巽震巽旁通故云大通初上二爻動皆得正故曰利貞陽主升陰主降今陽降陰升宜有咎矣初上易位各得陰陽之正故无咎也**而天下隨時**虞翻曰乾爲天坤爲下震春兌秋三四之正坎冬離夏四時位正時行則行故天下隨時矣【疏】否乾爲天坤爲下故曰天下隨震左爲春兌右爲秋三四變之正成既濟定則坎北爲冬離南爲夏四時各正時行則行故曰天下隨時　愚案王肅本時作之古文時作旹之作出當脫日誤作之也以象辭嚮晦入宴息證之則隨時之義爲長**隨時之義大矣哉**蜀才曰此本否卦剛自上來居初柔自初而升上則內動而外說是動而說隨也相隨而大亨无咎得於時也得時則天下隨之矣故曰隨時之義大矣哉【疏】卦自否來乾剛來居於初坤柔往居於上內成震而動外成兌而說

故云動而說隨也以乾通坤成隨故相隨而亨得時故无咎也中庸曰君子而時中時中之義本大事事得時則天下皆隨故曰隨

時之義大矣哉

象曰澤中有雷隨 九家易曰兌澤震雷八月之時雷藏於澤則天下隨時之象也 疏 說卦曰兌爲澤震爲雷八月之時仲秋也月令曰雷始收聲今澤中有雷是雷藏於澤而將收聲矣故有合於天下隨時之象也

君子以嚮晦入宴息 翟元曰晦者冥也雷者陽氣春夏用事今在澤中秋冬時也故君子象之日出視事其將晦冥退入宴寢而休息也侯果曰坤爲晦乾之上九來入坤初嚮晦者也坤初升兌兌爲休息入宴者也欲君民者晦德息物動說黎庶則萬方歸隨也 疏 翟注 僖十五年公羊傳晦者何冥也故云晦者冥也說文冥从冖夜也雷者陽氣春夏用事故月令仲春之月雷乃發聲今在澤中秋冬時也故月令仲秋之月雷始收聲君子乾上之初而成震者也故象雷之在澤玉藻曰君日出而視朝退適路寢聽政使人視大夫大夫退然後適小寢釋服鄭彼注云路寢所以治事小寢以時燕息焉故云日出視事其將晦冥退入宴寢而休息也以案否

此易經官鬼爻之明文

坤為晦又安土為安故為宴巽為入艮為止故為息乾上來入於坤故以嚮晦入宴息侯注坤為晦釋見冥豫乾上來入坤初為晦是嚮晦者也坤初已升於兌上復於初為復復二休復為休息是入宴者也欲君民者謂君子也初為乾初是龍德而隱者也隱即晦也故云晦德二為復二是休復而下仁者也休即息也故云息物震動兌說否坤為民為眾故云動說黎庶坤土為方眾為萬故云萬方歸隨也案澤中有雷陰隨陽息也否坤為晦又為宴安陽生為息震初是也乾三終日則嚮晦矣由上入坤是向晦入安息養夜氣之義也

初九官有渝貞吉出門交有功九家易曰渝變也謂陽來居初得正為震震為子得土之位故曰官也陰陽出門相與交通陰往之上亦不失正故曰貞吉而交有功【疏】渝變也釋言文否上剛來居初得正其體為震官官鬼也參同契曰水以土為鬼土鎮水不起京房謂世應官鬼福德之說皆始於支干火珠林亦云故謂震為子得土之位故曰官也卦自否來震初納庚子水得坤納乙未土之位水以土為官以震變坤故曰官有渝也帝出震震為出艮為門闕二互四成艮故為門初震與四艮相應為出門初上易位是坤初出交於乾故

云陰陽出門相與交通也陰往之上上來居初皆不失正故曰貞吉繫下曰五多功凡言功者皆指五初之上上得位而係五故交有功也

象曰官有渝從正吉也出門交有功不失也

鄭元曰震爲大塗又爲日門當春分陰陽之所交也是臣出君門與四方賢人交有成功之象也昔舜慎徽五典五典克從納于百揆百揆時序賓于四門四門穆穆是其義也

疏震爲大塗說卦文又震東方之卦也日出於東故爲日門震方伯之卦時值春分居冬夏之中故云正陰陽之所交也坤爲臣乾爲君初出艮門故云臣出君門坤爲四方乾初爲賢人故云與四方賢人交百僚師師撫五辰而凝庶績是有成功之象也慎徽五典以下虞書舜典文引之以明出門有功之義案震爲從虞義也上陽失位之初得正故曰從正吉也初往居上係五有功故曰不失也

六二係小子失丈夫

虞翻曰應在巽巽爲繩故稱係小子謂五兌爲少故曰小子丈夫謂四體大過老夫故稱丈夫承四隔三故失丈夫三至上有大過象故與老婦士夫同義體咸象夫死大過故每有欲嫁之

義也【疏】四互巽，初與四應，故應在巽。巽爲繩直，故稱係。小子謂五者，兌爲少，故稱小子。丈夫謂四，若三至上體大過。大過九二云「老夫得其女妻」，虞彼注云「乾老，故稱老夫」。丈夫猶老夫。隨四體大過九二，爲老夫；三體大過初六，爲老婦；五則大過之士夫，故爲小子。二欲承四，見隔於三，故失丈夫。隨與大過同體，故與老婦、士夫同義也。二至上體咸象，咸取女，二、三也。夫死大過者，繫下「棺槨之象，取諸大過」，故爲死。老夫故夫死，咸女夫死，故欲嫁也。案：虞注六三「失初小子」，是小子謂初也，釋見後。虞謂隨家陰隨陽，蓋二係初，三係四，上係五也。卦名爲隨，亦取陰隨陽也。

象曰：係小子，弗兼與也。虞翻曰：已係於五，不兼與四也。【疏】係小子，是係於五也；失丈夫，是不兼與四也。

六三：係丈夫，失小子，隨有求得，利居貞。虞翻曰：隨家陰隨陽，三之上无應，上係於四，失初小子，故係丈夫，失小子。艮爲居，爲求，謂求之正，得位遠應，利上承四，故利居貞矣。【疏】在隨之家，皆陰隨陽。三與上皆陰，故无應。三與四爲巽，故上係於四。初亦爲小子者，對四乾爲老夫，震長男，復小而辯於物，以一陽初生爲小故稱小子也承四故係四與初无應故失小子也艮爲門闕又爲止故爲居艮兌同氣相求故爲求謂求變之正初得位而遠應於上四亦變正成既濟故利上承四三四皆正故利居貞矣

象曰係丈夫志舍下也王弼曰雖體下卦二已據初將何所附故舍初係四志在丈夫也四俱无應亦欲於已隨之則得其求矣故曰隨有求得也應非其正以係於人何可以妄故利居貞也初處已下四處已上故曰係丈夫失小子也

疏　陰之爲物必係於陽三與二初雖同在下體二已據初三无所附下舍初上係四四陽爲丈夫故志在丈夫四與三俱无正應四係三三即隨四得其所求故有求得也三與上應非其正今係於四是係於人不可妄動唯利在居處守正故利居貞也初處已下已不得乘四處已上已得承之故曰係丈夫失小子也三四變正坎爲志志在四不在下故曰志舍下也

九四隨有獲貞凶有孚在道以明何咎虞翻曰謂獲三也失位相據在大過死象故貞凶象曰其義凶矣孚謂五初震爲道三已之正四變應初得位在离故有孚在道以明何咎象曰明功也

疏 獲得也。四乘三，三係四，故獲三也。三四失位，彼此相據，體大過爲棺椁，三四在大過中，有死象焉，是貞凶之義也。五曰孚于嘉，故孚謂五。初震爲大塗，故爲道。三利居貞，是已變之正。四變正與初應，得位，故有孚在道。變离爲明，故以明何咎。五爲卦主，故歸功於五也。愚案：三四兩爻不正，故獨兩爻言隨，且言貞。三陰隨陽，是得四也；四陽隨陰，是獲三也。三往四則居貞，四多懼，故利四來居三，亦居貞。三多凶，故凶。然三四易位，六爻皆正，成既濟定。坎爲孚，离爲明，四得正孚初，故曰有孚在道。雖凶得正，故曰以明，何咎。

象曰：隨有獲，其義凶也。虞翻曰：死在大過，故凶也。疏 大過有棺椁之象，故死在大過，死故凶也。

有孚在道，明功也。虞翻曰：功謂五也。三四之正，离爲明，故明功也。疏 五多功，故功謂五也。三四已變之正，成既濟，离爲明，明五之功，五爲卦主故也。

九五：孚于嘉，吉。虞翻曰：坎爲孚，陽稱嘉。位五正，故吉也。疏 三四變正體坎，三至上亦體坎，坎有孚，故爲孚。乾文言：亨者，嘉之會。故陽稱嘉。嘉，嘉禮也。春官大宗伯：以嘉禮親萬民，以昏冠之禮親成男女。隨時陰係於陽，合於嘉禮，故云孚于嘉，五位得正，故吉也。**象曰：孚于嘉吉，位正中也。**虞翻曰：凡五言中正，中正皆陽得其正，以此為例矣。【疏】凡五言中正者，五為中，陽為正，皆陽得其正者也，舉此為五例也。

上六：拘係之，乃從維之。虞翻曰：應在艮，艮手為拘，巽為繩，兩係稱維，故拘係之，乃從維之。在隨之上而无所隨，故維之。象曰上窮，是其義也。【疏】下應在艮，艮為手，故為拘；又應巽，巽為繩，故為係。三未正，故无所隨，與三共係於五，故兩係稱維也。在隨之上，窮而无所隨矣，故從而維五也。乾鑿度說此爻曰：上六用待九五，拘繫之，維持之，明被陽化而陰欲持之也。

王用亨于西山。虞翻曰：否乾為王，謂五也。有觀象，故亨。兌為西，艮為山，故用亨于西山也。【疏】否乾為君，故為王；五為天子，故謂五也。否初至五體觀，隨二至上亦體觀，觀卦辭曰：觀盥而不薦。故為祭享之象，故言用亨。亨讀如享也。互兌為西，互艮為山，故為西山。乾鑿度曰：崇至德，顯中和之美，當此之時，仁恩所加，靡不隨從，咸說其德，得用王之道，故言王用亨于西山也。

象曰：拘係之，上窮也。虞翻曰：乘剛无應，故上窮也。【疏】乘五剛而无正應，故曰上窮。窮則變，變則通，通則久，係於五則不窮也。

序卦曰以喜隨人者必有事故受之以蠱蠱者事也九家易曰子行父事備物致用而天下治也備物致用立成器以爲天下利莫大於聖人子脩聖道行父之事以臨天下无爲而治蠱自泰來泰乾父也往而成艮爲少男故子行父也事乾爲物坤爲用故備物致用乾爲天坤爲下乾往治坤故天下治也備物致用立成器以爲天下利莫大乎聖人繫上文聖人謂乾艮子能脩聖道以行乾父之事由是君臨天下所以无爲而治也　愚案書益稷曰股肱喜哉元首起哉終之以庶事康哉是以喜隨人者必有事也然事不生於治而生於亂孔疏引褚氏云蠱者惑也物既惑亂終致損壞當須有事也蠱者事也謂物蠱必有事非謂訓蠱爲事得其義矣

䷑ 巽下艮上

蠱元亨虞翻曰泰初之上與隨旁通剛上柔下乾坤交故元亨也　伏曼容曰蠱惑亂也萬事從惑而起故以蠱爲事也案尚書大傳云乃命五史以書五帝之蠱事然爲訓者正以太古之時无爲无事也今言蠱者是卦之

惑亂也時既漸瀆物情惑亂故事業因之而起惑矣故左傳云女惑男風落山謂之蠱是其義也【疏】虞注從三陽三陰之例蠱自泰來故云泰初之上與隨反對故云旁通初之上是剛上上之初是柔下乾初為始交坤為遍故乾坤交為元亨也　伏注昭元年左傳趙孟曰何謂蠱對曰淫溺惑亂之所生也故云蠱惑亂也蠱非事萬事從惑而起故以蠱為事也尚書大傳漢伏生作乃命五史書五帝之蠱事者雜卦傳曰蠱則飭也言書五帝之飭事蓋太古之時結繩而治无為无事不可以惑亂訓蠱也今卦言蠱者義取惑亂以時既瀆薄物情惑亂將欲整飭紀綱則事業因之以起左傳曰於文皿蟲為蠱坤器為皿之初成巽巽為風說文曰蠱風動蟲生故風為蠱卦二五不正初上失位以巽女而惑艮男以巽風而落艮果故左傳曰女惑男風落山謂之蠱皆同物也

利涉大川　虞翻曰謂二失位動而之坎故利涉大川也【疏】二失位當之五動則互坎坎為大川得正故利涉大川不言五失位者二上易五得正故爻言幹父用譽

先甲三日後甲三日　子夏傳云先甲三日者辛壬癸也後甲三日者乙丙丁也　馬融曰甲在東方艮在東北故云先甲巽在東南故云後甲所以十日之中唯稱

甲者，甲爲十日之首，蠱爲造事之端，故舉初而明事始也。言所以三日者，不令而誅謂之暴，故令先後各三日，欲使百姓徧習，行而不犯也。【疏】子夏傳此統甲之先後三日言也。以納甲言之，甲謂乾也，乾納甲，泰內卦本乾，故言先甲後甲。先甲三日，辛也，巽納辛，坤上之初成巽，在乾之先，故先甲三日也。鄭氏謂取改過自新，故用辛是也。後甲三日，丁也，兌納丁，四體兌在乾之後，故後甲三日也。鄭氏謂取丁寧之義，故用丁是也。馬注艮巽合而互震，震東方之卦也，震爲木，甲東方木神，故云甲在東方。艮西北之卦也，故云先甲；巽東南之卦也，故云後甲。甲爲幹首，鄭氏所謂造作新令之日是也。事不生於無事而生於有事，故蠱爲造事之端。事欲慎終於始，故舉初以明事始。論語曰不戒視成謂之暴，即不令而誅之謂也。惟於事之未行先三日而告之，事之既行後三日而戒之，庶百姓徧習，行而不犯也。

彖曰：蠱，剛上而柔下，巽而止，蠱。虞翻曰：泰初之上，故剛上；坤上之初，故柔下。上艮下巽，故巽而止蠱也。【疏】泰乾初之上爲剛上，坤下之初爲柔下。巽爲風，爲入；艮爲止。下體巽風入，而上體艮止，不

動蠱所由生也故云巽而止蠱也

蠱元亨而天下治也

荀爽曰蠱者巽也巽歸合震故元亨也蠱者事也備物致用故天下治也

疏 蠱巽宮歸魂卦也故云蠱者巽也巽宮三變益四變无妄五變噬嗑四不變頤爲遊魂内卦皆震至蠱歸魂震變爲巽故云巽歸合震也震之初陽爲元乾始通坤爲亨故曰元亨也物壞而後有事故云蠱者事也虞繫注云取乾之坤謂之備物以坤之乾謂之致用立成器以爲天下利故曰天下治也乾爲天坤爲下陽升陰降以乾通坤是天下治也

利涉大川往有事也

九家易曰陽往據陰陰來承陽故有事也此卦泰乾天有河坤地有水二爻升降出入乾坤利涉大川也陽往求五陰來求二未得正位戎事不息故有事

疏 初陽往據五陰上陰來承二陽陰陽往來故有事也卦自泰來有乾有坤詩雲漢鄭箋天河水氣也精光轉運於天埤雅水象在天爲漢故云乾天有河孟子曰水由地中行故云坤地有水初上二爻一升一降出入乾坤之閒故曰利涉大川也陽往據陰是求五也陰來承陽是求二也初上皆不得剛柔正位三至上體離爲甲胄戈兵故爲戎事互震動故不息世亂當治故有事也

愚案二五失位二動往五互坎坎爲大川故利涉大川

蠱者事也二往居五得中得正幹蠱用譽故往有事也

先甲三日後甲三日終則有始天行也

虞翻曰謂初變成乾乾爲甲至二成离离爲日謂乾三爻在前故先甲三日賁時也變三至四體离至五成乾乾三爻在後故後甲三日无妄時也易出震消息歷乾坤象乾爲始坤爲終故終則有始乾爲天震爲行故天行也

【疏】爲甲變至二成离离爲日說卦文山火成賁內卦爲先乾三爻在前故云先甲三日賁時也變至四則體离變至五則成乾天雷成无妄外卦爲後乾三爻在後故云後甲三日无妄時也飾事之道盡飾而无妄此因通隨見義也陽初動爲復故云易出震息至乾入巽爲姤消至坤故云消息歷乾坤始於乾之一陽爻乾知始故爲始終於坤之上陰爻坤代終故爲終坤終則乾爻始而爲復也故曰終則有始以納甲言之乾納甲始於震之初陽是先甲而爲乾始也先甲三日者震兌乾爲三日也終於坤之上陰是後甲而爲終也後甲三日者巽艮坤爲三日也亦坤終則震生納甲與消息其義一也泰乾爲天互震爲行故曰天行明出震爲飭蠱之道也

象曰山下有風蠱何妥曰山者高而靜風者宣而疾有似君處上而安靜臣在下而行令也疏艮爲山山高而靜在上似君在上而安靜也巽爲風風宜而疾在下似臣在下而行令也當壞亂之時正君臣有爲之日故其象爲蠱君子以振民育德虞翻曰君子謂泰乾也坤爲民初上撫坤故振民乾稱德體大畜須養故以育德也疏泰君子道長故君子謂泰乾也坤眾爲民亦泰坤也乾初之上撫坤故爲振民說文振舉救也當蠱之時民生已困故宜振以舉救之互震爲動艮爲手故稱振乾龍德故稱德自二至上體象大畜三至上亦象頤物畜然後可養故以育德也說文育養子使作善也當蠱之時民德已傷當如養子作善以育之民爲少男巽爲申命兌爲講習故取養子作善爲育

初六幹父之蠱有子考无咎厲終吉虞翻曰幹正蠱事也泰乾爲父坤爲事故幹父之蠱初上易位艮爲子父死大過稱考故有子考變而得正故无咎厲終吉也案位陽令首父之事也爻陰柔順子之質也疏虞注　薛君韓詩章句曰幹正也詩詁云木正出者爲幹乾文言曰貞者事之幹故知幹爲正

也說卦曰蠱者事也故云蠱事也泰有乾坤乾爲父說卦文坤發於事業故爲事正父之事故曰幹父之蠱泰初之上成艮艮爲少男故爲子曲禮曰生曰父母死曰考妣初至四體大過有棺椁象故云父死大過稱考也陽伏於下爲考艮子成於上是有子考也此從有子考斷句也王弼注云考任艮爲事首能堪其事考乃无咎故曰有子考无咎也此以考无咎斷句也王注是也失位故危以柔濟剛則吉也艮爲終故終吉也　案初爲陽位而居令首故爲父事六爲陰爻而體柔順故爲子質

象曰幹父之蠱意承考也王弼曰幹事之首時有損益不可盡承故意承而已也

【疏】幹事之首時當損而損時當益而益不可盡承在以意承之而已　愚案初承二承考謂承二也以陰承陽剛柔相濟之所以終吉初至四體坎爲意意承考者中庸所謂善繼人之志善述人之事者也

九二幹母之蠱不可貞象曰幹母之蠱得中道也虞翻曰應在五泰坤爲母故幹母之蠱失位故不可貞變而得正故貞而得中道也　案位陰居內母之象也

【疏】虞注二應在五五本泰坤也故云泰坤爲母以二幹正故曰幹母之蠱二五失位不正故曰不可貞當變之正也變則貞而且中

故曰得中道也　案二爲陰位
又居於内女司中饋故爲母象

九三幹父之蠱小有悔无大咎象曰幹父之蠱終无咎也

王弼曰以剛幹事而无其應故有悔也履得其位以正
幹父雖小有悔終无大咎矣　案爻位俱陽父之事

疏

王注　九爲剛爻故云以剛幹事上无正應以剛濟剛故
有悔兌爲小故小有悔也以陽居陽故爲履得其位得位
之正以幹父之蠱重剛雖有小悔然得正終
无大咎也　案以陽爻居陽位故爲父事

六四裕父之蠱往見吝

虞翻曰裕不能爭也孔子曰父有
爭子則身不陷於不義四陰體大
過本末弱故裕父之蠱兌爲見變而失
正故往見吝象曰往未得是其義也

疏

中庸曰寬裕溫
柔以柔爻居柔
位故稱裕柔裕故不能爭孔子曰父有爭子則身不陷於
不義孝經文四本陰柔又體大過初上皆陰故本末弱是
不能爭父之過而僅能裕父之蠱也雜卦曰兌見故兌爲
見變陽失正故往見吝象謂往未得是也　愚案三以剛
居剛過猛故悔四以柔居柔過寬故吝三變爲蒙无攸利
然亦无大咎也四變爲鼎鼎折足故爲往見吝也唯初與

五以陰居陽雖不得位然剛柔相濟故一則終吉一則用譽也

象曰裕父之蠱往未得也

虞翻曰往失位折鼎足故未得

疏 四變則體鼎是往失位也鼎九四曰鼎折足覆公餗故未得也

六五幹父之蠱用譽

荀爽曰體和應中承陽有實用斯幹事榮譽之道也

疏 六陰爲體和五位爲應中上承九陽故有實用斯幹事剛柔相濟榮譽之道也

象曰幹父用譽承以德也

虞翻曰譽謂二也二五失位變而得正故用譽變二使承五故承以德二乾爻故稱德矣

疏 繫下云二多譽故譽謂二也二陽五陰故皆失位二升五降變而得正故用譽既變則二上承五乾龍德爲德故曰承以德也 愚案荀謂承陽有實謂五承上也初承二五承上皆以柔濟剛故初吉五譽初難知故承以意五得中故承以德

上九不事王侯

虞翻曰泰乾爲王坤爲事應在於三震爲侯坤象不見故不事王侯

疏 泰有乾坤乾爲君故爲王坤發事業故爲事下應在三三互震爲侯變蠱則坤象不見故曰不事王侯案震爲帝故爲王長子主器故爲侯王侯皆謂震也上不與三應故不事王侯

高尚其事

虞翻曰謂五已變巽爲高艮陽升在

坤上，故高尚其事。【疏】五已變體巽，巽爲高，說卦文。艮之一陽自乾來升，在坤上，故曰高尚其事。愚案：五爻皆言蠱，上獨言事。蠱用幹用裕，蠱已飭矣，至五用譽，則象傳所云蠱元亨而天下治也。天下已治，故上獨變蠱言事。陽剛有治事之德，處陰非得位之人，成功者退，故不事王侯之事。上處最高，上與尚通。鄭氏云：君猶高尚其所爲之事，謂王侯皆高尚其事也撥亂反正之事也。

象曰：不事王侯，志可則也。

荀爽曰：年老事終，不當其位，體艮爲止，故不事王侯。據上臨下，重陰累實，故志可則。【疏】鄭氏云：上九艮爻，辰在戌，得乾氣，父老之象，故云年老。艮成終成始，故云事終。以陽居上，故云不當其位。艮止也，故云體艮爲止。位不當而艮止，故不事王侯。據上臨下，四五重陰，二三累實，合初則體象坎，坎爲志，爻爲法則，故志可則也。

序卦曰：有事而後可大，故受之以臨。臨者，大也。

崔憬曰：有蠱元亨，則可大之業成，故曰有事然後可大也。【疏】蠱象傳曰：蠱元亨而天下治也。天下治，則可大之業成矣。繫上曰：可大則賢人之業，謂坤也。臨有坤，故稱業。坤文言發於事業是也。韓康伯曰：可大之業由事而生，故曰有事而後可大。蠱非

事以事飭蠱故曰蠱者事也臨非大以大相臨故曰臨者大也又靈樞經太陰之人其狀臨臨然長大亦臨訓大也

䷒ 兌下坤上

臨元亨利貞　虞翻曰陽息至二與遯旁通剛浸而長乾來交坤動則成乾故元亨利貞

疏 此十二月辟卦也陽初息復至二則成臨矣與遯相反故云旁通二剛有漸長之勢乾來交坤謂乾息坤也三動則成乾故元亨利貞與乾同占也

至于八月有凶　虞翻曰與遯旁通臨消於遯六月卦也於周為八月遯弒君父故至于八月有凶荀公以兌為八月兌於周為十月言八月失之甚矣　鄭元曰臨大也陽氣自此浸而長大陽浸長矣而有四德齊功於乾盛之極也人之情盛則奢淫奢淫則將亡故戒以凶也臨卦斗建丑而用事殷之正月也當文王之時紂為无道故於是卦為殷家著興衰之戒以見周改殷正之數云臨自周二月用事訖其七月至八月而遯卦受之此終而復始王命然矣

疏 虞注　臨與遯通臨長成乾復消於遯遯為六月卦周之八月也陰消至遯艮子弒父至三成否坤臣弒君故云遯弒君父遯六月卽周八月故曰至于八月有凶荀公謂爽也兌為正秋故以

兌爲八月夏八月周之十月也以十月爲八月故失之甚矣且於有凶義无取也鄭注序卦曰臨者大也故云臨大也陽氣自二浸而長大終必成乾故有元亨利貞之四德齊功於乾陽盛之極也夫滿則必溢人之恒情溢則必覆物之常理惟聖人見微知著所以戒之以凶也臨十二月卦故云建丑而用事夏之十二月殷之正月也繫下曰易之興也其當殷之末世周之盛德邪當文王與紂之事邪紂爲无道文王作易特於殷正用事之卦著興衰之戒以見周改殷正之有定數也臨通遯遯於消息爲六月於殷爲七月於周爲八月臨於周爲二月用事之卦由息而消訖其七月至周八月消至二而遯卦受之然陰消不久終而復始自然之數也周受命而建子其法於此乎故云王命然矣

彖曰臨剛浸而長虞翻曰剛謂二也兌爲水澤自下浸上故浸而長也**疏**陽息至二故剛謂二兌爲澤坎水半見故爲水澤澤有浸象剛自下而上故曰浸而長也**說而順剛中而應大亨以正天之道也**虞翻曰說兌也順坤剛中謂二也四陰皆應之故曰而應大亨以正謂三動成乾天

得正爲泰，天地交通，故亨以正天之道也。【疏】說卦曰：坤順也，兌說也。故云兌說坤順。二以剛居中，故剛中謂二。二承四陰，五應則同類皆應，故曰而應。三動則成乾，天陽得正位，其體爲泰，天地交而萬物通，通故亨。得位故正，皆變乾成，天爲之也，故曰大亨以正天之道也。

至于八月有凶，消不久也。

蜀才曰：此本坤卦，剛長而柔消，故大亨利正也。案：臨十二月卦也，自建丑之月至建申之月，凡歷八月則成否也。否則天地不交，萬物不通，是至于八月有凶，斯之謂也。【疏】陽息坤初至二成臨，故云此本坤卦。陽長而坤陰消，進則成泰，終則成乾，故乾大亨利正也。臨丑月卦也，否申月卦也，自十二月至七月，凡八閱月則成否也。天地不交，萬物不通，否象傳文。否塞之時，君子以儉德避難，故以至于八月有凶當之也。愚案：至于八月遯時，陽剛漸消，其凶甚矣。然天地盈虛，與時消息，則消亦不久，遯漸成臨，故臨言凶，遯言亨也。

象曰：澤上有地，臨。

荀爽曰：澤卑地高，高下相臨之象也。【疏】兌爲澤，坤爲地，地在澤上，澤卑於地，地高於澤，以高臨下，其象爲臨。

君子以教思无窮，容保民无疆。

虞翻曰：君子謂二也。

震爲言，兌口講習，學以聚之，問以辯之。坤爲思，剛浸長，故以教思无窮。容，寬也。二寬以居之，仁以行之。坤爲容爲民，故保民无疆矣。**疏**　陽息至二，剛而得中，故君子謂二也。互震聲爲言，體兌口講習，教之義也。學以聚之，問以辯之，乾九二文言文。洪範：思曰睿，於五事配土。坤爲土，故爲思。剛浸長息而不已，故以教思无窮。中庸：寬裕溫柔，足以有容也。故容訓寬。寬以居之，仁以行之，亦乾二文言文。坤廣爲容，衆爲民，又行地无疆，故容保民无疆。臨本坤卦，又上體坤，故卽坤以釋其象。乾息至二爲臨，臨二卽乾二，故復引乾二文言以明其意，兩卦相須，義始備也。

初九：咸臨，貞吉。

虞翻曰：咸，感也。得正應四，故貞吉也。**疏**　咸，感也，咸彖傳文。王弼又云：感，應也。惟初與四、二與五爲正應。應故感，感故皆言咸。初得正應四，得正故貞，有應故吉也。

愚案：初至五伏咸象。初感四應，二感五應，故初二皆言咸臨。三動上不應，然後成咸，故三不言咸也。

象曰：咸臨貞吉，志行正也。

荀爽曰：陽始咸升，以剛臨柔，得其正位而居，是吉，故曰志行正。**疏**　陽始感而欲升於四，將以剛下臨三柔也。然已得正位而居，故吉。初動坎爲志，互震爲行，故曰志行正也。

三

九二咸臨吉无不利虞翻曰得中多譽兼有四陰體復初元吉故无不利疏在二爲得中繫下曰二多譽以得中故多譽也上兼四陰其體象復復初曰元吉有應故吉得中故无不利也象曰咸臨吉无不利未順命也荀爽曰陽感至二當升居五羣陰相承故无不利也陽當居五陰當順從今尚在二故曰未順命也疏二與五爲正應陽主升陰主降故陽感至二當升居五二升五位羣陰相承故无不利案坤爲順旁通遯巽爲命二剛浸長不順乎遯故未順命

六三甘臨无攸利既憂之无咎象曰甘臨位不當也既憂之咎不長也虞翻曰兌爲口坤爲土土爰稼穡作甘兌口銜坤故曰甘臨失位乘陽故无攸利言三失位无應故憂之動而成泰故咎不長也疏兌爲口說卦文坤爲地居申方从土故爲土土爰稼穡作甘洪範文甘从口从一土下从一即坤地也以兌口上銜坤土故曰甘臨六失位下乘陽故无攸利三既失位又无正應故憂之董子曰凡人有憂而不知憂者凶有憂而深憂之者吉三知不正息泰得正故无咎伏巽爲長臨成巽毀故咎不

長也

六四至臨无咎　虞翻曰至下也謂下至初應當位有實故无咎　疏　說文至从一一地也初爲地在下故云至下也四與初應故謂下至初應初陽爲實而又當位故云當位有實得應故无咎也

象曰至臨无咎位當也　荀爽曰四與二同功欲升二至五已得承順之故曰至臨也陽雖未乘處位居正故得无咎是位當也　疏　四與二同功本下繫文四欲二升至五已得順而承之曰至臨者謂二至五而臨已也二陽尚未升故云陽雖未乘以六處四是爲居正所以无咎者位當故也　愚案經文位當也李氏本一作當位實也釋文非之此本是

六五知臨大君之宜吉象曰大君之宜行中之謂也　荀爽曰五者帝位大君謂二也宜升上居五位吉故曰知臨大君之宜也二者處中行升居五五亦處中故曰行中之謂也　疏　中庸曰唯天下至聖爲能聰明睿知足以有臨也故曰知臨五爲天子故云帝位乾鑿度說此爻云臨者大也

陽氣在內中和之感應於盛位浸大之化行於萬民故言宜處王位施大化爲大君矣臣民欲被化之辭也又曰大君者與上行異也鄭彼注云臨之九二有中和美異之行應於五位故曰百姓欲其與上爲大君皆言二當升五故知大君謂二也繫上謂知崇效天乾天爲知故知乾二升五爲知臨三已正成泰二升五降成既濟定故曰大君之宜吉也二本處中互震爲行上升於五處中故曰行中之謂也初四皆正故曰行正二五皆中故曰行中知臨而言行中者中庸言舜之大知用中于民是其義也

上六敦臨吉无咎

荀爽曰上應於三欲因三升二過應於陽敦厚之意故曰敦臨吉无咎 疏 上與三應兩陰无陽二陽也上欲因三升二故云過應於陽望二升成既濟故云敦厚之意鄭注樂記云敦厚也坤爲厚故曰敦臨內望二故吉上得位故无咎也

象曰敦臨之吉志在內也

九家易曰志在升二也陰以陽爲主故志在內也 疏 上欲應三升二二升五坎爲志故云志在升二也陽貴陰賤故陰以陽爲主二陽升五上得所主故曰志在內也

序卦曰物大然後可觀也故受之以觀　崔憬曰言德業大者可以觀政於人故受之以觀也

疏　德業盛大則可從政故可以觀政於人也觀讀去聲考工記栗氏為量嘉量既成以觀四國注云以觀示四方是也故受之以觀愚案卦互艮又全體象艮上重陽而下再重陰有門闕重疊之象故名曰觀釋宮觀謂之闕白虎通上懸法象其狀巍巍然高大謂之象魏使人觀之謂之觀也此卽物大然後可觀臨繼以觀之義也自上示下讀去聲義取觀示自下仰上讀平聲義取觀瞻卦彖作觀示爻象作觀瞻義各有當然使人觀之謂之觀其實一也又春官大宗伯以肆獻祼享先王注云祼之言灌也是觀與祼灌亦通觀卦辭觀盥而不薦可見矣

䷓　坤下巽上

觀盥而不薦有孚顒若　鄭元曰坤為地為眾巽為木為風九五天子之爻互體有艮艮為鬼門又為宮闕地上有木而為鬼門宮闕者天子宗廟之象也　王弼曰王道之可觀者莫盛乎宗廟宗廟之可觀者莫盛乎盥也至薦簡略不足復觀故觀盥而不薦也　馬融曰盥者進爵灌地以降神也此是祭祀盛時及神降薦

牲其禮簡略不足觀也國之大事唯祀與戎王道可觀在於祭祀祭祀之盛莫過初盥降神故孔子曰禘自既灌而往者吾不欲觀之矣此言及薦簡略則不足觀也以下觀上見其至盛之禮萬民敬信故云有孚顒若孚信顒敬也 案鬼神害盈禍淫福善若人君脩德至誠感神信則黍稷非馨明德惟馨故觀盥而不觀薦饗其誠信者也斯即東鄰殺牛不如西鄰之禴祭實受其福是其義也

【疏】鄭注 坤爲地爲眾巽爲木爲風皆說卦文五位天子故九五爲天子之爻五互三四爲艮艮爲鬼門者乾坤鑿度曰艮爲鬼冥門上聖曰一陽二陰物之生於寔味氣之起於幽蔽地氣經曰山者艮也地土之餘積陽成體后亦通氣萬靈所止起於冥門言鬼其歸也眾物歸於艮艮者止也止宿諸物大齊而出出然後至於口口申艮靜如冥暗不顯其路故曰鬼門說卦曰艮爲門闕故又爲宮闕坤地之上而有巽木又互艮爲鬼門宮闕五爲天子故云天子宗廟之象也 王注 此與馬君融注意同釋見於下 馬注 祭統獻之屬莫重於裸字亦作灌義取於坤地之觀春官鬱人摯裸器凡裸事沃盥書洛誥王入太室裸崔靈恩三禮義宗云祭之日王衰冕入尸亦衰冕入祝在後侑三王不迎尸尸入室作樂降神乃灌故云盥者進爵灌地以

降神也初灌禮備詳具於下故云此是祭祀盛時郊特牲既灌然後迎牲迎牲而後薦是薦在盥後也禘行於春夏物未成熟薦禮獨略故云及降神薦牲其禮簡略不足觀也國之大事唯祀與戎本成十三年左傳蓋王者治定制禮吉禮爲先故云王道可觀在於祭祀配天之禘灌禮最盛古文作祼周監二代而制禮大宗伯以肆獻祼享先王典瑞祼圭有瓚以肆先王以祼賓客則祼一事有三節肆者實而陳之祼者將而行之獻者奉而進之實以彝祼之陳將以瓚祼之行獻以爵祼之成故曰肆祼獻祭天無灌而禘有灌者宣三年公羊傳說配天之義云王者曷爲必以其祖配自內出者無匹不行自外至者無主不止自內出者無匹不行南郊配天也自外至者無主不止明堂配天也明堂之配天帝異餽亦異其禮故天無灌而祖有灌以灌禮降神推人道以接天所謂自外至者無主不止故云祭祀之盛莫過初盥降神也引論語孔子文者以明及薦簡略不足觀之意隱五年穀梁傳曰常視曰視非常曰觀灌禮非常薦爲常禮故觀盥而不觀薦吾不欲觀也非不欲觀也所以明灌禮之特盛也以下觀上見其至盛之禮萬民敬信卽下觀而化也故曰有孚顒若序卦曰中孚信也故孚訓信詩大雅鄭箋云顒顒然敬順故顒亦訓敬

也　案謙象傳曰鬼神害盈而福謙故云禍淫福善黍稷非馨明德惟馨書君陳文言人君脩德至誠足以感神則馨明德而不馨黍稷卽觀盥而不觀薦享其誠信之意也東鄰殺牛不如西鄰之禴祭實受其福既濟九五爻辭復引此以明在物不在儀之意

彖曰大觀在上蜀才曰此本乾卦案柔小浸長剛大在上其德可觀故曰大觀在上也【疏】乾消成觀故云此本乾卦陰柔爲小浸長至四陽剛爲大尊而在上故乾爲德故稱德有德則可觀故曰大觀在上也**順而巽中正以觀天下**虞翻曰謂陽息臨二直方大臨者大也在觀上故稱大觀順坤也中正謂五五以天神道觀示天下咸服其化賓於王庭【疏】由臨息泰反否退觀故謂息臨二直方大坤二爻辭觀二卽坤二也臨者大也序卦文二陽在下爲臨今在觀上故稱大觀說卦坤順也故知順爲坤五爲中九爲正故知中正稱五五乾爲天陽爲神故云以天神道觀示天下中庸曰不賞而民勸不怒而民威於鈇鉞是天下咸服其化六四賓王是賓于王庭也

觀盥而不薦有孚顒若下觀而化也虞翻曰觀反臨也以

五陽觀示坤民故稱觀盥沃盥薦羞牲也孚信謂五顒顒君德有威容貌若順也坎為水坤為器艮手臨坤坎水沃之盥之象也故觀盥而不薦孔子曰禘自既灌吾不欲觀之矣巽為進退容止可觀進退可度則下觀其德而順其化上之三五在坎中故有孚顒若下觀而化詩曰顒顒卬卬如圭如璋君德之義也

疏

否泰反類為反鄭旁通也此云觀反臨自下反上又一義也五陽為君下坤為民以五陽觀示坤民故稱觀鬱人掌祼事凡祼事沃盥故云盥沃盥郊特牲既灌然後迎牲迎牲而後獻薦是薦在灌後故云薦羞牲也陽實為孚故孚訓信而謂五也釋訓顒顒卬卬君之德也故云君德有威容貌若順也釋詁文觀內坤道五正位上之三成坎為水坤形而下故為器以艮手臨坤器又有坎水沃之故為盥之象也坤牛為牲上之三坤象不見故曰觀盥而不薦引論語文者以明灌禮盛薦禮簡觀盥而不觀薦之意也巽為進退說卦文容止可觀進退可度孝經文說文引易曰地可觀者莫可觀於木漢書五行志曰說曰木東也於易地上之木為觀其於王事威儀容貌亦可觀者也九五有人君之德實貌相應其下畏而愛之則而象之故下觀其德而順其化也上之三則五在坎中坎為孚故有孚顒若下觀而化也顒顒卬卬如珪

如璋詩卷阿文璋君裸玉君裸以圭瓚亞裸以璋瓚顒顒温貌卬卬盛貌裸之儀也鬱人詔之故引之以明君德之義

觀天之神道而四時不忒虞翻曰忒差也神道謂五臨震兑為春秋三上易位坎冬离夏日月象正故四時不忒

疏 忒差也釋見豫彖傳乾為道陽之信者為神故神道謂五春秋陰陽之著故臨震春兑秋見於先冬夏者陰陽之微觀五得正三上易位坎冬离夏見於後三之上坎月离日交皆得正故日月象正日月正則四時成故曰四時不忒

聖人神道設教而天下服矣虞翻曰聖人謂乾退藏於密而齊於巽以神明其德教故聖人設教坤民順從而天下服矣

疏 乾鑿度曰乾九五為聖人故聖人謂乾退藏於密繫上文齊於巽本說卦文內卦坤坤為闔戶又互艮為山釋山曰山如堂者密內坤戶而互艮山又坤以藏之故云退藏於密巽為絜齊齊者齊戒之義聖人以齊戒以神明其德故云齊於巽臨教思无窮反觀神道故云神明其德教坤為民為順故聖人設教則坤民順從五乾為天坤為下故天下服矣案神道設教承盥薦言之謂祭祀也地官大司徒以祀禮教敬則民不苟是也祭義曰氣也者神之盛也魄也者鬼之盛也合鬼與神教之至也

因物之精制爲之極明命鬼神以爲黔首百衆以畏萬民以服鄭注云合鬼神而祭之聖人之教致之是其義也

象曰風行地上觀先王以省方觀民設教九家易曰先王謂五應天順民受命之王也風行地上草木必偃枯槁朽腐獨不從風謂應外之爻天地氣絶陰陽所去象不化之民五刑所加故以省察四方觀民俗而設其教也言先王德化光被四表有不賓之民不從法令以五刑加之以齊德教也

疏 乾爲先又爲王故先王謂五五乾故爲應天下坤故爲順民上巽爲命故云受命之王也巽爲風風者天之教所以觀示萬物臨震行坤故行地上震巽皆爲草木故草木必偃如二應五是也惟枯槁朽腐之物獨不從風如初爻在應之外是也上爻爲天初爻爲地上陽居陰下陰居陽是天地氣絶陰陽所去也象梗化之民爲五刑所必加也坤爲方爲民巽命爲教故以省察四方觀觀民俗而設其教也乾五下應於二則乾二之德博而化也故言先王德化乾爲大明四表即四方故云光被四表四得位近王故稱用賓初不應四故爲不賓之民不從法令刑以鄉教故以五刑加之以齊德教也

愚案大司徒之職掌建邦土地之圖即省方也與其人民之數即觀民也以佐王安擾邦

國即設教也然則周禮以地官掌邦教其取法於觀之坤爲地而巽爲教予設教有二有反民之俗以爲教者如沉潛剛克高明柔克是也有因民之俗以爲教者如脩其教不易其俗齊其政不異其宜是也巽爲進退論語曰求也退故進之由也兼人故退之因其民而進退之斯爲善教矣

初六童觀小人无咎君子吝虞翻曰艮爲童陰小人陽君子初位賤以小人乘君子故无咎陽伏陰下故君子吝矣

疏應在四四互艮爲少男又全體象艮而初爻成始故爲童陰爻象小人陽位象君子初在下故位賤以陰居陽是以小人乘君子也故无咎以陰爻居陽位是陽伏陰下也故君子吝愚案艮少男又爲閽寺童而陰小人之象也位應四近五雖不能觀國之光猶可近五故无咎初陽位爲陰所據位雖君子爻不正四不應觀五无由故君子吝

象曰初六童觀小人道也王弼曰失位處下最遠朝美无所鑒見故曰童觀處大觀之時而童觀趣順而已小人爲之无可咎責君子爲之鄙吝之道

疏孔疏童觀者處於觀時而最遠朝廷之美觀是柔弱不能自進无所鑒見唯如童稚之子而觀之爲小人无咎君子吝者爲此

觀看趣在順從而已无所能爲於小人行之纔得无咎若君子行之則鄙吝愚案童觀爲閽寺雖不能如四觀國之光猶不失小人近君之道故曰小人道也

六二闚觀利女貞虞翻曰臨兌爲女竊觀稱闚兌女反成巽巽四五得正故利女貞艮爲宮室坤成爲闔戶小人而應五故闚觀女貞利不淫視也

疏臨內卦兌爲女說文闚閃也不正之象竊觀非正視故稱闚兌少女反居觀上成巽長女巽四五陰陽得正故利女貞互艮門闕故爲宮室內坤故爲闔戶爻陰故爲小人二應巽五得正故闚觀利女貞曲禮曰毋淫視邪視曰淫視利女貞利不淫視也

象曰闚觀女貞亦可醜也侯果曰得位居中上應於五闚觀朝美不能大觀處大觀之時而爲闚觀女正則利君子則醜也　案六二离爻离爲目又爲中女外互體艮艮爲門闕女目近門闚觀之象也

疏侯注　六爲得位二爲居中上應於五僅能闚視朝美而不能大觀夫處大觀之時而僅爲闚觀婦人之道也故女正則利在君子亦可醜也　案六二离之中爻也离爲目故爲闚又再索得女故爲中女三至五互艮爲門闕二臨三門女目近之故有闚觀之象

愚案太元曰晝以好之夜以醜之坤柔爲夜故言醜初爲闚寺觀不及遠小人之道可醜也二爲离女婦人之道觀不及天亦可醜也亦亦初也

六三觀我生進退

虞翻曰坤爲我臨震爲生生謂坤生民也巽爲進退故觀我生進退臨震進之五得正居中故象曰未失道

【疏】坤身爲自故爲我反臨互震震反生故爲生震變爲坤故生謂坤生民也與九五同義五象虞注云坤爲民謂三也巽爲進退說卦文觀我生進退者謂五五觀示坤民進退三欲五二正上來易已也臨震反觀則進之五九得正五居中震大塗爲道故象曰未失道

愚案坤爲廣生故曰觀我生三處上下之交位陽主進爻陰主退故可進可退三進於上則成蹇故欲進仍退未失觀道也

象曰觀我生進退未失道也

荀爽曰我謂五也生者教化生也三欲進觀於五四既在前而三退故未失道也

【疏】五爲卦主爻辭與五同故我謂五五巽命爲教化故生者教化生也陰當承陽故三欲進觀於五四近於五而在三前故三退進退皆得故曰未失道也

六四觀國之光利用賓于王

虞翻曰坤爲國臨陽至二天下文明反上成觀進顯天位故觀國之光王謂五陽陽尊賓坤坤爲用爲臣四在王庭賓事於五故利用賓于王矣詩曰莫敢不來賓莫敢不來王是其義也

疏 坤爲地故爲國臨陽至二即乾二天下文明乾九二文言文也反居於上以成觀體五則進顯天位故觀國之光也五乾爲君故王謂五陽二尊爲主以坤爲賓故云陽尊賓坤坤致役爲用臣道爲臣艮爲門庭四諸侯位故在王庭四爲賓而臣事於五故利用賓于王莫敢不來享莫敢不來王詩殷武文引之以明用賓之義

愚案九五下臨坤國乾爲大明故爲光大觀在上而四承之故曰觀國之光聘禮歸大禮之日有請觀之禮春秋傳吳季札聘魯請觀於周樂晉韓起聘魯觀書於太史氏皆觀國之光之事也五位天子四位三公五陽爲王爲主四陰爲臣爲賓觀之言灌大饗有祼賓之禮故典瑞云祼圭有瓚以肆先王以祼賓客四爲三公而稱王賓則賓於玉惟祼禮爲盛故利用賓于王也莊廿二年左傳周史說此爻云坤土也巽風也乾天也風爲天於土上山也有山之材而照之以天光於是乎居土上故曰觀國之光庭實旅百奉之以玉帛天地之美具焉故曰利用賓于王是其

義也。

象曰：觀國之光，尚賓也。崔憬曰：得位比尊，承於王者。職在搜揚國俊，賓薦王庭，故以進賢爲尚賓也。

【疏】四陰爲得位，近五爲比尊，上承於王，故職在搜國俊以薦王庭。四能進賢，故爲尚賓。案：四觀五光，五尚四賓，故曰尚賓。周語祭公謀父曰：甸服者祭，侯服者祀，賓服者享，要服者貢，荒服者王。韋注云：皆所以貢助祭於廟。孝經所謂四海之內各以其職來祭。是助祭尚賓之事也。

九五：觀我生，君子无咎。虞翻曰：我，身也。謂我生。生謂生民。震生象反，坤爲死喪，嫌非生民，故不言民。陽爲君子，在臨二失位，之五得道處中，故君子无咎矣。

【疏】我，身。亦坤爲身也。我身有民，故謂我生。生謂生民者，三坤也。臨二與三爲震，故五亦我之也。震生象反者，震爲反生也。月滅於坤乙，爲既死魄，故坤爲死喪。言生則民見，非生民，故不言民。陽爲君子，在臨二爲失位，反而之五成觀。陽得正位，爲處中，故君子无咎矣。愚案：乾爲太生。故曰觀我生。三與五位不同而功同，故陰陽不同而其辭同。觀陰消陽，將成剝矣。宜有咎。然得中得位，君子之道也。故无咎。

象曰：觀我生，觀民也。王弼曰：觀我生，自觀其道也。爲衆觀之主，當宣文化，光于四表。

上之化下猶風之靡草。百姓有過在予一人。君子風著。已乃无咎。欲察己道。當觀民也。　虞翻曰坤爲民。謂三也。坤體成。故觀民也。

疏 王注　觀我生者自觀其在上之道也。五居尊位爲衆觀之主。巽爲宣。坤爲文。乾大明爲光。坤四方爲四表。故云常宣文化光于四表。君陳曰爾惟風下民惟草故云上之化下猶風之靡草。百姓有過在予一人泰誓文。言民之善惡觀乎上也。論語曰君子之德風故云君子風著。已乃无咎咸有一德曰萬夫之長可以觀政。故欲察己道。當觀民也。　虞注　生生民也。下坤爲民。三曰觀我生故知民謂三也。三坤體巳成。故觀民也。　愚案自觀其生。五陽得乎君子之道。下與二應。二體坤則可以觀示坤民也。觀民之觀與大觀在上中正以觀天下同義。

上九觀其生君子无咎　虞翻曰應在三。三體臨震。故觀其生。君子謂三。之三得正。故无咎矣。

疏 上應在三。三體在臨互震。震爲生。故觀其生。上失位。之三得正。故君子謂三。得正。故无咎。　愚案觀惟三五上言生。上乘五觀五也。下應三。觀三也。之三得正。故无咎。三與五同功。故亦曰君子无咎。

象曰觀其生志未平也　王弼曰觀其生爲人所觀也。最處上極。天下所觀者也。處天下所觀之地其志未爲平易。不可

不愼故君子德見乃得无咎生猶動出也虞翻曰坎爲志爲平上上來之三故志未平矣

疏王注觀其生者已在上而爲人所觀也上處最極尤天下所共觀者也處天下所共觀之地不得位其志未爲平易可不愼乎故必君子之德脩於上而見於下乃得无咎矣孔疏云生猶動出者或動或出是生長之義也虞注坎心爲志坎水爲平上來之三三五成坎故志未平若當觀其生而上未之三時則五志猶未平也

周易集解纂疏卷九

受業漢陽吳長庚少白校

周易集解篹疏卷十

唐李鼎祚集解　　安陸李道平遵王篹疏

序卦曰可觀而有所合故受之以噬嗑嗑者合也　崔憬曰言可觀政於人則有所合於刑矣故曰可觀而有所合　**疏**　中正以觀天下下觀而化者宜无不合矣故可觀而有所合也觀政之道不外勸懲教所以勸刑所以懲也在觀之家則教以勸之而易合者合在噬嗑之家則刑以懲之而不合者亦合明于五刑以弼五教故言可觀政於人則有所合於刑矣是可觀而有所合之義也人不合者則刑以合之物不合者則噬以嗑之故曰嗑者合也

䷔ 震下離上

噬嗑亨利用獄　虞翻曰否五之坤初坤初之五剛柔交故亨也坎爲獄艮爲手離爲明四以不正而

係於獄，上當之三，蔽四，成豐，折獄致刑，故利用獄。坤爲用也。案頤中有物曰噬嗑，謂九四也。四互坎體，坎爲法律，又爲刑獄，四在頤中，齧而後亨，故利用獄也。

【疏】虞注：卦自否來，否五剛之初，初柔之五，是剛柔交通，故亨也。互坎，陽陷陰中，又九家易曰：坎爲律，又爲叢棘，爲桎梏，故爲獄。互艮爲手，折獄從手，故取艮手折獄。貴明，故取离明四陽不正，陷於坎中，故云係於獄。蔽，斷也。三上易位，則三斷四獄，其體爲豐，豐象曰折獄致刑，故利用獄也。坤致役故爲用。案二陽四陰，外實中虛，頤象也。九四以不正間之，是頤中有物象也。象傳曰頤中有物曰噬嗑，物謂九四也。四互坎九家易坎爲律，故爲法律，又爲刑獄。四在頤中間而不合，噬齧也。唯齧而合之，所以通也。故亨。刑克以通，所以利用獄也。

象曰：頤中有物曰噬嗑，虞翻曰：物謂四，則所噬乾脯也。頤中无物則口不噬，故先舉頤中有物曰噬嗑也。

【疏】九四不正，間於頤中，故物謂四所噬乾脯者，取九四爻辭也。頤中无物則口无所噬，故先舉頤中有物齧而合之，以明噬嗑。彖辭未有以卦象者，故特釋其義也。

噬嗑而亨　崔憬曰：物在頤中，隔其上下因齧而合，乃得其亨焉，以喻人於上下獄。【疏】四在頤中，隔其上下，不通之閒，有亂羣者，當用刑去之，故言利用獄。之象也。齧而合之，乃得其通，故亨也。人於上下之閒，有不正而亂羣者，則當用刑以去之。去之則亨，故利用獄也。

剛柔分，動而明，雷電合而章。盧氏曰：此本否卦，乾之九五分降坤初，坤之初六分升乾五，是剛柔分也。分則雷動於下，電照於上，合成天威，故曰「雷電合而成章」也。【疏】剛卦自否來，否乾剛坤柔，九五下降，是分乾之剛以降坤初；初六上升，是分坤之柔以升乾五，故曰剛柔分也。分則下震爲雷爲動，上離爲電爲明。雷動電照，合成天威，且嗑者合也，故曰雷電合而章也。

柔得中而上行，雖不當位，利用獄也。侯果曰：坤之初六上升乾五，是柔得中而上行，雖則失位，文明以中，斷制枉直，不失情理，故利用獄。【疏】初六，柔也，上升於五爲中，是柔得中而上行也。六雖失位，然在坤爲交之离，爲明，居五得中，以此斷制枉直，自不失情理之正，又有上之三以成豐折獄，故利用獄也。

象曰：雷電，噬嗑。宋衷曰：雷動而威，電動而明，二者合而其道章也。用刑之道，威明相兼，若威而不明恐致淫濫，明而无威，不能伏物，故須雷電竝合而噬嗑備。【疏】晉語司空季子曰車有震武也韋注云震威也又云居樂出威故云雷動而威說卦爲電鄭注云夂明似日暫明似電故云電動而明稽覽圖曰雷有聲名曰雷有光名曰電是雷與電本合也故云二者合而其道章即象傳意也用刑之道二者相兼不明則刑必濫不威則物不伏故必三者合而後噬嗑之道始備呂刑曰德威惟畏德明惟明是其義也

先王以明罰勑法

侯果曰：雷所以動物，電所以照物，雷電震照，則萬物不能懷邪，故先王則之明罰勑法，以示萬物，欲萬方一心也。【疏】震動故雷所以動物离明故電所以照物有雷之震有電之照則萬物不能懷邪故先王則雷電之明威以明罰而勑法焉說文罰皋之小者从刀从詈未以刀有所賊但持刀罵詈則應罰春秋元命包罔言爲詈刀詈爲罰呂刑五刑不簡正于五罰孔傳出金贖罪地官大司徒凡民之有衰惡者三讓而罰之注云罰謂撻擊之也　愚案罰从刀刀者錢刀也非持刀罵詈之謂乃罵詈則以錢刀贖之也故凡用薄刑者適謂之罰如地官所言是也呂刑蚩尤惟始作亂延及于平民苗民弗用靈制以刑惟作五虐之刑曰法秋官大司寇縣刑象之法於象魏使萬民觀刑象月令

孟秋之月有司脩法制皆謂刑也明罰敕法以示萬物者欲萬方一心罔干憲典卽刑期無刑之意也又案否乾爲先爲王故曰先王刑貴平坎水平故爲罰爲法离爲明故明罰敕戒也震言爲誡故敕法上之三得正而折四獄故明罰敕法也

初九屨校滅趾无咎

虞翻曰屨貫趾足也震爲足坎爲校震沒坎下故屨校滅趾初位得正故无咎　干寶曰趾足也屨校貫械也初居剛躁之家體貪狠之性以震掩巽強暴之男也行侵陵之罪以陷屨校之刑故曰屨校滅趾得位於初顧震知懼小懲大戒以免刑戮故曰无咎矣

【疏】虞注釋名屨拘也所以拘足也屨訓貫卽拘義也趾足也釋言文震爲足說卦文九家說卦曰坎爲桎梏故爲校震足沒於坎水之下故屨校滅趾震體以初爲主故獨象屨校也初陽位陽爻得正故无咎　伏叅始作八卦近取諸身故此卦初爲趾上爲耳　干注以械爲屨故曰屨校漢謂之貫械後漢書李固傳云渤海王調貫械上書是也說卦巽其究爲躁卦虞謂躁則震是也九本陽剛又居震初故云初居剛躁之家翼奉傳曰北方之情好也好行貪狠申子主之震初庚子子北方水位

故云體貪狠之性巽宮三世卦變巽爲震故云以震掩巽震長男而性貪狠故爲強暴之男也震足爲行又爲阪生阪陵也故云行侵陵之事坎爲陷又爲桎故云以陷屨校之刑行陷於罪故曰屨校滅趾震陽得位於初震象曰恐懼脩省故云顧震知懼小懲大戒繫下文震知懼懼故懲戒懲戒以免刑戮故无咎

象曰屨校滅趾不行也虞翻曰否坤小人以陰消陽其亡其亡故五變滅初否坤殺不行也干寶曰不敢遂行強也

疏虞注繫下言小懲大戒小人之福謂此爻也卦自否來小人道長謂坤初也否以陰消陽九五曰其亡其亡消四及五則五下滅初坤臣弑君殺讀爲弑坤滅故弑不行也，干注震爲行爲剛躁是行強也互艮以止之故不敢遂行強也

六二噬膚滅鼻无咎虞翻曰噬食也艮爲膚爲鼻鼻沒坎水中隱藏不見故噬膚滅鼻乘剛又得正多譽故无咎

疏噬食也方言文二爻辭曰膚曰腊肉曰乾胏曰乾肉膚爲脅革肉也少牢饋食禮曰雍人倫膚九實於一鼎又曰膚九而俎亦橫載革順是也艮爲膚爲鼻九家說卦文艮體互於坎下是鼻滅水中之象坎爲

三七六

隱伏，故隱藏不見。二噬艮膚而艮滅坎中，故曰噬膚滅鼻。初陽，故乘剛。六居二得正，二又多譽，故无咎。愚案：初上皆在頤外，故不言噬。初言趾，上言耳，近取諸身，皆遠於頤者也。至二，則在頤中，故自二至五皆言噬。膚在皮外，柔而易噬，以喻六二柔中，治獄平易之象。但初九剛強，必須嚴厲，惟施以滅鼻之刑，乃无咎也。初體震爲足，故滅趾。滅趾者，刖刑也。二互艮爲鼻，故滅鼻。滅鼻者，劓刑也。

象曰：噬膚滅鼻，乘剛也。

侯果曰：居中履正，用刑者也。二互體艮，艮爲鼻，又爲黔喙，噬膚滅鼻之象也。乘則剛，噬必深，噬過其分，故滅鼻也。刑刻雖峻，得所疾也。雖則滅鼻而无咎矣。疏 二居中，六履正，得用刑之道者也。二互艮，鼻本九家說卦文。爲黔喙，本說卦傳文。互艮，故有噬膚滅鼻之象也。下乘初剛，所噬必深，噬過其分，故至滅鼻。用刑雖峻，疾所當疾，故云得所疾也。雖至滅鼻，亦无咎矣。

愚案：二乘初剛，施以滅鼻之刑，是柔能制剛者也，故无咎。

六三：噬腊肉，遇毒，小吝，无咎。

虞翻曰：三在膚裏，故稱肉。离日熯之爲腊，坎爲毒，故噬腊肉遇毒。毒謂矢毒也。失位承四，故小吝。與上易位，利用獄成豐，故无咎也。疏 四陽爲骨，二爲膚，三在膚裏，故稱肉。

說文腊乾肉也从殘肉日以晞之馬融云晞於陽而煬於火自腊肉故云肉日熯之爲腊肉坎爲害故爲毒周語單子曰厚味實腊毒腊腊籒文昔肉从稱昔味厚者爲毒又鄭語毒之酋腊者其殺也滋速故噬腊肉遇毒四曰得金矢三近四故毒謂矢毒也三不正爲失位四不正而三承之故小吝上來之三是易位也折四成豐利用刑獄故无咎也

象曰遇毒位不當也　荀爽曰昔肉謂四也三以不正噬取異家法當遇罪故曰遇毒爲艮所止所欲不得故小吝也所欲不得則免於罪故无咎矣【疏】三近四故腊肉謂四三位不正噬取異家謂噬四四也取非其有法當遇罪故曰遇毒毒亦四毒也互艮以止之故爲艮所止所欲之腊終不可得故小吝也然所欲不得則可免於罪故无咎矣

九四噬乾胏得金矢利艱貞吉象曰利艱貞吉未光也　陸績曰肉有骨謂之胏离爲乾肉又爲兵矢失位用刑物亦不服若噬有骨之乾胏也金矢者取其剛直也噬胏雖復艱難終得信其剛直雖獲正吉未爲光大也【疏】馬融云有骨謂之胏故云肉有骨謂之胏离爲乾卦陽爲骨而离乾

三七八

之故爲乾內離爲戈兵故爲兵矢四失位不正以此用刑物必不服故云若噬有骨之乾胏也秋官大司寇禁民訟入束矢禁民獄入鈞金故云金矢取其直不直者入束矢金能見情無情者入鈞金故云金矢者取其剛直王肅又云金矢所以獲野禽故食之得金矢也義亦可通噬乾胏艱難之象也以得金矢剛直之象也於艱難而得剛直可謂利艱矣然必變正然後吉也變正則離毀故未光也　愚案四有剛直之才能斷獄者也故爻言貞吉四爲上下之隔能亂羣者也故象言未光

六五噬乾肉得黃金貞厲无咎　虞翻曰陰稱肉位當離日中烈故乾肉也乾金黃故得黃金貞正厲危也變而得正故无咎　王弼曰乾肉堅也黃中也金剛也以陰處陽以柔承剛以噬於物物亦不服故曰噬乾肉也然處得尊位而居於中能行其戮者也履不正而能行其戮剛勝者也噬雖不服得中而勝故曰噬乾肉得黃金也已雖不正而刑戮得當故雖厲而无咎也

疏　虞注陽稱骨故陰稱肉五正離位故云位當離日中烈離爲乾卦故曰乾肉也卦自否來否乾爲金位居中其色黃故曰得黃金貞正者變而正也厲危也雖變

正亦危也然變而得正終无咎矣　王注离爲乾肉兩陽在外故堅也黄爲中色五爲中位故云黄中也五爲陽位陽爲剛故云金剛也六五以陰處陽以柔乘剛以此治人之罪人亦不服故如噬乾肉也以六處五得乎尊位柔乘剛而居於中既中而行剛是能行其戮者也履雖不正而能行其戮是以剛勝者也以不正噬物物雖不服然位得中而能以剛勝是噬乾肉而得黄金也　位雖不當而用刑得當故雖貞厲而无咎也

象曰貞厲无咎得當也

荀爽曰謂陰來正居是而厲陽也以陰厲陽正居其處而无咎者以從下升上不失其中所言得當

疏　謂初陰來五正居於是而危厲陽位也以陰厲陽正居其處宜有咎矣而无咎者以從下初上升於五雖不正而不失中故言當也　案五位不當而變之正則當也

上九何校滅耳凶

荀爽曰爲五所何故曰何校據五應三欲盡滅坎三體坎爲耳故曰滅耳凶上以不正侵欲无已奪取異家惡積而不可弇罪大而不可解故宜凶矣　鄭元曰离爲槁木坎爲耳木在耳上何校滅耳之象也

疏　荀注　何與荷同上據五爲五所荷故曰何校近據五下應三而已居其上是欲盡滅坎也三

互坎坎爲耳故曰滅耳凶上位不正侵下无已爭取異家謂應三據五也惡積而不可弇罪大而不可解繫下説此爻文也處罰之極惡積不改宜其凶也案繫下虞注此爻云陰息姤至遯子弑其父故惡積而不可弇陰息遯成否以臣弑君故罪大而不可解尋此卦初爻義取小懲大戒上爻義取惡積罪大者此本否上否終則傾宜下反於初成益則先否後喜今上不下反坤弑遂行五降於初以救之故初无咎而上凶也又案滅耳則刑也惡積罪大當服大辟之刑以三有正應故從末減而孚以滅耳之罰初二罪薄罰重以无正應也　鄭注　説卦曰离其於木也爲折上槀故爲槁木又爲校坎爲耳說卦文以木在耳上故有何校滅耳之象

象曰何校滅耳聰不明也既不正今欲滅之故曰聽不明也九家易曰當據离坎以爲聰明坎离爲目主視 疏 爲明坎爲耳主聽爲聰已居坎离之上當據二象以爲聰明坎既不正上欲滅之坎滅而离象亦毀故聽不明鄭氏云目不明耳不聽是也

序卦曰物不可以苟合而已故受之以賁賁者飾也崔憬曰言

物不可苟合於刑當須以天合者貴乎質父子兄弟是以文飾之故受之以賁疏也以人合者貴乎文君臣夫婦是也君之求臣有三徵九聘之禮夫之取婦有納采納吉之儀故物不可以苟合而必受以賁賁者文飾之謂也四言婚媾五言邱園其卽不可苟合之大者乎至於用刑不可苟合必當文飾之者如虞書五刑五用呂刑五刑之屬三千周禮秋官五刑糾萬民以及八辟五禁三刺三宥三赦之法其文最繁不可苟合於刑必輕重諸罰有權然後不至淫刑以逞也賁象曰君子以明庶政无敢折獄故受之以賁

䷕ 離下艮上

賁亨 虞翻曰泰上之乾二乾二之坤上柔來文剛陰陽交故亨也疏三陰三陽之卦自泰來坤上來之乾二乾二往之坤上离爲文自外曰來是上柔來文二剛而成賁也陰陽相交故通通故亨也　愚案鄭云賁變也文飾之貌也夫物相雜謂之文考工記畫繪之事雜五色青與赤謂之文离火赤互震木青艮山亦青之閒色是青與赤謂之文故曰賁也

小利有攸往 虞翻曰小謂五五失正動得位體离以剛文柔故小利有攸往鄭

元曰賁文飾也离爲日天文也艮爲石地文也天文在下地文在上天地二文相飾成賁者也猶人君以剛柔仁義之道飾成其德也剛柔雜仁義合然後嘉會禮通故亨也卦互體坎艮艮止於上坎險於下夾震在中故不利大行小有所之則可矣

疏 虞注 陰爲小謂五五陰失正動而得位互又成离 是伏剛出而文柔也陰動剛出故小利有攸往也 鄭注 序卦曰賁飾故云文飾离爲日艮爲小石說卦文日爲天文石爲地文泰乾在下离亦在下故云天文在下坤在上艮亦在上故云地文在上天地二文交相飾而成賁猶人君以剛柔交濟仁義並行然後能飾成其德也剛柔雜則陰陽通仁元也義利也合者會也仁義合則嘉會之禮通於其間故亨也卦體艮互有坎艮止在上坎險又互艮以止於下三互震以夾於其中震爲大塗爲行艮以止之故不利大行艮爲小故小有所之則可矣

彖曰賁亨柔來而文剛故亨分剛上而文柔故小利有攸往

荀爽曰此本泰卦謂陰從上來居乾之中文飾剛道交於中和故亨也分乾之二居坤之上上飾柔道兼據二

陰故小利有攸往矣

【疏】卦自泰來故云此本泰卦陰從上來居乾之中是以上六之柔來文九二之剛文雖柔而質剛又得中得正交於中和故亨也分乾之二居坤之上是以九二之剛上文上六之柔文雖剛而質柔又非中正宜无利然兼據五四二陰陰爲小故小利有攸往矣

天文也

虞翻曰謂五利變之正成巽體離艮爲星離日坎月巽爲高五天位離爲文明日月星辰高麗於上故稱天之文也

【疏】五失位故利變之正兼有巽離故成巽體離艮成終始主四時斗建四時故艮主斗斗星也故艮爲星又僖十六年左傳隕石于宋五隕星也艮爲石故爲星互離坎故離日坎月巽爲高說卦文五位天德故爲天位下經云文明以止故離爲文明中庸曰日月星辰繫焉故云日月星辰高麗於天在天成象故稱天之文也

文明以止人文也

虞翻曰人謂三乾爲人文明離止艮也震動離明五變據四二五分則止文三故以三爲人文也

【疏】三於三才爲人道爲人位故人謂三泰有乾人得陽以生故乾爲人坤爲文離日爲明離之中爻坤二也故文明謂離也艮止也故止謂艮也互體震爲動故震動離明五既變陽據四成離上下兩離交集於三三應上艮止二五分三之文則皆止於三故以三爲人文

也。愚案：堯典「欽明文思安安」，鄭《注》：文明以止之義也。

觀乎天文以察時變，虞翻曰：日月星辰爲天文也。泰震春，兑秋，賁坎冬，離夏，巽爲進退，日月星辰進退盈縮，謂朓側朒也。厤象在天成變，故以察時變矣。【疏】離爲日，故爲觀。日月星辰爲天文，釋已見前。時，四時也。泰互震兑，震左爲春，兑右爲秋；賁離互坎，坎北爲冬，離南爲夏。五變巽，故爲進退。日月星辰進退盈縮者，漢書天文志：陽用事則進，陰用事則退；早出爲盈，晚出爲縮也。謂朓側朒也者，說文曰：晦而月見西方謂之朓，朔而月見東方謂之縮肭。尚書大傳謂之側匿。側匿，朒也。朓朏，召誥傳：月三日明生之名也。日月星辰有遲有疾，所謂時變也。厤，數也；象，法也。考工記曰：天時變，故厤象在天成變，所以察時變也。

觀乎人文以化成天下。虞翻曰：泰乾爲人，五上動，體既濟。賁離象重明麗正，故五以上化成天下也。干寶曰：四時之變，縣乎日月；聖人之化，成乎文章。觀日月而要其會通，觀文明而化成天下。【疏】虞注：泰內乾，故泰乾爲人。五上皆不正，動則成既濟。賁三有兩離象，離彖傳曰：重明以麗乎正，乃化成天下。三互兩離爲重明，體既濟爲麗正。坤上來化乾，二坤化成物。乾爲天，坤爲下，故觀乎人文以化成天下。干注：繫下曰：日月相推則明生寒暑相推則歲成故云四時之變縣乎日月論語曰巍巍乎其有成功也煥乎其有文章故云聖人之化成乎文章觀日月而要其會通即堯典所謂朞三百有六旬有六日以閏月定四時成歲是也觀人文而化成天下即堯典所謂欽明文思光被四表格于上下是也

象曰山下有火賁

王廙曰山下有火文相照也夫山之爲體層峯峻嶺峭嶮參差直置其形已如彫飾復加火照彌見文章賁之象也

疏 此以山之峭嶮爲彫飾火之照耀爲文章故取象於賁愚謂山火象賁者惡其文之著也火在內而无物以揜之則的然日亡火在中而有山以止之則闇然日章賁象山下有火者即衣錦絅衣之謂也故雜卦傳曰賁无色也

君子以明庶政无敢折獄

虞翻曰君子謂乾離爲明坤爲庶政故明庶政坎爲獄三在獄得正故无敢折獄噬嗑四不正故利用獄也

疏 君子謂乾者泰乾也即九三也離日故爲明坤爲衆故爲庶又爲事業故爲政坤上來二成離故以明庶政坎爲獄說見噬嗑三體坎屯故在獄九居三爲得正故无敢來折三獄也噬嗑四位不正故上來居三成豐折四利用獄也詳具噬嗑

愚案動无不

明雷電之象也故噬嗑利用獄明而忽止山火之象也故賁无敢折獄

初九賁其趾虞翻曰應在震震爲足故賁其趾也【疏】陽爲質陰爲文賁之義以柔飾剛賁初應四四互震爲足四柔來文初剛故曰賁其趾**舍車而徒**虞翻曰應在艮艮爲舍坎爲車徒步行也位在下故舍車而徒【疏】又應在艮艮爲舍者舍置也手止故爲舍坎於與爲多眚故爲車徒步行說文文震與初同體故初受震賁自用其足坎與上異體故舍坎車而徒行也古者大夫乘車初爲元士故位在下舍車而徒是素其位而行不願乎其外者也

象曰舍車而徒義弗乘也崔憬曰剛柔相交以成飾義者也今近四棄於二比故曰舍車車士大夫所乘謂二也四乘於剛艮止其應初全其義故曰而徒徒塵賤之事也自飾其行故曰賁其趾趾謂初也　王肅曰在下故稱趾既舍其車又飾其趾是徒步也【疏】崔注　剛柔相交以成文飾之義今近四謂應四也初比二應四則棄於二比二坎爲車故曰舍車車士大夫所乘二坎是也四乘於陽謂三也艮止其應謂初也乘剛故不應初初守其義而不求四故曰而徒徒步而行者塵賤之事也既不與二比又不與四應

是自飾其行而賁其趾者也趾謂初者爻位初爲趾如王注所云在下稱趾是也　王注近取諸身故在下稱趾既舍其車又飾其趾故有徒步之象　案禮唯大夫不徒行初爲士故義弗乘尚書大傳古之命民能敬長憐孤取舍好讓舉事力者命於其君得命然後得乘飾車駢馬士未有命不得乘乘有罰若然則命士亦得乘之今士未有命故云義弗乘也

六二賁其須象曰賁其須與上興也

侯果曰自三至上有頤之象也二在頤下須之象也二无其應三亦无應若能上承於三與之同德雖俱无應可相與而興起也

【疏】自三至上體有頤象頤下其象爲須須者陰血所生而體柔六爲柔爻二爲陰位又居頤下故稱須上附於剛剛柔相賁故賁其須二三俱无正應但能同德則二與三並興五上易位皆得其應矣須不動必待頤而動故曰與上興也　案坎乾合而爲需二居互坎之下變成乾有需象焉需者須也故曰賁其須須待也初與四相應而賁二與五无應待五之正二則賁之歸妹六三歸妹以須虞彼注云須需也彼待四此待五也上謂五互震起爲興故曰與上興也

九三賁如濡如永貞吉象曰永貞之吉終莫之陵也

盧氏曰有离之文以自飾故曰賁如也有坎之水以自潤故曰濡如也體剛履正故永貞吉與二同德故終莫之陵也

疏 內體离故有离之文以自飾爲賁如互體坎故有坎之水以自潤爲濡如詩小雅六轡如濡亦言其光美而有沃澤也九陽爲體剛三陽爲履正體剛故永履正故貞永貞故吉三與二皆得位故云同德而皆无正應二乘初四乘三嫌有陵之者但能長守其正五上易位終獲其應上爲終故云終莫之陵也

六四賁如皤如白馬翰如匪寇婚媾

王弼曰有應在初而三爲寇難二志相感不獲交通欲靜則失初之應欲進則懼三之難故或飾或素內懷疑懼鮮絜其馬翰如以待雖履正位未果其志匪緣寇隔乃爲婚媾則終无尤也

陸績曰震爲馬爲白故曰白馬翰如

案皤亦白素之貌也

疏 王注四與初應故有應在初四乘三剛故閡於三爲已寇四與初雖二志相感以有所閡而不獲通亨體艮爲止故欲以靜待之則疑初之應已而不欲靜也互兩震爲動故欲進而以應之則懼三之難已而不欲進也進退兩難故或飾而賁如或素

而皤如內懷疑懼而无定也但鮮絜其馬翰如以待所履雖正未敢果志遽進也以三剛難犯故未與初應惟不以初為寇而乃婚媾焉終无尤也 陸注說卦震於馬為馵足為的顙故為馬釋獸左白馵又膝上皆白為馵虞注的顙云的白顙額也詩云有馬白顛是也是震為白也白馬翰如蓋取諸震也檀弓曰殷人尚白戎事乘翰鄭彼注云翰白色馬也是翰如亦言其白也 案說文皤老人白也故云皤亦白素之貌也變巽為白故為皤如 愚案三為离之極四為艮之始离主明而艮主止者也三曰賁如濡如溺於文矣四曰賁如皤如反於質矣六爻之中唯初與四為正應四既反質初不尚文故亦白馬翰如而來也何以知乘馬為初也鄭箴膏肓云天子以至大夫皆有留車反馬之禮是乘馬者陽也初白馬翰如將以陽求陰而為婚媾也乃四乘三陽闚乎其閒互坎為盜疑為寇矣然乘馬而來者匪三之寇實初婚媾也故曰匪寇婚媾

象曰六四當位疑也

案坎為盜故疑當位乘三悖禮難飾應初遠陽故曰當位疑也

[疏]坎為盜說卦文又坎心為疑故疑以六居四故曰當位下乘三剛悖禮之人難於文飾舍三不飾而應初九之遠陽故曰當位疑也疑者疑四為寇不可賁也

匪寇婚媾

終无尤也崔憬曰以其守正待應故終无尤也【疏】四當位而待應初陽故无尤尤過也四本坤坤代終故曰終无尤也

六五賁于丘園束帛戔戔吝終吉虞翻曰艮為山五半山故稱丘木果曰園故賁于丘園也六五失正動之成巽巽為帛為繩艮手持故束帛以艮斷巽故戔戔失位无應故吝變而得正故終吉矣【疏】艮為山說卦文五在山半故稱丘揚子云丘陵學山而不至於山故山半為丘也艮為木果天官園圃毓草木故云木果為園賁于丘園者言五陰賁於艮也以六居五其位失正動而成陽其體為巽帛从巾从白巽為白故為帛為繩直故為繩艮為手以持之故為束帛戔戔子夏傳作殘殘說文戔為賊也廣韻傷也通作殘以艮手斷巽帛故稱戔戔戔即翦裁分裂製為衣服之意也五失位无正應故吝變正應二故終吉矣　愚案五下應二賁于者賁二也二互體坎坎為隱伏隱士之象也二自坤上來坤為土說文丘土之高也正韻四方高中央下曰丘二以一陰居兩陽之閒亦外高中下之象九家說卦曰坎為叢棘園有樹木丘園之象也五本坤體九家說卦曰坤為帛子夏傳曰

五匹爲束三玄二纁象陰陽位在五故爲五匹餘五爻三陽以象三玄二陰以象二纁故曰束帛與薛綜解此爻云古者招士必以束帛加璧於上是也戔以字義考之從水爲淺從貝爲賤從金爲錢皆狹小之意賁外三爻皆尚質不尚交故雜卦傳曰賁无色也王弼謂戔戔爲過儉是也坤爲吝嗇故吝然求賢之意重物不重儀故終吉也

象曰六五之吉有喜也荀爽曰艮山震林失其正位在山林之閒賁飾丘陵以爲園圃隱士之象也五爲王位體中履和勤賢之主尊道之君也故曰賁于丘園束帛戔戔君臣失正故吝能以中和飾上成功故終吉而有喜也　虞翻曰五變之陽故有喜凡言喜慶皆陽爻束帛戔戔委積之貌　案六五离爻离爲中女午爲蠶絲束帛之象

疏荀注　艮爲山震爲蒼筤竹爲萑葦故爲林失其正位是无位之士也士居山林之閒賁飾丘陵以爲園圃隱士之象也五爲天子故爲王位以六居五故爲體中履和惟能勤賢尊道故賁于丘園束帛戔戔但君臣失正所以吝也卒能以中和之德飾上位而成五功所以終吉而有喜也　虞注　陽主喜陰主憂五變之陽所以有喜凡言喜慶皆陽爻否則變而成陽也束帛委積之貌義本馬君薛虞云戔戔禮之多也委積蓋言多也

案六五离之中爻，故爲离。爻再索而得女，故爲中女。爲蠶絲者，离在午方也。夏官馬質禁原蠶者，蓋馬於辰屬午，蠶亦屬午，蠶與馬同氣，禁再蠶爲傷馬也。故知午爲蠶，蠶絲也。以中女而治蠶絲，故有束帛之象。

上九，白賁，无咎。虞翻曰：在巽上，故曰白賁。乘五陰，變而得位，故无咎矣。

【疏】五變，故在巽上。巽爲白，故曰白賁。下乘五陰，交相變而得位，成既濟定，故无咎矣。愚案：考工記曰：畫繪之事後素功。鄭彼注云：素者，白采也。功者，工也。後工者，謂後布之，恐其漬汙也。賁終於白，即采後素功之謂也。在賁家而能以素終始，終不溺於文者也，故无咎。不引論語繪事後素者，論語即禮器白受采之意，與考工記不同。據考工以釋論語者，誤也。又案：禮曰：三年之喪，人道之至文者也。又曰：伯母、叔母疏衰，踊不絕地；姑姊妹之大功，踊絕於地。知此者，由文矣哉！由文矣哉！此亦白賁之義也。

象曰：白賁无咎，上得志也。干寶曰：白，素也。延山林之人，采素士之言，以飾其政，故上得志也。虞翻曰：上之正，得位，體成既濟，故曰得志。坎爲志也。

【疏】干注：說文：素，白繳繪也，故云白素也。延山林之人，采素士之言，謂六五也。上乘五，五得賢以飾其政，故上得志也。虞注：上五易位，則各得其正，成既濟定其志得行故曰得志五上變體坎故坎爲志愚案家語好生孔子嘗自筮其卦得賁焉愀然有不平之狀子張進曰師聞卜者得賁卦吉也而夫子之色有不平何也子曰以其离邪在周易山下有火謂之賁非正色之卦也夫質也黑白宜焉今得賁非吾兆也吾聞丹漆不文白玉不琱何也質有餘不受飾故也又吕氏春秋孔子卜得賁曰不吉子貢曰夫賁亦好矣何謂不吉乎孔子曰夫白而白黑而黑夫賁又何好乎蓋賁觀人文以化成天下故子張子貢以爲吉小利有攸往故孔子以爲不吉然孔子雖不賁於當時而删詩書訂禮樂則賁於萬世嘗曰文王既没文不在茲乎筮而得賁其爲賁也大矣

序卦曰致飾然後通則盡矣故受之以剝剝者剝也崔憬曰以文致飾則上下情通故曰致飾然後通也文者致理極而无救則盡矣盡猶剝也

疏　序卦傳致飾而後亨此作然後通當有誤致其文飾則嘉會合禮上下情通故云致飾然後通也然儀文盛而實意衰則文滅其質而有所不通故云文者致理極而无救則盡矣物之文者久而必剝故賁受以剝剝則陽盡故云盡猶剝也

䷖ 坤下艮上

剝不利有攸往 虞翻曰陰消乾也與夬旁通以柔變剛小人道長子弒其父臣弒其君故不利有攸往也

【疏】剝本乾也陰消乾至五成剝故云陰消乾也自夬剛長卽伏剝消剝又伏夬故與夬旁通以柔變剛本象傳謂陰消陽也小人道長否象傳文謂陰長至五也子弒其父臣弒其君坤文言文陰消至遯艮子弒乾父陰消至否坤臣弒乾君小人道長故不利有攸往剝曰不利有攸往懼陽盡也復象卽曰利有攸往喜陽生也

彖曰剝剝也 盧氏曰此本乾卦羣陰剝陽故名爲剝也

【疏】此本乾消卦也羣陰剝陽自初至五陰盛至極一陽將盡故名爲剝

柔變剛也 荀爽曰謂陰外變五五者至尊爲陰所變故曰剝也

【疏】陰消外卦變五爲剝故云陰外變五五爲天子故爲至尊喪服傳曰君至尊是也五爲陰所變乾鑿度曰剝之六五言盛殺萬物皆剝墮落故云剝也雜卦傳曰剝爛也虞彼注云陽得陰孰故爛也卽柔變剛之義也

不利有攸往小人長也 鄭元曰陰氣侵陽上至於五萬物霝落故謂之剝也五陰一陽小人極盛君子不可有所之故

不利有攸往也。【疏】陰氣消陽，至五成剝，九月之時，萬物霜落，故謂之剝。五陰一陽，是陰氣極盛之時，君子不可有所之，故不利有攸往。所以然者，以小人長也。陰消成剝，由否而極，故與否同辭。彼因君子，故類言道；此止小人，故僅言長也。

順而止之，觀象也。

虞翻曰：坤順艮止，謂五消觀成剝，故觀象也。【疏】坤，順也；艮，止也。故曰順而止之。陰消觀五成剝。剝雖消五，上陽猶存，猶有觀示羣陰之象，故曰觀象也。

君子尚消息，盈虛，天行也。

虞翻曰：乾爲君子。乾息爲盈，坤消爲虛，故君子尚消息，盈虛，天行也。則出入有疾，反復其道。易虧巽消艮，出震息兌，盈乾虛坤，故於是見之耳。【疏】乾爲君子者，謂乾陽也。陽息陰消。消息者，乾坤也。先儒據易曰：伏羲作十言之教，曰乾坤震巽坎离艮兌消息。易緯曰：聖人因消息起，陰陽立，乾坤以統天地也。是消息與八卦並興。史記厤書謂黃帝起消息，義或然也。消息十二卦，成於乾坤十二畫。復臨泰大壯夬乾，皆自乾息而成也，故云乾息爲盈。姤遯否觀剝坤，皆自坤消而成也，故云坤消爲虛。陰生於陽，消息皆乾道，而實始於震。乾爲天，震爲行，故曰君子尚消息，盈虛，天行也。震初體復，出入乾坤，而十二卦以成，故引復彖傳出入无疾、反復其道以明之，義詳虞

氏彼注易斷巽者姤也消艮者剝也出震者復也息兌者夬也乾盈於甲故稱乾盈陽實陰虛故稱坤虛日月爲易剝復易之大關故於是言之耳

象曰山附于地剝陸績曰艮爲山坤爲地山附於地謂高附於卑貴附於賤君不能制臣也【疏】艮爲山坤爲地說卦文山附於地謂高附於卑猶貴附於賤有君不能制臣之勢君不能制臣陰盛陽衰則臣將剝君矣故曰剝　愚案地載山者也然山附于地有時而崩如春秋僖十四年沙鹿崩穀梁傳曰高曰崩厚曰崩山崩由地崩也京房易傳云小人剝廬厥妖山崩謂上九也崩者剝象也故山附于地曰剝

上以厚下安宅盧氏曰上君也宅居也山高絶於地今附地者明被剝矣屬地時也君當厚錫於下賢當卑降於愚然後得安其居【疏】上君也謂上九也以非君位故曰上宅居也釋言文山高地卑故山高絶於地今附地者明被陰氣所剝故曰屬地時也在上者觀其象知安上必由於厚下故人君當厚錫於下賢者當卑降於愚然後得安其居　愚案坤厚載物故爲厚地道卑故曰下地道靜故曰安艮爲門闕故爲宅上觀山崩由於地崩則當法坤以厚下然後得

安其宅宅言安者以艮互坤也

初六剝牀以足蔑貞凶

虞翻曰此坤卦變乾也動初成巽巽木為牀復震在下為足故剝牀以足蔑无貞正也失位无應故蔑貞凶震在陰下象曰以滅下也

【疏】卦本坤變乾也乾初動成巽說文牀从木爿聲巽為木故為牀巽下伏震震為足故曰剝牀以足剝窮則復故初巽則伏震丁則不言伏先也詩大雅喪亂蔑資毛傳蔑無也故蔑訓无貞正也師彖傳文初陰六位又无正應无貞故凶也震伏巽下故象言滅下

象曰剝牀以足以滅下也

盧氏曰蔑滅也坤所以載物牀所以安人在下故稱足先從下剝漸及於上則君政崩滅故曰以滅下也

【疏】蔑滅同音且同物內卦坤坤厚載物故云坤所以載物說文牀安身之坐也故云牀所以安人也初在下故稱足近取諸身也二為牀三為膚參同契曰剝爛股體消滅其形是也坤初六文言曰其所由來者漸矣故曰先從下剝漸及於上消至五則君政崩剝然其先實從下始故曰以滅下也乾初九象曰陽在下也今為坤陰所滅故曰滅下

六二剝牀以辨蔑貞凶虞翻曰指閒稱辨剝剝二成艮艮爲指二在指閒故剝牀以辨无應在剝故蔑貞凶也【疏】辨本作釆說文釆辨別也象獸指爪分別也讀若辨辨亦別也故云指閒稱辨剝消至乾二成艮艮爲指說卦文二體艮在指閒故曰剝牀以辨二位得正以陰消至五成剝上无正應故蔑貞凶也

象曰剝牀以辨未有與也鄭元曰足上稱辨謂近膝之下詘則相近信則相遠故謂之辨辨分也崔憬曰今以牀言之則辨當在第足之閒是牀梐也未有與者言至三則應故二未有與也【疏】鄭注足上稱辨者近取諸身也二在足上故爲辨近膝之下脛腓是也前爲脛後爲腓詘則親信則遠是腓也詘信有辨故謂之辨以辨訓分也崔注揚子方言牀陳楚之閒謂之第故云第足牀梐无攷當亦方言梐之爲物始如堂之有陛也與應也三與上雖不得位猶爲不義之應五蔑貞二无正應故曰未有與也案爾雅既曰蓐謂之茲竿謂之箷簀謂之第卽繼之曰革中絕謂之辨革中辨謂之韏辨連蓐簀言之則辨亦卧具明矣然其制不可攷也

六三剝无咎象曰剝之无咎失上下也荀爽曰衆皆剝陽三獨應上无剝害

意。是以无咎。象曰失上下也。

【疏】卦有五陰。消乾成剝。故云眾皆剝陽。三雖不正。獨與上應。陽陰相得。故无剝害上九之意。是以无咎也。上謂四。下謂初、二。眾陰皆欲剝陽。巳獨應上。剝之所以无咎者。以違上下故也。當剝之甚。以扶陽為貴。三含眾陰。以應上九。故无咎。五率眾陰以承上九。故无不利。初、二、四專以陰剝陽。故皆曰剝牀凶。三與五同功。皆有扶陽之意。故知上謂四。下謂初、二也。

六四剝牀以膚凶

虞翻曰。辨上稱膚。艮為膚。以陰變陽。至四乾毀。故剝牀以膚。臣弒君。子弒父。故凶矣。　王肅曰。在下而安人者牀也。在上而處牀者人也。坤以象牀。艮以象人。牀剝盡以及人身。為敗滋深。害莫甚焉。故曰剝牀以膚凶也。

【疏】虞注　四在上體。故云辨上稱膚。坤消乾至四體巽為牀。體艮為膚者。陰在內稱肉。陽在外象膚。艮以一陽覆二陰。故為膚也。以陰消陽至四則上體之乾毀。故剝牀以膚。乾毀則臣弒君子弒父。故凶矣。否至三弒父弒君。剝至四乃成弒者。否治未然。剝道巳著。乾不毀。猶未為切近。忠厚之至也。　王注　在下謂內卦。下承上。故安人之身者為牀。在上為外卦。上乘下。故處牀之上者為人。內為坤。坤方藏物。故象牀。外為艮。艮三索

少男故象人剝足剝辨牀盡則及人身乾毀爲敗及四則爲敗滋深坤陰爲害重坤故害莫甚焉剝牀不已遂及人膚故曰剝牀以膚凶也

象曰剝牀以膚切近災也

崔憬曰牀之膚謂薦席若獸之有皮毛也牀以剝盡次及其膚剝以大臣之象言近身與君也

疏 玉篇席牀席也增韻藁秸曰薦莞蒲曰席薦席所以覆牀故云牀之膚謂薦席薦席在牀外故云若獸之有皮毛也牀盡及膚災及於近四爲三公故云剝於大臣之象身在席上故言近身五爲天子故言近君變坎爲災繫下曰四多懼近也韓注云四近於君故多懼也近五故曰切近災也

六五貫魚以宮人寵无不利

虞翻曰剝消觀五巽爲魚爲繩艮手持繩貫巽故貫魚也艮爲宮室人謂乾五以陰代陽五貫乾爲寵人陰得麗之故以宮人寵動得正成觀故无不利也　何妥曰夫剝之爲卦下比五陰騈頭相次似貫魚也魚爲陰物以喻衆陰也夫宮人者后夫人嬪妾各有次序不相瀆亂此則貴賤有章寵御有序六五旣爲衆陰之主能有貫魚之次第故得无不利矣

疏 虞注　剝之爲卦消觀五而成觀五

體巽。巽爲魚者。震陽爲龍。巽陰爲蛇爲魚。郭璞洞林曰。魚若震之廢氣也。蓋巽王則震廢也。又說卦巽爲多白眼。魚目不聽。故巽爲魚。巽爲繩直。故爲繩。消巽成艮。故艮手持繩貫。巽爲貫魚也。艮爲門闕。故爲宮室。未消則五爲乾。乾陽生爲人。故人謂乾五。不稱后者。剝統於上。五不得正。尊位坤廬。无君以承上也。艮爲門闕。爲闇寺。羣陰在門闕之內。闇寺守之。故有宮人之象。以柔變剛。故云以陰代陽。陰至五位。故云五貫乾爲寵人。上承於陽。眾陰得而麗之。故以宮人寵。乾鑿度曰。陰貫魚而欲承。君子是也。五失位動得正成觀。故无不利也。　何注　剝以一陽下比五陰。駢頭相次。貫魚之象。五爻皆陰。故云魚爲陰物。以喻眾陰也。五爲王后之位。宮人之長也。四爲夫人。三爲九嬪。二爲世婦。初爲御妾。故云后夫人嬪妾。各有次序。不相瀆亂也。五貴而下賤。故貴賤有章。由上及下。故寵御有序。五統眾陰上承一陽。已有中和之德。而又使羣陰貫魚以進。不至有逼上之嫌。故无不利也。

象曰。以宮人寵。終无尤也。

崔憬曰。魚與宮人皆陰類。以比小人焉。魚大小一貫。若后夫人嬪婦御女。小大雖殊。寵御則一。故終无尤也。

【疏】小人陰也。魚與宮人皆陰類。故取其象以況小人焉。魚之大小一貫而進。若后與夫人嬪婦御

如雖有小大之殊進御則一羣陰相次五不專寵故終无尤也

上九碩果不食君子德車小人剝廬

虞翻曰艮爲碩果謂三已復位有頤象頤中无物故不食也夫乾爲君子爲德坤爲車爲民乾在坤故以德爲車小人謂坤艮爲廬上變滅艮坤陰迷亂故小人剝廬也

【疏】碩與石同艮爲石爲果蓏故爲碩果與三應上不變而三復正位有頤象焉頤中无物故不食且全體象頤而下无震故不食也白虎通曰陽道不絶陰道有絶十月純坤謂之陽月陽道不絶之義也乾爲木果謂上九也艮得乾體艮之碩果亦指上也剝之上卽復之初窮上反下上之碩果卽下之萌芽艮爲萬物所成終而成始者此也乾鑿度曰剝當九月之時陽氣衰消而陰不能盡小人不能決君子此碩果所以不食也乾夬謂旁通也上應在三乾爲君子謂乾三也乾日新故爲德坤爲大輿故爲車禮運曰天子以德爲車乾在坤上乾德坤車故云德車坤消乾小人道長故小人謂坤艮爲門闕故爲廬上變滅艮則成純坤坤瞑爲迷坤弒爲亂是小人剝廬之象也坤爲車重坤五陰上載一陽陽爲君子故有君子德車之象艮爲廬下乘重坤一陽下覆五陰陰爲小人小人滅陽

不滅不也。故有小人剝廬之象。**象曰：君子德車，民所載也；小人剝廬，終不可用也。**侯果曰：艮爲果，爲廬。坤爲輿。處剝之上，有剛直之德。羣小人不能傷害也。故果至碩大，不被剝食矣。君子居此，萬姓賴安。若得乘其車輿也。小人處之，則庶方无控，被剝其廬舍。故曰「剝廬，終不可用」矣。【疏】艮果蓏爲艮。門闕爲廬。坤大輿爲車。陽處剝上，有剛直之德。羣陰不能傷害。故果至碩大，不被剝食。君子居此，則下承覆蔭。若得車輿之安。德車亦作得車，故云「得」。坤爲民，爲載，故曰「民所載也」。小人處之，則災及庶方，无所控告。不剝其廬舍不已。艮爲終，坤爲用，故曰「終不可用也」。

周易集解纂疏卷十

同邑李光勳建侯校

周易集解篹疏卷十一

唐李鼎祚集解　　　安陸李道平遵王篹疏

序卦曰物不可以終盡剝窮上反下故受之以復也崔憬曰夫易窮則有變物極則反於初故剝之爲道不可終盡而受之於復也疏繫下曰易窮則變變則通通則久故云易窮則有變秦策曰物至而反冬夏是也故云物極則反於初剝之碩果仁在其中核芽相生微陽遞嬗故云剝之爲道不可終盡剝窮於上即復反於初蓋剝之陽不食則復之陽不遠故剝受以復也

䷗ 震下坤上

復亨何妥曰復者歸本之名羣陰剝陽至於幾盡一陽來下故稱反復陽氣復反而得交通故云復亨也疏上爲末初爲本陽盡於上復歸於初故云復者歸本之名羣陰剝陽至於幾盡者剝之上不食者也一陽來下故稱

反復者復初之不違者也乾陽復反於坤初陰陽交通故曰復亨也**出入无疾朋來无咎**虞翻曰謂出震成乾入巽成坤坎爲疾十二消息不見坎象故出入无疾兌爲朋在内稱來五陰從初初陽正息而成兌故朋來无咎矣

疏陽出復歷臨至泰反觀成剝入坤爲乾之消息六卦故云出震成乾陰入姤歷遯至否及大壯成夬盈乾爲坤之消息六卦故云入巽成坤凡得乾坤之卦各八震巽艮兌之卦各二不見坎離蓋日月成八卦之象乾坤合東納甲乙震巽合西納庚辛艮兌合南納丙丁坎離入中宮納戊己其處空虛離爲日光震巽艮兌皆可見離象坎爲月精晦朔之交滅於坤乙不可見故云十二消息不見坎象說卦坎爲心病故爲疾不見坎象故曰出入无疾兌象曰君子以朋友講習故兌爲朋卦剛凡在内者稱來五陰皆從於初初陽得正息二成兌爲臨息三互兌爲泰息四互兌爲大壯息五互兌爲夬皆體兌爲朋故曰朋來无咎矣　案京房本朋作崩剝上易傳曰小人剝廬厥妖山崩復曰崩來无咎艮山爲崩艮之一陽來於復初故无咎義亦可通**反復其道七日來復**案易軌一歲十二月三百六十五日四分日之一以坎震離兌四方正卦卦別六爻爻主一氣其餘六十卦三

百六十爻爻主一日當周天之數餘五日四分日之一以通閏餘者也剝卦陽氣盡於九月之終至十月末純坤用事坤卦將盡則復陽來隔坤之一卦六爻爲六日復來成震一陽爻生爲七日故言反復其道七日來復是其義也天道玄邈理絶希慕先儒已論雖各指於日月後學尋討猶未測其端倪今舉約文略陳梗概以候來哲如積薪者也

【疏】此主鄭氏由剝至復六日七分而小變其說也稽覽圖曰甲子卦氣起中孚鄭彼注云卦氣陽氣也又曰六日八十分之七注云六以候也八十分爲一日之七者一卦六日七分也稽覽圖引是類謀曰冬至日在坎春分日在震夏至日在离秋分日在兌四正之卦卦有六爻爻主一氣餘六十卦卦主六日七分八十分日之七歲有十二月三百六十五日四分日之一六十而一周今是類謀無此文蓋逸脫也尋易緯之義坎离震兌各主一方爻主一氣二十四爻主二十四氣其餘六十卦卦有六爻爻主一日凡主三百六十日餘有五日四分日之一者以八十分爲日法五日分爲四百四分四分日之一又爲二十分是四百二十分六十卦分之六七四十二卦別各得七分是每卦六日七分也鄭注此經云建戌之月以陽氣既盡建亥之月純陰用事至建子之月陽氣始生隔此純陰一

卦。卦主六日七分，舉其成數言之，而云七日來復也。愚案稽覽圖所稱，蓋言中孚至復六日七分。鄭注此經，則言由剝至復六日七分。李君之注，從鄭氏剝復之說也。易執者，易策也。李君但言日主一爻，故以三百六十日當三百六十爻，而以餘五日四分日之一以通閏餘。其言以爻值日之法，本於稽覽，而不言中孚。其言由剝至復之義，本於鄭注，而不言六日七分。詳陳古法，以著源流，而李注云云大旨瞭如矣。悊，古文哲。辠陶謨「知人則哲」，漢書引作悊，是也。漢書循吏傳武帝用人辟如積薪，後來者居上。茲云「以候來悊，如積薪」者，蓋謙辭也。

利有攸往　虞翻曰：陽息臨成乾，君子道長，故利有攸往矣。**疏**　陽息二為臨，至三成乾為泰。「小人道消，君子道長」，泰彖傳文。陰消陽長，往則成乾，故利有攸往矣。

彖曰：復亨　虞翻曰：陽息坤，與姤旁通。剛反交初，故亨。**疏**　復自坤來，坤牝陽，故云陽息坤。巽伏震下，故與姤旁通。剝上之剛反交於坤初，乾坤氣通，故亨。

剛反動而以順行　虞翻曰：剛從艮入坤，從反震，故曰反動也。坤順震行，故而以順行。陽不從上來反初，故不言剛自外來。是以明不遠之復，入坤出震義也。**疏**　剛謂剝上九也上九體艮消艮入坤滅出復震故從反震艮震之反也震動也故曰反動坤爲順震爲行故曰而以順行彖傳多言適變如否泰往來都在本卦故言來往此卦陽從剝來出入純坤然後成復故云陽不從上來反初故不言剛自外來從外來艮在上爻則違從坤出震在初爻則不違故云明不違之復入坤出震之義也此不從適變例而以消息言也

是以出入无疾朋來无咎

侯果曰陽上出君子道長也陰下入小人道消也動而以行故出入无疾朋來无咎矣

疏 陽在初有上出之勢故君子道長也陽上出則陰下入故小人道消也震動而以順行故出入无疾朋來无咎矣 愚案此解未應經義出入謂入坤出震也非陽出陰入之謂

反復其道七日來復天行也

虞翻曰謂乾成坤反出於震而來復陽爲道故復其道剛爲晝日消乾六爻爲六日剛來反初故七日來復天行也 侯果曰五月天行至午陽復而陰升也十一月天行至子陰復而陽升也天地運往陰陽升復凡歷七月故曰七日來復此天之運行也豳詩曰一之日觱發二之日栗烈一之日周之正月也二之日周之二月也則古人呼月爲日明矣

疏 虞注 剝消乾成坤故謂乾成坤滅藏於坤從

下反出體震成復故云反出於震而來復乾元為道故陽為道陽初出復故復其道繫上曰剛柔者晝夜之道也故剛為晝虞君易例日數竝以爻數辭之剝消乾成坤故云消乾六爻為六日剛從剝來反於[illegible]初故云剛來反初以乾六爻至復初凡七爻故曰七日來復入坤出震皆乾之一陽乾為天震為行故曰天行也[illegible]侯往[illegible]五月天行至午為姤姤五陽而一陰故云陽復而陰升也十一月天行至子為復復五陰而一陽故云陰復而陽升也天地運往陰陽升復循環不已陽生於子消於午天之大數也故凡歷七月月亦稱日故曰七日來復消息十一卦皆有陽爻坤无陽而乾伏其下故云七日此天之運行也陰稱月陽稱日詩豳風七月曰一之日觱發二之日粟烈又曰三之日于耜四之日舉趾毛傳云一之日周正月也二之日殷正月也三之日夏正月也四之日周四月也此皆陽息之月故謂之日此古人呼月為日之義也

利有攸往剛長也

荀爽曰利往居五剛道浸長也

疏 利往居五謂陽息至五得位得中君子道長故云剛道浸長也

復其見天地之心乎

虞翻曰坤為復謂三復位時离為見坎為心陽息臨成泰乾天坤地故見天地之心也

荀爽曰復者冬至之卦陽起初九為天地

心萬物所始吉凶之先故曰見天地之心矣

疏 虞注乾坤易爲否泰交爲坎离成兩旣未濟而實自剝復始故二卦實乾坤之樞紐也乾交坤始復陽位爲復故云坤爲復將成旣濟則三復陽位體离互坎相見乎离故离爲見坎爲亟心故爲心陽息臨二至三體泰乾爲天坤爲地合以离見坎心故見天地之心也 荀注 復於消息在十一月子稽覽圖冬至日在坎坎爲心乾坤象傳曰大哉乾元至哉坤元乾元即坤元天心即地心也冬至之時陰氣已極一陽復生天心動於地中故云陽起初九爲天地心天地之心即天地之元萬物資始於乾元故云萬物所始震爲動幾者動之微吉之先見者也故云吉凶之先蓋在乾坤則爲元在天地則爲心而其端倪實於復之初陽見之故曰見天地之心

象曰雷在地中復先王以至日閉關商旅不行后不省方

虞翻曰先王謂乾初至日冬至之日坤闔爲閉關巽爲商旅爲近利市三倍姤巽伏初故商旅不行姤象曰后以施命誥四方今隱復下故后不省方復爲陽始姤則陰始天地之始陰陽之首已言先王又更言后后君也六十四卦

唯此重耳

宋衷曰商旅不行自天子至公侯不省四方之事將以輔遂陽體成致君道也制之者王者之事奉之者為君之業也故上言先王而下言后也

疏虞注　乾息於初乾為先為王乾巳入坤故稱先王十一月陽生於子是為冬至故至日冬至之日震為大塗剝艮為門有關象闔戶謂之坤故坤為閉關初伏姤巽巽為商旅者考工記曰通四方之珍異以資之謂之商旅說卦曰巽為近市利三倍故為商旅震為行巽為商旅而伏震初故商旅不行姤象曰后以施命誥四方陰土稱后坤又為方今姤巽隱在復下故后不省方復一陽生故為陽始姤一陰生故為陰始一陽乾也一陰坤也乾天坤地故云天地之始陰陽之首巳言先王又言后者乾為先王坤五天子之位土象故稱后如泰五稱后是也后君也釋詁文六十四卦先王后不竝言竝言者唯此耳　宋注　先王於陽復之時下而商旅不行上而后不省方蓋以微陽初生貴於靜養藏之愈深則發之愈盛故云將以輔遂陽體成致君道也法創於古故云制之者王者之事法行於令故曰奉之者為君之業上言先王而下言后者制法者巳往之王而奉法者繼體之君也

初九：不遠復，无祇悔，元吉。崔憬曰：從坤反震而變此爻，不遠復也。復而有應，故獲元吉也。

【疏】陽滅於坤，復動成震。震爲反生，故云「從坤反震」。剝上滅坤，即坤初動震，此爻早變，故曰「不遠復也」。六爻唯初與四爲正應，故「復而有應」。中行獨復，故元吉也。愚案：天道遠，初乾，故言遠。七日滅乾，來復於震，故「不遠」也。韓云：祇，大也。繫上曰：「震无咎者存乎悔。」虞彼注云：震，動也。初動得正，故无大悔。乾元在始，即初陽也。震之一陽，即乾之初元也。乾元得正，故曰元吉。

象曰：不遠之復，以脩身也。侯果曰：祇，大也。往被陰剝，所以有悔。覺非遠復，故无大咎。以此脩身，顏子之分矣。

【疏】祇，大也，義同韓訓。往謂剝時陽被陰剝，所以有悔。覺，知也。繫下曰：「復以自知。」又說此爻云：「有不善未嘗不知，知之未嘗復行也。」故云「覺非遠復」。善復故无大咎。又曰：「顏氏之子，其殆庶幾乎！」故云「以此脩身，顏子之分矣」。愚案：坤形爲身，震象脩省，乾剛反逼坤初，故以脩身。知行竝進，脩身之事也。中庸曰：「脩身以道，脩道以仁。」復初乾元爲仁，仁，脩身之要也。論語曰：「克己復禮爲仁。」脩身之謂也。

六二：休復，吉。象曰：休復之吉，以下仁也。王弼曰：得位居中，比初之上而附順之。下仁之謂也。既處中位。親仁善鄰。復之休也。【疏】六為得位。二為處中。與初相比。專一不疑。乾文言曰。元者善之長也。又曰。君子體仁。足以長人。乾元為仁。即初陽也。已在初上。下而順附於陽。下仁之謂也。親仁善鄰。隱六年左傳文。處中得位。而能親陽之仁。善初之鄰。復之休者也。休美也。乾以美利利天下。二近於初。故曰休復。愚案。說文。休在木部。人依木則休。爾雅。庇蔭曰休。會止木庇息意。震一陽初生。東方木象。二為人位。得依於初。故曰休復吉。初陽乾元為仁。震春木德。亦為仁。二所以休復吉者。以其下為仁也。

六三。頻復。厲无咎。

虞翻曰。頻蹙也。三失位。故頻復厲。動而之正。故无咎也。【疏】頻蹙也。即王弼注頻蹙之貌是也。義本說文。頻古作顰。說文曰。顰水厓人所賓附。顰蹙不前而止。从頁从涉。三變正為坎。故顰字中从三。為水厓也。三為內卦之外。有厓象焉。三本失位无應於上。臨厓顰蹙。然後求復。亦危道也。變而之正。故无咎。

象曰。頻復之厲。義无咎也。

侯果曰。處震之極。以陰居陽。懼其將危。頻蹙而復。履危反道。義亦无咎也。【疏】三處震終。震為恐懼。以陰居陽。故懼其將危也。頻蹙而復。是履於危。逸然後反於正道。故義无咎也。

四一四

六四中行獨復象曰中行獨復以從道也虞翻曰中謂初震爲行初一陽爻故稱獨四得正應初故曰中行獨復以從道也俗說以四位在五陰之中而獨應復非也四在外體又非內象不在二五何得稱中行耳【疏】中謂初者董子春秋繁露曰陽之行始於北方之中而止於南方之中陰之行始於南方之中而止於北方之中陰陽之道不同至於盛而皆止於中其所始必皆於中中者天地之太極極中也是以二至爲天地之中冬至在復初一陽復象曰見天地之心心卽中也故知中謂初也初體震足爲行震初一陽故稱獨初以中行獨應於四四得正位下應於初故曰中行獨復初乾元爲道震大塗亦爲道初已復四從之故曰以從道也俗說謂鄭注也鄭謂交處五陰之中度中而行四獨應初尋內亦稱中四外體非內象不得稱中且二五稱中易有定例位非二五安得稱中罔識天心迷迷中象故駁而廢之也耳當作邪

六五敦復无悔象曰敦復无悔中以自考也侯果曰坤爲厚載故曰敦復體柔居剛无應失位所以有悔能自考省動不失中故曰无悔矣【疏】中庸曰敦厚以崇禮敦厚連文是敦卽厚

也。五體坤，坤象曰「厚德載物」，故曰敦復。六以柔體居五，剛位。下无正應，已又失正，宜有悔矣。然所履得中，爲復之主。復以自知，故曰考。坤身爲自，故曰自考。五位在中，故曰中以自考。動而得正，又不失中，故无咎矣。

上六：迷復，凶，有災眚。虞翻曰：坤冥爲迷，高而无應，故凶。五變正時，坎爲災眚，故有災眚也。

疏　九家說卦曰：坤爲迷。坤夜爲冥，故爲迷。剝消入坤，故爲先迷。上遠於初，迷乎復道。襄廿八年左傳「復歸無所，是爲迷復」，卽此義也。居上爲高，三陰爲无應，迷而无應，故凶。五變正體坎，坎爲多災眚，故有災眚。

用行師，終有大敗，以其國君凶。虞翻曰：三復位時，而體師象，故用行師。陰逆不順，坤爲死喪，坎流血，故終有大敗。姤乾爲君，滅藏於坤，坤爲異邦，故國君凶矣。荀爽曰：坤爲衆，故用行師也。謂上行師而距於初，陽息上升，必消羣陰，故終有大敗。國君謂初也。受命復道，當從下升。今上六行師，王誅必加，故以其國君凶也。

疏　虞注上與三應。三復陽位，二至上體師象，故用行師。坤順也，互坎險，故險逆不順。月喪於坤乙，爲死魄，故坤爲死喪。坎爲血卦，故流血。坎爲多眚，眚，敗也。上爲終，故終有大敗。姤乾爲君，若伏姤乾五也。坤以藏之，又爲滅，姤君伏藏不見，故云滅藏。

於坤坤土爲邦不同於乾故爲異邦乾滅於坤邦故國君
凶矣　荀注　坤爲衆說卦文師者衆也坤爲用震爲行
故用行師上降於初其體爲師初陽得正距而不應初乾
息坤其勢上行陽長則羣陰必消終至於上故終有大敗
震爲諸侯國君之象故國君謂初也震受乾命而復自道
易氣從下生自下升上故云受命復道當從下升今上六
居高履危迷乎復道逆命行師主誅之所必加者也僖廿
六年左傳凡師能左右之曰以臣擅君命故以其國君凶
也

至于十年不克征

虞翻曰坤爲至爲十年陰逆坎臨故不克征謂五變設險故帥師敗喪君
而无征也　何妥曰理國之道須進善納諫迷而不復安
可牧民以此行師必敗績矣敗乃思復失道巳遠雖復十
年乃征无所克矣　案坤爲先迷故曰迷復
坤又爲師象故曰行師坤數十十年之象也

疏

虞注　至從高下至
地从、一地也坤象傳曰至哉坤元故坤爲至繫上曰天
九地十坤癸數十故爲十年陰逆坎臨之臨當作險謂上
負坎險人不能征故曰不克征五變體坎爲設險故帥師
敗喪君而无征也復陽之微尤惡陰逆故上六之象如此
何注　坤爲國又黃中通理故云理國之道初陽爲善
震言爲諫故云須進善納諫坤爲民上六迷而不復安可

牧民。古者寓兵於農，牧民无道，故以此行師必敗績矣。復初元吉，以其不遠，至于終有大敗，乃思陽復，其失復道已遠矣。雖十年之久，弗克征也。蓋行師當奉君命，上反君道，故不克征。不克者，義弗克也。案：行師坤象。坤象傳曰「先迷失道」，故曰迷復。初至五有師象，故曰行師。坤癸數十，故云十年之象。愚案：道心之惟微也，慎獨則能知幾，故來復在於七日；人心之惟危也，徇欲則忘反，故迷復至於十年。

象曰：迷復之凶，反君道也。虞翻曰：姤乾爲君，坤陰滅之，以國君凶，故曰反君道也。

疏　伏姤乾君，爲坤陰所滅，迷而不返，宜其凶矣。國君之凶，由反君道也。

序卦曰：復則不妄矣，故受之以无妄。崔憬曰：物復其本，則爲誠實，故言復則无妄矣。

疏　人之始生，心本无妄，所謂誠者，天之道也。自人欲熾而天理亡，則无妄者妄矣。若能復其本然之善，歸於誠實，所謂誠之者，人之道也。由是道心之微者著，人心之危者妄，則妄者復於无妄矣。復則无妄，故受之以无妄。

䷘　震下乾上

无妄何妥曰乾上震下天威下行物皆絜齊不敢虛妄也疏上體乾乾為天為威左傳曰天威不違顏咫尺是也下體震震足為行故云天威下行互體巽說卦曰齊乎巽言萬物之絜齊也故云物皆絜齊陽為實乾陽在上至誠動物物以誠應故不敢虛妄也

元亨利貞虞翻曰遯上之初此所謂四陽二陰非大壯則遯來也剛來交初體乾故元亨三四失位故利貞也疏四陽二陰之例非大壯則遯无妄從遯來也依例當三之初此云上之初者消卦之始特正乾元與否上成益同義也上剛來交於初其體為乾乾元得正而又交通故元亨三四上皆失位獨言三四失位故利貞者交位三上相易三正則上亦正因卦辭別出匪正故獨言三四不及上也卦雖利貞其正著四耳三繫於四不肯與上易位故上有匪正之象

其匪正有眚不利有攸往虞翻曰非正謂上也四已之正上動成坎故有眚變而逆乘天命不右故不利有攸往矣疏三上易位正也三不變而上變是為匪正故非正謂上也四已變正上動成坎其體為屯坎為多眚故為有眚上不變則成益益利用為大作變而成坎逆乘陽位則天命不右故不利有攸往且體屯屯難也屯元亨利貞而曰勿用有攸往无妄元亨利貞而

利有攸往屯之難在初无妄之眚在上也

彖曰无妄剛自外來而爲主於內蜀才曰此本遯卦案剛自上降爲主於初故動而健剛中而應也於是乎邪妄之道消大通以正矣无妄大亨乃天道恒命也【疏】卦自遯來遯上之初故云剛自上降震爲長子主器故云爲主於初震動也乾健也故動而健五爲剛中二爲正應故剛中而應也剛中則邪妄自消得應則大通以正乾爲天互巽爲命天命謂性至誠无妄故云无妄大亨乃天道恒命也**動而健剛中而應大亨以正天之命也其匪正有眚不利有攸往**虞翻曰動震也健大亨謂乾剛中謂五而應二大亨以正變四承五乾爲天巽爲命故曰大亨以正天之命也【疏】動謂震健謂乾大亨初也初體乾故謂乾以陽居中故剛中謂五得位得中而應之者二也故而應二大亨初乾也使四變正上承乎五以之者乾也故曰大亨以正變四承乾爲天說卦文巽申命爲命乾彖曰乾道變化各正性命乾天在初動於一陽初動四應變正爲巽命故曰大亨以正天之命也詩曰維天之命於穆不已中庸曰天命之謂性

皆此大亨以正者爲之也无妄之往何之矣虞翻曰謂四已變上動體屯坎爲泣血漣如故何之矣疏四已變正上動體屯屯上爻辭曰泣血漣如坎爲血卦故有是象且屯卦辭曰勿用有攸往故无所之也

天命不右行矣哉虞翻曰天五也巽爲命右助也四已變成坤天道助順上動逆乘巽命故天命不右行矣哉言不可行也疏五爲天位故云天五也互巽爲命右助也本繫上文四已變正互坤坤順也故云天道助順卽繫傳說此爻天之所助者順是也上動成坎逆乘巽命上變巽毀故天命不右馬君云天命不右行非矣應震爲行行矣哉猶論語雖州里行乎哉之意言不可行也馬君謂融彼意謂天左旋故天命不右行虞以不應經義故駁之

象曰天下雷行物與无妄九家易曰天下雷行陽氣普徧無物不與故曰物與也物受之以生无有災妄故曰物與无妄也虞翻曰與謂舉妄亡也謂雷以動之震爲反生萬物出震无妄者也故曰物與无妄序卦曰復則不妄矣故受之以无妄而京氏及俗儒以爲大旱之卦萬物皆死无所復望失之遠矣有无妄然

後可畜不死明矣若物皆死將何畜聚以此疑也

疏 九家注　乾爲天震爲雷又爲行震在乾下故曰天下雷行說卦曰動萬物者莫疾乎雷又曰萬物出乎震漢書五行志雷於天地爲長子以其首萬物與之出入也二月出地百八十日雷出則萬物出故云陽氣普徧无物不與是物與之義也豫象曰雷出地奮豫先王以作樂崇德樂記曰天地訢合陰陽相得煦嫗覆育萬物然後草木茂勾萌逹羽翼奮角觡生蟄蟲昭蘇羽者嫗伏毛者孕鬻胎生者不瀆而卵生者不殈則樂之道歸焉耳樂道本震聲故云物受之以生无有災妄是物與无妄之義也　虞注　與謂舉者以舉从與也舉皆也如月令舉書其數之舉妄亡也者以妄从亡也亡失也如家語楚人亡弓之亡雷以動之震爲反生萬物出震皆說卦文謂陽氣振動物皆反生所以出乎震而无妄也萬物皆生无所亡失故曰物與无妄也引序卦復則不妄矣故受之以无妄者陽氣既復則物无虛妄也馬鄭皆以妄爲望京氏易傳以爲大旱之卦百穀草木咸就枯槁萬物皆死无所復望漢書谷永傳遭无妄之卦運應劭云天必先雲而後雷雷而後雨今无雲而雷无妄者无所望也以妄爲望大乖經旨故云失之遠矣引序卦有无妄然後可畜者以明萬物皆死之非言旣

死何以有畜，故疑之也。愚案：京以雜卦言无妄災也，遂以爲大旱之卦。其實无妄之災，指六三一爻而言，未可據釋全卦。郎如賁无色也，謂上九也，不得以上九白賁无咎，遂謂无色可以蔽全卦也。

先王以茂對時育萬物　虞翻曰：先王謂乾，乾盈爲茂，艮爲對時，體頤養象，萬物出震，故以茂對時育萬物。言物皆死，違此甚矣。　侯果曰：雷震天下，物不敢妄，威震驚洽，无物不與，故先王以茂養萬物，乃對時而育矣。時泰則威之以无妄，時否則利之以嘉遯，是對時而化育也。

疏　虞注　先王謂乾者，以乾初故遯乾也。乾盈爲茂者，陽息爲盈，息盛故茂。艮動靜不失其時，故爲時對之者，初乾也。初至四體象頤，故言育萬物出乎震，故言萬物。以乾對艮，以頤育震，故以茂對時育萬物。言物皆死，京氏說也。　侯注　雷震則天威下行，故物不敢妄。威震則蟄者皆驚，故无物不與。育物對時，以時泰也。泰象震行，故威以无妄；否象艮止，故利以嘉遯。今遯上之初成无妄，陽氣方亨，故對時而育物也。

初九：无妄，往吉。　虞翻曰：謂應四也。四失位，故命變之正。四變得位，承五應初，故往吉。在外稱往也。

疏　初爲卦主，物所由无妄者也，故直曰无妄。謂應四也者，釋往義也。初正應四，四陽失位，爲敵應。四互巽爲命，故命變之正，象傳所謂大亨以正也。變正故得位，上承五，下應初，故往吉。四在外，故云在外稱往也。

象曰：无妄之往，得志也。虞翻曰：四變應初，夫妻體正，故往得志矣。

疏　四變正應初，震長男，巽長女，震巽爲夫妻，故云夫妻體正。四已變，上動得正，四體坎，坎爲志，故曰往得志也。

六二：不耕穫，不菑畬，則利有攸往。虞翻曰：有益耕象，无坤田，故不耨。震爲禾稼，艮爲手，禾在手中，故稱穫。田在初，一歲曰菑；在二，二歲曰畬。初爻非坤，故不菑而畬也。得位應五，利四變之益，則坤體成，有耒耨之利，故利有攸往，往應五也。

疏　卦體似益，繫下曰：耒耨之利，以教天下，蓋取諸益，故有益耕之象。益互坤，无妄四未變，无坤田，故不耨。耨猶耕也。震於稼爲反生，故爲禾稼。互艮爲手，震禾在艮手，有穫象，故稱穫。初、二反於三才爲地道，故田在初。釋地：一歲曰菑，二歲曰新田，三歲曰畬。鄭注坊記引此爻云：田一歲曰菑，二歲曰畬，三歲曰新田。此云在二，二歲曰畬，從鄭注也。又云初爻非坤，故不菑而畬，亦沿二歲曰畬，故云然也。當以爾雅釋地爲正。蓋初九震足動，田之始，爲一歲，有菑象。五應二，歷三爻，爲三歲，有畬象。耕穫菑畬皆利者也。六二得位，上應於五，二與四同功，四變成益，則坤體爲田，益有耒耨之利，不耕而穫，謂不於耕而期穫也；不菑畬，謂不於菑而期畬也。无妄馬鄭皆訓无所希望，史記直作无望，謂无所期望而有得，卽董子所謂不謀利不計功之心也。故利有攸往，二與五爲正應，故云往應五也。謂天之所助者順也。

象曰：不耕穫，未富也。虞翻曰：四動坤虛，故未富也。

疏 陽實陰虛，四動成坤，陰虛之象，二在坤下，虛故未富也。

六三：无妄之災，或繫之牛，行人之得，邑人之災。象曰：行人得牛，邑人災也。虞翻曰：上動體坎，故稱災。四動之正，坤爲牛，艮爲鼻，爲止，巽爲桑，爲繩，繫牛鼻而止桑下，故或繫之牛也。乾爲行人，坤爲邑人，乾四據三，故行人之得。三係於四，故邑人之災。或說以四變則牛應初，震坤爲死喪，故曰行人得牛，邑人災也。

疏 三應上，上動體屯，爲坎多眚，故稱災。四變正體坤，故爲牛。山澤通氣，山虛受澤，故艮爲鼻，艮以止之，故爲止。巽爲木，故爲桑，爲繩直，故爲繩。又艮爲手，以繩繫牛鼻而止於桑下，四爲巽而繫三，三爲坤，故曰或繫之牛也。乾健爲行人，四也；坤衆爲邑人，三也。乾四據三，是四繫三，三爲有所得，故曰行人之得。三係於四不變上獨變成屯故曰邑人之災也行人得牛邑人受災故曰无妄之災或說以四變坤爲牛應初震爲行人坤爲死喪故三爲災此言初得四三受災故曰行人得牛邑人之災義亦略同但不備耳

九四可貞无咎虞翻曰動得正故可貞承五應初故无咎也【疏】四失位動則得正故曰可貞變正成陰上承五陽下應初陽陰陽相得故无咎也

象曰可貞无咎固有之也虞翻曰動陰承陽故固有之也【疏】四本陰位動而爲陰以陰居陰上承五陽故曰固有之也

九五无妄之疾勿藥有喜虞翻曰四已之正上動體坎坎爲疾故曰无妄之疾也巽爲木艮爲石故稱藥坎爲多眚藥不可試故勿藥有喜康子饋藥丘未達故不嘗此之謂也【疏】四已變正上動則體坎坎爲心病故爲疾外三皆坎疾歸於五故曰无妄之疾也巽爲木艮爲石本說卦天官疾醫以五藥養其病鄭注五藥草木蟲石穀也故巽木艮石稱藥坎爲多眚眚敗也故藥不可以嘗試五陽爲喜故勿藥有喜康子饋藥丘未達不敢嘗論語文引之以明藥不可試之意　愚案五得中得正宜无疾五之疾四之疾四之疾遯之疾也遯三曰

係遯有疾厲遯上之初成无妄則遯三之疾四受之矣五乘四疾故爲无妄之疾震陽爲喜故勿藥有喜也

象曰无妄之藥不可試也侯果曰位正居尊爲无妄貴主百姓有過在予一人三四妄處五乃憂疾非乖攝則藥不可試若下皆不妄則不治自愈故曰勿藥有喜也疏九爲位正五爲居尊五爲天子故爲无妄貴主百姓有過在予一人書泰誓文言五爲三四任過也三四失位故爲妄處五之憂疾乃憂三四之妄非已乖於調攝故藥不可試若三四反正下皆不妄則五之疾不治自愈矣故曰勿藥有喜也

上九无妄行有眚无攸利虞翻曰動而成坎故行有眚乘剛逆命故无攸利天命不右行矣哉疏四已變正上動成坎坎爲多眚下應震爲行故行有眚據五五爲乘剛五至三三體巽象爲命變坎乘巽爲逆命位不得正故无攸利卦辭曰其匪正有眚不利有攸往指上九也又引象辭天命不右行矣哉者明爻言行有眚之意也

象曰无妄之行窮之災也崔憬曰居无妄之中有妄者也妄而應三上下非正窮而反妄故爲災也疏中當作終上居无妄之終位不得正有妄者也上應三三體震震爲行上與三皆不得正雖陰

陽相配是不義之應也應所不當應是窮於上而反妄矣行而窮故爲災也

序卦曰有无妄然後可畜故受之以大畜 崔憬曰有誠實則可以中心藏之故言有无妄然後可畜也

疏 无妄則誠誠則實實則可畜故曰有无妄然後可畜也中心藏之詩隰桑文藏者畜之謂也愚案乾爲天命震以動之爲无妄中庸曰天命之謂性是也乾爲天德艮以止之爲大畜大學謂明德止於至善是也率性而行則至善可止大畜所以繼无妄也

䷙ 乾下艮上

大畜利貞 虞翻曰大壯初之上其德剛上也與萃旁通二五失位故利貞此萃五之復二成臨臨者大也至上有頤養之象故名大畜也

疏 自大壯來初九之上故傳謂其德剛上也反萃故與萃旁通二五失陰陽正位故利貞消息卦萃五之復二成臨而息二陰反艮是爲大畜臨者大也序卦文三至上有頤象頤者養也故名大畜亦兼取頤名畜小畜无養象故知此名不正取頤蓋陰稱小陽稱大小畜謂四四陰故小大畜謂上上陽故大上體

艮，艮爲止，以艮畜乾，謂之大畜。**不家食吉，利涉大川。**虞翻曰：二稱家，謂二五易位，成家人。家人體噬嗑食，故利涉大川，應乎天也。疏二位大夫，稱家，詳見蒙二。又二、五易位，變成家人。家人初至五體噬嗑，又互體兌，兌爲口，皆有食象，故曰家食。五爲天德，五應而變，二、五既正，上變既濟，不成家人，故曰不家食吉。既濟重坎相承，故曰利涉大川。二、五相應，故應乎天也。案：三至上體頤，頤有食象，頤在外，故不家食。互兌爲澤，澤決爲川，互震爲足，足行爲涉，故利涉大川。

彖曰：大畜，剛健篤實，輝光日新。虞翻曰：剛健謂乾，篤實謂艮。二已之五，利涉大川，互體离，坎离爲日，故輝光日新也。疏乾剛而健，故剛健謂乾。艮成終始，故篤實謂艮。二、五易位，互坎，故利涉大川。體离，离爲日。管輅曰：朝日爲煇，日中爲光，故曰煇光日新。鄭、虞皆以日日新斷句，俗讀屬下，失之。**其德剛上而尚賢，**蜀才曰：此本大壯卦。案：剛自初升，爲主於外，剛陽居上，尊尚賢也。疏卦自大壯來，陽剛自初升居於上。艮反震，震爲主，故爲主於外。艮爲賢人而在上，是尊尚賢人之意也。**能健止，大正也。**虞翻曰：健乾止艮也，二五易位，故大正。舊讀言能止健，誤也。【疏】乾在内為健，艮在外為止。二五失正，易則得位，故曰大正。易氣從下生，象傳之例先下後上，故曰能健止。舊讀言能止健，不合象例，且畜陽非止乾，故云誤也。

不家食吉，養賢也。虞翻曰：二五易位成家人，今體頤養象，故不家食吉，養賢也。案：乾為賢人，艮為宮闕也。令賢人居於闕下，不家食之象。【疏】虞注：二五易位，體成家人。大畜三至上體頤，頤者養也。二為家，二之五，是不家食，得正故吉也。得正為賢，體頤為養，故養賢也。案：乾文言曰賢人在下位，故乾為賢人。艮為門闕，故為宮闕。乾居艮下，是賢人居於闕下，不家食之象也。

利涉大川，應乎天也。京房曰：謂二變五體坎，故利涉大川。五天位，故曰應乎天。【疏】二五變正，五體乘坎，故利涉大川。五於三才為天位，五動二應，互震伏巽為應，故曰應乎天也。

象曰：天在山中，大畜。向秀曰：止莫若山，大莫若天。天在山中，大畜之象。天為大器，山則極止，能止大器，故名大畜也。【疏】艮者止也，山厚重不遷，故止莫若山。大哉乾元，天覆幬無窮，故大莫若天。艮在乾外，故曰天在山中大畜之象也以天爲大器而山能止之此名大畜之意也　愚案說苑曰五嶽能大布雲雨焉能大斂雲雨焉觸石而出膚寸而合不崇朝而雨天下夫雲雨者天之氣也而實布斂於五嶽焉然其觸石而雨天下非斂無以爲布斂者畜之謂也以山畜天故曰大畜

君子以多志前言往行以畜其德

虞翻曰君子謂乾乾爲言震爲行坎爲志乾知大始震在乾前故志前言往行有頤養象故以畜其德矣

疏 乾鑿度曰乾三爲君子故君子謂乾乾爲言九家說卦文又震聲爲言震足爲行坎心爲志乾知大始繫上文大始謂乾初震初即乾初故震在乾前爲前言往行艮爲多節故多志前言往行乾初爲積善自一乾以至三乾成積善成德故爲德三至上有頤象頤者養也故以畜其德矣天在山中而取義於畜德者德者積累而成中庸論積曰今夫天斯昭昭之多及其無窮也日月星辰繫焉萬物覆焉又曰今夫山一卷石之多及其廣大草木生之禽獸居之寶藏興焉鄭彼注云天之高明本生昭昭山之廣大本起卷石皆合少成多自小至大爲至誠亦如此乎是即天山畜德之義也

初九有厲利已　王弼曰：四乃畜已，未可犯也。進則災危，有厲則止，故能利已。疏　初與四應，故四乃畜已。二變四成坎，坎險爲危，故未可犯也。初四皆正，變則失位，故進則災危。因有厲而止，則能利已。此言止則有利於我也。又已，止也。四居艮而止初，初正應四，不可安進，故利於止也。

象曰：有厲利已，不犯災也。　虞翻曰：謂二變正，四體坎，故稱災也。疏　二與四同功，二變正則四體坎。坎爲多眚，故爲災。利已則初不犯四，故曰不犯災也。

九二輿說腹　虞翻曰：萃坤爲車爲腹，坤消乾成，故車說腹。腹或作輹也。疏　與萃旁通，萃坤爲輿，又爲腹，皆說卦文。今成大畜，則乾成坤毀，故爲輿說腹，與小畜同義。且兌爲毀折，故有說腹之象。腹，古文；輹，今文。故腹或作輹也。

象曰：輿說腹，中无尤也。　盧氏曰：乾爲輿。案：輹，車之鉤心夾軸之物。處失其正，上應於五，五居畜盛，止不我升，故且說輹，停留待時，而進退得正，故无尤也。疏　說卦「乾爲圜」，考工記「蓋之圜也，以象天也」，故乾爲輿。說文「輹，車下縛也」。釋名「輹，伏也，曰伏兔者，伏於軸上似之也」，故云車之鉤心夾軸之物。以九居二爲處失其正二正應五故上應於五五居尊位故爲畜盛外艮爲止五正畜二故止不我升應五而升故且說輹居中故能停留待時變柔則爲進退得正居中得正故无尤也

九三艮馬逐利艱貞吉日閑輿衛虞翻曰乾爲艮馬震爲驚走故稱逐也謂二已變三在坎中故利艱貞吉离爲日二至五體師象坎爲閑輿習坤爲車輿乾人在上震爲驚衛講武閑兵故曰日閑輿衛也

疏乾爲良馬說卦文震驚百里文爲足故爲驚走馬而驚走故稱逐也二已變正三在坎中坎險爲艱得正爲貞故利艱貞吉利二變也乾成則二變天道也二變體离爲日二至五體師象故言輿衛凡武備皆謂之衛考工記周人上輿有六等之數皆以衛名是輿亦可稱衛也閑馬鄭皆云習也坎稱習坎故爲閑習尙書大傳戰鬬不可不習故於搜狩以閑之是也坤爲大輿故爲車輿乾陽生爲人畜乾伏萃坤輿故乾人在上震驚百里爲驚衛言衛以防驚也晉語曰車有震武震言爲講論故講武閑兵日閑輿衛鄭氏謂日習車徒是也九三剛健當位與上同德然馳逐不已必有奔蹶之患故戒以艱貞則吉閑習輿衛則利有攸往案馬牛豕皆畜大畜畜之也故於馬言閑於

牛言牿於豕言豕皆艮止之象四五在艮三亦應艮上也**利有攸往象曰利有攸往上合志也**虞翻曰謂上應也五已變正上動成坎坎爲志故利有攸往與上合志也**疏**三應上故謂上應也五失位變之正上動成坎坎心爲志三往應之剛上而尚賢故與上合志也

六四童牛之告元吉虞翻曰艮爲童五已之正萃坤爲牛告謂以木楅其角大畜畜物之家惡其觸害艮爲手爲小木巽爲繩繩縛小木橫著牛角故曰童牛之告得位承五故元吉而喜喜謂五也**疏**艮爲少男故爲童與蒙六五童蒙同義五變之正與萃旁通故萃坤爲牛說文告从口从牛牛觸人角著橫木所以告故云告謂以木楅其角也告俗作牿說文及九家易作告是也大畜之家取象牛羊義取畜養豕交獸畜亦有畜義故云畜物之家牛性觝人故惡其觸害艮爲手說卦文艮小石文於木堅多節故爲小木巽爲繩直故爲繩繩縛小木橫著牛角以萃艮巽在坤上也楅以防其觸害故曰童牛之告柔得正位上承五陰畜陽有朋故元吉而喜初利已故不言喜四承五故言喜五也愚案萃坤爲牛四在兌初陽剛方長爲角始生之象在畜則伏而不見故爲童牛

之告，至上九則角成矣，如晉其角是也。惟於陽剛方伏即柔以制之，在旁通爲柔止剛，在大畜爲艮止乾，皆元吉之道也。

象曰：六四元吉，有喜也。

侯果曰：坤爲輿，故有牛矣。牿楅也，以木爲之，橫施於角，止其觝之威也。初欲上進，而四牿之，角既被牿，則不能觸，四是四童初之角也。四能牿初，與无角同，所以元吉而有喜矣。童牛，无角之牛也。封人職曰：設其楅衡。注云：楅設於角，衡設於鼻，止其觝觸也。

疏 坤大輿，爲輿，又爲牛。大車以牛駕之，故有牛矣。牿楅也，即虞注以木楅其角也。詩閟宮：夏而楅衡。毛傳：楅衡設牛角以楅之。說文：楅木有所逼束也。故云以木爲之，橫施於角。坤牛爲觝，艮以止之，故止其觝之威也。四與初應，初本陽剛，欲上進於四，而四以陰柔牿之，初角被牿，不能害四，是四所告者童初之角也。四能牿初，初不爲害，故與无角同，所以元吉。四互兌爲說，故有喜也。釋山：山無草木曰童。若童子未冠然。无角之牛曰童牛者，亦取童子未冠之義也。復引地官封人及鄭注者，蓋楅設於牛角，所以防觸；衡設於牛鼻，所以繫繩。注但言楅不言衡，以牿爲防觸，故但言楅也。

六五：豶豕之牙，吉。

虞翻曰：二變時坎爲豕，劇豕稱豶，令不害物。三至上體頤象，五變之剛，巽爲白

震爲出剛白從頤中出牙之象也動而得位豶豕之牙吉

疏 二變正應五成坎坎爲豕說卦文劇豕稱豶者說文豕去勢曰豶又云劇从豦从刀又云司馬相如說豦封豕之屬劇者以刀去豕勢也豶豕剛躁去勢令不害物也三至上體頤象五變爲剛成巽巽爲白說卦文帝出乎震故震爲出剛白之物出乎頤中其象爲牙五失正變得位故豶豕之牙吉　案釋獸曰豕子豬𧱊豶么幼郭注云俗呼小豶豬爲𧱊子最後生爲么豕豶豕猶童牛也牙者畜豕之杙東齊海岱之閒以杙繫豕防其唐突與童牛之告同義也

象曰六五之吉有慶也

虞翻曰五變得正故有慶也　崔憬曰說文豶劇豕今俗猶呼劇豬是也然以豕本剛突劇乃性和雖有其牙不足害物是制於人也以喻九二之剛健失位若豕之劇不足畏也而六五應止之易故吉有慶矣　案九二坎爻坎爲豕也以陽居陰而失其位若豕被劇之象也

疏 虞注　五失位變得正且得中故有慶也　案五互震震左屬春月令孟春行慶施惠故有慶　崔注　說文豶劇豕俗呼劇豬豕去勢者也豕本剛突之物而牙爲猛利劇則性和牙雖存而剛躁自止不能害物而受制於人也九二剛健失位豫爲制之則如豕巳劇不足害人而六五體艮下應於二

應止之易，故吉而有慶也。案：坎爲豕，說卦文。九在二，坎之中爻也，故爲豕。以陽居陰，爲失位，若豶豕本陽，劇去其勢，而象陰也。

上九：何天之衢，亨。

虞翻曰：何，當也。衢，四交道。乾爲天，震、艮爲道，以震交艮，故何天之衢亨。上變坎爲亨也。王弼曰：處畜之極，畜極則亨。何，辭也，猶云何畜乃天之衢亨，道大行也。

疏　虞注：何與荷通，梁武帝讀音賀是也。訓當者，猶擔當也。剛在上，能勝其任，故爲何。與商頌「何天之休」、「何天之龍」同義。釋宮：四達謂之衢，故云衢四交道。乾爲天，說卦文。震爲大塗，艮爲徑路，故爲道。震塗、艮路交於乾天，故曰何天之衢。亨者，通也，交於天道，變坎爲既濟，坎爲通，故亨也。案：鄭注：艮爲手，手上肩也，乾爲首，首肩之間荷物處。乾爲天，艮爲徑路，天衢象也。又云：人君在上位，負荷天之大道。義亦可通。王注：上處畜極，畜極必通。孔疏：何謂語辭，猶云何畜也。處畜極之時，更何所畜，乃天之衢亨，无所不通也。愚案：上變成泰，則是天地交而萬物通，應天之象也。上下交而其志同，養賢之象也。泰者，通也。卦辭言元亨利貞，上利變正，則元亨，故辭曰何天之衢亨。

象曰：何天之衢，道大行

也虞翻曰謂上據二陰乾爲天道震爲行故道大行矣疏上據四五二陰乾象曰乾道變化故爲天道震足爲行故道大行道大行謂變既濟定時也

周易集解纂疏卷十一

受業漢陽徐蔚文炳南校

周易集解篹疏卷十二

唐李鼎祚集解　　安陸李道平遵王篹疏

序卦曰：物畜然後可養，故受之以頤。頤者，養也。崔憬曰：大畜剛健煇光日新，可以觀其所養，故言物畜然後可養。疏孟子曰：其爲氣也，至大至剛，以直養而無害，則塞乎天地之閒矣。剛健篤實，卽至大至剛。可以觀其所養，卽直養無害。煇光日新，卽塞乎天地，故曰物畜然後可養。序卦虞注：天地養萬物，聖人養賢以及萬民。翟元云：天地以元氣養萬物，聖人以正道養賢及萬民，卽物畜然後可養之義也。

䷚ 震下艮上

頤貞吉。虞翻曰：晉四之初，與大過旁通。養正則吉，謂三之正，五上易位，故頤貞吉。反復不衰，與乾坤坎离大過小過中孚同義，故不從臨觀四陰二陽消息之卦。頤之例，或以臨二之上，兌爲口，故有口實也。疏從晉來，故云晉四之初反大過大過坎象也頤離象也皆從乾坤來大過體坎乾初所伏頤體離坤初所伏大過頤故云與大過旁通養正則吉象傳文六爻三五上皆失正三變之正五上易位成既濟定則六爻皆正故曰頤貞吉也反復不衰謂上下如一頤與乾坤坎離大過小過中孚同義皆終則復始反覆不殺者也乾坤坎離爲四純卦頤大過小過中孚皆震巽艮兌四宮游魂卦也晉乾宮游魂卦故頤從晉來而不從臨觀四陰二陽之側也或以臨二之上臨兌爲口故有自求口實之象義亦可通故存之以廣異解

觀頤 虞翻曰離爲目故觀頤觀其所養也

疏 卦自晉來晉離爲目頤全體似離亦爲目離目故觀頤頤養也故觀其養侯氏以頤從觀來故曰觀頤從四陰二陽之側也義亦可從

自求口實 虞翻曰或以大過兌爲口或以臨兌爲口坤爲自艮爲求口實頤中物謂其自養

鄭元曰頤口車輔之名也震動於下艮止於上口車動而上因輔嚼物以養人故謂之頤頤養也能行養則其幹事故吉矣二五離爻皆得中離爲目觀象也觀頤觀其養賢與不肖也頤中有物曰口實自二至五有二坤坤載養物而人所食之物皆存焉觀其求可食之物則貪廉之情可別也

疏 虞注　旁通大過故以大過兌爲口卦自臨來

故以臨兌爲口互坤身爲自艮兌同氣相求故艮爲求說卦艮爲果蓏宋衷彼注云木實謂之果草實謂之蓏口實果蓏之屬故云頤中物也求口實所以自養也鄭注說文頤頷也僖五年左傳輔車相依注云輔頰輔車牙車疏云輔爲外表車爲內骨故云口車輔之名也震動也其象在下艮止也其象在上上止下動口之象也牙車動而上行輔頰因嚼物以養人故名爲頤頤養也本序卦文人能行養則其幹事貞固故吉矣二五皆离之中爻故离爲目离目故爲觀象也觀頤者觀其所養之賢不肖也艮爲果蓏故頤中有物曰口實自二至五互有二坤京氏謂地之氣萃在其中是也坤象曰厚德載物說卦曰坤也者地也萬物皆致養焉故云坤象載養物而人所食之物皆存焉震動象食艮止象廉又震象貪狼木體似离象廉貞火故觀其求可食之物則貪廉之情可別也

彖曰頤貞吉養正則吉也姚信曰以陽養陰動於下止於上各得其正則吉也宋衷曰頤者所由飲食自養也君子割不正不食況非其食乎是故所養必得賢明自求口實必得體宜是謂養正也

疏 姚注二陽在外四陰在內故云以陽養陰震動於下艮止於上上下各得其正則吉也宋注頤動則食故云艮

所由飲食以自養也割不正不食論語文不正且不食況非其所當食者乎繫上曰可久則賢人之德樂記曰述者之謂明疏云明者辨別是非是賢爲有德明爲有才也故所養必得賢明則養人得其正禮器禮時爲大順次之體次之宜次之口實必得體宜則自養得其正故養正則吉也案爻不正則養之以正雜卦曰頤養正也虞彼注云謂養三三五五之正爲功三出坎爲聖與彖以養正聖功也同義故養正則吉也

觀頤觀其所養也

侯果曰王者所養養賢則吉也

疏

王者所養以養賢則吉又艮爲賢人坤爲致養以坤養艮爲養賢

自求口實觀其自養也

侯果曰此本觀卦初六升五九五降初則成頤也是自求口實觀其自養案口實謂頤口中也實事可言震聲也實物可食艮其成也

疏

侯注此本觀卦從四陰二陽之例也初五易位則成頤雜卦曰臨觀之義或與或求求謂觀也故曰自求口實自求者自養也案口實謂實於頤口中也實事可言則言之以震雷聲爲无妄也實物可食則食之以艮成終爲果蓏也象曰頤言語節飲食即此義也又三五正則坤實故自求口實觀其自養也

天地養萬物

翟元曰天上地初也萬物衆陰也天地以元氣養萬物聖

人以正道養賢及萬民。此其聖也。

疏 三才之道。上為天位。初為地位。萬物則四爻眾陰也。天地以元氣頤養萬物。聖人法天地以正道養賢及萬民。聖人與天地同體也。愚案頤互坤為地。通大過乾為天。震出萬物。坤皆致養。故曰天地養萬物。

聖人養賢以及萬民 虞翻曰。乾為聖人。艮為賢人。頤下養上。故聖人養賢。坤陰為民。皆在震上。以貴下賤。大得民。故以及萬民。

疏 乾陽為聖人。在初。艮三即乾三。故艮為賢人。初陽在下。艮陽在上。以下養上。故曰聖人養賢。坤陰為眾。為民。皆在震上。上謂震初也。以貴下賤。大得民。屯初象傳文。晉四降初為下賤。故大得民。周禮鄉大夫使民興賢。出使長之。使民興能。入使治之。是養成賢能。使治萬民。故以及萬民。又以乾五為聖人。侯氏謂觀五降初是也。

頤之時大矣哉 天地養物。聖人養賢。以及萬民。人非頤不生。故大矣。

疏 承上文天地聖人養物養賢。以明人非頤不生。故其時大也。愚案帝出乎震。終乎艮。四時皆備。又艮動靜不失其時。故曰頤之時大矣哉。

象曰山下有雷頤 劉表曰。山止於上。雷動於下。頤之象也。

疏 上止下動。其象為頤。又雷伏山

下。天地以陽養物，故曰頤。

君子以慎言語，節飲食。荀爽曰：雷爲號令，今在山下閉藏，故慎言語。雷動於上，以陽食陰，艮以止之，故節飲食也。言出乎身，加乎民，故慎言語，所以養人也。飲食不節，殘賊羣生，故節飲食以養物。

【疏】震雷爲聲，故爲號令。今閉藏山下，故宜慎言語。雷在下，動而上，以陽食陰之象。艮止於外，故宜節飲食。言出乎身加乎民，繫上文。言不苟出，出必當理。左傳曰：仁人之言，其利溥哉。故慎言語所以養人也。天官庖人掌共六畜、六獸、六禽，辨其名物。凡令禽獸，以法授之，其出入亦如之。以法授之者，皆有常數，不使過也。蓋飲食不節則殘賊羣生，故節飲食所以養物也。愚案：君子謂初乾震也。直言曰言，謂震聲也；答難曰語，謂巽應也。艮陽小爲慎，故慎言語。食以養陰，互兩坤也。飲以養陽，伏兩乾也。艮多節，故節飲食。孔疏引先儒云：禍從口出，患從口入，故於頤養而慎節之也。

初九：舍爾靈龜，觀我朶頤，凶。虞翻曰：晉离爲龜，四之初，故舍爾靈龜。坤爲我，震爲動，謂四失离入坤，遠應多懼，故凶矣。

【疏】卦自晉來，故云晉离爲龜。初與四應，晉四之初，故曰舍爾靈龜。春官龜人掌六龜之屬天龜曰靈注云天龜元俯者靈也坤爲身故爲我朶下垂而動之貌震爲動故觀我朶頤四與舍离入坤遠應於初四本多懼而又動於欲故凶又說卦离爲龜离外剛內柔之卦考工記外骨龜屬是也頤上下兩陽中含四陰本末皆剛全體似离故取象於龜損之六五益之六二皆是義也

象曰觀我朶頤亦不足貴也 侯果曰初本五也五互體艮艮爲山龜自五降初則爲頤矣是舍爾靈龜之德來觀朶頤之饌食祿致凶故不足貴 案朶侯注卦自觀來故初本五也五在頤垂下動之貌也 **疏** 觀互體艮釋蟲七山龜寰宇記蔡山出大龜故云艮爲山龜自五降初變而成頤靈龜不食之物朶頤貪食之象是舍靈龜之德觀朶頤之饌蓋貪祿而致凶者也故不足貴又易以陽爲貴陰爲賤以九居初陽爻得位宜足貴矣然徒知養小而失大孟子所謂飲食之人則人賤之矣故不足貴也 案說文朶樹木垂朶朶也故云朶頤垂下震爲動故云動之貌也

六二顛頤拂經于丘頤征凶 王肅曰養下曰顛拂違也經常也丘小山謂六五也二宜應五反下養初豈非顛頤違常於五也故曰拂經于丘矣拂丘雖阻常理養下故謂養賢上既无應征必凶矣故曰

征凶。【疏】釋名顛倒也書微子若子顛隮疏謂從上而隕初從上隕而二養之故養下曰顛拂與咈通說文咈違也書酒誥經德秉哲孔傳能常德持智故經訓常也五體艮艮爲山五在山半稱丘艮少爲小故云丘小山謂六五也二當上應於五反乘初養下是顛倒其頤而違應五之常經故曰拂經于丘矣拂五雖違常理養初亦爲養賢五既失位往必无應故征凶。

象曰六二征凶行失類也。侯果曰征則失養之類。【疏】震足爲行二與五應爲類二待五正則得所養征則失養之類也。

六三拂頤貞凶十年勿用无攸利。虞翻曰三失位體剝不正相應弑父弑君故貞凶坤爲十年動无所應故十年勿用无攸利也。【疏】以六居三爲失位二至上體剝違於養道故拂頤三與上皆不正雖相應亦不義之應也陰消至二成遯艮子弑父至三成否坤臣弑君貞凶者謂失正不變而凶也月十二會爲年象坤坤陰爻坤癸數十故爲十年動與上爲敵應故動无所應坤器爲用云勿用故知謂動也三道大悖雖變猶凶故十年勿用无攸利也。

象曰十年勿用道大悖也。虞翻曰弑父弑君故大悖也。【疏】

弑父弑君悖亦極矣伏乾爲道坤反乾道故曰道大悖也

六四顛頤吉虎眎眈眈其欲逐逐无咎 王弼曰履得其位而應於初以上養下得頤之義故曰顛頤吉下交近瀆則咎矣故虎視眈眈威而不猛故其欲逐逐而尚敦實脩此二者乃得全其吉而无咎矣觀其自養則養正察其居正得位下應於初所養則養賢頤爻之貴斯爲盛矣【疏】四在上體初在下體以上養下爲顛頤頤得頤之正故吉也以上養下不可褻瀆故必虎眎眈眈眈則威而不猛也既養於下不可有求故必其欲逐逐逐而尚乎敦實也脩此二者雖顛頤養下亦得全其吉而无咎矣孔疏觀其自養則履正者以陰處陰四自處其身是觀其自養則能履正道也察其所養則養陽者六四下養於初是觀其所養初是陽爻則能養陽也養陽注疏本作養陽陽在艮稱賢初陽不稱賢故從養陽爲是養正養陽故頤爻之貴斯爲盛矣 愚案內動於欲故三爻皆凶外止乎理故三爻皆吉初爲動之始雖不食如靈龜亦舍之而觀朵頤欲方興也四爲止之始雖虎眎眈眈其欲逐逐而不至咥人理已正也

象曰顛頤之吉上施光也 虞翻曰晉四之初謂三已

變故顛頤與屯四乘坎馬同義坤爲虎离爲目眈眈下眡須逐逐心煩須坤爲吝嗇坎水爲欲故其欲逐逐得位應初故无咎謂上已反三成离故上施光也【疏】卦自晉來四本互坎之初爲頤三變又爲坎坎陷爲顛故曰顛頤屯四亦三變而乘坎馬故云同義也坤爲虎見風從虎法离爲目謂晉离也初在下故眈眈爲下視須晉坎爲心故逐逐爲心煩須坤爲吝嗇說卦文坎爲心又爲水故爲欲是以其欲逐逐應初之專也四得正位下應於初剛柔相應故无咎二无應故顛頤而凶四有應故顛頤而吉謂上已反者與五易位也三成离者三變則四在离中也四變則與上成离离日爲光故上施光也

六五拂經居貞吉不可涉大川虞翻曰失位故拂經无應順上故居貞吉艮爲居也涉上成坎乘陽无應故不可涉大川矣【疏】五失正位故拂經謂拂常也二无正應宜順乎上故必變而居正則吉矣艮爲門闕故爲居五若涉上易位成坎爲川則已乘五陽而三无正應故不可涉大川矣**象曰居貞之吉順以從上也**王弼曰以陰居陽拂頤之義也无應於下而比於上故宜居貞順而從上則吉

疏 以陰居陽，拂頤之經，下无正應，而上比於九，故變而居貞，則成益矣。益五元吉，故居貞吉。互坤爲順，故順而從上則吉。若往而易位，成坎，是涉大川，則不可也。

上九：由頤，厲吉， 虞翻曰：由，自從也。體剝居上，衆陰順承，故由頤。失位，故厲。以坤艮自輔，故吉也。疏 釋詁曰：由，自也。故訓由爲自從也。自二至上體剝，九居於上，爲卦之主。四陰互兩坤象，順承於下，衆陰皆致養，而主之者上也，是由頤。與豫九四由豫同義。上失位，故厲。坤居西南，艮居東北，兩相對照，以土輔土，爲自輔，故吉也。愚案：成卦雖在兩陽，而頤實由上。以上爲養主也。初動於欲，雖得正亦凶。上止乎理，雖失位亦吉也。**利涉大川。**

象曰：由頤厲吉，大有慶也。 虞翻曰：失位，故厲。之五得正，成坎。坎爲大川，故利涉大川。變陽得位，故大有慶也。疏 九失正位，故有危厲。五上易位，則得正成坎。坎水爲大川，故利涉大川。五易上位，則有逼上之嫌，故不可涉大川。上易五位，則有屈已之道，故利涉大川。五上易位，上五皆正，故云變陽得位。陽稱大，稱慶，故大有慶也。

序卦曰不養則不可動故受之以大過崔憬曰養則可動動則過厚故受之以大過也疏頤始於動終於靜靜養已極動則過厚蓋直養無害則氣足以配道與義矣凡大過人之德與大過人之業孰不從直養來乎故頤受之以大過

䷛巽下兌上

大過棟橈虞翻曰大壯五之初或兌三之初棟橈謂三巽爲長木稱棟初上陰柔本末弱故棟橈也疏卦自大壯來六五之初從四陽二陰之例也或兌三之初者坤盡於夬至大過而生姤夬兌下成巽坤之終始也與頤旁通陽大陰小鄭云陽爻過也二取初五取上三棟橈四有它吝四陽爻皆失之過故名大過九三爻辭曰棟橈故知棟橈謂三巽爲長爲木故爲長木棟屋檼以長木爲之故巽爲長木稱棟初上陰柔初爲本上爲末故本末弱橈曲折也說卦曰兌爲毀折又曰橈萬物者莫疾乎風以毀折而遇巽風故棟橈也

利有攸往亨虞翻曰謂二也剛過而中失位无應利變應五之外稱往故利有攸往乃亨也疏彖曰大者過也謂二失位故知往謂

二也剛過而中象傳文二既失位上无正應利變之正上應乎五之外稱往謂應五也變正故利有攸往乃亨也

彖曰大過大者過也虞翻曰陽稱大謂二也二失位故大者過也疏陽大陰小故陽稱大大過體坎二爲主故謂二也二陽失位是陽過也故曰大者過也

棟橈本末弱也向秀曰棟橈則屋壞主弱則國荒所以橈由於初上兩陰爻也初爲善始末是令終始終皆弱所以棟橈 王弼曰初爲本而上爲末也 侯果曰本君也末臣也君臣俱弱棟橈者也疏向注 棟爲屋主棟橈則屋壞猶主爲國棟主弱則國荒其所以橈者由初上兩爻皆陰陰衆故弱也初貴善始末貴令終初陰失正始固不善上陰得位終非不令然始弱而終亦弱是以弱濟弱所以棟橈也 王注繫下曰其初難知其上易知本末也故初爲本而上爲末也說文曰木下曰本從木一在其下木上曰末從木一在其上是其義也 侯注 初非君位不可言君上非臣位不可言臣此釋非也

剛過而中巽而說行利有攸往乃亨虞翻曰剛過而中謂二說兌也故利有攸往大壯震五之初故亨與遯二同義疏二剛失位爲過在下中故知剛過而中謂二也兌爲說故云說

兌也以其得中又巽而說行利於變正應五故利有攸往也說行謂大壯震爲行也大壯四失位爲二陰所傷五之初陽得位陰不能傷二變應之故亨也遯二消陽子弑其父三來之二成訟弑逆不行失位終凶復變應五故同義也

大過之時大矣哉 虞翻曰國之大事在祀與戎藉用白茅女妻有子繼世承祀故大矣哉

疏 國之大事在祀與戎成十三年左傳文白茅縮酒所以承祭也女妻有子所以承先也引初二爻辭所以明繼世承祀爲國大事之義伏震震爲春體兌爲秋伏頤體离爲夏大過體坎爲冬禴祠烝嘗四時體備故大過之時大矣哉

象曰澤滅木大過 案兌澤也巽木也滅漫也凡木生近水者楊也遇澤太過木則漫滅焉二五枯楊是其義 疏 兌澤巽木皆本說卦滅漫也言水浸淫敗物也詩秦風隰有楊釋地下溼曰隰故凡木生近水者楊也澤水大過木則漫滅二五爻辭並言枯楊是其義也

君子以獨立不懼遯世无悶 虞翻曰君子謂乾初陽伏巽中體復一爻潛龍之德故稱獨立不懼憂則違之乾初同義故遯世无悶也 疏 君子

謂乾初者，初本巽也。巽其究爲躁卦，故陽伏巽下。乾之初九即復也，入坤出震，故云體復一爻。乾初九潛龍勿用，故云潛龍之德，確乎不拔，故獨立不懼，隱藏坤中，坤亂於上，憂則違之，遯世无悶，皆乾初文言傳文，故云乾初同義也。愚案：澤雖滅木，木得水而益榮。君子法此，則有大過乎人之學問焉。獨立則如巽木伏震爲懼，巽成震毀，故不懼。无悶則如兌以說之，悶與說反，說故无悶。本末雖弱，中互兩乾陽剛不橈，故能獨立不懼，遯世无悶，與乾初同義也。

初六，藉用白茅，无咎。虞翻曰：位在下稱藉，巽柔白爲茅，故藉用白茅。失位，咎也。承二過四應五士夫，故无咎矣。

【疏】周禮鄉師曰「大祭祀共茅蒩」，鄭興彼注云「祭前藉」。藉在下，故云位在下稱藉，以象初也。巽爲草，木。剛爻爲木，柔爻爲草，又爲白，故云巽柔白爲茅，在下，故藉用白茅。初陰失位，宜有咎矣。上承二陽，二正應五，初正應四，今承二過四而應五士夫，所謂藉也。剛柔相應，故无咎也。又初失位，與四易位得正，故无咎。

象曰：藉用白茅，柔在下也。侯果曰：以柔處下，履非其正，咎也。苟能絜誠肅恭，不怠，雖置羞於地，可以薦奉，況藉用白茅，重愼之至，何咎之有矣。

【疏】下謂初，下也。初爲陽位，以柔處之，履非其正，宜有咎矣。巽絜齊，有絜誠之象巽柔順有肅恭之象故云苟能絜誠肅恭不怠初於三才爲地道繫上說此爻曰苟錯諸地而可矣故云置蓋於地卦有鼎象鼎彖曰亨以享上帝故云可以薦奉繫又曰藉之用茅何咎之有愼之至也故云藉用白茅重愼之至何咎之有矣

九二枯楊生稊老夫得其女妻无不利

虞翻曰稊穉也楊葉未舒稱稊巽爲楊乾爲老老楊故枯陽在二也十二月時周之二月兌爲雨澤枯楊得澤復生稊二體乾老故稱老夫女妻謂上兌兌爲少女故曰女妻大過之家過以相與老夫得其女妻故无不利

【疏】稊訓穉者說文穉幼禾也是稊草木初生貌也夏小正曰柳稊又曰時有見稊故云楊葉未舒稱稊也巽爲楊九家說卦文乾盈將退故稱老方言乾老也從易義也老楊故枯者乾至大過嬗陰故枯姤陰故又生稊生華也陽在二十二月時於周爲二月二五爻獨以爻當月者大過時重陰始故陽義全二體臨五體夬也兌爲澤故爲雨澤枯楊得澤復生稊者二无正應今過應上生稊之象楊少則稊而老則華故二爲稊五爲華也又震爲反生巽體伏震故象枯楊生稊二體互乾爲老故稱老夫

上體兌。三索得女，爲少女。故曰女妻也。大過之家，初過四應五，上過三應二，是過以相與也。老夫得其女妻，過得其應，故无不利。

象曰：老夫女妻，過以相與也。

虞翻曰：謂二過初與五，五過上與二。獨大過之爻，得過其應，故過以相與也。

疏 二過初與五者，初比二，而二使之過與五也。五過上與二者，上比五，而五使之過與二也。獨大過之爻，得過其應者，乾鑿度：初與四，二與五，三與上，謂之應。今四不橈乎下而過與五，三不可有輔而過與二，故曰過以相與也。

九三：棟橈，凶。象曰：棟橈之凶，不可以有輔也。

虞翻曰：本末弱，故橈。輔之益橈，故不可以有輔。陽以陰爲輔也。

疏 三應在上。上柔爻，故末弱。將過上應初。初亦柔爻，故本弱。傳曰本末，正指三所應之爻皆弱，故橈而凶也。輔之，謂初上二爻皆弱，故輔之益橈，而不可以有輔也。比象傳曰：比，輔也，下順從也。是陰比陽而謂之輔，故云陰以陽爲輔也。

愚案：卦辭言棟橈，而三獨當之者，三處下體之上，而初弱不勝其任，又上應兌爲毀折，故三獨當棟橈之凶也。上陰可以輔陽，以初弱不能承三，則三亦不能爲主，以弱濟弱，故不可以有輔也。又案：釋宮：棟謂之桴。郭注：即屋脊也。說文：棟，極也。逸雅：棟，中也，居屋之中也。卦辭言棟，唯三、四兩爻居卦之中，故皆言棟。

九四：棟隆，吉。有它，吝。虞翻曰：隆，上也。應在於初，已與五，意在於上，故棟隆吉。失位，動入險而陷於井，故有它吝。疏 隆，上也，謂上六也。四正應初，乃不應初而與五相比，意在承上，以二陽承一陰，故棟隆吉。四失位，變則成坎為井，是入坎險而陷於井，故有它吝，戒其不可變也。愚案：初為內卦之始，以一陰承二陽，而三處其上，故棟橈凶。四為外卦之始，比二陽以承一陰，而上處其極，故棟隆吉。四與上，故吉。若下應於初，則有它吝矣。傳曰：不橈乎下，不應下，故不橈也。

象曰：棟隆之吉，不橈乎下也。虞翻曰：乾為動直，遠初近上，故不橈下也。疏 繫下曰：夫乾，其動也直。故乾為動直。自二至四，乾象始成，故能不橈。四與初異體，故遠初；與上同體，故近上。與在上，不在下，故曰不橈乎下也。

九五：枯楊生華，老婦得其士夫，无咎无譽。虞翻曰：陽在五也。夬三月時，周之五月枯楊得澤故生華矣老婦謂初巽爲婦乾爲老故稱老婦也士夫謂五大壯震爲夫兌爲少故稱士夫五過二使應上二過五使取初五得位故无咎陰在二多譽今退伏初故无譽體姤淫女故過以相與使應少夫象曰亦可醜也舊說以初爲女妻上爲老婦誤矣馬君亦然荀公以初陰失正當變數六爲女妻二陽失正數九爲老夫以五陽得正位不變數七爲士夫上陰得正數八爲老婦此何異俗說也悲夫學之難而以初本爲小反以上末爲老後之達者詳其義焉

疏　陽在五時爲夬於夏爲三月於周爲五月夬時枯楊得澤故生華矣五爲楊猶四爲棟皆兌上反下爲巽也巽長女象已嫁爲婦故老婦謂初巽爲婦也巽入乾體初亦稱老故乾爲老稱老婦也士夫謂五者旁通大壯震長男爲夫大過兌少女爲少故稱士夫五本應二今過二使應上二本應五今過五使取初五得正位故无咎陰在二得位故多譽今巽爲退伏居初故无譽初體姤象淫女過四相與使應五少夫故象曰亦可醜也馬與舊說取一卦之義以初爲女妻上爲老婦荀氏之義六爲老陰而稱女妻八爲少陰而稱老婦但以數多少爲老少於理有乖故虞君同之俗說而不用也

象曰枯楊生華何可久也老婦士

夫亦可醜也　虞翻曰：乾爲久。枯而生華。故不可久也。婦體姤淫。故可醜也。疏　繫上曰：有親則可久。謂乾也。故乾爲久。楊巳枯而復生華。故不可久也。初爲老婦。初體姤。姤女壯。鄭氏謂壯健以淫。故云婦體姤淫。亦可醜也。

上六過涉滅頂凶无咎　虞翻曰：大壯震爲足。兌爲水澤。震足沒水。故過涉也。頂首也。乾爲頂。頂沒兌水中。故滅頂凶。乘剛咎也。得位。故无咎。與滅耳同義也。疏　旁通大壯。故大壯震爲足。體兌爲澤。坎水半見。故爲水澤。風俗通曰：涉始於足。足率長十寸。十寸則尺。一躍三尺。法天地人。再躍則涉。後漢書趙典傳所謂一爲過。再爲躍。三而弗改。滅其頂凶。謂至上也。尋涉從水從步。步長六尺。以長爲深。則涉深六尺。震足沒水。故過涉。涉者之過也。釋言：顛，頂也。故云頂首也。乾爲首。故爲頂。五互乾首。上則頂也。頂沒兌澤中。是乾沒於陰。故滅頂凶。上乘四剛。當有咎。以六居上。陰得其位。故无咎。與滅耳同義者。噬嗑上九坎水自下沒上。故曰滅耳。與滅頂相似。噬嗑由否之泰。消息卦。否上不反。坤弑父弑君。故曰何校滅耳凶。此本大壯。陰傷陽。五巳之初。而上陰滅乾。故凶。與滅耳同義。

然大過之時，坤生乾沒，上妻二生子，得位續陰，非其咎也。愚案：自初至五，全體象巽，巽爲草木。柔爻象草，故初言荑；剛爻象木，故二、三、四、五言楊言棟。至上，兌澤始成，故言滅。滅木、滅頂，皆謂上也。

象曰：過涉之凶，不可咎也。九家易曰：君子以禮義爲法，小人以畏慎爲宜。至於大過之世，不復遵常，故君子犯義，小人犯刑，而家家有誅絶之罪，不可究也。大過之世，君子遜遯，不行禮義，謂當不義則爭之，若比干諫而死是也。桀紂之民，可比屋而誅，上化致然，亦不可咎。曾子曰：上失其道，民散久矣。如得其情，則哀矜而勿喜，是其義也。疏曰：曾子至勿喜，論語文。此以君子犯義、小人犯刑爲過涉之，不應經義。王弼注云：志在救時，故不可咎。蓋喻伏節死義之臣，行雖過而理无害，若所云此干諫而死之類，得其解矣。

序卦曰：物不可以終過，故受之以坎。坎者，陷也。崔憬曰：大過不可以極，極則過涉滅頂，故曰物不可以終過，故受之以坎也。疏 過涉滅頂，大過極矣，故物不可以終過，而受之以坎也。大過者，以陽過也。中互兩乾，陽過乎剛，故本末愈形其弱，惟受之以坎，則三、四兩陽變而之陰，以柔濟剛，而陽不過乎剛。以柔助柔而陰不失之弱。坎之兩陽陷而得中，以中節過，庶无過中之憂乎。

䷜ 坎下坎上

習坎，有孚，虞翻曰：乾二、五之坤，與離旁通，于爻觀上之二。習，常也。孚，信。謂二、五。水行往來，朝宗于海，不失其時，如月行天。故習坎爲孚也。【疏】虞歸妹注云：乾主壬，坤主癸，日月會北。天地以離坎戰陰陽，所謂易出乾入坤，離坎之神也。故乾二、五之坤成坎，蓋乾歸大有，坤二、五乃交乾而爲離。離息成坎，故與離旁通。若從四陰二陽之例，則觀上之二也。八純卦唯坎加習者，嫌陽陷險非正，故明之，言陽息陰中，是其常也。重亦常義，故云習，常也。象曰重險是也。孚，信，釋詁文。二、五剛中，故孚謂二、五。坎在天爲月，在地爲水。水之往來，朝宗潮汐，不失其時，如月之行天，盈虧不失其常，故以明習坎之有孚也。朝宗于海，禹貢文。

維心亨，虞翻曰：坎爲心，乾二、五旁行流坤，陰陽會合，故亨也。【疏】說卦坎爲亟心，故爲心，陽在中也。乾二、五旁行流坤，即乾二、五之坤也。旁行者，四周行於六十四卦，即旁通也。陰陽會合者，即天地以離坎戰陰陽，日月會北是也。以乾通坤，通，故亨也。

行有尙，虞翻曰：行謂二。

尙謂五也。二體震爲行。動得正。應五。故行有尙。往有功也。【疏】二陷坎中。失正當變。故知行謂二。尙與上通。謂五也。二互體震爲行。動而得正。上應五陽。故行有尙。往有功也。象傳文。

彖曰：習坎，重險也。

虞翻曰：兩象也。天險地險。故曰重險也。【疏】兩象，上下兩象也。五天位。坎在上爲天險。二地位。坎在下爲地險。故曰重險也。

水流而不盈。

荀爽曰：陽動陰中。故流。陽陷陰中。故不盈也。　陸績曰：水性趨下。不盈溢崖岸也。月者水精。月在天。滿則虧。不盈溢之義也。【疏】荀注　二震爲動。陽動陰中。故曰流。盈。溢也。五艮爲止。是陽陷陰中。故不盈溢也。九五曰坎不盈。不盈謂五艮也。　陸注　水性趨下。流而不息。故不盈溢崖岸。淮南子曰：水氣之精者爲月。故云月者水精。豐彖傳曰：月盈則食。故云月在天滿則虧。卽水不盈溢之義也。

行險而不失其信。

荀爽曰：謂陽來爲險。而不失中。中稱信也。　虞翻曰：信謂二也。震爲行。水性有常。消息與月相應。故不失其信矣。【疏】荀注　謂乾二五之坤也。陽來陷於陰中爲險。居二五。故不失中也。在中。故稱信也。　虞注　二中實。故信謂二也。互震爲行。故曰行險。水之潮汐。本有常性。消長與月相應。故曰不失其信。**維心亨，乃以剛中也。**侯果曰：二五剛而居中，則心亨也。【疏】二五居中，象心。剛自乾來，以陽通險，故心亨也。**行有何往有功也。**虞翻曰：功謂五，二動應五，故往有功也。【疏】繫下曰：五多功，故功謂五。二變正應五，故往有功也。**天險不可升也。**虞翻曰：謂五在天位，五從乾來，體屯難，故天險不可升也。【疏】乾五位乎天德，故五為天位。乾五之坤，故五從乾來，二至上體屯。序卦曰：屯者，難也。故體屯難為天險。震為足，艮為止，震足動而艮止之，故不可升也。**地險山川丘陵也。**虞翻曰：坤為地，乾二之坤，故曰地險。艮為山，坎為川，半山稱丘，丘下稱陵，故曰地險山川丘陵也。【疏】二於三才為地位，又坤為地，乾二之坤，坎險以成，故曰地險。互艮為山，體坎水為川，丘高半於山，故山半稱丘。爾雅：大阜曰陵。又湨梁、河墳，備八陵之數，知陵下於丘，故丘下稱陵，皆地之險，故曰地險山川丘陵也。　愚案：釋地：大阜曰陵。博雅：小陵曰丘。是陵高而丘卑也。虞謂山半稱丘，丘下稱陵，恐不然也。**王公設險以守其邦。**虞翻曰：王公，大人，謂乾五，坤為邦，乾二之坤成坎險，震為守，有屯難象，故王公設險以守其邦。离言：王用出征以正邦，是也。　案：九五王也。六三三公也。艮爲山城，坎爲水池，王公設險之象也。**疏** 虞注：王公者，大人之稱。乾九五利見大人，故謂乾五也。坤衆爲邦，乾二之坤成坎爲險，震長子繼世爲世守，故爲守。二至上有屯難之象，故設險以守其邦。旁通離，離上九象傳曰「王用出征，以正邦也」，卽設險守邦之義也。愚案：經文邦字，諸本皆作國，李從虞注作邦。觀注引離象「正邦」爲讖，知虞所見本實作邦也。案：爻例五爲天子，三爲三公，故云九五王也，六三三公也。艮爲山城象也，坎爲水池象也，設城池以守邦，王公設險之象也。

險之時用大矣哉！ 王肅曰：守險以德，據險以時，成功大矣。**疏** 吳起曰「在德不在險」，故云守險以德。孟子曰「天時不如地利」，故云據險以時。以德以時，故成功大矣。案：體坎伏離，離夏、兌秋、震春、坎冬，隨時設險，坤爲用，故曰時用。

象曰：水洊至，習坎。君子以常德行，習教事。 陸績曰：洊，再；習，重也。水再至而益流通，不舍晝夜，重習相隨以爲常，有似於習，故君子象之，以常習教事，如水不息也。虞翻曰：君子謂乾，五在乾稱大人，在坎爲君子。坎爲習，爲常，乾爲德，震爲行，巽爲教令，坤爲事，故以常德行習教事也。**疏** 陸注：洊，再，釋言爻書大禹謨卜不習吉哀十年左傳卜不襲吉襲古文作𧝓褶襲重衣也褶與習通故云習重也兩坎相因故水再至以水盆水故盆通流不舍晝夜論語文相隨爲常有似於習君子法其象以常習教育之事如水之流而不息也虞注九五得中得正故君子謂乾五在乾稱大人在坎爲君子者五坎不盈德盛而業未大也坎重故爲習不息故爲常五乾爲德互震爲行觀巽申命行事爲教令觀坤發於事業爲事君子進德脩業如水之重習有常故以常德行習教事也

初六習坎入于坎窞凶　干寶曰窞坎之深者也江河淮濟百川之流行乎地中水之正也及其爲災則泛溢平地而入于坎窞是水失其道也刑獄之用必當于理刑之正也及其不平則枉濫无辜是法失其道也故曰入于坎窞凶矣

疏　初在坎底故云窞坎之深者也江河淮濟爲四瀆釋名瀆獨也各獨出其水以入海是也百川之流行乎地中即孟子所謂水由地中行故云水之正也及其泛溢平地入于坎窞是水失其常道矣坎爲法律上言徽纆故初以刑獄言之刑獄當理爲刑之正若用刑不平則枉濫无辜法失其道猶水之泛溢而失其

常也。故曰入于坎窞凶。愚案說卦曰巽入也。坎初巽象半見。陰開象穴。故曰入于坎窞。失位无應。故凶也。

象曰習坎入坎失道凶也　虞翻曰習積也。位下。故習坎為入。坎中小穴稱窞。上无其應。初二失正。故曰失道凶矣。

【疏】自陽德言。習為常。自險勢言。習為積。故云習積也。坎自初積。故位下。偁習。說卦言坎。萬物之所歸也。故曰入。字林窞坎中小穴也。兩坎之下。是坎中之窞。初在下。是入于坎窞之象。蓋習坎其位也。入坎其失道也。陽為道。初失位。故曰失道。四无正應。初與二皆失位。故曰失道凶也。言初而及二者。以二求小得。亦失道也。

九二坎有險求小得　虞翻曰陽陷陰中。故有險。據陰有實。故求小得也。

【疏】說卦坎陷也。乾來之坤。是陽陷陰中。位在坎。不能自出。險中。是坎而又有險。謂上更遇坎也。下據初陰。陽位為實。故云據陽有實。陰爻為小。故曰求小得。得謂得初也。

象曰求小得未出中也　荀爽曰處中而比初。三未足為援。雖求小得。未出於險中。

【疏】在二為處中。承三為比三。三不得位。未足為援。比三故求小得。失位故未出於險中。此以得為得三。與虞異也。二變正應五。則往有功。為出險。今據初而求小得。是以未出於險中也。虞注既濟象傳未出中。謂二未變而在坎中是也。

六三。來之坎坎。險且枕。入于坎窞。勿用。

虞翻曰。坎在內稱來。在坎終坎。故來之坎坎。枕止也。艮爲止。三失位。乘二則險。承五隔四。故險且枕。入于坎窞。體師三輿尸。故勿用。

疏　在外曰往。在內曰來。言內則有外之衡。往來皆坎。故來之坎坎。人臥以枕薦首則止。故云枕止也。以三互艮爲止也。三失正位。二在坎中。故乘二則險。三上承五。隔於六四。故險且枕。以坎接坎。三居上坎之下。故入于坎窞。初至四體師。師六三曰師或輿尸。象曰无功。三應上。上六曰小人勿用。謂三也。故坎三亦曰勿用。所以戒上也。又三居內坎外坎相交之地。當思出險。乃陰柔之質。不中不正。在險之中。且以爲安枕焉。則終入于坎窞而凶矣。險且枕。卽安其菑利其危者也。

象曰。來之坎坎。終无功也。

干寶曰。坎十一月卦也。又失其位。喻殷之執法者失中之象也。來之坎坎者。斥周人觀釁於殷也。枕安也。險且枕者。言安忍以暴政加民而无哀矜之心。淫刑濫罰。百姓无所措手足。故曰來之坎坎。終无功也。

疏　坎主冬至。故爲十一月卦。三不中不正。爲失位。十一月天氣閉塞。又失位且失中。坎象執法，故以喻殷之執法者失中之象也。殷法失中爲坎。坎周來觀之爲來之坎。坎斥指也。斥周人觀釁於殷也者，如泰誓觀政於商是也。枕所以安首，故云枕安也。居險之中，且安枕焉，故言安忍以暴政加民而无哀矜之心。水失位則泛溢，故言淫刑濫罰，百姓无所措手足，此所以來坎坎而終无功也。　案三與五同功，三失位不能承五，故无功。三應上爲終，上係徽纆，故終无功。又體師，師三象曰大无功也。

六四尊酒簋貳用缶

虞翻曰：震主祭器，故有尊簋。坎爲酒，簋黍稷器。三至五有頤口象，震獻在中，故爲簋。坎爲木，震爲足，坎酒在上，尊酒之象。貳，副也。坤爲缶，禮有副尊，故貳用缶耳。

【疏】序卦曰：主器者莫若長子。震卦辭曰：不喪匕鬯。故震主祭器。尊簋缶皆祭器也。考工記旅人爲簋，簋以瓦爲之，亦缶類，坤象也。震爲稷，故云簋黍稷器。三至五有頤口之象。天官膳夫：王燕飲酒則爲獻主。震主器，故爲獻。獻在頤中，故爲簋。坎於木爲堅多心，故爲木，謂下坎也。二互震爲足，君尊有豐，以木爲之，若豆而卑，言震爲足者，以其在下。坎酒在豐上，尊酒之象。貳副也者，坤爲缶，說見比卦注。酒於尊中曰副。天官酒正曰：大祭三貳，中祭再貳，小祭壹貳。鄭彼注云：貳，副益之也。弟

子職曰周旋而貳故曰禮有副尊貳用缶者副尊用缶也

內約自牖終无咎

虞翻曰坎為內也四陰小故約艮為牖坤為戶艮小光照戶牖之象貳用缶故內約自牖得位承五故无咎崔憬曰於重險之時居多懼之地近三而得位比五而承陽脩其絜誠進其忠信則雖祭祀省薄明德惟馨故曰尊酒簋貳用缶內約文王於紂時行此道從羑里內約卒免於難故曰自牖終无咎也

疏

虞注　坎歸為入入內同物故坎為內也四陰為小小故約又坎信亦為約也艮門闕故為牖坤闔戶為戶艮小石為小光照戶皆牖之象詩采蘋曰于以奠之宗室牖下毛傳云奠于牖下是內約自牖之義也四得位上承九五故有是象而无咎也　崔注　四在兩坎故云於重險之時四位多懼故云居多懼之地下近三而巳得位雖重險而不險比五而上承陽雖多懼而不懼坎為心四居心位伏巽絜齋故云脩其絜誠中虛象中孚中忠也孚信也故云進其忠信祭品雖云省薄明德可薦馨香故尊酒簋貳用缶也史記周本紀紂乃囚西伯於羑里漢書景十三王傳文王拘於牖里是羑右宇通也文王處羑里坎險之時內其絜誠忠信之道卒免於難故曰內約自牖終无咎也隱二年左傳苟有明信潤谿沼沚之毛蘋蘩薀藻

之菜筐筥錡釜之器，潢汙行潦之水，可薦於鬼神，可羞於王公，卽尊酒內約之義也。

象曰：尊酒簋，剛柔際也。虞翻曰：乾剛坤柔，震爲交，故曰剛柔際也。疏 乾剛坤柔，雜卦文。屯彖傳曰：剛柔始交而難生。謂乾剛坤柔始交而成坎也。際，接也。乾交坤自震始，故震爲交。四互二三爲震，而上與五接，故曰剛柔際也。簋古音机，與缶、漏爲韻。別本有貳字者，衍文也。

九五：坎不盈，禔既平，无咎。虞翻曰：盈，溢也。艮爲止，謂水流而不盈。坎爲平。禔，安也。艮止坤安，故禔既平。得位正中，故无咎。疏 說文：盈，滿器也。故云溢也。祭義：樂主其盈，鄭注亦云：猶溢也。體坎互艮，坎流艮止，故流而不盈。尚書大傳曰：非水無以準萬里之平。釋名：水，準也，準平物也，故坎爲平。京房、許慎皆云：禔，安也。坤卦辭云：安貞吉。故曰艮止坤安。既安且平，水之德也。以九居五，得位得中，故无咎。

象曰：坎不盈，中未光大也。虞翻曰：體屯五中，故未光大也。疏 屯九五象曰：屯其膏，施未光也。以在坎中也。二至上體屯，五居屯中，離伏不見，故中未光大也。成既濟，離出則光大矣。

上六係用徽纆寘于叢棘三歲不得凶虞翻曰徽纆黑索也觀巽爲繩艮爲手上變入坎故係用徽纆寘置也坎多心故叢棘獄外種九棘故稱叢棘二變則五體剝剝傷坤殺故寘于叢棘也不得謂不得出獄艮止坎獄乾爲歲五從乾來三非其應故曰三歲不得凶矣

疏卦自觀來觀巽爲繩坤於地爲黑故云徽纆黑索也互艮爲手觀艮上變大坎故係用徽纆也寘置也說文支九家說卦坎爲叢棘坎於木爲多心故稱叢棘哀公八年左傳曰吳藩衛侯之舍以將執衛侯囚邾子益於樓臺則栫之以棘此以棘禁人之始今云獄外種九棘於經无攷不審虞何據也觀上來二故取二變爲象盍二變則五體剝剝滅爲傷坤陰爲殺傷而且殺故必寘于叢棘也口訣義引虞注云以置九棘取改過自新秋官司圜曰其不能改而出圜土者殺故不得謂不能改而不得出獄也艮止坎獄謂止於獄也乾爲天天數十二歲有十二月故乾爲歲五從乾入坤三爲敵應故三歲不得出獄爲凶矣

象曰上六失道凶三歲也九家易曰坎爲叢棘又爲法律案周禮王之外朝左九棘右九棘面三槐司寇公卿議獄于其下害人者如明刑任之以事上罪三年而舍中罪二年而舍下罪一

年而舍也○案坎於木堅而多心○叢棘之象也○坎下巽爻巽為繩直○係用徽纆也○馬融云徽纆索也○劉表云三股為徽○兩股為纆○皆索名○以繫縛其罪人矣○〔疏〕九家注坎為叢棘又為法律皆九家說卦文周禮秋官朝士掌外朝之法左九棘孤卿大夫位焉右九棘公侯伯子男位焉面三槐三公位焉又曰左嘉石平罷民焉右肺石達窮民焉鄭氏謂罷民邪惡之民也○外朝為詢事之處故使司寇公卿議獄于下○害人者以下皆司圜文也○鄭彼注云明刑書其罪惡於大方版著其背任之以事若今時罰作令釋之也○愚案論語曰上失其道民散久矣如得其情則哀矜○而勿喜爻言三歲不得謂不得其情也○蓋上六陰柔失道久繫不得其情○故凶三歲也○案叢棘徽纆釋已見前馬氏亦概言索爾○穀梁傳疏陸德明云三糾繩曰徽○二糾繩曰纆○與劉注合○字林文以糾為兩合纆○纆為三合繩○是二股三股亦无定詁○不如馬氏概言索也○論語縲絏注云縲黑索○疏云古者以黑索拘攣罪人○不如虞云黑索為可據也○

序卦曰陷必有所麗故受之以離離者麗也崔憬曰物極則反○坎雖陷

於地，必有所麗於天，而受之以离也。

【疏】物極則反，故坎極則反离也。乾二五之坤成坎，是陽陷於地也；坤二五之乾成离，是陰麗於天也。故陷必有所麗，而坎受以离也。謂坎能用乾坤之中，既未濟則爻得坎离之合，而實乾坤之變。故六十四卦，乾坤居其首，坎离居其中，既未濟居其終，而坎离實乾坤之樞紐歟。

䷝ 离下 离上

离利貞亨

虞翻曰：坤二五之乾，與坎旁通。於爻，遯初之五，柔麗中正，故利貞亨。

【疏】坤二五之乾成离，與坎旁通，義詳坎卦辭下。若從爻變四陽二陰之例，則遯初之五也。坎离二卦，既從乾坤，又云觀遯來者，天地之爻出入无形，其成爻象，必假十二消息，凡乾坤詘信之卦皆同此。五柔麗伏陽中正，故利貞。坤通乾，故亨也。

畜牝牛吉

虞翻曰：畜，養也。坤爲牝牛，乾二五之坤成坎，體頤養象，故畜牝牛吉。俗說皆以离爲牝牛，失之矣。

【疏】鄭注周禮：始養曰畜，故云畜，養也。說卦坤爲子母牛，又九家說卦坤爲牝，故爲牝牛。乾二五之坤成坎，而离之二五則坤也。坎二至四體頤，坤牛頤養，故畜牝牛吉。九家說卦有离爲牝牛之文。虞以爲俗說者，以离非純陰，不象牝牛

互順也

彖曰离麗也

荀爽曰陰麗於陽相附麗也亦爲別離以陰隔陽也离者火也託於木是其附麗也煙燄飛升炭灰降滯是其別離也

疏 麗附麗也陰必麗乎陽也坤二五之乾是陰入於陽相附麗也又有別離之義者以一陰別兩陽也說卦曰离爲火故云离者火也木生火故託於木以火附木是相附麗也煙燄飛升陽升而上也炭灰降滯陰降而下也是別離之象也

日月麗乎天

虞翻曰乾五之坤成坎爲月离爲日日月麗天也

疏 坎爲月离爲日說卦文乾五伏陽上出於坤先成坎月下仍本离爲日乾爲天故日月麗天也

百穀草木麗乎地

虞翻曰震爲百穀巽爲草木坤爲地乾二五之坤成坎震體屯屯者盈也盈天地之間者唯萬物萬物出震故百穀草木麗乎地

疏 伏坎互震震驚百里故爲百又於稼爲反生故爲百穀离互巽剛交爲木柔交爲草故爲草木卦自坤來故坤爲地與坎旁通乾二五之坤成坎互震則體屯屯者盈也盈天地之間者唯萬物序卦文萬物出震說卦文雷雨之動滿盈則在地者皆生故百穀草木麗乎地

重明以麗乎

正乃化成天下虞翻曰兩象故重明正謂五陽陽變之坤來化乾以成萬物謂离日化成天下也

疏兩象者上下兩象也體离伏坎离日坎月故曰重明正謂乾五陽也陽變之坤謂坤二五之乾以麗乾五繫下曰坤化成物故云化乾坤化乾故以成萬物化坎由离故謂离日化成天下也

柔麗乎中正故亨虞翻曰柔謂五陰中正謂五伏陽出在坤中畜牝牛故中正而亨也

疏六五陰不正故柔謂五陰坎伏离下故中正謂五伏陽六五出坤中出离為坎故出在坤中乾坤交文得中正故亨畜牝牛疑是衍文

是以畜牝牛吉也荀爽曰牛者土也生土於火离者陰卦牝者陰性故曰畜牝牛吉矣

疏管子曰凡聽宮聲如牛鳴窌中史記樂書曰宮土音牛含宮聲故云牛者土也坤寓离中故云生土於火离中女故為陰卦牝母畜故為陰性以陰養陰故畜牝牛吉矣

象曰明兩作离虞翻曰兩謂日與月也乾五之坤成坎坤二之乾成离离坎日月之象故明兩作离作成也日月在天動成萬物故稱作矣或以日與火為明兩作也

疏孟子曰天無二日故兩謂日與月也乾五

之坤五成坎，坤二之乾二成離，離日坎月，故云「日月之象」。離以麗乾爲義，故「明兩作」，謂日月而名離也。《繫上》曰「坤化成物」，姚信云「化當爲作」，故云「作，成也」。乾《彖傳》曰「大明終始，六位時成」，荀以乾坤坎離爲言，詳見彼注。六位時成，則資始在是，即資生在是，故日月在天，動成萬物，爲作矣。或以日與火爲明兩作者，亦知天無二日也，然不如日月爲兩明之義稚也。蓋於文日月合而爲明，月無光，以日之光爲光，是明者皆離，故明兩作而爲離也。

大人以繼明照于四方。虞翻曰：陽氣稱大人，則乾五大人也。乾二五之光，繼日之明。坤爲方，二五之坤，震東兌西，離南坎北，故曰照于四方。

【疏】陽氣稱大人者，謂五伏陽，故云「乾五大人也」。乾二五之坤爲坎，坎月爲光。《中庸》曰「如日月之代明」，代明即繼明也，以月繼日，故云「繼日之明」。坤爲方，《九家說卦》文。乾二五之坤成坎，互震；坤二五之乾成離，互兌，故震東兌西，離南坎北。《周書·謚法》曰「照臨四方曰明」，故曰照于四方也。

初九：履錯然，敬之无咎。荀爽曰：火性炎上，故初欲履錯於二，二爲三所據，故敬之則无咎矣。

【疏】《洪範》曰「火曰炎上」，故云「火性炎上」。初在下爲足，故言履。初欲上則履錯於二，乃二爲三所據，據則爭。初本乾爲敬。說見乾卦。故敬之則无咎矣。案卦自遯來。外體本乾。三至五互兌。兌下乾上。其象爲履。序卦曰履者禮也。又曰有上下然後禮義有所錯。錯者置也。离爲火。火行禮。初得正。履有所錯。故履錯。錯然。初乾爲敬。初四皆陽爲敵應。四亦如其來如與禮相犯。故敬之无咎。禮以敬爲主也。

象曰履錯之敬以辟咎也

王弼曰錯然敬慎之貌也。處离之始。將進其盛。故宜慎所履。以敬爲務。辟其咎也。

疏 錯然者敬慎之貌。心敬慎則足盤辟也。初處离之始。欲進於盛。四應則將成既濟也。已得位本无咎。四陽敵應。來犯爲咎。故宜慎所履。以敬爲務。所以辟四咎也。

六二黃离元吉象曰黃离元吉得中道也

侯果曰此本坤爻。故云黃离。來得中道所以元吉也。

疏 坤二之乾爲离。故云此本坤爻。九家說卦坤爲黃。故云黃离。二來居中。故來得中道。上應五。五雖非正。然得中位。二五皆自坤來。坤五。五曰黃裳元吉。二應五。所以元吉也。

九三日昃之离

荀爽曰初爲日出。二爲日中。三爲日昃。以喻君道衰也。

疏 离爲日。初象日出。二

象日中三象日昃說文曰日君象也故以日昃喻君道衰也又說文曰𣅀日在西方側時也互兌為西巽為入日入西方故為日昃說文引作𣅀注云今俗別作昃非是是昃當從說文作𣅀也

不鼓缶而歌則大耋之差凶

九家易曰鼓缶者以目下視離為大腹瓦缶之象謂不取二也歌者口仰向上謂兌為口而向上取五也日昃者向下也今不取二而上取五則上九耋之陽稱大也嗟者謂上被三奪五憂嗟窮凶也火性炎上故三欲取五也

【疏】鼓缶者以離目下視謂下視二也離腹為大腹缶腹大虛中象離故瓦缶之象不鼓缶謂不取二也三至五互兌日在上歌者兌口仰而向上故為取五也日昃向下之時今不下取二而上取五則上九耋之據爻義當從蜀才本作咥謂兌口向上上九受其嚙咥也九為陽故稱大也三上敵應上被三奪五故上憂嗟窮凶也火性炎上常欲進取三與上為敵應勢不可取與五同功陰陽相承故三欲取五也

愚案伏艮為手離大腹為缶艮象不見故不鼓缶互兌口伏震聲故歌三在乾終乾盈則退為老故曰大耋又兌口舌巽呼號為嗟二至五體大過棺椁之象故大耋之嗟三雖得位嫌於過剛又上无正應故不鼓缶而徒歌歌者哀歌也哀歌者則以大耋之差

而有内也。

象曰日昃之離何可久也

九家易曰日昃當降何可久長三當據二以爲鼓缶而今與四同取於五故曰不鼓缶而歌也

【疏】日昃當降於地乾爲久三處乾終乾盈將退故有不可久長之象餘釋見上

九四突如其來如焚如死如棄如

荀爽曰陽升居五光炎宣揚。故突如也。陰退居四灰炭降墜。故其來如也。陰以不正居尊乘陽。歷盡數終。天命所誅。位喪民畔。下離所害。故焚如也。以離入坎。故死如也。火息灰損。故棄如也。

【疏】四五相比。陽升陰降。陽升則光燄宣揚。故曰突如。陰退則灰炭降墜。故曰其來如。陰以不正居五之尊。乘四之陽。上則歷盡數終。爲天命所誅。下則位喪民畔。爲下離所焚。四在下離之上。故焚如。三四易位。是以離入坎。火爲水滅。故死如。火息灰損。衆无所容。故棄如。　案說文曰𠫓不順忽出也。从倒子。或从㐬。即古文易突字。突猶衝也。揚子太元曰衝衝兒遇。不肖子也。旁通。坎四當震爲長男。坎爲中男。艮爲少男。四未能變。乘乾。三男皆逆。棄父。故突如。上下之交。故來如。四互二火閒。故焚如。體大過死象。故死如。二已正。體乾。乾爲野。大過棺椁象毀。四在野上。不葬。故棄如。焚故死。死故棄。孝經曰五刑之屬而罪莫大於不孝。如淳云。焚如死如棄如。謂不孝子也。不畜於父母。不容於朋友。故焚殺棄之。秋官掌戮曰。凡弑其親者焚之。故鄭氏謂焚如殺其親之刑。人之喪不居兆域。不序昭穆。故焚殺棄之不入於兆也。說文曰。棄捐也。从𠫓。𠫓。逆子也。四所以取義於子者。火有養母之法。白虎通曰。子養父母何法。法夏養長木。是以荀爽對策曰。离在地為火。在天為日。在天者用其精。在地者用其形。夏則火王。其精在天。溫暖之氣養生百木。是其孝也。冬時則廢。其形在地。酷烈之氣焚燒山林。是其不孝也。即此義也。

象曰焚如其來如无所容也

九家易曰。在五見奪。在四見棄。故无所容也。

疏 陽在五為陰爻所奪。陽在四為陰位所棄。故无所容。爻四為惡人。來則焚死且棄。故曰无所容也。

六五出涕沱若戚嗟若吉

荀爽曰。六五陰柔。退居於四。出离為坎。故出涕沱若。而下以順陰陽也。

疏 六五陰柔失位。故退居於四。是出於离而成坎也。离為目。坎為水。爻為加憂。故為出涕沱若。而下之象。陽當升。陰當降。故云以順陰陽也。

戚嗟若吉

虞翻曰。坎為心。震為聲。兌為口。故戚嗟若。動而得正。尊麗陽。故吉也。

疏 通坎

爲心。坎震爲聲。离兌爲口。故有戚差若之象。五失位。動得正。居尊麗陽。故吉也。　愚案五柔爲四剛所逼。故离目動成坎。水有涕象。坎加憂爲戚象。兌口舌爲嗟象。然已處乎中。五上相麗。五主上。公可用上以服四。故吉也。

象曰

六五之吉。離王公也。

九家易曰。戚嗟順陽。附麗於五。故曰離王公也。陽當居五。陰退還四。五當爲王。三則三公也。四處其中。附上下矣。

疏　戚嗟順四。體陰位陽。是附麗於五。爲離王公也。陽升當居五。陰降當退四。五天子爲王位。三則三公之位也。四處其中。上離五王。下離三公矣。　愚案離王公離上也。王肅注云離王者之後爲公是也。

上九王用出征有嘉折首獲匪其醜无咎

虞翻曰。王謂乾。乾二五之坤成坎體師象。震爲出。故王用出征。首謂坤。二五來折乾。故有嘉折首。醜類也。乾征得坤陰類。乾陽物。故獲非其醜。无咎矣。

疏　乾爲君。故王謂乾。乾二五之坤成坎。初至四體有師象。互震爲出。故王用出征。乾爲首。坤二五來折乾者。离之二五也。伏陽出。先折二五。故曰折首。二五會折乾首。故謂之首也。陽爲嘉。故有嘉折首。學記曰。比物醜類。醜類連文故醜訓類周語曰况爾小醜韋注亦云醜類也乾征得坤坤陰類者謂五陽旣出初三四上皆變而爲坤故曰得坤陰類乾陽物而獲陰類故獲匪其醜无咎矣爲離象爲甲冑爲戈兵有出征之象居一卦之上近取諸身有折首象爲互兌爲毁折有折首之象五當王位用上上九王者之後爲公者以出征有嘉美之意故有嘉折首用上爻相應者爲類上與四不應爲非類獲匪其醜獲四也上失位宜有咎以獲四則五吉而上亦无咎矣

象曰王用出征以正邦也 虞翻曰乾五出離自坤來坤土爲邦出離爲征坤故正邦也

疏 坎乾五出征坤邦得正征之爲吉正也故曰以正邦也

周易集解纂疏卷十二

受業楊思道達五校

周易集解篹疏卷十三

唐李鼎祚集解　　安陸李道平遵王篹疏

周易下經

序卦曰：有天地然後有萬物，有萬物然後有男女，有男女然後有夫婦，有夫婦然後有父子，有父子然後有君臣，有君臣然後有上下，有上下然後禮義有所錯。韓康伯曰：言咸卦之義也。咸，柔上而剛下，感應以相與，夫婦之象莫美乎斯。人倫之道莫大夫婦，故夫子慇懃深述其義，以崇人倫之始，而不係之离也。先儒以乾至离爲上經，天道也；咸至未濟爲下經，人事也。夫易六畫成卦，三材必備，錯綜天人以效變化，豈有天道人事偏於上下哉！斯蓋守文而不求義，失之遠矣。疏 此言咸卦之義而不出其名者，與上經不言乾坤同也柔上而剛下感應以相與咸彖傳文以男下女故云夫婦之象莫美乎斯由夫婦而上溯於天地者溯夫婦所從來也由夫婦而推之禮義者推夫婦所終極也故云人倫之道莫大夫婦夫子述其義以崇人倫而不係之離也若離坎合而爲既未濟既濟以女下男不合夫婦之正未濟以男下女而究爲男之窮故不係之離也尋上經首乾坤爲陰陽之分下經首咸恒爲陰陽之合而咸又二少相感以男下女得夫婦之正爲人倫之始故配乾坤而冠下經之首焉先儒以上經爲明天道下經爲明人事韓不取其說者蓋六畫既成三才斯備天人交錯變化以生未有言天而不及人言人而不及天者也以天人分爲上下特泥其辭而未達其理故云失之遠矣

䷞ 艮下兌上

咸亨利貞取女吉 虞翻曰咸感也坤三之上成女乾上之三成男乾坤氣交以相與止而說男下女故通利貞取女吉 鄭元曰咸感也艮爲山兌爲澤山氣下澤氣上二氣通而相應以生萬物故曰咸也其於人也嘉會禮通和順於義幹事能正三十之男有此三德以下二十之女正而相親說取之則吉也 疏 虞注咸

感也彖傳文卦自否來坤三之上成兌乾上之三成艮
男三上易位故云乾坤氣交以相與止而說男下女彖傳
文乾坤通故亨二正乎內五正乎外故利貞六爻陰陽相
應故取女吉　鄭注　艮爲山兌爲澤說卦文山氣下降
澤氣上升二氣感通陰陽相應萬物以生感之所以有取
於咸也其於人則有三德亨者嘉之會也惟嘉會禮通故
亨利者義之和也惟和順於義故利貞者事之幹也惟幹
事能正故貞不言元者大哉乾元至哉坤元天地之德存
乎物先故不言也媒氏令男三十而娶女二十而嫁注云
二三者天地相承覆之數也說卦參天兩地而倚數天三
覆地二載是男三十女二十合天地大衍之數五十男有
亨利貞之德以下於女內外皆正而相親說故取則吉也

彖曰咸感也柔上而剛下二氣感應以相與蜀才曰此本否卦案六三、升上上九降三是柔上而剛下二氣交感以相與也　疏　感陰陽相感也咸感古今字也卦自否來否六三升上是爲柔上上九降三是爲剛下陰陽二氣交而成咸故感應以相與鄭注云與猶親也

止而說男下女是以亨利貞取女吉也王肅曰山澤以氣通男女以禮感男而下女初婚之所以爲禮也通

義正，取女之所以爲吉也。【疏】艮山爲止，兌澤爲說，故云止而說。艮男在下，兌女在上，故云男下女。乾文言曰：同氣相求。說卦曰：山澤通氣，故云山澤以氣通。春官大宗伯以昏冠之禮親成男女，故云男女以禮感。儀禮士昏禮凡納采、問名、納吉、納徵、請期、親迎諸禮，皆男下女之事。郊特牲曰：男子親迎，男先於女，剛柔之義也。故云初昏之所以爲禮也。亨利貞則通其義而得正，故云取女之所以爲吉也。**天地感而萬物化生**荀爽曰：乾下感坤，故萬物化生於山澤。陸績曰：天地因山澤孔竅以通其氣，化生萬物也。【疏】荀注：否上之三，故云乾下感坤。中庸言天覆萬物，地載萬物，而歸功於山之廣生、水之不測，故云萬物化生於山澤。陸注：說卦曰天地定位，山澤通氣，故云天地因山澤孔竅以通其氣。說文：山，宣也，宣氣散生萬物。白虎通：水位在北方，陰氣在黃泉之下，任養萬物，故云化生萬物也。愚案：下經首言夫婦，而必推原於天地萬物，彖辭與序卦其義一也。先儒謂下經專明人事，韓氏於序卦傳注駁之，是矣。**聖人感人心而天下和平**虞翻曰：乾爲聖人，初四易位成既濟，坎爲心爲平，故聖人感人心而天下和平。此保合太和，品物流形也。【疏】乾爲聖人，謂否五也。初四失正，易位成既濟定，既濟有兩坎，坎亟心爲心，體兌爲和，坎水爲平，乾五下感坤衆，故曰聖人感人心。否乾天坤下，兌和坎平，故曰天下和平。保合太和，品物流形，乾坤交而爲既濟時也，故引乾彖以明天下和平之義。

觀其所感而天地萬物之情可見矣虞翻曰：謂四之初，以离日見天，坎月見地，縣象著明，萬物見离，故天地萬物之情可見也。【疏】四之初成既濟，有离日坎月，坤之乾成离，故以离日見天；乾之坤成坎，故坎月見地。乾天坤地，此天地之情可見也。說卦曰縣象著明莫大乎日月，又曰离者明也，萬物皆相見，此萬物之情可見也。

象曰：山上有澤，咸。崔憬曰：山高而降，澤下而升，山澤通氣，咸之象也。【疏】山至高，今降在下，降以氣也；澤至下，今升在上，升以氣也。山澤通氣，說卦文。通則感，感即咸，故云咸之象也。

君子以虛受人。虞翻曰：君子謂否乾，乾爲人，坤爲虛，謂坤虛三受上，故以虛受人。艮山在地下爲謙，在澤下爲虛。【疏】乾三爲君子，乾上之三，故君子謂否乾。人得陽以生，故乾爲人。陽實陰虛，故坤爲虛。三自乾上來，是坤虛三受上。乾坤感應陽施陰受故以虛受人謙咸二卦皆山在下山在地下爲謙者山卑自牧也在澤下爲虛者山虛能受也二卦皆乾上之三謙指乾上虧盈之義咸指坤三虛受之義

初六咸其母象曰咸其母志在外也虞翻曰母足大指也艮爲指坤爲母故咸其母失位遠應之四得正故志在外謂四也 **疏** 母古文拇子夏傳作䟧馬鄭薛皆云足大指也繫下曰近取諸身咸言人事故六爻皆取象於身而初則象足艮爲指坤爲母皆說卦文荀氏云母陰位之尊母拇同物初與四應四咸初初爲足故咸其母也六居初爲失位應在四爲遠應初四易位皆得其正故之四得正初利之四故志在外在外者四屬外卦也之四互兩坎故稱志

六二咸其腓凶居吉象曰雖凶居吉順不害也崔憬曰腓腳膊次於母上二之象也得位居中於五有應若感應相與失艮止之禮故凶居而承比於三順止而隨於禮當故吉也 **疏** 腓腳膊即鄭氏所云膊腸是也腳膊次於母上象二故二爲腓六爲得位二爲居中二正應五故於五有應但二在

艮中宜守艮止若感應於五變以相與是失艮止之禮故凶也若居而承比於三以全艮止是順以止也三言執隨謂二隨三故隨於禮當爲吉也盍二以陰居陰爻位相得宜靜而有常若處中易感動則失正故感則凶居則吉也二本否坤故曰順又坤陰爲害三來坤壞二在坤中故曰順不害也

九三咸其股執其隨往吝 崔憬曰股胜而次於腓上三之象也剛而得位雖欲感上以居艮極止而不前二隨於巳志在所隨故執其隨下比二也而遂感上則失其正義故往吝窮也 疏 股胜而次於腓上象三故三爲股以九居三是剛而得位與上應故欲感上居艮之極止而不前之象二承三故二隨於巳三乘二故志在所隨執其隨者下比於二也不比二而遂感上失艮止之義故往則吝窮也

象曰咸其股亦不處也志在隨人所執下也 虞翻曰巽爲股謂二也巽爲隨艮爲手故稱執三應於上初四已變歷險故往吝巽爲處女也男已下女以艮陽入兌陰故不處也凡士與女未用皆稱處矣志在於二故所執下也 疏 巽爲股說卦文二三體皆巽二感三故咸其股巽象曰隨風巽故巽爲隨艮爲手說卦文以手執物

故稱執三。應於上必歷四，初、四易位成坎險，應上則必歷險，故往吝也。巽爲伏，故爲處女，在咸之家，已有男下女之象，以艮陽上入兌陰，故二、三同在巽體，亦不處也。士未用稱處士，女未嫁稱處女。二、三陰爲女，三、陽爲士，三乘二，是志在於二，故所執下也。

愚案：腓股爲物，皆感而易動。二五感二，故戒以居吉。上感三，三欲動，故曰亦不處也。亦，亦二也。初、三易位則體隨，初在下，故所執下也。上雖咸其股而不處，已則執其隨而不往，於感應之時守艮止之義，庶不愧於所感。若不能固執而妄隨，則往見吝矣。

九四：貞吉，悔亡。憧憧往來，朋從爾思。

虞翻曰：失位，悔也。應初動得正，故貞吉而悔亡矣。憧憧，懷思慮也。之內爲來，之外爲往。欲感上隔五，感初隔三，故憧憧往來矣。兌爲朋，少女也。艮初變之四，坎心爲思，故曰朋從爾思也。

【疏】四失位，宜有悔。與初易位成既濟，六爻皆正，故貞吉而悔亦亡矣。憧憧，《說文》曰：意不定也。言懷思慮而不定也。之內爲來，之外爲往，易例也。欲感上而隔於五，欲感初而隔於三，故有憧憧之象。四爲咸心，无所不感，初上舉其遠者，故有往來之象。兌以朋友講習，故爲朋。三索得女，爲少女，謂上也。初四易位，變坎，心爲

思四既正則上亦從四與上非男女之感易兌女爲朋象故曰朋從爾思也

象曰貞吉悔亡未感害也虞翻曰坤爲害也今未感坤初體遯弑父故曰未感害也【疏】否坤陰爲害初至五體遯有艮子弑父之害今未感坤初不遇遯艮弑父故曰未感害也愚案初四易位各得其正坤害不見故曰未感害下繫說此爻曰詘信相感而利生焉感而利生故未感害也

憧憧往來未光大也虞翻曰未動之离故未光大也【疏】五動則成离离爲光大未動故未光大謂感上亦以求正也愚案离爲光乾爲大往則成离來則离毀故未光往則乾毀來亦乾毀故未大

九五咸其脢无悔虞翻曰脢夾脊肉也謂四已變坎爲脊故咸其脢得正故无悔【疏】脢夾脊肉者謂在背也四變則五體坎坎爲美脊故咸其脢五得正位故无悔又王弼注脢者心之上口之下孔疏子夏易傳曰在脊曰脢馬融曰脢背也鄭元云脢脊肉也王肅云脢在背而夾脊說文云脢背肉也雖諸說不同大抵皆在心上輔嗣以四爲心神上爲輔頰五在上四之間故直云心之上口之下也案脢爲不動故五不應舍二感上嫌有悔

得中得位故无悔

象曰：咸其脢，志末也。

案末猶上也四感於初三隨其二五比於上故咸其脢志末者謂五志感於上也【疏】大過本末弱繫下其上易知末即謂上故云末猶上也四應初故感於初三乘二故隨其二五承上故比於五爲咸其脢五志在感上故曰志末也

上六：咸其輔頰舌。

虞翻曰耳目之間稱輔頰四變爲目坎爲耳兌爲口舌故曰咸其輔頰舌【疏】輔頰在耳目之間與舌不相接而相通上應三四變离爲目坎爲耳三在离坎之間故曰輔頰九家說卦曰兌爲輔頰是也兌爲口舌說卦文謂上也上感於五不得之三而與三通氣以言語相感故曰咸其輔頰舌象曰滕口說也言徒送口說而已愚案釋文輔虞作酺今從虞注當作酺是

象曰：咸其輔頰舌，滕口說也。

虞翻曰媵送也不得之三山澤通氣故媵口說也【疏】媵送也釋言文媵當讀爲騰燕禮曰媵觚於賓鄭氏彼注云媵送也今文媵皆作騰是媵爲古文騰也淮南子曰子產騰辭上與五比而不應三故云不得之三然山澤通氣兌說於上而艮不能止於下故媵口說矣鄭氏云咸道極薄徒送口舌言語而已不復有志於其間　案自下咸

而上自騰騰者騰也咸上自否三來彖傳曰柔上
是也上成兌口故騰口說上言騰故三言不處也

序卦曰夫婦之道不可不久也故受之以恒恒者久也鄭元曰言夫婦當有終身之義夫婦之道謂咸恒也疏二少相咸男女之新婚二長同居夫婦之偕老內則曰夫婦之禮唯及七十同藏無間故言夫婦當有終身之義而其道不可不久也咸言通恒言久咸繼以恒者繫下所謂通則久也

䷟ 巽下震上

恒亨无咎利貞虞翻曰恒久也與益旁通乾初之坤四剛柔皆應故通无咎利貞矣鄭元曰恒久也巽爲風震爲雷雷風相須而養物猶長女承長男夫婦同心而成家久長之道也夫婦以嘉會禮通故无咎其能和順幹事所行而善矣疏虞注恒久也彖傳文與益旁通者恒乾通益坤也卦自泰來故乾初之坤四剛柔皆應是乾坤交故通失位咎也剛柔應故无咎六爻唯三上得正初四二五不正變而之正則成既濟定故利貞矣

鄭注巽爲風震爲雷說卦文又曰雷以動之風以散之荀彼注云謂建卯之月天地和合萬物萌動建巳之月萬物上達布散田野故云雷風相須而養萬物巽爲長女震爲長男震上巽下是以女承男家人彖傳曰男正位乎外女正位乎內故云夫婦同心而成家久長之道也春官大宗伯以嘉禮親萬民以昏冠之禮親成男女乾文言曰亨者嘉之會也故云夫以嘉會禮通通故无咎矣乾又曰利者義之和也貞者事之幹也故云能和順幹事所行而善矣

利有攸往虞翻曰初利往之四終變成益則初四二五皆得其正終則有始故利有攸往也

疏恒變成益從初之四始故云初利往之四說卦震究爲健爲蕃鮮巽究爲躁卦謂震究爲巽巽究爲震也虞彼注云震雷巽風无形故卦特變耳今恒體震巽雷風特變故終變成益益初四五皆得其正否泰相尋恒益反復是終則有始故利有攸往也

彖曰恒久也剛上而柔下王弼曰剛尊柔卑得其序也**疏**孔疏恒久也者訓釋卦名也咸明感應故柔上而剛下取二氣相交也恒明長久故剛上而柔下取尊卑得序也

雷風相與巽

而動蜀才曰此本泰卦案六四降初初九升四是剛上而柔下也分乾與坤雷也分坤與乾風也是雷風相與巽而動也疏卦自泰來六四降初是柔下也初九升四是剛上也分乾之初以與坤則成震而爲雷分坤之上以與乾則成巽而爲風是爲雷風相與巽而動也又乾文言曰同聲相應虞彼注云謂震巽也相應猶相與與猶親也口訣義引褚氏云雷資風而益遠風假雷而增威是也

剛柔皆應恒九家易曰初四二五雖不正而剛柔皆應故通无咎矣疏初四二五位雖不正而六爻剛柔皆應故亨通而无咎矣

恒亨无咎利貞久於其道也荀爽曰恒震世也巽來乘之陰陽合會故通无咎長男在上長女在下夫婦道正故利貞久於其道也疏恒震宮三世卦故云震世也一世變豫二世變解三世而下體變巽故巽來成之陰陽會合離而不厭故亨通无咎巽內震外故云長男在上長女在下得夫婦之正正道故利貞又乾爲久爲道凡事不變則不恒唯不正者利變之正則久繫上曰變則通通則久故曰久於其道也

天地之道恒久而不已也虞翻曰泰乾坤爲天地謂終則復始有親則可久也疏泰有乾坤故乾坤爲天地否泰循環恒益反復

故云終則復始有親則可久繫上文虞彼注云陽道成乾爲父震坎艮爲子本乎天者親上故有親此終變成益乾坤歷生六子故云有親又荀彼注陰陽相親雜而不厭故可久也

利有攸往終則有始也荀爽曰謂乾氣下終終始復升上居四也坤氣上終始復降下居初者也

疏　謂泰乾氣終於下始復升於四坤氣終於上始復降於下益初四易位亦合終始之義故以泰初升四上降初爲終則有始也案有讀爲又利有攸往者利初四二五變之正終成益益恒自泰來益自否來否終則泰始泰終則否始恒與益反覆相循亦終則又始也

日月得天而能久照虞翻曰動初成乾爲天至二離爲日至三坎爲月故日月得天而能久照也

疏　恒與益通益變恒從初始初動成乾故爲天變至二成離故爲日變至三成坎故爲月以乾照坤乾爲久故日月得天而能久照也

四時變化而能久成虞翻曰春夏爲變秋冬爲化變至二離夏至三兌秋至四震春至五坎冬故四時變化而能久成謂乾坤成物也

疏　春夏陽信爲變秋冬陰詘爲化至三兌秋至四震春誤此益變成恒當云初巳變至二成離是類謀夏至日在離三四五互體兌秋分日在兌變至三成震春

分日在震變至五成坎冬至日在坎故四時變化而能久成兩儀生四象四時乃乾坤所生乾知大始坤化成物故謂乾坤成物也**聖人久於其道而天下化成**虞翻曰聖人謂乾乾爲道初二已正四五復位成既濟定乾道變化各正性命有兩離象重明麗正故化成天下【疏】聖人謂乾者卽乾三君子也乾道門故爲道又可久故曰久三不易方故久於其道以爻變論之三上得位三久其道不與上易則益初二已正四五復位成既濟定乾道變化各正性命所謂久於其道也既濟互有兩離重明麗正化成天下既濟之事明天下化成爲既濟也**觀其所恒而天地萬物之情可見矣**虞翻曰以離日照乾坎月照坤萬物出震故天地萬物之情可見矣與咸同義也【疏】變初及二是以離日照乾也變四及五是以坎月照坤也體震是萬物出震也乾天坤地震爲萬物窮變通久故曰觀其所恒而天地萬物之情可見矣與咸象觀其所感同一義也

象曰雷風恒宋衷曰雷以動之風以散之二者常相薄而爲萬物用故君子象之以立身守節而不易

道也【疏】雷以動之風以散之說卦文又曰雷風相薄又曰動萬物者莫疾乎雷撓萬物者莫疾乎風故云二者常相薄而爲萬物用蓋雷風至變而至變之中有不變者存變而不失其常者也故曰雷風恒君子象之以立身守節而不變易其常道也

君子以立不易方

虞翻曰君子謂乾三也乾爲易爲立坤爲方乾初之坤四三正不動故立不易方也【疏】三本乾也故君子謂乾三乾以易知爲易立天下之大本爲立坤直方大爲方泰乾初之坤四乾爻惟三得其正三正不動故曰立不易方也愚案終變成益則初四二五復位三正不動故立不易方

初六浚恒貞凶无攸利

侯果曰浚深恒久也初本六四自四居初始求深厚之位者也位既非正求乃涉邪以此爲正凶之道也故曰浚恒貞凶无攸利矣【疏】浚深也釋言文浚與濬通莊九年公羊傳浚之若何深之也是其義也恒久也象傳文卦自泰來故初六自四居初始求深位以陰居陽位既非正變不當變求乃涉邪四不正之初仍不正以此求正凶之道也故曰浚恒貞凶无攸利矣

愚案初失位變體潛龍在下故曰浚恒

成乾則體大壯，大壯初九曰「壯于趾，征凶」，變而无應，故貞凶。動而得凶，故无攸利，與大壯征凶同義。

象曰：浚恒之凶，始求深也。虞翻曰：浚，深也。初下稱浚，故曰浚恒。乾初爲淵，故深矣。失位變之正，乾爲始，故曰始求深也。【疏】初位在下稱浚，故曰浚恒。乾四曰「或躍在淵」，淵謂初。初曰「潛龍勿用」，是初潛爲淵，故稱深矣。初失位，變之正成乾，爲始求深也。

九二，悔亡。虞翻曰：失位，悔也。動而得正，處中多譽，故悔亡也。【疏】二失位，宜有悔。動成陰爲得正，位在二爲處中，二得中爲多譽，故宜有悔而悔亡也。

象曰：九二悔亡，能久中也。荀爽曰：乾爲久也。能久行中和，以陽據陰，故曰能久中也。【疏】乾可久，故爲久。以陽爻據陰位，故曰能久中也。案二在中失位，變之正，乃能行中和之道，故曰能久中。

九三，不恒其德，或承之羞，貞吝。荀爽曰：與初同象，欲據初，隔二；與五爲兌，欲說之，隔四。意无所定，故不恒其德。與上相應，欲往承之，爲陰所乘，故或承之羞也。貞吝者，謂正居其所，不與陰通也。无居自容故貞【疏】初三皆陽位故云與初同象欲據於初而隔於二與五互兌兌爲說欲說於五而隔於四是意吝矣无所定故不恒其德三與上爲正應欲往承上爲上六凶陰所乘故或承之羞也以九居三位得其正是正居其所爲恒之主上不與凶陰相通二五初四爻又不正是无君自容故以貞而有吝矣　愚案陽爲剛德唯三得正然正而不中位又多凶且居巽極其究爲躁卦又爲進退爲不果故有不恒其德之象承四承五爻皆不正承上振恒凶而无功四五不當承而承上當承而不獲所承故有或承之羞之象得正而羞故曰貞吝

象曰不恒其德无所容也九家易曰言三取初隔二應上見乘是无所容无居自容故貞吝【疏】釋已見上愚案恒唯三陽得位爻不正者既不見容爻之正者隔於不正又不見容是以无所容也

九四田无禽象曰久非其位安得禽也虞翻曰田謂二也地上稱田无禽謂五也九四失位利二上之五已變承之故曰田无禽言二五皆非其位故象曰久非其位安得禽也【疏】二與四同功故知田謂二也二於三才爲地位乾九二曰見龍在田故知地上稱田也禽獲也四近承五故知无禽謂五也陰

陽相比相應陽爲陰得稱禽稱獲九四與二五相比皆失位利二變之五已亦變正承之二五易位各得其正故曰田无禽謂无所得也言二五失正皆非其位故象曰久非其位安得禽也　案巽爲雞稱禽二在地上稱田二與五應則巽禽爲五有矣故九四曰田无禽四互乾乾可久爲久乾陽雖久居非其位恒而不得其正故无所得也又恒自泰來四之初故初曰始求深初之四故曰久非其位

六五恒其德貞婦人吉夫子凶虞翻曰動正成乾故恒其德婦人謂初巽爲婦終變成益震四復初婦得歸陽從一而終故貞婦人吉也震乾之子而爲巽夫故曰夫子終變成益震四從巽死於坤中故夫子凶也

疏 動而之正復成乾五乾日新爲德可久爲久故恒其德婦人謂初者巽初陰也巽長女故稱婦終變成益初四得正震四復歸於初是巽婦得歸震陽震初爲一巽四從初故從一而終襄三十年穀梁傳婦人以貞爲行者也故曰貞婦人吉也震爲乾之長子又爲元夫配巽爲夫故曰夫子終變成益反震爲巽互乾爲坤坤乙爲死魄震四從巽婦死於坤中故曰夫子凶也

象曰婦人貞吉從一而終也虞翻曰一

謂初，終變成益，以巽應初震，故從一而終也。【疏】初九爲元，元即一也，故一謂初。終變成益，時巽四正應震初，故云以巽應初震。郊特牲曰：壹與之齊，終身不改，故夫死不嫁。是從一而終之義也，所謂恒也。

夫子制義，從婦凶也。虞翻曰：震沒從巽入坤，故從婦凶矣。【疏】巽德之制，故爲制；坤爲義門，故爲義。以乾制坤，爲制義。終變成益，時震夫沒從巽婦入於互坤，坤爲死喪，故從婦凶也。

上六：震恒，凶。象曰：震恒在上，大无功也。虞翻曰：在震上，故震恒；五動乘陽，故凶；終在益上，五遠應，故无功也。【疏】虞注說卦云：震內體爲專，外體爲躁。震，動也。在震上，處動極，故震恒。五動之正，則上六乘陽，乘陽不敬，故凶。五終變成益，故終在益上。五多功，遠應二而不近比上，上不得五，故大无功也。震亦作振、祇，三字同物同音。祇有者音，故說文引作榰恒。

序卦曰：物不可以久居其所，故受之以遯。韓康伯曰：夫婦之道，以恒爲貴，而物之所居不可以恒，宜與世升降，有時而遯者也。【疏】夫婦之道以恒爲貴，自一端言也；物之所居不可以恒，推廣言之也。動極則靜，進極則退，故恒之震動極於上，即遯之艮止返於下，所以與世升降，有時而遯也。曲禮曰七十曰老而傳，謂血氣既衰，傳家於子，即恒繼以遯之義也。

☶☰ 艮下乾上

遯亨　虞翻曰：陰消姤二也。艮爲山，巽爲入，乾爲遠，遠山入藏，故遯。以陰消陽，子弑其父，小人道長，避之乃通，故遯而通。則當位而應，與時行也。

疏　陰始消姤，及二成遯，與臨旁通。艮爲山，說卦文。巽入也，故巽爲入。天道遠，故乾爲遠。以乾陽爲人，人藏於遠山，故曰遯。艮爲少男，變乾爲艮，故云以陰消陽，子弑其父，小人道長。否象傳文。陰消至否，否象曰君子以儉德避難。當陽消陰長之時，避之則不成否，是避之乃通，故遯而亨。當位謂五，應謂二，二陰道長，弑父弑君由遯。五利貞，與時偕行，故陽不受傷，遯而亨也。

小利貞　虞翻曰：小陰謂二，得位浸長，以柔變剛，故小利貞。

鄭元曰：遯，逃去之名也。艮爲門闕，乾有健德，互體有巽，巽爲進退，君子出門，行有進退，逃去之象。二五得位而有應，是用正道得禮見召聘，始仕他國，當尚謙謙，小其和順之道，居小官，幹小事，其進以漸，則遠妒忌之害。昔陳敬仲奔齊辭卿是也。疏 虞注：陰稱小，故小陰謂二，二得位爲貞。浸長則非正，以柔變剛，陰之利也，故小則利。利貞者，謂執用黃牛之革也。鄭注：遯，古文作遂。前漢書匈奴傳贊「遂逃竄伏」，故云遯，逃之名也。艮爲門闕，說卦文。又曰「乾，健也」，故云乾有健德。二至四互體巽，巽爲進退，說卦文。君子出於艮門，而巽象進退，是逃去之象也。二五陰陽得位，上下相應，是用得正道，得禮見召聘也。凡始仕他國者，當法謙，謙君子卑以自牧。與臨旁通，臨兌爲和，坤爲順，體艮爲小，故云小其和順之道，由小官小事以漸進於尊位，則遠妒忌之害，故曰小利貞。莊廿二年左傳：陳公子完奔齊，齊侯使敬仲爲卿，辭曰：「羈旅之臣，幸若獲宥，及於寬政，赦其不閑於教訓，而免於罪戾，弛於負擔，君之惠也。所獲多矣，敢辱高位以速官謗？請以死告。詩云：『翹翹車乘，招我以弓。豈不欲往，畏我友朋。』」使爲工正。此陳敬仲奔齊辭卿之事也。

彖曰：遯亨，遯而亨也。侯果曰：此本乾卦，陰長剛殞，君子遯避，遯則通也。疏 此本乾卦，消陽至二，陰長，是小人道長也；剛殞，是君子道消也。小人用事，則君子行遯。亨卦曰：遯者，退也。益進則遇難，退則保身，故遯則通也剛當位而應與時行也虞翻曰剛謂五而應二艮爲時故與時行矣疏五陽當位而正應二故剛謂五而應二艮象曰動靜不失其時故艮爲時遯臨爲與臨震爲行故與時行矣

小利貞浸而長也荀爽曰陰稱小浸而長則將消陽故利正居二與五相應也疏泰曰小往否曰小來故知陰稱小也陰消至二其勢浸長將欲消陽成否二與五爲正應固志守正遯不成否利貞之義也

遯之時義大矣哉陸績曰謂陽氣退陰氣將害隨時遯避其義大矣宋衷曰太公遯殷四皓遯秦之時也疏陸注　陽氣退謂乾消至二也陰氣將害謂消三成否坤陰爲害也艮象曰時止則止伏坤爲義體乾爲大故云隨時遯避其義大矣宋注　孟子太公避紂居東海之濱史記留侯世家上有不能致者天下有四人四人者年老矣逃匿山中是太公遯殷四皓遯秦之事也

象曰天下有山遯崔憬曰天喻君子山比小人小人浸長若山之侵天君子遯避若天之遠山故言天下有山遯也疏乾爲天純陽以喻君子艮爲山二陰消陽以比小人陰在下而浸長若山欲侵於天陽在

上而自尊。若天常遠於山。故曰天下有山遯。

君子以遠小人不惡而嚴

虞翻曰。君子謂乾。乾爲遠爲嚴。小人謂陰。坤爲惡爲小人。故以遠小人不惡而嚴也。侯果曰。羣小浸盛。剛德頽削。故君子避之。高尚林野。但矜嚴於外。亦不憎惡於內。所謂吾家耄遯於荒也。

【疏】虞注。君子謂乾三也。乾爲天。天道遠。故爲遠。乾位西北。其氣凜冽。故爲嚴。小人。二陰也。坤陰爲惡。消陽成否。否爲小人。陰消及三。君子道消。小人道長。天地閉。賢人隱。故以遠小人。不惡而嚴也。侯注。羣小浸盛。謂下二陰也。剛德頽削。謂上四陽也。是小人在位。君子在野之時。故君子避之也。然當其高尚林野。但外示矜嚴以持乎巳。實內无憎惡以尤乎人。吾家耄遯于荒。書微子文。言吾家老成之人。皆逃遁於荒野之外。引之以明遠小人之義。

初六。遯尾厲。勿用有攸往

陸績曰。陰氣已至於二。而初在其後。故曰遯尾也。避難當在前。而在後。故厲。往則與災難會。故勿用有攸往。

【疏】爻例上爲角。初爲尾。釋水瀵大出尾。注云。尾猶底也。言其源深出於底下者名瀵。是爻在下。故稱尾也。陰氣消陽。已至於二。而初在二後。故曰遯尾。避難當早。在後則厲。勿用有攸往者以往則災難會也。

象曰：遯尾之厲，不往何災也。虞翻曰：艮為尾也。初失位，動而得正，故遯尾厲。之應成坎為災，在艮宜靜，若不往於四則无災矣。疏 艮為黔喙之屬，多長尾，故為尾。以陰居初為失位，初動得正，則遯去其尾，故曰遯尾。所以厲者，上與四應，之應成坎，坎為災，故厲也。艮止宜靜，不往於四，則无災也。

六二：執之用黃牛之革，莫之勝說。虞翻曰：艮為手，稱執。否坤為黃牛，艮為皮。四變之初，則坎水濡皮，離日乾之，故執之用黃牛之革。莫，无也。勝，能；說，解也。乾為堅剛，巽為繩，艮為手，持革縛三，在坎中，故莫之勝說也。疏 艮為手，稱執者，二執三也。二執三在成否之後，故取否坤為皮。九家說卦曰坤為黃，又為子母牛，故為黃牛。又曰艮為膚，皮膚同義。乾陽為骨，坤陰為肉，乾三覆坤成艮，在肉之外，故為皮。考工記：攻皮之工五，函、鮑、韗、韋、裘。始析謂之皮，已乾謂之革，既熟謂之韋，其實一物也。四變之初，成离互坎，坎水濡皮，离日乾之，故執之用黃牛之革也。莫訓无，勝訓能，說讀若脫，訓解。乾陽，故為堅剛。互巽為繩，體艮為手。說文：縛，束也。以艮手持革縛之。四變三在坎中，故无能解說也。愚案：革自遯來，遯初之上成革，故黃牛之革與遯初同節。二得位得中，正應在五，固志守正，故莫之勝說。彖傳小利貞，正此義也。

象曰：執用黃牛，固志也。侯果曰：六二离爻，离爲黃牛，體艮履正，此上應貴主，志在輔時，不隨物遯，獨守中直，堅如革束，執此之志，莫之勝說，殷之父師當此爻矣。【疏】坤二之乾成离，故六二爲离爻。离卦辭曰畜牝牛吉，六二爻辭曰黃离元吉，故离爲黃牛。二體艮，位履正，五得中得正，故云上應貴主。諸爻皆言遯，二不言遯，故云志在輔時，不隨物遯。二在中，坤二曰直方大，故云獨守中道。革束而堅，居下之中，故云堅如革束。得正爲貞，貞固足以幹事，故云執此之志，莫之勝說。殷之父師謂箕子也。書微子：父師若曰：自靖，人自獻于先王，我不顧行遯，足以當此爻矣。

九三：係遯，有疾厲，畜臣妾吉。虞翻曰：厲，危也。巽爲四變時，九三體坎，坎爲疾，故有疾厲。遯陰剝陽，三消成坤，與上易位，坤爲臣，兌爲妾，上來之三，三據坤應兌，故畜臣妾吉也。【疏】厲訓危。巽爲本亦作巽繩。爲係，三互巽，巽爲繩直，故稱係。遯成於二，二陰三陽，二係於三，故稱係遯。四變則三體成坎，坎爲心病稱疾，故有疾厲。

五〇八

二執用黃牛之革據上來之三也遯陰消之卦故遯陰剝陽三互巽特變從家人漸之例三動上反三故三消成坤與上易位也三消成坤坤為臣與上易位上體兌兌為妾上來之三據下之坤應上之兌故畜臣妾吉也遯上下易位為大畜遯三大畜之上故言畜臣妾也

象曰係遯之厲有疾憊也王肅曰三下係於二而獲遯故曰係遯病此係執而獲危懼故曰有疾憊也此於六二畜臣妾之象足以畜其臣妾不可施為大事也

疏三比二陰故係二而獲遯為係遯三多凶係則有疾而厲因係執而獲危懼故曰有疾憊也三為二陰所係二陰為小故但可畜臣妾而不可施為大事也

畜臣妾吉不可大事也虞翻曰三動入坤坤為事故不可大事也荀爽曰大事謂與五同任天下之政潛遯之世但可居家畜養臣妾不可治國之大事

疏虞注三動成坤為否坤發於事業故為事陽稱大陰稱小三成否陰故不可大事也荀注三與五同功故大事謂與五同任天下之政也當潛遯之世動而成否故但可居家養小不可治國圖大也

九四好遯君子吉小人否虞翻曰否乾為好為君子陰稱小人動之初故君子吉陰在四

多懼。故小人否。得位承五。故无凶咎矣。[疏] 三消成否。四乃之初。故稱否。乾賈逵左傳注。好生於陽。故乾爲好。乾陽。故爲君子。坤陰。故爲小人。四動之初。以乾入坤。故君子吉。初陰之四。四位多懼。初本遯尾。厲。故小人否也。動得位。上承五。故无凶咎矣。

象曰。君子好遯。小人否也。

侯果曰。不處其位而遯於外。好遯者也。然有應在初。情未能棄。君子剛斷。故能舍之。小人係戀。必不能矣。故君子吉。小人凶矣。[疏] 四與初應。初在內。四在外。四陽當在初。今不處其位而遯於外。是好遯者也。處於外而有應於內。君子剛斷。故決然遯去。小人係戀。則不能也。故君子吉。小人凶也。

九五。嘉遯貞吉。

虞翻曰。乾爲嘉。剛當位應二。故貞吉。謂三已變。上來之三成坎。象曰以正志也。[疏] 釋詁。嘉。美也。乾美利。故爲嘉。剛在五。爲當位。而下正應二。故曰貞吉。三已變成否。四已易初。上來之三成坎。坎爲志。故象曰以正志也。案。非正應而相昵曰係。以中正而相應曰嘉。隨九五孚于嘉。遯九五嘉遯。皆因三之係而見也。

象曰。嘉遯貞吉。以正志也。

侯果曰。時否德剛。雖遯中正。嘉遯者也。故曰貞吉。遯而得正。則羣小應命所謂紐已紊之綱正羣小之志則殷之高宗當此爻矣【疏】三消陽爲時否九在五爲德剛所處雖遯而得乎中正嘉遯者也故貞而獲吉陽正乎上爲遯而得正陰應於下爲羣小應命故當遯之也乾得正是紐已紊之綱也坤應正是正羣小之志也書說命曰台小子舊學于甘盤既乃遯于荒野無逸曰其在高宗時舊勞于外爰暨小人作其即位乃或亮陰三年不言言乃雍不敢荒寧嘉靖殷邦以聖主遯於荒野卒能嘉靖殷邦故云殷之高宗當此爻矣

上九肥遯无不利

虞翻曰乾盈爲肥二不及上故肥遯无不利象曰无所疑也【疏】陽息爲盈且乾盈於甲故乾稱盈而爲肥也上與三爲敵應无所係戀二離執三不能及上故上將遠遯无所疑顧是以肥遯三有係故疾上无應故肥疾故厲肥故无不利係則有疑无應則无疑故象曰无所疑也

象曰肥遯无不利无所疑也

侯果曰最處外極无應於內心无疑戀超世高舉果行育德安時无悶遯之肥也故曰肥遯无不利則頹濱巢許當此爻矣【疏】上處最外內无正應是以心无疑顧超然遠遯體乎乾以果行育德

法乎艮。以安時无悶。故云遯之肥也。淮南九師訓曰遯而能肥。吉孰大焉。故曰肥遯无不利。高士傳巢父堯時隱人。堯讓位於許由。由以告巢父。巢父責之曰汝何不隱汝形藏汝光。非吾友也。乃過清泠之水洗其耳。故云潁濱巢許當此爻矣。以上之三成坎。坎心爲疑。无應則无所疑也。愚案內卦艮。艮止也。故爲勿往爲執革爲係爲畜。外卦乾。乾陽也。故爲好爲嘉爲肥。四五猶有正應。未能脫然遠去。上與三不應。且處乾野而在上極。故曰肥遯。古本肥作蜚。與蜚飛字同。後漢書注引九師訓曰遯而能飛。曹植七啟曰飛遁離俗。張衡思元賦曰欲飛遁以保名。蓋上變則體小過。小過有飛鳥之象。上六應之。故曰飛遯。荀注乾九五云飛者喻无所拘也。无所拘故无所疑云。

周易集解纂疏卷十三

雲夢戴修鑑高軒校

周易集解纂疏卷十四

唐李鼎祚集解　安陸李道平遵王纂疏

序卦曰物不可以終遯故受之以大壯韓康伯曰遯君子以遠小人遯而後通何可終耶陽盛陰消君子道勝也疏當遯之世君子道消小人道長是以君子違小人必遯而後亨然遯亦何可終也蓋陰長則陽退陽進則陰衰消息相循自然之理遯主退壯主進退極必進故遯受以壯是陽盛陰消君子道勝也愚案遯主乎退以艮止也而遯實全體象艮大壯主乎進以震動也而大壯實全體象震艮終東北即震出東方大壯次遯即震次艮之義也

䷡ 乾下震上

大壯利貞虞翻曰陽息泰也壯傷也大謂四失位爲陰所乘兌爲毀折傷與五易位乃得正故利貞也

疏陽自泰三息四成大壯故云陽息泰也陽息過盛而爲陰傷故云壯傷也物過則傷不云傷而云壯者陰陽之辭也楊子方言曰凡草木刺北燕朝鮮之間謂之策或謂之壯郭璞注云今淮南亦呼壯爲傷是也陽大陰小大謂四陽息至四也以陽居四爲失位五陰乘之陰氣賊害又互兌爲毀折故稱傷四當升五與五易位陽乃得正故利貞也

象曰大壯大者壯也侯果曰此卦本坤陰柔消弱剛大長壯故曰大壯也疏陽息坤初漸長至四故云此卦本坤陽息過泰是陰柔愈弱陽剛愈壯陽爲大息至四故曰大者壯也

剛以動故壯荀爽曰乾剛震動陽從下升陽氣大動故壯也疏乾剛在下震動在上是陽從下升也陽氣至剛大動於上故壯

大壯利貞大者正也虞翻曰謂四進之五乃得正故大者正也疏陽在四爲失位進而之五乃得乎正陽爲大故曰大者正也

正大而天地之情可見矣虞翻曰正大謂四之五成需以离日見天坎月見地故天地之情可見也矣疏陽居五爲正爲大四陽之五成需需自大壯來也需體坎

互離互乾成離故云離日見天乾之坤成坎故云坎月見地利貞者性情也故正大而天地之情可見矣

象曰雷在天上大壯 崔憬曰乾下震上故曰雷在天上一日雷陽氣也陽至於上卦能助於天威大壯之象也【疏】乾為天在下震為雷在上論衡曰雷者太陽之激氣故云雷陽氣也陽氣在上能助天威剛以動故有大壯之象

君子以非禮弗履 陸績曰天尊雷卑君子見卑乘尊終必消除故象以為戒非禮不履【疏】漢書五行志曰雷於天地為長子故云天尊雷卑震上乾下是以卑乘尊也陽長至上成乾滅震是終必消除也震為足震足履乾履非所履陰消至上震足不見故君子取以為戒而非禮弗履履者禮也天在澤上為履上下有辨以坤柔履剛故嘉會合禮雷在天上尊卑倒置以震剛履乾故非禮弗履

初九壯于趾征凶有孚 虞翻曰趾謂四征行也震足為趾為征初得位四不征之五故凶坎為孚謂四上之五成坎已得應四故有孚【疏】初應四故趾謂四征行也釋言文震為足故為趾為征初應四趾而征則自初始也初陽為得位四失位不應若初動而四不應則凶故征凶經言征虞謂四不征之五故凶者非也唯

不動而待四之五成坎。坎爲孚。巳得與四爲正應，故有孚。

象曰：壯于趾，其孚窮也。

虞翻曰：應在乾終，故其孚窮也。〔疏〕體有兩乾，應在乾終者，互乾之終也。終者窮也。以陽應陽，故孚窮。孚窮故傷。

九二：貞吉。象曰：九二貞吉，以中也。

虞翻曰：變得位，故貞吉。動體离，故以中也。〔疏〕陽變爲陰，得正位，故曰貞吉。動則成离。离二象曰得中道也，故云以中。二宜陰中也。

九三：小人用壯，君子用罔，貞厲。

虞翻曰：應在震也。三陽君子，小人謂上。上逆，故用壯。謂二已變离，离爲罔。三乘二，故君子用罔。體乾夕惕，故貞厲也。〔疏〕應在震上也。三陽君子謂乾三也。小人謂上。夬上小人道消也。五已正爲夬。上陰乘逆傷陽，不正應之，故用壯。壯，傷也。二已變，三體离。包羲作結繩以爲罔罟，蓋取諸离，故离爲罔。上不應三，三下乘二，故君子用罔。三體在乾，得正。乾九三曰夕惕若厲，故雖貞亦厲。三陷於罔，故危也。

羝羊觸藩，羸其角。

荀爽曰：三與五同功，爲兌，故曰羊。終始陽位，故曰羝。藩謂四也。三欲觸四而危之，四反羸其角。角謂五也。〔疏〕三與五同功，互爲兌，兌爲羊，故曰羊。說文：羝，牡羊也。遯變大壯，初二五上有升

有降唯二四不變而三則終始陽位陽爲壯故曰羝藩謂四釋具下侯注三君子不觸四角亦非五不如侯注尤合經義也

象曰小人用壯君子罔也

侯果曰藩謂四也九四體震爲竹葦故稱藩也三互乾兌乾壯兌羊故曰羝羊四藩未決三宜勿往用壯觸藩求應於上故角被拘羸矣　案自三至五體兌爲羊四既是藩五爲羊角卽羝羊觸藩羸其角之象也

疏　侯注藩謂四者四體震震爲竹木爲萑葦故爲藩三下互乾上互兌乾體壯兌象羊故曰羝羊四藩在前剛而未決三宜固守勿往若用壯觸四求應於上上欲應三爲四所隔故云角被拘羸矣上爲角爻例也羸釋文鄭虞作纍馬氏以爲大索是也與觀旁通觀巽爲繩三動互离羊性喜觸兌毁而离麗故有拘羸其角之象　案以五爲角從荀義也

九四貞吉悔亡藩決不羸壯于大轝之輹象曰藩決不羸尚往也

虞翻曰失位悔也之正得中故貞吉而悔亡矣體夬象故藩決震四上處五則藩毁壞故藩決不羸坤爲大轝爲輹四之五折坤故壯于大轝之輹而象曰尚往者謂上之五

疏　九居四爲失位宜有悔也上之五得

中故貞吉而悔亡矣初至五體象夬夬者決也故曰藩決四體不正上之五則震體毀故藩決不能羸也坤爲大輿爲腹皆說卦文謂泰坤也四之五體坎坎折坤體故曰壯于大輿之腹也壯者傷也而象曰上往者尚上也謂上之五也

六五喪羊于易无悔虞翻曰四動成泰坤爲喪也乾爲易四上之五兌還屬乾故喪羊于易動各得正而處中和故无悔矣疏四失位動成泰體坤月滅坤乙爲喪乾以易知故乾爲易鄭注易佼易也四上之五體坎坎五乾也故兌還屬乾喪羊于易也四五易位動而各得其正五處上中下應二和故无悔也**象曰**

喪羊于易位不當也案謂四五陰陽失正陰陽失正故曰位不當也疏四五陰陽失正故曰位不當四動之五各得其正故勿悔也

上六羝羊觸藩不能退不能遂无攸利艱則吉虞翻曰應在三故羝羊觸藩遂進也謂四已之五體坎上能變之巽巽爲進退故不能退不能遂退則失位上則乘剛故无攸利坎爲艱

得位應三利上故艱則吉【疏】上正應在三乃上不應三使三觸藩故无攸利明三羝羊所觸者上也書仲虺之誥顯忠遂良孔傳良則進之也且對退而言故訓進四巳之五其體爲坎震巽特變故上能變之巽巽爲進退說卦文應三隔四故不能進退窮於上故不能遂羸其角之象也退謂上爲巽退於四則失位進於五則乘剛故无攸利坎陷故爲艱上不變巽居坎得位四藩既決三自應之利居五上故艱則吉也乾鑿度說此爻曰藩決難解故上與二四同吉

象曰不能退不能遂不詳也 虞翻曰乾善爲詳不得三應故不詳也【疏】詳古文祥釋詁云詳善也元者善之長故乾善爲詳上隔於四不得三應不得乾故不詳也

艱則吉咎不長也 虞翻曰巽爲長動失位爲咎不變之巽故咎不長也【疏】巽爲長說卦文上動失位故有咎守正應三不變之巽故咎不長也咎不長者即雜卦所謂大壯則止也

序卦曰物不可以終壯故受之以晉晉者進也 崔憬曰不可以終壯於陽盛自取觸藩當宜羸進而上行受茲錫馬【疏】物壯盛則必進然壯而進故不可以終壯於陽盛自取羝羊觸

藩之咎。宜柔進而上行，以受錫馬蕃庶之休。晉所以繼大壯也。說文曰：晉，進也。日出萬物進，故曰晉者進也。

䷢ 坤下 离上

晉康侯用錫馬蕃庶晝日三接　虞翻曰：觀四之五。晉，進也。坤爲康，康，安也。初動體屯，震爲侯，故曰康侯。震爲馬，坤爲用，故用錫馬。艮爲多，坤爲眾，故繁庶。离日在上，故晝日。三陰在下，故三接矣。

疏　從四陰二陽之例，晉自觀來，故云觀四之五也。四進居五，柔而上行，故彖曰晉，進也。坤爲康者，坤靜爲安，安故康。康，安也，釋詁文。爻例四爲諸侯，觀之六四利用賓于王。四之五皆失位，五之正，以四錫初，則初四易位，初動體屯。初主五，象屯也。屯下體震，震爲侯，屯利建侯，故曰康侯。震爲馬，坤器爲用，故用錫馬。蕃，多也。庶，眾也。艮多節，爲多。坤數眾，爲眾，故稱蕃庶。雜卦曰：晉，晝也。离日在地上，故云晝日。觀四之五，以离日接坤，坤三陰在下，爲三接。三接，三享也。侯氏據周禮大行人言三接，詳見下文。又一說：王接諸侯之禮，覲禮延升一也，覲畢致享升致命二也，享畢王勞之升成拜三也。

彖曰晉進也明出地上順而麗乎大明崔憬曰渾天之義日從地出而升于天故曰明出地上坤臣道也日君德也臣以功進君以恩接是以順而麗乎大明雖以卦名晉而五爻為主故言柔進而上行也【疏】晉書天文志曰言天體者有三家一曰周髀二曰宣夜三曰渾天宣夜之學絕無師法周髀行數具存驗之天狀多所違失故史官不用唯渾天近得其情渾天儀曰天地各成氣而立載水而浮日月星辰繞地下故云日從地出而升于天為明出地上也坤文言曰臣道也故云坤臣道尸子曰日五色至陽之精象君德也故云日君德也坤在下故云臣以功進离在上故云君以恩接說卦曰坤順也离麗也又曰离也者明也虞彼注云离為日為火故明坤麗乾為离乾藏坤為坎离日坎月得天而能久照皆天之明也陽稱大故乾為大明縣象著明莫大乎日月故日月亦為大明觀五本乾觀四之五离麗乾故麗乎大明四進五五為卦主故言柔進而上行

柔進而上行蜀才曰此本觀卦案九五降四六四進五是柔進而上行【疏】此本觀五降四觀四進五四陰為柔故曰柔進而上行也

是以康侯用錫馬蕃庶荀爽曰陰進居五處用事之位陽中之陰

侯之象也。陰性安靜，故曰康侯。馬謂四也。五以下羣陰錫四也。坤爲衆，故曰蕃庶矣。

【疏】觀以六四陰柔進居於五，五爲卦主，故云處用事之位也。五陽位，于爻例爲天子，陰臣象也。以陰處陽，爲陽中之陰，故云侯之象也。陰爲地道，其性安靜，故曰康侯。觀四進五，五即退四，故馬謂四也。羣陰謂坤。五以坤陰錫四，蓋坤利牝馬爲馬。坤陰衆，故曰蕃庶。

晝日三接也。

侯果曰：康，美也。四爲諸侯，五爲天子，坤爲衆，坎爲馬。天子至明於上，公侯謙順於下，美其治物有功，故蕃錫車馬，一晝三覿也。采菽刺幽王侮諸侯，詩曰：雖無與之，路車乘馬。大行人職曰：諸公三饗三問三勞，諸侯三饗再問再勞，子男三饗一問一勞，即天子三接諸侯之禮也。

【疏】禮祭統康周公，注云康猶褒大也，故云康，美也。王弼亦云美之名是也。爻位四爲諸侯，五爲天子。坤陰爲衆，坎美脊爲馬。天子至明於上，謂离也。公侯謙順於下，謂坤也。美諸侯有治物之功，故蕃錫車馬，一日三接也。采菽，小雅篇名。序曰：刺幽王也。侮慢諸侯，諸侯來朝，不能錫命以禮，數徵會之，而无信義，君子見微而思古焉。詩曰：君子來朝，何錫予之？雖無予之，路車乘馬。引之以証康侯錫馬之義也。大行人，周禮秋官之職也。諸公即上公也。孔安國曲禮注：奉上謂之享。大行人曰：廟中將幣三享。臣享君也。臣享君則君接臣，三享，故三接也。據此是以三等之接爲三享也。不知三享即所謂受幣之一接。次得以當三接。若勞問，則不接。且侯伯子男之勞問，升不二。惟據覲禮釋之，義尤確也。已具前案。以四麗五，柔進上行，以离接乾，是康侯用錫馬於王，晝日三接之象也。

象曰：明出地上，晉。君子以自照明德。鄭元曰：地雖生萬物，日出於上，其功乃著。故君子法之，而以明自照其德。虞翻曰：君子謂觀乾。乾爲德，坤爲自，离爲明。乾五動以离日自照，故以自照明德也。

疏　鄭注　日出於地，進於天，以照地，故曰明出地上，晉。地有生物之功，必得日以烜之，長養乃著，故曰日出地上，其功乃著。君子以明自照其德，蓋法乎此也。虞注　觀九五曰「觀我生，君子无咎」。君子謂觀乾者，乾五也。乾可久爲德，坤成形爲自，离日爲明。乾五動則體离，乾以离日自照，故以自照明德也。俗本照作昭，孔疏引周氏等爲照之召反，以爲自照已身是也。

初六：晉如摧如，貞吉。罔孚，裕无咎。虞翻曰：晉，進。摧，憂愁也。應在四，故晉如。失位，故摧如。動得位。故貞吉。應離為罔。四坎稱孚。坤弱為裕。欲四之五成巽。初受其命。故无咎也。【疏】晉進本彖傳。以摧為憂愁義。復六二爻辭何安。注云摧退也。初應在四。爻皆失位。初之四為進。故晉如。四之初為退。故摧如。動而得位。故貞吉。應在離下。離為罔。四體坎為孚。坤體柔弱為裕。四雖孚而在罔。變則四在坤而裕。四之正成巽。巽為命。初已變震。正位得應。初受其命。故无咎矣。

象曰。晉如摧如。獨行正也。虞翻曰。初動震為行。初一稱獨也。【疏】初動為震。震足為行。初即一也。一即獨也。方言曰。一蜀也。南楚謂之獨。郭注蜀獨也。故云初一稱獨。初變震得正。故曰獨行正也。

裕无咎。未受命也。虞翻曰。五未之巽。故未受命也。【疏】四之五體巽為命。卦辭言錫命。錫自上。五未之正成巽。故初未受命也。

六二。晉如愁如。貞吉。虞翻曰。震為應在坎上。故愁如。得位處中。故貞吉也。【疏】震為下有脫文。當云震為行。故晉如。謂初已變。二在震也。二應五在坎上。坎為加憂。說文愁憂也。故愁如。二得位處中。故貞吉。又五失位。變之正。與二相應。為貞吉。

受茲介福于其王母。虞翻曰。乾為介福。艮為手。坤為虛。故稱受。

介大也謂五已正中乾爲王坤爲母故受茲介福于其王母【疏】乾陽爲大善爲福故爲介福互艮爲手坤陰稱虛爲手虛能受故稱受介大也本馬訓五已變正爲乾乾爲君故爲王坤爲母故爲王母二受五福故受茲介福于其王母也

象曰受茲介福以中正也

九家易曰五動得正中故二受大福矣大福謂馬與蕃庶之物是也【疏】五動成乾得正得中二與五應故受大福矣大福即卦辭錫馬蕃庶之類也

六三眾允悔亡

虞翻曰坤爲眾允信也土性信故眾允三失正與上易位則悔亡故象曰上行也此則成小過小過故有飛鳥之象焉臼杵之利見碩鼠出入坎穴蓋取諸此也【疏】坤陰爲眾允信也釋詁文坤土爲信故曰眾允以六居三失位當有悔與上易位各得其正故悔亡三之上故象曰上行也三上易位則成小過小過自晉來晉離爲雉故有飛鳥之象繫下言臼杵之利取諸小過以晉三互艮爲鼠坎爲穴見四碩鼠出入坎穴而制爲臼杵蓋取晉上之三成小過也

象曰眾允之志上行也

虞翻曰坎爲志三之上成震故曰上行也【疏】互坎爲志三之上則體震震爲行故曰上行也

九四晉如碩鼠貞厲九家易曰碩鼠喻貪謂四也體離欲升體坎欲降游不度瀆不出坎也飛不上屋不至上也緣不極木不出離也穴不掩身五坤薄也走不先足外震在下也五伎皆劣四爻當之故曰晉如碩鼠也

〔疏〕互艮爲石爲鼠碩與石通故爲碩鼠詩魏風曰碩鼠碩鼠無食我黍序曰貪而畏人若大鼠四本諸侯之位以陽居陰而據坤田有似碩鼠故云碩鼠喻貪謂四也碩又與鼫通故本亦作鼫說文鼫鼠五伎鼠也體離爲火火炎上故欲升互坎爲水水潤下故欲降游不度瀆者四在坎中不出水故云不出坎也飛不上屋者四離爲飛互艮止之故云不至上也緣不極木者離於木爲折上槀四在離下故云不出離也穴不掩身者五止坤陰一爻四在五下土氣不厚故云五坤薄也走不先足者四之初爲震外應內始成震足四欲走而足在初故云外震在下也五伎皆劣皆四爻當之故曰晉如碩鼠正据坎中則危故曰貞厲

象曰碩鼠貞厲位不當也翟元曰碩鼠晝伏夜行貪猥无已謂雖進承五然潛據下陰久居不正之地故有危厲也

〔疏〕襄廿三年左傳抑君似鼠晝伏夜動故云晝伏夜行離日爲晝五離中故伏於五坎月爲夜四坎中故行於坎當晉之時貪猥无已

雖欲進而承上，然實潛而據下，以陽居陰，是失居不正之位，四多懼，故有危厲也。

六五：悔亡，矢得勿恤，往吉，无不利。 荀爽曰：五從坤動而來爲離，離者射也，故曰矢。得陰居尊位，故有悔也。以中盛明光照四海，故悔亡，勿恤，吉无不利也。

疏 五從坤動來乾，爲離。旅外爲離，六五曰「射雉一矢亡」，故云「離者射也」。說卦曰「離爲戈兵」，故曰矢。得六陰居五尊位不正，宜有悔，然處中向明，光照四海，故悔亡。且失位互坎，坎憂爲恤，宜有恤，然離矢得中，故无恤。往變得正，故吉无不利也。

象曰：矢得勿恤，往有慶也。 虞翻曰：動之乾，乾爲慶也。矢，古誓字。誓，信也。勿，无。恤，憂也。五變得正，坎象不見，故誓得勿恤，往有慶也。

疏 五動成乾，乾陽故爲慶。釋言：「矢，誓也。」矢誓同音同物。書盤庚「出矢言」，詩衛風「永矢弗諼」，論語「夫子矢之」，矢皆訓誓，故知矢爲古誓字。曲禮曰「約信曰誓」，故云「誓，信也」。勿訓无，恤訓憂。五體互坎爲加憂，變得正，坎象不見，故誓得勿恤。五往成乾，故往有慶也。

上九：晉其角， 虞翻曰：五已變之乾，爲首位，在首上稱角，故晉其角也。

疏 五已變正成乾，乾爲首，說

卦爻位在首上而又陽剛且爻飾亦上爲角故晉其角也

惟用伐邑厲吉无咎貞吝

虞翻曰坤爲邑動成震而體師象坎爲心故維用伐邑得位乘五故厲吉无咎而貞吝矣

疏 坤土故爲邑動而成震自三至上體有師象互坎坎亟心爲心故惟用伐邑惟思也謂五五未正體師已正體坎言思欲伐邑謂五使上之三伐坤也下乘五故厲變得位故吉无咎上變得正故貞下乘五故吝又離爲甲冑爲戈兵故有伐邑之象

象曰惟用伐邑道未光也

荀爽曰陽雖在上動入冥豫故道未光也

疏 陽在離上動則成豫豫象曰利建侯行師行師侵伐故惟用伐邑豫上六曰冥豫故動入冥豫豫成離毀冥則无光故道未光也

序卦曰進必有所傷故受之以明夷夷者傷也

九家易曰日在坤下其明傷也言進極當降復入于地故曰明夷也

疏 日在坤上則明盛日在坤下則明傷言進極當降日中則昃故復入于地而曰明夷也

䷣ 離下 坤上

明夷 虞翻曰夷傷也臨二之三而反晉也明入地中故傷矣

【疏】夷傷也說卦文從四陰二陽之例卦自臨來故云臨二之三上六初登于天爲晉時後入于地爲明夷故云反晉猶艮反震兌反巽也明入地中則明揜故傷也

利艱貞 虞翻曰謂五也五失位變出成坎爲艱故利艱貞矣　鄭元曰夷傷也日出地上其明乃光至其入地明則傷矣故謂之明夷日之明傷猶聖人君子有明德而遭亂世抑在下位則宜自艱无幹事政以避小人之害也

【疏】虞注　五爲卦主故謂五也五失位不正變而成坎坎險爲艱正而在險不利亦利也五曰箕子之明夷內難而能正其志利艱貞之義也　鄭注　日出地上則明日入地中則傷故曰明夷日有聖人君子之象明娜明德傷則如遭亂世而在下位也其明既傷宜守艱貞以避小人之害卽象傳所引文王箕子是其義也

彖曰明入地中明夷 蜀才曰此本臨卦也案夷滅也九二升三六三降二明入地中也明入地中則明滅也

【疏】卦自臨來故云此本臨卦也夷又訓滅者滅於文从戌坤土也从火离火也火在土下爲烕又互坎水故夷訓滅臨九二升三六三降二反晉互坎爲明入地中也明入地中則明滅

內文明而外

柔順以蒙大難荀爽曰明在地下爲坤所蔽大難之象大難文王君臣相事故言大難也【疏】明入地中爲坤陰所蔽大難之象也以文王爲臣遇紂爲君故言大難蒙坤爲文二五之乾成离爲明故曰文明雜卦曰乾剛坤柔序卦曰坤順也故曰柔順离在內爲文明坤在外爲柔順文王有文明柔順之德而臣事殷紂幽囚著易故曰以蒙大難**文王以之**虞翻曰以用也三喻文王大難謂坤坤爲弒父迷亂荒淫若紂殺比干三幽坎中象文王之拘羑里震爲諸侯喻從文王者紂懼出之故以蒙大難得身全矣【疏】以用也王肅謂文王能用之是也三爲三公故喻文王大難謂坤者坤陰消陽爲弒父比干紂之諸父故云迷亂荒淫若紂殺比干也三互坎爲獄三幽坎獄中故象文王拘羑里也三文互震爲諸侯襲四年左傳文王帥殷之叛國以事紂故云喻從文王者文王有文明柔順之德三分有二以服事殷紂遂出之雖蒙大難得身全矣故曰文王以之**利艱貞晦其明也內難而能正其志箕子以之**虞翻曰箕子紂諸父故稱內難五乾天位今化爲坤箕子之象坤爲晦箕子正之出五成坎體离重明麗正坎爲志故正其志箕子以之而紂奴之矣【疏】書微

九

子篇稱箕子爲父師，故知箕子爲紂諸父也。同姓之卿，故稱內難。六五稱箕子之明夷，故云五乾天位，今化爲坤，箕子之象也。月三十日滅坤，故坤爲晦，乾爲大明，故晦其明。五位不正，箕子以之，故變而成坎，爲既濟，體互兩離，重明麗正。坎心爲志，位皆得正，故曰正其志。箕子以正自守，未出坎險，故以仁人而爲紂所囚也。

象曰：明入地中，明夷。君子以莅衆，用晦而明。虞翻曰：而，如也。君子謂三。體師象，以坎莅坤，坤爲衆，爲晦，離爲明，故用晦如明也。

疏　詩小雅「垂帶而厲」，鄭箋：「而亦如也。」孟子「望道而未之見」，注云：「而，通如。」齊策「而此三者」，注云：「而，猶如也。」故云「而，如也」。臨二之三得正，故君子謂三。二至上體師，師象傳曰「師，衆也」。師衆即坤衆也。師以坎莅坤，明夷體師，亦以坎莅坤。坤陰爲衆，滅乙爲晦，离日爲明。用晦如明者，雖在晦猶自明也。

初九：明夷于飛，垂其翼。君子于行，三日不食。荀爽曰：火性炎上，离爲飛鳥，故曰于飛。爲坤所抑，故曰垂其翼。陽爲君子，三者陽德成也。日以喻君，不食者，不得食君祿也。陽未居五，陰暗在

上初有明德恥食其祿故曰君子于行三日不食也

【疏】離爲火火曰炎上本乎天者親上飛象也說卦曰離爲雉郭璞洞林曰離爲朱雀故爲飛鳥而曰于飛也明入地中爲坤所抑故垂其翼昭五年左傳曰日之謙當鳥飛不翔垂不峻翼不廣初體離而在坤下故有是象也且晉時離在坤上今反在坤下故垂也泰象傳曰君子道長君子謂三陽左傳曰象日之動也故曰君子于行是知陽爲君子春秋元命包曰陽成於三故云三者陽德成也日象陽故喻君晉初動體噬嗑雜卦曰噬嗑食也明夷反晉故不食謂不食君祿也陽在初未居於五坤以陰暗在上故陽有離明之德恥食其祿初應四震爲行自初至四三爻爲三日故曰君子于行三日不食也

有攸往主人有言

九家易曰四者初應眾陰在上爲主人也初欲上居五則眾陰有言言謂震也四五體震爲雷聲故曰有攸往主人有言也

【疏】四者初之應也自內曰往故有攸往震主器爲主人坤眾陰在上故互震爲主人也初欲應四上居於五四互震而在坤體躁人辭多故云眾陰有言言謂震也震雷爲聲且爲行應在震故曰有攸往主人有言也

象曰君子于行義不食也

荀爽曰暗昧在上有明德者義不食祿也

【疏】暗昧

在上謂坤也。有明德者謂离在下也。离初得位以義自安。不食晧君之祿。故云義不食祿也。

六二明夷于左股用拯馬壯吉

九家易曰左股謂初為二所夷也。离為飛鳥。蓋取小過之義。鳥飛舒翼而行。夷者傷也。今初傷垂翼在下。故曰明夷于左股矣。九三體坎。坎為馬也。二應與五。三與五同功。二以中和應天。應天合眾。欲升上三以壯於五。故曰用拯馬壯吉。案初為足。二居足上股也。二互體坎。坎主左方。左股之象也。

【疏】九家注　管子宙合曰。君立於左。臣立於右。故君臣之分。是左陽右陰。故陽稱左。周書武順曰。天道尚左。初陽為左。故左股為初。二來初成离。故為二所傷。初四易位為小過。小過有飛鳥之象。故云离為飛鳥。蓋取小過之義。小過中實。上下皆虛。故象鳥飛舒翼而行。初曰明夷于飛。垂其翼。是初傷垂翼在下。故二曰明夷左股矣。二承三互坎。坎美脊為馬。三升五。二正應之。故云二應與五。三與五同功。故得升五。以五虛无君。陽得升也。二執中含和。上應九五。以合眾爻。五為天位。故云二以中和應天。應天合眾也。拯。子夏傳作拼。說文云。上舉也。亦引作拼。蓋拼之言升。三升五則二得其應。故欲上升三以壯於五而曰用拯馬壯。五變之正。故吉也。愚案。壯者傷也。言拯馬之傷。故吉也。案爻例初爲足。二居足上。故爲股。三互四體坎。主左方。故曰左股。愚案卦自臨來。臨震伏巽。巽爲股。震東方居左。故曰左股。

象曰：六二之吉，順以則也。九家易曰：二欲上三，居五爲天子。坎爲法律。君有法則。衆陰當順從之矣。疏二欲三升居五，體坎。五位爲天子。坎水平爲法律。天子而有法則。衆陰當順從之。三升則二體坤爲順。故曰順以則也。

九三：明夷于南狩，得其大首，不可疾貞。九家易曰：歲終田獵名曰狩也。南者，九五大陽之位，故稱南也。暗昧道終，三可升上而獵於五，得據五大陽首位，故曰明夷于南狩，得其大首。自暗復明，當以漸次，不可卒正，故曰不可疾貞也。疏釋天：冬獵爲狩。故云歲終田獵名曰狩也。天子有南面之尊，故云南者。九五，九五爲乾，乾陽爲大，故大陽之位稱南也。离居坤下爲暗昧，三居离上，爲暗昧道終。三陽五陰，五虛无君，陽主升。三五同功，故三可升上而獵於五，得據九五大陽首位，故曰明夷于南狩，得其大首。明夷之世，用晦而明，不可驟正五位，故云自暗復明，當以漸次，不可卒正。疾，速也，故曰不可疾貞。案二至上體師，以坎征坤，故曰狩。离南方之卦故曰南狩三本离上也离上曰有嘉折首故曰得其大首坎爲疾疾貞者正乎坎也言當征五成既濟也左傳季札聞歌周南召南曰美哉猶有憾謂疾貞也之五得正故曰不可疾貞也

象曰南狩之志乃大得也案冬獵曰狩也三互离坎离南坎北北主於冬故曰南狩五居暗主三處明終履正順時拯難與衰者也以臣伐君故假言狩既獲五上之大首而三志乃大得也疏冬獵曰狩義本爾雅三體离互坎坎居正北冬至日在坎坎冬主狩离位南故曰南狩坤陰在五故云五居暗主爻在离三故云三處明終三得位故云履正順時上承陰暗故宜振難興衰以臣伐君非義之正故假言南狩三與五同功又與上應故獲五上之大首坎爲志故三志乃大得也言乃者宜八年公羊傳曰乃難得乎也而亦不可疾貞之義也

六四入于左腹獲明夷之心于出門庭荀爽曰陽稱左謂九三也腹者謂五居坤坤爲腹也四得位比三應於順道欲上三居五以陽爲腹心也故曰入于左腹獲明夷之心言三當出門庭升五君位干寶曰一爲室二爲戶三爲庭四爲門故曰于出門庭矣疏荀注三陽稱左故左謂九三也外坤爲

腹。故腹謂五。居坤也。四得正位。下比於三。居坤之始。故云處於順首。欲三上居於五。以陽爲心腹。故曰入于左腹。三升五體坎爲心。故曰獲明夷之心。三在离明。互震爲出。五虛无君。故言三當出門庭。升五君位也。案坤爲腹。互震爲左。伏巽爲入。故入于左腹。初四易位成艮爲門闕。故爲門庭。互震故出。明夷之心三坎也。三四內外之間。當門庭之處。故獲明夷之心。于出門庭。干注室在內。故初一爲室。室之口曰戶。故二曰戶。庭在室外。故三爲庭。內爲戶。外爲門。故四爲門。三陽奇有庭象。四陰偶有門象。故曰于出門庭。

象曰。入于左腹。獲心意也。

九家易曰。四欲上三。居五爲坎。坎爲心。四以坤爻爲腹。故曰入于左腹。獲心意也。

【疏】四比三。欲三上居五成坎。坎亟心爲心。五坤爲腹。坎入居之。故曰入于左腹。獲心意也。

六五。箕子之明夷。利貞。

馬融曰。箕子。紂之諸父。明於天道洪範之九疇。德可以王。故以當五。知紂之惡。無可奈何。同姓恩深。不忍棄去。被髮佯狂。以明爲暗。故曰箕子之明夷。卒以全身。爲武王師。名傳無窮。故曰利貞矣。

【疏】五君位。而以箕子當之者。上六紂也。六五得中。紂不足以當之。箕子。紂之諸父。同姓之親也。史記武王克殷訪問箕子以天道箕子以洪範陳之書洪範曰禹乃嗣興天乃錫禹洪範九疇彝倫攸敘故曰明于天道洪範之九疇箕雖爲臣然德可以王故以當五史記殷世家紂爲淫泆箕子諫不聽人或曰可以去矣箕子曰爲人臣諫不聽而去是彰君之惡而自說於民吾不忍也乃披髮佯狂而爲奴故知紂之惡無可奈何同姓恩深不忍棄去披髮佯狂也以明爲暗者卽自晦其明也故曰箕子之明夷然明在二而五則晦以全身傳洪範以爲武王師名垂无窮故曰利貞也愚案利貞者卽象傳利艱貞也變正則能正其志故曰利貞

象曰箕子之貞明不可息也 侯果曰體柔履中內明外暗羣陰共掩以夷其明然以正爲明而不可息以爻取象箕子當之故曰箕子之貞明不可息也

疏 六爲體柔五爲履中內應離爲明外體坤爲暗坤陰共掩離明已傷然二以正爲明而羣陰不能滅象取箕子故曰箕子之貞明不可息也又五變正則重明麗正故不息

上六不明晦初登于天後入于地 虞翻曰應在三離滅坤下故不明晦晉時在上麗乾故登于天照四國今反在下故後入于地失其則

疏 三體居離之上上正應之故云應在三坤滅藏於癸

坤上离下故离滅坤下坤冥爲晦故不明而晦也晉時明在上而麗於乾故曰登天照四國也今明夷反晉明在坤下故曰後入于地失其則也

象曰初登于天照四國也後入于地失則也

侯果曰最遠于陽故曰不明晦也初登于天謂明出地上下照于坤坤爲眾國故曰照于四國也喻陽之初興也後入于地謂明入地中晝變爲夜暗晦之甚故曰失則也況紂之亂世也此之二象言晉與明夷往復不已故見暗則伐取之亂則治取之聖人因象設誠也

疏 最遠于陽謂遠三也遠故不明而晦也初登于天謂晉時也晉時明出地上下照於坤坤眾爲國乾鑿度曰陽三陰四故爲四國离象曰大人以繼明照于四方故曰照四國也所以譬喻陽氣之初興也後入于地謂明夷也明入地中晉晝變而爲夜暗晦甚矣三坎爲則三在下不應上上失之故曰失則也所以比況紂之亂世也二象謂坤离也陰陽遞嬗晝夜循環故晉與明夷往復不已也物極則反故見君之暗則伐取之見世之亂則治取之聖人因二象以設誠也

 同邑王蕃汝屏校

周易集解纂疏卷十五

唐李鼎祚集解　　安陸李道平遵王纂疏

序卦曰傷於外者必反於家故受之以家人韓康伯曰傷於外者必反諸內也疏孟子曰行有不得者皆反求諸巳故傷於外者必反脩諸內也家人所以次明夷也注疏本作反脩諸內義更備故從之

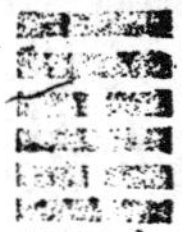
離下巽上

家人利女貞虞翻曰遯初之四也女謂離巽二四得正故利女貞也　馬融曰家人以女爲奧主長女中女各得其正故特曰利女貞矣疏虞注　從四陽二陰之例卦自遯來故云遯初之四也二位大夫又在內故稱家離二正內應在乾五乾陽生爲人故名家人女謂離巽者離爲中女巽爲長女二體離四體巽二四皆得正

位故曰利女貞馬注　禮運奧者老婦之祭也故云家人以女爲奧主鄭禮注云奧當作爨非馬義也离巽各得其正故利女貞也

彖曰家人女正位乎內男正位乎外王弼曰謂二五也家人之義以內爲本者也故先說女矣　疏　女正位乎內謂二陰也男正位乎外謂五陽也家人之義始於刑妻故以內爲本而先說女也又易氣從下生是以彖傳之例皆先內而後外亦以卦名家人故先女而後男也

男女正天地之大義也虞翻曰遯乾爲天三動坤爲地男得天正於五女得地正於二故天地之大義也　疏　卦自遯來故遯乾爲天三動成坤爲地五於三才爲天道故男得天正於五二於三才爲地道故女得地正於二乾天坤地故曰天地之大義也

家人有嚴君焉父母之謂也荀爽曰离巽之中有乾坤故曰父母之謂也　王肅曰凡男女所以能各得其正者由家人有嚴君也家人有嚴君故父子夫婦各得其正家家咸正而天下之治大定矣　案二五相應爲卦之主五陽在外二陰在內父母之謂也　疏　荀注坤初之乾成巽坤二之

乾成離故離巽之中有乾坤說卦乾天也故稱乎父坤地也故稱乎母離巽成於乾坤故曰父母之謂也　王注乾道成男坤道成女乾坤正於上則男女正乎下故男女正由家有父母爲嚴君也鄭注禮大傳云嚴猶尊也君道嚴威故曰嚴乾以君之故曰君孝經曰親生之膝下以養父母曰嚴泰象傳曰后以裁成天地之道復象傳曰后不省方皆指坤釋詁曰后君也故乾父坤母皆有嚴君之義家有嚴君則人各得其正一家正則家家正家家正則天下之治大定矣　案二五得位相應爲卦之主五陽在外父象也二陰在內母象也故曰父母之謂也母亦謂之君者猶父之父爲王父父之母爲王母又舅曰君舅姑曰君姑之義也

父父子子兄兄弟弟

虞翻曰遯乾爲父艮爲子三五位正故父父子子三動時震爲兄艮爲弟初位正故兄兄弟弟

疏　卦自遯來故以遯乾五爲父艮三爲子三五位皆得正故曰父父子子家人三動時震一索得男爲兄艮三索得男爲弟初五位得正不言五者蒙上省文也兄先弟後故曰兄兄弟弟

夫夫婦婦

虞翻曰三動時震爲夫巽四爲婦初四位正故夫夫婦婦也

疏　三動時震一夫之行故爲夫四體巽爲婦初四位皆得正夫內成婦外成故曰夫夫婦婦

也

而家道正正家而天下定矣荀爽曰父謂五子謂四兄謂三弟謂初夫謂五婦謂二也各得其正故天下定矣　陸績曰聖人教先從家始家正而天下化之脩巳以安百姓者也

疏荀注父謂五乾陽也子謂四承五也兄三弟初皆陽爻也夫謂五乾陽也婦謂二坤陰也上不得正故不與五爻皆得其正故天下定矣　陸注大學曰古之欲明明德於天下者先治其國欲治其國者先齊其家故聖人之教先從家始家正則天下化之也脩巳以安百姓論語文引之以明正家而天下定也案上變則六爻皆正成既濟定故曰正家而天下定矣

象曰風自火出家人馬融曰木生火火以木爲家故曰家人火生於木得風而盛猶夫婦之道相須而成

疏巽爲風又爲木巽木生離火故云火以木爲家而謂之家人也火生於木得風而盛者蓋火天氣風地氣火生於風得風而火盛猶男女之道相須而成也

君子以言有物而行有恒荀爽曰風火相與必附於物物大火大物小火小君子之言必因其位位大言大位小言小不在其位不謀其政故言有

物也大暑爍金火不增其烈大寒【疏】此釋未協經義愚案凝冰火不損其熱故曰行有恒矣君子謂九三遯艮賢人也三互坎爲法則禮哀公問敢問何謂成身孔子對曰不過乎物詩烝民曰有物有則言物而則在其中也說文恒常也禮月令文繡有恒言有常法也三動成震震聲爲言震足爲行言行未動法則已具故言有物而行有恒繫上言君子居其室言出乎身加乎民行發乎邇見乎遠故言行爲家人之要務且風火性急言行應違見乎千里之外其機亦速君子觀風火之象而知言行不可不愼也又三與上應上九象曰反身之謂也故有物有恒以脩身端齊家之本也

初九閑有家悔亡象曰閑有家志未變也荀爽曰初在潛位未干國政閑習家事而已未得治官故悔居家理治可移於官守之以正故悔亡而未變從國之事故曰志未變也【疏】乾初九曰潛龍勿用故云初在潛位家人九五曰王假有家國政也初爲士遠於五故云未干國政釋詁閑習也初爲家人之始故但閑習家事而已未得治官其時困宜有悔君陳曰惟孝友于兄弟施于有政孔子曰是亦爲政故云居

家理治可移於官初得正故守之以正而悔亡也尚未變從國事故曰志未變也　愚案馬注云閑闌也防也讀文閑闌也火門中有木卦自遯來遯艮爲門初四易位成巽巽木應初門中有木艮以止之故曰閑王注云凡教在初而法在始故曰閑有家坎險在前故有悔體离明初爻剛得正有應故悔亡也應在坎坎爲志爻皆得正爲閑故曰志未變也

六二勿攸遂在中饋貞吉

荀爽曰六二處和得正得正有應有應有實陰道之至美者也坤道順從故无所得遂供肴中饋酒食是議故以六居曰中饋居中守正永貞其志則吉故曰貞吉也　疏　二處和得正已得正應外有正應陰虛陽實有應而又有實故爲陰道之至美者也桓六年公羊傳遂者何生事也大夫無遂專何休注專事之辭夫子制義婦道无成故云坤道順從而无所得遂也鄭云爻體离又互坎火位在下水在上飪之象也饋食也故云供肴中饋酒食是議詩斯干文二在中故曰中饋二爲居中六爲守正與五正應惟永貞其志則必獲吉故曰永貞吉也

象曰六二之吉順以巽也

九家易曰謂二居貞巽順於五

則吉矣疏二得位爲居貞外應巽五剛柔相得故巽順於五則吉矣

九三家人嗃嗃悔厲吉婦子嘻嘻終吝王弼曰以陽居陽剛嚴者也處下體之極爲一家之長行與其慢也寧過乎恭家與其瀆也寧過乎嚴是以家雖嗃嗃悔厲猶得吉也婦子嘻嘻失家節也　侯果曰嗃嗃嚴也嘻嘻笑也疏王注　陽爻陽位故云以陽居陽乾德剛健乾道威嚴故云剛嚴者也三處下體之極爲一家之主貴乎剛嚴過恭過嚴非中和之道然與其慢毋寧恭與其瀆毋寧嚴即孔子寧戚寧儉之意嗃嗃劉作熇熇熇熇犍爲舍人爾雅注云嗃嗃盛烈也內經岐伯言無制熇熇之熱是也嘻嘻張作嬉嬉陸作喜喜鄭注嗃嗃苦熱之意嘻嘻驕佚自笑之意是以家雖嗃嗃悔其過厲然終得吉也若縱其婦子嘻嘻喜笑失乎家節故終吝也　侯注　說文嗃嗃嚴酷貌故云嗃嗃嚴也史記魏其武安侯傳夫怒因嘻笑故云嘻嘻笑也象曰家人嗃嗃未失也婦子嘻嘻失家節也九家易曰別體異家陰陽相據喜樂過節也別體異家謂三五也陰陽相據三五各相據陰故言婦子也疏內外二卦爲別體異家陰陽相據則和和故喜

樂過節也三與五同功而三居內五居外故別體巽家謂三五也陰陽相據者三據二五據四故三五各相據陰三體离中女爲婦互坎中男爲子故言婦子也案孔疏云初雖悔厲似失於猛終无慢瀆故曰未失也若縱其嘻嘻初雖歡樂失家節者也

六四富家大吉象曰富家大吉順在位也虞翻曰三變體艮艮爲篤實坤爲大業得位應初順五乘三比據三陽故曰富家大吉順在位也謂順於五矣疏三變則四體艮艮成始成終故爲篤實富有之謂大業故坤爲大業禮運曰天生時而地生財詁志曰地作富坤爲地故富也六居四爲得位初正應爲應初上順五下乘三初五皆陽故云比據三陽陽爲大爲吉故曰富家大吉得位順五故曰順在位也謂順於五矣

九五王假有家勿恤吉陸績曰假大也五得尊位據四應二以天下爲家故曰王大有家天下正之故无所憂則吉疏假大也釋詁文五乾爲君故云五得尊位近據四下正應二羣陰順從王者以天下

爲家故曰王大有家三坎爲恤三變則五交二而勿恤正家而天下定故无所憂而吉也案王弼注云假至也口訣義引先儒云猶如舜能治家處於嬀汭即是歸讓至焉義亦可通

象曰王假有家交相愛也 虞翻曰乾爲愛也二稱家三動成震五得交二初得交四故交相愛震爲交也 疏 乾元爲仁故爲愛二位大夫故稱家三動成震交互其間故五陽得交二陰初陽得交四陰爲交相愛也乾交坤自震始故震爲交屯象傳曰剛柔始交是其義也

上九有孚威如終吉 虞翻曰謂三已變與上易位成坎坎爲孚故有孚乾爲威如自上之坤故威如易則得位故終吉也 疏 三已變與上易位成坎坎卦辭曰習坎有孚故曰有孚遯乾爲君君德威嚴故曰威如往也自上之坤故曰威如易位得正故終吉也案上應三三體坎爲有孚上體乾爲威如敬信之道所以修身所以齊家即所以治國上爲終故終吉也

象曰威如之吉反身之謂也 虞翻曰謂三動坤爲身上之三成既濟定故反身之謂此家道正正家而天下定矣 疏 三動成坤坤形爲身上之三三上易位成

既濟定言有物行有恒故曰反身之謂也蹇觀皆上反三亦云反身是也正家而天下定上變成既濟時也故引彖傳文以明之

序卦曰家道窮必乖故受之以睽睽者乖也崔憬曰婦子嘻嘻過在失節失節則窮窮則乖故曰家道窮必乖【疏】嘻嘻失節必至蕩檢踰閑而家道窮矣窮則家人乖離故家道窮必乖而受之以睽也

☲☱ 兌下離上

睽小事吉虞翻曰大壯上之三在繫蓋取无妄二之五也小謂五陰稱小得中應剛故吉鄭元曰睽乖也火欲上澤欲下猶人同居而志異也故謂之睽二五相應君陰臣陽君而應臣故小事吉【疏】虞注從四陽二陰之例自大壯上之三也在繫蓋取者在繫辭蓋取十三卦也繫下曰弦木爲弧剡木爲矢弧矢之利以威天下蓋取諸睽虞彼注云无妄五之二蓋以彖傳曰彖進而上行故據蓋取以明之也六五陰爻故小謂五陽大陰小故

陰稱小，五得中位應乾伏陽，故小事吉也。鄭注睽乖也。序卦文。离火在上故欲上，兑澤在下故欲下，猶二人同居而各異其志也，故謂之睽。二五剛柔相應，五君爲陰，二臣爲陽，陽大陰小，以君應臣，故小事吉也。

彖曰：睽，火動而上，澤動而下，虞翻曰：离火炎上，澤水潤下也。疏 洪範曰：火曰炎上，水曰潤下。卦自无妄來，二上之五，體离爲火，故云离火炎上也。五下之二，體兑爲澤，故云澤水潤下也。

二女同居，其志不同行。虞翻曰：二女，离兑也。坎爲志，离上兑下，无妄震爲行，巽爲同，艮爲居。二五易位，震巽象壞，故二女同居，其志不同行也。疏 离爲中女，兑爲少女，故二女謂离兑也。互坎爲志，离上兑下，睽也。在无妄震足爲行，巽震同聲相應爲同，艮門闕爲居。二五易位，无妄變睽，震巽象壞，故二女同居，其志不同行也。

說而麗乎明，柔進而上行，得中而應乎剛，虞翻曰：說，兑；麗，离也。明謂乾，當言大明以麗於晉。柔謂五，无妄巽爲進，從二之五，故上行。剛謂應乾五伏陽，非應二也，與鼎五同義也。疏 說卦：兑，說也，故云說兑。离，麗也，故云麗离也。乾彖傳曰：大明終始，故明謂乾。晉彖傳曰：順而麗乎大明，故云當言大明以麗於晉。麗訓偶謂比偶於晉也柔謂五五本二也五從二來在无妄時巽進退爲進二之五故曰上行睽與蹇旁通故五有伏陽乾伏五下六五得中而應乾五伏陽故曰得中而應乎剛二五皆失位側變之正五柔應二剛爲不義之應故知剛謂應乾五伏陽非應二也鼎彖傳自得中而應乎剛與屯旁通剛應伏陽故與鼎五同義也

是以小事吉

荀爽曰小事者臣事也百官異體四民殊業故睽而不同剛者君也柔得其中而進於君故言小事吉也

【疏】以小事爲臣事者陰爲小也百官異體四民殊業睽而不同之象也剛爲天德乾爲天天爲君故剛者君也五柔得中變正應乎君位二變應之陰利承陽陰爲小故小事吉也

天地睽而其事同也

王肅曰高卑雖異同育萬物　虞翻曰五動乾爲天四動坤爲地故天地睽坤爲事也五動體同人故事同矣

【疏】王注天高地卑勢雖睽異然天地位而萬物育是高卑異而育物之事自同也　虞注五動體乾故乾爲天四動互坤故坤爲地乾上坤下其象爲否故曰天地睽坤發於事業故爲事五動體象同人故其事同也

男女睽而其志通也

侯果曰出處雖殊情通志合　虞翻曰四動艮爲男兌爲女故男女睽坎爲志爲通故其志通也

疏 侯注男正位外爲出女正位內爲處出處雖睽而男女之情志則通也　虞注四動變艮爲少男體兌爲少女二少相感男下乎女其體爲咸今上下易位故曰男女睽互坎心爲志又爲通故曰其志通也

萬物睽而其事類也

崔憬曰萬物雖睽於形色而生性事類言亦同也　虞翻曰四動萬物出乎震區以別矣故萬物睽坤爲事爲類故其事類也

疏 崔注萬物並育形色攸殊而生性一源其事相類故言亦同也　虞注四動體震萬物出乎震說卦文區以別矣論語文變震爲生體兌爲殺故萬物區別而爲睽也坤發事業爲事坤方類聚爲類故曰其事類也

睽之時用大矣哉

九家易曰乖離之卦於義不大而天地事同共生萬物故曰用大　盧氏曰不言義而言用者明用睽之義至大矣

疏 九家注乖離之卦其辭曰小事吉人或以爲於義不大不知天地事同共生萬物其用最大故特著其時使人不得小視睽用也　盧注諸卦言時大者如頤解革皆但言時如豫隨遯姤旅皆言時義唯睽與坎蹇皆言時用用者用其義也故曰明用睽之義至大矣案體离爲夏互坎爲冬體兌爲秋四變震爲春故曰時非常之義故曰時用也

象曰：上火下澤，睽。荀爽曰：火性炎上，澤性潤下，故曰睽也。疏洪範曰：水曰潤下，火曰炎上。故云火性炎上，澤性潤下。火上水下，其性違異，故曰睽也。

君子以同而異。荀爽曰：大歸雖同，小事當異。百官殊職，四民異業，文武並用，威德相反，共歸於治，故曰君子以同而異也。疏夫婦同居，而位內位外，其事則異。官民各有職業，而文武威德同歸於治，故君子以同而異也。愚案：离兌同得坤氣而成女，然离上澤下，其性迴異，故曰同而異，即彖傳所謂二女同居，其志不同行也。君子以之，如同一行仁，則親親而仁民，仁民而愛物，愛有差等，不敢混聽，故曰君子以同而異。又案天地之理，平陂往復，變動不居，故彖傳於睽時見其同，是以君子不敢小視睽也。象傳於同中見其異，是以君子不敢苟為同也。

初九：悔亡，喪馬勿逐，自復。見惡人，无咎。象曰：見惡人，以避咎也。虞翻曰：无應，悔也。四動得位，故悔亡。應在于坎，坎為馬。四而失位，之正入坤，坤為喪，坎象不見，故喪馬。震為逐，艮為止，故勿逐。坤為自，二至五體復象，故曰復。四動震馬來，故勿逐自復也。离為見，惡人謂四，動入坤，初四復

五五二

正故見惡人以避咎矣【疏】四失位初无應故有悔四動得正下應於初故悔亡四互坎坎故應在坎坎美脊爲馬四變成坤坤乙爲喪四變坤坎象毀故喪馬震足奔走爲逐艮以止之故勿逐坤身爲自四已變二至五體復象故自復震爲作足馬四動坎馬喪而震馬來故勿逐自復也相見乎離故離爲見離四火不正焚如棄如故惡人謂四也四動當入坤初易例也四入初則坤初來居四四復正位故見惡人以避咎矣愚案睽六爻唯初得正而无應无應故悔得正故悔亡四坎馬不應故喪馬初得正不動故勿逐初陽體復故勿逐自復也四雖惡人已正故見之无咎當睽不睽不爲已甚者也蓋以動則成未濟而睽愈甚故宜靜以鎮之待諸爻變而成既濟定也

九二遇主于巷无咎虞翻曰二動體震震爲主爲大塗艮爲徑路大道而有徑路故稱巷變而得正故无咎而未失道也【疏】二失位當動動則體震震長子主器故爲主震爲大塗艮爲徑路說卦文大塗有徑故稱巷又釋宮曰宮中巷謂之壼艮爲門闕爲宮爲徑路宮中有徑路故稱巷也隱四年穀梁傳曰遇者志相得也二五相應皆失位二動五變應之故遇主于巷而皆得正故无咎

象曰遇主于巷未失道

也虞翻曰：動得正，故未失道。崔憬曰：處睽之時，與五有應，男女雖隔，其志終通，而三比焉，近不相得，遇者不期而會。主者，三爲下卦之主。巷者，出門近遇之象。言二遇三，明非背五，未爲失道也。【疏】虞注：二失位，動得正，故未失道。廣雅曰：巷，道也。故經言巷，傳言道。崔注：處二應五，所謂男女睽而其志通也。三以陰據陽，故近而不相得。隱八年穀梁傳曰：不期而會曰遇，故云遇者不期而會。三居下卦上，故爲下卦主。說文：巷，里中道，故爲出門近遇之象。二之遇三，不期而會也，故非背五，未爲失道。

六三，見輿曳，其牛掣，虞翻曰：離爲見，坎爲車，爲曳，故見輿曳。四動坤爲牛，爲類，牛角一低一仰，故稱掣。離上而坎下，其牛掣也。【疏】相見乎離，故離爲見。坎有輿象，故爲車，爲曳，說卦文。說文曰：曳，臾曳也。束縛捽推爲臾。坎于輿多眚，故一見輿曳。四動體坤，故爲牛，爲類。未詳，疑有誤也。牛角一低一仰爲掣，離上爲仰，坎下爲俯，故其牛掣。其人天且劓，无初有終。虞翻曰：其人謂四，惡人也。黥額爲天，割鼻爲劓。无妄乾爲天，震二之乾五，以陰墨其天。乾五之震二，毀艮，割其鼻也。兌爲刑人，故其人天且劓。失位，動得正，成乾，故无初有終。

象曰遇剛是其義也[疏]其人謂四惡人者离四焚棄爲惡人當蒙罪也馬氏云剠鑿其額曰天剠與黥同故黥額爲天說文劓刖鼻故割鼻爲劓夏之黥即周之墨卦自无妄來无妄乾爲天震二上之乾五故以陰墨其天无妄二體艮艮爲鼻乾五下之震二則艮象毀爲割其鼻也兌西方秋主殺氣且爲毀折故爲刑人五刑有黥鼻之法加於四之惡人故其人天且劓也三失位動得正居內乾之終三初本陰終變成陽故曰无初有終象曰遇剛謂變陽也

象曰見輿曳位不當也无初有終遇剛也虞翻曰動正成乾故遇剛[疏]三失位故不當動正成乾與上易位剛謂上故曰遇剛

九四睽孤遇元夫交孚厲无咎虞翻曰孤顧也在兩陰間睽五顧三故曰睽孤震爲元夫謂二已變動而應震故遇元夫也震爲交坎爲孚動而得正故交孚厲无咎矣[疏]孤顧也釋名文言顧望無所瞻見也說文睽目不相視也體离爲目四在兩陰之間上不承五而睽五下欲據三而顧三故曰睽孤也震在復初曰元吉故爲元震一夫之行故爲夫二已變初體震四動應初故遇元夫也震初陽始交坤故爲交坎有孚故爲

乙

孚坎動成震故交孚動而得正故雖危无咎矣又中孚五交四爲睽故四曰交孚

象曰：交孚无咎，志行也。虞翻曰：坎動成震，故志行也。疏坎心爲志，震足爲行。坎動成震，故曰志行。

六五：悔亡，厥宗噬膚，往何咎？虞翻曰：往得位，悔亡也。動而之乾，乾爲宗。二體噬嗑，故曰噬。四變時艮爲膚，故曰厥宗噬膚也。變得正成乾，乾爲慶，故往无咎而有慶矣。疏五失正，往得位，故悔亡也。五動成乾，人本乎祖，宗族法天，故乾爲宗。厥宗，二之宗也。二動成噬嗑，噬嗑合也。四變二體艮，艮乾三覆坤在肉之外，故爲膚。五來合二，故厥宗噬膚也。二艮爲巷，五乾爲宗，巷者宮中之道，宗者廟內之牆。二五易位，五君二臣，君爲元首，臣爲股肱，本一體之親，有肌膚之愛，故曰噬膚。變正成乾，乾陽爲慶，故往无咎而有慶矣。　愚案：同人六二以九五爲宗，睽六五以九二爲宗。离於時爲夏，春官大宗伯夏見曰宗，二卦皆离，故曰宗。且乾中陽爻變陰成离，故六與九應爲宗，以九自离中往也。虞謂乾爲宗，亦以乾中應离中而與离上下爲宗也。又厥宗噬膚，餕禮也。祭畢而食曰餕。特牲之饋者曰舉奠，曰長兄弟，佐食授舉各一膚。舉奠者，嗣子也。疏云：士使嗣子及兄弟餕其惠，不過親族，故曰厥宗噬膚初筵之詩曰錫爾純嘏子孫其湛其湛曰樂故象曰往有慶也。**象曰厥宗噬膚往有慶也**王弼曰非位悔也有應故悔亡厥宗謂二也噬膚者齧柔也三雖比二二之所噬非妨已應者也以斯而往何咎之有往必見合故有慶也案二兌爲口五爻陰柔噬膚之象也

疏王注非位故悔正應二故悔亡二陽自乾中往故厥宗謂二也噬膚謂噬三也三陰爻柔脆故噬柔也三雖比二相隔然三爲二所噬非有妨於已應者也故五可往而无咎言往必合也案二體兌故爲口五爻陰柔噬之易合以二噬五噬膚之象也

上九睽孤見豕負塗載鬼一車虞翻曰睽三顧五故曰睽孤也离爲見坎爲豕爲雨四變時坤爲土土得雨爲泥塗四動艮爲背豕背有泥故見豕負塗矣坤爲鬼坎爲車變在坎上故載鬼一車也

疏上與三應三不正故睽三上據五故顧五亦曰睽孤與四睽五顧三同也离自爲見互坎爲豕說卦雨以潤之故坎爲雨四變時體坤爲土土得雨爲泥塗禹貢厥土惟塗泥是也四動時體艮象曰艮其背故爲背豕背有泥故曰見豕負塗矣坤死魄故爲鬼坎輿爲車四變在坎上故載鬼一車豕鬼皆謂五五未變上失正故所見如此也鬼

車於禮爲魂車既夕薦車鄭彼注云今之魂車載而往迎而歸如慕如疑乖違之家有是象也

先張之弧後說之壺

虞翻曰謂五已變乾爲先應在三坎爲弧离爲矢張弓之象也故先張之弧四動震爲後說猶置也兌爲口离爲大腹坤爲器大腹有口坎酒在中壺之象也之應歷險以與兌故後說之壺矣

疏五已變體乾陽主倡故爲先下應三三互坎坎爲弓輪故爲弧离爲戈兵故爲矢又弦木爲弧蓋取諸睽張弓之象也故先張之弧四動體震震彖曰後有則故爲後釋詁說舍也郭注舍放置說舍同物故云說猶置也兌爲口离爲大腹說卦文坤形下爲器大腹有口坎水爲酒在其中焉壺象也阮諶三禮圖曰方壺受一斛腹圜足口方圜壺受一斛腹方足口圜故象兌口离大腹也昏禮設尊是爲壺尊揚子太元曰家无壺婦承之姑測曰家无壺无以相承也若然說壺者婦承姑之禮與上之三爲之應中歷坎爲歷險正應三爲與兌三上易位坎象不見壺空置矣故後說之壺愚案壺作昏禮壺尊則說當音悅先張之弧疑其寇而匪寇後說之壺以匪寇而爲婚媾也

匪寇婚媾往遇雨則吉

虞翻曰匪非坎爲寇之三歷坎故匪寇陰陽相應故婚媾三在坎下故遇雨與上易位坎象不

見各得其正故則吉也疏匪非古今字坎爲盜故爲寇之三雖歷坎然應兌非應坎故匪寇三三陰上陽內外相應故稱婚媾下坎爲雨三在坎下上往三三故遇雨與上易位坎象不見陰陽和會各得其正成旣濟定故吉也

象曰遇雨之吉羣疑亡也虞翻曰物三稱羣坎爲疑三變坎敗故羣疑亡矣疏詩吉日或羣或友毛傳獸三爲羣故云物三稱羣謂坎三爻也坎心爲疑三變之正坎象敗毀故羣疑亡蓋睽終則合故上獨言吉也

序卦曰乖必有難故受之以蹇蹇者難也崔憬曰二女同居其志乖而難生故曰乖必有難也疏家之不和多起於妻妾娣姒此二女同居所以其志乖而難生也故曰乖必有難而受之以蹇坎險在前故曰難也

䷦ 艮下坎上

蹇利西南虞翻曰觀上反三也坤西南卦五在坤中坎爲月月生西南故利西南往得中謂西南得朋也

疏　從二陽四陰之例，卦自觀來，故云觀上反三也。乾鑿度曰：坤位在西南，故曰西南卦。五乾入坤成坎，坎爲月，說卦文。以納甲言之，月出庚見丁，故云月生西南。五往得中，故利西南也。與睽旁通，往得中，睽兌爲朋，故西南得朋也。

不利東北　虞翻曰：謂三也。艮東北之卦，月消於艮，喪乙滅癸，故不利東北，其道窮也。則東北喪朋矣。疏　三體艮，故東北謂三也。艮東北之卦也，說卦文。月退辛消丙，故云消於艮。乙東癸北，月喪於乙，滅於癸，當月之晦，天道之終，故不利東北，其道窮也。東北喪朋，謂五六三十度也。

利見大人　虞翻曰：離爲見，大人謂五。二得位應五，故利見大人，往有功也。疏　相見乎離，五互離，爲見。五居尊位，故爲大人。謂五。二得中位上，正應五，故利見大人。五多功，故引彖傳往有功也以明之。

貞吉　虞翻曰：謂五當位正邦，故貞吉也。疏　五謂乾五也。坤眾爲邦。五當乾位，下正坤邦，羣陰順從，故貞吉也。

彖曰：蹇，難也，險在前也。見險而能止，知矣哉！　虞翻曰：離見坎險，艮爲止，觀乾爲知，故知矣哉。疏　前謂外也。諸爻言往蹇，以險在前也。外卦互離目，故云離見。坎彖曰：習坎，重險也，故云坎險說卦艮止也故云艮止五體觀乾也繫上乾以易知故爲知又夫乾天下之至健也德行恒易以知險故曰見險而能止知矣哉六爻皆有蹇象唯九五當位正邦餘皆利止見險而止之義也

蹇利西南往得中也荀爽曰西南謂坤乾動往居坤五故得中也【疏】坤西南卦也故西南謂坤乾動往居坤五故得中且得位也

不利東北其道窮也荀爽曰東北艮也艮在坎下見險而止故其道窮也【疏】艮東北卦也故東北謂艮艮居坎下坎險艮止故見險而止消息艮在丑又成終成始天道窮於東北故曰其道窮也

利見大人往有功也虞翻曰大人謂五二往應五五多功故往有功也【疏】五爲君位故大人謂五往謂二往應五五多功繫下文二正應五故往有功也

當位貞吉以正邦也荀爽曰謂五當尊位正居是羣陰順從故能正邦國【疏】五當尊位而又得正故貞吉坤衆爲邦乾來居之羣陰順從故能正邦

蹇之時用大矣哉虞翻曰謂坎月生西南而終東北震象出庚兌象見下乾象盈甲巽象退辛艮象消丙坤象窮乙喪滅於癸終則復始以生萬物故用大矣【疏】此據納甲言也坎月生西南而終東北出庚見

丁。盈甲退辛。消丙窮乙滅癸。參同契曰五六三十度。度竟復更始。故云終則復始。終始循環以生萬物。故用大也。愚案艮動静不失其時。故言時。蹇難之時。人小其用。不知二多功。五正邦。又初變則成既濟定。象曰待時。故曰蹇之時用大矣哉。

象曰山上有水蹇。崔憬曰山上至險。加之以水。蹇之象也。疏地險山川著於坎彖。今山上至險。加以水險。故爲蹇難。君子以反身脩德。虞翻曰君子謂觀乾。坤爲身。觀上反三。故反身。陽在三進德修業。故以反身修德。孔子曰德之不修是吾憂也。疏君子謂觀乾者。觀乾消坤也。體乾九三。故曰君子。坤形爲身。觀上反三成蹇。三曰來反。故曰反身。乾陽在三進德修業。故曰反身修德。蓋觀乾德外著。反之於內。體乾夕惕也。德之不修是吾憂也。論語文。蓋蹇難之時。惟以德之不修爲憂。故引孔子之言以明之。

初六往蹇來譽。虞翻曰譽謂二。二多譽也。失位應陰。往歷坎險。故往蹇。變而得位。以陽承二。故來而譽矣。疏二多譽。說卦文。故譽謂二也。初失正位。上應四陰。坎體爲險。故往蹇也。變而之正。得位。以初陽比二陰。六爻皆正故來譽也。象曰：往蹇來譽，宜待時也。虞翻曰：艮爲時，謂變之正以待四也。【疏】艮動靜不失其時，爲時。初變正以待四應，故宜待時也。本作宜待，張本作宜時，鄭本作宜待時。虞從鄭本。時，尤之俗，古韻通，待與尤之不叶，故知鄭本是也。

六二：王臣蹇蹇，匪躬之故。虞翻曰：觀乾爲王，坤爲臣、爲躬，坎爲蹇也。之應涉坤，二五俱坎，故王臣蹇蹇。觀上之三，折坤之體，臣道得正，故匪躬之故。象曰終无尤也。【疏】觀五，乾九五也，乾爲君，故爲王。坤臣道也，故爲臣。坤形爲身，故爲躬。坎，難也；蹇亦難也，故坎爲蹇也。五本坤，乾居之，故云之應涉坤。五坎也，二互三亦爲坎，內外兩坎。二比三，應五，正遇坎中，故曰王臣蹇蹇。觀上反三，來折坤成艮，二三皆正，故臣道得正。艮體不獲其身，故匪躬之故。上從王事，故終无尤也。

象曰：王臣蹇蹇，終无尤也。侯果曰：處艮之二，上應於五。五在坎中，險而又險。志在匡弼，匪惜其躬，故曰王臣蹇蹇，匪躬之故。輔臣以此，終无尤也。【疏】處艮二，應坎五。五在坎中，二又互坎，故險而又險。二得中處正，有匡弼之志，而不惜其躬者也，故曰王臣蹇蹇，匪躬之故，忘身輔君

故終无尤也

九三往蹇來反　虞翻曰應正歷險故往蹇反身據二故來反也　疏　三正應上中歷五坎故往蹇上反於三下據二舍應從比故曰來反即象傳所云反身修德也

象曰往蹇來反內喜之也　虞翻曰內謂二陰也　疏　內謂二二陰爻也三陽爲喜反身據二故喜也

六四往蹇來連　虞翻曰連輦蹇難也在兩坎閒進則无應故往蹇退初介三故來連也　疏　馬云連亦難也古音輦輦亦難也故云連輦蹇難也四在兩坎之閒進退兩難進謂往變初已正則无應故往蹇退應初而閒於三故來連終得初應故象曰當位實也

象曰往蹇來連當位實也　荀爽曰蹇難之世不安其所欲往之三不得承陽故曰往蹇也來還承五則與至尊相連故曰來連也處正承陽故曰當位實也　疏　當蹇難之世四居內外之閒故不安其所欲往三則不得上承五陽故往蹇來承五陽五爲天子故與至尊相連六居四爲處正上比五五爲承陽陽易積算曰陽實陰虛故曰當位實也

九五大蹇朋來虞翻曰：當位正邦，故大蹇。睽兌爲朋，故朋來也。【疏】五當蹇難，處中得正，彖言當位正邦，五足當之，故曰大蹇。蹇旁通睽，睽體兌，兌象朋友講習，爲朋，故朋來也。

象曰：大蹇朋來，以中節也。干寶曰：在險之中而當王位，故曰大蹇。此蓋以託文王爲紂所囚也。承上據四應二，衆陰竝至，此蓋以託四臣能以權智相救也，故曰以中節也。【疏】五在坎中，故爲在險中。五爲天子，故當王位。當王位而遇坎險，故曰大蹇。史記周本紀：崇侯虎譖西伯於殷紂，紂乃囚西伯於羑里，故云此蓋以託文王爲紂所囚也。上、四、二皆險，而五承之、據之、應之，故云衆陰竝至。史記西伯之臣閎夭之徒，求美女奇物善馬以獻紂，紂乃赦西伯，此蓋以託四臣能以權智相救也。史但言閎夭之徒，此云四臣者，書君奭曰：武王惟茲四人。注謂虢叔已死，而以四人爲閎夭、散宜生、泰顛、南宮括也。五陽處大蹇之時，而羣陰朋來相濟，故曰以中節也。案中庸曰：發而皆中節謂之和。五居中行和，故中節。五中節，故能睽而同，是以朋來也。

上六往蹇來碩，吉，利見大人。虞翻曰：陰在險上，變失位，故往蹇。碩謂三，艮爲碩，退來之三故來碩得位有應故吉也离爲見大人謂五故利見大人矣〔疏〕陽陷陰中爲坎坎爲險故陰在險上諸爻以遇坎爲蹇上以乘坎爲蹇上無所往故以變爲往變而失位故往蹇也碩謂三者應在三三體艮石爲碩上退來應三故來碩六居上爲得位九在三爲有應蹇終則解故吉也初變成既濟體离目爲見乾五爲大人故大人謂五承陽有實故利見大人也

象曰往蹇來碩志在内也利見大人以從貴也

侯果曰處蹇之極體猶在坎水无所之故曰往蹇來而復位下應於三三德碩大故曰來碩三爲内主五爲大人若志在内心附于五則利見大人也　案三互侯往位體离离爲明目五爲大人利見大人之象也〔疏〕處蹇極體在坎上水无所往之象故曰往蹇來應於三三體陽陽爲大三德碩大故曰來碩三在内卦之上故爲主五位天子爲大人坎心爲志應三故志在於内比五故志附於五是以利見大人也　案三互四五爲离离明爲目利見五位大人故利見大人也　愚案五位貴爻陽亦貴上陰利見五陽故曰以從貴也

周易集解纂疏卷十五

受業李子捷月三校

周易集解纂疏卷十六

唐李鼎祚集解　　安陸李道平遵王纂疏

序卦曰：物不可以終難，故受之以解。解者，緩也。崔憬曰：蹇終則來碩吉，利見大人，故言物不可以終難，故受之以解。疏 蹇終來碩吉而利見大人，蹇已解矣，故言物不可以終難而受之以解也。緩對急言。詩小雅「兄弟急難」，是難則必急。如周本紀「襄王告急於晉」，言告難也。難解則緩，故曰解者緩也。

䷧ 坎下震上

解利西南。虞翻曰：臨初之四，坤西南卦。初之四得坤眾，故利西南，往得眾也。疏 從二陽四陰之例，卦自臨來，故云臨初之四。坤位西南，四體坤，坤廣生為眾，初之四成解，故得坤眾。象傳曰「利西南，往得眾」是也。无所往，其來復吉。虞翻曰：謂四本從初之四，失位於外，而无所應，故无所往，宜來反初，復得正位，故其來復吉也。二往之五。四來之初。成屯體復象。故稱來復吉矣。【疏】四本臨初之四。成解以陽居陰為失位。初亦失位。不義之應為无應。故无所往也。宜來反初復得正陽之位。故其來復吉也。下云夙吉。知二已往之五。四乃得來之初而成。成屯體。屯初至四體復。故稱來復也。

有攸往夙吉　虞翻曰。謂二也。夙早也。離為日。日為甲。日出甲上。故早也。九二失正。早往之五。則吉。故有攸往夙吉。往有功也。【疏】之外曰往。故往謂二也。夙早也。釋詁文。互離為日。文離為甲胄。故為甲。右文早作早。說文。早晨也。故云日出甲上。故早也。二既失正。早往之五。故吉。四變則離不見。故有攸往夙吉。五多功。二據五。故往有功也。

彖曰。解險以動。動而免乎險解　虞翻曰。險坎。動震。解二月雷以動之。雨以潤之。物咸孚甲。萬物生震。震出險上。故免乎險也。【疏】險謂外坎。動謂外震。解於消息候在二月。漢書五行志。雷以二月出。雷以動之。雨以潤之。說卦文。春分雷動地中。下坎為雨也。禮月令。其日甲乙。鄭注。萬物皆解孚甲。自抽軋而出。故云物咸孚甲。說卦曰。萬物出乎震。故云萬物生震。震為出。震動而出險上。坎解為雨。故免乎險也。

解利西南

往得衆也荀爽曰乾動之坤而得衆西南衆之象也疏卦自臨來初陽乾爻動之四坤故曰往得衆坤位西南故云衆之象也无所往荀爽曰陰處尊位陽无所往也疏陰處尊位謂五陽无所往謂二也其來復吉乃得中也荀爽曰來復居二處中成險故曰復吉也疏陽无所往故來復居二所處得中雖險亦解故曰復吉也有攸往夙吉往有功也荀爽曰五位无君二陽又卑往居之者則吉據五解難故有功也疏陽實陰虛五陰位虛故无君二陽位卑往居於五得位則吉二往據五坎難已解五多功故有功也天地解而雷雨作荀爽曰謂乾坤交通動而成解卦坎下震上故雷雨作也疏臨初陽之四是臨乾解坤故謂乾坤交通動而成解也解坎而在下震雷在上雷動而雨隨之故雷雨作也雷雨作而百果草木皆甲宅荀爽曰解者震世也仲春之月草木萌牙雷以動之雨以潤之日以烜之故甲宅也疏解震宮二世卦故云解者震世也月令仲春之月雷乃發聲雷出則萬物隨之而出故仲春之月草木萌牙也震動坎潤互日以烜故甲宅也按乾盈數爲百木果爲果故曰百果震者木德又爲草

莩。故曰草木。鄭注云皮曰甲根曰宅宅居也。說文甲東方之孟陽氣萌動从木戴孚甲之象。离剛在外。故爲甲艮爲居。故爲宅。萬物出乎震。百果草木甲宅之象也。**解之時大矣哉**王弼曰无所而不釋也。難解之時非治難時也。故不言用也。體盡於解之名。无有幽隱。故不曰義也。**疏**所注疏本作坼唯毛晉汲古閣本與此同作所是也。言自天地至百果草木無所不解釋也。難已解矣。故不言用。體无隱矣。故不言義。獨言時大者。解之時。震時也。萬物出乎震。故曰時大。

象曰雷雨作解君子以赦過宥罪虞翻曰君子謂三伏陽出成大過坎爲罪人則大過象壞。故以赦過。二四失位。皆在坎獄中。三出體乾。兩坎不見。震喜兌說。罪人皆出。故以宥罪。謂三入則赦過。出則宥罪。公用射隼以解悖。是其義也。**疏**二陽升爲雷。四陰下爲雨。故曰雷雨作解。君子謂三。伏陽者臨二陽息乾三當正。臨來之卦。升明夷皆三正位。故解伏陽出以解悖也。三出體乾成大過卦。有兩坎。坎陷爲罪。又入于坎窞[illegible]人。人則大過象壞。故以赦過。二四以陽居陰爲失位。體有兩坎。坎陷爲獄。故皆在坎獄中。三出成乾。兩坎皆壞不見外體震，震春陽柎，故爲喜。互體兌，兌萬物之所說也。故兌說罪人出獄之象也。故以宥罪。六爻之義，出乾入坤，三入而大過毀，故赦過；三出而坎象毀，故宥罪。卦有赦過而無宥罪之象，故引上六爻辭以證三出坎毀之象，故云是其義也。

初六，无咎。虞翻曰：與四易位，體震得正，故无咎也。**疏**初與四易位，二已之五，故初體震而得位。失位宜咎，之正故无咎。初四變不言貞者，解主九二，二貞則諸爻皆正矣。

象曰：剛柔之際，義无咎也。虞翻曰：體屯初震，剛柔始交，故无咎也。**疏**二、五已正，初動體屯，屯彖傳曰剛柔始交。初動爲震，是乾始交坤，故无咎也。

九二，田獲三狐，得黃矢，貞吉。虞翻曰：二稱田，田，獵也。變之正，艮爲狐，坎爲弓，離爲黃矢，矢貫狐體。二之五，歷三爻，故田獲三狐，得黃矢。之正得中，故貞吉。**疏**乾九二曰見龍在田，故二稱田。離爲罔罟，故象田獵。變之正，互三四爲艮，艮爲狐，九家說卦文。坎爲弓輪，故爲弓。離爲戈兵，故爲矢。離二黃離，故爲黃矢。三體离。四體艮。故矢貫狐體。二离黃矢之正。艮體見。故獲狐。二上之五。歷艮三爻。故獲三狐。三解悖离復見。故得黃矢。變正得中。故貞吉也。

象曰九二貞吉得中道也

虞翻曰動得正。故得中道。

疏 五乾為道。二動之五。得正而居中。故曰得中道也。

六三負且乘

虞翻曰負倍也。二變時艮為背。謂三以四艮倍五也。五來寇三時坤為車。三在坤上。故負且乘。小人而乘君子之器。故象曰亦可醜也。

疏 漢書載禹貢倍尾山。史記作負尾。倍作陪。明堂位負斧依。負又作倍。鄭注負之言背也。故云負倍也。倍即背也。二已變體艮。艮卦辭曰艮其背。故為背。三在艮後。故三以四背五也。五來寇三者。繫上曰作易者其知盜乎。虞彼注云否上之二成困。三暴嫚以陰乘陽。二變入宮為萃。五之二而奪三成解。故云五來寇三時坤為車。謂萃坤也。此注不言自萃來。從四陰二陽之例也。三不正而乘坤車。故曰負且乘。坤形為器。乾為君子。乾在坤上。稱君子。德車三陰乘坤。是小人乘君子之器。故曰亦可醜也。

致寇至貞吝

虞翻曰五之二成坎。坎為寇盜。上位慢五。下暴於二。慢藏悔盜。故致寇至貞吝。象曰自我致戎。又誰咎也。

疏 萃五

之二成解內體坎失正故爲寇盜繫上曰上嫚下暴又嫚藏悔盜坎爲暴三上嫚五下暴二坎心爲悔坤爲藏嫚藏悔盜故致寇至伏陽出三故貞可醜故吝宜象以致戎咎三也

象曰負且乘亦可醜也自我致戎又誰咎也虞翻曰臨坤爲醜也坤爲自我以离兵伐三故轉寇爲戎艮手招盜故誰咎也

【疏】卦自臨來故臨坤爲醜坤夜爲醜義詳觀二三陰乘坤故可醜坤身故爲自我离爲戎兵故爲戎坎爲寇离爲戎經言寇象言戎五以离兵伐三故轉寇爲戎甚三之罪也二變艮爲手招之伐三三自致戎咎將誰歸也

九四解而母朋至斯孚虞翻曰二動時艮爲指四變之坤爲母故解而母臨兌爲朋坎爲孚四陽從初故朋至斯孚矣

【疏】二變體艮艮爲指說卦文四變體坤坤爲母說卦文母同拇大指也坤艮兼象指母故稱母四解坤而成母故解而母卦自臨來四本臨之兌二四同功四爲二之朋故臨兌爲朋內體坎爲孚四陽爻也下正應初故朋至斯孚矣　愚案四震爲足初應於下有母象焉初陰失位爲小人而汝也四往應初則解而母矣初來應四體兌爲朋故朋至斯孚體互兩坎故孚也

象曰解而母未當位也王弼曰失

位不正而比於三，故三得附之，爲其拇也。三爲之拇，則失初之應，故解其拇，然後朋至，斯孚而信矣。案：九四體震，震爲足，三在足下，拇之象。〔疏〕王注　孔疏：履於不正，與三相比，三從下來附之，如指之附足。四有應在初，若三爲之拇，則失初之應，故必解其拇，然後朋至而信。未當位者，四若當位履正，即三爲邪媚之身，不得附之也。既三不得附四，則无所解。今須解拇，由不當位也。案：四在外體震初，震爲足，說卦文。下比三，故云三在足下，拇之象也。愚案：初四易位，則皆當矣。惟未當位，故宜解而毋也。是四解初也。

六五，君子惟有解，吉，有孚于小人。虞翻曰：君子謂二之五，得正成坎，坎爲心，故君子惟有解吉。小人謂五陰爲小人，君子升位，則小人退在二，故有孚于小人。坎爲孚也。〔疏〕君子謂二者，二陽也。上之五得正位，體成坎，坎爲心，心之官則思，惟思也。君子思解則解，故吉。小人謂五者，五陰也。乾鑿度曰：陰失正爲小人，故陰爲小人也。君子升居於五，則小人退處於二。三陽出，二亦爲坎，坎爲孚，故有孚于小人。

象曰：君子有解，小人退也。虞翻曰：二陽上之五，五陰小人退之二也。〔疏〕二陽君子進居於五，則五陰小

人退居於二
是五解二也

上六公用射隼于高庸之上獲之无不利虞翻曰上應在
三公謂三伏陽
也离爲隼三失位動出成乾貫隼入大過死象故公用射
隼于高庸之上獲之无不利也案二變時體艮艮爲山
爲宮闕三在山【疏】虞注上與三應三失位當變正以應
半高墉之象也上也三位三公六三暴嫚故知公謂三
伏陽三乾君子赦過宥罪謂此也釋鳥曰鷹隼醜其飛也
翬离南方朱雀故爲隼三失位伏陽動出成乾坎弓离矢
乾人發之故貫隼五變正體大過大過象棺椁故入大過
死象馬云庸城也三動下體巽巽爲高爲伏高而可入伏
城庸之象故公用射隼于高庸之上虞氏謂三陰小人乘
君子器故上觀三出射去隼兩坎象壞故无不利也　案
二變體艮艮爲山又爲門闕故爲宮闕庸
牆也宮闕有牆故云三在山半高庸之象也象曰公用射
隼以解悖也虞翻曰坎爲悖三出成乾而坎象壞故解悖
也　九家易曰隼鷙鳥也今捕食雀者其性
疾害喻暴君也陰盜陽位萬事【疏】虞注　悖逆也以字从
悖亂今射去之故曰以解悖也心坎爲心其象險故爲

悖上與三應三出成乾射隼而去之兩坎象毀故以解悖也　九家注　月令鷹隼早鷙故云鷙鳥也詩小雅鴥彼飛隼鄭箋隼疾急之鳥也故云其性疾害以喻暴君又喻詩鴥彼飛隼載飛載止鴥彼飛隼載飛載揚鄭箋飛而止喻諸侯之欲朝不朝自由無所懼也飛而揚喻諸侯出兵妄相侵伐也是詩之取興亦取其悖也以六居三是謂陰盜陽位萬事失正故云悖亂上六得位下應六三射而去之悖斯解也是上解三也

序卦曰緩必有所失故受之以損 崔憬曰宥罪緩死失之於僥倖有損於政刑故言緩必有所失故受之以損者也

〔疏〕解象曰君子以赦過宥罪故言宥罪緩死緩則刑罰不中故失之於僥倖有損於政刑矣左傳曰需者事之賊故緩必有所失而受之以損也

䷨ 兌下艮上

損 鄭元曰艮爲山兌爲澤互體坤坤爲地山在地上澤在地下澤以自損增山之高也猶諸侯損其國之富以貢獻於天子故謂之損矣

〔疏〕上山下澤互體爲坤艮爲山兌爲澤坤爲地皆說卦文山在澤上澤愈深則山愈高

故曰澤以自損增山之高天子以土田封諸侯諸侯以貢賦獻天子損國富以益上即九貢之法也**有孚元吉无咎可貞利有攸往**虞翻曰泰初之上損下益上以據二陰故有孚元吉无咎艮男居上兌女在下男女位正故可貞利有攸往矣【疏】從三陽三陰之例卦自泰來故云泰初之上損乾之下以益坤上下據二陰體象中孚故曰有孚孚故吉泰初乾元之上故元吉矣位宜咎元吉故无咎繫曰天地壹壺萬物化醇男女構精萬物化生虞彼注云艮男兌女乾為精損反成益萬物出震此言男女位正者正明構精化生所以可貞非謂此為貞也可貞謂二五也二五失位二當貞五則成益萬物化生則上益三而亦正也利有攸往謂三也與上爻辭同義損家損下故二益五自二往上益三則自三往**曷之用二簋可用享**崔憬曰曷何也言其道上行將何所用可用二簋而享也以喻損下益上惟在乎心何必竭於不足而補有餘者也【疏】曷何也說文文言乾初行於坤上其道將何所用也可用二簋以享祀也損益在心不可益彼虧此當損之時雖二簋亦可用享若竭不足而補有餘則非善用其損者也案互體坤坤為用二正五成益爻位上為宗廟又艮為門闕有宗廟之象坤

鬼居之，有祖宗之象。互震爲長子主祭，坤形下爲器，艮手執之，享祭之象也。簋盛黍稷器，圓曰簋，方曰簠。考工記旊人爲簋，則簋以瓦爲之。坤爲土，上之三成兩离，离火燒土而中虛，體乾爲圓，在祭器則簋也。二簋者，明堂位曰「周之八簋」，祭義曰「八簋之實」，鄭注「天子之祭八簋」。簋有八而稱二者，簋，三禮圖簠盛稻粱，簋盛黍稷，二簋者舉黍與稷也。且震仰似盂，有簋象焉；震稼反生，有簋盛黍稷之象焉。又自初至五爲益，象震有二簋之象焉，謂益道成既濟定，未耨之利，薦之宗廟，當泰之後，王者治定制禮也。又鄭謂木器而圜，簋象也，震爲木，故曰木器。二升五用二簋以享於上，上右五而益三，乃成既濟。今象注二簋應有時，謂春秋損剛益柔，謂冬夏既濟既定，四時乃備，二簋之象明，當在上益三之後。

彖曰：損，損下益上，其道上行。蜀才曰：此本泰卦。案坤之上六下處乾三，乾之九三上升坤六，損下益上者也。陽德上行，故曰其道上行也。

疏　卦自泰來，故云此本泰卦。之外坤上六之乾三，內乾九三之坤六，故云損下益上。以九居上，故云陽德上行。乾爲道，震爲行，故其道上行也。此云三之上，上虞云初之上，當從虞義。

損而有孚荀爽曰：謂損乾之三居上，孚二陰也。【疏】損乾之三上居坤六，下孚二陰，故曰有孚。**元吉**，**无咎**荀爽曰：居上據陰，故元吉无咎。以未得位，嫌於咎也。【疏】以乾初元陽上居於坤，下據二陰，故元吉。未得位，嫌於有咎，元吉故无咎也。**可貞**荀爽曰：少男在上，少女雖年尚幼，必當相承，故曰可貞。【疏】少男居少女之上，以女承男，故曰可貞。**利有攸往**荀爽曰：謂陽利往居上。損者，損下益上，故利往居上。【疏】往，往居上。損下之陽以益上陰，故陽利往居上也。**曷之用二簋可用享**荀爽曰：二簋謂上體二陰也。上爲宗廟，簋者宗廟之器，故可享獻也。【疏】陰虛能受，故二簋謂上體二陰也。爻位上爲宗廟，簋者宗廟之祭器，故可用享也。又王弼注：曷，辭也。曷之用，言何用豐爲也。二簋，質薄之器也。行損以信，雖二簋可用享。**二簋應有時**虞翻曰：時爲春秋也。損二之五，震二月，益正月，春也。損七月，兌八月，秋也。謂春秋祭祀以時思之。艮爲時，震爲應，故應有時也。【疏】時謂春秋者，謂春禘秋嘗也。損二之五成益，內體震，震四正卦值春二月，益於消息爲二月卦，故云春也。損於消息爲七月卦，內體兌，兌四正卦值秋八月，故云秋也。春秋祭祀以時思之，孝經文。祭義曰：春禘秋嘗霜露既降君子履之必有悽愴之心春露既濡君子履之必有怵惕之心如將見之此以時思之之事也艮象曰動静不失其時故爲時震巽同聲相應故爲應上之三成既濟六爻皆應故應有時也

損剛益柔有時　虞翻曰謂冬夏也二五已易成益坤爲柔謂損益上之三成既濟坎冬离夏故損剛益柔有時　疏　謂冬夏者體成既濟也二五易位體已成益互坤爲柔損上九之剛益六三之柔體成既濟坎北屬冬离南屬夏故損剛益柔有時也

損益盈虛與時偕行　虞翻曰乾爲盈坤爲虛損剛益柔故損益盈虛謂泰初之上損二之五益上之三變通趨時故與時偕行　疏　月十五乾盈於甲故乾爲盈月虛爲晦坤喪乙滅癸故坤爲虛損乾剛以益坤柔故曰損益盈虛泰初之上成損損二之五成益益上之三成既濟繫下曰變通者趨時者也唯其變通故與時偕行

象曰山下有澤損君子以懲忿窒欲　虞翻曰君子泰乾乾陽剛武爲忿坤陰吝嗇爲欲損乾之初成兑說故徵忿初上據坤艮爲山故窒欲也　疏　山下有澤潤通乎上損下益上之象也澤以滌

山山以鎮澤徵忿窒欲之象也乾爲君子卦自泰來故云君子泰乾也楚語曰天事武韋注云乾稱剛健故武剛武之象有似於忿故云乾陽剛武爲忿說卦曰坤爲吝嗇說文曰欲貪欲也吝嗇之義近於貪欲故云坤陰吝嗇爲欲徵劉巘作懲蜀才作澄鄭云徵猶清也劉云懲清也卦取兌澤故訓清欲泰乾初九下體成兌說萬物者莫說乎澤澤取乎清故徵忿乾初之上據坤體艮艮爲山又爲止窒塞也艮象山止故窒欲也繫下曰損德之修也修主減損故徵忿窒欲

初九祀事遄往无咎酌損之虞翻曰祀祭祀坤爲事謂二也遄速酌取也二失正初利二速往合志於五得正无咎已得之應故遄往无咎酌損之象曰上合志也祀舊作已也

疏釋詁曰祀祭也故云祀祭祀坤發於事業故爲事二簋用享故舉祀事用享者二故謂二也遄速釋詁文坊記上酌民言鄭注云酌猶取也酌與勺同說文云勺挹取也故云酌取也初應四比二四得正而二不得正故初利二速往合志於五二五易位則二得正无咎已得之應於四初曰遄往四曰遄喜皆謂二速往五而喜也陰陽得正故无咎二居五取上益三故

二與上皆云弗損益之，謂益三也。酌損上以益三，故曰酌損之。象曰上合志是也。祀舊作巳也者，鄭詩譜云：子思論詩於穆不巳，孟仲子曰於穆不祀，是巳祀古字通也。劉熙釋名：殷曰祀。祀，巳也。伊訓惟元祀，傳云取四時祭祀一訖也。是祀有巳義，故巳與祀通。文巳本亦作以，說文引作巳。虞因卦辭言二簋用享，故不從舊本作巳，直從古義作祀訓祭祀也。

象曰：祀事遄往，上合志也。虞翻曰：終成既濟，謂二上合志於五也。

疏 五二易位成益，益三上易位，故終成既濟。坎爲志，二上合志於五，六爻皆正，初亦得其應矣。

九二：利貞，征凶，弗損益之。虞翻曰：失位當之正，故利貞。征行也，震爲征，失正毀折，故不征。之五則凶，二之五成益，小損大益，故弗損益之矣。

疏 以九居二爲失位，當變之正，故曰利貞。征，行也，釋言文。震行爲征，二既失正，文體兌爲毀折，二當之五，故云不征。之五則凶也。二之五成益，二變陰，陰爲小，故小損；五變陽，陽爲大，故大益。弗損益之者，謂弗慮其損，當益五也。 愚案：經言征，注言不征，以征凶與利變之正相反也。不知二失正，與五易位成益，故利貞。二乘初，初利二遄往以成益，二不利初征四以成未濟，故征凶。初征四則弗克損益之以成既濟也。象曰：九二利貞，中以爲志也。虞翻曰：動體离中，故爲志也。疏二利之五，三上易位，六爻皆正，變成既濟，二體离中，故動體离中，互體坎爲志，故中以爲志也。

六三：三人行則損一人，虞翻曰：泰乾三爻爲三人，震爲行，故三人行損初之上，故則損一人。疏乾陽生爲人，卦自泰來，故泰乾三爻爲三人，震足爲行，泰三爻辭曰以其彙征吉，故三人行。損乾初九以之坤上，故損一人。

一人行則得其友。虞翻曰：一人謂泰初之上，損剛益柔，故一人行。兌爲友，初之上據坤應兌，故則得其友，言致一也。疏一人謂泰初一爻之上，損初之剛，益上之柔，故一人行。三體兌，兌象曰君子以朋友講習，故爲友。初據坤，上下應兌三，故得其友。繫下曰天地壹壹，萬物化醇，男女搆精，萬物化生。天地謂泰乾坤，男女謂損艮兌。天地交則化醇，男女合則化生，故言致一也。

象曰：一人行，三則疑也。虞翻曰：坎爲疑，上益三成坎，故三則疑。荀爽曰：一陽在上則教令行，三陽在下則民衆疑也。疏虞注：坎心爲疑，二已之五，上來益三成坎，故三則疑也。荀注：三陽之陽當作陰，一陽在上，下應震行，故教令行。三以陰爻在

下上互坤眾故民眾疑也

六四損其疾使遄有喜无咎虞翻曰四謂二也四得位遠應初二疾上五已得承之謂二之五三上復坎爲疾也陽在五稱喜故損其疾使遄有喜二上體觀得正承五故无咎矣【疏】二與四同功故四謂二也以六居四爲得位遠正應初二祀事遄往故云二疾上五四比於五故云已得承之二已之五三上易位體坎坎爲疾陽在五得位稱喜已成既濟六爻皆正則坎不爲害故損其疾使遄有喜也二上之五自二至上體大觀象四得正承五故无咎

象曰損其疾亦可喜也蜀才曰四當承上而有初應必上之所疑矣初四之疾也宜損去其初使上遄喜虞翻曰二上之五體大觀象故可喜也【疏】蜀才注泰四應初二已之上成損故四當承上而有初應在下必爲上之所疑矣上疑四者疑四應初故初爲四疾損去初陽以益上則上喜矣故使上遄喜也　虞注二上之五體象大觀大觀在上故可喜也又成既濟六爻皆正坎疾不爲害繫下曰損以遠害故可喜也

六五：或益之十朋之龜，弗克違，元吉。虞翻曰：謂二五已變成益，故或益之。坤數十，兌爲朋，三上失位，三動离爲龜，十謂神靈攝寶文筮山澤水火之龜也。故十朋之龜。三上易位成既濟，故弗克違元吉矣。

疏 二五易位已變成益，故曰或益之。或者，不主之辭，不可云上益之，故云或也。坤癸數十，兌以朋友講習爲朋，故曰十朋。二五已正，三上失位，三動體离，二至上亦全體似离，离爲龜，說卦文。爾雅釋魚曰：一曰神龜，二曰靈龜，三曰攝龜，四曰寶龜，五曰文龜，六曰筮龜，七曰山龜，八曰澤龜，九曰水龜，十曰火龜。故云十謂神靈攝寶文筮山澤水火之龜，爲十朋之龜。又漢書食貨志：元龜岠冉長尺二寸，直二千一百六十，爲大貝十朋。蘇林曰：兩貝爲朋，朋直二百一十六，元龜十朋，故二千一百六十也。是十朋者，元龜之直也，義亦可通。表記曰：不違龜筮。二五已正，三上易位成既濟，人協龜從，故弗克違元吉也。

象曰：六五元吉，自上右也。侯果曰：內柔外剛，龜之象也。又體兌艮，互有坤震，兌爲澤龜，艮爲山龜，坤爲埊龜，震爲木龜。坤數又十，故曰十朋。朋，類也。六五處尊，損已奉上，人謀允叶，龜墨不違，故能延上九之右而來十朋之益，所以大吉也。崔憬曰：或之者，疑之也，故用元龜價直二十大貝龜之最神貴者以決之不能違其益之義故獲元吉雙貝曰朋也【疏】侯注離內柔外剛故爲龜頤全體象离故頤初曰舍爾靈龜損自二至上內柔外剛亦龜象又體內兌外艮內互震外約坤兌爲澤故爲澤龜艮爲山故爲山龜澤龜山龜見爾雅春官龜人曰地龜曰繹屬坤爲地故云地龜又東龜曰果屬震東方卦故云木龜攷經傳無木龜當卽東龜也坤數十故曰十朋乾象傳曰西南得朋乃與類行故云朋類也六五居中處尊爲損之主故能損已以奉上九洪範謀及卿士謀及庶人故云人謀春官卜師凡卜事眂高揚火以作龜致其墨故云龜墨洪範又曰龜從卿士從庶民從故云人謀允叶龜墨不違延上九之右來十朋之益所以大吉崔注或之者疑之也乾文言文元龜價値二十大貝兩貝曰朋故曰十朋爾雅一曰神龜龜之最神者其直貴用以決之不能違其損下益上之義故獲元吉雙貝猶言兩貝也又兌西爲右右助也上右五益三成既濟定太平化行故曰自上右也

上九弗損益之无咎貞吉

虞翻曰損上益三也上失正之三得位故弗損益之无咎貞吉

動成既濟，故大得志。疏 上與三應故宜損上以益三上失正有咎之三得位故弗損而益三咎者无咎得正而吉也二五已正三上易位是動成既濟故象曰大得志也

利有攸往，得臣无家。

虞翻曰謂三往之上故利有攸往二五已動成益坤爲臣三變據坤成家人故曰得臣動而應三成既濟則家人壞故曰无家王肅曰處損之極損極則益故曰弗損益之非无咎也爲下所益故无咎據五應三三陰上附外内相應上下交接正之吉也故利有攸往矣剛陽居上羣下共臣故曰得臣矣得臣則萬方一軌故无家也疏 虞注 自内曰往三在内至是始往於上故利有攸往二五已動成益互體坤坤臣道也故爲臣三變據坤體成家人故曰得臣三已正上動應之成既濟則家人象毀故曰无家谷永釋此經云言王者臣天下无私家是也 王注 上者損之極損極則益故弗損益序卦所云損而不已則益是也上失位非无咎爲下所益故得无咎近據五遠應三三五互坤衆陰上附外内陰陽相應上下剛柔相接應得正故貞卦自泰來上上下交而志同故利有攸往九以陽剛居上下臨互坤羣陰共臣故曰得臣得臣則天下一家故萬方一軌无私家也

象曰：弗損益之，大得志也。

虞翻曰：謂二五已變，上下益三，成既濟定，離坎體正，故大得志。疏 二五已變成益，上九下益六三，三上易位，成既濟定，離下坎上，六爻皆正，坎爲志，故大得志。

序卦曰：損而不已必益，故受之以益。崔憬曰：損終則弗損益之，故言損而不已必益也。疏 損上九曰弗損益之，故云損終則弗損益之。損益盛衰循環之道，損極必益，故言損而不已必益，而受之以益也。

䷩ 震下巽上

益：利有攸往，虞翻曰：否上之初也。損上益下，其道大光。二利往坎應五，故利有攸往，中正有慶也。疏 從三陽三陰之例，卦自否來，故云否上之初。虞注否上九云否終必傾，下反於初成益是也。上之初，故彖曰損上益下。三上易位成既濟，二爲離，離日爲光，故曰其道大光。五爲坎，二五正應，故云二利往坎應五也。二五得中得正，故曰利有攸往，中正有慶也。**利涉大川。**虞翻曰：謂三失正，動成坎，體渙，坎爲大川，故利涉大川。渙舟楫象木道乃行也。鄭元曰：陰陽之義，陽稱爲君，陰稱爲臣。今震一陽二陰，臣多於君矣，而四體巽之下應初，是天子損其所有以下諸侯也。人君之道，以益下爲德，故謂之益也。震爲雷，巽爲風，雷動風行，二者相成，猶人君出教令，臣奉行之，故利有攸往。坎爲大川，故利涉大川矣。

疏　虞注：三陰失正，變則成坎，自二至上其體象渙，坎水爲大川，故利涉大川。繫言舟楫之利，蓋取諸渙。九家易彼注云：木在水上流行，若風舟楫之象是也。渙象傳曰：乘木有功，故曰木道乃行也。鄭注：乾以君之，坤爲臣道，故陰陽之義，陽稱爲君，陰爲臣也。震一陽二陰，臣多於君，故其象爲臣；巽二陽一陰，君多於臣，故其象爲君。四居巽體，下應於初，是天子損其所有以下諸侯之象。人君之道，損已利人，德在益下，故謂之益也。震爲雷，巽爲風，說卦文。雷主動，風主行。震巽同聲相應，故云二者相成。震爲出，巽爲令，故猶人君出教令，臣奉行之。命出必行，故利有攸往也。三上失正，易位成既濟，互兩坎，坎水爲川，故利涉大川也。

彖曰：益，損上益下，蜀才曰：此本否卦。案：乾之上九下處坤初，坤之初六上升乾四，損上益下者也。

疏　卦自否來，故此本否卦。否乾上九之坤初，初六升乾四，損上陽以益下陰，故爲益。

民說无疆，虞翻

曰上之初坤爲无疆震爲喜笑以貴下賤大得民故說无疆矣【疏】益本否上之初坤彖曰德合无疆否初坤故坤爲无疆震春爲喜震笑言啞啞爲笑喜笑故爲說否上之初爲貴下賤坤衆爲民故大得民明王之道志在惠下故民說无疆矣

自上下下其道大光

虞翻曰乾爲大明以乾照坤故其道大光或以上之三离爲大光矣【疏】乾彖曰大明終始故乾爲大明否乾在上坤在下故曰以乾照坤乾爲天道故曰其道大光三上失位故或以上之三成离离爲大光義亦可通愚案否乾上九下居坤初自初至五有离象离日爲光天道下濟而光明故曰自上下下其道大光

利有攸往中正有慶

虞翻曰中正謂五而二應之乾爲慶也【疏】五居中得正故中正謂五而二以中正應之故利有攸往陽爲慶五體乾陽故乾爲慶也

利涉大川木道乃行

虞翻曰謂三動成渙渙舟楫象巽木得水故木道乃行也【疏】三失位動則成渙渙有舟楫之象以巽木而得坎水又內震行故曰木道乃行也

益動而巽日進无疆

虞翻曰震三動爲离离爲日巽爲進坤爲疆日與巽俱進故日進无疆也【疏】震動也三失位動而成离离爲日說卦文巽爲進退故爲

進坤爲疆，當脫无字。坤爲地，故无疆。以离日與巽偵進，而卦自否來，又本互坤，故曰進无疆也。**天施地生**

其益无方虞翻曰：乾下之坤，震爲出，生萬物，出震，故天施。地生陽，在坤初爲无方，日進无疆，故其益无方也。【疏】乾交坤爲施，否乾上下之坤初，故曰天施。帝出乎震，故爲出。震春爲生，又月三日哉生明，亦爲生。萬物出乎震，說卦文。萬物資始於乾而資生於地，故曰天施地生也。坤文言曰「至靜而德方」，故陽在坤初爲无方。惟其日進无疆，是以其益无方。此損上益下，所以爲益也。

凡益之道，與時偕行虞翻曰：上來益三，四時象正，艮爲時，震爲行，與損同義，故與時偕行也。【疏】三上易位成既濟，故云上來益三也。益震爲春，損兌爲秋，既濟坎冬离夏，故四時象正也。艮動靜不失其時，故爲時。震作足，故爲行。與損同義者，損彖曰「損益盈虛，與時偕行」，虞彼注云：損二之五，益上之三，變通趨時，故與時偕行，是其義也。

象曰：風雷益。君子以見善則遷，有過則改。虞翻曰：君子謂乾也。上之三，离爲見，乾爲善，坤爲過。坤三進之乾四，故見善則遷。乾上之坤初，改坤之過，體復象，復以自知，故有過則改也。【疏】

子夏傳曰雷以動之風以散之萬物皆益稽覽圖曰降陰下迎陰起合和而陽氣用上薄之則爲雷鄭注云陽氣風也是風之益雷自上下下也又虞繫注云益萬物者莫大乎風雷故曰風雷益君子謂乾者謂否乾也三上失正易位成离相見乎离故离爲見乾元善之長故爲善坤積不善故爲過上巳之初故三進居四四陰得位故曰遷善乾上之坤初坤體毀故改坤之過初至四體復象繫曰復以自知又曰有不善未嘗不知知之未嘗復行故有過則改也遷善改過益莫大焉

初九利用爲大作元吉无咎

虞翻曰大作謂耕播耒耨之利蓋取諸此也坤爲用乾爲大震爲作故利用爲大作體復初得正朋來无咎故元吉无咎震二月卦日中星鳥敬授民時故以耕播也

疏周語曰民之大事在農堯典曰平秩東作故曰大作謂耕播也繫下曰斲木爲耜揉木爲耒耒耨之利以教天下蓋取諸益故云耒耨之利蓋取諸此也致役乎坤故坤爲用大哉乾元故乾爲大震作足故爲作否象乾坤初變成震故利用爲大作初至四體復象初以陽居陽爲得正復曰朋來无咎初九曰无祇悔元吉蓋初陽有元象故曰元吉

无咎。坎離震兌四正方伯卦，震春二月卦也。日中星鳥，敬授民時，皆《堯典》文。益於消息正月卦，啟蟄而祈穀，農事之始。益民之大，莫若農，故引書以明耕種之時也。

象曰：元吉无咎，下不厚事也。

侯果曰：大作謂耕植也。處益之始，居震之初，震為稼穡，又為大作。益之大者，莫大耕植，故初九之利，利為大作。若能不厚勞於下民，不奪時於農晙，則大吉无咎矣。

【疏】大作謂耕植，釋已見前。植猶播也。處益之始，以全卦言也；居震之初，以內卦言也。震於稼為反生，故為稼穡；為作足，故又為大作。益下莫大於耕植，故初九利於耕植為大作。否坤為厚，又為事，上來益初，坤象不見，是上任其勞而下不厚事，故云若能不厚勞於下民，不奪時於農晙，則大吉无咎矣。

六二：或益之十朋之龜，弗克違，永貞吉。

虞翻曰：謂上從外來益也，故或益之。二得正遠應，利三之正，已得承之。坤數十，損兌為朋，謂三變離為龜，故十朋之龜。坤為永，上之三得正，故永貞吉。以爻定既濟，則上來益三；以之泰，則上益初。一本作上

【疏】從外來益初是也。益三益初，皆自外來，故曰或益之。以六居二，為得正，遠應在五，三失位，故利三之正。陰利承陽，故已得承之。坤癸，故數十。損二五變則成益，是益二即損

五故益二爻象與損五同辭而云損兌爲朋取兌朋友講習之義也三失位變正成离爲龜十朋之龜詳具損五坤用六利永貞故坤爲永上三易位皆得正成既濟定故永貞吉也　愚案損六五或益之謂二五變成益五位乾乾爲元故元吉益二自損來居中得正坤爲永故初乾陽居始五乾陽得正皆稱元吉與損五成益稱元吉同義也

王用享于帝吉

虞翻曰震稱帝王謂五否乾爲王體觀象艮爲宗廟三變折坤牛體噬嗑食故王用享于帝得位故吉　千寶曰聖王先成其民而後致力于神故王用享于帝在巽之宮處震之象是則蒼精之帝同始祖矣

【疏】虞注　帝出乎震故震爲帝五天子位故五爲王乾以君之故否乾爲王也二至上體觀象祭祀艮爲鬼門故爲宗廟此享帝而取宗廟以其祭感生帝也禮曰王者禘其祖之所自出以其祖配之而立四廟鄭注云祖所出謂五帝卽南郊之祭也三變折坤牛爲牲初至五體噬嗑食象故用享于帝明不王不禘也乾鑿度說此爻云益者正月之卦也天氣下施萬物皆益言王者之法天地施政教而天下被陽德蒙教化如美實莫能違害永貞其道咸受吉化德施四海能繼天道也王用享于帝者言祭天也三王之郊一用夏正天道三微而成一著三著而

成一體方此之時天地交萬物通故泰益之卦皆夏之正也此四時之正不易之道也故三王之郊一用夏正所以順四時法天地之通道也六居二得位故吉干注桓六年左傳曰聖王先成民而後致力於神故王用享于帝益爲巽宫三世卦故云在巽之宫二在震位故云處震之象震巽於五行皆屬木木於時屬春月令孟春之月其帝太皞其神勾芒鄭注此蒼精之君木官之臣又春官小宗伯兆五帝於四郊鄭注蒼帝曰靈威仰震巽同聲故曰蒼精之帝同始祖矣

象曰或益之自外來也虞翻曰乾上稱外來益三也疏否乾在外上在外卦之外故云乾上稱外自外曰來上來益三成既濟三本亦作初益自否來故云來益初也

六三益之用凶事无咎虞翻曰坤爲事三多凶上來益三得正故益用凶事无咎疏坤發於事業故坤爲事三多凶繫下文三失正當變上來益三則得正矣釋詁曰凶咎也凶則有咎得正故益用凶事无咎　案三爲公位當益下之時有拯凶之責且三變坎難凡水旱札瘥兵甲之發皆凶事也

有孚中行告公用圭虞翻曰公謂三伏陽也三動體坎故有孚震爲中行爲告位在中故曰中行三公位乾爲圭乾

之三故告公用圭圭桓圭也　九家易曰天子以尺二寸
玄圭事天以九寸事地也上公執桓圭九寸諸侯執信圭
七寸諸伯執躬圭七寸諸子執穀璧五寸諸男
執蒲璧五寸五等諸侯各執之以朝見天子也
疏
虞注
乾鑿度
曰三爲三公故知公謂三與恆旁通故云伏陽三動成坎
坎故有孚震爲足故爲行復中行獨復中行謂初二至四
體復故曰中行必曰位在中者中爲內初在內乃得稱中
行明非初雖震不得爲中行也震善鳴故爲告三本公位
故告公乾爲玉故爲圭上乾之三故告公用圭公執桓圭
故云圭桓圭也　九家注　春官典瑞四圭有邸以祀天
兩圭有邸以祀地又考工記玉人之事天子圭中必四圭
尺有二寸以祀天故曰天子以尺二寸玄圭事天大宗伯
以黃琮祀地玉人璧琮九寸故以九寸事地也天十有二
時故以尺二寸事之地有九州故以九寸事之典瑞曰公
執桓圭侯執信圭伯執躬圭子執穀璧男執蒲璧又九寸
謂之桓圭七寸謂之信圭躬圭見於王人至穀璧五寸蒲
璧五寸經無明文注云皆徑五寸蓋由典命子男五命以
五爲節摧之也五等皆天子所命故各執之以朝見天子
案典瑞珍圭以徵守以恤凶荒卽益凶事告公用圭之
事也或云凶爲喪事引禮含者執璧將命賵者執圭將命

爲用圭之證義亦可通但喪事小荒事大當損

上益下之時莫大於荒政救民故舍此用彼也**象曰益用凶事固有之矣**虞翻曰三上失正當變是固有之干寶曰固有如桓文之徒罪近簒弒功實濟世六三失位而體姦邪處震之動懷巽之權是矯命之士爭奪之臣桓文之爻也故曰益之用凶事在益之家而居坤中能保社稷愛撫人民故曰无咎既乃中行近仁故曰有孚中行然後俯列盟會仰致錫命故曰告公用圭

疏虞注三本陽位以柔居之爲失正三上易位則變得正矣是固有之也　干注三爲三公之位故以固有爲齊桓公晉文公之徒也罪近簒弒是凶事也功實濟世故无咎也六三居三爲失位震三庚辰辰主土方翼奉傳上方之情樂也樂行姦邪故而體姦邪震動故云處震之動巽以行權故云懷巽之權行權故爲矯命之士震動故爲爭奪之臣桓文挾天子以令諸侯故以是爻當之而曰益之用凶事也然在益之家而居互坤之中坤地爲土故能保社稷坤衆爲民故愛撫人民功足補過故曰无咎者也體震木在巽爲仁三居卦中故云中行近仁變坎爲孚故曰有孚中行俯列會盟如齊桓盟于首止會于葵丘晉文盟于踐土會于溫之類仰致錫命如會于葵丘王使宰孔賜齊

侯胙且有後命以伯舅耋老加勞賜一級無下拜又作王宮于踐土王策命晉侯爲侯伯賜之大輅之服戎輅之服彤弓一彤弓矢百玈弓矢千秬鬯一卣虎賁三百人之類二公皆受王命爲侯伯故引以明告公用圭之事

六四中行告公從虞翻曰中行謂震位在中震爲行爲從故曰中行公謂三三上失位四利三之正已得以爲實故曰告公從矣【疏】中行謂震者謂初也初內爲中故云位在中震足爲行亦爲從初至四體復二四中行獨復故曰中行嫌與三異義故更說之也三爲公位故公謂三三與上皆失位四利三變之正陽爲實已得乘實復四象曰中行獨復以從道也故曰從告公者初也從者四也四與初正應故曰告公從矣

利用爲依遷邦虞翻曰坤爲邦遷從也三動坤從故利用爲依遷邦也【疏】坤爲地爲眾故爲邦遷從也釋詁文三體坤三動則坤徙故利用爲依遷邦也愚案周禮小司寇之職掌外朝之政以致萬民而詢焉二曰詢國遷王南鄉三公及州長百姓北面羣臣西面羣吏東面小司寇擯以敘進而問焉以眾輔志而弊謀即此爻義也尋四互艮爲門闕有外朝之象坤眾爲萬民震聲爲詢三變离嚮明而治爲王南鄉三公爲百官之長居其首故爻言公也

州長親民之官，故百姓屬焉。三變坎，故北面，坤臣道，又爲衆，故曰羣臣羣吏。伏兌，故西面，應震，故東面，以叙進而問，必先三公，卽中行告公從也。以坤衆輔坎志，卽象曰以益志也。斷其謀而遷國，卽利用爲依遷國也。且四與初應，中行謂初，在益之家，四應初，利用爲大作，上益下也。初應四，利用爲依遷國，下益上也。

象曰：告公從，以益志也。虞翻曰：坎爲志，三之上有兩坎象，故以益志也。崔憬曰：益其勤王之志也。居益之時，履當其位，與五近比，而四上公，得藩屏之寄，爲依從之國，若周平王之東遷，晉鄭是從也。五爲天子，益其忠志以勑之，故言中行告公從，利用爲依遷國矣。

【疏】虞注：坎心，故爲志。三上易位成既濟，有兩坎象。小司寇曰「以衆輔志而弊謀」，故曰以益志也。崔注：五爲王，四勤之，故云益其勤王之志也。居益之時，以六履四，爲當位，上承五，故云與五近比。四位上公，爲五所乘，故云得藩屏之寄，爲依從之國也。隱六年左傳曰「我周之東遷，晉鄭焉依」，周語曰「晉鄭是依」，左傳杜注云「平王東徙，晉文侯、鄭武公左右王室，故曰晉鄭焉依」。引之以證依遷國之義也。五位爲天子，四益其忠志，以勞之，故曰中行告公從，利用爲依遷國矣。

九五有孚惠心勿問元吉虞翻曰謂三上也震爲問三上易位三五體坎已成既濟坎爲心故有孚惠心勿問元吉象曰勿問之矣【疏】謂三上也者卦唯三上失位五爲卦主故望三上變正也震聲爲問三上易位得正則三五皆居坎中以成既濟坎亟心爲心又爲孚損上益下惠莫大焉在益之家而爲卦主故曰有孚惠心卜不習吉故曰勿問元吉復引象曰勿問之矣所以明元吉也

有孚惠我德虞翻曰坤爲我乾爲德三之上體坎爲孚故惠我德象曰大得志【疏】乾坤謂否也坤身爲我乾陽爲德三上易位體坎爲孚故曰惠我德復引象曰大得志者明既濟功成也

象曰有孚惠心勿問之矣惠我德大得志也崔憬曰居中履尊當位有應而損上之時自一以損已爲念雖有孚于國惠心及下終不言以彰已功故曰有孚惠心勿問問猶言也如是則獲元吉且爲下所信而懷已德故曰有孚惠我德君雖不言人惠其德則我大得志也【疏】五在上中故云居中五位天子故云履尊以其九居五爲當位於二得六爲有應當損上之時一以損已益人爲心雖有孚於國惠能逮下然終不言以彰已功蓋五本乾體乾文言傳曰乾始能以美利利天

下不言所利大矣哉故曰有孚惠心勿問釋言曰問訊也文曰訊言也故云問猶言也利美乾始元者始也故如是則獲元吉五在既濟坎爲孚故爲下所信五乾陽爲德故懷己之德以信惠物物亦應之故曰有孚惠我德蓋君雖不言其德而人皆自感其惠則我損上益下之志於是大得也此蓋既濟定時也

上九莫益之虞翻曰莫无也自非上无益初者唯上當无應故莫益之矣【疏】詩殷其雷莫敢或皇鄭箋無敢或閒假時故韻會云莫無也說文无通無故云莫无也益自否來否終則傾自上下下民說无疆故自非上无益初者唯三上失位失位則不應當无應之時體否上窮災民莫之與豈能益人故莫或益初矣象言上當益三正位也

或擊之虞翻曰謂上不益初則以剝滅乾艮爲手故或擊之【疏】傾否之始初陽不能獨立上不益初則還成坤剝故云以剝滅乾剝艮爲手故或擊之謂擊三也

立心勿恆凶虞翻曰上體巽爲進退故勿恆動成坎心以陰乘陽故立心勿恆凶矣【疏】上體巽巽爲進退說卦文進退故勿恆上動成坎坎爲心以變陰乘五陽故立心勿恆凶可知已　案巽下震上爲恆震下巽上爲益震巽特變二之上上變爲恆之三震動求

益而無益故與恆三之辭相類不恆其德卽立心勿恆或承之羞貞吝卽凶也蓋莫益初或擊三故立心勿恆凶也

象曰莫益之徧辭也虞翻曰偏周帀也三體剛凶故至上應乃益之矣【疏】說文徧帀也故孟喜云偏周帀也虞從孟義也三爲剛位且多凶故云三體剛凶上得正應乃益之矣蓋莫益之者莫益初也上莫益初與三易位六爻偏正故曰莫益之徧辭也

或擊之自外來也虞翻曰外謂上上來之三故曰自外來也【疏】上在外卦之外故外謂上上自外來擊三故曰自外來也

周易集解纂疏卷十六

受業鄧州高振豫子和校

清道光有獲齋本周易集解篹疏

第三册

唐 李鼎祚集解 清 李道平篹疏

中國國家圖書館藏清道光二十二年有獲齋刻本

山東人民出版社·濟南

周易集解纂疏卷十七

唐李鼎祚集解

安陸李道平遵王纂疏

序卦曰：益而不已必決，故受之以夬。夬者，決也。韓康伯曰：益而不已則盈，故必決矣。疏 益而不已，其勢必盈，如水有隄防，盈極必決矣，故受之以夬。

䷪ 乾下兌上

夬，揚于王庭。虞翻曰：陽決陰，息卦也。剛決柔，與剝旁通。乾爲揚爲王，剝艮爲庭，故陽于王庭矣。鄭元曰：夬，決也。陽氣浸長至於五，五尊位也，而陰先之，是猶聖人積德說天下，以漸消去小人，至於受命爲天子，故謂之夬。揚，越也。五互體乾，乾爲君，又居尊位，王庭之象也。陰爻越其上，小人乘君子，罪惡上聞於聖人之朝，故曰夬揚于王庭也。疏 虞注：說卦曰「夬爲附決」，五陽決一陰，故云陽決陰。自復至乾皆陽息之卦，故云息卦也。剛長則柔消故云剛決柔剝息于夬夬消于剝故與剝旁通乾陽上升爲揚揚舉也乾爲君故爲王上伏剝艮艮爲門闕故爲庭以乾居艮故曰王庭小人陰柔在上故曰揚于王庭小人乘君子之上其重難決故象曰柔乘五剛也　鄭注　夬決也象傳文陽氣由復浸長至五五爲天子故云尊位而陰在其上故云先之自復至乾爲積善積德猶積善內體乾乾爲德故言聖人積德外體兌兌爲悅故言悅天下以乾陽消坤陰自初至五故云以漸消去小人乾息至五則受命而爲天子陰已決夬故謂之決揚越也釋言文五互三四爲乾乾爲君說卦文爻居於五爲尊位王庭之象也上六以一陰踰越出五陽之上是小人而乘君子其罪惡固上聞於聖人之朝夬故曰夬揚于王庭

孚號有厲

虞翻曰陽在二五稱孚孚謂五也二失位動體巽巽爲號离爲光不變則危故孚號有厲其危乃光也

疏　陽在二五皆坎體坎有孚故稱孚五不變故孚謂五也二以陽居陰爲失位動則互體巽巽申命故爲號又動體离离日爲光兼釋象傳也二不變失位則危決上者五而二輔之五莧陸於上二惕號於下故卦主二五之孚號也決小人危事故孚號恐其有厲若變正應五決去上六不爲所揜故象曰其危乃光也

告自邑不利

即戎虞翻曰陽息動復剛長成夬震爲告坤爲自邑夬從復升坤逆在上民衆消滅二變時离爲戎故不利即戎所尚乃窮也【疏】陽息之卦初動爲復復象曰剛長也故剛長至五成夬復内體震震善鳴爲告外體坤坤身爲自土爲邑故爲自邑夬陽從復升五惟剩坤逆一陰在上坤爲民爲衆坤象已毀故云民衆消滅二變時體离离爲甲冑爲戈兵故爲戎復上六云用行師終有大敗卦有戎象故戒以所尚在戎則不利而困窮矣言君子之去小人當以陽德漸散其民衆則去之決不當尚兵戎與之爭也**利有攸往**虞翻曰陽息陰消君子道長故利有攸往剛長乃終【疏】夬爲陽息陰消之卦君子道長泰彖傳文言陽長也陽長故利有攸往與復卦同辭剛長至上終乃成乾由復初剛長而漸及也

彖曰夬決也剛決柔也虞翻曰乾決坤也【疏】乾剛決去坤柔也鄭云以漸消去小人故謂之決是決有去義也**健而說決而和**虞翻曰健乾說兌也以乾陽獲陰之和故決而和也【疏】說卦乾健也兌說也故云健乾說兌也乾陽過剛獲兌陰之利則剛柔相濟故決而和也**揚于王庭柔**

乘五剛也王弼曰：剛德齊長，一柔爲逆，衆所同誅而无忌者也，故可揚于王庭。

【疏】自初至五皆陽，故云剛德齊長。孤陰在上，故云一柔爲逆。以五陽誅一陰，是衆所同誅。誅而无忌，故可揚于王庭。正義云：此因一陰而居五陽之上，釋行決之法。言所以得顯然揚于王庭者，只謂柔乘五剛也。

孚號有厲，其危乃光也荀爽曰：信其號令於下，衆陽危去上六，陽乃光明也。干寶曰：夬九五，則飛龍在天之爻也。應天順民，以發號令，故曰孚號。以剛決柔，以臣伐君，君子危之，故曰有厲。德大而心小，功高而意下，故曰其危乃光也。

【疏】荀注：信其號令於下者，謂五孚衆也。陽爲陰揜，五統衆陽，危去上六，陽乃光明，故曰其危乃光也。干注：夬九五即乾五也，故云飛龍在天之爻。聖人而在天子之位，故云應天順民。以發號令，剛正明信，以宣其令，故曰孚號。以剛去柔，猶以臣伐君，如武王伐紂是也。故君子危之，而曰有厲也。然武王之德既大而心自小，功雖高而志益下，故曰其危乃光也。

告自邑翟元曰：坤稱邑也。干寶曰：殷民告周以紂无道。

【疏】翟注：旁通剝坤，故稱邑。干注：書武成曰：天休震動，用附我大邑周。故云殷民告周以紂无道，而云告自邑也。

不利即戎，所尚乃

窮也。荀爽曰：不利即尚兵戎而與陽爭必困窮。【疏】夬上即復上也。復上六曰用行師終有大敗。以陽息之卦陰道而負，故不利。即尚兵戎而與陽爭，爭則必困，故曰所尚乃窮也。

利有攸往，剛長乃終也。虞翻曰：乾體大成，以決小人，終乾之剛，故乃以終也。【疏】陽息至上，故乾體乃成。陰消已極，故以決小人。純乾既成，卦終於上，乾剛既終，故乃以終也。愚按：復陽初生，喜陽氣之動，故曰利有攸往，剛長也。夬陰將盡，慶陽道之成，故曰利有攸往，剛長乃終也。

象曰：澤上於天，夬。陸績曰：水氣上天，決降成雨，故曰夬。【疏】兌爲澤，澤水上天，陰也。乾陽決之，則降而爲雨，故卦名曰夬。

君子以施祿及下，居德則忌。虞翻曰：君子謂乾。乾爲施祿，下謂剝坤，坤爲衆臣，以乾應坤，故施祿及下。乾爲德，艮爲居，故居德則忌。陽極陰生，謂陽忌陰。【疏】君子謂乾者，乾陽爲君子也。天施地生，故乾爲施。祿以養生，乾生故爲祿。曲禮：士曰不祿，謂士死不終其祿，故知祿爲乾生也。天上地下，夬伏剝坤，坤爲地而在下，故知下謂剝坤也。坤爲衆，說卦文。坤文言曰：臣道也。故爲臣。坤伏乾下，故以乾應坤，而日施祿及下即剝象厚下也上之所施下之所天故記曰下天上施也乾陽爲德夬伏剝艮艮門闕爲居即剝象安宅也夬下伏剝故居德則忌也夬陽已極成乾姤陰即生於下而成剝剝則陽德將食故謂陽忌陰也

初九壯于前趾往不勝爲咎　虞翻曰夬變大壯大壯震爲趾位在前故壯于前剛以應剛不能克之往如失位故往不勝爲咎　疏　大壯陽息成夬夬五變成大壯壯傷也初應四大壯外卦震震足爲趾謂四也大壯初九壯于前趾虞彼注云謂四震爲足比云位在前亦四也易位以外爲前故曰壯于前初四敵剛是以剛應剛四失位閏言不信兌爲毀折所以致傷而不能克也初剛變柔往而應四則已失正位故往不勝而爲咎也

象曰不勝而往咎也　虞翻曰往失位應陽故咎矣　疏　初剛得正變往應四是失位應陽宜有咎也

九二惕號莫夜有戎勿恤　虞翻曰惕懼也二失位故惕變成巽故號剝坤爲莫夜二動成離離爲戎變而得正故有戎四變成坎坎爲憂坎又得正故勿恤謂成既濟定也　疏　惕懼也廣雅釋詁文以九

居二失位故陽變柔成巽巽爲申命故號決伏剝坤月喪於乙滅藏於癸坤納乙癸故爲暮夜二動體离离爲甲胄戈兵故爲戎變柔得正是有備也故有戎者謂有守備也二與五應四變五成坎說卦曰坎爲加憂故爲恤坎三爻皆得正故勿恤二四皆變故成既濟定也

象曰有戎勿恤得中道也

虞翻曰動得正應五故得中道【疏】二動得正上應五剛乾爲道二五皆中故得中道也

九三壯于頄有凶

翟元曰頄面也謂上處乾首之前稱頄頄頰間骨三往壯上故有凶也【疏】頄面謂面顴也三與上應上處乾首之前故稱頄九家易說卦兌爲輔頰故曰頄頰間骨也上陰乘陽三獨往應於上爲上所傷故壯于頄有凶也

君子夬夬獨行遇雨

荀爽曰九三體乾乾爲君子三五同功二爻俱欲決上故曰君子夬夬也獨行謂一爻獨上與陰相應爲陰所施故遇雨也【疏】九三體本乾也乾三稱君子故云乾爲君子三五同功五承上三應上二爻皆欲決去上陰故曰君子夬夬獨行謂九三一陽獨上與兌陰相應爲兌陰所施兌爲雨澤故遇雨也

若濡有慍无咎

荀爽曰雖爲陰所濡能慍不說得无

咎也。【疏】說卦曰：「兌以說之。」兌有說乾之心，三剛得正，雖爲兌陰所需濡然，能慍其陰柔，不爲所悅，故能決去小人，得无咎也。

象曰：君子夬夬，終无咎也。

王弼曰：頄，面顴也。謂上六也。最處體上，故曰頄也。剥之六三以應陽爲善。夫剛長則君子道興，陰盛則小人道長。然則處陰長而助陽則善，處剛長而助柔則凶矣。而三獨應上，助小人，是以凶也。君子處之，必能棄夫情累，決之不疑，故曰夬夬也。若不與陽爲羣而獨行殊志，應於小人，則受其困焉，遇雨若濡，有慍而終无所咎也。【疏】頄面顴，集韻：「輔骨曰顴」，是也。上六最處體上，故以面顴當之。夬與剥旁通，當剥之世，貴於扶陽，故六三以應陽爲善。蓋剛長則君子道興，聖人之所喜也；陰盛則小人道長，聖人之所惡也。故當陰長而助陽爲善，當剛長而助柔爲凶。今夬爲剛長之卦，而九三獨應上六，是助小人而爲凶也。君子處此，能棄其情累，不受上應，在於決斷而无疑，故曰夬夬也。若不能決斷，殊羣陽而獨應小人，必受其困，是濡濕其衣，自取怨恨而无所歸咎也。愚案：三能輔五同心決上，是爲君子夬夬。上爲終，陽息成乾，夬陰盡滅，故曰終无咎也。

九四：臀无膚，其行次且。虞翻曰：二四已變，坎爲臀，剝艮爲膚，毀滅不見，故臀无膚。大壯震爲行，坎爲破，爲曳，故其行次且。

疏　二四已變，互兩坎，坎爲隱伏，有穴象，故爲臀。伏剝艮，艮爲膚，九家說卦文。體已成夬，艮象毀滅不見，故臀无膚。夬息自大壯，四體震，震足爲行。四變坎，說卦曰坎多眚，故爲破，又爲曳，故其行次且。馬云：卻行不前是也。案：夬四乃姤三之反，姤三居巽股之上，有臀象。夬四與姤三皆變，則臀无膚矣。

牽羊悔亡，聞言不信。虞翻曰：兌爲羊，二變巽爲繩，剝艮手持繩，故牽羊。謂四之正，得位承五，故悔亡。震爲言，坎爲耳，震坎象不正，故聞言不信也。

疏　四體兌，兌爲羊。二變互巽，巽爲繩。伏剝艮爲手，以艮手持巽繩，故牽羊。四變之正，得位應初，上承五，陽同心決上，故悔亡。大壯震善鳴爲言，變坎爲耳，故爲聞。又坎孚爲信，息夬則震坎象毀，未返於正，故聞言不信。案：四失位，當變之正，變則成坎，次且應初也。牽羊，順五也。若過剛不變，坎耳不見，故以聞言不信戒之。

象曰：其行次且，位不當也。聞言不信，聰不明也。虞翻曰：坎耳离目，折入於兌，故聰不明矣。案：兌爲羊，四五體兌故也。凡卦初爲足，二爲腓，三爲股，四爲臀，當陰柔今反剛陽，故曰臀无膚。九四震爻，【疏】虞注：以陽居陰，故位不當。四失位，當變之正，則坎耳爲聰，离目爲明。不變，則毁折入兑，坎离象壞，故聰不明。言聽不聰，則視亦不明也。案：兑爲羊，說卦文。四、五體兑，故牵羊也。爻例，初足、二腓、三股、四臀。四當陰柔之位，反得陽剛之爻，艮爲膚，伏於兑下，不見，故无膚。九四震爻，謂大壯也。震足在四，陽既不正，故行越趄也。

九五：莧陸夬夬，荀爽曰：莧謂五，陸謂三，兩爻決上，故曰夬夬也。莧者葉柔而根堅，且赤，以言陰在上六也。陸亦取葉柔根堅也。去陰遠，故言陸。言差堅於莧，莧根小，陸根大。五體兑，柔居上，莧也。三體乾，剛在下，根深，故謂之陸也。【疏】宋云：莧，莧菜也。陸，商陸也。虞云：莧，蕢也。陸，商也。董遇云：莧，人莧也。陸，商陸也。莧、陸二草名，故莧謂五，陸謂三。蓋三、五兩爻，異性同功，一心決上，故云夬夬，與九三同辭。釋草：蕢，赤莧。郭注：今莧菜之有赤莖者。以陰在上六，故象葉柔。陽剛在五，且乾爲大赤，故象根堅且赤也。釋草：蓫薚，馬尾。郭注：關西呼爲薚，江東呼爲當陸。郎商陸也。陸亦取上葉柔根堅之義。但三去陰遠，故云商差堅於莧也。兑上陰，陰爲小，故象莧根小。乾上陽，陽爲大，故象陸根大五體兌柔居上爲陰故曰莧也三體乾剛在下根深爲陽故謂之陸也**中行无咎**虞翻曰莧說也莧讀夫子莧爾而笑之莧陸和睦也震爲笑言五得正位兌爲說故莧陸夬夬大壯震爲行五在上中動而得正故中行无咎舊讀言莧陸字之誤也馬君荀氏皆從俗言莧陸非也

【疏】說卦曰兌說也五居兌體故以莧爲說也莞爾而笑論語文釋文莞作莧云今作莞是古本論語作莧何晏注莞爾小笑皃故云莧讀夫子莧爾而笑之莧也釋文莧一本作莞是莧作莞字之誤也陸釋文蜀才作睦陸與睦古通用漢嚴舉碑九族和陸郭仲奇碑崇和陸睦皆作陸故曰陸和睦也大壯震笑言啞啞故爲笑言息五得正成夬體兌爲說故曰莧陸夬夬所謂決而和是也震足爲行五在上卦之中動而成夬得正與三同心決上故无咎也虞讀莧睦故以莧陸爲說而謂馬荀從俗爲非也

象曰中行无咎中未光也虞翻曰在坎陰中故未光也王弼曰莧草之柔脆者也夬之至易故曰夬夬也夬之爲義以剛決柔以君子除小人也而五處尊位最比小人躬自決者也夫以至尊而敵於至賤雖其克勝未足多也處中而行足以免咎而已未爲光益也

【疏】虞注離日爲光四變離伏坎下是五在坎陰之中

离伏不見。故未光也。王注子夏傳云莧陸木根草莖。剛下柔上也。馬融鄭元王肅皆云莧陸一名商陸。是以莧陸爲一物。若荀宋虞董皆以莧陸爲二。今王注直云草之柔脆。亦以爲一物。同於子夏等也。夬以柔決剛。是以君子而除小人。五處尊位。最近小人。躬自決之。如去莧草之易。故曰夬夬。然以至尊而敵至賤。雖克致勝。未足爲功。以能處中而行。但得无咎。未足爲光也。案五弃於上。故未光。三五同心決上。三體乾健。故有愠。雖有凶而終无咎。五體兑說。故莧睦雖无咎。而中未光。與屯五革五陽爲陰揜同義。

上六。无號。終有凶。虞翻曰。應在於三。三動時體巽。巽爲號令。四已變坎。之應歷險。巽象不見。故无號。位極乘陽。故終有凶矣。【疏】上與三應。三動時互體巽。巽申命。故二曰惕號。今作三。三動誤也。四已變成坎。上之應三。歷乎坎險。巽象已壞。三愠不應。故无號也。上位已極。而弃五陽。終以消滅。故有凶也。

象曰。无號之凶。終不可長也。虞翻曰。陰道消滅。故不可長也。【疏】息至上成乾。是陰道消滅。終不可長也。

序卦曰。決必有遇。故受之以姤。姤者遇也。崔憬曰。君子夬夬獨行。遇雨。故言決必有遇也。**疏** 夬九三曰君子夬夬獨行遇雨。兌澤雨也。三輔五以決兌陰。三獨應上。故曰遇雨。然夬陰極於上。則姤陰生於下。故決必有遇。而夬次以姤也。

巽下乾上

姤女壯 虞翻曰。消卦也。與復旁通。巽長女。女壯傷也。陰傷陽。柔消剛。故女壯也。**疏** 坤消乾自姤始。故云消卦也。復姤之初。陰陽互伏。故姤與復旁通。內卦巽。巽一索得女。爲長女。壯傷也。故云女壯傷也。陰傷陽。卽柔消剛也。但曰女壯。不言傷陽。諱之也。愚案陽息至四成震。震爲長男。陽也。陽爲大。故稱大壯。坤消乾初成巽。巽爲長女。陰也。故稱女壯。壯四姤初皆不得正。故稱壯。壯者傷也。

勿用取女 虞翻曰。陰息剝陽。以柔變剛。故勿用取女。不可與長也。**疏** 陰息剝陽者。積姤成剝也。以柔變剛。則陽爲陰傷。故勿用取女。說卦曰巽爲長。初當變之四。故不可與長也。曲禮諸侯未及期相見曰遇。鄭彼注云未及期。在期日之前也。

彖曰姤遇也柔遇剛也勿用取女 鄭元曰。姤遇也。一陰承五陽。一女當五男。苟相

遇耳非禮之正故謂之姤女壯如是壯健以淫故不可娶婦人以婉娩爲其德也【疏】穀梁傳曰不期而會曰遇

姤女以不期而會男故曰遇也夬陰極於上歷乾而生姤陰故曰柔遇剛也一陰一陽之謂道初爲長女以一陰上

承五陽是以一女而當五男失乎從一而終之義故云苟

相遇耳遇非其正故謂之姤女壯不守乎禮是壯健以淫

故不可娶也內則曰女子十年不出姆教婉娩聽從鄭彼

注云婉謂言語也娩之言媚也媚謂容貌又鄭注周禮九

嬪四德婦容云婦容謂婉娩故婦人以婉娩爲其德也不可與長也王肅曰女不可取以其不正不

可與長久也【疏】以六居初失位不正故女不可取者以其始不正不可與長久也天地相遇品

物咸章也荀爽曰謂乾成於巽而舍於離坤出於離與乾相遇南方夏位萬物章明也九家易曰謂陽

起子運行至四月六爻成乾巽位在巳故言乾成於巽既成轉舍於離萬物皆盛大坤從離出與乾相遇故言天地

遇也【疏】九家即申荀說也一陽起於子歷六爻至四月成乾巽巳同宮故云巽位在巳至巳成乾故謂乾成於巽

乾象既成一陰復生於午而爲姤午南方離位也故謂既成轉舍於離陽極陰生故云坤從離出與乾相遇以坤一

巽外卦主白露八月節

陰遇乾五陽故曰天地相遇姤生於午正南方夏位萬物盛大之時离爲明萬物皆相見故章明也

剛遇中正天下大行也

翟元曰剛謂九五遇中處正教化大行於天下也 疏 五爲卦主以九居五得中得正故剛謂九五遇中處正也巽中命行事乾爲天伏坤爲下伏震爲行故教化大行於天下也

姤之時義大矣哉

陸績曰天地相遇萬物亦然故其義大也 疏 天地相遇而後化育成萬物亦相遇而後生長遂莊二年穀梁傳曰獨陰不生獨陽不生故姤之時義大矣哉姤具四時故稱時義詳見下象辭四方虞注姤午復子巽秋震春卯四時也

象曰天下有風姤

翟元曰天下有風風无不周布故君以施令告化四方之民矣 疏 風天氣也而出於上是天下有風也風周天下故施命誥四方

后以施命誥四方

虞翻曰后繼體之君姤陰在下故稱后與泰稱后同義也乾爲施巽爲命爲誥復震二月東方姤五月南方巽八月西方復十一月北方皆總在初故以誥四方也孔子行夏之時經用周家之月夫子傳彖象以下皆用夏家月是故復爲十一月姤爲五月矣

【疏】乾消故后爲繼體之君姤陰在下陰生五不純乎陽故稱后泰女主稱后此陰生之卦故與泰稱后同義也天施地生故乾爲施巽申命爲命爲誥伏體震四正方伯卦震在二月故東方消息卦姤在五月故南方又巽爲八月卦故西方旁通復消息卦復在十一月故北方震謂復震巽謂姤巽故云皆總在初行夏之時論語爻經用周家之月如臨八月有凶爲遯是也夫子傳彖象用夏月如此復爲十一月姤爲五月是也

初六繫于金柅貞吉

虞翻曰柅謂二也巽爲繩故繫柅乾爲金巽木入金柅之象也初四失正易位乃吉故貞吉矣

【疏】柅子夏傳作鑈說文作檷二互乾金故柅謂二也巽繩直故爲繩初繩二柅故曰繫柅乾爲金說卦文巽入也以巽木入金其象爲柅說文鑈絡絲跌也趺與附同其位在初謂初當繫二也初四皆失位不正二爻相易變而得正故貞吉也

有攸往見凶

九家易曰絲繫於柅猶女繫於男故以喻初宜繫二也若能專心順二則吉故曰貞吉今旣爲二所據不可往應四往則有凶故曰有攸往見凶也

【疏】巽繩爲陰乾柅爲陽陰爲女陽爲男故云絲繫於柅猶女繫於男隨卦三陰三陽陰皆係陽故稱繫以喻初宜繫二也繫二則宜專

心順之故貞吉蓋初爲二所據不可往應於四若行攸往互离爲見則見凶也

羸豕孚蹢躅

虞翻曰以陰消陽往謂成坤遯子弒父否臣弒君夬時三動离爲見故有攸往見凶矣三夬之四在夬動而體坎坎爲豕爲孚巽繩操之故稱羸也巽爲舞爲進退操而舞故羸豕孚蹢躅以喻姤女望於五陽如豕蹢躅也 宋衷曰羸大索所以繫豕者也巽爲股又爲進退股而進退則蹢躅也初應於四爲二所據不得從應故不安矣體巽爲風動搖之貌也

【疏】虞注以陰消陽陽盡成坤消至二遯艮子弒乾父消至三否坤臣弒乾君夬時三動三當作四姤倒夬也夬息自復坤宮五變卦也夬決於上卽游魂於四成需初與四應四動成离离目爲見故曰有攸往見凶矣姤之三卽夬之四姤九三爻辭與夬正同夬四動而成需其體爲坎坎爲豕說卦文坎有孚故爲孚巽爲繩直故云巽繩二變艮爲手操之者二也繩故稱羸陸績云羸讀爲累卽縲絏之縲古字通也巽爲舞象風也爲進退說卦文操故稱羸豕舞故稱孚蹢躅蹢躅釋文云不靜也巽爲躁卦故其象如此陰陽相求故姤女以一陰望五陽如豕蹢躅也案序卦曰決必有遇夬九三獨行遇雨三動應上上陰極則下陰生姤三已動互离爲見成坎爲豕說亦可通 宋

注大壯羸其角，釋文羸鄭虞作纍，馬君以爲大索是也。巽爲繩，故云羸大索，所以繫豕者也。巽爲股，爲進退，皆說卦文。股而進退，蹢躅之象也。初遠應於四，近爲二所據，不得從應，故蹢躅不安。巽爲風，說卦文。其象動搖，故稱蹢躅。

象曰：繫于金柅，柔道牽也。虞翻曰：陰道柔，巽爲繩，牽於二也。疏初陰爲柔，巽也。巽繩爲牽，陰繫於陽，故牽于二也。

九二：包有魚，无咎，不利賓。虞翻曰：巽爲白茅，在中稱包。詩云：白茅包之。魚謂初陰，巽爲魚。二雖失位，陰陽相承，故包有魚无咎。賓謂四，乾尊稱賓。二據四應，故不利賓。或以包爲庖廚也。疏大過初六藉用白茅，初六巽也，故巽爲白茅。說文：包象人褢妊，巳在中。二在中，故稱包。復引詩白茅包之，以明在中稱包之義也。魚陰類，故初陰謂魚。巽爲魚者，震陽爲龍，巽陰爲蛇爲魚。郭璞曰：魚者，震之廢氣是也。二雖失位，以陽包陰，陰陽相承，故包有魚无咎。蓋二非陽不能包，故不以失位爲咎也。二包初，初應四，四故賓。謂四，四體乾，乾爲天爲君，位尊稱賓。二據初，四應之，四應初不正，故二包之，不使及賓，以及賓爲不利也。案一陰在下爲主，故五陽爲賓。樂本於易，姤五月卦。五月律名蕤賓。高氏月令注云：仲夏陰氣萎蕤在下，象主人。陽氣在上，象賓客。故參同契曰：姤始紀序，履霜最先，井底寒泉。午爲蕤賓，賓服於陰，陰爲主人，是其義也。姤陰消陽成坤，故不利賓。此初所以宜繫二，而二能包初爲无咎也。或以包爲庖廚也者，釋文包本亦作庖者，王弼象傳注是也。

象曰：包有魚，義不及賓也　王弼曰：初陰而窮下，故稱魚也。不正之陰，處遇之始，不能逆近者也。初自樂來應己之廚，非爲犯應，故无咎也。擅人之物，以爲己惠，義所不爲，故不及賓。疏　正義：初六以陰而處下，故稱魚也。以不正之陰，處遇之始，不能逆於所近，故捨九四之正應，樂充九二之庖廚，故曰九二庖有魚。初自樂來爲己之廚，非爲犯奪，故得无咎也。夫擅人之物以爲己惠，義所不爲，故不利賓也。案：不當包初。義者，利之和也，故曰義不及賓也。

九三：臀无膚，其行次且，厲，无大咎　虞翻曰：夬時動之坎爲臀，艮爲膚，二折艮體，故臀无膚。復震爲行，其象不正，故其行次且。三得正位，雖則危厲，故无大咎矣。案：巽爲股，三居上，臀也。爻非柔，无膚，行趑趄也。疏　虞注　姤三即夬四也，故爻辭相同。夬時變坎爲臀，初消二成艮爲膚，二折艮體毀滅，故臀无膚。旁遯復震爲行三在夬時失位不正故其行次且姤三得正三爻凶雖危厲以其得正故无大咎也 案巽爲股說卦文三居股上故爲臀剛主骨柔主膚爻非柔故无膚進退故其行趑趄也

象曰其行次且行未牽也 虞翻曰在夬失位故牽羊在姤得正故未牽也 疏 九在夬四爲失位爲初所牽故牽羊九在姤三爲得正故不爲陰所牽也

九四包无魚起凶 王弼曰二有其魚四故失之也无民而動失應而作是以凶矣 疏 初陰爲魚二已有之四遂失之故曰包无魚也象曰遠民故知无魚是无民也復震爲起下失初陰是无民而動不義之應是失應而作失位无魚故起則凶也此卽五行志所謂河魚大上者也月令曰百螣時起二者不宜起者也故凶

象曰无魚之凶遠民也 崔憬曰雖與初應而失其位二有其魚而賓不及若起於競涉遠必難終不遂心故曰无魚之凶遠民也謂初六矣 疏 四與初爲正應然失位不應故二有其魚而已爲賓不及也若起而爭競涉遠涉於初其行必難終不遂心故云无魚之凶也初陰自坤來坤衆爲民故謂初六矣 愚案詩小雅無羊

曰牧人乃夢眾維魚矣是魚有民象故知无魚為違民也

九五以杞苞瓜含章虞翻曰杞杞柳木名也巽為杞為苞乾圓稱瓜故以杞苞瓜矣含章謂五也五欲使初四易位以陰含陽已得乘之故曰含章初之四體兌口故稱含也　干寶曰初二體巽為草木二又為田田中之果柔而蔓者瓜之象也

【疏】虞注杞杞柳木名則孟子所謂杞柳是也巽為木故為杞木之柔者故為苞乾為圜故稱瓜亦木果之屬也四變五體巽苞蔓也巽瓜蔓於杞故以杞苞瓜以陰苞陽為含章含章謂五者五以初四失正故欲使兩爻易位四陰含五是以陰含陽四陰承五是五得據之故曰含章初陰之四互兌為口故有含象也　干注　初二體巽剛爻為木柔爻為草故為草木乾九二曰見龍在田故二又為田田中之果體柔而蔓其象為瓜　愚案五與二應二巽木為杞二變艮為果蓏瓜蓏屬謂初六五為姤主知初必成剝碩果不食故變而應二以九二之也包初六之瓜五伏坤為章說見坤三變兌為口故曰含章五含坤陰與二制初皆所以防陰也

有隕自天虞翻曰隕落也乾為天謂四隕之初初上承五故有隕自天象

【疏】隕落也釋詁文莊七年穀

繫傳曰著於下不見於上謂之隕四體乾乾爲天四隕之初則初上承五四在五下故有隕自天也愚案乾爲天乾爲天自隕自天者謂剝陽已盡碩果隕於下而復生即幽風十月隕蘀之隕也

象曰九五含章中正也有隕自天志不舍命也虞翻曰巽爲命也欲初之四承巳故不舍命矣

疏以九居五得中得正故曰中正巽爲命謂初也五欲初之四承巳故不舍巽爲不舍命也

上九姤其角吝无咎虞翻曰乾爲首位在首上故稱角動而得正故无咎

疏乾爲首說卦文位在首上故稱角又爻例亦上爲角也上九陽剛君子自處於高亢之地以我之高遇彼之觸故曰姤其角失位无應故吝動而得正故无咎

象曰姤其角上窮吝也王弼曰進之於極无所復遇遇角而已故曰姤其角也進而无遇獨恨而巳不與物牽故曰上窮吝也

疏最處上體進於極而无所復遇所遇者角而巳故曰姤其角進而遇角非所安與无遇等故獨恨而鄙吝也初曰柔道牽也二曰行未牽也三上敵剛失位无應又與陰遠故不與物牽而曰上窮吝也愚案牽注疏本作爭彼引以釋无咎故作爭此引以釋窮吝故作牽蓋險柔

則牽。陽剛則不牽。上九與九二同爲陽剛，作牽是也

周易集解纂疏卷十七

受業李子濂師周校

周易集解纂疏卷十八

唐李鼎祚集解　安陸李道平遵王纂疏

序卦曰：物相遇而後聚，故受之以萃。萃者，聚也。崔憬曰：天地相遇，品物咸章，故言物相遇而後聚。【疏】「天地相遇，品物咸章」，姤彖傳文。荀彼注云：乾成於巽而舍於离，坤出於离，與乾相遇南方，夏位，萬物章明，是萬物會合而成萃矣，故言物相遇而後聚也。

䷬ 坤下兌上

萃，王假有廟。虞翻曰：觀上之四也。觀乾爲王，假，至也。艮爲廟，體觀享祀，上之四，故假有廟，至孝享矣。【疏】二陽四陰之卦自觀來，故云觀上之四也。觀，乾宮四世卦。觀乾爲王，謂五也。假，至也，釋詁文。艮爲門闕，又爲鬼門，故爲廟。卦自觀來，又初至五體觀象。觀卦辭曰「觀盥而不薦」，是享祀之象也。上之四，體艮，故假有廟矣。致孝享，彖傳文也。

利見大人，亨，利貞。虞翻曰：大人謂五。三四失位，利之正，變成离，离為見，故利見大人，亨。利貞，聚以正也。【疏】大人謂五，謂乾五。利見大人也。六居三，九居四，皆失位，利變之正。三四易位成离，相見乎离，故為見。三四得正，相比承五，故利見大人，亨。三四正，故利貞也。彖傳曰：聚以正。不言利貞，此因卦辭而云亨利貞。蓋利見由於利貞，故變象傳文也。

用大牲吉，利有攸往。虞翻曰：坤為牛，故曰大牲。四之三，折坤得正，故用大牲吉。三往之四，故利有攸往，順天命也。　鄭元曰：萃，聚也。坤為順，兌為說。臣下以順道承事其君也。說德居上待之，上下相應，有事而和通，故曰萃亨也。假，至也。互有艮巽，巽為木，艮為闕，木在闕上，宮室之象也。四本震爻，震為長子。五本坎爻，坎為隱伏。居尊而隱伏，鬼神之象。長子入闕升堂，祭祖禰之禮也。故曰王假有廟。二本离爻也，离為目。居正應五，故利見大人矣。大牲，牛也。言大人有嘉會時，可幹事，必殺牛而盟。既盟則可以往，故曰利往。　案：坤為牛，巽木下剋坤土，殺牛之象也。【疏】虞注　坤為牛，說卦文。說文曰：牛，大牲也。內體坤，故曰大牲。四之三，离成坤毀，离為折。三四得正，故云折坤得正。坤器為用，故用大牲吉。自外曰往，三四易位，由三往四，故利有攸往，順天命彖傳文也。鄭注：萃，聚也。彖傳文。內坤爲順，外兌爲說，臣下謂坤也。以順道承事其君，君謂五也。說德謂兌，兌居上以待下。二五得正，故曰上下相應。坤爲事，兌爲和，故云有事以和通。亨者，通也，故曰萃亨也。假，至，釋詁文。互體艮，約象巽。巽木在上，艮闕在下，故云木在闕上，宮室之象也。四在外，巽初，故爲震爻。震主器，爲長子。五在外中，故爲坎爻。坎爲隱伏，說卦文。五居尊而隱伏不見，鬼神之象也。震以長子入艮闕，是升廟堂而祭祖禰之禮也，故曰王假有廟。二在下中，故爲離爻。離目爲見，二居正，爲利見，上應五爲大人，故利見大人矣。大牲，牛也，義本說文。大人有嘉會，故亨。時可幹事，故貞。曲禮曰：「涖牲曰盟。」故必殺牛而盟。周禮春官疏云：「盟者，盟將來。」故既明則可以往，二往應五，上下皆正，故曰利往。　案　下坤爲牛，牛於辰屬丑，土畜也。巽木在上，下兌坤土，故象殺牛。索兌爲刑殺，殺坤牛以奉宗廟，有用大牲之象。

彖曰：萃，聚也。順以說，剛中而應，故聚也。荀爽曰：謂五以剛居中，羣陰順說而從之，故能聚眾也。

疏 坤順兌說，故曰順以說。五以剛居中，二牽羣陰順說而從，故曰剛中而應。坤眾爲聚，故能

聚眾也

王假有廟

陸績曰王五廟上也王者聚百物以祭其先諸侯助祭于廟中假大也言五親奉上矣

疏　五位天子故王謂五乾鑿度曰上爲宗廟故廟謂上也言王者聚物祭先諸侯助祭故萃有廟象也假大也釋詁文五近承上故言五親奉上矣

致孝享也

虞翻曰享享祀也五至初有觀象謂享坤牛故致孝享矣

疏　享享祀也者祭祀也五至初有觀象觀盥而不薦明堂郊祀之卦也郊禘用繭栗故享坤牛唯聖人爲能饗帝唯孝子爲能饗親故致孝享矣

利見大人亨聚以正也

虞翻曰坤爲聚坤三之四故聚以正也

疏　坤眾爲聚三四失位變之正故聚以正也

利貞

九家易曰五以正聚陽故曰利貞

疏　五位得正陽正則陰聚故曰利貞案諸本彖傳無利貞字唯此本有之

用大牲吉利有攸往順天命也

虞翻曰坤爲順巽爲命三往之四故順天命也

疏　內坤爲順互巽爲命五乾爲天三往之四上承五天故曰順天命也

觀其所聚而天地萬物之情可見矣

虞翻曰三四易位成離坎坎月離日日以見天月以見地故天地之情可見矣與大壯咸恒同義也

疏　三四易位有離坎象離日見天

坎月見地懸象著明莫大乎日月離也者明也萬物皆相見故天地萬物之情可見不言萬物脫文也大壯四之五咸四之初恒初二已正四五復位咸皆有離坎象故云同義也

象曰澤上於地萃荀爽曰澤者卑下流潦歸之萬物生焉故謂之萃也【疏】澤在地上其勢卑下故流潦日歸之風俗通山澤篇水草交厝名之為澤澤者言其潤澤萬物以阜民用故曰萬物生焉周語澤水之鍾也玉篇鍾聚也故謂之萃也

君子以除戎器戒不虞虞翻曰君子謂五除脩戎兵也詩曰脩爾車馬弓矢戎兵陽在三四為脩坤為器三四之正離為戎兵甲冑飛矢坎為弓弧巽為繩艮為石謂敹甲冑鍛厲矛矢故除戎器也坎為寇坤為亂故戒不虞也【疏】五陽得正故君子謂五地官山虞若祭山林則為主而脩除故云除脩也戎兵也說文文詩大雅抑篇曰脩爾車馬弓矢戎兵知脩戎即除戎也又常武曰整我六師以脩我戎亦其證也陽在三四為脩者乾三四進德脩業是也坤形為器三四變之正體離離為甲冑為戈兵又為飛為矢故為戎兵坎為弓故為弓弧巽繩直故為繩艮小石故為石書費誓曰善敹乃甲冑又曰鍛乃戈矛厲乃鋒刃故謂

敹甲冑鍛厲戈矛鄭彼注云敹謂穿徹之謂甲繩有斷絶當使敹理穿治之謂离之甲冑以巽繩穿治之故巽爲繩矛矢以离火鍛之以艮石礪之故艮爲石皆是脩治之義故除戎器也坎爲盜故爲寇坤陰消陽爲亂故戒不虞虞度也案兌爲金戎器之象坤知阻戒不虞之象又荀子曰仁人兵兌則若莫邪之利鋒注云兌聚也萃之爲萃以兌故也

初六有孚不終乃亂乃萃虞翻曰孚謂五也初四易位五坎中故有孚失正當變坤爲終故不終萃聚也坤爲亂爲聚故乃亂乃萃失位不變則相聚爲亂故象曰其志亂也【疏】孚謂五也者初與四應易位得正則五在坎中爲孚故有孚言五利初易四承已得爻之正也以六居初失正當變坤文言曰地道无成而代有終故爲終初四易位則二三與四仍互坤爲代終以三往易四坎成坤壞故雖有孚而不終謂初不能與四易也坤陰滅陽爲亂又眾爲聚故曰乃亂乃萃蓋失位不變則相聚爲亂坎爲志故象曰其志亂也若號一握爲笑勿恤往无咎虞翻曰巽爲號艮爲手初稱一故一握初動成震震爲笑四動成坎坎爲恤故

若號一握爲笑握恤初之四得正故往无咎矣【疏】四互巽巽申命似爲號四與三易位初不能上四四已之正呼號於初初乃變震應之四之三下成艮艮爲手故爲握初稱一故爲一握猶言艮初也初自動成震震笑言故爲笑四自動成坎坎加憂爲恤故若號一握爲笑勿恤四易三位嫌无應有咎初之四應得正故往无咎矣

象曰乃亂乃萃其志亂也虞翻曰坎爲志初之四其志亂也【疏】以爻義證之初下當脫不字初與四應三已之四成坎爲志初失位不變故不之四相聚爲亂故曰其志亂也

六二引吉无咎虞翻曰應巽爲繩艮爲手故引吉得正應五故无咎利引四之初使避已已得之五也【疏】二應在五五互巽爲繩二至四互艮爲手有引象焉故引吉以六居二爲得正上正應五故无咎九四大吉六二引吉吉謂四待三易位義不之初四不避二嫌二不得之五二利引四之初使避已已得之五故无咎也

孚乃利用禴虞翻曰孚謂五禴夏祭也體觀象故利用禴四之三故用大牲离爲夏故禴祭詩曰禴祭烝嘗是其義【疏】五坎中二應之故孚謂五也爾雅夏祭曰礿周禮宗伯以禴夏享先王故云禴夏祭也體觀故言祭

坤牛爲大牲，四之三坤體壞，故不用大牲。故下當脫不字。成离爲夏，故禴祭。禴，薄祭也。既濟九五曰「東鄰殺牛，不如西鄰之禴祭」，故知不用大牲而利用禴也。禴祠蒸嘗，詩天保文。祠誤引作祭。二不能引四，五使四之三，二得應五，故曰孚乃利用禴也。卦用大牲，乃王者所以隨其時；二孚用禴，乃臣下所以通乎上。在乎心之萃，非在物之厚薄也。

象曰：引吉无咎，中未變也。虞翻曰：二得正，故不變也。王弼曰：居萃之時，體柔當位，處坤之中，已獨履正，與衆相殊。異操而聚，民之多僻，獨正者危，未能變體以遠於害，故必待五引，然後乃吉而无咎。禴，殷春祭名，四時之祭省者也。居聚之時，處於中正，而行以忠信，可以省薄於鬼神矣。

【疏】虞注　初三失位，以六居二爲得正，居中不變，故五用禴而得應也。王注　居萃之時，六爲體柔，二爲當位，處坤之中。初三失位，已獨得正，與衆陰相乖，是異操而相聚者也。坤爲民，上下失位，故引大雅板曰「民之多僻」。二處中違衆，故云獨正者危。不肯變體失位求遠於害，故必待五見引，然後吉而无咎也。王制：天子四時之祭，春曰禴。鄭氏以爲夏殷之禮，故云殷春祭名。禴，薄也，故云四時之祭省者也。二在萃之時，居中得正，忠信而行，故可以省薄祭於鬼神也。隱三年左傳「苟有明信

澗谿沼沚之毛蘋蘩薀藻之菜筐筥錡釜之器潢汙行潦之水可羞於鬼神可薦於王公又曰風有采蘩采蘋雅有行葦泂酌昭忠信也是其義也

六三萃如嗟如无攸利往无咎小吝虞翻曰坤爲萃故萃如巽爲號故嗟如失正故无攸利動得位故往无咎小吝謂往之四疏體坤眾爲萃故萃如互巽申命爲號陰无應故嗟如以陰居陽失正故无攸利動而得位故往无咎小吝也謂往之四者三之四非正故无咎而小吝悔吝者言乎其小疵也三陰故稱小也象曰往无咎上巽也虞翻曰動之四故上巽疏四體巽三動而上之四故曰上巽也

九四大吉无咎象曰大吉无咎位不當也虞翻曰以陽居陰故位不當動而得正承五應初故大吉而无咎矣疏以陽居陰其位不當咎也動而得正上承五下應初故大吉而无咎近承五陽陽爲大故大吉无咎者善補過者也變得正故无咎五得正故萃有位四不正故位不當

九五萃有位无咎匪孚元永貞悔亡 虞翻曰得位居中故有位无咎匪孚謂四也四變之正則五體皆正故元永貞與比彖同義四動之初故悔亡

疏 五得正位居上之中五爻聚而歸之故萃有位五乘四剛宜有咎已得中故无咎四當變正坎爲孚不變則匪孚故匪孚謂四也三與四易初變正應四則六爻皆正五乾陽乾元故曰元下應在坤坤利永貞比彖辭曰元永貞故與比彖同義詳見彼注震无咎者存乎悔四動之初故悔亡

象曰萃有位志未光也 虞翻曰陽在坎中故志未光與屯五同義

疏 三之四五坎爲志坎陽陷於陰中故志未光也與屯五施未光同義

上六齎資涕洟无咎 虞翻曰齎持資賻也貨財喪稱賻自目曰涕自鼻稱洟坤爲財巽爲進故齎資也三之四體离坎艮爲鼻涕淚流鼻目故涕洟得位應三故无咎上體大過死象故有齎資涕洟之哀

疏 廣韻齎持也又云持送人也說文資貨也故云賻以貨財哀喪稱賻隱元年公羊傳貨財曰賻是也坤生萬物爲財巽進退爲進故齎資也說文涕泣也故自目曰涕又曰洟鼻液也故自鼻稱洟三之四有离坎艮象离爲目艮爲鼻

坎爲水，流目鼻，故爲涕洟。四之三，得正，上應之，故无咎。上至二體大過象，棺椁爲死，上應在三，三死大過中，故齎持資時以哀之。四三易位，大過象毀，故涕洟而无咎也。

象曰：齎資涕洟，未安上也。虞翻曰：乘剛遠應，故未安上也。荀爽曰：此本否卦，上九陽爻見滅，遷移以喻夏桀殷紂，以上六陰爻代之，若夏之後封東婁公於杞，殷之後封微子於宋，去其骨肉，臣服異姓，受人封土，未安居位，故曰齎資涕洟，未安上也。

疏　虞注：乘五爲乘剛，應三，三爲遠應，上得位，宜安，然以陰乘陽，又无正應，故未安上也。荀注：此以卦自否來言也。當否之時，天下无邦，上變成萃，上九陽爻見滅而遷移，爲陰所滅，以喻桀紂。上六以陰代陽，若封夏後東婁公於杞，封殷後微子於宋。史記：夏禹之後，殷時或封或絕，武王克殷，求禹後，得東婁公，封之於杞，以奉夏祀。樂記：武王下車，投殷之後於宋。書微子之命：庸建爾于上公，尹茲東夏。孔傳：宋在京師東。是封夏殷後之事也。杞宋去其骨肉之親，臣服異姓，自失其國，受人之封，未克安居上位，故曰齎資涕洟，未安上也。愚案：當萃之時，初三四不正，宜有咎。五爲萃主，使四之三，初變應之，陰陽皆正，象曰聚以正是也，故六爻皆无咎。

序卦曰聚而上者謂之升故受之以升也崔憬曰用大牲而致孝享故順天子而升爲王矣故言聚而上者謂之升也

疏 萃用大牲而致孝享郎升卦辭鄭注所謂聖人在諸侯之中者也坤爲順子當從序卦傳作命伏乾爲天體巽爲命故順天命而爲王矣此聚而上者所以謂之升也 愚案聖人在上則衆賢聚而上升如王制鄉論秀士升之司徒大樂正論造士之秀者以告於王而升諸司馬是也

☷☴ 巽下坤上

升 鄭元曰升上也坤地巽木木生地中日長而上猶聖人在諸侯之中明德日益高大也故謂之升升進益之象矣

疏 聚而上者謂之升故云升上也坤地在下巽木在上故木生地中有日長而上之勢五言王用享于岐山故云猶聖人在諸侯之中象言慎德積小高大故云明德日益高大也謂之升者有進益之象也

元亨 虞翻曰臨初之三又有臨象剛中而應故元亨也

疏 從二陽四陰之例故云臨初之三二至上又有臨象臨卦辭曰元亨乾元正故曰元彖傳曰剛中而應二剛中五應之故亨與升象略同故亦曰元亨也如萃五與此卦同辭亦以爻略

同也**用見大人勿恤**虞翻曰謂二當之五為大人離為見坎為恤二之五得正故用見大人勿恤有慶也【疏】陽主升陰主降坤虛无君故二當之五五君位故為大人二之五有離坎象離相見為見坎加憂為恤之五得正坤器為用故用見大人勿恤陽稱慶故象曰有慶也 愚案升與萃反萃見大人二與五應故曰利見升見大人二升五位故曰用見**南征吉**虞翻曰離南方卦二之五成離故南征吉志行也【疏】說卦曰離也者明也萬物皆相見南方之卦也自二升五成離故南征吉志行也象傳文

彖曰柔以時升虞翻曰柔謂五坤也升謂二坤邑无君二當升五虛震兌為春秋二升坎離為冬夏四時象正故柔以時升也【疏】乾剛坤柔故柔謂坤五也二當升故升謂二坤地稱邑爻臣道故坤邑无君陽實陰虛故二升五虛六五貞吉升階陰為陽階使二升五是柔以時升之義也體互震兌震春兌秋二升五體有離坎離夏坎冬四時體正故柔以時升 愚案升反萃也萃坤升上為升故曰柔以時升**巽而順剛中而應是以大亨**荀爽曰謂二以剛居中而來應五故能大亨上居尊位也【疏】內體巽外體坤說卦坤順

也故曰巽而順二以剛居下中上應於五陽爲大故大亨五爲尊故上居尊位也

用見大人勿恤有慶也

荀爽曰大人天子謂升居五見爲大人羣陰有主无所復憂而有慶也

疏 王肅曰大人聖人在位之目故謂大人爲天子二升五位坤爲用离爲見故用見大人坤虛无君二升居之故羣陰有主勿恤故无所復憂陽爲慶坤有陽故有慶也

南征吉志行也

虞翻曰二之五坎爲志震爲行

疏 二之五變體坎坎心爲志互體震震足爲行故曰志行也

象曰地中生木升

荀爽曰地謂坤木謂巽地中生木以微至著升之象也

疏 上坤故地謂坤下巽故木謂巽說文木冒也冒地而生故云木生地中乾鑿度曰天道三微而成著故云以微至著枚乘曰種樹畜養不見其益有時而大故云升之象也

君子以慎德積小以成高大

虞翻曰君子謂三小謂陽息復時復小爲德之本至二成臨臨者大也臨初之三巽爲高二之五艮爲慎坤爲積故慎德積小成高大

疏 乾三稱君子故君子謂三也升自臨來臨息自復故云小謂陽息復時繫下曰復小而辨於物又云復德

之本也故云復小爲德之木陽息至二成臨臨者大也序卦爻臨初之三成升內體巽巽爲高說卦爻二之五內體艮艮陽小爲愼坤爻言稱積故坤爲積艮成終成始君子法地中生木積微成著故愼德積小以成高大也

初六允升大吉

荀爽曰謂一體相隨允然俱升初欲與巽一體升居坤上位尊得正故大吉也

疏 陽升陰降陰不獨升且初爲巽主卑柔无應不能自升惟二三以一體而信初故必一體相隨允然俱升蓋初欲與巽二陽同體俱升居於坤上以二升五爲位尊以陽居陽爲得正體象大觀在上故大吉也

象曰允升大吉上合志也

九家易曰謂初失正乃與二陽允然合志俱升五位上合志也

疏 以六居初爲失位當變之正乃與二陽一體誠信合志同升五位二升五坎爲志初隨上之故曰上合志也

九二孚乃利用禴无咎

虞翻曰禴夏祭也孚謂二之五成坎爲孚离爲夏故乃利用禴无咎矣

疏 禴夏祭也詳見萃二二之五成坎坎有孚爲孚互离爲夏故乃利用禴二失位宜有咎升五得正故无咎也

愚案萃六二孚乃利用禴者二應五故孚升九二孚乃利用禴者二之五故孚孚則尚實不尚爻故利用禴禴

薄祭也。

象曰：九二之孚，有喜也。虞翻曰：升五得位，故有喜。干寶曰：剛中而應，故孚也。又言乃利用禴於春時也。非時而祭曰禴。然則文王儉以恤民，四時之祭皆以禮神，享德與信，不求備也。故既濟九五曰：東鄰殺牛，不如西鄰之禴祭，實受其福。九五坎，坎為豕。然則禴祭以豕而已，不奢盈於禮，故曰有喜矣。

疏　虞注：二與五孚，升五得正，陽為喜，故有喜也。干注：二剛中而應乎五，故孚也。又言乃利用禴於春時也者，王制曰：天子四時之祭，春曰礿，是也。據周禮、爾雅，禴為夏祭，周制也。故鄭氏以春曰礿為夏殷之禮。礿，薄也。四時之祭皆薄，不必春時，故非時而祭曰禴。二與四同功，四言文王用享，故引文王以明用禴之義。文王儉以恤民，故四時之祭皆尚約，不尚奢。蓋黍稷非馨，明德惟馨，故神享德與信，不求備物也。既濟九五曰：東鄰殺牛，不如西鄰之禴祭，實受其福。既濟九五體坎，坎為豕，說卦文。曲禮：凡宗廟之祭，牛曰一元大武，豕曰剛鬣。首以牛，大性也。次以豕，禴祭也。故鄭君亦以為禴祭不殺牛而用豕也。孚以誠信，不尚奢盈，故有喜也。

九三：升虛邑。荀爽曰：坤稱邑也。五虛无君，利二上居之，故曰升虛邑，无所疑也。

疏　坤土，故稱邑。陽

實陰虛陽爲君，五陰虛无君，三利二陽上居於五，目三居下卦之上，五震足爲升，上近坤初，故曰「升虛邑」。三與五皆得正，故象曰「无所疑」也。

象曰：升虛邑，无所疑也。

虞翻曰：坎爲疑，上得中，故无所疑也。

疏 二之五體坎，坎心爲疑。五得中位，三又同功，故无所疑也。

六四：王用亨于岐山，吉，无咎。

荀爽曰：此本升卦也。巽升坤上，據三成艮，巽爲岐，艮爲山，王謂五也。通有兩體，位正眾服，故吉也。四能與眾陰退避當升者，故无咎也。

疏 四與初應，初隨巽體升居坤上，據三成艮。岐古文作枝，巽爲木，木枝岐出，有似於岐，故巽爲岐。艮爲山，故爲岐山。二陽升五，故王謂五也。巽居坤上體觀，享祀之象，故通有兩體。坤爲用，言王用此人亨于岐山。五位得正，眾陰皆服，故吉也。四順承五，與眾陰退避二陽當升，故无咎也。

象曰：王用亨于岐山，順事也。

崔憬曰：爲順之初，在升當位，近比於五，乘剛於三，宜以進德，不可脩守。此象太王爲狄所逼，徙居岐山之下，一年成邑，二年成都，三年五倍其初，通而王矣。故曰「王用亨于岐山」，以其用通，避於狄難，順於時事，故吉，无咎。

疏 外體坤，坤順也。四在外初，故爲順之初。在升之家以六居五爲當位上近比於五下乘剛於三近比故宜進德乘剛故不可脩守四位諸侯故象太王近五將化家爲國乘剛象爲狄所逼孟子昔者太王居邠狄人侵之又曰去邠踰梁山邑於岐山之下居焉邠人曰仁人也不可失也從之者如歸市故云太王爲狄所逼徙居岐山之下詩天作高山太王荒之鄭箋天生此高山使興雲雨以利萬物太王自豳遷焉則能尊大之廣其德澤居之一年成邑二年成都三年五倍其初亨通也亨通而創王業故曰王用亨于岐山以其用亨通之道能避狄難順時而行故吉无咎也案坤順也又發於事業爲事二升五王受命告祭四率羣陰以順承之故曰順事也

六五貞吉升階虞翻曰二之五故貞吉巽爲高坤爲土震升高故升階也【疏】二失位之五得正故曰貞吉巽爲高說卦文古者土階故坤土爲階虞繫上注云坤爲階是也震足升高陰爲陽階故升階也

象曰貞吉升階大得志也荀爽曰陰正居中爲陽作階使升居五已下降二與陽相應故吉而得志

【疏】陰居上中爲二陽作階使升居五即柔以時升之義也五下降二得中得位正應五陽陽爲大體兩坎爲志故

大得志也

上六冥升利于不息之貞 荀爽曰坤性暗昧今升在上故曰冥升也陰用事爲消陽用事爲息陰正在上陽道不息陰之所利故曰利于不息之貞 疏 坤喪乙滅癸故性暗昧今在升家而居於上故曰冥升陰滅陽故爲消陽勝陰故爲息六陰在上得正五陽不息陰之所利故利于不息之貞愚案坤爲冥聽上處升極而不知止冥升者也與冥豫同義然上與三爲正應又皆得位上陰冥升而不降三三陽不息而不易上各得其正故利于不息之貞 **象曰冥升在上消不富也** 荀爽曰陰升失實故消不富也 疏 陽實陰虛陰升不已必失三陽陽息則陰消坤廣生爲富故曰消不富也與豫上冥豫在上何可長也同義

序卦曰升而不已必困故受之以困 崔憬曰冥升在上以消不富則窮故言升而不已必困也 疏 冥升在上以消不富詳上荀注不富則困窮矣故言升而不已必困也

坎下
兌上

困亨 鄭元曰坎爲月互體离离爲日兌爲暗昧日所入也今上弇日月之明猶君子處亂代爲小人所不容故謂之困也君子雖困居險能說是以通而无咎也虞翻曰否二之上乾坤交故通也

疏 鄭注內體坎互體离坎爲月离爲日說卦文兌爲暗昧日所入者古文尚書堯典曰分命和仲宅西曰昧谷鄭彼注云西者隴西之西今人謂之兌山兌西方卦故云日所入也今在上揜日月之明猶君子處亂世爲小人所不容故謂之困也若子所處雖困然居坎險之中而能安兌說是以通而无咎也虞注三陽三陰之卦自否來否象曰天地不交而萬物不通也今二上易位則乾坤交矣交故通也又繫下曰困窮而通謂陽窮否上變之二成坎坎爲通故窮而通也

貞大人吉无咎 虞翻曰貞大人吉謂五也在困无應宜靜則无咎故貞大人吉无咎

疏 乾五大人故大人謂五也五本正也言貞大人吉者否上之二五在困時下无正應宜有咎宜靜以待二之變上正應五則无咎故貞大人吉无咎

有言不信 虞翻曰震爲言折入兌故有言不信尚口乃窮

疏 否上當反初成兌體震震聲爲言今二上折否乾爲兌兌爲毀折也乾天行至信爲信乾毀故有言不信兌爲口故象曰尚口乃窮也

彖曰：困，剛弇也。荀爽曰：謂二五爲陰所弇也。【疏】二五皆承陰，故爲陰所弇也。又否二之上，弇五之剛，故爲困。險以說，荀爽曰：此本否卦，陽降爲險，陰升爲說也。【疏】卦自否來，上陽降二，二爲坎險，二陰升上，爲兌說，故曰險以說。困而不失其所亨，其唯君子乎。荀爽曰：謂二雖弇陰陷險，猶不失中，與正陰合，故通也。喻君子雖陷險中，不失中和之行也。【疏】言二雖弇於三陰，陷於坎中，猶不失中，上下與二陰合成坎，坎爲通，故通也。喻君子雖陷坎險之中，不失中和之行，故亨也。愚案：坎險故困，兌說故不失所亨。貞大人吉，以剛中也。荀爽曰：謂五雖弇於陰，近无所據，遠无所應，體剛得中，正居五位，則吉无咎也。【疏】言五雖弇於上陰，四陽故近无所據，二陽故遠无所應。九爲體剛，五爲得中，以九居五爲正，居五位得中得正，故吉无咎。洪範所謂用靜吉也。有言不信，尚口乃窮也。虞翻曰：兌爲口，上變口滅，故尚口乃窮。荀爽曰：陰從二升上六，成兌爲有言，失中爲不信，動而乘陽，故曰尚口乃窮也。【疏】虞注：兌爲口，說卦文。滅下當脫乾字。否上變成兌，口滅乾信，故尚口乃窮，卦窮於上也。荀注：二陰升上成兌口，爲有言，下失二中爲不信，動而上乘五陽，故尚口乃窮也。

象曰：澤无水，困。王弼曰：澤无水，則水在澤下也。水在澤下，困之象也。處困而屈其志者，小人也。君子固窮，道可忘乎？【疏】周語：「澤，水之鍾也。」水當在澤上，今坎水在兌澤之下，是澤无水也。水在澤下，則澤上枯槁，萬物皆困，故云「困之象也」。小人處困，則屈撓其志。君子固窮，故不忘其道。君子于固窮，論語文，謂固守其窮也。

君子以致命遂志。虞翻曰：君子謂三伏陽也。否坤爲致，巽爲命，坎爲志。三入陰中，故致命遂志也。【疏】乾三君子伏於否下，故君子謂三伏陽也。否內坤，坤馴致其道，爲致。互巽申命爲命。體坎心爲志。三陽伏入陰中，故致命遂志。六三既辱且危，此君子小人之別也，故曰困德之辨也。

初六：臀困于株木，九家易曰：臀謂四，株木三也。三體爲木，澤中无水，兌金傷木，故枯爲株也。初者四應，欲進之四，四困于三，故曰臀困于株木。干寶曰：兌爲孔穴，坎爲隱伏，隱伏在下而漏孔穴，臀之象也。【疏】九家注：爻例四在上體之下，象臀，故臀謂四，姤九四「臀无膚」是也。又互巽爲股，四在股上，亦爲臀。株木謂三者，三互巽爲木也全體澤中无水上兌爲金又傷巽木故枯爲株也又互离爲木科上槁故枯也初應在四初以陰居陽失位欲進之四二亦失位爲三所困故曰臀困于株木干注兌上口開爲孔穴坎爲隱伏說卦文隱伏在下謂初應在四兌象漏孔穴故曰臀之象也

入于幽谷三歲不覿九家易曰幽谷二也此本否卦謂陽來入坎與初同體故曰入幽谷三者陽數謂陽陷險中爲陰所弇終不得見故曰三歲不覿也【疏】說文曰泉水出通川爲谷從水半見出于口二在坎半故幽谷謂二坎爲隱伏故稱幽谷此本否卦上陽來入於二成坎與初同體又巽爲入故曰入于幽谷天數三故三者陽數謂陽陷坎中爲初三二陰所弇伏离目爲覿爲坎所弇故終不得見又自初至四三爻爲三歲故三歲不覿也

象曰入于幽谷幽不明也荀爽曰爲陰所弇故不明【疏】坎爲幽谷初在下爲入于幽谷坎伏离离目爲明伏藏不見故幽不明也

九二困于酒食朱紱方來案二本陰位中饋之職坎爲酒食上爲宗廟今二陰升上則酒食入廟故困于酒食也上九降二故朱紱方來朱紱宗廟之服乾爲大赤朱紱之象也【疏】家人六二曰在中饋

故云二一本陰位中饋之職需九五曰需于酒食謂坎也故曰坎爲酒食乾鑿度上爲宗廟今否二陰升上有酒食入廟之象故曰困于酒食也否上九降居於二自外曰來故曰朱紱方來朱紱宗廟祭祀之服也否乾爲大赤故有朱紱之象也 **利用享祀征凶无咎** 荀爽曰二升在廟五親奉之故利用享祀陰動而上失中乘陽陽下而陷爲陰所弇故曰征凶陽來降二雖位不正得中有實陰雖去中上得居正而皆免咎故曰无咎也 疏 卦自否來上爲宗廟故二升上爲在廟五近承上故親奉之二與五應是利用享祀謂五也二陰動而上丙失二中上乘五陽上陽下陷於坎中爲二陰所弇二上易位皆凶故曰征凶上陽下降來居於二以陽居陰位雖不正然在二爲得中體陽爲有實陰雖去二之中然上爲陰位六居得正皆免於咎故无咎也 **象曰困于酒食中有慶也** 翟元曰陽從上來居中得位富有二陰故中有慶也 疏 二陽從否上來居於中爲居中上不得位言得位者非也坤廣生爲富故富有二陰二位爲中爻陽爲慶故中有慶也

六三困于石據于蒺蔾 虞翻曰二變正時三在艮山下故困于石蒺蔾木名坎爲蒺蔾二變

艮手據坎，故二變正時體艮，艮爲石，謂四也。三在四下，據蒺藜者也。

【疏】故在艮山下。三失位，又爲不正之陽所據，故困于石焉。臀困于株木，四爲三所困；今三又困于石，陸氏所謂六爻造困是也。釋木「茨，蒺藜」，今字從藜，故云木名。坎爲蒺藜，九家說卦文。三體坎，故曰蒺藜。二變艮爲手，下據坎，故據蒺藜。

入于其宮，不見其妻，凶。

虞翻曰：巽爲入，二動艮爲宮，兌爲妻，謂上无應也。三在陰下，離象毀壞，隱在坤中，死其將至，故不見其妻，凶也。

【疏】三互巽，故爲入。二動三互艮，艮爲門闕，故爲宮。應在兌，兌少女，爲艮妻，與上敵應，故謂无應也。三在陰下者，謂三伏陽在陰之下也。二動故離象毀壞，三成體坤，故隱在坤中。坤喪於乙，爲既死霸，故死其將至。離目壞，故不見其妻，凶也。襄廿五年左傳曰：齊棠公之妻，東郭偃之姊也。東郭偃臣崔武子。棠公死，使偃取之。武子筮之，遇困之大過。陳文子曰：困于石，往不濟也；據于蒺藜，所恃傷也；入于其宮，不見其妻，凶，無所歸也。崔子曰：嫠也何害，前夫當之矣。遂妻之。莊公通焉，遂弑之。愚案：自內曰往，三往承四，爲四所困，故往不濟也。陰當承陽，而反據之，爲陽所傷，故所恃傷也。三變大過死象，故无所歸也。

象曰：據于蒺藜，乘剛也。

案：三居坎上，坎爲蒺棘而木多

心蒺蔾之象【疏】三在坎體之上坎爲叢棘九家說卦爻文爲木堅多心故有蒺蔾之象

入于其宮不見其妻不詳也九家易曰此本否卦二四同功爲艮艮爲門闕宮之象也六三居困而位不正上困於民內无仁恩親戚叛逆誅將加身入宮无妻非常之困故曰不詳也【疏】此本否卦否二四同功互體爲艮艮爲門闕說卦文門闕故有宮象六三居困陰處陽位不正坤爲民三在坤上故上困於民不正故內无仁恩乘承皆剛故親戚叛逆坤爲身二變坎爲刑罰故誅將及身上无匹應故入宮无妻此爲非常之困故曰不詳也愚案三據二陽爲乘剛詳祥古字通乾善爲詳上本否乾三應上上之二乾體壞故不詳也

九四來荼荼困于金轝吝有終虞翻曰來欲之初荼荼舒遲也見險故來荼荼否乾爲金坤爲轝之應歷險故困于金轝易位得正故吝有終矣【疏】自外曰來四與初應故來欲之初禮玉藻荼前詘後鄭注荼讀如舒遲之舒故云荼荼舒遲也初體坎爲險离目爲見見險故來舒遲也否有乾坤乾爲金坤爲轝故有金轝之象四往應初歷乎坎險故曰困于金轝失位宜吝易位得正故有終矣

象曰來荼荼志

在下也王弼曰下謂初【疏】坎心爲志初在坎下故曰志在下也雖不當位有與也崔憬曰位雖不當故吝也有與於援故有終也【疏】初四失位不當故吝易位得正陰陽有與上下相援故有終也

九五劓刖困于赤紱虞翻曰割鼻曰劓斷足曰刖四動時震爲足艮爲鼻离爲兵兌爲刑故劓刖也赤紱謂二否乾爲朱故赤坤爲紱二未變應五故困于赤紱也【疏】說文劓刖鼻也刖斷足也故割鼻曰劓斷足曰刖四不正當動三互震爲足五互艮爲鼻體互离爲兵上體兌西方有肅殺象又毀折有割斷象故爲刑劓刖刑之小者於困之時未得二應止可行其小刑故曰劓刖也五應在二故赤紱謂二也否乾爲大赤故爲赤九家說卦坤爲帛故爲紱二失位未能變正應五故困于赤紱也乃徐有說虞翻曰兌爲說坤爲徐二動應已故乃徐有說也【疏】上體兌故爲說否坤柔故爲徐二失正動應五故乃徐有說也所謂貞大人吉也利用祭祀崔憬曰劓刖刑之小者也於困之時不崇柔德以剛遇剛雖行其小刑而失其大柄故言劓刖也赤紱天子祭服之飾所以稱困者被奪其政唯得祭祀若春秋傳曰政由甯氏祭則寡人故曰困于赤紱居中以直在困思

通初雖蹔窮終則必喜故曰乃徐有說所以險而能說窮而能通者在困于赤紱乎故曰利用祭祀也案五應在二二五體離離爲文明赤紱之象也【疏】崔注劓刖五刑之小者於困之時當崇柔德乃九五剛爻乘四應二皆剛故以剛遇剛是施小刑而失大柄故言劓刖也赤紱天子祭服之飾其稱困者以政被二四失正之剛所奪故五唯得主祭祀而已政由甯氏祭則寡人襄廿六年左傳文事與爻合故引之以明困于赤紱之義五居中位行以正在困之時而思二變應己必得享通之道初窮終喜是困極必通乃徐有說也處坎險而獲兌說當困窮而得享通故曰困于赤紱赤紱祭服故曰利用祭祀也案五與二應二五三四爲離離南方文明之象火色赤故曰赤紱案二五有剛中之德明雖困於人事幽可信於鬼神故言享祀祭祀

象曰劓刖志未得也

陸績曰无據无應故志未得也二言朱紱此言赤紱二言享祀此言祭祀傳互言耳无他義也謂二困五三困四五初困上斯乃造困之義也【疏】四陽故无據二陽故无應坎爲志故志未得也二朱紱五赤紱二享祀五祭祀謂傳五言无他義其實非也說文天子朱紱諸侯赤紱乾鑿度天子之朝朱紱諸侯之朝赤紱否上體乾乾大赤爲朱且

乾君爲天子下降於二故曰朱紱方來下體坤二變成坎坎爲赤坤臣爲諸侯二陽敵五故困于赤紱春官大宗伯掌建邦之天神人鬼地示之禮又曰凡祀大神享大鬼祭大示禮運曰天子祭天地諸侯祭社稷祭兼祀言是祭天地也社亦地祭享兼祀言是享鬼祀地也五君位天子故言祭祀二臣位諸侯也故言享祀二五敵應故二困五三四皆失位故三困四否二至上乘陽困五上至二據陰困初故五初困上六爻迭困之義也

乃徐有說以中直也

崔憬曰以其居中當位故有說

疏 在五爲居中繫上曰乾其動也直洪範曰平康正直坤文言曰直其正也是中直猶中也九五得正爲當位得中得正其體爲兌故有說也

利用祭祀受福也

荀爽曰謂五爻合同據國當位而主祭祀故受福也

疏 二剛利用五剛亦利用以剛合剛故謂五爻合同二變坤爲國五應之爲據國五乾爲福禮器曰祭則受福九五當位而主祭祀故受福也

上六困于葛藟于臲卼

虞翻曰巽爲草莽稱葛藟謂三也兌爲刑人故困于葛藟于臲卼也

疏 三體互巽巽剛爻爲木柔爻爲草故巽爲草莽稱葛藟葛之附木最出木杪上六陰柔居卦上有葛藟延蔓之

象上應三，故謂三也。臲卼，荀、陸、王肅皆云不安也。兌折震足爲見刖，斷足者，故爲刖人。三、上皆陰，上无正應，爲三所困，故困于葛藟于臲卼也。**曰動悔有悔征吉**。虞翻曰：乘陽，故動悔。變而失正，故有悔。三已變正，已得應之，故征吉也。【疏】兌爲口，故稱曰。否二動之上，乘五陽，故動悔。上變陽應三，則失正，故有悔。三失位，當變正，上得往應於三，故征吉也。六爻惟上言吉，亦困極則通也。**象曰：困于葛藟，未當也**。虞翻曰：謂三未變，當位應上故也。【疏】上應在三，三未變正，當位應上，故上困於三也。**動悔有悔，吉行也**。虞翻曰：行謂三變，乃得當位之應，故吉行者也。【疏】爻言征，象言行，釋言征，行也。三變正應上，上得當位之應，行有應，故吉行也。

周易集解纂疏卷十六

同邑吳從善復初校

周易集解纂疏卷十九

唐李鼎祚集解

安陸李道平遵王纂疏

序卦曰：困乎上必反下，故受之以井。崔憬曰困極于劓刖則反下以求安故言困乎上必反下也 疏 劓刖當從序卦注作䠱卼言不安也困極於上則反下以求安井居其所安道也否泰反其類困之上反於下爲井故曰困乎上必反下也

䷯ 巽下坎上

井 鄭元曰坎水也巽木桔槹也互體离兑离外堅中虛瓶也兑爲暗澤泉口也言桔槹引瓶下入泉口汲水而出井之象也井以汲人水无空竭猶人君以政教養天下惠澤无窮也 疏 上坎爲水下巽爲木桔槹者莊子所謂鑿木爲機後重前輕挈水若抽數如沃湯其名爲槹是也內互兑外互离自二至五外陽堅中陰虛也兑互坎下故爲

晴澤四節泉口也桔槔引瓶入泉口之下汲水而出其象爲井井之水給人无窮猶君子政教養人无窮也**改邑不改井**虞翻曰泰初之五也坤爲邑乾初之五折坤故改邑初爲舊井四應甃之故不改井 疏 從三陽三陰之例井自泰來故泰初之五也坤土爲邑乾初之五折毀坤象故改邑乾盈將退爲舊故初爲舊井四井甃與初應是四應甃之故不改井繫下曰井居其所周氏云井以不變更爲義是也**无喪无得往來井井**虞翻曰无喪泰初之五坤象毀壞故无喪五來之初失位无應故无得坎爲通故往來井井往謂之五來謂之初也 疏 坤滅於乙爲喪泰初之五坤象毀壞故无喪五陰來初爲失位與四敵應爲无應故无得上體坎坎爲通說卦文繫上曰往來不窮謂之通故往來井井自內曰往謂初之五也自外曰來謂五之初也**汔至亦未繘井**虞翻曰巽繩爲繘汔幾也謂二也幾至初改未繘井未有功也 疏 鄭氏云繘綆也揚子方言闕東謂之綆闕西謂之繘郭璞注云汲水索也巽爲繩故爲繘詩民勞曰汔可小康鄭箋云汔幾也釋詁云幾汔也孫炎注云汔近也泉在下二近泉故幾謂二也初之五改邑故稱初改二近初故云幾至初改也卦唯二初失位二

變正爲艮手持繘未變故未繘井失位故未有功也

羸其瓶凶

虞翻曰羸鉤羅也艮爲手巽爲繘离爲瓶手繘折其中故羸其瓶體兌毁缺瓶缺漏故凶矣　干寶曰水殷德也木周德也夫井德之地也所以養民性命而清潔之主者也自震化行至於五世改殷紂比屋之亂俗而不易成湯昭假之法度也故曰改邑不改井二代之制各因時宜損益雖異括囊則同故曰无喪无得往來井井也當殷之末井道之窮故曰汔至周德雖興未及革正故曰亦未繘井井泥爲穢百姓無聊比屋之開交受塗炭故曰羸其瓶凶矣

【疏】虞注　羸鉤羅也者孔穎達謂鉤羸其瓶而覆之也二變艮爲手體巽繩爲繘未變艮手不見故手繘折其中則鉤羅其瓶也互有兌离离外實中虛爲瓶兌爲毀折瓶缺漏故凶九二甕敝漏是也二與初易位得正成既濟定則初吉二凶亦不凶也　愚案說文汔涸也初二失位不能正應坎水涸斯至矣故未有繘井之功而終有羸瓶之凶也　干注　家語殷人以水德王色尚白周人以木德王色尚赤外坎水殷德內巽木周德也井德之地也繫下交水生萬物養民性命而性又清潔德可爲主者也井震宮五世卦故云自震化行至於五世蓋帝出乎震木道乃行五變成坎其象爲井是改殷紂比屋之亂

俗而不改成湯昭格之舊法故曰改邑不改井二代之制各因時宜如尚質尚文之類論語曰周因於殷禮所損益可知也損所當損如井汲而不見竭益所當益如井注而不見盈故无喪无得賈誼過秦囊括四海之意囊括猶言包舉言囊括四海其理似同猶人有往來而井安其所者不渝變也當殷之末井養之道已窮故曰汔至詩毛傳汔危也言危至也周德雖興未及革正殷命故曰亦未繘井言未受命也初六井泥不食故云井泥爲穢百姓无仰比屋罹災故有羸瓶之凶也

象曰巽乎水而上水井荀爽曰巽乎水謂陰下爲巽也而上水謂陽上爲坎也木入水出井之象也【疏】莊子桔槔者引之則俯舍之則仰巽入也俯則巽乎水仰則上水也故曰巽乎水而上水泰五之初故謂陰下爲巽初之五故謂陽上爲坎巽爲入故木入坎爲通故水出鹿盧汲水井之象也

井養而不窮也虞翻曰兑口飲水坎爲通往來井井故養不窮也【疏】互兑爲口上承坎水飲水之象坎爲通往來不窮故往來井井養不窮也繫下曰井居其所而遷韓彼注云井所居不移而能遷其施故養不窮也

改邑不

改井乃以剛中也 荀爽曰：剛得中故爲改邑，柔不得中故爲不改井也。疏 泰初之五剛得中位故爲改邑五之初柔不得中故不改井惟剛居尊位故能不失初陽是以五改邑並及初不改井也

无喪无得 荀爽曰：陰來居初有實爲无喪，失中爲无得也。疏 泰五陰來居井初五陽有實爲无喪初陰失中爲无得也

往來井井 荀爽曰：此本泰卦，陽往居五得坎爲井，陰來在下亦爲井，故曰往來井井也。疏 泰初陽往居於五成坎爲井五陰來居於初在下亦爲井陽往陰來皆有井象故曰往來井井案王弼本象傳無此二句

汔至亦未繘井 荀爽曰：汔至者，陰來居初下至，汔竟也。繘者所以出水通井道也，今乃在初，未得應五，故未繘也。繘者，綆汲之具也。疏 汔至者五陰來居於初下至盡境故下至汔竟也繘所以出水通井今居初在五應外未得應五故未繘也餘已詳

未有功也 虞翻曰：謂二未變應五，故曰未有功也。疏 五多功二失正未變應五故未有功

羸其瓶是以凶也 荀爽曰：井謂二，瓶謂初，初欲應五，今爲二所拘羸，故凶也。 孔穎達曰：計覆一瓶之水，何足言凶，但取喻人德行不恒，不能善始令終，故就人言之凶也。疏 荀注二應五

坎故井謂二初應四离故瓶謂初二自五來故欲往應五初不得位爻為不正之二所拘羸故凶也孔注即小喻大故覆一瓶之水未足言凶若人之德行不恒不能善始令終而有羸瓶之象則凶也　按初二失正變成既濟定不變則既濟之功不成甕敝行惻无王明受福之事故凶也

象曰木上有水井王弼曰木上有水上水之象也水以養而不窮也 疏 木上有水上水之象故名為井水之象當從注疏本作井之象上水以養取而不窮者也**君子以勞民勸相**虞翻曰君子謂泰乾也坤為民初上成坎為勸故勞民勸相相助也謂以陽助坤矣 疏 泰乾三君子道長故君子謂泰乾也坤眾為民初之上成坎為勸當作為勞坎勞卦也故勞民勸相鄭注泰輔相天地之宜輔相左右助也故云相助也初陽之坤五以陽助坤謂以君助民也　愚案掘井出水即因井制田皆養民不窮之事故鄭注井象云井法也君子取法乎井以恒産勞民使之勸勉相助以君養民即以陽養陰之義也

初六井泥不食舊井无禽干寶曰在井之下體本土爻故曰泥也井而為泥則不可食故

曰不食此託紂之穢政不可以養民也舊井謂殷之未喪師也亦皆清絜无水禽之穢又況泥土乎故舊井无禽矣

疏 初在井下巽初辛丑丑爲土故體本土爻而象泥也泥不可食故曰不食初失位不正喻紂之穢政不可養民殷之未喪師詩文王文言舊井以喻殷德清絜水禽不穢何況泥土故曰舊井无禽矣　愚案初居井底六位不正陰濁象泥人所不食廢爲舊井禽亦不嚮巽雞爲飾失位无應故无禽也

象曰井泥不食下也

虞翻曰食用也初下稱泥巽爲朮果无噬嗑食象下而多泥故不食也乾爲舊

舊井无禽時舍也

位在陰下故舊井无禽時舍也謂時舍於初非其位也與乾二同義　崔憬曰處井之下无應於上則是所用之井不汲以其多塗久廢之井不獲以其時舍故曰井泥不食舊井无禽禽古擒字禽猶獲也

疏 虞注詩天保曰日用飲食蓋飲食爲日用所需故云食用也初在坎水之下故稱泥木果當爲不果巽爲不果說卦文與噬嗑旁通井成噬嗑象毀在下多泥故不果不食也初本乾也故乾爲舊乾位伏在陰下變正成乾巽禽不見而寓於乾故曰舊井无禽猶舍也舍讀若月令命田舍東郊之舍謂初失正當變不過時舍於初非其本位也乾二不正當變故與乾二

時舍同義 崔注 初處井下與四敵應故无應於上所用之井不汲者以其在下多塗也久廢之井无所獲者以其爲時所舍也故曰井泥不食舊井无禽禽擒古字通曲禮不離禽獸疏禽者擒也僖卅三年左傳外僕髡屯禽之以獻蓋戰勝執獲曰禽故禽猶獲也又展獲字禽亦其證也

九二井谷射鮒甕敝漏 虞翻曰巽爲谷爲鮒鮒小鮮也离爲甕甕瓶毀缺羸其瓶凶故甕敝漏也 疏 巽坎水半見於下故爲谷震陽爲龍巽陰爲魚郭璞云魚者震之廢氣也故爲鮒鮒小鮮也王肅曰小魚是也鮒小近泥二比於初故有此象二應五五爲离爲大腹外實中虛互兑爲口象甕故爲甕甕瓶類也二失位无應又互兑爲毀折巽下畫斷故甕瓶毀缺卦辭羸其瓶凶此爻當之故云甕敝漏也

象曰井谷射鮒无與也 崔憬曰唯得於鮒无與於人也井之爲道上汲者也今與五非應與初比則是若谷水不注唯及於魚故曰井谷射鮒也甕敝漏者取其水下注不汲之義也 案魚陰蟲也初處井下體又陰爻魚之象也 疏 崔注 二比初泥唯於鮒相得而於人无與也井之爲道以下給上故云上汲者也今无應於五下比於初猶井谷不注

以養人，故曰井谷射鮒也。甕敝漏者，言水但下注，不上汲以養人也。陰陽相應曰與，二、五皆陽，五不應二，故无與也。案中孚豚魚吉，王注魚者蟲之隱者也，故云陰蟲。又王注此爻云：鮒，謂初也，故云初處井下，巽初陰，故云體又陰爻，魚陰類，故云魚之象也。愚案巽有禽魚之象，處於井下，初二失位，不正於初，求禽井安得禽，故曰時舍也。於二射鮒，井安得鮒，故曰无與也。

九三：井渫不食，為我心惻。荀爽曰：渫，去穢濁清絜之意也。三者得正，故曰井渫。不得據陰，喻不得用，故曰不食。道既不行，故我心惻。【疏】鄭氏謂已浚渫也，向氏云渫者浚治去泥濁也，故云渫去穢濁清絜之意也。三爻得正，濁已去也，故曰井渫。二未變正，故不得據陰，喻不見用於人，故曰不食。上應坎為心，為加憂，二已清絜而不見用，道既不行，故上應坎為我心惻也。**可用汲，王明，並受其福。**荀爽曰：謂五可用汲三，則王道明，而天下並受其福。【疏】五乾為王，為福，互离為明，三與五同功，五汲用三，則王道明於天下，而諸爻並受其福也。案二變艮為手，持繘為汲。王謂五，體离為明，三利二正，既濟定，已為五汲，斯並受福也。**象曰**

井渫不食行惻也求王明受福也 干寶曰此託殷之公侯時有賢者獨守成湯之法度而不見任謂微箕之倫也故曰井渫不食爲我心惻惻傷悼也民乃外附故曰可用汲周德來被故曰王明王得其民民得其王故曰求王明受福也【疏】喻殷之末世賢公侯守舊法而不見用如微子箕子之倫是也故曰井渫不食爲我心惻惻傷悼也張璠所謂惻然傷道未行是也三在內五在外民外附於周故曰可用汲自外曰來周德來被於三故曰王明上下相得故曰求王明受福也案旁通噬嗑震爲行井渫不食行道之人爲之心惻噬嗑民與巽同氣相求故曰求王明受福也

六四井甃无咎 荀爽曰坎性下降嫌於從三能自脩正以甃輔五故无咎也【疏】水曰潤下故坎性下降初无正應故嫌於從三以六居四爲得位故能自脩正四近承五故以甃輔五愚案初舊井與四應初已變正四來脩之故无咎也王氏謂得位而无應自守而不能給上所以脩井之壞補過而已繫上曰无咎者善補過者也故曰无咎

象曰井甃无咎脩井也 虞翻曰脩治也以瓦甓壘井稱甃坤爲土初之五成

離，離火燒土爲瓦，治象，故曰井甃无咎，修井也。疏 脩治謂甃也。子夏傳謂甃爲脩治是也。馬氏云甃爲瓦裏，下達上，故以瓦甓壘井稱甃也。泰坤爲土，初之五成坎，互離，坎水和土，離火燒之，有瓦象焉。四往脩初，故曰井甃无咎，脩井也。

九五：井洌寒泉食。虞翻曰：泉自下出稱井。周七月，夏之五月，陰氣在下，二已變坎，十一月爲寒泉。初二已變，體噬嗑食，故洌寒泉食矣。疏 五在上體，故泉自下出，於上爲井。周七月，夏五月也。井五月卦，與姤同値。夏至姤一陰初生，故陰氣在下。二已變正應五，爲坎。四正卦坎値冬十一月。月令仲冬之月水泉動，是十一月爲寒泉也。初二變正，體噬嗑，有食象，故井洌寒泉食矣。案參同契曰：姤始紀序，履霜最先，井底寒泉。五體乾，乾位西北，故曰寒泉。井與噬嗑旁通，噬嗑食也。於井言食，食亦飲也。前漢書于定國傳：食酒至數石不亂。是食即飲也。飲以養陽，初三五皆陽位，故言食。初三在巽，巽爲不果，故不食。五坎在兌口，故井洌寒泉食矣。愚案：井水冬溫夏寒，井於消息五月卦，故曰寒泉。

象曰：寒泉之食，中正也。崔憬曰：洌，清絜也。居中得正，而比於上，則是井渫水清既寒且絜汲上可食於人者也**疏**說文洌水清也故云洌清絜也五爲居中九爲得正而近比於上則是井既渫而水清既寒且絜汲之而上可食於人者也

上六井收勿幕有孚元吉虞翻曰幕蓋也收謂以轆轤收繘也坎爲車應巽繩爲繘故井收勿幕有孚謂五坎坎爲孚故元吉也**疏**幕以覆井故稱蓋也轆轤圓木所以汲水收謂以轆轤收繘而汲水也坎於輿多眚故爲車轆轤車類應二巽繩爲繘有井收之象右者井不汲則幕之上六居井口偶畫兩開有勿幕之象井收勿幕王氏所謂不擅其有不私其利者也有孚謂五坎者坎有孚故孚初二易位成既濟定上下相孚故有孚元吉也

象曰元吉在上大成也虞翻曰謂初二已變成既濟定故大成也干寶曰處井上位在瓶之水也故曰井收幕覆也井以養生政以養德无覆水泉而不惠民民无蘊典禮而不興教故曰井收网幕网幕則教信於民民服教則大化成也**疏**虞注初二失位當變變成既濟旋大成也干注處井上位汲而在瓶之水也馬氏云收汲也井收者謂汲而收之於瓶也幕覆也即虞云蓋也井以養民之生政以養民之

德无覆水泉而不惠民惠而不費者也九蘊典禮而不興教大道爲公者也故曰井收网幕网幕則教被於民天下信之民服其教故大化成也

序卦曰井道不可不革也故受之以革韓康伯曰井久則濁穢宜革易其故也疏井之爲道久則濁穢不清革易其故則甘洌可食矣故井受以革也愚案淮南子言八方風至浚井取新泉四時皆服之後漢書禮儀志引古禮立秋浚井改水此皆井受以革之義也

䷰ 離下兌上

革鄭元曰革改也水火相息而更用事猶王者受命改正朔易服色故謂之革也疏書堯典鳥獸希革孔傳革改也息長也水火相息更迭用事猶王者易姓受命改正朔易服色而謂之革如彖辭湯武革命是也又有三義焉如水火相息四時更代彖辭天地革而四時成象辭治厤明時是也又洪範曰從革作辛馬氏注云金之性從火而銷鑠也兌金離火兌從離而革是也又堯典鳥獸希革孔疏毛羽希少改易說文獸皮治去其毛革更之象初𦐇用

黃牛之革五上虎變豹變是也。**已日乃孚，元亨利貞，悔亡。**虞翻曰：遯上之初，與蒙旁通。悔亡，謂四也。四失正，動得位，故悔亡。离為日，孚謂坎。四動體离，五在坎中，故已日乃孚。以成既濟，乾道變化，各正性命，保合太和，乃利貞，故元亨利貞悔亡矣。與乾彖同義也。疏從二陰四陽之例，遯初之上，即遯上之初矣。與蒙為旁通卦。九四爻辭云悔亡，故悔亡謂四也。四失正，故悔動得位，故悔亡也。二體离，离為日，离納已，故曰已日。坎有孚，故孚謂坎。四失位，動而成离，五在坎中為孚，二正應五，故已日乃孚。四既變以成既濟，乾道元也，變化亨也，各正性命貞也，保合太和利也。四改之正，故元亨利貞悔亡矣。乾九四文言曰「乾道乃革」，謂四體革而成泰，故與乾彖傳同義也。

象曰：革，水火相息。虞翻曰：息，長也。离為火，兌為水。繫曰：「潤之以風雨。」風，巽；雨，兌也。四革之正，坎見，故獨於此稱水也。疏乾坤相為消息，故云息，長也。离為火，說卦文。兌坎象半見於上，故為水。周語：「澤，水之所鍾也。」故又為澤。「潤之以風雨」，繫上文。說卦曰：「風以散之，雨以潤之。」故巽為風而兌為雨也。此不稱澤稱雨者，以四革之

正坎象兩見故稱水也愚案息說文作熄馬君云息滅也水火相克故曰相息義亦可通

二女同居其志不相得曰革

虞翻曰二女離兌體同人象蒙艮爲居故二女同居四變體兩坎象二女有志離火志上兌水志下故其志不相得坎爲志也

疏 也初至五體同人故曰同旁通蒙蒙外艮艮門闕爲居故二女同居四變互有兩坎象女各有志故二女有志火曰炎上故離火志上水曰潤下故兌水志下上下異志故不相得坎心故爲志也

巳日乃孚革而信之

干寶曰天命巳至之日也乃孚大信著也武王陳兵孟津之上諸侯不期而會者八百國皆曰紂可伐矣武王曰爾未知天命未可也還歸二年紂殺比干囚箕子爾乃伐之所謂巳日乃孚革而信也

疏 巳日者天命巳至之日也乃孚者大信著於天下也武王陳兵云云說本史記引之以明巳日孚革而信也舉武所以該湯也　愚案巳日謂二孚謂五二與四同功又與五相應至四巳過離日乃革而反正五成坎孚爲信故革而信之矣

文明以說大亨以正革而當其悔乃亡

虞翻曰文明謂離說兌也大亨謂乾四動成既濟定故大亨以五革而當位故

悔乃亡也【疏】坤爲文离中自坤來故文离嚮明故文明謂离兌以說之故說謂兌也乾元者始而亨者也故大亨謂乾乾四乾道乃革當革而變正革四動成既濟定六爻皆正故大亨以正四失位宜悔動得正故革而當位其悔乃亡也

天地革而四時成虞翻曰謂五位成乾爲天蒙坤爲地震春兌秋四之正坎冬离夏則四時具坤革而成乾故天地革而四時成也【疏】五體乾故謂五位成乾爲天旁通蒙互坤爲地蒙震爲春革兌爲秋四變之正故坎冬离夏是四時象具矣蒙變而爲革故坤革而乾成乾天坤地故天地革而四時成也

湯武革命順乎天而應乎人虞翻曰湯武謂乾乾爲聖人天謂五人謂三四動順五應三故順天應人巽爲命也【疏】乾爲君故湯武謂乾五陽得位故乾爲聖人五於三才爲天位故天謂五三於三才爲人位故人謂三四動得正上承五陰順陽爲順五下乘三以陰應陽爲應三故順天應人巽申命爲命謂二至四互體巽也孔疏云王者相承改正易服皆有變革而獨舉湯武者蓋舜禹禪讓猶或因循湯武干戈極其損益故取相變甚者明人革也

革之時大矣哉干寶曰革天地成四時誅二叔除民害天下定武功成故大矣哉也

【疏】此承上文總論革之時大象言湯武注獨言誅二叔舉武以該湯也

象曰澤中有火革崔憬曰火就燥澤資溼二物不相得終宜易之故曰澤中有火革也【疏】火性陽故就燥澤性陰故資溼即乾文言所謂水流溼火就燥也二物不同性故不相得終宜改易故曰澤中有火革也

君子以治厤明時虞翻曰君子遯乾也厤象謂日月星辰也离為明坎為月离為日蒙艮為星四動成坎离日月得正天地革而四時成故君子以治厤明時也【疏】遯外卦乾乾陽為君子故君子謂遯乾也書堯典乃命羲和欽若昊天厤象日月星辰敬授人時故厤象謂日月星辰也四動成兩坎离离為明坎為月离為日說卦文蒙有艮遯亦有艮艮為小石僖十六年左傳隕石于宋五隕星也故艮為星四動成坎离日正於下坎月正於上故日月得正天地革變而四時成象王氏云厤數時會存乎變故君子以治厤明時也

初九鞏用黃牛之革干寶曰鞏固也离為牝牛离爻本坤黃牛之象也在革之初而无應據未可以動故曰鞏用黃牛之革此喻文王雖有聖德天下歸周三分有二而服事殷其義也【疏】鞏固也釋詁文离為

牝牛九家說卦文离中爻自坤來坤土色黄又爲子母牛故有黄牛之象卦自遯來故與遯二同辭詳見彼注在革之初四无正應下又无據未可妄動故曰鞏用黄牛之革喻文王有聖德固守臣志而不變詩云遵養時晦論語曰三分天下有其二以服事殷是其義也

象曰鞏用黄牛不可以有爲也虞翻曰得位无應動而必凶故不可以有爲也疏以九居初爲得位與四敵應爲无應无應而動其動必凶故不可以有爲也

六二巳日乃革之征吉无咎荀爽曰日以喻君也謂五已居位爲君二乃革意去三應五故曰巳日乃革之上行應五去卑事尊故曰征吉无咎也疏博雅曰日君象也故曰以喻君謂五已居乾位爲君二乃革之近去三遠應五故曰巳日乃革之上行應五去三之卑事五之尊故曰征吉无咎也伏象震爲足故爻言征象言行也案二體离日納巳故曰巳日公羊傳乃者難也時久而事極猶難之而後動不輕革也故巳日乃革之二應於五爲四所隔宜有咎四革之正二往應五故征吉无咎也**象曰巳日革之行有**

已日乃孚，革而信之。文明以說，大亨以正，革而當，其悔乃亡。天地革而四時成，湯武革命，順乎天而應乎人。革之時大矣哉。

嘉也崔憬曰：得位以正，居中有應，則是湯武行善，桀紂行惡，各終其日，然後革之，故曰巳日乃革之，行此有嘉。虞翻曰：嘉謂五，乾爲嘉，四動承五，故行有嘉矣。

【疏】崔注以六居二爲得位以正，以二應五爲居中有應。泰誓我聞吉人爲善惟日不足，凶人爲不善亦惟日不足，故行善行惡必各終其日，待善積惡盈，然後善可革惡，故曰巳日乃革之，日行中正，上應乎五，故有嘉也。初雖得位而无正應，故干氏引文王服事以明不可有爲之意。二得位得正，又有正應，故崔氏引湯武革命以明征吉无咎之義也。虞注嘉謂五者，五乾也，乾文言曰亨者嘉之會也，故乾爲嘉。四動承五，二往應之，陰陽相得，五必嘉二，故行有嘉也。

九三：征凶，貞厲。荀爽曰：三應於上，欲往應之，爲陰所乘，故曰征凶。若正居三而據二陰，則五來危之，故曰貞厲也。

【疏】三與上爲正應，欲往應上，爲四陽所乘者，非陰，故知陰當作陽也。三應上爲不正之陽所陽。三多凶，故曰征凶也。若正居三位而下據二陰，亦云貞矣，乃四承五來危三，故曰貞厲也。

革言三就，有孚。翟元曰：言三就上二陽，乾得其有信，據於二陰，故曰革言三就有孚於二矣。

【疏】三陽也，言三就上二陽成

三陽互體乾故乾得共有三陽實據於二陰故革言三就有孚於二矣　愚案上應兌口有言象伏象震聲亦有言象三至五三爻爲三就四變正三五皆在坎中坎爲孚故革言三就有孚又四在三五之中革之正則上下皆孚故有孚改命吉五得中得正居尊有應三同功而四順承不言而信故未占有孚革獨三爻言有孚以兩坎相際也

象曰革言三就又何之矣崔憬曰雖得位以正而未可頓革故以言就之夫安者有其危也故受命之君雖誅元惡未改其命者以即行改命習俗不安故曰征凶猶以正自危故曰貞厲是以武王克紂不即行周命乃反商政一就也釋箕子囚封比干墓式商容閭二就也散鹿臺之財發鉅橋之粟大賚于四海三就也故曰革言三就　虞翻曰四動成既濟定故又何之矣

【疏】崔注　三得正位未可遽革故以言就之者以至四始可革於正也君子安而不忘危故曰安者有其危也受命之君審乎安危之道故雖誅元惡不改其命以遽行改命則習俗必危而不安故曰征凶所處雖正不以爲安而常自危故曰貞厲復以武王克紂不即行周命明之書武成曰乃反商政政由舊釋箕子囚封比干墓式商容閭散鹿臺之財發鉅橋之粟大賚于四海而萬姓悅服一就就

其君也。二就，就其臣也。三就，就其民也。故曰革言三就。此時尚未可革，故曰又何之矣。虞注：改命之吉在九四一爻，故四動則成既濟定，革道大成，无取之應，故曰又何之矣。三比四，四不變，三與上隔，故征凶。四既變，六爻皆正，上來應三，故又何之矣。

九四：悔亡，有孚，改命吉。虞翻曰：革而當，其悔乃亡。孚謂五也。巽爲命，四動五坎，改巽，故改命吉。四乾爲君，進退无恒，在离焚棄，體大過死，傳以比桀紂，湯武革命，順天應人，故改命吉也。**疏**　四失位當悔，革則悔亡，象傳曰革而當，其悔乃亡，謂四也。四變五在坎中，故孚謂五也。互巽申命爲命，四動坎成，巽毀，是五坎改革巽命，故改命吉也。四互乾爲君，乾九四文言曰：進退无恒。乾道乃革之象也。外體离，离四亦乾四。离九四曰：焚如，死如，棄如。身无所容之象也。自二至上體大過，棺椁死象也。陽剛失位，當革之時，故傳以比桀紂失德之君，而曰湯武革命，順天應人。彖注云：天謂五，人謂三。天人順應，故改命吉也。愚案：四變得正，成既濟定，故曰改命吉。

象曰：改命之吉，信志也。虞翻曰：四動成坎，故信志也。干寶曰：爻人上象，喻紂之郊也。以逆取而四海

順之動凶器而前歌後舞故曰悔亡也中流而白魚入舟天命信矣故曰有孚甲子夜陳雨甚至水德賓服之祥也故曰改命之吉信志也

〔疏〕虞注　四動成坎坎孚爲信坎心爲志故信志也　干注　爻人上象在外國外曰郊故喻紂之郊書武成陳于商郊是也又曰會于牧野是逆取也又曰大賚于四海而萬姓悅服是四國順之也兵凶器也牧誓曰稱爾戈比爾干立爾矛是動凶器也尚書大傳曰維丙午主還師前師乃鼓鼚譟師乃搯前歌後舞極於上天下地故云前歌後舞也動而得正故曰悔亡也史記周本紀遂興師渡河白魚躍入舟中是天命信矣故曰有孚呂氏春秋武王伐紂將以甲子至殷郊天雨日夜不休武王疾行不輟至殷郊因大戰克之家語殷人以水王故云水德賓服之祥也周改殷命志孚於天故曰改命之吉信志也

九五大人虎變未占有孚

虞翻曰乾爲大人謂五也蒙坤爲虎變傳論湯武以坤臣爲君占視也离爲占四未之正五未在坎故未占有孚也　馬融曰大人虎變虎變威德折衡萬里望風而信以喻舜舞干羽而有苗自服周公脩文德越裳獻雉故曰未占有孚矣

〔疏〕虞注　乾二五皆稱大人此云大人謂革五即

乾五也與蒙旁通五體互坤京房易傳坤爲虎刑謂見乾卦革乾由坤變故曰虎變變謂毛希革而易新四動改命其命維新故五虎變也傳論湯武者謂彖傳湯武革命也蒙坤臣變爲革君故云以坤臣爲君如湯武是也占視也揚子方言交离目故爲占四雖未變之正五未成坎然陽在五具坎體爲孚故未占有孚也　馬注　虎有威德故折衝萬里風從虎故望風而信書大禹謨帝乃誕敷文德舞干羽于兩階七旬有苗格尚書大傳成王之時越裳以三象重九譯而獻白雉公曰德澤不加焉則君子不享其質政令不施焉則君不臣其人吾何以獲此也其使曰吾受命吾國之黃耇曰久矣天之無別風淮雨意者中國其有聖人乎有則盍往朝之周公乃以薦於宗廟又見周傳歸禾蓋大舜周公皆自脩其德遠人咸格不言而信故曰未占有孚矣

象曰大人虎變其文炳也

宋衷曰陽稱大五以陽居中故曰大人兌爲白虎九者變爻故曰大人虎變其文炳也　虞翻曰乾爲大明四動成离故其文炳也

疏　宋注大人陽大陰小故陽稱大五陽居中故稱大人與乾五同義白虎西方之宿也兌西方故爲白虎說文九者陽之變也故九者變爻九居兌中故曰大人虎變其文炳也　虞注　五體乾乾彖曰大

明終始故乾爲大明四動五成離離自坤來爲文又觸明爲明說文炳明也故曰其文炳也

上六君子豹變虞翻曰蒙艮爲君子爲豹從乾而更故君子豹變也【疏】旁通蒙上體艮艮三乾體爲君子艮爲黔喙之屬故爲豹上由艮變從乾三而更故君子豹變也

小人革面征凶居貞吉虞翻曰陰稱小人也面謂四革爲離以順承五故小人革面乘陽失正故征凶得位故居貞吉蒙艮爲居也【疏】陽大陰小故稱小人四變陰爲小人四在乾首中故面謂四革變爲離順承五乾故小人革面上正應三三爻辭云征凶謂四乘三陽失正上與三爲四所隔故征凶與三同辭然上六得位故居貞則吉也蒙艮爲門闕故爲居也三得正而貞厲者革道未成故守正厲也上得正而貞吉者革道已成故守正則吉也

象曰君子豹變其文蔚也陸績曰兌之陽爻稱虎陰爻稱豹豹虎類而小者也君子小於大人故曰豹變其文蔚也

虞翻曰蔚蔭也兌小故其文蔚也【疏】陸注　兌西方白虎五陽爻稱虎故上陰爻稱豹說文豹以虎圓文陽大陰小故云豹虎類而小者也君子亦大人之類而小於大人故曰豹變其文蔚也　虞注　倉頡篇蔚草木盛兒說

文薉草多皃皆取茂盛之義故云蔚薉也兌少女故爲小上體坤陰亦爲小地以草木爲文故其文蔚也**小人**

革面順以從君也虞翻曰乾君謂五也四變順五故順以從君也　干寶曰君子大賢次聖之人

謂君太公周召之徒也豹虎之屬蔚炳之次也君聖臣賢殷之頑民皆改志從化故曰小人革面天下既定必倒載

干戈包之以虎皮將率之士使爲諸侯故曰征凶居貞吉得正有應君子之象也　案兌爲口乾爲首今口在首上

面之象也乾爲大人虎變也兌爲小人革面也**疏**虞注　五位乾爲君故乾君謂五也四變正上順五故順以從

君也　干注　君子者大賢之品次乎聖人君若太公召公之徒是已孟子稱周公爲古聖人未可以大賢目之以武

王爲君稱爲大人則周公亦君子之屬也虎大豹小豹爲虎之屬故蔚爲炳之次也君聖謂五虎變臣賢謂上君子

也殷之頑民謂四四小人也四變坎爲志故改志金曰從革故云從化四從上革故曰小人革面倒載干戈包之以虎

皮將率之士使爲諸侯樂記文言武王伐紂天下既定不復用兵故曰征凶居貞吉蓋上得正位三應於下君子之

象也　案上體兌爲口五互乾爲首口在首上有面象爲五乾陽大人虎變之象也上兌陰小人革面之象也

周易集解纂疏卷十九

同邑寇溥秋槎校

唐李鼎祚集解

安陸李道平遵王纂疏

序卦曰革物者莫若鼎故受之以鼎 韓康伯曰革去故鼎取新以去故則宜制器立法以治新也鼎所和齊生物成新之器也故取象焉 疏 金從火化革斯成鼎故雜卦曰革去故也鼎取新也書胤征曰舊染汚俗咸與維新詩大雅文王曰周雖舊邦其命維新皆去故取新之意書盤庚曰器非求舊維新繫上曰立成器以爲天下利故曰去故則宜制器立法以治新也鼎之爲用所以革物變腥爲孰易堅爲柔故云和齊生物成新之器也革上反下其象爲鼎鼎所以次革也

䷱ 巽下離上

鼎 鄭元曰鼎象也卦有木火之用互體乾兌乾爲金兌爲澤澤鍾金而含水爨以木火鼎亨孰物之象鼎亨孰以

養人猶聖君興仁義之道以教天下也故謂之鼎矣

疏 鼎象也象傳文內卦木外卦火故有木火之用互體乾納象兌乾爲金兌爲澤說卦文鼎木金也澤即水也故云澤鍾金而含水巽下离上以木生火故云爨以木火鼎亨孰物之象也鼎以亨孰養人猶人君在上與仁義以教天下詩既醉曰既醉以酒既飽以德孟子曰言飽乎仁義也天下飽乎仁義故謂之鼎矣

元吉亨

虞翻曰大壯上之初與屯旁通天地交柔進上行得中應乾五剛故元吉亨也

疏 從四陽二陰之例鼎自大壯來故曰大壯上之初消息伏屯以离五應坎五復生其下故與屯旁通屯彖曰剛柔始交故云天地交鼎彖曰柔進而上行得中而應乎剛虞彼注云柔謂五進謂巽行謂震蓋以屯二居五爲柔進以巽通震故曰柔進上行在五爲得中應屯乾五剛爻乾元正故元吉亨也

彖曰鼎象也以木巽火亨飪也

荀爽曰巽入离下中有乾象木火在外金在其內鼎鑊亨飪之象也

虞翻曰六十四卦皆觀象繫辭而獨於鼎言象何也象事知器故獨言象也

九家易曰鼎言象者卦也木火互有乾兌乾金兌澤澤者水也爨以木火是鼎鑊亨飪之象亦象三公之位上則調和陰陽下而撫毓

白姚鼎能孰物養人故云象也牛鼎受一斛天子飾以黃金諸侯白金三足以象三台足上皆作鼻目爲飾也羊鼎五斗天子飾以黃金諸侯白金大夫以銅豕鼎三斗天子飾以黃金諸侯白金大夫銅士鐵三鼎形同亨飪煮肉上离陰爻爲肉也

疏

荀注巽木入离火之下中互乾象木火在外乾金在內鼎鑊亨飪之象天官亨人掌共鼎鑊以給水火之齊是也虞注觀象繫辭繫上文李彼注云言文王觀六十四卦三百八十四爻之象而繫屬其辭象事知器繫下爻虞彼注云象事謂坤二爲器乾五之坤成象故象事知器書曰器非求舊維新故於鼎之取新言象也愚案宜三年左氏傳曰鑄鼎象物故曰鼎象也九家注木火互有乾兌云云卽鄭注義也鼎三足故亦象三公之位謂太師太傅太保云云也書周官曰惟茲三公論道經邦變理陰陽故上則調和陰陽下則撫毓百姓鼎有孰物養人之用故云象也牛鼎云云亦見郊祀志伏坤故象牛鼎互兌故象羊鼎伏坎故象豕鼎亨飪煮肉也上體离陽爲骨陰爲肉故陰爻爲肉也

聖人亨以享上帝而大亨以養聖賢

虞翻曰聖人謂乾初四易位體大畜震爲帝在乾天上故曰上帝體頤象三動噬嗑食故以享上帝也大亨謂天地養萬物聖

人養賢以及萬民。賢之能者稱聖人矣。

【疏】乾九五文言曰聖人作而萬物覩。故聖人謂乾六爻惟三得位。餘皆不正。變從初始。故初四易位則體大畜。大畜內體乾。互震爲帝。在乾天上。故曰上帝。大畜三至上體頤象。三動體噬嗑食象。故以享上帝也。天地養萬物聖人養賢以及萬民頤象傳文。頤之所養者大。故取頤象以明大亨也。頤言養賢。鼎言養聖賢。賢次於聖。故曰賢之能者稱聖人矣。

巽而耳目聰明

虞翻曰。謂三也。三在巽上。動成坎離。有兩坎兩離象。乃稱聰明。日月相推而明生焉。故巽而耳目聰明。眇而視不足以有明。聞言不信。聰不明。皆有一離一坎象故也。

【疏】內體巽謂三也者。三在巽上。動成坎。互離。有兩坎離象。坎耳主聰。離目主明。故稱聰明。日月相推而明生焉。繫下文。離爲日。坎爲月。日月往來而明生。故巽上動而耳目聰明。眇而視不足以有明。履六三象傳文。三互離。故言明。不正。故不明。聞言不信。聰不明。夬九四象傳文。四變成坎離。故言聰明。虞彼注云。坎耳離目折入於兌。故聰不明也。引之以明言聰明者。皆有坎離象故也。

柔進而上行得中而應乎剛是以元亨

虞翻曰。柔謂五。得上中。應乾五剛。巽爲進。震爲行。非謂應二剛。與睽五同義也。

【疏】卦有

二柔得中惟五故柔謂五也得中而不得正故謂上中與屯旁通五爲伏陽故云應乾五剛屯巽爲進故曰柔進震爲行故曰上行二五皆失位當變之正五柔應二剛爲不義之應故知應剛爲應屯五乾剛非應鼎二剛也睽五應蹇五故云與睽五同義應乾五剛是以元亨

象曰木上有火鼎 荀爽曰木火相因金在其間調和五味所以養人鼎之象也

疏 木火相因謂巽木生離火也金居其間謂五乾爲金兌西方亦爲金故象鼎也說文鼎和五味之寶器也故云調和五味所以養人鼎之象也

君子以正位凝命 虞翻曰君子謂三也鼎五爻失正獨三得位故以正位凝成也體姤謂陰始凝初巽爲命故君子以正位凝命也

疏 乾三君子大壯體乾故君子謂三也鼎五爻皆失正獨陽爻居三爲得位故以正位皐陶謨曰庶績其凝鄭注云凝成也巽在下體姤象姤初即坤初坤初象傳曰陰始凝也故云陰始凝初也巽申命爲命而陰始凝之故曰君子以正位凝命也

初六鼎顛趾 虞翻曰趾足也應在四大壯震爲足折入大過大過顛也故鼎顛趾也

疏 趾足也釋

言爻卦自大壯來，四震爲足，初應在四，故爲趾。又爻例初爲足，伏震亦爲足，故稱趾也。四互兌爲毀折，折入上成大過，以鼎初本自大壯上來也。大過顛也，雜卦傳文。大過本末弱，故顛。鼎初陰爲弱，故顛趾也。

利出否，得妾以其子，无咎。虞翻曰：初陰在下，故否。利出之四，故曰利出。兌爲妾，四變得正成震，震爲長子，繼世守宗廟而爲祭主，故得妾以其子无咎矣。【疏】初陰在下，鼎初卽否初也，故稱否。否，閉也。初失位，與四應，伏震爲出，故利出之四，而曰利出否也。四互兌爲妾，變而得正成震，震爲長子，是妾生子之象也。象曰亨以享上帝，故云繼世守宗廟而爲祭主也。初失位有咎，之得正，故得妾以其子无咎矣。

象曰：鼎顛趾，未悖也。荀爽曰：以陰承陽，故未悖也。【疏】說文：悖，亂也。以初陰承二陽，初雖失位，未至悖亂也。

利出否，以從貴也。虞翻曰：出初之四，承乾五，故以從貴也。【疏】利出否，初之四，上承乾五，謂屯伏陽也。陰賤陽貴，又五位天子，亦爲貴，故以從貴也。案公羊傳：母以子貴。兌雖賤妾，而得震子，故爻言无咎，而象言從貴也。

九二：鼎有實，我仇有疾，不我能卽，吉。虞翻曰：二爲實，故鼎有實也。坤爲我，謂四

也二據四婦故相與爲仇謂三變時四體坎坎爲疾故我仇有疾四之二歷險二動得正故不我能即吉【疏】陽實

陰虛二陽爲實故鼎有實也坤身爲我四當變坤故我謂四也初爲四婦二據初爲據四婦怨耦曰仇故相與爲仇

三變四體在坎坎心病爲疾故我仇有疾三變二與四皆在坎中故四之二歷險也二不變則與四爭初二動體艮

爲止故不我能即說文即就也二動得正故吉也

象曰鼎有實慎所之也虞翻曰二變之正艮爲慎【疏】二失位貴變之正二變互艮艮陽小爲慎故慎所之也

我仇有疾終无尤也虞翻曰不我能即吉故終无尤也【疏】仇既有疾不與我就四動獲吉故終无尤也

九三鼎耳革其行塞雉膏不食虞翻曰動成兩坎坎爲耳而革在乾故鼎耳革初四變時震爲行鼎以耳行伏坎震折而入乾故其行塞离爲雉坎爲膏初四已變三動體頤頤中无物离象不見故雉膏不食【疏】三動成兩坎象坎爲耳說卦文兩坎象鼎兩耳鼎下反上爲革故言革互乾爲金金從革故云革在乾序卦曰革物莫若鼎鼎變腥爲孰故曰鼎耳革初四易位三互震爲行孰物謂之革鼎耳所以受鉉而行非以革物

也故云鼎以耳行三不變而初四變伏坎為震所折而入乾禮月令閉塞成冬是塞與閉同義故曰其行塞內离為雉伏坎水為膏鄭氏云雉膏食之美者也初四易位三爻變陰全體象頤頤中无物离毀不見噬嗑无物故雉膏不食　案高宗祭成湯飛雉升鼎耳而雊鼎以耳行耳革而行塞雉雊雖有膏豈得而食劉歆以為鼎三足是三公象對鳥居鼎耳是小人將居公位敗宗廟之祀是亦不食之義也

方雨虧悔終吉虞翻曰謂四已變三動成坤坤為方坎為雨故曰方雨三動虧乾而失位悔也終復之正故方雨虧悔終吉也

【疏】初四易位故謂四已變三動互坤坤至靜而德方故為方四不動而三獨變體坎為雨故曰方雨三互體乾動則虧乾而失位宜有悔也終復歸正故雖方雨虧悔而終必獲吉以三本正也

象曰鼎耳革失其義也虞翻曰鼎以耳行耳革行塞故失其義也

【疏】鼎以耳受鉉而行祭所需也今革去其耳是其行閉塞矣義者宜也行塞失宜故曰失其義也

九四鼎折足覆公餗其刑渥凶虞翻曰謂四變時震為足足折入兌故鼎折足兌為

刑渥大刑也鼎足折則公餗覆言不勝任象人大過死凶故鼎折足覆公餗其刑渥凶

九家易曰鼎者三足一體猶三公承天子也三公謂調陰陽鼎謂調五味足折餗覆猶三公不勝其任傾敗天子之美故曰覆餗也

案餗者雉膏之屬公者四爲諸侯上公之位故曰公餗

疏

虞注

四變互震爲足大壯四震亦爲足互兌爲毀折震折入兌故鼎折足也又四應初二伏震足初四皆失位初顛趾故四折足也兌西方金故爲刑渥鄭作剭前漢書班固敘傳底劓鼎臣服虔注劓者厚刑謂重誅也新唐書元載傳贊鼎折足其刑剭秋官司烜氏邦若屋誅屋亦同剭故云渥大刑也鼎折足則公餗覆言不勝其任也初至五體大過棺椁死象故凶四失位不與初易故折足覆餗刑剭而凶如此也

九家注

鄭氏云鼎三足象三公故鼎者三足其爲一體猶三公共承天子也三公所以調陰陽鼎所以調五味若足折餗覆猶三公不勝變理之任而傾敗天子之美也故曰覆公餗

案

鄭氏云餗是八珍之食又云餗美饌虞氏云饌八珍之具也故云餗者雉膏之屬爻例四爲諸侯上公之位也故曰公餗

象曰覆公餗信如何也

九家易曰渥者厚大言辠重也既覆公餗信有大辠刑罰當加无可如何也

疏

卯風

赫如渥赭疏厚漬之丹赭也故渥言厚大服氏云剭者厚刑謂重誅故言辠重也三已變四在坎孚爲信故既覆公餗信有大罪其刑剭凶故刑罰當加无可如何也

六五鼎黃耳金鉉利貞

虞翻曰離爲黃三變坎爲耳故鼎黃耳鉉謂三貫鼎兩耳乾爲金故金鉉動而得正故利貞

干寶曰凡舉鼎者鉉也尚三公者主也金喻可貴中之美也故曰金鉉鼎得其物施令得其道故曰利貞也

【疏】虞注　九家易說卦曰坤爲黃離中交自坤來故亦爲黃三變成兩坎坎爲耳故鼎黃耳三變在兩耳之間故鉉謂三三貫鼎兩耳三互乾爲金故金鉉動而得正者三已變復之正成既濟故曰利貞也　干注　說文鉉舉鼎也故凡舉鼎者鉉也尚上也尚三公者王也謂王用三公也應在乾金故金可喻貴五在中故中之美也貴而且美故曰金鉉舉鼎得其物以喻施令得其道故曰利貞也　愚案伏坎爲耳體離爲黃故曰鼎黃耳馬氏云鉉扛鼎而舉之也五柔下應二剛剛能舉物故曰鉉互乾爲金故曰金鉉鄭氏云金鉉喻明道能舉君之職官也蓋謂二正應五也然二五皆不正爲不義之應故曰利貞戒之也

象曰鼎黃耳中以爲

實也

陸績曰得中承陽故曰中以爲實　宋衷曰五當耳中色黃故曰鼎黃耳兌爲金又正秋故曰金鉉公侯謂五也上尊故玉下卑故金金和良可柔屈喻諸侯順天子

【疏】陸注位在五爲得中上比九爲承陽陽實故中以爲實也宋注五位當耳中色屬黃故曰鼎黃耳互兌兌正秋爲金故曰金鉉上陽爲尊故公侯謂五也上尊稱玉以其剛也下卑稱金剛兼柔也金性和良可以柔屈喻諸侯上順天子之象也　愚案伏屯五陽陽爲實其位在中故中以爲實也

上九鼎玉鉉大吉无不利

虞翻曰鉉謂三乾爲玉鉉體大有上九自天右之位貴據五三動承上故大吉无不利謂三虧悔應上成未濟雖不當位六位相應故剛柔節象曰巽耳目聰明爲此九三發也　干寶曰玉又貴於金者凡亨飪之事自鑊升於鼎載於俎自俎入於口馨香上達動而彌貴故鼎之義上爻愈吉也鼎主亨飪不失其和金玉鉉之不失其所公卿仁賢天王聖明之象也君臣相臨剛柔得節故曰吉无不利也

【疏】虞注　上應三故鉉謂三三互乾爲玉故爲玉鉉自二至上體大有六十四卦唯大有鼎自元亨元吉亨外无餘詞

大有上九曰自天右之吉无不利蓋在上位貴近據五陰。三動應上。故大吉无不利。卦辭與大有同。上九爻辭亦同也。謂三虧悔。故動而應上成未濟。六爻雖不當位。然陰陽相應。故象曰剛柔節也。彖言巽動而耳目聰明爲此九三動而應上發也。

干注

說卦乾爲玉爲金。先言玉次言金。故云玉又貴於金者。少牢饋食禮雍人陳鼎五。三鼎在羊鑊之西二鼎在豕鑊之西司馬升羊右胖實於一鼎司士升豕右胖實於一鼎雍人倫膚九實於一鼎此烹飪之事自鑊升於鼎之事也。公食大夫禮陳鼎於碑南。左人待載雍人以俎入陳於鼎南又曰載者西面又曰載體進奏又曰皆横諸俎此載鼎實於俎之事也。特牲饋食禮鼎西面錯右人抽扃委於鼎北贊者錯俎加匕乃朼佐食升肵俎此自俎入於口之享也。爻在上。故馨香上達。上位貴。故動而彌貴。古鼎無蓋。鼏創蓋也。上動卽特牲除鼏之義也。鼐除則馨香達而誠意申。故鼎之義上爻愈吉。脩井之功至上而成。皆曰大吉。所以著養人之利者也。上臨兌說爲和。故鼎主亨飪不失其和。五上應二三。互乾。乾爲金玉。故金玉鉉之。不失其所。此公卿仁賢天王聖明之象也。君臣相臨。剛柔相應。故吉无不利也。

愚案玉鉉謂三也。六爻唯三得正。上變應之成既濟定。故大吉无不利也。

象

曰玉鉉在上剛柔節也宋衷曰：以金承玉，君臣之節。上體乾爲玉，故曰玉鉉。雖非其位，陰陽相承，剛柔之節也。疏以金承玉，謂五承上也。陰爲臣，陽爲君，故云君臣之節。鼎自大壯來，鼎上即乾上，故上體乾爲玉而曰玉鉉也。三變應上成未濟，雖非其位，然陰陽相承，故曰剛柔節也。愚案：上變應三，初四易位，二五利貞，成既濟定，故曰剛柔節也。

序卦曰主器者莫若長子故受之以震震者動也崔憬曰：鼎所以亨飪，亨於上帝。主此器者，莫若冢適，以爲其祭主也，故言主器者莫若長子也。疏鼎，宗廟之祭器，故云所以亨飪，亨於上帝也。主此器者，莫若冢適，冢適，長子也。震一索得男，爲長子，傳國家，繼位號，爲祭祀主，故言主器莫若長子，而受之以震也。

䷲震下震上

震亨鄭元曰：震爲雷，雷，動物之氣也。雷之發聲，猶人君出政教以動中國之人也，故謂之震。人君有善聲教，則嘉會之禮通矣【疏】震爲雷，說卦文。又曰：震，動也。震一陽初生，陽氣萌動，故云雷動物之氣也。雷發聲而物皆動，君發令而民皆從，故雷之發聲猶人君出政教以動國中之人，而謂之震也。人君有善聲教則嘉會之禮通，通故亨也。

震來虩虩　虞翻曰：臨二之四，天地交，故通。虩虩謂四也。來應初，初命四變而來應已，四失位多懼，故虩虩。之內曰來也。【疏】六子皆從乾坤相索，其在六十四卦，又從爻變消息來也。二陽四陰之卦自臨來，故云臨二之四。乾初爻於坤四，是爲天地交，交故通，通故亨也。重震，故稱虩虩。至四始重，故虩虩謂四。初陽得正，四陽失正。初命四應已，故云來應初。初命四變而來應已也。四失正，又多懼。鄭氏云：虩虩，恐懼貌。故云虩虩。自外之內曰來。易側也。

笑言啞啞　虞翻曰：啞啞，笑且言，謂初也。得正有則，故笑言啞啞，後有則也。【疏】鄭氏云：啞啞，樂也。震陽出於地，萬物和樂，故爲笑。故馬氏又云：啞啞，笑聲。震善鳴爲言，故云啞啞笑且言。震陽在初，故謂初也。以九居初爲得正，應四，坎爲則，故笑言啞啞後有則也。

震驚百里不喪匕鬯　虞翻曰：謂陽從臨二，陰爲百二十，舉其大數，故當震百里也。坎爲棘匕，上震爲鬯，坤爲喪。二上之坤成震體坎，得其匕鬯，故不喪匕鬯也。　鄭元曰雷發聲，聞於百里。古者諸侯之象。諸侯出教令，能警戒其國內，則守其宗廟社稷，爲之祭主，不亡匕與鬯也。人君於祭之禮，匕牲體，薦鬯而已，其餘不親也。升牢於俎，君匕之，臣載之。鬯，秬酒，芬芳條鬯，因名焉。

【疏】虞注：謂陽者，謂陽爻也。從臨二，二陰爲百，二十者，從臨二息時，有五陰，陰爻二十，四五爻，故百二十。言百者，舉其大數，以陽震陰，坤方爲里，聲聞乎百里，故當震驚百里也。九家說卦曰：坎爲叢棘，故坎爲棘。棘匕，以棘爲匕，取赤心之義。其形似畢，刊柄與末。詩曰：有捄棘匕，是也。四互坎，棘。又互艮，手。有以手持匕之象。長子主祭，故震以繼鼎祭儀。先亨牢於鑊，既納於鼎而加冪，祭乃啟冪而以匕出之，升於俎上，故王氏云：匕所以載鼎實。陸氏云：匕者，橈鼎之器也。說文：鬯以秬釀鬱草，芬芳攸服，以降神。震草屬，又爲禾稼，坎水和之爲鬯酒，故上震爲鬯。鄭氏云：鬯者，秬黍之酒，其氣調暢，故謂之鬯，是也。坤滅於乙，爲喪。臨二上之坤外，成震。互坎，皆在本體，故得其匕鬯而曰不喪也。

鄭注：逸禮王度記：諸侯封不過百里，象雷震百里，故曰震驚百里也。大象傳言出可守宗廟社稷，以爲祭主，即不喪匕鬯之義也。大宗伯以肆獻祼享先王。鄭注：肆，解牲體也。獻，獻腥也。祼，灌以鬱鬯也。宗廟之祭，灌鬯以求神，既灌則獻體，以腥薦。腥既獻，則解牲體以薦熟。凡匕牲體、薦鬯酒，皆君親爲之。其餘不親也。升鼎牢於俎，君匕之。特牲所謂贊者錯俎加匕，乃朼是也。臣載之者，公食大夫禮所謂左人待載，即鄭注所謂左人載之是也。春官鬯人注：鬯，釀秬爲酒，芬香條暢於上下。暢與鬯同，故名鬯焉。匕鬯皆君親爲之，故長子主器，不喪匕鬯也。

彖曰：震亨，震來虩虩，恐致福也。 虞翻曰：懼變承五，應初，故恐致福也。疏 四多懼，又失位，懼而變柔，上承五，下應初。初乾爲福，故恐致福也。

笑言啞啞，後有則也。 虞翻曰：則，法也。坎爲則也。疏 天官冢宰以八則治都鄙，鄭注：則，法也。孫卿子：水主量必平，似法，故坎爲法，亦爲則，而則訓法也。初應四，四故後有則也。

震驚百里，驚遠而懼邇也。 虞翻曰：遠謂四，近謂初。震爲百，謂四出驚遠，初應懼近也。疏 震以二陽爻爲主，四在外，故遠謂四；初在内，故近謂初。震爲百，即從臨二。二陰爲百二十，舉大數，故爲百也。臨二、互震，震爲出，自二出居於四，四爲驚遠。初本比二，今又之四，四爲敵應，故懼邇也。

出可以守宗廟社稷，以爲祭主也。 虞翻曰：謂五出之正，震爲守，艮爲宗廟社稷，長子主祭器，故以爲祭

六九八

主也。干寶曰：周木德，震之正象也。爲殷諸侯。殷諸侯之制，其地百里。是以文王小心翼翼，昭事上帝，聿懷多福，厥德不回，以受方國。故以百里而臣諸侯也。爲諸侯故主社稷，爲長子而爲祭主也。祭禮薦陳甚多，而經獨言不喪匕鬯者，匕牲體薦鬯酒，人君所自親也。

【疏】虞注：帝出乎震，故曰出。五伏陽失位，出而變之正。震子繼乾，世守爲宗。艮爲門闕，又爲鬼門，故爲宗廟社稷。長子主器，器，祭器也。震巽相應。震春，兌秋，坎冬，離夏。春秋享祀，以時思之，故以爲祭主也。干注：家語：周人以木德王，故云周木德。震東方爲木德，故云震之正象也。周受殷封，地方百里。小心翼翼以下，詩大明文。引之以明恐懼致福之意。孟子曰：文王以百里，故云以百里而臣諸侯也。屯震利建侯，故爲諸侯主社稷。又長子主器，故爲長子而爲祭主也。祭禮薦陳甚多以下，卽前鄭義也。案王肅云：有靈而尊者，莫若於天；有靈而貴者，莫若於王；有聲而威者，莫若於雷；雷而嚴者，莫若於侯。是以天子當乾，諸侯用震。地不過一同，雷不過百里。政行百里，則匕鬯亦不喪。祭祀國家大事，不喪宗廟安矣。處則諸侯執其政，出則長子掌其祀。義亦可通也。

象曰：洊雷震，君子以恐懼脩省。虞翻曰：君子謂臨二。二出之坤四，體以脩身。坤爲身。二之四，以陽照坤，故以恐懼脩省。老子曰：脩之身，德乃眞也。

【疏】釋言曰：洊，再也。兩震相重，故曰洊雷震。猶兩坎相重而曰水洊至也。陽爲君子，故君子謂臨二。二出之坤四，體應初爲復。震復初，象曰不遠之復，以脩身也。故曰修。臨坤形爲身。二上之四，以陽德照坤。身故以恐懼脩省。此引老子者何也？德經曰：善建者不拔，善抱者不脫，子孫祭祀不輟。復繼之曰：脩之於身，其德迺眞。蓋善建不拔，即震建侯也。善抱不脫，即不喪匕鬯也。子孫祭祀不輟，即出可以守宗廟社稷以爲祭主也。而復歸於脩之身德乃眞者，言必有德而後可爲建侯主祭之本也。愚案：中庸曰：恐懼乎其所不聞。其有聞而益加恐懼可知也。雷震善鳴，聲威並至，君子聞之，故益恐懼而脩省。

初九：震來虩虩，後笑言啞啞，吉。虞翻曰：虩虩謂四也。初位在下，故後笑言啞啞。得位，故吉也。　干寶曰：得震之正，首震之象者。震來虩虩，羑里之厄也。笑言啞啞，後受方國也。

【疏】虞注：初應四，故虩虩謂四爻。例上爲前，下爲後。初位在下，故後笑言啞啞。初陽得位，故吉。　干注：以九居初，得震之正，首震之象也。

始則震來虩虩，是文王囚於羑里，恐懼之象也。後則笑言啞啞，是文王以受方國，致福之象也。

象曰：震來虩虩，恐致福也。虞翻曰：陽稱福。【疏】初陽爲乾，稱福。四懼變而應初，故致福也。

笑言啞啞，後有則也。虞翻曰：得正，故有則也。【疏】初陽得正，應坎爲則，故有則也。

六二：震來厲，億喪貝，躋于九陵，勿逐，七日得。虞翻曰：厲，危也。乘剛，故厲。億，惜辭也。坤爲喪，三動離爲蠃蚌，故稱貝。在艮上下，故稱陵。震爲足，足乘初九，故躋于九陵。震爲逐，謂四已體復象，故喪貝勿逐。三動時離爲日，震數七，故七日得者也。【疏】說文：厲，旱石也，从厂，蠆省聲。又曰：厂，山石之厓巖，人可居。象形。又曰：危，在高而懼也，從产，人在厓上，自卪止之也。厲與危皆从厂，有高厓恐懼之象，故云厲，危也。二自四來，故曰來。上无應而下乘剛，有危象焉，故震來厲。億與噫通，二變兌爲口。釋文：億，本亦作噫。故云惜辭也。坤喪於乙，故爲喪。三失位，當變體離。說卦：離爲蠃，爲蚌，爲龜。說文：貝，海介蟲也。離陽在外，故稱貝。未變爲離，惜其喪貝，故億喪貝。體互艮爲山，二在艮山下，故稱陵。又震爲阪，生阪陵也。艮三反下，故爲陵。震爲足，說卦文。二自四來，乘初九，故躋于九陵震足動故爲逐已下當脫變字四已變體復復卦辭曰七日來復故喪貝勿逐也三動時离爲日震納庚月七日見庚故震數七不逐自復故七日得也復七日主六日七分之說震七日主七日見庚之說義各有當也

象曰震來厲乘剛也

干寶曰六二木爻震之身也得位无應而以乘剛爲危此託文王積德累功以被囚爲禍也故曰震來厲億歎辭也貝寶貨也產乎東方行乎大塗也此以喻紂拘文王閎夭之徒乃於江淮之浦求盈箱之貝而以賂紂也故曰億喪貝貝水物而方升於九陵今雖喪之猶外府也故曰勿逐七日得七日得者七年之日也故書曰誕保文武受命惟七年是也

疏 震本木象震六二庚寅寅爲木故爲震之身也二陰爲得位五陰爲无應下乘剛爲危喻文王有聖德而四羑里故曰震來厲億與噫通故云歎辭也說文古者貨貝而寶龜故云貝寶貨也震東方也說文貝海介虫海在東方故云產乎東方震爲大塗史記平準書農工商交易之路通而龜貝金錢刀布之幣興焉大塗爲路故云行乎大塗尚書大傳西伯既戕耆紂囚之牖里散宜生遂之江淮之浦取大貝如大車之渠陳於紂之庭故曰億喪貝貝水物而升於九陵雖喪必得猶穀梁傳荀息所謂我取之中府而藏之外府故

云猶外府也不久必復故曰勿逐七日得以七日爲七年者書洛誥曰惟周公誕保文王受命惟七年鄭注文王得赤雀武王俯取白魚受命皆七年而崩言文武皆有七年之得也

六三震蘇蘇震行无眚象曰震蘇蘇位不當也 虞翻曰死而復生稱蘇三死坤中動出得正震爲生故蘇蘇坎爲眚三出得正坎象不見故无眚春秋傳曰晉獲秦諜六日而蘇也 疏 蘇死而更生之稱如孟子后來其蘇以及戰國策勃然乃蘇皆是義也臨三互坤坤喪於乙爲死魄故三死坤中三失位動出得正震東方春故爲生內震接外震故曰蘇蘇互坎而多眚三變正坎象毀故无眚震足爲行變得正故震行无眚宣八年左傳晉人獲秦諜殺諸絳市六日而蘇引之以申死而復生之義也陽在坤中位失正不當故死也

九四震遂泥 虞翻曰坤土得雨爲泥位在坎中故遂泥也 疏 臨四坤爲土故云坤土二之四互坎爲雨故云得雨爲泥四在坎二故云位在坎中重震不能省攺失正不變將遂非而陷於坎中漢書五行志李奇曰

震遂泥者。泥溺於水。不能自拔。是其義也。

象曰：震遂泥，未光也。虞翻曰：在坎陰中。與屯五同義。故未光也。

疏　坎五象傳虞注云。陽陷陰中。故未光也。震體象屯。震四即屯五。四又當之五。故與屯同義。愚案坎見离伏。故未光也。

六五：震往來厲，虞翻曰：往謂乘陽。來謂應陰。失位乘剛。故往來厲也。

疏　往謂在外乘四陽也。來謂在內應二陰也。五失正。又乘不正之陽。故往來皆危也。按二曰震來厲。雷也。五曰往來厲。洊雷也。

億无喪，有事。虞翻曰：坤爲喪也。事謂祭祀之事。出而體隨。王亨于西山。則可以守宗廟社稷。爲祭主。故无喪有事也。

疏　坤喪於乙。故坤爲喪也。左傳國之大事在祀與戎。故事謂祭祀之事。五變爲陽體隨。隨上爻辭曰王用亨于西山。故可以守宗廟社稷爲祭主。四自臨二來。五變坤毀隨成。故无喪有事。億惜辭也。義同六二。无喪有事而復惜之者。惜其不定既濟也。故上取四五易位焉。

象曰：震往來厲，危行也。虞翻曰：乘剛山頂。故危行也。

疏　五乘四剛。四互艮爲山。五在山頂。危象也。危從厂。人在厂厓之上。故稱危。震爲行。故危行也。

其事

在中大无喪也虞翻曰動出得正故无喪疏五動陽出成隨居中得正陽爲大故大无喪也

上六震索索視矍矍虞翻曰上謂四也欲之三隔坎故震索索三已動應在离故矍矍者也疏上謂四也者上欲應三隔於四坎坎爲險故震索索鄭氏云索索猶縮縮足不正也謂四不正故足索索也三失正動成离爲目上與三應故矍矍鄭氏云矍矍目不正三本不正變成离目故視矍矍也

征凶震不于其躬于其鄰无咎婚媾有言虞翻曰上得位震爲征故征凶四變時坤爲躬鄰謂五也四上之五震東兌西故稱鄰之五得正故不于其躬于其鄰无咎謂三已變上應三震爲言故婚媾有言疏上陰得位處震之極不宜妄動震動爲征征則凶也上之凶由四四變體坤坤形爲躬躬謂上也五比上故鄰謂五也四體震位東五出成隨體兌位西東西故稱鄰四之五易位得正故震不于其躬于其鄰謂已不動而五動故无咎上與三本爲婚媾兩陰相睽必三變上乃應之震善鳴爲言又三動互兌女爲媒妁口舌爲言故婚媾有言謂媒妁之言通故陰陽相應也

象曰震索索中未得也虞翻曰四未之五故中未得也疏四之

五則中得正。四未之五故中未得。謂中未得正也。雖凶无咎畏鄰戒也虞翻曰謂五正位已乘之逆。畏鄰戒也。【疏】四之五得正位。上以陰乘陽為逆。畏鄰設戒。故雖凶无咎。

序卦曰物不可以終動止之故受之以艮艮者止也崔憬曰震極則征凶。婚媾有言當須止之。故言物不可以終動止之矣。【疏】震上六曰征凶。動極當止。征則有凶。上與三為婚媾。三體震為言。互艮為止。故婚媾有言當須止之。震終戒動。故言不可以終動而受之艮以止之也。

䷳艮下艮上

艮其背鄭元曰艮為山。山立峙各於其所无相順之時。猶君在上臣在下。恩敬不相與通故謂之艮也。【疏】艮為山說卦文。山之立峙。各止其所。彼此无相順之時。陽君象也。一陽在上。猶君在上。陰臣象也。二陰在下。猶臣在下。君主恩。臣主敬。各盡其道而不相通。故謂之艮也。不獲其身行其庭不見其人无咎虞翻曰觀五之三也。艮為多節。故稱背。觀坤為身。觀五之三折坤為背。故艮其背。坤象不見。故不獲其身。震為

行人艮爲庭坎爲隱伏故行其庭不見其人三得正故无咎　案艮爲門闕今純艮重其門闕兩門之間庭中之象也

【疏】虞注　從二陽四陰之例艮自觀來故云觀五之三也艮爲多節說卦文背脊骨多節釋名脊積也積續骨節脈絡上下也身背多節故稱背觀坤形爲身觀五之三折坤身爲背故艮其背坤毀不見故不獲其身震足爲行震生爲人三互震故爲行人艮門闕爲庭互坎爲隱伏互震故行其庭互坎故不見其人六爻敵應宜有咎五之三得正故无咎也　案　艮爲門闕說卦文純艮重門門內爲庭故兩門之間庭中之象也

彖曰艮止也　虞翻曰位窮於上故止也

【疏】陽窮於上无所復之故止也

時止則止時行則行　虞翻曰時止謂上陽窮上故止時行謂三體處震爲行也

【疏】艮物之所成終而成始也故曰時時止者謂一陽窮於上故曰時止也時行者三體互震震爲行故曰時行也

動靜不失其時其道光明　虞翻曰動謂三靜謂上艮止則止震行則行故不失時五動成离故其道光明

【疏】自觀五之三故動謂三上不動故靜謂上也艮陽止於上時止則止震陽動於下時行則行故動靜不失其時五動時行也動成离爲日

爲火。故其道光明也。

艮其止，止其所也。虞翻曰：謂兩象各止其所。【疏】内外兩艮各止其所而不遷。王氏云易背曰止。以明背即止也。

上下敵應，不相與也。虞翻曰：艮其背背也。兩象相背故不相與也。【疏】艮其背者謂兩象各止其所相違背也。上下陰陽敵應。是爲兩象相背。故不相與。明傳解艮其背也。

是以不獲其身，行其庭不見其人，无咎也。案：其義巳見繇辭也。【疏】其義巳詳繇辭。不再釋。

象曰：兼山艮，君子以思不出其位。虞翻曰：君子謂三也。三君子。位震爲出。坎爲隱伏爲思。故以思不出其位也。【疏】兩山相並。故曰兼山。止莫如山。故曰艮。艮三索成男。自乾來也。乾九三曰君子終日乾乾。艮三即乾三。故君子謂三也。三爲君子之位。互震爲出。互坎爲隱伏。又坎心爲思。坎思震動於中。艮陽限止於外。故以思不出其位。艮陽小爲愼。不出即中庸所謂愼思也。

初六：艮其趾，无咎，利永貞。虞翻曰：震爲趾。故艮其趾矣。失位變得正。故无咎永貞也。【疏】

應在震震兌爲趾又爻例初爲趾在艮之初故艮其趾矣初失位宜有咎變得正故无咎觀坤爲永故利永貞也

象曰艮其趾未失正也虞翻曰動而得正故未失正也**疏**貞者正也初不正動而得正未失乎正故利永貞也

六二艮其腓不拯其隨其心不快虞翻曰巽長爲股艮小爲腓拯取也隨謂下二陰艮爲止震爲動故不拯其隨坎爲心故其心不快**疏**二變巽爲股巽爲長故爲股艮陽小故爲腓又爻例二亦爲腓如咸二咸其腓是也艮爲手故拯訓取也卦伏兌互震有隨象隨謂下二陰者初及二也艮止爲不拯震動爲隨初二隨三不能自止三坎互爲心故不拯其隨則心不快坎爲心病故不快也並言初者五正初乃正故初言永貞與萃四元永貞同義也

象曰不拯其隨未違聽也虞翻曰坎爲耳故未違聽也**疏**三坎爲耳故爲聽趾與腓聽心者也故未違聽也

九三艮其限裂其夤厲閽心虞翻曰限要帶處也坎爲要五來之三故艮其限夤脊肉

艮為背坎為脊艮為手震起艮止故裂其夤坎為心厲危也艮為閽閽守門人坎盜動門故厲閽心古閽作熏字馬因言熏灼其心未聞易道以坎水熏灼人也荀氏以熏為動讀作動皆非也

疏 限在三三當兩象之中限當一身之中故云腰帶處也互坎為水腎象也內經曰腰者腎之府故坎為腰說文曰腰身中也觀五來之三二當身中為限馬氏云限要也故艮其限夤鄭本作臏馬氏以為夾脊肉是也艮有背象坎陽在中美脊為脊故為夤說文刻分解也裂從列艮為手說卦文震起也艮止也艮手動而止之有分解之象故曰裂其夤艮為閽寺故為閽祭義閽守門之賤者也故云守門人也互坎為盜艮為門闕互震為動以坎盜動艮門坎為心故厲閽心古熏作閽字者漢書百官公卿表光祿勳如淳注胡公曰勳之言閽也光祿王公門是古閽勳假借字熏勳又通也虞不取馬荀說故非之愚案坎水固無熏灼之象然坎為心坎下伏离為火以水加火是熏灼其心之象也荀讀作動者互震為動動心謂操心至危故厲也二說皆可存

象曰艮其限危閽心也

虞翻曰坎為心坎盜動門故危閽心也

疏 三坎為心又象坎盜動艮門故危閽心也

愚案在艮之家坎陽又陷陰中危亦甚矣卽孟子所謂

其操心也，危是也。又坎心伏离火，故有熏心之象。

六四：艮其身，无咎。虞翻曰：身，腹也。觀坤爲身，故艮其身。得位承五，故无咎。或謂妊身也。五動則四體离，婦离爲大腹，孕之象也，故艮其身。得正承五，而受陽施，故无咎。詩曰：「大任有身，生此文王」也。疏 說文：「腹，厚也。一曰身中。」故云「身，腹也」。觀坤爲腹，故爲身。在艮，故艮其身。无應宜咎，六得正位，承五伏陽，故无咎。孟子曰：「守孰爲大？守身爲大。」艮其身者，守身之謂也。守身故无咎也。說文：「妊，身懷孕也。」故謂妊身也。五失位，動則四體成离，离中女爲婦，离爲大腹，說卦文。婦有大腹，懷孕之象也，故曰艮其身。得正承五，五伏乾陽，陽爲施，四受陽施，故无咎。「大任有身，生此文王」，詩大明文。毛傳云：「身，重也。」鄭箋云：「重爲懷孕也。」兩艮相重，有兩身象，故謂身爲任，而引詩辭以明其義也。

象曰：艮其身，止諸躬也。虞翻曰：艮爲止，五動乘四，則妊身，故止諸躬也。疏 艮，止也，故爲止。五動乘四成离，爲大腹，又兩艮重身，爲妊，故曰止諸躬。五陽動而四有身，言孕在四之躬也。

六五：艮其輔，言有孚，悔亡。虞翻曰：輔，面頰骨，上頰車者也。三至上體頤象，艮爲止，在坎車上故艮其輔謂輔車相依震爲言五失位悔也動得正故言有孚悔亡也疏說文輔人頰骨也故云輔面頰骨上頰車者也三至上體頤象故曰輔坎於輿故爲車四互坎五體艮艮止在坎車之上故艮其輔輔車相依僖五年左傳文杜注輔頰輔車牙車輔車相依卽艮其輔之義也震聲爲言五失陽位宜有悔也動而得正陽在二五稱孚故言有孚悔亡也諸本孚作序虞義作孚以序孚形相近而誤也

象曰艮其輔以中正也

虞翻曰五動之中故以中正也疏以中與上射下終叶之象辭當作正中注動之中當作之正蓋五本在中動而之正故以正中也

上九敦艮吉

虞翻曰无應靜止下據二陰故敦艮吉也疏三敵陽无應故靜止不動下據坤陰有厚象焉鄭注樂記云敦厚也故敦艮吉與敦臨同義愚案釋山𠀉一成爲敦郭注成猶重也疏云𠀉山更有一𠀉相重累者上是艮之重故曰敦艮中庸敦厚以崇禮敦有厚義崇有山象山止於上厚則愈崇詩天保曰如南山之壽不騫不崩故敦艮吉也爻上與三皆爲艮主三不當止而止雖得位亦厲上時止則止雖失位亦吉

象曰敦

艮之吉以厚終也虞翻曰：坤爲厚。陽上據坤，故以厚終也。【疏】坤厚載物，故坤爲厚。上爲終，艮爲成終，坤又代終。陽在上，下據坤終，故以厚終也。

周易集解纂疏卷二十

受業漢陽徐豹文赤庵校

唐李鼎祚集解　　安陸李道平遵王纂疏

序卦曰物不可以終止故受之以漸漸者進也崔憬曰終止雖獲敦艮時行須漸進行故曰物不可終止故受之以漸漸者進也疏止也然時止則止亦時行則行故物不可以終止而必受之以漸也消息之機循環不已震繼以艮動極必靜也艮繼以漸止極必進也故曰漸者進也

䷴ 艮下巽上

漸女歸吉利貞虞翻曰否三之四女謂四歸嫁也坤三之四承五進得位往有功反成歸妹兌女歸吉初上失位故利貞可以正邦也疏三陰三陽之卦自否來故云否三之四是乾坤交也离為中女故女謂四

也隱二年穀梁傳婦人謂嫁曰歸故云歸嫁也否坤三之四上承五陽進得陰位自內曰往故往有功也反成歸妹兌女歸吉者歸自外來也今四自下往不可謂歸故以反成歸妹為義雜卦曰漸女歸待男行也虞彼注云兌為女艮為男反成歸妹巽成兌故女歸待艮成震乃行故待男行也尋歸妹之義震兄嫁兌妹以坎離為夫婦漸亦四離三坎為夫婦九三夫征婦孕是也三動則五體坎故亦與四為夫婦婦三歲不孕是也四與五三俱有夫婦之義四爻注云四已承五又顧得三是也是女歸之義仍在漸象卦有歸妹反象故取女歸吉也九三雖坎體權變成震九三變則四專承五而上正五坎為夫婦所謂終莫之勝者是亦震兄嫁妹歸妹之義也以女无自進之道歸妹由陽來而漸由陰往故取義如此非謂漸當反成歸妹也若反歸妹則利貞不可通也當與復反震之象同例初上失位利變之正故利貞初正三權變坤為邦受上易位成既濟定故可以正邦也

彖曰漸之進也女歸吉也虞翻曰三進四得位陰陽體正故吉也

疏　否三進四各得其位陰陽體正坎離交為夫婦故女歸吉也

進得位往有功也虞翻曰功謂五四進承五故往

有功巽為進也【疏】五多功故功謂五否三進四得位以陰承陽故往有功也巽為進退故為進也

進以正可以正邦也其位剛得中也虞翻曰謂初已變為家人四進已正而上不正三動成坤為邦上來反三故進以正可以正邦其位剛得中與家人道正同義三在外體之中故稱得中乾文言曰中不在人謂三也此可謂上變既濟定者也【疏】初上不正當變初變成家人四自三進其位得正而上猶未反於正三動互坤為邦上與三應三上易位是上來反三巽為進故進以正可以正邦也三在六爻之中又居外卦之內故曰其位剛得中也家人道正以三上易位六爻皆正而三亦得中故云同義三在外體之中者言在內也在內故得稱中乾文言曰中不在人謂九三也故知漸三為中也初已變待上再變則六爻正成既濟定矣

止而巽動不窮也虞翻曰止艮也三變震為動上之三據坤動震成坎坎為通故動不窮往來不窮謂之通【疏】止艮象也三變震為動謂初已變故三成震也三已變互坤上卽之三據坤則震動成坎矣坎為通說卦文通故動不窮也往來不窮謂之通繫上文引之以明通故不窮之義

象曰：山上有木漸，君子以居賢德善俗。虞翻曰君子謂否乾乾為賢德坤陰小人柔弱為俗乾四之坤為艮為居以陽善陰故以居賢德善俗也【疏】老子曰合抱之木生於亭末枚乘曰十圍之木始生如蘗木生以漸故山上有木漸乾三為君子故君子謂否乾可久則賢人之德故乾為賢德坤陰小人柔弱陰隨陽轉故為俗乾四之坤為艮艮為門闕故為居乾元為善是以乾陽善坤陰蓋艮三君子乾四賢德是君子居賢德也巽四坤三也否坤小人其俗柔弱君子居之能善俗也君子道長小人道消以陽善陰故曰漸也

初六：鴻漸于干，小子厲，有言，无咎。虞翻曰鴻大雁也离五鴻漸進也小水從山流下稱干艮為山為小徑坎水流下山故鴻漸于干也艮為小子初失位故厲變得正三動受上成震震為言故小子厲有言无咎也【疏】小雅鴻雁于飛毛傳大曰鴻小曰雁故云鴻大雁也初應四四與五互离說卦离為雉郭璞洞林离為朱雀法言時往時來朱鳥之謂鄭注雁也鴻雁類故离有飛鳥之象而五為鴻焉鴻飛不獨行有次列者也五為鴻與五爻俱漸也上體巽為進故云漸進也詩魏風寘之河之干兮毛傳干厓也小雅秩秩斯干毛傳干澗也

岸从干亦取水涯之義故云小水從山流下稱干說卦曰艮爲山爲徑路爲小石故爲小徑三艮體互坎水流下于山故鴻漸于干也艮少男故爲小子初陰失位變而得正上不正三動受上易位成震震聲爲言故小子厲有言无咎也。愚案离有鳥象書禹貢陽鳥攸居鄭彼注云陽鳥謂鴻鴈之屬隨陽氣南北是鴻者南北鳥也三四互坎离南北之象三之四成离自北而南也四之三成坎自南而北也南北有信故象鴻也又漸反歸妹故取女歸之義士昏禮下達納采用鴈又昏之夕親迎奠鴈順陰陽往來不再偶故昏禮用之而漸六爻皆取象也鴻本水鳥初在五坎之下有水干之象艮少男伏兌口是小子有言之彖鴻飛長幼有序長在前幼在後惟恐失群故危厲而呼號長者緩飛以俟初六在後故爲小子厲有言之象

象曰小子之厲義无咎也虞翻曰動而得正故義无咎也【疏】失位且无應故咎變得正成既濟定故義无咎也

六二鴻漸于磐飲食衎衎吉虞翻曰艮爲山石坎爲聚聚石稱磐初已之正體噬嗑食坎水陽物並在頤中故飲食衎衎得正應五故吉【疏】艮爲山爲小石坎水會聚爲聚磐大石也聚小石成大石

故稱磐。艮石在坎水下，是磐爲水邊石也。初已變正，自初至五體噬嗑，有食象；坎水一陽爲物，並在頤中，有飲象。釋詁：衎，樂也。王氏云：磐，山石之安者。進而得安，故飲食衎衎也。得正且中，上應五陽，故吉也。

象曰：飲食衎衎，不素飽也。虞翻曰：素，空也。承三應五，故不素飽。【疏】詩魏風「不素餐兮」，毛傳：素，空也。素飽猶素餐也。二陰在中，能盡臣道，近承三，遠應五，以陰輔陽，措國家於磐石之安，以功詔祿，故曰不素飽也。

九三：鴻漸于陸，虞翻曰：高平稱陸，謂初已變坎水爲平。三動之坤，故鴻漸于陸。【疏】釋地：高平曰陸。故高平稱陸。初未變，三屬艮；初已變，三屬坎。尚書大傳：非水無以準萬里之平。釋名：水，準也，準平物，故坎水爲平。三動成坤，坤土无水，故陸矣。磐在水邊，陸遠于水，故三變爲鴻漸于陸，以水鳥而漸陸，不得其位矣。

夫征不復，虞翻曰：謂初已之正，三動成震，震爲征夫，而體復象，坎陽死坤中，坎象不見，故夫征不復也。【疏】初已變正，三動則成震，震足爲征。國語：震，一夫之行。爲夫。初三已變，體有復象，乙喪於坤爲死，坎陽已變，死於坤中，是坎陽不見，而爲夫征不復也。

婦孕不育，凶。虞翻曰：孕，妊娠也；育，生也。巽爲婦，离爲孕。三動成坤，离毀失位，故婦孕不育凶【疏】說文孕懷子也郊特牲牲孕弗食鄭注孕妊子也鄭易注云孕猶娠也故云孕妊娠也中庸發育萬物鄭彼注云育生也巽長女爲婦互离大腹爲孕三變成坤离象毀壞隂爻失位坤雖爲腹而非大腹故婦孕不育與上无應故凶　案夫謂三坎婦謂离四以卦取坎离爲夫婦也鄭君謂离爲大腹孕之象也又互坎爲丈夫坎水流而去是夫征不復夫既不復則婦人之道顛覆故孕而不育也 **利用禦寇** 虞翻曰禦當也坤爲用巽爲高艮爲山离爲戈兵甲冑坎爲寇自上禦下三動坤順坎象不見故利用禦寇順相保保大也【疏】蒙禦寇虞彼注云禦止也此云當也當猶止也以艮三爲止也否坤器爲用外巽爲高内艮爲山互离爲戈兵甲冑互坎盜爲寇用兵甲於高山之上有禦寇之象自上禦下謂五也三動成坤坤爲順坎象毀壞故利用禦寇也象曰順相保也保大也者春秋傳所謂保大定功是也 **象曰夫征不復離羣醜也** 虞翻曰坤三爻爲醜物三稱羣也【疏】三變爲坤故云坤三爻詩小雅執訊獲醜鄭箋醜衆也國語三人爲衆故坤三爻爲醜小雅或羣或友毛傳獸三爲羣故物三稱羣也鄭氏云离去也坎變不復去乎坤衆故曰離羣醜也 **婦孕不育**

失其道也 虞翻曰三動離毀陽隕坤中故失其道也〔疏〕離大腹爲孕三動離象不見坎陽隕於坤中陽爲道故失其道也四當順五而婦三失其道宜不育矣 **利用禦寇順相保也** 虞翻曰三動坤順坎象不見故以順相保也〔疏〕三動成坤爲順坎寇不見故曰順相保也

六四鴻漸于木或得其桷无咎 虞翻曰巽爲木桷椽也方者謂之桷巽爲交爲長木艮爲小木坎爲脊離爲麗小木麗長木巽繩束之象脊之形椽桷象也故或得其桷得位順五故无咎四已承五又顧得三故或得其桷也矣〔疏〕四互巽爲木故曰漸于木說文桷椽也椽方曰桷故云桷椽也方者謂之桷坤交乾自巽始故巽爲交爲長故爲長木艮爲小石又木多節故爲小木坎美脊爲脊離者麗也故爲麗艮巽相麗故云小木麗大木巽爲繩故巽繩束之以繩束木象屋脊之形故曰椽桷象也四无應宜咎得位順五故无咎木謂五桷謂三四已上承五又下顧得三故或得其桷四女得兩顧者坎離爲夫婦之義三五一坎也女歸待男行三成震四然後嫁卦辭取歸妹者此也

象曰或得其桷順以巽也 虞翻曰坤爲順以巽順五　案四居

巽木爻陰位正直桷之象也自二至五體有离坎离爲飛鳥而居坎水鴻之象也鴻隨陽鳥喻女從夫卦明漸義爻皆稱焉【疏】虞注三變坤爲順巽柔在下亦爲順四順承五故順以巽也 案巽爲木爻四爲陰位巽以下爻稱巽故云正直桷之象也自二至五體互离坎兩象鴻水鳥也离爲飛鳥而居坎水故爲鴻之象也鴻隨陽象義已見前以陰隨陽喻女從夫卦明漸取女歸之義故爻皆稱焉

九五鴻漸于陵婦三歲不孕虞翻曰陵丘婦謂四也三動受上時而四體半艮山故稱陵巽爲婦离爲孕坎爲歲三動离壞故婦三歲不孕【疏】釋丘後高陵丘又如陵陵丘故云陵丘巽長女稱婦离中女亦稱婦故婦謂四也初已變三動受上成震時四體半在艮山揚子曰丘陵學山而不至於山故山半稱陵也巽婦互离大腹爲孕歲始冬至故坎爲歲三動离腹不見故婦三歲不孕自三至上三爻故稱三歲上三易位則婦孕矣

終莫之勝吉虞翻曰莫无勝陵也得正居中故莫之勝吉上終變之三成旣濟定坎爲心故象曰得所願也【疏】詩殷其靁莫敢或皇鄭箋無或敢閒暇時說文无遑無故云莫无也賁九三象曰終莫之陵此云終

莫之勝陵猶勝也故云勝陵也終謂上也上以陽陵陽有勝象焉五得正居中故莫之勝吉初上易位成旣濟定此云上之三蓋初三巳變故上變之三成旣濟定也上變五坎爲心坎心爲思釋詁願思也故曰得所願也

象曰終莫之勝吉得所願也

虞翻曰上之三旣濟定故得所願也

疏 初三變上三易位六爻皆正成旣濟定故得所願也

上九鴻漸于陸

虞翻曰陸謂三也三坎爲平變而成坤故稱陸也

疏 上與三應三言陸故陸謂三也三坎水爲平變成坤土故稱陸也

其羽可用爲儀吉

虞翻曰謂三變受成旣濟與家人象同義上之三得正离爲鳥故其羽可用爲儀吉三動失位坤爲亂乾四止坤象曰不可亂象曰進以正邦爲此爻發也三巳得位又變受上權也孔子曰可與適道未可與權宜无怪焉

疏 謂三變受者變而受上易位也初巳變故成旣濟與家人彖辭上變成旣濟同義上之三陽得正位體离爲鳥故曰其羽可用爲儀變得正故吉也三動失位成坤爲亂乾四謂三也上來即三出故云乾四止當爲正乾正坤亂故象曰不可亂象曰進以正邦以三變受上故

云爲此爻發也三已得位又變陰受上易位不當變而變
故云權也可與適道未可與權論語文繫下曰巽以行權
漸家人皆體巽故權變无怪也　愚案隱五年初六羽
何休注羽鴻羽也所以象文德之風化疾也其羽可用爲
儀者謂羽舞也巽爲舞虞義也左傳謂舞行八風巽爲風
故爲舞羽舞文舞也考工記青與赤謂之文巽位東南故
爲文舞儀容也保氏教六儀一曰祭祀之容是也蔡
邕月令章句曰舞者樂之容也故曰其羽可用爲儀

象曰：其羽可用爲儀吉，不可亂也。

虞翻曰坤爲亂上來正坤六
爻得位成既濟定故不可亂
也　干寶曰處漸高位斷漸之進順艮之言謹巽之至履
坎之通據离之耀婦德既終母教又明有德而可受有儀
而可象故曰其羽可
以爲儀不可亂也

疏　虞注　三變坤陰爲亂受上易位
得正故上來正坤六爻皆正成既
濟定故曰不可亂也　干注　在上爲處漸高位漸已進
極故斷漸之進上應三艮艮曰言有孚故云順艮之言巽
至上始至故謹巽之至坎爲過上履三故履坎之過上據
五互离离火有耀故據离之耀女歸在上故婦德既終長
女互离故母教又明上九以陽剛之德處謙巽之極故有
德而可受巽爲進退容止可觀故有儀而可象蔡邕謂舞

有俯仰張翕行綴長短之制羽舞以象德容故曰其羽可用爲儀巽德之制故不可亂也

序卦曰進必有所歸故受之以歸妹崔憬曰鴻漸于磐飲食衎衎言六二比三女漸歸夫之象也故云進必有所歸也【疏】卦有三陰初不得正四不得中六二得中得正是女謂六二陽唯三五得正五違於二雖正應非漸進故二以三爲夫而言六二比三女漸歸夫之象也進必有歸歸妹所以次漸也

䷵兌下震上

歸妹虞翻曰歸嫁也兌爲妹泰三之四坎月离日俱歸妹象陰陽之義配日月則天地交而萬物通故以嫁娶也【疏】穀梁傳婦人謂嫁曰歸故云歸嫁也又自外亦曰歸也震長男爲兌兌少女故爲妹也三陽三陰之卦自泰來故云泰三之四謂乾坤相交陽往而陰來也儀禮士昏禮鄭目錄云士娶妻之禮必以昏者陽往而陰來日入三商爲昏陽往陰來有昏嫁之象坎爲月离爲日有夫婦之義震兌嫁妹坎夫离婦故云俱歸妹象也陰陽之義配日月繫下文天地交而萬物通泰彖傳文陰陽日月義配夫婦唯交而後通故有嫁娶之象也

征凶虞翻曰謂

四也。震爲征，三之四不當位，故征凶也。疏震在四，故謂四也。震足爲征。泰三本互震得正，上之四動不當位，故征凶。

无攸利

虞翻曰：謂三也。四之三失正无應，以柔乘剛，故无攸利也。疏三四易位，故謂三也。泰四之三，柔失正位，又无正應，三柔乘二不正之剛，故无攸利。初上易位成未濟，男之窮也，故卦无美辭。

象曰：歸妹，天地之大義也。

虞翻曰：乾天坤地，三之四，天地交，以離日坎月戰陰陽，陰陽之義配日月，則萬物興，故天地之大義。乾主壬，坤主癸，日月會北。震爲玄黃，天地之雜。震東兌西離南坎北，六十四卦此象最備四時正卦，故天地之大義也。疏泰內乾天外坤地，三之四易位，是天地交也。互離日坎月，會於壬癸，故戰陰陽也。坤陰乾陽，其義配乎日月。郊特牲：天地合而後萬物興焉，故曰天地之大義也。乾納甲壬，故主壬；坤納乙癸，故主癸。壬癸水位北方，日月合朔於壬，故曰日月會北。坤文言：元黃者，天地之雜也。天元而地黃。說卦曰：震爲元黃。蓋乾坤會而生震，故云震爲玄黃，天地之雜也。震東兌西離南坎北，四正方伯之卦。六十四卦唯歸妹備四時正卦之象，故曰天地之大義也。

天地不交而萬物不興

虞翻曰：乾三之坤四，震爲興，天地以離坎

交陰陽，故天地不交則萬物不興矣　王肅曰男女交而後人民蕃天地交然後萬物興故歸妹以及天地交之義也

【疏】虞注　泰乾三之坤四成震釋言興起也雜卦震起也故震爲興乾陽交坤爲坎坤陰交乾爲离萬物出乎震震乾初交坤爲震故天地交則萬物興起不交則不興也　王注　男女交而後人民蕃所謂男女構精萬物化生是也天地交然後萬物興所謂天地壹壺萬物化醇是也釋歸妹男女交之義因及天地交之義也

歸妹人之終始也

虞翻曰人始生乾而終於坤故人之終始雜卦曰歸妹女之終謂陰終坤癸則乾始震庚也　干寶曰歸妹者衰落之女也父既沒矣兄主其禮子續父業人道所以相終始也

【疏】虞注　乾彖傳曰大哉乾元萬物資始故云人始生乾坤文言曰地道无成而代有終也故云而終於坤乾始坤終故曰人之終始雜卦但曰歸妹女之終而此言人之終始坤納癸二十九日月滅於癸爲死魄故云陰終坤癸震納庚月三日魄生於庚乾陽初動故云乾始震庚觀坤終郎知乾始故合終始言之也　干注　兌爲少女其父巳老故歸妹者衰落之女也泰乾巳毀故云父既沒矣震象巳成故云兄主其禮兌妹也震歸妹者也以震子續乾父之業乾終震始故云人

七二八

道所以相終始也**說以動所歸妹也**虞翻曰說兌動震也謂震嫁兌所歸必妹也疏說謂兌也動謂震也女說而動嫁象也以震兒嫁兌女故知所歸必妹也**征凶位不當也**崔憬曰中四爻皆失位以象歸妹非正嫡故征凶也疏中四爻皆失陰陽正位莊十九年公羊傳諸侯一聘九女兌非長女取象歸妹妾媵而已非正嫡也故征凶**无攸利柔乘剛也**王肅曰以征則有不正之凶以處則有乘剛之逆也故无所利矣疏以柔居四承乘皆不正之剛故征則承凶處則乘逆无所利也

象曰澤上有雷歸妹干寶曰雷薄於澤八月九月將藏之時也君子象之故不敢恃當今之虞而慮將來禍也疏陽功既成雷歸於澤退保蟄蟲雷出奮陽雷入成陰故曰歸妹歸妹內卦候在八月外卦候在九月雷已收聲故云雷薄於澤八月九月將藏之時也虞安也當今之虞謂九月歸妹寒露時也將來之禍謂十一月未濟大雪時也天地不通閉塞成冬故有禍君子象之故雖目前可安卽慮將來之禍也**君子以永終知敝**虞翻曰君子謂乾也坤爲永終爲敝乾爲知三之四爲永終四之三兌爲毀折故以永終知敝崔

憬曰：歸妹人之始終也，始則征凶，終則无攸利，故君子以永終知敝爲戒者也。

【疏】虞注　陽爲君子，故君子謂泰乾也。坤用六永貞，又地道无成而代有終，故坤爲永終。終故爲敝。乾知大始，故爲知。乾三之四，故爲永終。四之三成兌，兌爲毀折。說文：敝，一曰敗象也。毀折亦敗象也。三四易位，爻皆失正，故以永終知敝。泰盡將否，故君子不失其時焉。

崔注　歸妹有終始之義，中爻不正，故始則征凶，終則无攸利。凶、无攸利，敝象也。雜卦曰：歸妹，女之終也。二五不正於女終，歸妹之時，即當知其敝之所在，故君子以是爲戒焉。

初九：歸妹以娣，跛而履，征吉。虞翻曰：震爲兄，故嫁妹。謂三也。初在三下，動而應四，故稱娣。履，禮也。初九應變成坎，坎爲曳，故跛而履。應在震，爲征，初爲娣，變爲陰，故征吉也。

【疏】四在震爲兄，故嫁妹。謂三，謂震四嫁三妹也。三震妹也，初在三下，亦震妹，故動而應四，稱娣也。春秋公羊傳：諸侯一聘九女，嫁者一娣一姪，媵者皆一娣一姪，娣亦嫡妹，故初稱娣也。四至初有履象，故云：履，禮也。嘉事，禮之大。娣從媵，禮也。四未反正，故初權變應四成坎，坎爲曳，說卦文。曳故跛，能履而履，而視而當作能，說見乾卦。應在震足，故爲征。初爲三娣，變而成陰應四故征吉也。象曰：歸妹以娣，以恒也。跛而履吉，相承也。虞翻曰：陽得正，故以恒。恒動初承二，故吉相承也。疏 初陽爲三娣，正以得位，不取其變，故以恒也。初既得正，又動承二，二未變，初動承之，二變正，初亦正，故相承也。愚案：泰初之四成恒，恒初三易位成歸妹。恒巽長女爲嫡，兌少女爲娣，初居恒位，故以恒也。

九二：眇而視，利幽人之貞。虞翻曰：視應五也。震上兌下，離目不正，故眇而視。幽人謂二，初動，二在坎中，故稱幽人。變得正，震喜兌說，故利幽人之貞，與履二同義也。疏 二互離目爲視，與五應，故視應五也。外震內兌，上下正象，離目互象不正，爻亦不正。說文：眇，一目小也。故曰眇能視。幽人謂二，以下說見履。二變得正者，二當與五易位，卦主在四，四正然後初正，二乃得上之五，爻序蓋如此也。象曰：利幽人之貞，未變常也。虞翻曰：常，恒也。乘初未之五，故未變常矣。疏 說文：恒，常也。玉篇：常，恒也。九家說卦：兌爲常。二體兌，故稱常，謂得正也。初已變，二乘初爲坎，故爲幽人。之五正位則爲常，未之五故未變常也。

六三：歸妹以須，反歸以娣。虞翻曰：須，需也。初至五體需象，故歸妹以須。娣謂初也。震爲反，反馬歸也。三失位，四反得正，兌進在四，見初進之，初在兌後，故反歸以娣。【疏】需象傳曰需須也，故云須需也。須與須同。釋詁：須，待也。是即需之義也。初至五體需象，故以須。卦象震兌，嫁妹則卦有婦无夫，坎離不爲夫婦者，失正故也。故須四反三，三進四，則二五易位，坎在兌三，離在震四，日東月西，夫婦道著，六五月幾望是也。故二曰歸妹以須，初九歸妹以娣，故娣謂初也。震於稼爲反生，故爲反。春秋宣公五年：冬，齊高固及子叔姬來。左傳：冬，來反馬也。震爲馬，四反不可仍象震兌，故象反馬，而曰反馬歸也。三陰失位，四反於三，乃得正。征兌三進在四，兌爲見，四反正，初六變正，與兌四爲應，故象四嫁妹而進其娣也。禮：嫁女同姓媵之，故初娣變應，震兌及見於君，必夫人進之，故初又正應兌，而在兌後，故反歸以娣也。

象曰：歸妹以須，位未當也。虞翻曰：三未變之陽，故位未當。【疏】須四反三，三之四，乃得正位。三未變陽，故位未當也。

九四：歸妹愆期，遲歸有時。虞翻曰：愆，過也。謂二變三動之正，體大過象，坎月離日，爲期。三變日月不見故愆期坎爲曳震爲行行曳故遲也歸謂反三震春兌秋坎冬离夏四時體正故歸有時也【疏】愆過也說文文二已變正三復動之正體大過象卦互坎月离故日漢書律厤志以月法日法定三辰之會說文期會也故云日月爲期三不待四而自變日月不見則愆期故三須四而遲歸也坎曳震行故遲在兌爲嫁在震爲反故歸謂反三也震春兌秋坎冬离夏四時皆備三四正位二五升降坎离時正故歸有時也

象曰愆期之志有待而行也虞翻曰待男行矣【疏】坎心爲志故云愆期之志須待也四爲卦主故象獨言待三离待四坎陽坎中男震爲行故待男行矣雜卦傳曰漸女歸待男行也漸反歸妹巽反成震互坎在四故待男而行也

六五帝乙歸妹其君之袂不如其娣之袂良虞翻曰三四已正震爲帝坤爲乙故曰帝乙泰乾爲良爲君乾在下爲小君則妹也袂口袂之飾也兌爲口乾爲衣故稱袂謂三失位无應娣袂謂二得中應五三動成乾爲良故其君之袂不如其娣之袂良故象曰以貴行也矣【疏】三四反正三互震帝出乎震爲帝四體坤坤納乙爲乙故曰帝乙詳見泰五泰乾爲良馬虞說卦注云乾善故良也乾爲君說卦文乾在

下為少君則妹也者謂三為震之妹居乾位為小君也玉篇袂袖也袂口者衣之飾也袂之當作衣之兌為口說卦文袖口衣飾故為袂君袂謂三陰在三失位陰在上无應二在兌亦三娣也故娣袂謂二雖失位然得中上正應五三變正成乾乾善為良故君袂不如娣袂良也故象曰以貴行也 案三四巳正帝乙歸妹妹歸在四初正乾衣兌口為袂泰女主五為小君失位无實娣謂二在乾中故其君之袂不如其娣之袂良謂二當升五貴行也

月幾望吉 虞翻曰幾其也坎月离日兌西震東日月象對故曰幾望二之五四復三得正故吉也與小畜中孚月幾望同義也 疏 此以三四行得正三居兌四居震為幾望非以五坎二离為望幾其古字通猶云近也與小畜中孚同義詳見小畜上九二變之五四反於三成既濟故吉 愚案內體兌來自泰乾月自兌丁至乾甲故曰幾望與小畜同義

象曰帝乙歸妹不如其娣之袂良也 虞翻曰三四復正乾為良 疏 三四反正內成泰乾乾善為良故袂良也

其位在中以貴行也 虞翻曰三四復二之五成既濟五貴故以貴行也 疏 三四巳復二五易位成既濟定五在上中其位貴互震為行故曰以貴行

也

上六女承筐无實

虞翻曰：女謂應三兌也。自下受上稱承。震爲筐，以陰應陰，三四復位，坤爲虛，故无實。象曰：承虛筐也。

【疏】上與三應，故女謂應三兌也。三受上稱承。海篇：筐，盛物竹器也。震爲竹，坤爲方，泰有坤體，竹器而方者，筐也，故爲筐。三以陰應陰，三四反正，上成坤陰，爲虛，故曰承筐无實。象曰承虛筐，是已。

士刲羊无血无攸利

虞翻曰：刲，刺也。震爲士，兌爲羊，离爲刀，故士刲羊。三四復位，成泰，坎象不見，故无血。三柔承剛，故无攸利也。

【疏】說文：刲，刺也。史記封禪書：使博士諸生刺六經中作王制。注：刺，作刺。故云刲，刺也。乾鑿度曰：初爲元士。乾初爲震，故震爲士。謂四反三爲士，以應上也。兌爲羊，說卦文。离爲戈兵，爲刀。兌金爲刑殺，故曰士刲羊。三四復位，反泰，坎象毀壞。坎爲血卦，故无血。三自以柔承坎剛，不能應上，故无攸利也。

愚案：卦辭无攸利者，謂乘二剛也。爻辭无攸利者，謂三承四剛也。乘承皆不正之剛，故无攸利。註皆謂三，无異辭也。又案：女之適人，實筐以贄於舅姑，士之妻，女刲羊以告於禰廟。筐无實，羊无血，約婚不終者也。曰女曰士，未成夫婦之辭。先女後士，咎在女矣。

故无攸利之占與象繇同僖十五年左傳初晉獻公筮嫁伯姬於秦遇歸妹之睽史蘇占之曰不吉其繇曰士刲羊亦無衁也女承筐亦無貺也西鄰責言不可償也歸妹之睽猶無相也震之離亦離之震爲雷爲火爲嬴敗姬車說其輹火焚其旗不利行師敗於宗丘上變震成離杜注云火動熾而害其母女嫁反害其家之象故无攸利也

象曰上六无實承虛筐也虞翻曰泰坤爲虛故承虛筐也【疏】反泰坤陰爲虛故承虛筐二之五則坤實成既濟定也

序卦曰得其所歸者必大故受之以豐豐者大也崔憬曰歸妹者姪娣媵國三人凡九女爲大援故言得其所歸者必大也【疏】公羊傳諸侯娶一國則二國往媵之以娣姪從故歸妹者娣姪媵每國三人凡九女爲大援也九者陽數陽爲大故得其所歸者必大豐者大也豐所以次歸妹也　案與人同者物必歸焉人歸已也物得其所歸者必大已歸人也二者皆足以致事業之大故大有次同人豐次歸妹也

离下
震上

豐亨
虞翻曰此卦三陰三陽之例當從泰二之四而豐三從噬嗑上來之三折四於坎獄中而成豐故君子以折獄致刑陰陽交故通噬嗑所謂利用獄者此卦之謂也

疏 此不用三陰三陽泰二之四例者以豐折獄致刑自噬嗑利用獄來也噬嗑利用獄虞彼注云上當之三蔽四成豐折獄致刑故此云三從噬嗑上來之三噬嗑四不正在坎獄中上來折之而成豐故象曰君子以折獄致刑此消息卦變例也三上易位是陰陽交交故通通故亨噬嗑云亨利用獄即此卦上之三蔽四成豐之謂也

王假之
虞翻曰乾為王假至也謂四宜上至五動之正成乾故王假之尚大也

疏 乾為君故為王假至也釋詁文四上至五動正成乾乾為王故曰王假之尚與上過故象曰尚大也

勿憂宜日中
虞翻曰五動之正則四變成离离日中當五在坎中坎為憂故勿憂宜日中體兩离象照天下也日中則昃月盈則食天地盈虛與時消息　干寶曰豐坎宮陰世在五以其宜中而憂其昃也坎為夜离為晝以离變坎至於天位日中之象也殷水德坎象晝敗而离居之周伐殷居王位之象也聖人德大而心

小既居天位而戒懼不怠勿憂者勸勉之言也猶詩曰上帝臨女无貳爾心言周德當天人之心宜居王位故宜日中

【疏】虞注　五四失位五動得正則四變成離五互離故謂離日中爲當五也又離南方午位故曰日中昭五年左傳天有十日故有十時而以日中當王此王之所以宜日中也互在兩坎之中又豐本坎宮五世卦坎加憂爲憂所以勿憂者以離日當五也體互兩離象故象曰宜照天下也日中以下象辭爻泰初故明消息　干注　豐坎宮陰卦五變故世在五也至五世將游魂五上中故以其宜中而憂其吳也坎月爲夜子也離日爲晝午也坎陽在五爲天位以離變坎五位互離故云至於天位日中之象也殷以水德王坎爲水故坎象也晝當作紂二敗而離日居之武王伐殷居王位之象也聖人德太謂豐亨心小謂坎憂故既居天位而戒懼不怠也憂者聖人之小心勿憂者占人之勸勉也上帝臨女勿貳爾心詩大明文言周有應天順人之德宜居九五王位故曰宜日中也

彖曰豐大也明以動故豐崔憬曰離下震上明以動之象明則見微動則成務故能大矣

【疏】離在下爲明震在下（上）爲動明以動之象也離明則見萬物之微震動則成天下之務豐所以能大也　案四陽

失位動則五成離爲明陽爲大陽動故王假是以大也

王假之尚大也

姚信曰四體震王假大也四上之五得其盛位謂之大〔疏〕四體震帝出乎震故爲王假大也釋詁文四不正之五得正五爲王位故得其盛位謂之大案尚上也大陽也五本尊位四陽上之故曰王假之尚大也

勿憂宜日中

九家易曰震動而上故勿憂也日者君中者五君宜居五也謂陰處五日中之位當傾昃矣〔疏〕四失位當憂動而上五故勿憂也日者君象中者五位謂離日當居五位今陰處五故爻當日中之位宜有傾昃之憂若四陽升五得位得中故勿憂宜日中也

宜照天下也

虞翻曰五動成乾乾爲天四動成兩離重明麗正故宜照天下謂化成天下也〔疏〕五陽自動成乾乾爲天四動成兩離離爲日即離象重明以麗乎正也宜照天下即離象化成天下也六爻皆正成既濟定故化成天下也

日中則昃

荀爽曰豐者至盛故日中下居四日昃之象也〔疏〕豐者至盛之象故曰日中離下居四故曰日昃也案四五正重離故爲日中上變成家人離變巽巽入也日入故昃也

月盈則食

虞翻曰月之行生震見兌盈於乾甲五動成乾故月盈四變體噬嗑食故則食此豐其屋蔀其

家也【疏】坎爲月，月之行，三日生於震庚，七日見於兌丁，十五日盈於乾甲。五動成乾，故三月盈也。上已變，四復變，體噬嗑食象，故食。唐傅仁均三大三小厤，日食常在朔，月食常在望，故月盈乾甲則食。上變成家人，故上六曰豐其屋，蔀其家也。

天地盈虛，與時消息，而況於人乎？況於鬼神乎？虞翻曰：五息成乾爲盈，四消入坤爲虛，故天地盈虛也。豐之既濟，四時象具，乾爲神人，坤爲鬼，鬼神與人亦隨時消息，謂人謀鬼謀，百姓與能，與時消息。【疏】陽息五成乾，乾盈甲爲盈；陰消四入坤，坤陰虛爲虛，故曰天地盈虛。豐震春兌秋，既濟坎冬離夏，故豐之既濟，四時象具。陽之信爲神，得陽以生爲人，故乾爲神人；陰之訓爲鬼，故坤爲鬼。人謂三，乾由上之三，爲神鬼，謂上坤變之巽，皆與時消息者也。人謀鬼謀，百姓與能，繫下文，義詳彼注。史記厤書：皇帝考定星厤，建立五行，起消息。皇侃注：乾者陽生爲息，坤者陰死爲消，故以乾盈坤虛爲消息。與時消息，謂十二月消息也。

象曰：雷電皆至，豐。荀爽曰：豐者，陰據不正，奪陽之位而行，以豐，故折獄致刑，以討除不正也。【疏】雷電，陽威之大，故皆至爲豐。五爲豐主，以陰據不正，奪陽之位。震爲行，故行以豐。折獄致刑，所以討除不正之陰也。

君子以折獄致刑。虞翻曰：君子謂三。噬嗑四失正，繫在坎獄中，故上之三折四，入大過死象，故以折獄致刑。兌折為刑，賁三得正，故无敢折獄也。【疏】君子謂三陽也。卦自噬嗑來，四失正，互坎，繫在坎獄中。上來之三，自二至四體大過，是折四入大過棺椁死象，故以折獄致刑。兌為毀折，又秋金殺象，故為刑。噬嗑四不正，故利用獄。賁三得正，故无敢折獄。二卦皆中互坎獄，一得正，一不得正。豐則三四皆陽，兌成坎毀，以兌刑折坎獄，故以折獄致刑也。

初九：遇其妃主，虞翻曰：妃嬪謂四也。四失位，在震為主，五動體姤遇，故遇其妃主也。【疏】鄭注：嘉耦曰妃。初應四，故妃嬪謂四也。以九居四為失位。震長子主器，故在震為主。五動為陽，四不變，二至五體姤，姤者遇也。以初遇四，故遇其妃主也。

雖旬无咎，往有尚。虞翻曰：謂四失位，變成坤應初。坤數十，四上之五成离，离為日。【疏】四失位，當變成坤，下應初陽。坤癸數十，變則上之五成离。日，說文：十日為旬。坤數十，离為日，故稱旬。荀本旬作均。地官均人：豐年則公旬用三日焉。鄭注：旬，均也。易坤為均，今書亦有作旬者，是坤亦為旬也。先言假遇其妃主是四先動以初爲夷主嫌不免咎故曰雖旬无咎案遇者不期而會四變坤爲十日十數之窮也四變應初初往遇之故雖窮无咎自內曰往无咎故往有尚也又鄭氏云初脩禮上朝四四以匹敵恩厚待之雖留十日不爲咎義亦可通愚案震納庚离納巳自庚至巳適得十日故稱旬

象曰雖旬无咎過旬災也虞翻曰體大過故過旬災四上之五坎爲災也**疏**二至四體大過大過死象故過旬災也四上之五成坎坎多眚爲災四不應初則坎爲災矣案自离初巳至震四庚過庚復巳爲离之四當有焚棄之災故曰過旬災也

六二豐其蔀日中見斗往得疑疾虞翻曰日蔽雲中稱蔀蔀小謂四也二利四之五故豐其蔀噬嗑离爲見象在上爲日中艮爲斗斗七星也噬嗑艮爲星爲止坎爲北中巽爲高舞星止於中而舞者北斗之象也离上之三隱坎雲下故日中見斗四往之五得正成坎坎爲疑疾故往得疑疾也**疏**體离爲自故日蔽雲中稱蔀馬氏云蔀小也鄭氏云蔀小蓆薛氏亦同上爻虞注云豐大蔀小在五則大爲豐在四則小爲蔀故蔀謂四也二利四之五巳得正應豐其蔀者欲去四之蔽也卦自噬嗑來噬嗑體离相見乎离故爲見噬嗑离在

上體故爲日中艮萬物之所成終而成始也斗建四時故艮爲斗又說卦艮爲狗夫戴禮易本命斗主狗故曰艮爲斗也春秋運斗樞第一至第四爲魁第五至第七爲杓合爲斗居陰播陽故稱北斗至合魁與杓故斗七星也噬嗑互艮爲石僖十六年左傳隕石於宋五隕星也在地爲石在天爲星故艮爲星艮又爲止坎正北方之卦也故爲北中巽爲高說卦文又行八風故爲舞星止於天中應八風而舞者北斗之象也噬嗑上之三是離日隱於坎雲之下故日中見斗四噬嗑互艮離日隱而艮星見故見斗謂四日也豐四往之五得正成坎坎心爲疑坎病爲疾故爲疑疾日中无見斗之理故曰往得疑疾也**有孚發若吉**虞翻曰坎爲孚四發之五成坎孚動而得位故有孚發若吉也疏坎有孚故爲孚說卦發揮於剛柔而生爻虞彼注謂發爲動四體震震動也故動之五成坎爲孚又五陽自動亦成坎五動得正故有孚發若吉也書堯典孔傳訓若爲順謂二應五順之也**象曰有孚發若信以發志也**虞翻曰四發之五坎爲志也九家易曰信著於五然後乃可發其順志疏虞注四動之五成坎坎心爲志又坎孚爲志故信以發志也九家注四動成坎故信著於五坎爲志信著故可發

其順志也

九三豐其沛日中見沬虞翻曰日在雲下稱沛沛不明也沫小星也噬嗑離爲日艮爲沫故日中見沫上之三日入坎雲下故見沫也九家易曰大暗謂之沛沫斗杓後小星也

疏虞注孟子曰天油然作雲沛然下雨上坎爲雲下坎爲雨故日在雲下亦稱沛謂四也雨雲蒙翳故沛不明也沫他本多作昧子夏馬融皆云星之小者薛氏云昧輔星也星經曰北斗七星輔一星在太微北北斗第六星旁陸希聲云沫者斗槩謂斗之輔星斗以象大臣槩以象家臣故曰沫小星也噬嗑離日在上爲日中艮爲星爲小沫小星故爲沫以離互艮故日中見沫三本離日故見艮爲沫二陰見之則爲斗皆謂四也離上之三入坎故日入坎雲下內體離爲見故見沫也三利四之陰故象與二同　九家注　姚信云沛滂沛也漢書五行志沛然自大故云大暗謂之沛輔星在北斗第六星闓陽旁五至七爲杓六在杓中故云沫斗杓後小星也　愚案二三皆爲四所蔽二遠於四三近於四故沛之蔽明甚於蔀見沫之暗甚於見斗也

折其右肱无咎虞翻曰兌爲折爲右噬嗑艮爲肱上來之

三折艮入兌故折其右肱之三得正故无咎也 疏 兌爲毀折故爲折震東兌西故兌爲右噬嗑互艮手故爲肱上來之三成豐折艮手入兌故曰折其右肱日隱有咎上之三得正故无咎 案上六極暗不可大事三折其右肱示不可用故得无咎 **象曰豐其沛不可大事也** 虞翻曰利四之陰故不可大事 疏 三利四之陰陰爲小故不可大事也 **折其右肱終不可用也** 虞翻曰四死大過故終不可用 疏 二至五體大過死象四不變死大過中故終不可用也愚案三雖得正爲四所蔽不能應上上陰爲小故不可大事三肱已折上失所應上爲終故終不可用

九四豐其蔀 虞翻曰蔀蔽也噬嗑离日之坎雲中故曰豐其蔀象曰位不當也 疏 蔀蔽也者郎陸希聲云蔀茂盛周匝之義也四在噬嗑爲坎上之三爲离日之坎雲中四蔽三故曰豐其蔀四失正故象曰位不當也 **日中見斗** 虞翻曰噬嗑日在上爲中上之三爲巽巽爲入日入坎雲下幽伏不明故日中見斗象曰幽不明是其義也 疏 噬嗑离在上體故爲日中上之三互巽爲入四本互坎爲雲日入坎雲下有幽伏不明之象故

日中見斗，而象特明其義也。二與四同功，故兩爻辭亦相類。

遇其夷主吉

虞翻曰：震爲主，四行之正成明夷，則三體震爲夷主，故遇其夷主吉也。案：四處上卦之下，以陽居陰，履非其位，而比於五，故曰遇也。夷者，傷也。主者，五也。謂四不期相遇而能上行傷五則吉，故曰遇其夷主吉行也。

疏　虞注：震主器，故爲主，又爲行。四行變正成明夷，則三互震，故三體震爲夷主，而爲遇其夷主也。變得正，故吉。　案：四以陽居陰，失其正位，而近比於五，故曰遇也。夷者，傷也。序卦文。五爲卦主，故云主者五也。隱八年穀梁傳：不期而會曰遇。謂四與五不期相遇，而能上行傷五，使五退居四，四進居五，成既濟定，則吉，故曰遇其夷主吉行也。　愚案：四與初應，四變正，體明夷。明夷初九曰主人有言，故曰夷主。變正應陽，故吉。初遇妃主，亦以四變應初也。

象曰：豐其蔀，位不當也。日中見斗，幽不明也。

虞翻曰：離上變入坎，雲下，故幽不明。坎，幽也。

疏　四失正，故不當。噬嗑上之三，離日變入坎雲中，故幽不明。坎以一陽陷於二陰，故稱幽也。

遇其夷主，吉行也。

虞翻曰：動體明夷，震爲行，故曰吉行。

疏　四震爲動，體變明夷，震足爲行，故吉行也。

六五來章有慶譽吉 虞翻曰在內稱來章顯也慶謂五陽出稱慶也譽謂二二多譽五發得正則來應二故來章有慶譽吉也 【疏】在內稱來五陽在內也姤品物咸章荀氏云章明也書泰誓曰天有顯道孔傳言天有明道是顯亦明也章與顯皆訓明故云章顯也陽故爲顯也陽爲慶五陽動出故有慶也五與二應故譽謂二二多譽繫下文二五動得正來應於二故來章有慶譽吉也

象曰六五之吉有慶也 虞翻曰動而成乾乾爲慶 【疏】五動互體成乾乾陽爲慶故有慶也

上六豐其屋蔀其家 虞翻曰豐大蔀小也三至上體大壯屋象故豐其屋謂四五已變上動成家人大屋見則家人壞故蔀其家與泰二同義故象曰天降祥明以大壯爲屋象故也 【疏】序卦曰豐者大也故云豐大鄭氏云蔀小席也故云蔀小三至上體大壯大壯宮室象故稱屋在豐家故稱豐其屋四五失正易位上動則成家人大壯屋見則家人象壞故曰蔀其家泰二終變成坎爻辭曰包巟巟大川也謂陽息二包坎體也豐上六終變成家人今體大壯故豐其屋蔀其家與泰二同義故大壯乾爲天震動爲祥故象曰天際祥明以大壯爲屋象故

也

闚其戶闃其无人三歲不覿凶

虞翻曰謂從外闚三應闃空也四動時坤爲闔戶闔故闚其戶坤爲空虛三隱伏坎中故闃其无人象曰自藏也四五易位噬嗑离日爲闚闚人者言皆不見坎爲三歲坤冥在上离象不見故三歲不覿凶　干寶曰在豐之家居乾之位乾爲屋宇故曰豐其屋此蓋託紂之侈造爲璿室玉臺也蔀其家者以託紂多傾國之女也社稷旣亡宮室虛曠故曰闚其戶闃其无人闃无人貌也三者天地人之數也凡國於天地有興亡焉故王者之亡其家也必天示其祥地出其妖人反其常非斯三者亦弗之亡也故曰三歲不覿凶然則璿室之成三年而後亡國矣　案上應於三三互离巽爲戶离爲目目而近戶闚之象也旣屋豐家蔀若闚其戶闃寂无人震木數三故三歲致凶於災

疏 虞注　上與三應故從外闚三應說文闃靜也玉篇靜無人也无人故訓空也四動外體坤闔戶謂之坤故爲闔也戶闔故闚其戶陽實陰虛坤陰故爲空虛坎爲隱伏三在噬嗑坎下故三隱伏坎中伏故闃其无人象曰自藏言三不應上也四五易位非噬嗑此有錯誤當云四五易位离目爲覿今无人故不見也坎上曰三歲不得故坎爲三歲坤晦爲冥詳見冥豫上體坤故坤冥在上坤成

離毀故離象不見而曰三歲不覿凶也　干注　六居豐上故在豐之家震上六庚戌戌爲乾位故居乾之位艮爲門闕取乾上一陽也故乾爲屋宇在豐之上故曰豐其屋竹書紀年商王辛作瓊室立玉門故謂豐其屋蓋託紂之僾造爲璐室玉臺也晉語殷辛伐有蘇有蘇氏以妲已女爲妲已有寵故謂蔀其家者以託紂多傾國之女也史記武王伐紂紂兵皆崩畔紂紂走反入登鹿臺蒙衣其珠玉自燔於火而死故以社稷既亡宫室虛曠爲闃其戶闃其无人也馬氏鄭氏皆云闃无人見天地人爲三才故三者天地人之數也國之興亡與天地相感名故王者亡家必天示祥地出妖人反常焉非三者具亦弗亡故曰三歲不覿凶據通鑑紂作瓊室玉門在甲寅八祀紂之亡也在已卯三十三祀茲云璚室之成三年而後亡國蓋因經三歲不覿而爲之辭未可以爲實據　案　上應三三互離巽陰冬爲戶離目近戶闃象也屋豐家蔀自无所見若闃地戶闃寂无人上繫天三木數也體蒙爲木故三歲致凶於災

象曰豐其屋天際祥也孟喜曰天降下惡祥也

疏　昭十八年左傳鄭之未災也里析曰將有大祥漢書五行志妖孽自外來謂之祥是祥亦惡徵也際猶降也故曰天降下惡祥也

闃其戶

闃其无人，自藏也。虞翻曰：謂三隱伏坎中，故自藏者也。**疏**豐自噬嗑來，三與上應，三在噬嗑坎下，坎爲隱伏，故以三隱伏坎中爲自藏，言不與上應也。

周易集解纂疏卷二十一

同邑劉百藥五箴校

周易集解纂疏卷二十二

唐李鼎祚集解　安陸李道平遵王纂疏

序卦曰：窮大者必失其居，故受之以旅。崔憬曰：諺云作者不居，況窮大甚而能久處乎？故必獲罪去邦，羈旅於外矣。疏諺語本北史斛律金傳，引之以明窮大失居之意。作者，即邶風作於楚宮之作。言作者且不得居，況窮大太甚，而能久處此乎？窮大必獲罪，失居必去邦，故受以旅而羈於外矣。愚案：豐者，大也。至上則窮乎大矣。豐屋蔀家，闚戶无人，失居之象也。故窮大者必失其居。豐上反下成旅，旅內艮爲居，外离爲麗，失乎內即麗乎外，旅旅所以次豐也。

䷷ 艮下离上

旅小亨，旅貞吉。虞翻曰：賁初之四，否三之五，非乾坤往來也，與噬嗑之豐同義。小謂柔得貴位而順剛麗乎大明故旅小亨旅貞吉再言旅者謂四凶惡進退无恒無所容處故再言旅惡而愍之【疏】此賁初之四成旅也亦卽否三之五不從三陰三陽之例者以艮离易位非乾坤往來也猶豐不自泰來而自噬嗑故與噬嗑之豐同義陽大陰小五陰柔也故小謂柔五得位而順上以剛五體离离麗也乾爲大明离麗乾中得正故麗乎大明以坤柔通乾五得正而亨故曰小亨旅唯二三兩爻得正二中而得正是貞吉謂二言足爲旅之貞吉而已再言旅者四在离爲焚棄惡人故謂四凶惡四互巽爲進退在乾四爲進退无恒故无所容處而爲旅也再言旅惡而愍之者惡其无恒愍其无容也

彖曰：旅小亨，姚信曰此本否卦三五交易去其本體故曰客旅荀爽曰謂陰升居五與陽通者也【疏】姚注 三陰三陽之卦自否來三五易位 五本乾之三仍乾是去本體而客他所故獨取象客旅 荀注 否三陰爲小升居於五五陽降居於三陰與陽通故亨 愚案震主器震陽在內爲主故艮陽在外爲旅离者麗也陽在外而得所麗故其卦爲旅也否象不通三陰爲小上通於五故小亨也

柔得中乎外而順

乎剛止而麗乎明是以小亨旅貞吉也蜀才曰否三升五柔得中於外上順於剛九五降三降不失正止而麗乎明所以小亨旅貞吉也疏否三陰升五五爲中是柔得中於外卦以陰承陽是上順於九剛九五降居於三仍不失正艮爲止离爲麗又爲順故止而麗乎明麗明故小亨止而不失其正故旅貞吉也

旅之時義大矣哉虞翻曰以离日麗天懸象著明莫大日月故義大也 王弼曰旅者物失其所居之時也物失所居則咸願有附豈非智者有爲之時故曰旅之時義大矣哉疏虞注繫上曰懸象著明莫大乎日月离日麗天順莫大焉故義大也賁震春坎冬旅兌秋离夏故曰時義大也 王注 孔疏此歎美苛旅之時物皆失其所居若能與物爲附使旅者獲安非小才可濟惟大智能然故曰旅之時義大矣哉

象曰山上有火旅侯果曰火在山上勢非長久旅之象也疏孔疏火在山上逐草而行勢不久留故爲旅象 案山上有火陽寄於世旅之象也火焚萬物故取於明慎用獄君子以明慎用刑而不留獄虞翻曰君子謂三离爲明艮爲慎兌爲刑坎爲獄賁初之四獄象不見故以明慎用刑而

不留獄與豐折獄同義者也。【疏】艮三即乾三乾九三稱君子故君子謂三离嚮明爲明艮陽小爲愼兌西方金爲刑殺九家易坎爲律爲叢棘爲桎梏故爲獄賁三互坎初之四旅成賁滅故獄象不見互兌爲折獄折則不留故以明愼用刑而不留獄也噬嗑亦以豐上之三爲折獄故云同義

初六旅瑣瑣斯其所取災　陸績曰瑣瑣小也艮爲小石故曰旅瑣瑣也履非其正應离之始离爲火艮爲山以應火災焚自取也故曰斯其所取災也【疏】瑣瑣小也釋言文艮爲小石說卦文小故旅瑣瑣也初失位故履非其正應四爲离初离火在上四性凶惡不正艮初應之取离四焚如之災故曰斯其所取災也

象曰旅瑣瑣志窮災也　虞翻曰瑣瑣最蔽之貌也失位遠應之正介坎坎爲災眚艮手爲取謂三動應坎坎爲志坤稱窮故曰志窮災也【疏】馬氏云瑣瑣疲弊貌故云瑣瑣最蔽之貌蔽當從馬作弊是也初失位遠應四與四易位變而得正介乎坎上坎爲多眚故爲災眚又言三動則四在坎中艮手在初往應於四爲取災雜卦曰親寡旅也言不應也坎心爲志三已變坤終爲窮故曰志窮災也

六二旅即次懷其資得僮僕貞九家易曰即就次舍資財也以陰居二即就其舍故旅即次承陽有實故懷其資初者卑賤二得履之故得僮僕處和得位正居是故曰得僮僕貞矣

疏說文即一曰就也故云即就天官宮正以時比宮中之官府次舍之衆寡又宮伯授八次八舍之職事故云次舍太雅板喪亂蔑資毛傳資財也二以陰居陰爲即就其舍故曰旅即次上承三陽陽實爲有實故曰懷其資又互巽爲近市利三倍懷資之象也初曰瑣瑣細小卑賤之稱故云初者卑賤二得履初故曰得其僮僕即次旅所安財貨旅所資僮僕旅所役二柔爲處和在二爲得位得正爲正居故曰得僮僕貞矣

象曰得僮僕貞終无尤也虞翻曰艮爲僮僕得正承三故得僮僕貞而終无尤也案六二履正體艮艮爲閽寺僮僕貞之象也

疏虞注　艮少男故爲僮僕謂三也二得正上承三三亦得貞故得僮僕貞賁坎爲尤初之四坎象毀故无尤也案　六二得位爲履正體在艮艮爲閽寺說卦文得正故有僮僕貞之象也

九三旅焚其次喪其僮僕貞厲虞翻曰離爲火艮爲僮僕三動艮壞故焚其次坤爲

喪三動艮滅入坤故喪其僮僕動而失正故貞厲矣疏應离爲火體艮爲僮僕三欲應上故動動則艮體壞艮舍爲次故焚其次卦唯二三得正故皆言次坤喪於乙爲喪三動艮僮滅而入坤喪故喪其僮僕正不當動動而失正故貞厲矣

象曰旅焚其次亦以傷矣虞翻曰三動體剝故傷也疏三動而至四體剝剝有傷害象故曰亦以傷矣

以旅與下其義喪也虞翻曰三變成坤坤爲下爲喪故其義喪也疏三變成坤坤地爲下故曰以旅與下坤又爲喪故曰其義喪也

九四旅于處得其資斧我心不快虞翻曰巽爲處四焚棄惡人失位遠應故旅于處言无所從也离爲資斧故得其資斧三動四坎爲心其位未正故我心不快也疏四互體巽巽爲入爲伏故爲處四在离爲焚棄惡人已失位遠應於初故旅于處言若寄處於人家者然故云无所從也离爲戈兵故爲資斧陸氏釋文出資斧云子夏傳及衆家並作齊斧漢書王莽傳引巽爻之文曰喪其齊斧應劭云齊利也張軌云齊斧蓋黃鉞斧也得其齊斧謂得利斧也三已動四在坎中爲心病四失位不正故我心不快也

象曰旅于

處未得位也，得其資斧，心未快也。王弼曰：斧所以斫除荆棘以安其舍者也。雖處上體之下，不先於物，然而不得其位，不獲平坦之地者也。客子所處不得其次，而得其資斧之地，故其心不快。案：九四失位而居艮上，艮爲山，山非平坦之地也。四體兑巽，巽爲木，兑爲金，木貫於金，即資斧斫除荆棘之象者也。

疏 王注　斧爲斫除荆棘以安其舍之用。四處上體之下，不先於物，爲旅于處，然不得其正位，不獲平坦之地，以用其斧，猶客于所處不得其次舍，而但得資　斧之地，所以其心不快也。客子當從注疏本作客於爲是。案　九四以陽處陰，是失位而居艮山之上，山非平坦之地，當用資斧以除荆棘。四互兑巽，以巽木貫於兑金，斧象也，故有斫除荆棘之用。

六五：射雉，一矢亡，虞翻曰：三變坎爲弓，离爲矢，故射雉。五變體乾，矢動雉飛，雉象不見，故一矢亡矣。疏 三變五互坎，弓輪爲弓，體离戈兵爲矢，以坎弓离矢而射离雉，故曰射雉。五變體成乾，象离矢動而雉飛，則乾成离毁，雉象不見，故一矢亡矣。終以譽命。虞翻曰：譽謂二，巽爲命。五終變成乾，則二來應已，故終以譽命。【疏】二多譽，故譽謂二。二互巽申　命爲命。五失位，終變成乾，則二陰應已，故終以譽命。　案：五有中和文明之德，象出疆載贄，執雉相見之士也。變乾得正，則矢亡雉得應二。二上逮矣。譽謂聲譽。命謂爵命。卦唯二五柔順得中，故二貞吉而五譽命也。

象曰：終以譽命，上逮也。

虞翻曰：逮，及也。謂二上及也。

干寶曰：离爲雉爲矢，巽爲木爲進退，艮爲手，兌爲決，有木在手，進退其體，矢決於外，射之象也。一陰升乾，故曰一矢。履非其位，下又无應，雖復射雉，終亦失之，故曰一矢亡也。一矢亡者，喻有損而小也。此託禄父爲王者，後雖小叛擾，終逮安周室，故曰終以譽命矣。【疏】虞注：逮，及也，說文文。謂三命上及五也。干注：體离爲雉，又戈兵爲矢，互巽爲木，有笴象，又爲進退，有張弓象。內艮爲手，互兌爲決，決，開也。鄉射禮袒決遂，詩車攻決拾既佽，是也。巽木在內，艮爲手而巽進退之，故离矢兌決於外，體有射象焉。离六五一陰入乾中，是一陰升乾，故曰一矢。六在五爲履非其位。六在下二又无正應，雖射亦失，故一矢亡也。喻雖有損而所失小也。史記殷世家：武王封紂子武庚禄父，管叔、蔡叔乃與武庚作亂，周公以成王命興師伐殷，殺武庚。是禄父爲商王之後，小有叛擾，終逮安周室，故曰終以譽命矣。

上九鳥焚其巢旅人先笑後號咷 虞翻曰离爲鳥爲火巽爲木爲高四失位變震爲筐巢之象也今巢象不見故鳥焚其巢震爲笑震在前故先笑應在巽巽爲號咷巽象在後故後號咷 **疏** 离爲雉又南方朱雀故爲鳥又爲火四互巽爲木爲高四陽失位變正三互震爲筐說見歸妹上六巽木高而震筐在上有巢象焉此郎顗時也旅成賁賁毀巢象不見且离火出於巽木之上故曰鳥焚其巢震聲爲笑賁震在前故先笑應在三三互巽申命爲號旅巽在後故後號咷震雷巽風同聲相應震陽故爲喜笑巽陰故爲號咷也

喪牛于易凶 虞翻曰謂三動時坤爲牛五動成乾乾爲易上失三五動應二故喪牛于易失位无應故凶也五動成遯六二執之用黃牛之革則旅家所喪牛也 **疏** 三動應上變坤爲牛五動應二互體成乾乾以易知故爲易上不應三故失三五動正應二二在坤爲喪三不動則坤牛毀五動則三乾易成故喪牛于易上失正位三陽无應故凶也五動應二成遯遯六二執之用黃牛之革遯二執三三艮成坤毀與上不應牛喪于三故云旅家所喪牛也

象曰以旅在上其義焚也 虞翻曰離火焚巢故其義焚也 **疏** 巽木互於离火九處其上失位

宜焚馬氏云義宜也言其焚宜也釋文云一本作宜其焚也卽義焚之謂也**喪牛之凶終莫之聞也**虞翻曰坎耳入兌故終莫之聞侯果曰离爲鳥爲火巽爲木爲風鳥居木上巢之象也旅而贈資物之所惡也喪牛甚易求之也難雖有智者莫之吉也【疏】虞注上應三三在賁爲坎耳初之四則坎耳入兌兌爲毀折故終莫之聞侯注以离鳥居巽木巢之象也以巽風入离火焚巢之象也旅而多資物之所惡故喪之甚易求之則難雖有智者莫之能及吉當作及卽終莫之聞也

序卦曰旅无所容故受之以巽巽者入也崔憬曰旅寄於外而无所容則必入矣故曰旅无所容受之以巽【疏】羈旅親寡宜无所容唯巽順而後有所入也故旅次以巽

䷸ 巽下巽上

巽小亨利有攸往利見大人虞翻曰遯二之四柔得位而順五剛故小亨也大人謂五离目爲見二失位利正往應五故利有攸往利見大人矣【疏】從四陽二陰之例巽自遯來故云遯二之四四柔得

位而上順五剛。四陰爲小，故小亨也。乾五爲大人，故大人謂五。互离目爲見。二陽失位，利變之正。自內曰往，往應五，故利有攸往。往必歷离，离爲見，故利見大人矣。

彖曰：重巽以申命。陸績曰：巽爲命令。重命令者，欲丁寧也。【疏】乾道變化，各正性命。謂陽爲乾性，陰爲坤命。巽，坤元，故爲命。又震巽同聲相應，陰宣陽命，故巽爲命令。書堯典申命義叔，孔傳申重也。重故申。重申者，丁寧之意。後漢書郎顗傳丁寧再三，留神於此。彼此相屬之謂也。

剛巽乎中正而志行，陸績曰：二得中，五得正，體兩巽，故曰剛巽乎中正也。皆據陰，故志行也。虞翻曰：剛中正謂五也。二失位，動成坎，坎爲志。終變成震，震爲行也。【疏】陸注　二雖不正得中，五得中得正，內外兩巽。巽者入也，剛入乎二五，故曰剛巽乎中正也。初四皆陰，二五據之，故志行也。虞注　五陽得中得正，故剛中正謂五也。二失位，當變應五，故動成坎，體坎心爲志。其究爲躁卦，故終變成震，震足爲行，故志行也。

柔皆順乎剛，是以小亨。陸績曰：陰爲卦主，故小亨。【疏】乾體而坤陰入之爲巽，故陰爲卦主。陽大陰小，故小亨。

利有攸往，利見大人。

案：其義已見繇辭。**疏** 虞義已詳，不再釋。

象曰：隨風巽，君子以申命行事。虞翻曰：君子謂遯乾也。巽爲命，重象，故申命。變至三，坤爲事，震爲行，故行事也。荀爽曰：巽爲號令，兩巽相隨，故申命也。法教百端，令行爲上，貴其必從，故曰行事也。

疏 虞注：風者，天之號令，隨，從也，故風從地所以散布陰氣也。以巽隨巽，重，故稱隨。巽，陰卦也，故知君子謂遯乾也。巽爲命令，重巽故申命。初已變，二至三互四成坤，坤發事業爲事。初陽震足爲行，故行事也。荀注：巽風爲號命，畢命曰「樹之風聲」是也。重巽相隨，故曰申命。法教雖有百端，以令行爲上，令出惟行，弗惟反，故貴其必從，而曰行事也。

初六：進退，利武人之貞。虞翻曰：巽爲進退，乾爲武人。初失位，利之正爲乾，故利武人之貞矣。

疏 陽由震而入伏於巽爲退，由巽而反於震爲進，故巽爲進退。皆在於初，故初稱進退。其在爻，則二退初進，亦是也。楚語曰：「天事武。」韋注：乾稱剛健，故武。乾爲人，爲武，故爲武人。初陰失位，利變之正，成乾，故利武人之貞矣。蓋巽初陰象，故進退不果，變乾則健而正也。案：巽在卦氣，內卦主七月，外卦主六月，初在卦內，七月也。禮記月令：立秋之日賞軍師武人於朝。故曰利武人之貞。

象曰：進退，志疑也。荀爽曰：風性動。進退欲承五。爲二所據，故志以疑也。【疏】風性之動，其行无常。進退之象。欲上承五。近爲二據。故志疑也。案坎爲疑爲志。上應伏坎。故志疑也。

利武人之貞，志治也。虞翻曰：動而成乾。乾爲大明。故志治。乾元用九，天下治，是其義也。【疏】初動成乾。乾有大明之象。故曰志治。乾文言曰：乾元用九，天下治也。卽志治之義。震巽陰陽出入，故象乾坤。愚案：進退之義，取震巽一陽出入。巽究爲躁卦。與震旁通。初欲變陽應四。四伏坎爲志爲疑。伏坎不應初變。故志疑也。初動成乾。利於得正。四坎出則全體皆乾。故有取於乾元用九而志在天下治也。

九二：巽在牀下。宋衷曰：巽爲木。二陽在上。初陰在下。牀之象也。二无應於上。退而據初。心在於下。故曰巽在牀下也。荀爽曰：牀下以喻近也。二者軍師，三者號令，故言牀下，以明將之所專，不過軍中事也。【疏】宋注：體巽爲木，爻爲股。二陽覆上而橫列。牀之幹也。一陰承上而對峙。牀之足也。故有牀象。二失位无應於五。退據初陰。初爲下。二動之初。故心在於下。而曰巽在牀下也。四爻虞注所謂欲二之初是也。荀注：牀下主近之地。故以喻近也。師以九二陽爻爲主。爻辭曰在師中吉。故云二者軍帥。至三成巽。故云三者號令。言牀下者。明將專軍中之事。令不及遠也。

用史巫紛若吉无咎

荀爽曰。史以書勳。巫以告廟。紛變若順也。謂二以陽應陽。君所不臣。軍帥之象。征伐既畢。書勳告廟。當變而順五。則吉。故曰用史巫紛若吉无咎矣。

疏 夏官司勳。凡有功者。銘書於王之大常。祭於大烝。司勳詔之。大功。司勳藏其貳。其官則史四人。故云史以書勳。其實卜史祝史之類皆是。世本巫咸始作巫。周禮春官司巫掌羣巫之政令。又有男巫女巫。即楚語所謂在男曰覡。在女曰巫是也。神明降之。故云巫以告廟。紛訓變者。說文變更也。即紛更之意也。若順也。堯典欽若昊天。孔傳以爲敬順是也。五君位。二臣位。二以陽應陽。君所不臣。將在外。君命有所不受。故曰軍帥之象。若征伐既畢。史書勳。巫告廟。當變剛爲柔。上順五陽。則吉。故曰用史巫紛若吉无咎矣。案兌爲巫。巽爲命令。兌文爲書契。史象也。二入坤用之。故用史巫。失位有徃變而順五。則吉且无咎。

象曰紛若之吉得中也

荀爽曰。謂二以處中和。故能變。

疏 二處中和。變而得位。故曰得中也。案巽在牀下。謂一陰伏於二陽。伏慝之象。愚夫婦之所驚也。於是乎用史巫紛以祈禳之。

所以吉而无咎者，鬼神生於人心，安其心而應去矣。用之得中，雖史巫瑣屑之事亦中也。

九三頻巽吝虞翻曰：頻，頻也。謂二已變，三體坎艮。坎為憂，艮為鼻，故頻巽。无應在險，故吝也。疏復六三頻復，虞彼注云：頻，蹙也。孟子疾首蹙頞而相告，莊子深矉蹙頞，頞言頻蹙，故曰頻頞也。玉篇：頞，鼻莖也。二變應五，三互坎成艮，坎加憂為憂，艮山澤通氣，以虛受澤，故為鼻。憂見於鼻，故有頻巽之象。上无正應，坎為在險，故吝也。

象曰：頻巽之吝，志窮也。荀爽曰：乘陽无據，為陰所乘，號令不行，故志窮也。疏以三陽乘二，不正之陽，非所據而據，故无據。上為四陰所乘，三之號令不行。二動，三險坎中，故志窮也。在坎為志，不變為窮。上爻貞凶，謂此也。

六四悔亡田獲三品虞翻曰：田，謂二也。地中稱田。初失位，无應，悔也。欲二之初，已得應之，故悔亡。二動得正，處中應五，五多功，故象曰有功也。二動，艮為手，故稱獲。謂艮為狼，坎為豕，艮二之初，离為雉，故獲三品矣。翟元曰：田獲三品，下三爻也。謂初巽為雞，二兌為羊，三离雉也。案穀梁傳曰：春獵曰田，夏曰苗，秋曰蒐，冬曰

猶田獲三品一爲乾豆二爲賓客三爲充君之庖注云上殺中心乾之爲豆實次殺中髀骼以供賓客下殺中腸充
君之庖廚尊神敬客之義也

【疏】虞注　二位在田故田謂二也二於三才爲地道田在地上故地中稱田與乾
九三見龍在田同義又离爲罔罟互离有田象下與初應初陰失位四无正應故悔四欲二動之初已得正應故悔
亡二動成陰得正處下之中上應五陽五多功繫下文近承五故象曰有功二動初在艮爲手以手取物故稱獲艮
黔喙之屬故爲狼二變互坎爲豕艮字衍巽二之初體离爲雉故獲三品矣　翟注　四應初初在下體故田獲三
品謂下三爻初體巽爲雞一也二互三四兌爲羊二也三互四五离爲雉三也　案　春獵曰田夏曰苗秋曰蒐冬
曰狩桓四年傳一爲乾豆二爲賓客三爲充君之庖穀梁本王制也注范甯注也注云上殺中心乾之爲豆實楊士
勛釋曰何休云自左膘射之達於右腢中心死疾故苐而豆之以薦宗廟豆祭器名狀如鐙天子二十有六諸公十
有六諸侯十有二卿上大夫八下大夫六士三也又云次殺中髀骼以供賓客釋曰何休云自左膘射之達於右腢
達心死難故爲次殺毛傳云次殺者射右耳本次之今注云射髀骼則與彼異也髀骼者案儀禮髀骨膝以上者是

也。又云：下殺中腹，充君之庖厨，尊神敬客之義也。釋曰：何休云自左膘射之達於右髃，毛傳云左髀達於右髃爲下殺，此云中腸，同彼二說，並无妨也。

象曰：田獲三品，有功也。

王弼曰：得位承五，而依尊履正，以斯行命，必能獲強暴，遠不仁者也。獲而有命，莫若三品，故曰有功也。疏 四得位即履正，上承五即依尊，以此行命，故能獲強暴而遠不仁。譬諸田獵，獲而有命，莫若三品。承五多功，故有功也。

九五：貞吉，悔亡，无不利，无初有終。

虞翻曰：得位處中，故貞吉，悔亡无不利也。震巽相薄，雷風无形，當變之震矣。巽究爲躁卦，故无初有終也。疏 九爲得位，五爲處中得正，故貞吉。无應有悔，得正故悔亡。二變應五，故无不利。震雷巽風，相薄无形，故卦特變巽變之震。說卦所謂巽究爲躁卦是也。初、二、上皆失正，初變及二以應五，五亦使上終變，應三終上，成震得位，故无初有終也。

先庚三日，後庚三日，吉。

虞翻曰：震，庚也。謂變初至二成離，至三成震，震主庚，離爲日，震三爻在前，故先庚三日，謂益時也。動四至五成離，終上成震，震爻在後，故後庚三日也。巽初失正，終變成震得位，故无初有終，吉。震究爲蕃鮮白，謂巽白，巽究爲躁卦，躁卦，謂震也。與蠱先甲三日、後甲三日同義。五動成蠱，乾成于甲，震成于庚，陰陽天地之始終，故經舉甲庚于蠱彖、巽五也。疏震納庚，故云震庚也。巽之變震，從初始，初變成陽，變至二成陰爲离，變至三成陽爲震，震主庚，故言庚。离爲日，故言日。震三爻在前者，對後震爲前，故曰先庚三日。前三爻皆變成益，故謂益時也。四動成陽，動至五成陰爲离，動終於上成陽爲震。前震已成，外震在外，故曰後庚三日。巽初陰失正，終變成震，初終皆得正位，故无初有終而獲吉也。震其究爲蕃鮮，蕃鮮者白也。巽爲白，謂巽白者究爲巽也。巽究爲躁卦，謂震也者，震在上，躁動也。與蠱同義者，巽五動成蠱，蠱初變成乾，乾納甲，故乾成於甲，而曰先甲三日、後甲三日也。巽終變成震，震納庚，故震成於庚，而曰先庚三日、後庚三日也。乾陽爲始，坤陰爲終，故曰陰陽天地之始終。舉甲於蠱彖，舉庚於巽五，以有陰陽始終之義也。也。

象曰：九五之吉，位正中也。虞翻曰：居中得正，故吉也。疏五居中，九得正，中正故吉

上九：巽在牀下，虞翻曰：牀下，謂初也。窮上反下成震，故巽在牀下。象曰「上窮也」，明當變窮上而復初

者也九家易曰上爲宗廟禮封賞出軍皆先告廟然後受行三軍之命將之所專故曰巽在牀下也

疏 虞注二牀下謂初上牀下亦謂初也陽失位窮於上反下成震故曰巽在牀下象曰上窮言上窮則當變而復初也巽上復震猶否上復泰也 九家注 爻例上爲宗廟夏官司勳凡有功者祭於大烝司勳詔之大功司勳藏其貳賞地之政大祝大師宜於社造於祖故曰封賞出軍皆先告廟然後受行巽爲命故曰三軍之命將之所專與九二同義故亦曰巽在牀下也

喪其齊斧貞凶

虞翻曰變至三時離毀入坤坤爲喪巽爲齊離爲斧故喪其齊斧三變失位故貞凶 荀爽曰軍罷師旋亦告於廟還斧於君故喪齊斧正如其故不執臣節則凶故曰喪其齊斧貞凶

疏 虞注巽究爲震變至三時互離毀入變坤坤喪於乙爲喪齊乎巽巽爲齊離爲戈兵爲斧故喪其齊斧諸本皆作資斧漢書王莽傳引此爻曰喪其齊斧應劭曰齊利也古作其資利斧言无以復斷斬也虞從古本故作齊也三變成震失乎正位故貞凶 荀注 古者飲至策勳皆在於廟賜弓矢斧鉞然後得專征伐故出則授斧入則還斧還斧於君故喪齊斧已喪齊斧若正如其故是不執臣節則凶矣故曰喪其齊斧貞凶 愚案九二巽在牀下雖

失正。然得中，變而應五，故吉。上位，爲廟。史巫，所以告廟。應五，承上，故用史巫。變順爲吉也。上九巽在牀下，既失正，又過卑。三，變應上，亦凶。三，离，齊斧。變坤，爲喪。失其齊斷，故喪齊斧。變正，亦凶也。**象曰：巽在牀下，上窮也。**虞翻曰：陽窮上反下，故曰上窮也。**疏**陽窮巽上，反於震下，故曰上窮也。**喪其齊斧，正乎凶也。**虞翻曰：上應於三，三動失正，故曰正乎凶也。**疏**上與三應，三陽得正，動而應上。上失正位，故曰正乎凶也。

序卦曰：入而後說之，故受之以兌。兌者，說也。崔憬曰：巽以申命行事，入於刑者也。入刑而後說之，所謂人忘其勞死也。**疏**申命行事，莫大乎政刑。巽者，入也。互兌爲刑，故入於刑者也。入刑而說，即彖傳所謂忘勞忘死者也。按虞注云：兌爲講習，故學而時習之，不亦說乎，義尤精確。詳見序卦傳，茲不錄。

䷹ 兌下兌上

兌亨利貞 虞翻曰：大壯五之三也。剛中而柔外，二失正，動應五承三，故亨利貞也。疏 從四陽例，宜三之五，此云五之三，變也。剛中謂二、五，而柔外謂三、上。二失正位，動而成陽，遠應五，近承三。二承三，則三正可知。二正則四亦正，故亨利貞也。

彖曰：兌，說也。 虞翻曰：兌口，故說也。疏 兌爲口，故爲說。劉勰《文心雕龍》曰：說者，悅也。兌爲口舌，故言咨悅懌。過說必偽，故舜驚讒說。是說、悅同義，故謂兌爲口說也。

剛中而柔外，說以利貞， 虞翻曰：剛中謂二、五，柔外謂三、上也。二、三、四利之正，故說以利貞也。疏 二、五皆剛，故剛中。三、上皆柔，故柔外。三在二外，上在五外也。二、三、四不正，利變之正，故說以利貞。

是以順乎天而應乎人。 虞翻曰：大壯乾爲天，謂五也。人謂三矣。二變順五承三，故順乎天應乎人。坤爲順也。疏 大壯內乾爲天，三上之五，五於三才爲天位，故天謂五也。五下之三，三爲人位，故人謂三矣。三正則乾三君子也。二變正，上順五，近承三，動正，故曰順乎天應乎人。二、四變，互坤，故爲順。

說以先民，民忘其勞。 虞翻曰：謂二、四已變成屯，坎爲勞，震喜兌說，坤爲民。坎爲心，民心喜說，有順比象，故忘其勞也。【疏】二、四失位，變成屯，體屯，外坎勞卦，爲勞；內震春陽爲喜，體兌爲說。屯互坤，眾爲民，又坎亟心爲心，坎二至上有比象，比象傳曰：下順從也。是民心喜說，有順比之象，故民忘其勞也。

說以犯難，民忘其死，虞翻曰：體屯，故難也。三至上體大過，死；變成屯，民說无彊，故民忘其死。坎心爲忘，或以坤爲死也。【疏】屯象傳曰：剛柔始交而難生。二、四變，故體屯爲難也。三至上體大過，棺槨死象，變屯互坤，坤曰：應地无彊。是民說无彊，故忘其死也。坎爲心，故爲忘。坤喪於乙，死魄爲死，故或以坤爲死也。

說之大，民勸矣哉！虞翻曰：體比順象，故勞而不怨。震爲喜笑，故人勸也。【疏】屯二至上體比，比彖傳曰：下順從也，故有順象。順，故勞而不怨。震春陽爲喜笑，故人勸也。

象曰：麗澤兌，君子以朋友講習。虞翻曰：君子，大壯乾也。陽息見兌，學以聚之，問以辯之。兌二陽同類爲朋，伏艮爲友，坎爲習，震爲講，兌兩口對，故朋友講習也。【疏】互离爲麗，兌爲澤，兌陰麗陽，故曰麗澤兌。君子大壯乾，謂五也。雜卦稱兌見，陽息至二見兌，乾九二見龍在田是也。學以聚之，問以辯之，乾二文言文。體

七七二

在乾二故引之以明講習之事也體有二陽同類故爲朋兌與艮山澤通氣故伏艮爲友二四已變習坎爲習震聲爲講四亦伏坎震爲講習也兌上陰開兩口相對故象朋友講習

初九和兌吉 虞翻曰得位四變應己故和兌吉矣 疏 初得正位上應於四四剛不和變而應己故和兌吉矣

象曰和兌之吉行未疑也 虞翻曰四變應初震爲行坎爲疑故行未疑 疏 四變應初五震足爲行坎心爲疑初行而後四之坎變而得正故行未疑也

九二孚兌吉悔亡 虞翻曰孚謂五也四已變五在坎中稱孚二動得位應之故孚兌吉悔亡矣 疏 孚謂五也者初令四變正五在坎中坎有孚稱孚二失正有悔動而得位上應於五故孚兌吉悔亡矣

象曰孚兌之吉信志也 虞翻曰二變應五謂四已變坎爲志故信志也 疏 二變正應五謂四已應初變坎坎心爲志又坎孚爲信故信志也

六三來兌凶 虞翻曰從大壯來失位故來兌凶矣 疏 兌三從大壯五來在五失位在三亦失位故來

兌凶矣。不言正者，兌家陰說陽，三无應，故不變。上變陽與三易位然後變也。三不變而上能變者，兌有伏艮，艮兌之卦皆以上爲主也。案：三曰來兌，來上六也；上自引兌，引六三也。以致彼自來，汲下自引，小人合則君危，故凶。三伏震足，故有來凶。

象曰：來兌之凶，位不當也。案：以陰居陽，故位不當。諂邪求悅，所以必凶。

疏　以陰爻居陽位，故曰不當。兌本以陰說陽，爻失正位，是諂邪求悅，其凶必矣。

九四：商兌未寧，介疾有喜。虞翻曰：巽爲近利市三倍，故稱商兌。變之坎，水性流，震爲行，謂二已變，體比象，故未寧。與比不寧方來同義也。坎爲疾，故介疾。得位承五，故有喜。

疏　巽爲近利市三倍，說卦文。互巽近市，故稱商。兌四變正成坎，坎水性流，互震爲行。二已變至上體比，比卦辭曰不寧方來，故未寧。虞彼注云：水性流動，故不寧，亦取坎象也。坎心病爲疾。介，纖也。變互艮爲小，故曰介疾。變得正位，上承五陽，陽爲喜。纖小之疾，勿藥有喜，故有喜。

象曰：九四之喜，有慶也。虞翻曰：陽爲慶，謂五也。

疏　陽爲喜，陽亦爲慶。承陽而有慶，故慶謂五也。

九五孚于剝有厲虞翻曰：孚謂五也。二四變，體剝象，故孚于剝。在坎未光，有厲也。疏坎爲孚。孚謂五也者，四已變也。二四變，五體剝象，故曰孚于剝。在坎伏离未光，故有厲也。案兌爲夬，夬極必剝，況六三以兌說而來，上六以兌說而引，若輕信二陰，則剝之兆成矣，故有厲。**象曰孚于剝位正當也**案以陽居尊位，應二比四，孚剝有厲，位正當也。疏以陽爻居尊位，二四已變，故應二比四。孚剝有厲者，二四變，五位在剝，故位正當也。

上六引兌虞翻曰：无應乘陽，動而之巽爲繩，艮爲手。應在三，三未之正，故引兌也。疏二无正應，近乘五陽，兌上極而下之巽爲繩，三至五亦互巽爲繩，伏艮爲手，以手挽繩，有引象焉。上應在三，三未之正，上動與三易位，乃各正，故引兌也。案巽卦初四皆陰而吉，兌卦三上皆陰而凶。巽伏於內，君子之道；兌見於外，小人之道也。

象曰上六引兌未光也虞翻曰：二四已變而體屯，上三未爲离，故未光也。疏二四已變，體屯象，上應三，屯成离，雖离日爲光，故未光。

愛業應山郝文模笠士校

周易集解纂疏卷二十二

唐李鼎祚集解　　安陸李道平遵王纂疏

序卦曰：說而後散之，故受之以渙。渙者，離也。崔憬曰：人說忘其勞死，而後可散之以征役，離之以家邦，故曰「說而後散之，故受之以渙。渙者，離也」。【疏】人說其上，至忘勞死。死而後身可用，故散以征役，離其家邦，皆所不惜。蓋說而後散，故說繼以渙，而義取諸離也。愚案：兌言乎見，說見乎外，故易散。樂記曰：樂必發於聲音，形於動靜。孟子曰：樂斯二者，樂則生矣，生則惡可已也，惡可已則不知手之舞之足之蹈之。說而後散之義也。又論語曰：學而時習之，不亦說乎，是入而後說也。有朋自遠方來，不亦樂乎，是說而後散也。

坎下巽上

渙亨　虞翻曰：否四之二，成坎巽，天地交，故亨也。【疏】從三陽三陰之例，卦自否來，故曰否四之二。以陽渙陰，故

成坎巽當否塞之時二之四得正以復散其否是天地交故通通故亨也　案渙散也鄭風溱與洧方渙渙兮鄭箋仲春之時冰已釋水則渙渙然否時天地不通閉塞成冬四渙其羣散乾冰爲坎水有冰釋之象故謂之渙也老子渙若冰將釋是也

王假有廟　虞翻曰乾爲王假至也否體觀艮爲宗廟乾四之坤二故王假有廟王乃在中也　疏　否乾爲君故爲王假至也釋詁文否初至五體觀觀艮爲門闕又爲鬼門故爲宗廟四之二是乾王至觀艮故王假有廟在二故象曰王乃在中也

利涉大川利貞　虞翻曰坎爲大川渙舟楫象故涉大川乘木有功二失正變應五故利貞也　疏　坎爲水故爲大川繫下舟楫之利蓋取諸渙渙有舟楫象故涉大川以巽木乘坎水故乘木有功二失位利變正應五故利貞也

彖曰渙亨剛來而不窮柔得位乎外而上同　盧氏曰此本否卦乾之九四來居坤中剛來成坎水流而不窮也坤之六二上升乾四柔得位乎外上承貴王與上同也　疏　否乾九四剛也自外曰來在二爲居坤中來成坎水流而不窮又坎爲通往來不窮謂之通通故不窮也六二自內上升於四以柔

居四爲得位乎外，上承五貴爲王，故曰上同。孔疏引先王儒云「剛來而不窮」，釋亨德；「柔得位乎外」，釋利貞，是也。

假有廟，王乃在中也。 荀爽曰：謂陽來居二，在坤之中，爲立廟。假，大也。言受命之王居五大位，上體之中，上享天帝，下立宗廟也。

疏 四陽來居於二，在坤之中，體象觀艮，故爲立廟。假，大也，釋詁文。乾爲君，故言受命之王。五陽爲大，故言居五大位。荀意以陽在二爲立廟，陽在五爲在中，故曰上體之中，上享天帝，下立宗廟也。

利涉大川，乘木有功也。 虞翻曰：巽爲木，坎爲水，故乘木有功也。

疏 巽在上爲木，坎在下爲水，巽木下應坎，二五多功，故乘木有功。謂聖人作舟楫，取諸渙也。

象曰：風行水上，渙，先王以享于帝立廟。 荀爽曰：謂受命之王，收集散民，上享天帝，下立宗廟也。陰上至四承五，爲享帝；陽下至二，爲立廟也。荀曰上爲宗廟，而謂天帝宗廟之神，所配食者，王者所奉，故繼於上，至於宗廟，其實在地。地者陰中之陽，有似廟中之神。虞翻曰：否乾爲先王，享，祭也，震爲帝爲祭，艮爲廟，四之二殺坤大牲，故以享帝立廟，謂成既濟，有噬嗑食象故也。

疏 荀注 風行水上，陰散而陽聚，故取渙象。

以立廟受命之王謂否乾爲王也收集散民謂否坤爲民也上享天帝謂上下立宗廟謂二陰上至四承五享上爲享帝陽下至二二體艮爲立廟也卦无南日疑有誤字上爲爲宗廟乾鑿度爻上爻爲宗廟而謂天帝者孝經曰昔者周公郊祀后稷以配天宗祀文王於明堂以配上帝故云宗廟之神所配食也天帝王者所奉故繼於上二於三才爲地故至於宗廟其實在地坎二陽爻居於地上故云地者陰中之陽廟者陰象陽之信者爲神故陰中之陽有似廟中之神以上爲天帝二爲宗廟此又爻位變例也　虞注　乾爲君故爲王已消則爲先王否消卦也故否乾爲先王也虞萃象注云享享祀也祀祭也故享亦云祭也帝出乎震故震爲帝震主器爲祭艮門闕爲廟坤爲牛四之二成坎伏离离爲戈兵故殺大牲二應五故以享帝立廟二之初上之三變正成旣濟二至五有噬嗑食象故云享帝立廟也蓋祭則鬼享之故以成旣濟爲象也享於帝立廟謂立新廟也享於帝者告於南郊而謚之渙否泰之交象嗣君正位繼體也

初六用拯馬壯吉　虞翻曰坎爲馬初失正動體大壯得位故拯馬壯吉悔亡之矣　疏　坎美脊故

爲馬。初陰失正，已動至四，體大壯，故吉。壯，拯。子夏傳作抍，取也。初應在四，互艮爲手，互坤爲用，四拯於初，初動得正，故拯馬壯而吉也。悔亡之矣四字蓋衍文，否則虞氏本經有悔亡字也。初不言渙者，拯之於早，不至於渙也。

象曰：初六之吉，順也。虞翻曰：承二，故順也。疏 二失正將變，互坤，初變正承之，坤爲順，故順也。

九二：渙奔其机，悔亡。虞翻曰：震爲奔，坎爲棘，爲矯輮，震爲足，輮棘有足，艮肱據之，憑机之象也。渙宗廟中，故設机。二失位，變得正，故渙奔其机，悔亡也。疏 互震足爲奔，九家易說卦曰坎爲叢棘，故爲棘，坎爲矯輮，震爲足，皆說卦文。矯輮棘木而有足，机之象，互艮手爲肱，據之憑机之象也。机與几通，春官司几筵掌五几五席之名物，皆廟中大朝覲、大饗射所用。二自四來，爲王假有廟，故設机。二失位有悔，變陰得正，故渙奔其机，悔亡也。

象曰：渙奔其机，得願也。虞翻曰：動而得位，故得願也。疏 坎心爲願，動而得乎正位，故得願也。

六三：渙其躬，无悔。荀爽曰：體中曰躬，謂渙三使承上，爲志在外，故无悔。疏 三在體中，否坤形爲

躬三與上應故謂三使承上上在外爲志在外故无悔愚案二已變坤形爲躬故曰渙其躬失正宜悔與上易位得正故无悔

象曰渙其躬志在外也王弼曰渙之爲義內險而外安者也散躬志外不固所守與剛合志故得无咎**疏**渙之爲義內坎水爲險外巽木乘舟爲安六三內不比二爲散躬外應上九爲志外內不固所守外與上剛合志故得无悔而曰志在外也愚案三在坎爲志志在與上易位各得其正故曰志在外也

六四渙其羣元吉虞翻曰謂二已變成坤坤三爻稱羣得位順五故元吉也**疏**二陽已變四互成坤物三稱羣故坤三爻稱羣四得正位上順承五故元吉也

渙有丘匪夷所思虞翻曰位半艮山故稱丘匪非也夷謂震四應在初三變坎爲思故匪夷所思也　盧氏曰自二居四離其羣侶渙其羣也得位承尊故元吉也互體有艮艮爲山丘渙羣雖則光大有丘則非平易故有匪夷之思也**疏**虞注互艮爲山四位山半故稱丘揚子曰邛陵學山而不至於山故山半稱丘也匪非古今字唐韻夷平也震爲大塗故夷謂震四互震也

四應在初，初二三皆不正，初二易位，三亦變正，坎爲思，故匪夷所思，謂有非夷之思也。虞注 自否二來居於四，離其羣侶，故曰渙其羣，四得正位，上承五尊，故元吉。呂氏春秋：渙者賢也，羣者衆也，元者吉之始也，渙其羣元吉者，其左多賢也。周語：人三爲衆。其左多賢者，亦謂坤三爻也。互三五爲艮，四在艮山之半，故稱丘。自二渙羣，雖有光大之象，至四有丘，則非平易之塗，故曰匪夷之思。愚案 否坤三陰爲羣，自二之四，則渙其羣矣。之四得位，則否散，故元吉。近互五成艮爲丘，遠互二成震爲夷。二陽失丘，已之舊位，故離羣而居山丘，震雖夷，匪所思也。

象曰：渙其羣元吉，光大也。 虞翻曰：謂三已變，三不正已變，四互成離，故四光大也。疏 離日爲光，故光大。

九五：渙汗其大號， 九家易曰：謂五建二爲諸侯，使下君國，故宣布號令，百姓被澤，若汗之出身，不還反也。此本否卦，體乾爲首，來下處二，成坎水，汗之象也。陽稱大，故曰渙汗其大號也。疏 五與二應，二互震爲侯，故謂五建二爲諸侯。否坤爲國，故使下君國。巽爲號令，故宣布號令。坤民爲百姓，否坎水爲澤，故百姓被澤。坤爲身，震爲出，故若汗之出身，不還反也。虞云否四之二，此云否乾首下處二，成坎水爲汗象，蓋謂上居二也。五乾陽爲大

故曰渙汗其大號

渙王居无咎荀爽曰布其德教王居其所故无咎矣疏渙散也故布其德教五位天子故王居其所當渙之時王居正位二變應五故无咎案王者居中以御撫臨四方謂之渙王居者逸禮有王居明堂篇又月令天子春居青陽夏居明堂秋居總章冬居元堂明堂者廟也艮爲廟亦爲門閭月則王居於門故閭之文爲王在門

象曰王居无咎正位也虞翻曰五爲王艮爲居正位居五四陰順命故王居无咎正位也疏五位天子故爲王艮爲門闕故爲居乾陽正位居五四陰承之二變應之順其命令故曰王居无咎正位也

上九渙其血去逖出无咎虞翻曰應在三坎爲血爲逖逖憂也二變爲觀坎象不見故其血去逖出无咎疏上應在三坎血卦爲血加憂爲逖逖借作惕漢書王商傳無怵惕憂作無怵慫憂惕逖慫古字通與小畜血去惕出同物故云逖憂也二變正應五體觀象坎血與逖毀壞不見故其血去逖出去險出險故无咎

象曰渙其血遠害也虞翻曰乾爲遠坤爲害體遯上故遠害也疏左傳曰天道遠故乾爲遠

坤陰慝爲害渙上即否上否上即遯上故體遯上遯象曰遠小人又遯亦訓遠故曰遠害也

序卦曰物不可以終离故受之以節崔憬曰离散之道不可終行當宜節止之故言物不可以終离受之以節**疏**否泰剝復天理循環故离散之道不可終行宜當節以止之庶渙者不終渙矣彖傳曰節以制度禮樂記曰天高地下萬物散殊而禮制行矣因高下散殊而制禮即渙受以節之義也

䷻ 兌下坎上

節亨虞翻曰泰三之五天地交也五當位以節中正以通故節亨也**疏**從三陽三陰之例卦自泰來故泰三之五以乾交坤故天地交也五得正互艮爲止節止也又艮爲堅多節故五當位以節得中得正體坎爲通故中正以通交故通通故亨也

苦節不可貞虞翻曰謂上也應在三三變成离火炎上作苦位在火上故苦節雖得位乘陽故不可貞**疏**上六言苦節故苦節謂上也上應在三三變互成离火炎上作苦洪範文三變至五离位在火上故言苦節上陰雖得正位然近乘五陽在上過節故不可貞

彖曰：節亨，剛柔分而剛得中。盧氏曰：此本泰卦，分乾九三升坤五，分坤六五下處乾三，是剛柔分而剛得中也。疏 泰卦上坤下乾，三、五易位，是剛柔分而天地交也。二、五皆剛得中，而五尤得正也。

苦節不可貞，其道窮也。虞翻曰：位極於上，乘陽，故窮也。疏 上六位極於上，下乘五陽，泰時已極，故道窮也。

說以行險，虞翻曰：兌說，坎險，震為行，故說以行險也。疏 內兌為說，外坎為險，互震為行，故說以行險也。

當位以節，中正以通，虞翻曰：中正謂五，坎為通也。疏 五得中得正，故中正。謂五，五體坎為通，故中正以通。

天地節而四時成，虞翻曰：泰乾天，坤地，震春，兌秋，坎冬，三動離為夏，故天地節而四時成也。疏 泰乾為天，坤為地，泰、節皆互震為春，節兌為秋，坎為冬，三變離為夏。天地之數以六十為節，故易卦至六十而為節。月有中氣，有節氣，節以損其過而歸之中，故天地節而四時成也。

節以制度，不傷財，不害民。虞翻曰：艮手稱制，坤數十為度，坤又為害，為民，為財，二動體剝，剝為傷，三出復位，成既濟定，坤剝不見，故節以制度，不傷財，不害民。疏 說文：制，裁也。裁物以手，體互艮，艮為手，故艮手稱制，舜典同。

律度量衡孔傳度丈尺也十寸爲尺十尺爲丈坤癸數十故爲度又坤陰慝爲害衆爲民富有爲財二動至五體象剝故爲傷三陽出復正位成旣濟定坤害剝傷毀滅不見故節以制度不傷財不害民三所以嗟若无咎也鄭氏云空府藏則傷財力役繁則害民二者奢泰之所致故節以制度則無傷財害民之事矣

象曰澤上有水節侯果曰澤上有水以隄防爲節疏隄防所以節水者也故澤上有水則以隄防爲節不節則潰矣**君子以制數度議德行**虞翻曰君子泰乾也艮止爲制坤爲度震爲議爲行乾爲德故以制數度議德行乾三之五爲制數度坤五之乾爲議德行也疏乾三爲君子故君子謂泰乾也艮手止故稱制坤十爲度故爲數度互震聲爲議震足爲行乾盛德爲德故以制數度議德行坤爲數度乾三之五成艮故爲制數度乾爲德行坤五之乾成震爲議德行也

初九不出戶庭无咎虞翻曰泰坤爲戶艮爲庭震爲出初得位應四故不出戶庭无咎矣疏泰坤闔戶爲戶節互艮門闕爲庭帝出乎震爲出初陽得位上應四陰爲戶庭初不變故不出戶庭比陽宜有咎得

正，故无咎矣。

象曰：不出戶庭，知通塞也。

虞翻曰：坎爲通，二變坤土壅初爲塞。　崔憬曰：爲節之始，有應於四，四爲坎險，不通之象，以節崇塞，雖不通可謂知通塞矣。戶庭，室庭也。慎密守節，故不出焉而无咎也。　案：初九應四，四互坎艮，艮爲門闕，四居艮中，是爲內戶，戶庭之象也。

【疏】虞注：應坎爲通，二變則互坤，土壅初爲塞，通塞皆節澤之道也。　崔注：初居節始，正應在四，四坎爲險，不通之象，不通則不宜崇塞而荷節以節其崇塞，雖不通可謂知通塞矣。蓋初本泰乾，繫上曰「乾以易知」，下曰「德行恒易以知險」，四在坎爲通，險則不通，互艮止爲塞，初陽守正不出，易以知險，故知通塞也。戶內有庭，卽室庭也。艮陽小爲慎，應艮故慎密不出，守節故无咎也。　案：初應四，互艮，四在艮中爲內戶，故曰戶庭。　愚案：節爲坎宮初世卦，初變成兌，塞其下流，左傳所謂「川壅爲澤」是也。象澤注水，故名曰節。初陽得正，取其不變，故不出戶庭无咎。下坎，通也，通而塞之，故曰知通塞也。

九二：不出門庭，凶。

虞翻曰：變而之坤，艮爲門庭，二失位，不變出門應五則凶，故言不出門庭凶矣。

【疏】二動成坤，上應五，艮爲門庭，二失正位，若不變而出門應五則凶。蓋初得正，不變故无咎；二失位，不變則不出門庭凶矣。**象曰：不出門庭凶，失時極也。**虞翻曰：極，中也。未變之正，失時極矣。疏說文：極，棟也。釋宮：棟謂之桴。郭注：即屋脊也。逸雅：棟，中也。居屋之中也。又周頌毛傳、天官鄭注皆云：極，中也。故云極中也。二位在中，失正，時當變而未變，故曰失時極也。

六三：不節若，則差若，无咎。虞翻曰：三，節家君子也。失位，故節若。嗟，哀號聲。震爲音聲，爲出。三動得正，而體离坎，涕流出目，故則嗟若。得位乘二，故无咎也。疏三本泰乾，乾三君子之位，故三爲節家君子也。三失位，當變成既濟定，則節若矣。不節，則嗟終當變也。釋詁：嗟，咨嗟也。故云哀號聲。震善鳴，爲聲音，故曰嗟。又三在兌口，亦爲嗟。萬物出乎震，爲出。三失位，動得正，體互坎离。坎水爲涕，流出离目，故則嗟若。失位宜咎，二已變，三變得位乘二，故无咎也。

象曰：不節之差，又誰咎也。王弼曰：若，辭也。以陰處陽，以柔乘剛，違節之道，以至哀嗟，自已所致，无所怨咎，故曰又誰咎矣。疏若辭也者，語助辭也。以六陰處三陽，以六柔乘二剛，不知節以制度而違其道，後浤已甚，禍將及已，必至哀嗟，咎由自取，又誰怨乎。愚案：三失正位，不節之嗟，懼有咎而自悔矣。變而得正，又誰咎乎。言八不能咎三者，以三變得正，故无咎也。

六四：安節亨。 虞翻曰：二已變，艮止坤安，得正承五，有應於初，故安節亨。【疏】二已變正，不言三。三變者，三節若其常也。互艮爲止，互坤靜爲安。三得正位，上承五陽，初陽正應，爲有應於初，故安節亨。

象曰：安節之亨，承上道也。 九家易曰：言四得正奉五，上通於君，故曰承上道也。【疏】五自乾升上居君位，四得正奉五，上通於君，乾爲道，故曰承上道也。

九五：甘節吉，往有尚。 虞翻曰：得正居中，坎爲美，故甘節吉。往謂二，二失正，變往應五，故往有尚也。【疏】以九居五，九爲得正，五爲得中。說文：甘，美也。坎美脊爲美，故爲甘節吉。二應五，自内曰往。二失正，變正上應於五，尚與上同，故往有尚。愚案：甘本作曰，於文口含一，物之甘美。兌爲口，上含坎之一陽，故取象焉。

象曰：甘節之吉，居位中也。 虞翻曰：艮爲居，五爲中，故居位中也。【疏】互艮止爲居，在五爲中，故曰居位中也。象傳曰：當位以節，中正以通，謂此爻也。

上六苦節貞凶悔亡虞翻曰二三變有兩離火炎上作苦故苦節乘陽故貞凶得位故悔亡干寶曰象稱苦節不可貞在此爻也稟險伏之教懷貪狠之志以苦節之性而遇甘節之主必受其誅華士少正卯之爻也故曰貞凶苦節既凶甘節志得故曰悔亡【疏】虞注二三易位成既濟體互兩离火性炎上作苦故上曰苦節上乘五陽雖貞亦凶六得正位其悔乃亡干注苦節雖貞亦凶故象曰苦節不可貞坎爲險又爲隱伏故稟險伏之教坎上戊子子主北方巽奉傳北方之情好也好行貪狠故懷貪狠之志上六苦節之性遇九五甘節之主以小人遇君子故必受其誅云華士少正卯之爻者家語孔子爲魯大司寇攝朝政七日而誅亂政大夫少正卯於兩觀之下故曰貞凶誅上者五也上既凶五志得故悔亡愚案此爻與大過上六過涉滅頂凶无咎同義蓋仗節死義之臣所守甚正所遇則凶然義實无咎如比干諫而死之類是也**象曰苦節貞凶其道窮也**荀爽曰乘陽於上无應於下故其道窮也【疏】五陽剛故乘陽於上三敵應故无應於下乘陽无應位極於上故曰其道窮也

序卦曰：節而信之，故受之以中孚。崔憬曰：節以制度，不傷財，不害民，則人信之，故言節而信之，故受之中孚也。疏坎孚爲信，節以制度，則人愛其利而信之矣，故受之以中孚。愚案：節有符節之義，八卦中唯澤水同物，分之則二，合之則一，且體坎爲信，互震爲竹，所謂若合符節是也，故曰節而信之，故受之以中孚。

䷼ 兌下巽上

中孚虞翻曰：訟四之初也。坎孚象在中，謂二也，故稱中孚。此當從四陽二陰之例，遯陰未及三，而大壯陽已至四，故從訟來。二在訟時，體离爲鶴，在坎陰中，有鳴鶴在陰之義也。疏訟四之初，成中孚，坎有孚爲孚，象在下中，故謂二也。二本訟坎，今在二中，坎象半見，故稱中孚。四陽二陰之例，當從遯、大壯來，但二陰在中，遯陰未及三，大壯陽已至四，不能兩爻並動以成之卦，故不從二卦來而從訟來。此與小過二陽在中，不從臨、觀來而從晉來同義也。二在訟時，體互离，飛鳥爲鶴，一陽在坎二陰中，故有鳴鶴在陰之義。此又以爻辭證卦從訟來也。**豚魚吉**

案坎爲豕訟四降初折坎稱豚初陰升四體巽爲魚中二孚信也謂二變應五化坤成邦故信及豚魚吉矣　虞氏以三至上體遯便以豚魚爲遯魚雖生曲象之巽見乃失化邦之中信也【疏】坎爲豕說卦文訟二坎豕也四降居初折坎爲豚說文豚小豕也初陰升四體巽爲魚震陽爲龍巽陰爲魚郭璞云魚者震之廢氣是也中下之中謂二也說文孚信也禮聘義孚尹旁達信也是其義也坤爲邦二變正應五故化坤成邦有中孚化邦之德則物无不格故信及豚魚吉矣虞氏之義以三至上體遯則巽魚在遯故爲遯魚遯弑父大壯陽來止之兌爲澤遯魚得澤故吉義亦可通李氏以爲曲象失化邦之中信故不取也　愚案爾雅翼鯢今之河豚冬至日輒至應中孚十一月卦信及豚魚河豚也又山海經鮐鮐之魚卽河豚魚也或曰豚魚生澤中而性好風向東則東風向西則西風舟人以之候風焉當其什百爲羣一浮一沒謂之拜風拜風之時見其背而不見其鼻鼻出於水則風立至矣中孚之爲卦也下兌而上巽當風與澤之閒而象之以豚魚互艮又爲鼻此象之至精者也存之以備一說

利涉大川

虞翻曰坎爲大川謂二已化邦三利出涉坎得正體渙渙舟楫象故利涉大川乘木舟虛也【疏】坎水爲大川二

巳變正應五，化坤爲邦，三陰失位，陽利動出，成坎，故云涉坎，得正，自二至上，下坎上巽，體渙象，舟楫之利，蓋取諸渙，故利涉大川，象傳曰乘木舟虛是也。

利貞。虞翻曰：謂二利之正而應五也。中孚以利貞，乃應於天也。疏 二變與五爲正應，故二利之正而應五也，即象傳所謂中孚以利貞乃應於天也。

彖曰：中孚，柔在內而剛得中，說而巽，孚。王肅曰：三、四在內，二、五得中，兌說而巽順，故孚也。疏 柔在內，謂三、四在內也。剛得中，謂二、五得中也。內兌說而外巽順，故孚也。按剛柔皆謂二也。二變應五，故柔在內。四外體，不得云四在內也。兌說謂二，巽孚謂五，故乃化邦也。

乃化邦也。虞翻曰：二化應五成坤，坤爲邦，故化邦也。疏 二變應五，五、三、四成坤，坤土爲邦，又坤化成物，故化邦也。

豚魚吉，信及豚魚也。荀爽曰：豚魚謂四、三也。四爲山陸，豚所處；三爲兌澤，魚所在。豚者卑賤，魚者幽隱，中信之道皆及之矣。疏 豚魚謂三四也者，四互艮爲山陸，山豚所處也，故豚謂四；三體爲兌澤，澤魚所在也，故魚謂三。豚者獸之卑賤，魚者蟲之幽隱。王氏云：爭競之道不興，中信之德淳著，則雖幽隱之物，信皆及之矣。

利涉大川

乘木舟虛也王肅曰：中孚之象，外實內虛，有似可乘虛木之舟也。疏 中孚之象，四陽在外爲實，二陰在內爲虛，有舟象焉，故曰有似可乘虛木之舟也。蓋三出體渙，故象舟楫而曰乘木舟虛也。

中孚以利貞，乃應乎天也虞翻曰：訟乾爲天，二動應乾，故乃應乎天也。疏 訟乾五爲天，二動之正，上應乎乾爲應天，故曰乃應乎天也。

象曰：澤上有風，中孚，崔憬曰：流風令於上，布澤惠於下，中孚之象也。疏 上巽爲風，故流風令於上；下兌爲澤，故布澤惠於下。上下交孚，中孚之象也。案：風生乎澤，風行澤上，以陽散陰；澤上有風，以陰應陽，中孚之義也。澤者恩澤，風者號令，議獄緩死之義。君子以議獄緩死。虞翻曰：君子謂乾也。訟坎爲獄，震爲議、爲緩，坤爲死。乾四之初，則二出坎獄，兌說震喜，坎獄不見，故議獄緩死也。疏 君子謂訟乾也。訟坎陷爲獄，震聲爲議，震木德寬仁爲緩，坤滅於乙爲死。訟乾四之初，兌成坎毀，則二互震爲出坎獄，兌爲說，震陽爲喜，坎象不見，故議獄緩死也。

初九虞吉有它不燕　荀爽曰虞安也初應於四宜自安虞无意於四則吉故曰虞吉也四者承五有它意於四則不安故曰有它不燕也　疏　士虞禮鄭目錄云虞安也初應於四彼此皆正故初宜安虞无意於四而不妄動則吉故曰虞吉四自訟初來上正承五若初有它意變不應四於四則不安故曰有它不燕釋詁燕安也詩鄭箋亦云燕安也燕與宴通故亦訓安也

象曰初九虞吉志未變也　荀爽曰初位潛藏未得變而應四也　疏　乾初九曰陽氣潛藏故初位潛藏與四正應故不得變而應四也　愚案訟坎爲志四已之初宜安其位不可有它故曰志未變也

九二鳴鶴在陰其子和之我有好爵吾與爾靡之　虞翻曰靡共也震爲鳴訟離爲鶴坎爲陰夜鶴知夜半故鳴鶴在陰二動成坤體益五艮爲子震巽同聲者相應故其子和之坤爲身故稱我吾謂五也離爲爵爵位也坤爲邦國五在艮閽寺庭闕之象故稱好爵五利二變之正應以故吾與爾靡之矣　疏　靡共也本孟喜易注互震善鳴爲鳴訟互離爲飛鳥故爲鶴又全體似離亦爲鶴坎在子中爲陰夜鶴知

夜半淮南子文夜半故鳴鶴在陰二動互坤爲母全體成益五體艮爲少子又說文卵孚也故有孚取鶴子之象中互震巽同聲相應故其子和之也坤形爲身故爲我二應五故吾謂五也孟子爲叢敺爵者鸇也注云爵鳥名說文爵禮器也所以飲器象爵者取其鳴節節足足也祭統曰尸飲五君洗玉爵獻卿尸飲七以瑤爵獻大夫尸飲九以散爵獻士及羣有司凡有爵於廟則有位於朝無位則无爵亦遂以位爲爵天官太宰以八柄詔王馭羣臣一曰爵即此義也蓋古者爵位取義於酒爵酒爵之義又取爵鳴節節足足訟南爲飛鳥故南爲爵而爵曰位也坤土爲邦國五位在艮有闕寺闕庭之象人臣食爵於朝故稱好爵以當作已五利二變正應已好爵與共故曰吾與爾靡之矣

象曰其子和之中心願也 虞翻曰坎爲心動得正應五故中心願也 **疏** 訟坎爲心動而得正上應五陽二在下中故曰中心願也

六三得敵或鼓或罷或泣或歌 荀爽曰三四俱陰故稱敵也四得位有位故鼓而歌三失位無實故罷而泣之也 **疏** 三四俱陰以陰承陰故稱敵以六居四爲得位有位故鼓而歌以六居三爲失

位陽爲實，失陽無實，故罷而泣之也。案上與四互震聲爲鼓，又互艮止爲罷，故或鼓或罷。下乘二，在訟坎爲泣，二變震聲爲歌，故或泣或歌。或之者，无常度也。以陰不中正故也。

象曰：或鼓或罷，位不當也。王弼曰：三、四俱陰，金、木異性，敵之謂也。以陰居陽，自彊而進，進而閡敵，故或鼓也。四履正位，非已敵所克，故或罷也。不勝而退，懼見侵陵，故或泣也。四履謙巽，三、四俱陰，兌不報讐敵，故或歌也。歌泣无恒，位不當也。疏 金巽木既異其性，金又剋木，故曰得敵。孔疏：欲進礙四，恐其害已，故或鼓而攻之。而四履正承尊，非已所勝，故或罷而退敗也。不勝而退，懼見侵陵，故或泣而憂悲也。四履於順，不與物校，退不見害，故或歌而歡樂也。進退无恒者，止爲不當其位，妄進故也。案三失位，不能自正，應在上，登天不下，與三易位，故曰位不當也。

六四：月幾望，馬匹亡，无咎。虞翻曰：訟坎爲月，離爲日，兌西震東，月在兌二，離在震三，日月象對，故月幾望。乾、坎兩馬匹，初、四易位，震爲奔走，體遯山中，乾、坎不見，故馬匹亡。初、四易位，故无咎矣。疏 訟坎爲月，謂二也。離爲日，謂四也。中孚體兌爲西，互震爲東。坎月在兌二，離日在震三，即訟四也。月西日東，兩象相對，故曰月幾望。幾，近也。不在二五，不正望，中孚坎离之合，故發此象。訟乾爲馬，坎亦爲馬，兩馬相匹。匹，配也。在訟乾四與坎初爲匹也。初四易位，四互震足爲奔走，二至上體遯，山中乾坎皆壞，故馬匹亡也。初四易位得正，故无咎矣。愚案：月至兑丁爲上弦，盈乾甲爲望。內體兑，四本訟乾，故月自兑丁至乾爲幾望，與小畜、歸妹同義。

象曰：馬匹亡，絶類上也。虞翻曰：訟初之四，體與上絶，故絶類上也。疏 四在上體，訟初之四，四卽之初，體與上絶，故馬匹亡。上謂乾，故絶類上也。

九五：有孚攣如，无咎。虞翻曰：孚，信也。謂二在坎爲孚，巽繩艮手，故攣。二使化爲邦，得正應已，故无咎也。疏 孚，信也，說文文。五應二，二在訟坎爲孚，五體巽爲繩，互艮，艮爲手，故曰攣。說文：攣，係也。凡拘牽連繫者皆曰攣。攣如者，蓋取中孚固結約束不可解之義也。二敵應有咎，故五攣二，使化坤爲邦，變正得位，上來應五，故无咎也。

象曰：有孚攣如，位正當也。案：以陽居五，有信攣二，使變已，是位正當也。疏 以陽居五，得中得正，故能有孚，下攣於二，使之變正應已，故曰位正當也。

上九：翰音登于天，貞凶。虞翻曰：巽爲雞，應在震，震爲音。翰，高也。巽爲高，乾爲天，故翰音登于天。失位，故貞凶。禮薦牲雞稱翰音也。疏巽爲雞，說卦文。應在互震，震善鳴，爲音。翰，高也者，卽王注所謂高飛是也。巽爲高，乾爲天，皆說卦文。體本訟乾，又上於三才爲天位，故曰翰音登于天。上失正位，故貞凶。曲禮曰：雞曰翰音。蓋祭宗廟所用，故云禮薦牲稱翰音也。案：體巽爲雞，雞鳴必振其羽，故有翰音之象。夫豚魚知風，鶴知夜半，雞知旦，皆物之有信者，故周禮雞人亦取乎義。然雞能鳴不能上飛，叫旦雖不失時，欲使羽翰之音登聞於天，豈能久乎？孟子所謂聲聞過情者也。三陰爲不義之應，上宜與三易位正，乎凶？卦辭利涉大川是也。

象曰：翰音登于天，何可長也？侯果曰：窮上失位，信不由中，以此申命，有聲無實，中實內喪，虛華外揚，是翰音登天也。巽爲雞，雞曰翰音，虛音登天，何可久也。疏陽窮於上，又失正位，所處過中，是信不由中者也。巽爲申命，以此申命，有虛聲而無實行。內應在三，三陰无實，故中實內喪。以陽居陰，處外卦之上，故虛華外揚，是翰音登天之象也。虛音登天，聲不能久，巽爲長，故曰何可長也。

周易集解篹疏卷二十三

同邑徐麟石庵校

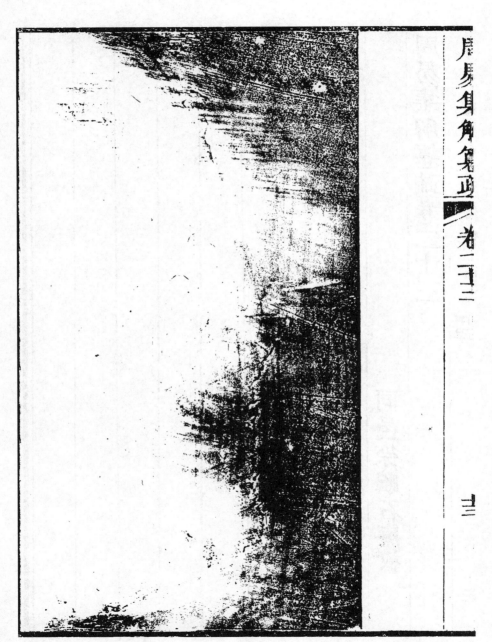

周易集解纂疏卷二十四

唐李鼎祚集解

安陸李道平遵王纂疏

序卦曰有其信者必行之故受之以小過 韓康伯曰守其信者則失貞而不諒之道而以信爲過也故曰小過 疏 孚爲信中孚爲有其信互震爲行故曰必行之又互艮止守之象也守其信而行則失貞而不諒之道所謂言必信行必果守硜硜之節而不知大體以信爲過者也可小事故曰小過

䷽ 艮下震上

小過亨利貞 虞翻曰晉上之三當從四陰二陽臨觀之例臨陽未至三而觀四已消也又有飛鳥之象故知從晉來杵臼之利蓋取諸此柔得中而應乾剛故亨五失正故利貞過以利貞與時行也 疏 晉上之三成小過從四陰二陽之例自臨觀來但二陽在中臨陽未至三而觀四已消不能兩爻並動以成之卦與訟四之初成中

孚同側也。晉體离爲飛鳥。從晉來者晉乾宮遊魂卦也。臨否泰具乾坤義。晉三象曰上行也虞彼注云此則成小過故有飛鳥之象焉。杵臼之利見頤鼠出入坎穴。蓋取諸此也。柔得中謂五也。乾剛謂五伏陽也。體震與巽同聲相應故柔得中而應乾剛。過恭過哀過儉過乎柔者也。然柔得中而應乾剛得乎禮之本意。嘉會足以合禮。故亨也。五陰失正。利變之貞故彖曰過以利貞與時行也。**可小事**虞翻曰小謂五晉坤爲事。柔得中故可小事也。【疏】五陰爲小。故小謂五也。晉坤發於事業爲事。五得中。故可小事也。**不可大事**虞翻曰大謂四。剛失位而不中。故不可大事也。【疏】大事謂四。四剛失位而不得中。故不可大事也。**飛鳥遺之音不宜上宜下大吉**虞翻曰离爲飛鳥。震爲音。艮爲止。晉上之三。离去震在。鳥飛而音止。故飛鳥遺之音。上陰乘陽。故不宜上。下陰順陽。故宜下大吉。俗說或以卦象二陽在內。四陰在外。有似飛鳥之象。妄矣。【疏】晉离爲雉。故爲飛鳥。小過震善鳴爲音。艮止爲止。晉上之三。离象毀。震艮象成。是鳥飛去而音止也。故曰飛鳥遺之音。遺存也。上陰乘四陽。謂五。故不宜上。謂五當變。下陰順三陽。謂二。故宜下大吉。謂二過其臣。俗說宋衷說也。易无此象。故曰妄矣。

一

彖曰：小過，小者過而亨也。過以利貞，與時行也。荀爽曰：陰稱小，謂四應初，過二而去；三應上，過五而去。五處中，見過不見應，故曰小者過而亨也。【疏】陽大陰小，故陰稱小。四應初，陰過二而去；三應上，陰過五而去。五處上中，見陰之過而不見陽之應，故曰小者過而亨也。案：小陰謂五，五過乎陽，而應乾剛，故過而亨。艮為時，震為行。過五利變之正，成咸。泰否相反，終則有始，與時偕行，故過以利貞，與時行也。

柔得中，是以小事吉也。虞翻曰：謂五也。陰稱小，故小事吉也。【疏】五柔得正，故謂五也。陰柔稱小，柔而得中，故小事吉也。

剛失位而不中，是以不可大事也。虞翻曰：謂四也。陽稱大，故不可大事也。【疏】剛失位，謂四也。陽剛稱大，失位不中，故不可大事也。

有飛鳥之象焉。飛鳥遺之音。宋衷曰：二陽在內，上下各陰，有似飛鳥舒翮之象，故曰飛鳥。震為聲音，飛而且鳴，鳥去而音止，故曰遺之音也。【疏】二陽在內，象鳥之身；四陰在外，象翅與足，有似飛鳥舒翮之象，故曰飛鳥。此即虞君所謂俗說也。震善鳴為聲音，飛而且鳴，謂震。鳥去而音止，謂艮，故曰遺之音。

不宜上，宜下，大吉。上

逆而下順也 王肅曰四五失位故曰上逆二三得正故曰下順也

疏 四陽五陰爲失位四五在上故曰上逆二陰三陽爲得正二三在下故曰下順也案陰在陽上爲逆故五宜正陰在陽下爲順故二不變

象曰山上有雷小過 侯果曰山大而雷小山上有雷小過於大故曰小過

疏 艮一陽在上陽爲大故曰山大震重陰在上陰爲小故曰雷小今山上有雷是小過於大也故曰小過愚案艮止所以節禮震動於上而過之陰過於陽故曰小過陰柔也過恭過哀過儉皆過於柔而不失乎禮之本者也其過爲小故君子以之

君子以行過乎恭 虞翻曰君子謂三也上貴三賤晉上之三震爲行故行過乎恭謂三致恭以存其位與謙三同義

疏 艮三即乾三乾三稱君子故君子謂三也上位貴三位賤晉上之三是貴下於賤也震足爲行故行過乎恭繫上曰謙也者致恭以存其位者也剝上之三成謙故與謙三同義

喪過乎哀 虞翻曰晉坤爲喪离爲目艮爲鼻坎爲涕洟震爲出涕洟出鼻目體大過遭死喪過乎哀也

疏 晉坤喪於乙爲喪又晉离爲目體艮互兌山澤通氣以虛受澤故爲鼻坎水爲涕洟萃上虞注云自目曰涕自鼻曰洟萬物出震爲出涕

洟出於鼻目爲哀自二至四體大過遭死象故喪過乎哀

用過乎儉

虞翻曰坤爲財用爲吝嗇艮爲止兌爲小小用止密雲不雨故用過乎儉也

疏 晉坤土生萬物爲財致役乎坤爲用故爲財用坤爲吝嗇說卦文兩體有艮爲止小過互兌少女爲小小謂五陰小用而止即六五密雲不雨之象也故用過乎儉

初六飛鳥以凶

虞翻曰應四离爲飛鳥上之三則四折入大過死故飛鳥以凶

疏 初應晉四离爲飛鳥晉上之三成艮互兌兌爲毀折故四折入大過死謂二至四體大過死象也故飛鳥以凶初失正利四來易位四死大過故以初凶也拔初在艮下當止失位故不止而飛宜下不宜上故凶也

象曰飛鳥以凶不可如何也

虞翻曰四死大過故不可如何也

疏 初應在四四死大過故不可如何也

六二過其祖遇其妣

虞翻曰祖謂祖母初也母死稱妣謂三坤爲喪爲母折入大過死故稱祖妣也二過初故過其祖五變三體姤遇故遇妣也

疏 對妣言故知謂祖母二過初故祖母謂初也說文妣歿母曲禮生曰父母死曰考妣故母死稱妣二遇三故妣謂三也晉坤爲喪爲母故二稱王母今上折入大過故稱祖妣

也。二在巽。三爲長女。三本晉坤。故三爲二母。死大過故稱妣也。初坤體之姤故爲祖母也。二在初上爲過初。故過其祖。五失位當變。二至五體姤。姤遇也。三在二上。故遇妣也。

不及其君遇其臣无咎

虞翻曰。五動爲君。晉坤爲臣。二之五。隔三艮爲止。故不及其君。止如承三得正體姤遇象。故過其臣无咎也。

【疏】二應五。五不正。五動陽出互乾爲君。晉內坤爲臣。二往應五。隔三互艮爲止。故不及其君。如與而過。近比艮止。止而承三。陰陽得正。體姤稱過。故過其君。小過之時順陽。故无咎也。

象曰不及其君臣不可過也

虞翻曰。體大過下止。舍巽下。故不可過。與隨三同義。

【疏】二至五體大過。下體艮。互體巽。二止舍巽下。五君隔於三艮。二臣不應。故臣不可過。隨家陰隨陽。六三之上无應。承四互艮。故係於四。小過之時。陰過陽以順陽爲吉。故與隨三同義。

九三弗過防之從或戕之凶

虞翻曰。防防四也。失位從或。而欲折之。初戕殺也。离爲戈兵。三從离上入坤。折四死大過中。故從或戕之凶也。

【疏】尋虞義當作弗過句。防之句。從或句。戕之凶句。防防四者謂三弗過四應上而防四也四失位應初故從或而欲折之初或即初也宣十八年公羊傳戕鄫子于鄫者何殘賤而殺之也故云戕殺也晉离爲戈兵故爲戕三從离上入坤成小過折四至二象死大過中故從或戕之凶也凶謂四也四之凶不當見於三三謂三不防四四折之初則體飛鳥而成明夷三离災眚故致凶耳

象曰從或戕之凶如何也

虞翻曰三來戕四故凶如何也**疏**三不防四四從初受傷是三來戕四而三亦受傷故凶如何也

九四无咎弗過遇之

九家易曰以陽居陰行過乎恭今雖失位進則遇五故无咎也四體震動位旣不正當動上居五不復過五故曰弗過遇之矣**疏**以九居四爲陽居陰行過乎恭失位有咎今進而遇五得正故无咎四體震初爲動位旣不正當動而上居於五不復過五而遇五故曰弗過遇之矣　愚案失位咎也下正應初故无咎然亦不義之應也故四弗過三之初而待五陽反正體姤爲遇故曰弗過遇之

往厲必戒勿用永貞

荀爽曰四往危五戒備於三故曰往厲必戒也勿長居四當動上五故曰勿用永貞**疏**四陽

不正。往必危五。戒備於三者。謂三當防四。故曰往厲必戒也。然長居於四。失位非宜。故勿長居於四當動而上五。故曰勿用永貞。　愚案四有正應。五陽當自出得正應二。四往五。失應則危。故必戒也。待五正然後初四易位成既濟定。四之初則潛龍勿用之爻也。既濟定則永得其正。故曰勿用永貞。**象曰：弗過遇之，位不當也。往厲必戒，終不可長也。**虞翻曰：體否上傾，故終不可長矣。疏四失位，故常欲過三之初。五正體否。否上象曰否終則傾，何可長也。又體巽為長。故終不可長也。

六五：密雲不雨，自我西郊。虞翻曰：密，小也。晉坎在天為雲，墜地成雨。上來之三，折坎入兌。小為密。坤為自我。兌為西。五動乾為郊。故密雲不雨，自我西郊也。疏小畜、小過皆稱密雲。故云密，小也。互兌少女。故稱小也。晉互坎。水在天為雲。如需雲上于天是也。墜地成雨。如解雷雨作是也。晉上之三，變坎成兌。兌小，故為密。坤形為自，為我。故為自我。兌方伯正西卦。故為西。五動互乾。乾西北。野外稱郊。故密雲不雨，自我西郊。不雨者，體互巽艮。艮止而風散之也。

公弋取彼在穴。虞翻曰：公謂三也。弋，繒繳射也。坎為弓彈。离為鳥。矢弋無矢也巽繩連鳥弋人鳥之象艮爲手二爲穴手入穴中故公弋取彼在穴也【疏】爻例三爲公位故公謂三也夏官司弓矢矰矢茀矢用諸弋射鄭注結繳於矢謂之矰矢故云弋矰繳射也晉坎爲弓輪故爲弓彈离爲飛鳥又爲戈兵故爲鳥矢謂三弋取初而正四成既濟亦體具坎离也无當作弓言弋者用弓矢也又互巽繩連繫於鳥是弋人取鳥之象也人下當脫取字三艮爲手二互巽伏艮山下陰爻兩畫爲穴初在穴中艮手入穴中故公弋取彼在穴也　愚案五在晉爲互坎上坎爲雲故曰密雲晉上之三下坎爲雨坎象毀故不雨五不正四亦不正四互兌爲西陰過而上由四過五故自我西郊尋小過象取飛鳥初凶失正在穴之鳥也五變正三爲公位上承五志取初易閒時六爻皆正五陰小過故密雲不雨利變得正故使三取初易四密雲不雨卽不宜上弋彼在穴卽宜下大吉也蓋小過取象在五故爻辭與卦辭同義

象曰密雲不雨已上也虞翻曰謂三坎水已之上六故已上也【疏】晉三坎水已之上六故不雨

上六弗遇過之飛鳥離之凶是謂災眚虞翻曰謂四已變之坤上得之三故

弗過過之。离爲飛鳥。公弋得之。鳥下入艮手而死。故飛鳥離之凶。晉坎爲災眚。故是謂災眚矣。【疏】四失正。已變之坤。故上得之三。謂上弗待五正遇三。而過五應三。故弗遇過之。上在晉體离爲飛鳥。之三爲公位。故公弋得之。上爲飛鳥。下居於三。入坤死而成艮手。是鳥下大艮手而死也。故飛鳥離之凶矣。離如鴻則離之之離也。三在晉互坎爲災眚。今居於上。故是謂災眚。案二五居中。三上已過。故皆凶。

象曰：弗遇過之，已亢也。虞翻曰。飛下稱亢。晉上之三。已亢也。【疏】說文頏人頸也。本作亢。是頏亢古字通。也。邶風頡之頏之。毛傳飛而上曰頡。飛而下曰頏。故曰飛下稱亢。晉上飛而下。三不與上應。故曰已亢也。陽言亢。陰不言亢。故不從俗說也。

序卦曰：有過物者必濟，故受之以既濟。韓康伯曰行過乎恭禮過乎儉可以矯世厲俗有所濟也【疏】小過之過論語所謂觀過斯知仁矣之過也如行過乎恭喪過乎哀用過乎儉皆過所當過而不失乎禮之本者也故可以矯世厲俗有所濟也蓋大過必至於陷故受之以坎小過或有可觀故受之以既濟

䷾ 離下 坎上

既濟亨小利貞 虞翻曰泰五之二小謂二也柔得中故亨小六爻得位各正性命保合太和故利貞矣

【疏】三陽三陰之卦自泰來故泰五之二陽大陰小二陰故小謂二也於例當二之五而五之二者泰坤女主下交於二故卦主柔得中而亨小也六爻陰陽各正故云得位六爻正則陰陽和矣各正性命保合太和乾彖傳文貞者正也利和也各正故貞太和故利貞即乾彖傳所謂乃利貞也

初吉 虞翻曰初始也謂泰乾乾知大始故稱初坤五之乾二得正處中故初吉柔得中也

【疏】初始也說文文初始於乾故初謂泰乾乾知大始繫上文九家易彼注云始謂乾稟元氣萬物資始故稱初也坤五下之乾二得正處中始无不吉故初吉彖傳曰柔得中是也

終亂 虞翻曰泰坤稱亂二上之五終止於泰則反成否子弒其父臣弒其君天下无邦終窮成坤故亂其道窮

【疏】坤代終稱終上終於坤故泰坤稱亂坤陰消故亂既濟者已濟也其濟在泰至既濟而盡盡則二復於五終止於泰而反成否遯艮子弒父否坤臣弒君否彖曰天下无邦是終窮於上變坤成亂故彖曰其道窮也

彖曰：既濟亨，小者亨也。荀爽曰：天地既交，陽升陰降，故小者亨也。【疏】泰本天地交也。既濟則陰陽又交，二陽升於五，五陰降於二，二陰得正，故稱小者。交故通，通故亨也。**利貞，剛柔正而位當也。**侯果曰：此本泰卦，六五降二，九二升五，是剛柔正當位也。【疏】卦自泰來，五降二升，是剛柔各正，而陰陽位當也。**初吉，柔得中也。**虞翻曰：中謂二。【疏】二在下中，故中謂二也。**終止則亂，其道窮也。**虞翻曰：反否終坤，故其道窮也。侯果曰：剛得正，柔得中，故初吉也。正有終極，濟有息止，止則窮亂，故曰終止則亂，其道窮也。一曰：殷亡周興之卦也。成湯應天，初吉也；商辛毒痛，終止也。由止，故物亂而窮也。物不可窮，窮則復始，周受其未濟而興焉。乾鑿度曰：既濟、未濟者，所以明戒慎，全王道也。【疏】虞注：泰極反否，終成坤亂。乾爲道，坤爲窮，乾極反坤，故其道窮也。侯注：剛皆得正，二柔得中，故初吉。正極必反，故正有終極。濟極必衰，故濟有息止。濟止則窮亂生焉，故曰終止則亂，其道窮也。謂殷亡周興之卦也者，成湯奉若天命，是初吉也；商辛毒痛四海，是終止也。終止則物亂而道窮也。濟極必窮，窮極復始，否泰循環，自然之運。周承殷後，受其未濟而興焉。乾鑿度曰既濟未濟爲最終者所以明戒愼而存王道鄭彼注云夫物不可窮理不可極故王者亦常則天而行與時消息不可安而忘危存而忘亡未濟亦無窮極之謂者也

象曰水在火上既濟君子以思患而豫防之荀爽曰六爻既正必當復亂故君子象之思患而豫防之治不忘亂也【疏】治亂相循自然之運故六爻既正必當復亂亂者患也君子象之思患之必至而豫爲防之繫下所謂治不忘亂者也

案水性趨下火性炎上水在火上則相濟以成其用故曰既濟不相濟則患生焉君子謂泰乾三也坤亂爲患既濟坎心爲患泰天地交物所以濟終止則亂乾九三曰君子終日乾乾夕惕若使二升五以正坤故曰思患而豫防之謂防否也

初九曳其輪濡其尾无咎象曰曳其輪義无咎也宋衷曰离者兩陽一陰陰方陽圓輿輪之象也其一在坎中以火入水必敗故曰曳其輪也初在後稱尾尾濡輪曳咎也得正有應於義可以危而无咎矣【疏】內體离离兩陽一陰之卦也考工記輪崇輿廣鄭注云載物爲輿行地爲輪輿方象

陰輪圓象陽故云輿輪之象也二三四互坎三在坎中以火入水必敗之象故曰曳其輪也爻例上爲首初在下爲尾尾濡輪曳爲曳似咎初得正四有應雖危无咎矣案說卦曰坎爲輪爲曳宋彼注云水摩地而行曰曳故曰曳其輪泰初在否爲四否四體艮爲狐爲尾未濟之小狐濡其尾是也初應在四之歷坎水坎水爲濡故曳其輪濡其尾濡曳咎也得正故无咎既濟六爻各正不取相應雖二五亦然故二主承三也

六二婦喪其髴勿逐七日得　虞翻曰离爲婦泰坤爲喪髴髮謂鬒髮也一名婦人之首飾坎爲玄雲故稱髴詩曰鬒髮如雲乾爲首坎爲美五取乾二之坤爲坎坎爲盜故婦喪其髴泰震爲七故勿逐七日得與睽喪馬勿逐同義髴或作茀俗說以髴爲婦人蔽膝之茀非也

疏　离中女故爲婦泰坤喪於乙爲喪其髴從子夏傳也髴髮謂鬒髮言鬒黑髮也一名婦人之首飾者所謂被后夫人之燕服也上坎爲雲又坎水北方色黑故云元雲稱髴者如詩鄘風曰鬒髮如雲是也泰乾爲首既濟坎美脊爲美五取乾二之坤成坎說卦坎爲盜故婦喪其髴泰震謂三也繫上曰天七謂庚也震納庚故震爲七震足爲逐离成震毀故勿逐离爲日震變爲雷二又

互坎故七日得得其鬊者言當順三也睽初喪坎馬得震馬故與喪馬勿逐同義也鬊諸本皆作茀或作第作茀作髴荀作紱又云以鬊爲婦人蔽膝卦无膝象故知非也

象曰七日得以中道也

王肅曰體柔應五履順承剛婦人之義也鬊首飾坎爲盜离爲婦喪其鬊鄰於盜也勿逐自得履中道也二五相應故七日得也

疏 二體柔上應五體柔爲履順應五爲承剛二順五剛婦人之義也鬊首飾馬君義也外坎爲盜內离爲婦內婦喪鬊外鄰坎盜也勿逐自得者以二履中道也二五相應以二加五爲七故七日得也 案二中宜柔道乃然也

九三高宗伐鬼方三年克之小人勿用

虞翻曰高宗殷王武丁鬼方國名乾爲高宗坤爲鬼方乾二之坤五故高宗伐鬼方坤爲年位在三故三年坤爲小人二上克五故三年克之小人勿用

象曰憊也

干寶曰高宗殷中興之君鬼方北方國也高宗嘗伐鬼方三年而後克之离爲戈兵故稱伐坎當北方故稱鬼在既濟之家而述先代之功以明周因於殷有所弗革也

疏 虞注喪服四制武丁者殷之賢王也繼

中既屬十月今言九月未詳

世郎位而慈良於喪當此之時殷衰而復興禮廢而復起故善之善之故載之書中而高之故謂之高宗故云高宗殷王武丁也乾鑿度曰九月之時陽失正位盛德既衰而九三得正下降能終其道濟成萬物猶殷道中衰王道陵遲至於高宗內理其國以得民心扶救衰微伐征遠方三年而惡消滅成王道殷人高而宗之文王挺以校易勸德也泰乾爲君三在震帝君配天故稱高宗後漢書西羌傳殷室中衰諸侯皆叛至高宗征西戎鬼方三年乃克或曰鬼方南方之國國語九黎亂德民神雜糅又曰三苗復九黎之德是以三苗爲鬼方也干氏又以爲北方國詩大雅覃及鬼方毛傳鬼方遠方也漢書匡衡傳成湯化夷俗而懷鬼方應劭云鬼方遠方也於西於南於北皆無所指坤死爲鬼鬼至靜德方爲方故爲鬼方乾二上之坤五故高宗伐鬼方三爲高宗卷既濟泰乾之坤以乾爲君乾三得位使二上五征坤故三爲高宗象曰君子思患而豫防之謂三也曰周爲歲陽也月十二會爲年陰也故坤爲年爻位在三三故曰三年坤陰爲小人小人謂上也二上克五亦三爻故三年克之坤小人又爲用坤象不見故小人勿用坎爲勞卦故象曰憊也　干注　殷衰而復興故云高宗殷中興之君坎在北故云鬼方北方國也內體離爲戈兵

故稱伐外體坎位北方陰象故稱鬼乾爲先既濟三在乾故云述先代之功後漢書文曰季歷遂伐西落鬼戎故云以明周因於殷有所弗華也

象曰三年克之憊也

侯果曰伐鬼方者興衰除闇之征也上六闇極九三征之三舉方及故曰三年克之興役動衆聖猶疲憊則非小人能爲故曰小人勿用　虞翻曰坎爲勞故憊也

疏 侯注　三陽體剛則能興衰在离爲明則能除闇故伐鬼方者興衰除闇之征也六陰爲闇處上爲極三往征之自四至上三舉方及故曰三年克之泰上體坤致役乎坤爲役坤三體爲衆稱衆又互震起而興爲動故云興役動衆聖人當此猶有疲憊況小人乎故曰小人勿用　虞注　坎勞卦故爲勞疲極曰憊勞故憊也

六四繻有衣袽終日戒

虞翻曰乾爲衣故稱繻袽敗衣也乾二之五衣象裂壞故繻有衣袽离爲日坎爲盜在兩坎閒故終日戒謂伐鬼方三年乃克旅人憊勞衣服皆敗鬼方之民猶或寇竊故終日戒也

疏 乾爲衣九家說卦文繻子夏傳作襦故稱繻也袽敗衣玉篇袾御敝衣是也乾二之五乾象不見故衣象裂壞而曰繻有衣袽內离爲日外坎爲盜互离在兩坎之閒故終日戒也言遠征憊勞衣服已敗猶有鬼方寇盜之虞故

終日戒也案說文采繒爲繻倣衣爲袽引易辭繻有衣袽爲證夫繻有衣袽者謂采繒而繼以敗衣巳盛將衰既濟過中之象也可不終日戒乎泰乾衣互兌兌爲毀折又离成乾毀故有衣袽之象离爲日四出离外有終日之象蓋三定既濟之難四則既濟不可恃故終日戒也

象曰終日戒有所疑也

盧氏曰繻者布帛端末之識也袽者殘幣帛可拂拭器物也繻有爲衣袽之道也四處明闇之際貴賤无恒猶或爲衣或爲袽也履多懼之地上承帝主故終日戒愼有所疑懼也

疏漢書終軍傳關吏與軍繻蘇林云繻帛邊也舊關出入皆以傳傳還因裂繻頭合以符信也繻頭帛邊即端末之識也袽者殘幣帛即虞氏敗衣之意也帛殘祗可供拂拭器物之用也繻新則爲衣敗則爲袽故云有爲衣袽之道也离中虛爲一明坎中實爲闇故四處明闇之際衣貴袽賤故貴賤无恒一物而可貴可賤故猶或爲衣或爲袽也四多懼故履多懼之地五位天子故上承帝主近尊多懼故終日戒愼處兩坎之閒坎心爲疑故有所疑懼也

九五東鄰殺牛不如西鄰之禴祭實受其福

虞翻曰泰震爲東兌爲西

坤爲牛震動五殺坤故東鄰殺牛在坎多眚爲陰所乘故
不如西鄰之禴祭禴夏祭也离爲夏兌動二體离明得正
承五順三故實受
其福吉大來也【疏】泰互震爲東互兌爲西東西稱鄰震
動至五成陽互兌金爲殺坤故曰東
鄰殺牛既濟五在坎爲多眚爲上陰所乘故不如西鄰之
禴祭五在震爲東鄰二在兌爲西鄰泰成既濟四時象正
左傳國之大事在祀與戎故三言伐鬼方五言祭祀也禴
同礿爾雅夏祭曰礿春官宗伯以禴夏享先王故曰禴夏
祭也离南方之卦於時爲夏泰二互兌二動體离爲明二
陰得正上承五陽近順三陽陽實陰虛又乾陽爲福故實
受其福蓋五當既濟之盛而陷乎險不如二當始
濟之時麗乎文明爲實受其福故象曰吉大來也

象曰東鄰殺牛不如西鄰之時也

崔憬曰居中當位於既濟之時
則當是周受命之日也五坎爲
月月出西方西鄰之謂也二應在离离爲日日出東方東
鄰之謂也离又爲牛坎水克离火東鄰殺牛之象禴殷春
祭之名案尚書克殷之歲厥四月哉生明王來自商至于
豐丁未祀于周廟四月殷之三月春也則明西鄰之禴祭
得其時而【疏】五爲居中當位處既濟而履尊位是周
受祉福也【疏】受命之日也五在坎爲月既祭義曰月生於西

故月出西方，西鄰之謂也。五與二應，二在南爲日，祭義曰日生於東，故日出東方，東鄰之謂也。九家說卦离爲牝牛，故又爲牛。五坎水，下克离火，東鄰殺牛之象也。王制天子四時之祭，春曰礿。鄭氏以爲夏殷之禮，故曰禴。殷春祭之名，厥四月至祀于周廟，皆書武成文，引之以明周四月卽殷之三月，春時也。言周克殷之歲，四月祀廟，是西鄰之禴得其時，而受福祉也。按既濟亨小，故西鄰時也。

實受其福，吉大來也。 盧氏曰：明鬼亨德不亨味也，故德厚者吉大來也。疏 書君陳：黍稷非馨，明德惟馨。故亨德不亨味，德厚則吉大來也。按乾爲福，故實受其福；陽爲大，故吉大來也。

上六：濡其首，厲。 虞翻曰：乾爲首，五從二上在坎中，故濡其首，厲。位極乘陽，故何可久。疏 五自乾來，故乾爲首。五從二上成坎爲水，故濡其首。濟極終亂，故厲也。位極乘陽，象上濡五。濟不可久，泰所以終否也。

象曰：濡其首厲，何可久也。 荀爽曰：居上濡五，處高居盛，必當復危，故曰何可久也。疏 居坎之上，下濡五陽，處高位而居極盛，泰極必否，故云必當復危。乾爲久，故曰何可久，卽終亂之義也。

序卦曰物不可窮也故受之以未濟終焉崔憬曰夫易之為道窮則變變則通而以未濟終者亦物不可窮也【疏】易窮則變變則通繫下文陸績彼注云陰窮則變為陽陽窮則變為陰天之道也夫陰陽變化往來不窮故變則通矣既濟必盛盛極必衰於數窮之時而得變通之道故受之未濟以明物不可窮也蓋未濟冬十一月卦也於時天地閉藏而萬物發生之機已伏君子知之故制治於未亂保邦於未危因鑒既濟之凶常存未濟之心書所謂滿招損謙受益家語所謂滿則覆中則正虛則欹者皆此義也如是則窮不終窮而天下國家可長保矣六十四卦終以未濟聖人示戒之意深矣哉

䷿ 坎下离上

未濟亨虞翻曰否二之五也柔得中天地交故亨濟成也六爻皆錯故稱未濟也【疏】三陰三陽之卦自否來故否二之五也柔在五為得中二五易位是天地交交故通通故亨書君陳必有忍其乃有濟孔傳必有所含忍其乃有所成故云濟成也六爻陰陽失位故云皆錯錯故稱未濟也小狐汔濟虞翻曰否艮為小狐汔幾

也濟濟渡狐濟幾渡而濡其尾未出中也疏說卦艮爲小石九家說卦艮爲狐故云否艮爲小狐謂四也詩民勞曰汔可小康鄭箋汔幾也楊子方言過渡謂之涉濟故云濟濟渡也艮爲狐二上之五五未成坎水坎心爲疑狐性疑幾渡而坎水濡二故曰濡其尾象曰未出中者未出下中也濡尾故未濟古諺云狐欲渡河無奈尾何即汔濟濡尾之義也

濡其尾无攸利

虞翻曰艮爲尾狐獸之長尾者也尾謂二在坎水中故濡其尾失位故无攸利不續終也　干寶曰坎爲狐說文曰汔涸也案剛柔失正故未濟也五居中應剛故亨也小狐力弱汔乃可濟水既未涸而乃濟之故尾濡而无所利也疏虞注　黠喙之屬多長尾故艮爲尾而狐尾尤長否二至四互艮爲狐故尾謂二二在坎水中故曰濡其尾初陰失位故无攸利未濟非可終之道故象曰不續終也干注坎爲狐九家說卦文說文汔小涸也六爻剛柔失正故曰未濟五柔居中下應二剛故亨小狐力弱涸而後濟水未涸而濟之故濡其尾而无所利也

象曰未濟亨柔得中也

荀爽曰柔上居五與陽合同故亨也疏否二柔上居五五陽位故

與陽合同天地交，故亨也。

小狐汔濟，未出中也。

虞翻曰：謂二未變在坎中也。干寶曰：狐，野獸之妖者，以喻祿父。中謂二也，困而猶處中，故也。此以託紂雖亡國，祿父猶得封矣。

疏　虞注「二」以上體既濟，故幾濟也。二未變在坎中，故曰未出中也。干注：說文：狐，妖獸也。故云狐野獸之妖者。祿父紂子，其位不正，故以喻祿父。二在下中，故中謂二也。困而處中，故未出中也。史記殷世家：武王已克殷，復以殷餘民封紂子武庚祿父，比諸侯以奉其先祀，故云此以託紂雖亡國，祿父猶得封矣。

濡其尾，无攸利，不續終也。

虞翻曰：否陰消陽，至剝終坤，終止則亂，其道窮也。乾五之二，坤殺不行，故不續終也。干寶曰：言祿父不能敬奉天命，以續既終之禮，謂叛而被誅也。

疏　虞注：否陰消卦也。陰之消陽，至剝而陰盛終坤，而亂成既濟。象傳曰：終止則亂，其道窮也。即反否終坤之謂也。坤弒為殺。否乾五之坤二，坤象不見，故坤殺不行，而曰不續終也。戰國策：易曰：狐濡其尾。此言始之易，終之難也。坤終不見，故不續終也。案序卦曰：受之以未濟終焉。既濟卦辭曰：初吉終亂。終不謂上也。既濟自以濡首終，未濟自以濡尾終，不相續，故曰不續終也。干注以濡祿父紂子也，受周之封，不能敬奉天命以續商家既終之祀宜其叛而被誅无攸利也**雖不當位剛柔應也**荀爽曰雖剛柔相應而不以正由未能濟也干寶曰六爻皆相應故微子更得爲客也【疏】荀注剛柔雖應而交皆不正不義之應由未能濟重釋未濟之義也干注未濟之世義不續終然六爻陰陽皆應雖不當位猶有終而復續之理書序成王既黜殷命殺武庚命微子啓代殷後作微子之命詩序有客微子來見廟也故云微子更得爲客也

象曰火在水上未濟侯果曰火性炎上水性潤下雖復同體功不相成所以未濟也故君子愼辨物宜居之以道令其功用相得則物咸濟矣【疏】洪範曰火曰炎上水曰潤下其性相反雖同居一體之中然火在水上不能成烹飪之功所以名未濟也故君子象之愼辨物宜而居之以道令水火相交功用相得則物各咸宜未濟者可濟矣**君子以愼辨物居方**虞翻曰君子否乾也艮爲愼辨辨別也物謂乾陽物也坤陰也艮爲居坤爲方乾別五以居坤二故以愼辨物居方也【疏】陽爲君子故君子謂否乾也艮陽小爲愼說文辨判也取判別之義故云辨別也乾陽物也坤陰物也繫下文陰下當脫物字艮止爲居坤至靜而德方爲方乾上

別五下居坤乙故以愼辨物居方令各得其所也以陽爲主故乾別五也又繫上曰方以類聚物以羣分卦之類聚者至乾坤極矣卦之羣分者至既未濟物亦極矣未濟殿六十四卦之終故特舉類聚羣分之義以發其凡也

初六濡其尾吝虞翻曰應在四故濡其尾失位故吝【疏】初應在四四在否艮故爲尾四居互坎之中坎爲水故濡其尾初陰居陽失位故吝

象曰濡其尾亦不知極也案四在五後故稱尾極中也謂四居坎中以濡其尾是不知極也【疏】初應四四在五後故稱尾說文極棟也逸雅棟中也居屋之中也故極訓中也四居互坎之中水濡其尾是不知極言不知陷於坎中也

九二曳其輪貞吉姚信曰坎爲曳爲輪兩陰夾陽輪之象也二應於五而隔於四止而據初故曳其輪處中而行故曰貞吉干寶曰坎爲輪離爲牛牛曳輪上以承五命猶東蕃之諸侯共攻三監以康周道故曰貞吉也【疏】姚注坎爲曳爲輪說卦文坎兩陰在外一陽在中輪之象也二應於五而中隔於四且未濟之家不正相應故皆不取應爻正而據初故曳其輪也雖不得位處中而行亦貞吉也干注內坎爲輪外坤牝牛爲

牛，离牛，曳坎輪。二上應五，故云上承五命。史記殷世家：武王封紂子武庚祿父，乃令其弟管叔、蔡叔傅相武庚。武王既崩，管叔、蔡叔疑周公，乃與武庚作亂。周公以成王命興師伐殷，殺武庚、管叔，放蔡叔，以武庚殷餘民封康叔爲衛君。此東藩諸侯共攻三監，以康周道之事也，故曰貞吉。

象曰：九二貞吉，中以行正也。虞翻曰：謂初已正，二動成震，故行正。疏 六爻當反之正，初已變正，二動成震，震足爲行，故曰中以行正也。

六三：未濟，征凶，利涉大川。荀爽曰：未濟者，未成也。女在外，男在內，婚姻未成，征上從四則凶，利下從坎，故利涉大川矣。疏 濟者，成也。未濟者，言陰陽不當，婚姻未成也。离中女在外，坎中男在內，陰陽易位，是婚姻未成之象也。男女不正。雜卦：未濟，男之窮也。故三往從四則凶，利下從坎，坎爲大川，故利涉大川矣。挍三在兩坎之中，故獨象未濟。陸行爲征，水行爲涉。三既失位，初二爻不變正，震足大塗不見，故征凶。內坎接外坎，故利涉大川。

象曰：未濟征凶，位不當也。干寶曰：吉凶者，言乎其失得也。祿父反叛，管蔡與亂，兵連三年，誅及骨肉，故曰未濟征凶。平克四國，以濟大難，故曰利涉大川。坎也以六居三，不當其位，猶周公以臣而君故流言作矣**疏**吉凶者言乎其失得也繫上文虞注得正言吉失正言凶是也武庚祿父叛周管叔蔡叔實與其亂周公誅祿父管叔詩東征曰自我不見于今三年故云兵連三年誅及骨肉此未濟所以征凶也周公滅殷並及三監故云克平四國以濟大難體坎爲川故利涉大川也六三以陰居陽爲不當其位猶周公居攝以臣代君故流言作而有東征之凶也　按六爻皆不當位三言未濟故於此爻發之

九四貞吉悔亡虞翻曰動正得位故吉而悔亡矣**疏**四失正變而之正爲得位故吉而悔亡

震用伐鬼方三年有賞于大邦虞翻曰變之震體師坤爲鬼方故震用伐鬼方坤爲年爲大邦陽稱賞四在坤中體既濟离三故三年有賞于大邦**疏**四變五二三爲震故云變之震自初至五體師象坤爲鬼方釋見既濟故曰震用伐鬼方坤爲年亦見既濟坤眾故爲大邦司勳掌於夏官管子曰夏賞五德故陽稱賞四於變坤中在既濟离三故三年有賞于大邦　愚案既濟稱高宗伐鬼方此不言高宗高宗殷主也又何大邦有賞焉考後漢書西羌傳曰高宗征西戎鬼方三年乃克此即既濟高宗伐鬼方是也又曰武乙暴虐犬戎寇邊

周古公踰梁山而避於岐下，及子季歷遂伐西落鬼戎。章懷引竹書注之曰：武乙三十五年，周王季歷伐西落鬼戎，俘二十翟王。據此，則震用伐鬼方，當指季歷无疑。蓋四變互震爲侯，故曰震用。又紀年稱周公季歷來朝，王賜地三十里、玉十瑴、馬十匹，故曰三年有賞于大邦。卽干氏既濟注亦云：周因於殷，有所弗革。意謂此也。

象曰：貞吉悔亡，志行也。

案：坎爲志，震爲行。四坎變震，故志行也。

疏　互坎爲志，變震爲行，故志行也。

六五：貞吉，无悔。

虞翻曰：之正則吉，故貞吉无悔。

疏　五失位，互坎心爲悔，變正則吉，故貞吉无悔。

君子之光，有孚，吉。

虞翻曰：動之乾，離爲光，故君子之光也。孚謂二，二變應已，得有之，故有孚吉。坎稱孚也。

干寶曰：以六居五，周公攝政之象也，故曰貞吉无悔。制禮作樂，復子明辟，天下乃明其道，乃信其誠，故君子之光有孚吉矣。

疏　虞注：三、四已正，故云動之乾。變正成离爲光，故云君子之光也。五與二應，故孚謂二。二亦變正應五，已得有之，故曰有孚吉。三、四已正，二亦在坎，故坎稱孚也。干注：以陰居陽，是以臣代君，爲周公攝政之象，故貞吉无悔也。明堂位：昔者周公朝諸侯於明堂之位，天子負扆南鄉而立。又曰：六年，朝諸侯於明堂，制禮

作樂書洛誥曰朕復子明辟故天明其攝政之道信其復辟之誠此君子之光所以有孚吉也

象曰君子之光其暉吉也

虞翻曰動之正乾爲大明故其暉吉也疏五動之正成乾乾彖傳曰大明終始故乾爲大明五麗乎大明故其暉吉也

上九有孚于飲酒无咎濡其首有孚失是

虞翻曰坎爲孚謂四也上之三介四故有孚坎酒流頤中故有孚於飲酒終變之正故无咎乾爲首五動首在酒中失位故濡其首矣孚信是正也六位失正故有孚失是謂若殷紂沈湎於酒以失天下也疏三與上應上之三介四坎四互坎爲孚故孚謂四也孚故有孚坎水爲酒二至上有頤象四坎在中是坎酒流於頤中故有孚于飲酒失正咎也上終變正故无咎否乾爲首爻例上亦爲首坤二之五是五動爲首在酒中動而失位故濡其首矣孚信說文文又說文曰是從日從正故曰是正也六位陰陽皆失其正故有孚失正也書泰誓稱商王受沈湎冒色故云若殷紂沈湎於酒以失天下也

象曰飲酒濡首亦不知節也

虞翻曰節止也艮爲節飲酒濡首故不知節矣疏止節

也。雜卦文。艮多節，故爲節。上四易位，得正爲節。四上不正，故飲酒濡首，不知節也。案初曰不知極，上曰不知節。事不過中之謂節，事協於中之謂極。初上二爻，孔子皆以不知責之。蓋卦體兩离爲明，宜知極知節矣。爻皆不正，故不知也。

周易集解纂疏卷二十四

受業陳問訓賓門校

周易集解纂疏卷二十五

唐李鼎祚集解　安陸李道平遵王纂疏

繫辭

天尊地卑乾坤定矣 虞翻曰天貴故尊地賤故卑定謂成列 荀爽曰謂否卦也否七月萬物已成乾坤各得其位定矣 疏 虞注易乾鑿度曰一者形變之始清輕者上爲天濁重者下爲地又曰乾坤相並俱生鄭彼注云天地開闢乾坤卦象立焉孔氏云天以剛陽而尊地以柔陰而卑又云乾健與天陽同坤順與地陰同故得乾坤定矣 定謂成列者乾坤列乎上下而八卦成列亦由是定矣 荀注上乾下坤爲否故謂否卦也否於消息卦在七月是時萬物已成故云乾坤各得其位定矣 案此言乾坤之德非以否上乾下坤爲定位也荀氏之說未應經義

卑高以陳貴賤位矣 虞翻曰乾高貴五坤卑賤二列貴賤者存乎位也 荀爽

曰謂泰卦也　侯果曰天地卑高義既陳矣萬物貴賤位宜差矣

疏　虞注　下傳云崇效天卑法地坤自上降乾自下升故先言卑而後言高也○乾高貴謂五者乾二升五也坤卑賤謂二者坤五降二也列貴賤者存乎位下傳文乾以上為尊故五為天位地以下為卑故二為地位乾坤正位二、五故貴賤位矣　荀注　坤卑在上乾尊在下天地交泰故謂泰卦也　侯注　王氏云天尊地卑之義既列則涉乎萬物貴賤之位明矣即侯氏義也

動靜有常剛柔斷矣

虞翻曰斷分也乾剛常動坤柔常靜分陰分陽迭用柔剛

疏　釋名斷段也分為異段也故云斷分也乾鑿度曰天動而施曰仁地靜而理曰義故乾剛常動坤柔常靜庖犧既定乾坤六位又分乾陽坤陰各為六畫然後可以迭用柔剛故曰剛柔斷矣即下傳所謂剛柔者立本者也

方以類聚

九家易曰謂姤卦陽爻聚於午也方道也謂陽道施生萬物各聚其所也

疏　姤五月午卦也○其卦五陽一陰故云陽爻聚於午也樂記樂行而民鄉方鄭注方猶道也故云方道也○五月立萬物極盛之時陽道主施故謂陽道施生萬物各聚其所也

物以羣分

九家易曰謂復卦陰爻羣於子也陰主成物故曰物也至於萬物一成分散天下也

以周人用故曰物以羣分也【疏】復十一月于卦也其卦五陰一陽故云陰爻聚於子也陰主成物卽下傳坤化成物故曰物也萬物既成卽當分散天下以周人用故曰物以羣分也

吉凶生矣

虞翻曰物三稱羣坤方道靜故以類聚乾物動行故以羣分乾生故吉坤殺故凶則吉凶生矣【疏】詩吉日或羣或友毛傳獸三爲羣故云物三稱羣坤至靜而德方故云坤方道靜道靜則聚故以類聚言精氣爲物陽動而施故云乾物動行物動則分故以羣分言乾坤各以三爲六陽生陰殺陽吉陰凶乾爲生故吉坤爲殺故凶乾坤各六畫有正有不正故吉凶生下注云得正言吉失位言凶是也

在天成象在地成形變化見矣

虞翻曰謂日月在天成八卦震象出庚兌象見丁乾象盈甲巽象伏辛艮象消丙坤象喪乙坎象流戊離象就己故在天成象也在地成形謂震竹巽木坎水離火艮山兌澤乾金坤土在天爲變在地爲化剛柔相推而生變化矣【疏】謂日月在天成八卦者以納甲言也月三日暮出震震納庚故震象出庚八日見兌兌納丁故兌象見丁十五日盈乾乾納甲壬故乾象盈甲月盈則食十六日退巽巽納辛故巽象伏辛二十三日消艮艮納丙故艮象消丙三十日滅坤坤納乙癸

故坤象喪乙坎离日月之本體坎納戊离納巳故坎象流戊离象就巳此在天成象之義也九家易云地有八卦之形即所謂震竹巽木坎水离火艮山兑澤乾金坤土是也虞義蓋本說卦也不舉震雷巽風者雷風皆在天也离象傳云百穀草木麗乎土故震舉竹巽舉木也攷工記曰天時變故在天爲變下傳曰坤化成物故在地爲化引下文剛柔相推而生變化者謂以乾坤爲六子也樂記禮樂章引此傳曰天地之別也是言尊卑貴賤動靜類聚羣分在天在地之別異先王法之以制禮故云天地之別也

是故剛柔相摩八卦相盪

虞翻曰旋轉稱摩薄也乾以二五摩坤成震坎艮坤以二五摩乾成巽离兑故剛柔相摩則八卦相盪也【疏】剛柔謂乾坤十二爻也乾鑿度曰乾貞於十一月子左行陽時六坤貞於六月未右行陰時六蓋乾左旋坤右轉故旋轉稱摩樂記陽陰相摩鄭注摩猶迫也薄有迫義故云薄也謂陰陽相薄也以巳成八卦言之故云二五乾以二五摩坤成坎互震艮故成震坎艮坤以二五摩乾成离互巽兑故成巽离兑兼二五者舉其中氣也二五相摩而成八卦故剛柔相摩則八卦相盪樂記鄭注云盪猶動也虞下注云乾坤與六子因名八卦而小成也

鼓之以雷霆潤

之以風雨虞翻曰鼓動潤澤也雷震霆艮風巽雨兌也疏鼓猶鼓動澤猶潤澤故云鼓動潤澤也說卦震爲雷故云雷震說文霆餘聲也京氏曰霆者雷之餘氣震起也艮止也雷起於震之初陽止於艮之上陽是艮之餘爲震之餘氣故云霆艮又艮門闕爲庭庭與霆通如漢楚相孫君俾庭堅作霆堅是也說卦巽爲風故云風巽兌澤爲雨祭義云天時雨澤故云雨兌風生於水故巽坎半見於下雨隕於雲故兌坎半見於上風雨皆含坎象故曰潤也

日月運行一寒一暑虞翻曰日离月坎寒乾暑坤也運行往來日月相推而明生焉寒暑相推而歲成焉故一寒一暑也疏說卦离爲日坎爲月故日离月坎乾一陽生於冬至寒時故云寒乾坤一陰生於夏至暑時故云暑坤又乾位西北亦爲寒坤位西南亦爲暑也運行往來者郎下傳所謂日月相推而明生焉寒暑相推而歲成焉故曰一寒一暑也此謂六子成乾坤之功也

乾道成男坤道成女荀爽曰男謂乾初適坤爲震二適坤爲坎三適坤爲艮以成三男也女謂坤初適乾爲巽二適乾爲离三適乾爲兌以成三女也疏此言乾坤統六子也乾初適坤爲震所謂初索得男爲長男二適坤爲坎所謂再索得男爲中男三適坤

爲艮所謂三索得男爲少男震坎艮皆陽故云以成三男也坤初適乾爲巽所謂初索得女爲長女二適乾爲离所謂再索得女爲中女三適乾爲兑所謂三索得女爲少女巽离兑皆陰故云以成三女也八卦相摩而成者變化之義天之道也相索而得者父母之義人之道也

乾知大始九家易曰始謂乾稟元氣萬物資始也【疏】乾鑿度曰太初者氣之始也鄭注元氣之所本始故始謂乾稟元氣乾彖傳曰大哉乾元萬物資始陽稱大始資始未來故曰知神以知來故乾知大始

坤化成物荀爽曰物謂坤任育體萬物資生【疏】中庸曰發育萬物鄭注育生也故物謂坤任育體坤彖傳曰至哉坤元萬物資生大戴禮天圓云曾子曰吐氣者施而含氣者化陽施而陰化故坤稱化地道无成而代有終承乾成物故曰坤化成物樂記云地氣上齊天氣下降陰陽相摩天地相蕩鼓之以雷霆奮之以風雨動之以四時煖之以日月而萬化興焉蓋據此傳爲言而云天地之和也先王法之以作樂天地訢合故和爲天地之合也

乾以易知坤以簡能虞翻曰陽見稱易陰藏爲簡簡閱也乾息昭物天下文明故以易知坤閉藏物故以簡能矣【疏】陽見於外故稱易陰藏於中故爲簡桓六年左傳大

閱簡車馬也是簡閱同義故云簡閱也乾爲大明陽息則能明照萬物天下文明乾文言文謂乾以息陽而知大始故曰易知閱有容義坤虛能容說卦曰坤以藏之故藏物坤以牝陽而化成物故曰簡能愍案老子曰天得一以清故乾以易知地得一以寧故坤以簡能又樂記曰大樂必易大禮必簡又曰樂著大始而禮居成物又曰樂由天作禮以地制蓋樂出於自然故象乾之易知而曰必易禮起於微渺故象坤之簡能而曰必簡易故著乎乾知大始之初於簡故居乎坤化成物之位記又曰聖人作樂以應天制禮以配地禮樂明備天地官矣故觀乎禮樂而乾坤之易簡思過半矣

易則易知簡則易從

虞翻曰乾縣象著明故易知坤陰陽動闢故易從不習无不利地道光也【疏】傳言縣象著明謂日月也此云縣象即天垂象也著明即大明終始也書泰誓云天有顯道厥類維彰故曰易知坤有動靜即有陰陽陽唱陰和故曰從坤本靜翕動而從陽則闢故曰易從不習言其簡无不利言其易從故復引坤六二爻辭以明地道也

易知則有親易從則有功

虞翻曰陽道成乾爲父震坎艮爲子本乎天者親上故易知則有親以陽從陰至五多功故易從則有功矣　蜀才曰以其易知故

物親而附之以其易從故物法而有功也【疏】虞注乾陽道故爲父震坎艮皆陽故爲子本乎天者親上乾文言文又曰本乎地者親下猶言乾者巽離兌陰卦皆麗陽故震通巽坎正離艮伏兌三女外成坤无親也三男則本天親上故曰易知則有親以陽從陰當作以陰從陽五爲陽位五多功泰陰至五正位坤化則成故易從則有功矣

蜀才注易知則無險巇故物皆親而附之易從則無阻滯故物皆法而有功

有親則可久有功則可大

荀爽曰陰陽相親雜而不厭故可久也萬物生息種類繁滋故可大也【疏】立天之道曰陰與陽陰陽雖雜親而不厭且乾德健健故可久也坤 有生息萬物之功種類至爲繁滋蓋坤德廣廣故可大也 案以陽正陰終則又始故有親則可久坤用六利永貞是也以陰牝陽動出至五則復乾故有功則可大陽爲大是也

可久則賢人之德可大則賢人之業

姚信曰賢人乾坤也言乾以日親爲德坤以富有爲業也【疏】乾文言曰賢人在下位而无輔坤文言曰天地閉賢人隱故賢人謂乾坤也乾以日新爲德即日新之謂盛德也乾爲德終日乾乾故以日新爲德坤以富有爲業即富有之謂大業也坤爲業坤含萬物故富有之謂

大業乾文言上九曰賢人在下位謂九三也乾上應三終日乾乾忠信進德故曰可久則賢人之德坤文言曰賢人隱謂六四也四近承五美在其中而暢於四支發於事業故曰可大則賢人之業**易簡而天下之理得矣**虞翻曰易爲乾息簡爲坤消乾坤變通窮理以盡性故天下之理得矣【疏】陽主生長不假作爲故易爲乾息陰主收藏不尚煩擾故簡爲坤消乾極則變而通坤坤極則變而通乾故云乾坤變通窮理以盡性說卦爻虞彼注云以乾推坤謂之窮理以坤變乾謂之盡性易知爲乾之事故曰窮理簡能爲坤之事故曰盡性乾坤消息既正六十四卦皆出於此故天下之理得矣愚案簡易一也老子曰天得一以清地得一以寧神得一以靈谷得一以盈萬物得一以生侯王得一以爲天下正故曰天下之理得矣**天下之理得而易成位乎其中矣**荀爽曰陽位成於五五爲上中陰位成於二二爲下中故易成位乎其中也【疏】五爲陽位之中故陽成位於五上中者既濟坎五也二爲陰位之中故陰成位於二下中者既濟离二也坎离天地之心二五天地之中坎五离二成位於上下之中天下之理不外一中故易成位乎其中矣

聖人設卦案聖人謂伏羲也始作八卦重為六十四卦矣疏禮緯含文嘉伏羲德洽上下天應以鳥獸文章地應以河圖洛書則而象之乃作易故聖人謂伏羲也仰觀象于天俯觀法于地中觀萬物之宜始畫八卦卦有三爻因而重之為卦六十有四故曰設卦**觀象繫辭焉**案文王觀六十四卦三百八十四爻之象而系屬其辭疏下傳曰易之興也其當殷之末世周之盛德邪當文王與紂之事邪帝王世紀曰文王在羑里演六十四卦著七八九六之爻謂之周易下又曰八卦以象告故云文王觀六十四卦三百八十四爻之象而系屬其辭也**而明吉凶**荀爽曰因得明吉因失明凶也疏三百八十四爻有得有失卽有吉有凶故因得明吉因失明凶愚案釋爻稱虞本更有悔吝二字以下爻悔吝者證之當從虞本補入為是**剛柔相推而生變化**虞翻曰剛推柔生變柔推剛生化也疏六爻之剛柔也一往一來曰推陽稱變陰稱化陽來陰往則剛推柔生變陰來陽往則柔推剛生化剛柔相推消息之象也文王因之而為九六變化**是故吉凶者失得之象也**虞翻曰吉則象得凶則象失也疏失得謂陰陽失位得位言文王觀象以正

人事謂易辭之吉凶象人事之失得也**悔吝者憂虞之象也**荀爽曰憂虞小疵故悔吝也虞翻曰悔則象憂吝則象虞也　干寶曰悔亡則虞有小吝則憂憂虞未至於失得悔吝不入於吉凶事有小大故辭有緩急各象其意也疏荀注下文云悔吝者言乎其小疵也故云憂虞小疵故悔吝也　虞注悔自內生故象憂憂者思也思其內之可媿者也吝自外至故象虞虞者度也度其外之可羞者也謂易辭之悔吝象人事之憂虞也　干注虞驩虞也故悔亡則虞有小吝則憂此又以悔象虞吝象憂也憂近失虞近得故憂虞未至於失得悔吝不入於吉凶吉凶失得大而急悔吝憂虞小而緩故事有小大則辭有緩急蓋各象其意而屬辭也**變化者進退之象也**荀爽曰春夏為變秋冬為化息卦為進消卦為退也疏陽稱變春夏陽故為變陰稱化秋冬陰故為化陽息而進故息卦為進陰消而退故消卦為退乾鑿度曰陽動而進陰動而退蓋陽動為變陰動為化故曰變化者進退之象也**剛柔者晝夜之象也**荀爽曰剛為乾柔為坤乾為晝坤為夜晝以喻君夜以喻臣也疏雜卦曰乾剛坤柔故剛謂乾柔謂坤乾陽為晝坤陰為夜

乾爲君故晝陽以喻君坤臣道故夜陰以喻臣也

六爻之動 陸績曰天有陰陽二氣地有剛柔二性人有仁義二行六爻之動法乎此也

疏 說卦立天之道曰陰與陽故云天有陰陽二氣立地之道曰柔與剛故云地有剛柔二性立人之道曰仁與義故云人有仁義二行六爻之動兼乎三才故云法乎此也

三極之道也 陸績曰此三才極至之道也初四下極二五中極三上上極也

疏 此言六爻爲三才極至之道以初四爲下極二五爲中極三上爲上極分内外爲三極不應經義蓋極者中也說文極棟也逸雅棟中也居屋之中也故洪範建用皇極周禮設官分職以爲民極鄭氏皆訓極爲中也鄭易註三極三才也周書小開武曰三極一維天九星二維地九州三維人四虞故鄭以三極爲三才也以五行言則五六爲天地之中以姤復言則二至爲天地之中以四時言則春秋爲天地之中以爻位言則二五爲天地之中也春秋傳曰民受天地之中以生天地人故稱三極六爻兼三才而兩之故曰三極之道也

是故君子所居而安者易之象也 虞翻曰君子謂文王象謂乾二之坤成坎月离日日月爲象君子黃中通理正位居體故居而安者易之象也舊讀象誤作厚

或作序非也【疏】君子謂文王者以其繫辭謂之聖人以法後世謂之君子二當作五乾五變之坤成大有坎伏此成离坎為月离為日日月在天成八卦象故日月為象詳見在天成象註因下文引大有上九爻辭故以乾五變坤為說舉一以例其餘也君子黃中通理正位居體坤六五文言文坤色黃五位中以乾通坤為通理五正陽位為正位互艮止為居體引此文者蓋以乾五通坤坤為安互艮為居五得正故曰居而安者易之象也舊讀象作厚厚字無說俗本作序虞亦不用故云非也蓋以下文居則觀其象故知序為象也

所變而玩者爻之辭也

虞翻曰爻者言乎變者也謂乾五之坤坤五動則觀其變舊作樂字之誤【疏】爻謂九六相變故爻者言乎變者也坤五動之乾為大有坤五之動由乾五之坤故坤五動則觀其變此玩爻之例也變舊作樂虞不用故云字之誤蓋以下動則觀其變故知樂為變也

是故君子居則觀其象而翫其辭

虞翻曰翫弄也謂乾五動成大有以离之目觀天之象兌口翫習所繫之辭故翫其辭【疏】玩弄也說文文乾五動之坤成大有上离下乾离為目乾為天故以离之目觀天之象謂天三爻之象也五體互兌為口又兌以朋友講

習故以兌口玩習所繫之辭也觀象玩辭如左傳蔡墨云在乾之姤知莊子云在師之臨之類是也**動則觀其變而翫其占**虞翻曰謂觀爻動也以動者尚其變占事知來故翫其占【疏】乾五之坤為坤五動故謂觀爻動也九六發動揮變故以動者尚其變乾以知來乾動成离而未來之事可言故占事知來玩其占者謂玩三百八十四爻之占動也觀變玩占如陳侯遇觀之否晉侯遇大有之睽之類是也**是以自天右之吉无不利**虞翻曰謂乾五變之坤成大有有天地日月之象文王則庖犧亦與天地合德日月合明天道助順人道助信履信思順故自天右之吉无不利也【疏】乾五變之坤成大有大有通比大有离為日乾為天比坎為月坤為地故有天地日月之象文王上則伏羲有乾坤之德具坎离之明故亦與天地合德日月合明天道助順以下亦繫傳文也前言吉凶悔吝者聖人繫辭以著人事之常此言吉无不利者君子觀變以盡天理之正傳獨引此爻辭者乾之通坤得尊位大中自大有五爻始而乾天所右實在上爻故特舉以為例虞注自居而安者以下皆據乾五之坤上為言蓋三百八十四爻皆有觀象觀變翫辭翫占之事故舉首以例其餘也

象者言乎象者也虞翻曰在天成象八卦以象告象說三才故言乎象也疏在天成象未畫之象也八卦以象告既畫之象也象言兩象故說三才象兼三才而說兩象故言乎其象也爻者言乎變者也虞翻曰爻有六畫所變而玩者爻之辭也謂九六變化故言乎變者也疏六畫稱爻爻皆有變變可觀辭故所變者爻之辭也下傳曰道有變動故曰爻爻之九六陰陽相變故言乎變者也吉凶者言乎其失得也虞翻曰得正言吉失正言凶也疏正陰陽正位也或言正或言位互辭也得乎正位則言吉失乎正位則言凶故吉凶者言乎其失得也悔吝者言乎其小疵也崔憬曰繫辭著悔吝之言則異凶咎有其小病比於凶咎若疾病之與小疵疏說文疵病也繫辭但稱悔吝者異乎凶咎之甚者也小病比於凶咎若疾病之與小疵所謂事有小大故辭有緩急是也无咎者善補過也虞翻曰失位爲咎悔變而之正故善補過孔子曰退思補過者也疏王弼略例曰凡言无咎者本皆有咎者也防得其道故得无咎咎在陰陽失位故云失位爲咎若能悔焉變而之正則咎者可以无咎矣過而能改故曰善補過者

也孔子曰退思補過孝經及宣十二年左傳文論語曰假我數年五十以學易可以無大過矣是周易為補過之書而補過之道在乎无咎无咎之道存乎能悔悔則咎之所由无而過之所由補者也三百八十四爻一言以蔽之曰善補過

是故列貴賤者存乎位侯果曰二五為功譽位三四為凶懼位凡爻得位則貴失位則賤故曰列貴賤者存乎位矣【疏】下傳曰二多譽四多懼又三多凶五多功貴賤之等也故云二五為功譽位三四為凶懼位凡爻陰陽得位為貴失位為賤尋貴賤之義不一上傳云卑高以陳貴賤位矣虞注云乾高貴五坤卑賤二謂九五貴六二賤此貴賤之正位也若陽貴陰賤則爻在下者亦得言貴如屯初九傳曰以貴下賤大得民是也若陽而无德居正亦賤如頤初九傳曰觀我朵頤亦不足貴是也若兩爻本皆陽位則上貴下賤如三為下體之君對五亦為賤卽三五貴賤之等是也合茲數說其義始備故曰列貴賤者存乎位也

齊小大者存乎卦王肅曰齊猶正也陽卦大陰卦小卦列則小大分故曰齊小大者存乎卦也【疏】詩小宛人之齊聖毛傳齊正也故云齊猶正也陽大陰小故陽卦大陰卦小陳列卦象有小有大如臨陽息之卦臨者大也是臨為大卦

也。遯陰消之卦，遯小利貞，是遯爲小卦也。泰小往大來爲大卦，否大往小來爲小卦。又小畜、大畜、小過、大過、大有、大壯，皆以大爲陽，小爲陰。其卦可例推也正。其小大截然不紊，故曰齊小大者存乎卦。

辯吉凶者存乎辭。韓康伯曰：辭，爻辭也。即爻者言乎變也。言象所以明小大，言變所以明吉凶。故大小之義存乎卦，吉凶之狀見乎爻。至於悔吝无咎，其例一也。吉凶悔吝小疵无咎，皆生乎變。事有小大，故下歷言五者之差也。疏辭，六爻之辭也。九六變則有辭，故即爻者言乎變也。象有陰陽，故言象所以明小大。變有得失，故言變所以明吉凶。卦統全體，故大小之義存乎卦。象爻著一端，故吉凶之狀見乎爻辭。至於悔吝无咎，皆吉凶之類，故其例一也。吉凶悔吝小疵无咎，其辭皆生於九六之變。事有小大者，孔云大則爲吉凶，小則爲悔吝无咎也。故下歷言五者之差者，孔氏謂吉一、凶二、悔三、吝四、无咎五也。愚案：京氏云：辯，明也。虞、董諸家皆云：辯，別也。陰陽得位則吉，失位則凶；有應則吉，无應則凶。故曰辯吉凶者存乎辭。

憂悔吝者存乎介。虞翻曰：介，纖也。介如石焉，斷可識也，故存乎介。謂識小疵。疏漢書元后傳：不以往事爲纖介。故云介，纖也。下傳曰：介如石焉，寧用終日，斷可識矣。蓋釋豫二爻辭。

以明見幾而作不俟終日之義也知幾故微微故存乎介
舉豫二以爲則也王氏云憂悔吝之時其介不可慢也即
悔吝者言乎其小疵也參同契曰纖介
不正悔吝爲賊故憂悔吝者存乎介

震无咎者存乎悔

虞翻曰震動也有不善未嘗不知之知之
未嘗復行无咎者善補過故存乎悔也
疏 序卦曰震者
動也復初爲
震故云震動也有不善未嘗不知知之未嘗復行也下傳
爻蓋復時坤亂於上故有不善復以自知故未嘗不知克
已復禮故知之未嘗復行也舉復初以爲則也无咎出於
補過補過由於能悔復初爻辭曰不遠復无祇悔元吉惟
能悔斯无悔故震
无咎者存乎悔

是故卦有小大辭有險易辭也者各指其所之

虞翻曰陽易指天陰險指地
聖人之情見乎辭故指所之
疏 齊小大者存乎卦
故曰卦有小大謂
全體也辨吉凶者存乎辭故辭有險易險易即吉凶也謂
一爻也京氏云易善也險惡也乾積陽爲善故陽易指天
坤積陰爲惡故陰險指地聖人之情見乎辭下傳爻各
指所之者王氏謂之泰則其辭易之否則其辭險是也

易與天地準故能彌綸天下之道

虞翻曰準同也彌大綸
絡謂易在天下包絡萬

物以言乎天地之間則備矣故與天地準也【疏】京氏云準等也曲禮曰見同等不起等有同義故云準同也京氏云彌徧也春官眡祲七曰彌鄭注彌者白虹彌天也故云彌大王肅云綸纏裹也揚子解難曰宓犧氏之作易也緜絡天地經以八卦注包絡之也故云綸絡乾鑿度曰爲道德苞籥故謂易在天下包絡萬物以言天地之間則備矣下傳文又曰易之爲書廣大悉備荀彼注云以陰易陽謂之廣以陽易陰謂之大易與天地準固悉備也是其義也

仰以觀於天文俯以察於地理

荀爽曰謂陰升之陽則成天之文也陽降之陰則成地之理也【疏】升降謂二五也否變未濟則陰升之陽有仰象焉賁彖傳曰觀乎天文以察時變故成天之文泰變既濟則陽降之陰有俯象焉乾鑿度曰地靜而理曰義故成地之理　愚案荀易皆主乾升坤降此言陰升陽降者蓋乾二文言曰天下文明以二變陰离爲明也二升之五則仰觀乎天文以坤五文言曰黃中通理以五變陽坎爲通也五降之二則俯察乎地理矣离目坎耳耳目聰明故言觀察

是故知幽明之故

荀爽曰幽謂天上地下不可得覩者也謂否卦變成未濟也明謂天地之間萬物陳列著於耳目者謂泰卦變成既濟也

疏　説文：幽，隱也。謂天上地下者，天地不分，其象爲否，故六合之外不可得覩也。否變未濟，离日坎月失位，故幽。説文：明，照也。謂天地之間者，天地交，其象爲泰，故萬物陳列著於耳目也。泰變旣濟，离日坎月得正，故明。旣未濟皆有坎离象，日月爲明，故知幽明之故。　案吳君高越紐曰：陽動於上以成天文，陰變於下以成地理。卽虞氏説卦注云：乾三畫成天文，坤三畫成地理是也。呂氏春秋曰：陰陽變化，一上一下，合而成章。章卽天文地理也，陰陽卽幽明也。觀震巽出入則知日月之行，察五位方隅則知山川維絡之紀，乾坤代序則知溫涼寒暑之候，六位成章則知太和保合之理，故知幽明之故也。

原始及終，故知死生之説。

九家易曰：陰陽交合，物之始也；陰陽分離，物之終也。合則生，離則死。故原始及終，故知死生之説。交合泰時，春也；分離否時，秋也。

疏　陰陽交合，其象爲泰，萬物發生，故云物之始也。陰陽分離，其象爲否，故萬物收成，故云物之終也。乾坤交則互震，萬物出乎震，故合則生。乾坤離則互艮，成終，又爲鬼門，故離則死。管子戒篇：春出原農事之不本者。注云：原，察也。王氏云：死生者始終之數，故原始及終，故知死生之説矣。消息泰爲正月卦，故交合泰時，春也。否爲七月卦，故分離否時，秋也。　愚案乾彖傳曰大哉乾元萬物資始是始謂乾也坤文言曰地道无成而代有終也是終謂坤也故虞君下傳注云以乾原始以坤要終謂原始及終以知死生之說又云出陽知生入陰懼死是其義也

精氣爲物遊魂爲變

虞翻曰魂陽物謂乾神也變謂坤鬼乾純粹精故主爲物乾流坤體變成萬物故遊魂爲變也

疏 七昭年左傳人生始化爲魄既生魄陽曰魂說文魂陽氣也故云魂陽物淮南子說山訓魄問於魂注云魂人陽神故謂乾神也坤无魂坤魂亦乾也變謂坤鬼者鬼亦神爲之故言神无方不言鬼也乾文言曰純粹精也萬物資始乾元故主爲物夏小正曰魂者動也乾之精氣流於坤體變成萬物故遊魂爲變越紐錄曰神主生氣之精魂主死氣之舍故精氣則物成其形魂遊則物變其故也

是故知鬼神之情狀與天地相似故不違

虞翻曰乾神似天坤鬼似地聖人與天地合德鬼神合吉凶故不違　鄭元曰精氣謂七八也遊魂謂九六也七八木火之數九六金水之數木火用事而物生故曰精氣爲物金水用事而物變故曰遊魂爲變精氣謂之神遊魂謂之鬼木火生物金水終物二物變化其情與天地相似故無所差違之也

疏 虞注乾爲神爲天

故乾神似天坤爲鬼故坤鬼似地乾神坤鬼即天地之用也故相似聖人即大人文言荀氏注云與天合德謂居五與地合德謂居二虞又云乾神合吉坤鬼合凶故與鬼神合其吉凶天且弗違而況於鬼神故不違鄭注乾鑿度曰陽變七之九陰變八之六七少陽八少陰故精氣謂七八九老陽六老陰故遊魂謂九六天七屬火地八屬木故七八木火之數天九屬金地六屬水故九六金水之數木屬春火屬夏木火用事生物之時故曰精氣爲物金屬秋水屬冬金水用事變物之時故曰遊魂爲變鄭氏又云遊魂謂之鬼物終所歸精氣謂之神物生所信也言木火之神生物東南金水之鬼終物西北二者之情其狀與春夏生物秋冬終物相似故云二物變化其情與天地相似故无所差違之也

知周乎萬物荀爽曰二篇之冊萬有一千五百二十當萬物之數故曰知周乎萬物也疏二篇謂上下經六十四卦之冊傳以爻冊當萬物之數故曰知周乎萬物也

而道濟天下故不過九家易曰言乾坤道濟成天下而不過也王凱沖曰知周道濟洪纖不遺亦不過差也疏九家注言乾坤之道交易成既濟定故云濟成天下而不過也王注知周萬物言其微無不入道濟天下言

其大無不包故云洪纖不遺亦不過差也　愚按坤爲知乾爲道皆虞義也萬物致養乎坤故曰知周萬物乾爲天故曰天下陽道制命坤化成物天地交泰乾二升五坤五降二成既濟定保合太和故道濟天下也六爻皆正而无過失故不過

旁行而不流

九家易曰旁行周合六十四卦月主五卦爻主一日歲既周而復始也　侯果曰應變旁行周被萬物而不流淫也

疏　九家注　稽覽圖消息六十卦小過蒙益漸泰屬寅需隨晉解大壯屬卯豫訟蠱革夬屬辰旅師比小畜乾屬巳大有家人井咸姤屬午鼎豐渙履遯屬未恒節同人損否屬申巽萃大畜賁觀屬酉歸妹无妄明夷困剝屬戌艮既濟噬嗑大過坤屬亥未濟蹇頤中孚復屬子屯謙睽升臨屬丑坎冬震春离夏兌秋爲四正卦旁行爲周合者謂由復而坤由坎而兌周行六十四卦也每月五卦卦主六日七分是爻主一日也六十而一周六六三百六十爻値六六三百六十日故云歲既周而復始也　侯注　旁行旁遍也消息之卦應變旁通以濟成乾坤周被萬物而不流淫也

樂天知命故不憂

荀爽曰坤建於亥乾立於巳陰陽孤絶其法宜憂坤下有伏乾爲樂天乾下有伏巽爲知命陰陽合居故不憂

疏　消息之卦坤純陰在十月

亥，乾純陽在四月巳，純陰純陽，故云陰陽孤絕，其法宜憂。坤下有伏乾，謂乾伏坤初爲震，震爲樂，初九乾也，故爲天，是樂天也。乾下有伏巽，謂巽伏乾初，巽爲命，故知命。消息坤在十月亥，亥居西北乾方，坤下有乾，故云陰陽合居。孤絕則憂，合居則不憂，且坎爲加憂，十二消息不見坎象，故不憂。

安土敦乎仁，故能愛。荀爽曰：安土，謂否卦乾坤相據，故安土。敦仁，謂泰卦天氣下降以生萬物，故敦仁。生息萬物，故謂之愛也。【疏】坤爲安，又爲地，否卦以乾據坤，故曰安土。坤厚爲敦，乾復震爲仁，泰卦內乾，故爲天氣下降。坤爲萬物，互震，震爲生，故以生萬物。以坤乘乾，故曰敦仁。乾仁博施，生息萬物，故能愛也。

範圍天地之化而不過，九家易曰：範者，法也。圍者，周也。言乾坤消息，法周天地而不過於十二辰也。辰，日月所會之宿，謂諏訾、降婁、大梁、實沈、鶉首、鶉火、鶉尾、壽星、大火、析木、星紀、玄枵之屬是也。【疏】釋詁云：法、範，常也。法範同訓常，故云範，法也。圍，右文作囗，說文云：囗，回也。漢書劉向傳：周回五百里。囗周同訓回，故云圍，周也。陽主息，陰主消，故言乾坤消息。歷十二爻而歲一周，故云法周天地。十二爻，爻主一辰，故不過十二辰也。昭七年左傳：日月之會是謂辰。故云辰，日月所會之宿。杜預謂一歲日月十二會所會謂之辰是也皇甫謐帝王世紀曰自危十七度至奎四度曰諏訾之次於辰在亥謂之大淵獻斗建在寅自奎五度至胃六度曰降婁之次於辰在戌謂之閹茂斗建在卯自胃七度至畢十一度曰大梁之次於辰在酉謂之作噩斗建在辰自畢十二度至東井十五度曰實沈之次於辰在申謂之涒灘斗建在巳自井十六度至柳八度曰鶉首之次於辰在未謂之叶洽斗建在午自柳九度至張十七度曰鶉火之次於辰在午謂之敦牂斗建在未自張十八度至軫十一度曰鶉尾之次於辰在巳謂之大荒落斗建在申自軫十二度至氐四度曰壽星之次於辰在辰謂之執徐斗建在酉自氐五度至尾九度曰大火之次於辰在卯謂之單閼斗建在戌自尾十度至斗十度曰析木之次於辰在寅謂之攝提格斗建在亥自斗十一度至婺女七度曰星紀之次於辰在丑謂之赤奮若斗建在子自婺女八度至危十六度曰元枵之次於辰在子謂之困敦斗建在丑凡天有二次日月之所纏子丑等十二辰在地娵訾等十二次在天此言天地之化故舉十二次也

曲成萬物而不遺荀爽曰謂二篇之冊曲成萬物无遺失也侯果曰言陰陽二氣委曲成物不遺微細也【疏】荀注二篇萬有一千五百二十當

萬物之數故曲成萬物无遺失也侯注萬物資始於乾資生於坤一物之微莫不稟受陰陽之氣說文曰委隨也又曰曲象器受物之形言陰陽二氣隨物付形不遺微細中庸言鬼神之德體物不遺是其義也**通乎晝夜之道而知**荀爽曰晝者謂乾夜者坤也通於乾坤之道無所不知矣**疏**乾陽爲晝坤陰爲夜故晝者謂乾夜者坤也通乎晝夜之道則於幽明死生鬼神之事无所不知矣愚案範圍天地舉其大曲成萬物舉其細通乎晝夜舉其流行論語子在川上曰逝者如斯夫不舍晝夜言其道之流行不息也通乎道之流行則陰陽消息往復平陂一以貫之矣故曰通乎晝夜之道而知**故神无方而易无體**干寶曰否泰盈虛者神也變而周流者易也言神之鼓萬物無常方易之應變化無定體也**疏**神本陰陽不測故否泰盈虛者神也易則唯變所適故變而周流者易也自陰陽言之謂之神故神之鼓萬物无常方自乾坤言之謂之易故易之應變化无定體神无方故易无體謂由乾大坤上下无常周流六虛者也

一陰一陽之謂道韓康伯曰道者何无之稱也无不通也无不由也況之曰道寂然无體不可爲

象必有之用極而无之功顯故至乎神无方而易无體而道可見矣故窮變以盡神因神以明道陰陽雖殊無一以待之在陰爲無陰陰以之生在陽爲無陽陽以之成故曰一陰一陽也

【疏】孔疏曰云道者何无之稱者此韓氏自問其道而釋之也道是虛无之稱以虛无能開通於物故稱之曰道云无不通无不由者若處於有有則爲物礙難不可常通道既虛无爲體則不爲礙難故无不通也无不由者言萬物皆因之而通由之而有云況之曰道者比況道路以爲稱也寂然无體不可爲象者謂寂然幽靜而无體不可以形象求是不可爲象至如天覆地載日照月臨冬寒夏暑春生秋殺萬物運動皆由道而然豈見其所營知其所爲是寂然爲體不可爲象也云必有之用極而无之功顯者猶若風雨是有之所用當用之時以物爲心風雨既極之後萬物賴此風雨而得生育是生育之功由風雨无心而成是有之用極而无之功顯是神之發作動用以生萬物其功成乃在於无形應機變化雖有功用本其用之所以亦在於无也故至乎神无方而易无體自然无爲之道可顯見矣當其有用之時道未見也云故窮變以盡神者神則杳然不測千變萬化聖人則窮此千變萬化以盡神之妙理故云窮變化以盡神云因神以明道者

謂盡神之理唯在虛无因此虛无之神以明道之所在亦虛无故云因神以明道也陰陽雖殊无一以待之者言陰之與陽雖有兩氣恒用虛无之一以擬待之言在陽之時亦以爲虛无无此陽也在陰之時亦以爲虛无无此陰也云在陰爲无陰陰以之生者謂道雖在於陰而於陰言道所生皆无陰也雖无於陰陰終由道而生故言陰以生之也在陽爲无陽陽以之成者謂道雖在陽陽中必无道也雖无於陽陽必由道而成故言陽以成之也道雖无於陰陽然亦不離於陰陽陰陽雖由道成卽陰陽亦非道故曰一陰一陽也

愚案說卦曰立天之道曰陰與陽乾彖傳曰乾道變化各正性命保合太和蓋一陰一陽相並俱生陽稱變陰稱化故乾道變化而陰陽之理已備三極各正保合太和道之所由立也王韓以虛无言道失其旨矣

繼之者善也成之者性也

虞翻曰繼統也謂乾能統天生物坤合乾性養化成之故繼之者善成之者性也

疏 孟子君子創業垂統爲可繼也乾彖傳曰乃統天九家易注云乾之爲德乃統繼天道是統有繼義故云繼統也一陰一陽皆統於乾元卽彖傳曰大哉乾元萬物資始乃統天是也乾元善長故曰善也乾各正性命爲性乾非坤化性亦不成故云坤合乾性養化

成之人得乾善之統資坤之化以成性故曰繼之者善成之者性卽中庸天命之謂性率性之謂道是也

仁者見之謂之仁知者見之謂之知侯果曰仁者見道謂道有仁知者見道謂道有知也

疏 仁者偏於陽見陽之息謂之仁故仁者觀道謂道爲仁知者偏於陰見陰之藏謂之知故知者觀道謂道爲知也

百姓日用而不知侯果曰用道以濟然不知其力

疏 百姓顓蒙日用此道以濟而不知道之功力也

故君子之道鮮矣韓康伯曰君子體道以爲用仁知則滯於所見百姓日用而不知體斯道者不亦鮮矣乎故常無欲以觀妙可以語至而言極矣

疏 君子超乎百姓而合仁知之全故能體道以爲用仁知雖賢猶有偏見謂仁謂知不能徧曉是滯於所見也詩天保曰日用飲食民之質矣論語曰民可使由之不可使知之故日用而不知也仁知之偏過於道百姓之不知不及乎道故自君子而外體斯道者尟矣尟與鮮同說文尟是少也常無欲以觀妙老子道經文言能寂然无欲以觀此道之妙則可以語說其至理而言其極趣矣

顯諸仁藏諸用王凱沖曰萬物皆成仁功著也不見所爲藏諸用也

疏 仁育萬物故萬物皆成仁功著

也。無為而成，故不見所為，藏諸用也。愚案乾體仁為仁。傳又曰顯道神德行，神謂乾也，故曰顯諸仁。坤致役為用，說卦曰坤以藏之，故曰藏諸用。且陽息出震，乾元顯見於德為仁，是顯其所藏之仁，萬物之出機也。陽消入巽，乾元退於坤為仁之用，是藏其所顯之用，萬物之入機也。

鼓萬物而不與聖人同憂

侯果曰：聖人成務，不能無心，故有憂。神道鼓物，寂然無情，故無憂也。

疏 論語堯舜其猶病諸，孟子聖人之憂民如此。蓋聖人開物成務，不能无心，有心則有跡，有跡故有憂也。若道則物物而不物於物者也，故天地以神道鼓物，寂然无情，无情則无累，无累故無憂也。案萬物出乎震，震雷為鼓，動萬物者莫疾乎雷，故曰鼓萬物。乾五為聖人，五在坎中，為憂，下傳曰作易者其有憂患乎。乾元消息，保合太和，各正性命，故不同憂。

盛德大業至矣哉

荀爽曰：盛德者天，大業者地也。

疏 盛德者天，謂乾為德，乾易顯仁，故盛德；大業者地，謂坤為業，坤簡藏用，故大業也。

富有之謂大業，日新之謂盛德

王凱沖曰：物無不備，故曰富有；變化不息，故曰日新。

疏 坤廣生為富，一消一息，萬彙豐殖，故物莫不備，而曰富有也。乾五動之坤成离，离為日，以乾變坤，以坤化乾，故

變化不息而曰日新也

生生之謂易荀爽曰陰陽相易轉相生也【疏】陽極生陰陰極生陽一消一息轉易相生故謂之易京氏云八卦相盪陽入陰陰入陽二氣交互不停故曰生生之謂易

成象之謂乾案道生一一生二二生三三才既備以成乾象也【疏】道生一一生二二生三老子德經文三才天地人也乾象六畫實兼三才故云三才既備以成乾象也蓋在天成象八卦皆陽象也自顯至藏乾象可見故以立三才之象矣

爻法之謂坤案爻謂效也效乾三天之法而兩地成坤之卦象也【疏】下傳曰爻也者效此者也故云爻猶效也乾天三畫之卦兼三才而兩之爲六爻六陰數爲坤故云效乾三天之法而兩地成坤之卦象也

極數知來之謂占孔穎達曰謂窮極蓍策之數逆知將來之事占其吉凶也【疏】蓍策極六畫之數知來事之吉凶故謂之占

通變之謂事虞翻曰事謂變通趨時以盡利天下之民謂之事業也【疏】下傳曰變通者趨時者也變通趨時民不失利故謂之事業

陰陽不測之謂神韓康伯曰神也者變化之極妙萬物而爲言不可以形詰者也故陰陽不測嘗試論之曰原夫兩儀之運萬物之動豈有使之

然哉莫不獨化於太虛欻爾而自造矣造之非我理自玄應化之無主數自冥運故不知所以然而況之神矣是以明兩儀以太極爲始言變化而稱極乎神也夫唯天之所爲者窮理體化坐忘遺照至虛而善應則以道爲稱不思玄覽則以神爲名蓋資道而同乎道由神而冥於神者也

疏 孔疏云神也者變化之極者言神之施爲自將變化之極以爲名也云妙萬物而爲言者妙謂微妙也萬物之體有變象可尋神則微妙於萬物而爲言也謂不可尋求也云不可以形詰者杳寂不測无形无體不可以物之形容所求而窮詰也云造之非我理自玄應者此言神力也我謂宰主之名也言物之造作非由我之主宰所爲其造化之理自然玄冥相應而自然造作也云是以明兩儀以太極爲始者言欲明兩儀天地之體必以太極虛无爲初始不知所以然將何爲始也云言變化而稱極乎神者欲言論變化之理不知涯際唯稱極乎神神則不可神也云夫唯知天之所爲者窮理體化坐忘遺照者言數有知天之所造爲者會能窮其物理體其變化靜坐而忘其事及遺棄所照之物任其自然之理不以他事係心端然玄寂如此者乃能知天之所爲也言天之道亦如此也坐忘遺照之言事出莊子大宗師篇也云至虛而善應則以道爲

稱者此解道之目也言至極冥虛而善應於物則乃目之爲道故云則以道爲稱云不思而玄覽則以神爲名者謂不可思量而玄遠覽見者乃目之爲神故云則以神爲名也云蓋資道而同乎道者此謂聖人設教資取乎道行无爲之化積化而遂同於道內外皆无无也云由神而冥於神也者言聖人謂教法此神之不測无體无方以垂於教人能積漸而冥合於神不可測也此皆謂聖人初時雖法道法神以爲无體未能全无但行之不已遂至全无不測故云資道而同於道由神而冥於神也

案神者乾元之運出陽入陰變化不測易則神之所爲也故曰陰陽不測之謂神又案富有以下至此所以申釋前義也上云盛德大業故曰富有之謂大業日新之謂盛德所居而安者易之象也故曰成象之謂乾所變而翫者爻之辭也故曰爻法之謂坤動則觀其變而翫其占故曰極數知來之謂占通變之謂事神无方而易无體故曰生生之謂易陰陽不測之謂神

周易集解纂疏卷二十五

同邑王慰心以校

周易集解篹疏卷二十六

唐李鼎祚集解

安陸李道平遵王篹疏

夫易廣矣大矣虞翻曰乾象動直故大坤形動闢故廣也疏在天成象故云乾象在地成形故云坤形下論廣生大生故探以爲說也以言乎遠則不禦虞翻曰禦止也遠謂乾天高不禦也疏釋言禦禁也禁有止義故云禦止也左傳曰天道遠故遠謂乾天高且遠故不禦也以言乎邇則靜而正虞翻曰邇謂坤坤至靜而德方故正也疏說文邇近也揚子法言聖人之言遠如天賢人之言邇如地故邇謂坤也至靜而德方坤文言文坤翕故靜德方故正以言乎天地之間則備矣虞翻曰謂易廣大悉備有天地人道焉故稱備也疏乾天爲大坤地爲廣故云廣大悉備言天地之間而人在其中矣故有天道焉有地道焉有人道焉易該三才故稱備也夫乾其靜也專其動也直

是以大生焉宋衷曰乾靜不用事則清靜專一含養萬物矣動而用事則直道而行導出萬物矣一專一直動靜有時而物無夭瘁是以大生也【疏】乾奇爲一故專專則愈直當其靜不用事則清靜專一專者一之存也故有含養萬物之德及其動而用事則直道而行直者一之發也故有導出萬物之功靜專動直皆氣之至健者爲之故物无夭瘁而乾之所以大生者在是焉

夫坤其靜也翕其動也闢是以廣生焉宋衷曰翕猶閉也坤靜不用事閉藏微伏應育萬物矣動而用事則開闢羣蟄敬導沈滯矣一翕一闢動靜不失時而物無災害是以廣生也【疏】釋詁翕合也漢書兒寬傳合袪於天地神明李奇曰合閉也合有開義故曰翕閉也坤偶爲兩兩故翕翕則必闢當其靜不用事閉藏微伏翕者兩之合也故有應育萬物之德及其動而用事則開闢羣蟄闢者兩之分也故有敬導沈滯之功靜翕動闢皆體之至順者爲之故物无災害而坤之所以廣生者在是焉

廣大配天地荀爽曰陰廣陽大配天地【疏】坤陰爲廣乾陽爲大易與天地準故廣大配天地

變通配四時虞翻曰變通趨時謂十二月消息也泰大壯夬配春乾姤遯配夏否觀剝配秋

坤復臨配冬謂十二月消息相變通而周於四時也 疏 下傳云變通者趨時者也時謂四時變通謂乾坤通變十二消息卽十二辟卦也泰乾三也大壯乾四也夬乾五也皆春時卦故配春乾乾上也姤坤初也遯坤二也觀坤四也剥坤五也皆秋時卦故配秋坤坤上也復乾初也臨乾二也皆冬時卦故配冬十二月陽息陰消周於四時故變通配四時

陰陽之義配日月 荀爽曰謂乾舍於离配日而居坤舍於坎配月而居之義是也 疏 此據鬼易乾歸合离坤歸合坎也坤二五之乾成离故謂乾舍於离离爲日故陽配日而居乾二五之坤成坎故謂坤舍於坎坎爲月故陰配月而居 案陽息稱復七日來復是也陰消稱月臨八月有凶是也詩七月一之日二之日三之日四之日皆陽息之月故稱日五月斯螽動股六月莎雞振羽七月在野八月在宇皆陰消之月故稱月乾陽主息坤陰主消故陰陽之義配日月

易簡之善配至德 荀爽曰乾德至健坤德至順乾坤簡易相配於天地故易簡之善配至德 疏 乾有至健之德故易知坤有至順之德故簡能乾象傳曰天德不可爲首也坤彖傳曰德合无疆乾至健坤至順故曰至德乾坤天地之象易簡夫地之性故乾坤易簡配於天地乾文言曰

元者善之長也乾元稱善坤彖傳曰至哉坤元坤元即乾元乾善即坤善故曰易簡之善配至德

子曰易其至矣乎崔憬曰夫言子曰皆是語之別端此更美易之至極也疏更端起義故言子曰易配至德故曰至矣乎

夫易聖人之所以崇德而廣業也虞翻曰崇德效乾廣業法坤也疏乾爲德坤爲業天高故崇地博故廣崇德效乾廣業法坤探下文言之也

知崇體卑崇效天卑法地虞翻曰知謂乾效天崇體謂坤法地卑也疏乾神以知來故知謂乾知崇所以崇德故效天崇坤正位居體故體謂坤體卑所以廣業故法地卑也

天地設位而易行乎其中矣虞翻曰位謂六畫之位乾坤各三爻故天地設位易出乾入坤上下無常周流六虛故易行乎其中也疏位者天一地二天三地四天五地六陰陽配合即六畫之位也乾坤各三爻者謂泰也故云天地設位言庖犧參天兩地立此六爻之位也泰二出乾上入坤五坎离交易成既濟定乾在下而二之五爲在上坤在上而五之二爲在下故上下无常六虛謂六位各得其正故周流六虛泰五震爲行二五爲中故易行乎其中矣

成性存

存道義之門虞翻曰：知終終之，可與存義也。乾爲道門，坤爲義門。成性謂成之者性也。陽在道門，陰在義門。其易之門邪。【疏】知終終之，可與存義也，乾九三文言文。三當乾終，故曰知終。終之乾三，即泰三也。泰坤爲義，故曰可與存義。茲引乾三文言者，蓋此章言崇德廣業，乾九三子曰君子進德脩業，虞彼注云乾爲德，坤爲業，以乾通坤，爲進德脩業，而知終存義，即進脩之事也。下傳曰：以乾坤其易之門耶。乾彖傳曰：乾道變化，故出乾爲道門。乾鑿度曰：地靜而理曰義，故入坤爲義門。成之者性，上傳文。天地消息，乾坤相續，易以坤成乾之性，故成性。性謂成之者性也。乾性常存，道義出焉。乾爲陽，故陽在道門；坤爲陰，故陰在義門。其易之門，謂乾坤也。

聖人有以見天下之嘖，而擬諸其形容，虞翻曰：乾稱聖人，謂庖犧也。嘖謂初。自上議下稱擬，形容謂陰在地成形者也。【疏】乾五文言曰：聖人作而萬物覩，故乾稱聖人。庖犧以聖人而居天子之位，故謂庖犧也。易之屯，太元準爲礥，初一曰：黃純於潛，測曰：化在嘖也。范望注云：陽氣潛在地下，養萬物之根荄，故云化在嘖。由是言之，嘖者陽氣之始生也。乾鑿度曰：太初者，氣之始也。故嘖謂初。天下之嘖，謂萬物之初也。乾上坤下以乾擬坤故自上議下曰擬易之大義上經終坎離下經終既未濟上繫終乾坤下繫終六子則上下經與上下繫實相表裏也上經象陽下經法陰復爲陽初姤爲陰初六日七分之法陽起中孚陰起咸乾元坤元天地之心爲易之本故上繫七爻起於中孚鳴鶴在陰下繫十一爻起於咸憧憧往來此傳發端言聖人見天下之賾謂中孚咸也參同契曰天道甚浩廣太玄無形容故形容謂陰以其在地成形有容有可擬故擬諸其形容

象其物宜是故謂之象

虞翻曰物宜謂陽遠取諸物在天成象故象其物宜象謂三才八卦在天也庖犧重爲六畫也

【疏】春官保章氏以五雲之物辨吉凶水旱降豐荒之祲象桓六年左傳曰是其生也與吾同物杜注謂同日周語曰神之見也不過其物泰象曰輔相天地之宜是天亦言宜也故曰物宜謂陽陽節乾也天道遠故遠取諸物以其在天成象故象其物宜也日月在天成八卦象謂天三爻故云三才八卦在天也以地兩之故謂庖犧重爲六畫也重爲六畫仍是三才之象故六十四卦皆謂之象

聖人有以見天下之動

虞翻曰重言聖人謂文于也動謂六爻矣

【疏】前之聖人謂庖犧此言聖人謂文王也道有變動故曰爻知動謂六爻也

而觀其會通荀爽曰謂三百八十四爻陰陽動移各有所會各有所通　張璠曰會者陰陽合會若蒙九二也通者乾坤交通既濟是也【疏】荀注　三百八十四爻陰陽各半互相動移各有所會謂陰陽相會合也各有所通謂陰陽相變通也合以觀其統體通以觀其散殊　張注　乾坤陰陽純屯蒙則陰陽交矣易氣自下生故象於蒙二以陽會陰而曰剛柔接也雜卦曰蒙雜而著故會者陰陽合會之義特舉蒙二以例其餘也乾二三四五上通坤成既濟故通者乾坤交通之義特舉既濟以例其餘也以行其典禮繫辭焉以斷其吉凶孔穎達曰既觀其會通而行其典禮以定一爻之通變而有三百八十四於此爻下繫屬爻辭以斷其吉凶若會通典禮得則爲吉也若會通典禮失則爲凶矣【疏】夫既觀其會合通變而施行其典法禮儀則爻之通變於是定六爻之通變定而三百八十四爻亦由是定矣爻位既定即於各爻之下繫屬其辭以斷定吉凶會通典禮得謂陰陽得位也失謂失位也得位則吉失位則凶也　愚案樂記曰天高地下萬物散殊而禮制行矣又曰天尊地卑君臣定矣卑高以陳貴賤位矣動靜有常小大殊矣方以類聚物以羣分則性命不同矣在天成象在

地成形，如此則禮者天地之別也。蓋方以類聚，卽觀其會也；物以羣分，卽觀其通也。惟性命不同，故必觀會通以行典禮。上傳云方以類聚，物以羣分，吉凶生矣，故必繫辭焉以斷其吉凶，而謂之爻也。

是故謂之爻。

孔穎達曰：謂此會通之事而爲爻也。爻者效也，效諸物之變通，故上章云爻者言乎變也。【疏】前言謂之象者，結成卦象之義也；此言謂之爻者，結爻義也。

言天下之至賾而不可惡也。

虞翻曰：至賾无情，陰陽會通，品物流宕，以乾開坤，易之至也。元善之長，故不可惡也。【疏】虞訓賾爲初，初隱不見，故无情。京氏云賾情也，此云至賾无情，微破其義也。乾象曰雲行雨施，品物流形，虞彼注云乾以雲雨流坤之形，故云陰陽會通，品物流宕，以乾開坤。易之至也，開或作闚，字之誤也。至賾元善也，元爲善長，善故不可惡也。

言天下之至動而不可亂也。

虞翻曰：以陽動陰，萬物以生，故不可亂。六二之動直以方，動舊誤作嘖也。【疏】以陽動陰，卽以陽開陰之意也。陽施陰生，故萬物以生，行其典禮，故不可亂。六二之動直以方，坤六二象傳文，引之證以陽動陰之義也。動舊作嘖，鄭本也。九家本亦作冊，皆誤，故不從。

擬之而後言，議之而後動。

虞翻

曰以陽擬坤而成震震爲言議爲後動故擬之而後言議之而後動安其身而後動謂當時也矣【疏】至嘖至動皆乾元乾元震初也故云以陽擬坤而成震震聲故爲言爲議震後有則故爲後震動也故爲動震爲言動乾元在先故擬乾元而後言既有言而後動也時消息之時也坤靜爲安坤形爲身乾元牝坤當時出震故安其身而後動三百八十四爻皆言時故謂當時也矣

擬議以成其變化虞翻曰議天成變擬地成化天施地生其益無方也【疏】議天成變乾二五通坤也擬地成化坤二五息乾也陽已出震故天稱議陰方牝陽故地稱擬也天施地生其益无方益彖傳文虞彼注云乾下之坤震爲出生萬物出震故天施地生陽在坤初爲无方注引益彖者下說中孚成益故本益卦言之也

鳴鶴在陰其子和之我有好爵吾與爾靡之孔穎達曰上略明擬議而動故引鳴鶴在陰取同類相應以證之此中孚九二爻辭也【疏】中孚九二爻辭文虞彼注云中孚訟四之初二在訟時體离爲鶴在坎陰中有鳴鶴在陰之象二動成坤體益五艮爲子震巽同聲相應故其子和之靡共也吾謂五也离爲爵爵位也五利二變之正應已故吾與爾靡之矣此下引七爻

略明擬議之變化也。

子曰：君子居其室，出其言善，虞翻曰：君子謂初也。二變五來應之，艮爲居，初在艮內，故居其室。震爲出言，訟乾爲善，故出言善。此亦成益卦也。疏二變體復，初陽正，故君子謂初也。二變得正，五來應二。三至五互艮，門闕爲室爲居，初在艮卦之內，故曰居其室。帝出乎震，故震爲出，震善鳴爲言。中孚自訟來，訟外體乾，乾元爲善，二已變，初以乾體震，故出言善。此亦成益卦，謂二已變也。

則千里之外應之，況其邇者乎。虞翻曰：謂二變則五來應之，體益卦。坤數十，震爲百里，十之，千里也。外謂巽。震巽同聲，同聲者相應，故千里之外應之。邇謂坤，坤爲順，二變順初，故況其邇者乎。此信及豚魚者也。疏二變五應，卦體成益，益互坤，坤癸數十，內體震，震驚百里，故震爲百里。以坤乘震，十之，故千里。外者，在坤震之外，謂五也。其體巽，雷風相薄，故震巽同聲，同聲相應，故千里之外應之，謂巽應震也。法言曰：近如地，故邇謂坤。坤，順也，故爲順。中孚二變成益，順初，故曰況其邇者乎。巽爲魚，魚謂五。二動五應，故云此信及豚魚者也。虞本豚作遯，三至上體遯，故云信及遯魚。

居其室出其言不善，虞翻曰：謂初陽動入陰，成坤，坤爲不善也。疏謂益初陽既動則入陰成坤，坤文言曰積不善之家必有餘殃，虞彼注云坤積不善，故知坤爲不善也。

則千里之外違之，況其邇者乎？ 虞翻曰：謂初變體剝，弑父弑君。二陽肥遯，則坤違之而承於五，故千里之外違之，況其邇者乎！**疏** 謂益初已變至五體剝，初變姤時也。消至二陰成遯，艮子弑父；消至三陰成否，坤臣弑君。二陽已消，內不順初，外與三四互坤。二與互坤違初而上承於五，初體本坤，與四敵應，是千里之外謂四也。四與互坤承五而不應初，故千里之外違之。四且違初，而況二乎？蓋邇謂二坤也。

言出乎身，加乎民， 虞翻曰：震爲出爲言，坤爲身爲民也。**疏** 帝出震，爲出；善鳴，爲言。坤形爲身，坤衆爲民也。謂益震互坤，故言出乎身而加乎民也。

行發乎邇，見乎遠。 虞翻曰：震爲行，坤爲邇，乾爲遠，兌爲見。謂二發應五，則千里之外，故行發邇見遠也。**疏** 益震足爲行，互坤地爲邇，訟乾天爲遠，中孚兌見爲見。中孚二發爲陰，上應五。五陽，二至四爲坤，五在坤外，爲千里之外。二體坤爲邇，五體乾爲遠，故曰行發乎邇，見乎遠也。

言行，君子之樞機。樞機之發，榮辱之主也。 荀爽曰：艮爲門，故曰樞；震爲動，故曰機也。翟元曰：樞主開閉，機主發動開閉有明暗發動有中否主於榮辱也**疏**荀注　說文樞戶樞也益互艮爲門闕故曰樞也說文主發謂之機大學其機如此鄭注發動所由益內震爲動故曰機也　翟注鄭氏云樞戶樞也機弩牙也戶樞之發或明或開弩牙之發或中或否以譬言語之發有榮有辱此卽翟氏所本也案乾坤其易之門耶乾動入坤爲震故震爲樞機乾陽息卦乾初積善有餘慶是陽息爲榮也坤陰消卦坤初積不善有餘殃是陰消爲辱也震爲長子主器故發動爲榮辱之主也

言行君子之所以動天地也可不慎乎虞翻曰二已變成益巽四以風動天震初以雷動地中孚十一月雷動地中艮爲慎故可不慎乎**疏**中孚二變成益外體巽四坤入乾乾爲天巽爲風故以風動天內體震初乾入坤坤爲地震爲雷故以雷動地中孚在卦氣爲子十一月卦一陽初復故雷動地中上動天下動地故云動天地互艮陽小爲慎故曰可不慎乎易遺文曰正其始萬物理君子慎始差以毫釐繆以千里又參同契述此義云君子居其宰出其言善則千里之外應之謂萬乘之主處九重之位發號出令順陰陽節藏器俟時勿違卦月謹候日辰審察消息纖介不正悔吝爲賊二至改度乖錯委曲隆冬大

暑盛夏霜雪二分縱横不應漏刻水旱相伐風雨不節蝗蟲湧沸羣異旁出言卦氣不效也即發明此傳之義也

同人先號咷而後笑侯果曰同人九五爻辭也言九五與六二初未好合故先號咷而後得同心故笑也引者喻擬議於事未有不應也【疏】此同人九五爻辭也五與二應乃三敵四攻所處失義兩爻不言同人所以初未好合而先號咷應在互巽巽聲故號咷也爻又曰大師克相遇言二三四既克而後二五同心相遇故後笑同人伏震震爲後爲笑也震巽同聲相應故爲同心之言前言中爻二動應五即言同人二往應五以明千里之外應之之義故云引者喻擬議於事未有不應者也

子曰君子之道或出或處或默或語虞翻曰乾爲道故稱君子也同人反師震爲出爲語坤爲默巽爲處故或出或處或默或語也【疏】同人伏師師二乾爻爲道乾陽君子故曰君子之道同人反師謂旁通師也師在震爲出爲語師坤閉爲默同人二在巽巽陽藏室爲處故或出或處或默或語也

二人同心其利斷金虞翻曰二人謂夫婦師震爲夫巽爲婦坎爲心巽爲同六二震巽俱體師坎故二人同心巽爲利乾爲金以离斷金故其利斷金謂夫出婦處

婦黙夫語二人者夫婦之稱也師互震長男爲夫同人
故同心也【疏】互巽長女爲婦師坎爲心震巽同聲故爲同
同人六二以巽伏震而師坎具焉故云震巽俱體師坎震
巽夫婦而同坎心故曰二人同心巽爲近利市三倍故爲
利乾爲金說卦文乾二爻變离則爲同人是以离火斷金
故曰其利斷金震爲出故云夫出巽爲處故云婦處坤爲
黙故云婦黙震爲語故云夫語
夫婦陰陽相應故曰同心也**同心之言其臭如蘭**虞翻曰臭
氣也蘭香草震爲言巽爲蘭离日燥之故其臭如蘭也
案六二互巽巽爲臭也斷金之言良藥苦口故香若蘭矣
【疏】虞注說卦曰巽爲臭虞彼注云臭氣也風至知氣巽
二入艮鼻故爲臭繫曰其臭如蘭是臭氣即巽也說文
蘭香草也震聲爲言巽柔爻爲草故爲蘭燥萬物者莫熯
乎火离日燥之芳香發越故其臭如蘭也桓譚新論曰蘭
可焚而不可滅其馨義亦取諸离火也　案三互四五
爲巽巽爲臭說卦文家語曰良藥苦口利於病忠言逆耳
利於行故以斷金之言爲良藥苦口素問曰治之
以蘭除陳氣是蘭亦藥也故以良藥爲香若蘭矣**初六藉**
用白茅无咎孔穎達曰欲求外物來應必須擬議謹慎則物來應之故引大過初六藉用白茅无咎之

事以證謹愼之理也　虞翻曰：其初難知，陰又失正，故獨舉初六。疏孔注此大過初六爻辭也。初六與九四爲不義之應，須擬議謹愼，易位相應則无咎矣，故引之以證謹愼之理也。虞注「其初難知」，下傳文。初隱不見，故難知。以六居初，陰又失正。虞大過初六爻辭注云：「位在下稱藉，巽柔白爲茅，故藉用白茅。失位咎也，承二過四應五士夫，故无咎矣。」愚案：中孚初陽得正，且不可不愼；大過初陰失正，愈不可不愼。故次中孚而獨舉大過初六也。

子曰：苟錯諸地而可矣，藉之用茅，何咎之有？愼之至也。虞翻曰：苟，或；錯，置也。頤坤爲地，故苟錯諸地。今藉以茅，故无咎也。疏苟、或皆語辭。楚詞九章：「萬民之生，各有所錯兮。」注云：「錯，安也。」玉篇：「置，安置也。」故錯訓置也。大過與頤旁通，頤互坤爲地，地有安象，故置諸地而可矣。初陰失位，上承二陽。二應五，初應四，今過四應五，得所藉矣，故藉之用茅，何咎之有。五頤在艮，艮陽小爲愼，故愼之至也。

夫茅之爲物薄，虞翻曰：陰道柔賤，故薄也。疏大過初陰也。陽剛陰柔，陽貴陰賤，故陰道柔賤。巽柔爻爲草，故初柔賤爲茅。賤從戔，集韻：「戔，有淺小之意。」故爲物薄也。

而用可重也。虞翻曰：香絜可貴，故可重也。疏用以藉四與四易位則可以薦鬼神羞王公故香絜可貴頤坤爲用艮山爲重故用可重也**愼斯術也以往其无所失矣**侯果曰言初六柔而在下苟能恭愼誠絜雖置羞於地神亦享矣此章明但能重愼卑退則悔吝無從而生術道也【疏】大過初六象傳曰柔在下也故言初六柔而在下巽柔有恭愼之象巽白有誠絜之象故雖置羞於地下神亦來享矣蓋重愼卑退卽悔吝不生之道也說文術邑中道也鄭注亦云術道故云術道也自內曰往過四應五初得所藉故无所失矣**勞謙君子有終吉**孔頴達曰欲求外物之應非唯謹愼又須謙以下人故引謙卦九三爻辭以證之矣【疏】謙卦九三爻辭也此亦承千里應之而言非惟藉之用恭愼乃无咎又必卑以下衆謙斯有終謙三象傳曰勞謙君子萬民服也蓋勞謙民服卽外物來應之徵故特引之以證其義也**子曰勞而不伐有功而不德厚之至也**虞翻曰坎爲勞五多功乾爲德德言至以上之貴下居三賤故勞而不伐有功而不德艮爲厚坤爲至故厚之至也【疏】三互坎爲勞卦故爲勞三當升五故多功卦自乾上來居於三故乾爲德乾德入居於坤坤爲至故德言至以乾上之貴下居坤三

之賤，上降體坎，故勞而不伐。五爲乾位，三可居而不居，故有功而不德。三體艮，厚終，爲厚，應在坤，至哉坤元，爲至，故厚之至也。**語以其功下人者也。**虞翻曰：震爲語，五多功，下居三，故以其功下人者也。疏 互震，聲爲語，五位多功，上不居五而下居三，故曰以其功下人者也。**德言盛，禮言恭。**虞翻曰：謙旁通履，乾爲盛德，坤爲禮，天道虧盈而益謙，三從上來同之，盛德故恭，震爲言，故德言盛，禮言恭。疏 謙與履旁通，履外體乾，上傳曰「盛德大業」，荀彼注云「盛德者天」，故乾爲盛德。上傳又曰「知崇體卑，崇效天，卑法地」，故坤爲禮。天道虧盈而益謙，謙彖傳文。虞彼注云「乾盈履上，虧之坤三」，故虧盈。貴處賤位，故益謙。今三從上來同之，是上之盛德而下於三，爲盛德，故恭也。震聲爲言，履离日新，故德言盛。謙以制禮，故禮言恭也。**謙也者，致恭以存其位者也。**虞翻曰：坎爲勞，故能恭。三得位，故以存其位者也。疏 三互坎爲勞，勞謙，故能致恭。以九居三爲得位，故曰以存其位者也。**亢龍有悔。**孔穎達曰：上既以謙得保安，此明無謙則有悔，故引乾之上九亢龍有悔，證驕亢不謙之義也。疏 此乾上九爻辭也。承上文而言，謙則有終，亢則有悔。謙之九三，即乾之上九也，下於謙三則爲君子，反於乾上則爲亢龍，故引乾上爻辭以證驕亢不謙之義也。

子曰：貴而无位，虞翻曰：天尊故貴，以陽居陰故无位。【疏】天位乎上，其位至尊，故貴。上爲陰位，以陽居之，是失位也，故无位。高而无民，虞翻曰：在上故高，无陰故无民也。【疏】位在上故高。坤陰爲民，純陽无民，驕亢已極，民不之與，故无民也。賢人在下位虞翻曰：乾稱賢人，下位謂初也。遯世無悶，故賢人在下位而不憂也。【疏】乾陽君子，故稱賢人。初在下，故下位。謂初遯世无悶，乾初文言文。在下位而不憂，乾三文言文。虞彼注云：隱於初，憂則違之，故不憂。蓋上應在三，三息自下，故曰賢人在下位。而无輔，是以動而有悔也。虞翻曰：謂上无民故无輔，乾盈動傾，故有悔。文王居三，紂亢極上，故以爲誡也。【疏】上亢无民，故无輔。乾盈於上，動則必傾，動而大剝，故有悔。文王居三，爲賢人在下位；紂亢極上，爲无輔，故以動而有悔爲誡也。不出戶庭，无咎。孔穎達曰：又明擬議之道，非但謙而不驕，又當謹慎周密，故引節初周密之事以明之也。【疏】此節初爻辭也。擬議以成變化，變化則擬議之道非一端可盡，故既引謙三、乾上以明謙而不亢之義，又引不出戶庭以明謙性周密之事也。

前言乾初遯在下位乾初即泰初也節自泰來故繼論節初義詳節卦虞注

子曰亂之所生也則言語以爲階 虞翻曰節本泰卦坤爲亂震爲生爲言語坤稱階故亂之所生則言語以爲階也

疏 泰三之五成節泰坤陰爲亂互震爲生震善鳴故爲言語坤土故稱階泰三互坤爲震故亂之所生則言語以爲階也

君不密則失臣臣不密則失身 虞翻曰泰乾爲君坤爲臣爲閉故稱密乾三之坤五君臣毀賊故君不密則失臣坤五之乾三坤體毀壞故臣不密則失身坤爲身也

疏 乾坤謂泰也乾爲君說卦文坤文言曰臣道也故爲臣坤以藏之故稱閉閉則退藏於密故稱密乾三之坤五是君之臣也乾毀坤賊是君不密爲失臣也坤五之乾三是臣之君也坤體毀乾亦壞不言乾者君臣之辭也是臣不密而失身也坤形爲身故失身

幾事不密則害成 虞翻曰幾初也謂二已變成坤坤爲事故幾事不密初利居貞不密初動則體剝子弑其父臣弑其君故害成

疏 鄭注云幾微也幾者動之微故幾謂初二變互坤坤發事業爲事故言幾事不密其實不密者初也節初陽利居貞若不密而妄動二已變初至五則體剝也遯子弑父否臣弑君

皆初陰消陽而成故害成也

是以君子愼密而不出也

虞翻曰君子謂初二動坤爲密故君子愼密體屯盤桓利居貞故不出也

疏 初陽得正故君子謂初二動互坤爲密互艮陽小爲愼故曰君子愼密且二動體屯屯初九曰盤桓利居貞內體震爲出外互艮爲居爲止故不出也

子曰爲易者其知盜乎

虞翻曰爲易者謂文王否上之二成困三暴慢以陰乘陽二變入宮爲萃五之二奪之成解坎爲盜故爲易者其知盜乎

疏 將釋解三爻辭也爻變故謂爲易者爲文王六十四卦消息萃觀上之四解臨初之四從四陰二陽之例此說文王爻變之例故不從消息而從爻例也三陰三陽之例否上之二成困困三不正下暴二上慢五故云三暴慢困三象傳曰據于蒺蔾乘剛也故云以陰乘陽二變體萃困三曰入于其宮互艮爲宮互巽爲入故云入宮爲萃萃五之二奪三成解體坎爲盜故曰爲易者其知盜乎

易曰負且乘致寇至

孔穎達曰此又明擬議之道當量身而行不可以小處大以賤貪貴故引解六三爻辭以明之矣

疏 此解三爻辭也承前擬議而言凡事當量身而行不可小處大賤貪貴若以小人而居貴位驕矜而不謹愼必有致寇之患故

引此以明之義詳解卦虞注

負也者，小人之事也。虞翻曰：陰稱小人，坤爲事，以賤倍貴，違禮悖義，故小人之事也。疏三陰失正，故爲小人。困二變入宮成坤爲事。負讀爲倍。三以四艮倍五，故云以賤倍貴。賤而倍貴，是爲違禮悖義，故曰小人之事也。

乘也者，君子之器也。虞翻曰：君子謂五，器，坤也。坤爲大車，故乘君子之器也。疏否、困、萃五皆陽爻得正，故君子謂五。形而下者謂之器，坤在地成形，故器謂坤也。坤爲大轝，三乘其上，故乘君子之器也。

小人而乘君子之器，盜思奪之矣。虞翻曰：小人謂三，既違禮倍五，復乘其車，五來之二成坎，坎爲盜，思奪之矣。爲易者知盜乎，此之謂也。疏三陰失位，故小人謂三。違禮失正，上倍乎五。五乾乘坤爲君子得車，三復乘之，是小人而乘君子之器矣。萃五之二成解，體坎爲盜，又爲思，故盜思奪之矣。五之二失正，故乘君子之器者盜也，奪之者亦盜也，故云"爲易者其知盜乎"，此之謂也。

上慢下暴，盜思伐之矣。虞翻曰：三倍五，上慢乾君，而乘其器，下暴於二。二藏於坤，五來寇二，以離戈兵，故稱伐之，坎爲暴也。疏上謂五，下謂二。二五體乾，君象也。三倍五，是上慢乾君也。二應五，爲三所乘，是乘其器而下暴於二也困二變三入宮互坤爲藏故二藏於坤萃五之二寇三成解故五來寇三三誤作二也折三入离离爲戈兵以离兵爲刼取故稱伐之坎爲盜故爲暴也

慢藏悔盜野容悔淫

虞翻曰坎心爲悔坤爲藏兌爲見藏而見故慢藏三動成乾爲野坎水爲淫二變藏坤則五來奪之故慢藏悔盜野容悔淫

【疏】二體坎坎心爲悔萃坤爲藏上體兌爲見藏而見是慢藏也三互离爲中女動而成乾乾爲野故爲野容鄭氏云飾其容而見於外曰野列女傳識華孟姬曰車奔姬墮使侍御者舒幃以自障蔽曰妾聞野處則幃裳擁蔽所以正心一意自歛制也頌曰孟姬好禮執節甚公避嫌遠別終不野容是其義也坎心爲欲又爲水故云坎水爲淫謂五來成坎也二變藏坤五來奪之謂二藏五來坎淫中女也慢藏野容者三也盜淫者五也故曰慢藏悔盜野容悔淫

易曰負且乘致寇至盜之招也

虞翻曰五來奪三以離兵伐之故變寇言戎以成三惡二藏坤時艮手招盜故盜之招

【疏】萃五來二奪三三互离兵伐之解象傳曰自我致戎故變寇言戎三陰爲惡故云以成三惡二變藏坤四互艮手艮手招盜故曰盜之招也

周易集解纂疏卷二十六

同邑劉大進文思校

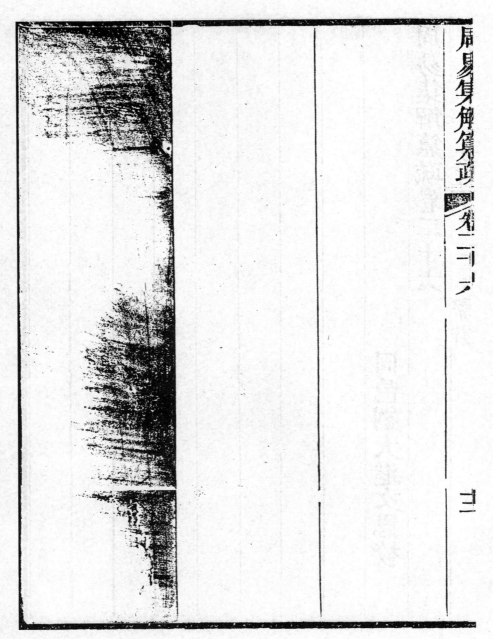

清道光有獲齋本周易集解纂疏

第四册

唐 李鼎祚集解 清 李道平纂疏

中國國家圖書館藏清道光二十二年有獲齋刻本

山東人民出版社·濟南

周易集解篹疏卷二十七

唐李鼎祚集解

安陸李道平遵王篹疏

大衍之數五十其用四十有九干寶曰衍合也崔憬曰案說卦云昔者聖人之作易也幽贊於神明而生蓍參天兩地而倚數既言蓍數則是說大衍之數也明倚數之法當參天兩地參天者謂從三始順數而至五七九不取於一也兩地者謂從二起逆數而至十八六不取於四也此因天地數上以配八卦而取其數也艮為少陽其數三坎為中陽其數五震為長陽其數七乾為老陽其數九兌為少陰其數二離為中陰其數十巽為長陰其數八坤為老陰其數六八卦之數總有五十故云大衍之數五十也不取天數一地數四者此數八卦之外大衍所不管也其用四十有九者法長陽七七之數也六十四卦既法長陰八八之數故四十九蓍則法長陽七七之數焉蓍圓而神象天卦方而智象地陰陽之別也舍一不用者以象太極虛而不用也且天地各得其

數以守其位故太一亦爲一數而守其位也王輔嗣云演天地之數所賴者五十其用四十有九其一不用也不用而用以之通非數而數以之成即易之太極也四十有九數之極也但言所賴五十不釋其所從來則是億度而言非有實據其一不用將爲法象太極理縱可通以爲非數而成義則未允何則不可以有對無五稱五十也孔疏釋賴五十以爲萬物之策凡有萬一千五百二十其用此策大推演天地之數唯用五十策也又釋其用四十九則有其一不用以爲策中其所揲蓍者唯四十有九其一不用以其虛无非所用也故不數矣又引顧歡同王弼所說而顧歡云立此五十數以數神神雖非數因數而著故虛其一數以明不可言之義也　案崔氏探玄病諸先達及乎自料未免小疵既將八卦陰陽以配五十之數餘其天一地四無所稟承而云八卦之外在衍之所不管者斯乃談何容易哉且聖人之言連環可解約文申義須窮指歸即此章云天數五地數五五位相得而各有合天數二十有五地數三十凡天地之數五十有五此所以成變化而行鬼神是結大衍之前義也既云五位相得而各有合即將五合之數配屬五行也故云大衍之數五十也其用四十有九者更減一以并五備設六爻之位蓍卦兩兼終極天

地五十五之數也自然窮理盡性神妙無方藏往知來以前民用斯之謂矣

【疏】干注　說文曰衍水朝宗於海也衍於文爲水行水行歸海合之象也故云衍合也言合天地之數而用之卽下經所謂五位相得而各有合也又鄭氏云衍演也王廣蜀才皆云衍廣也蓋惟合天地之數而後可以推演而廣大之也　崔注　此據下經參天兩地以說大衍之數謂艮三坎五震七乾九兌二離十巽八坤六合之得五十故曰大衍之數五十也合之天數一地數四爲五十有五以一四不在八卦之列止有五十故云此八卦之外大衍所不管也蓍圓象天故法震長陽七七之數而爲四十有九卦方象地故法巽長陰八八之數而爲六十四也蓍數取乎陽卦數取乎陰故云陰陽之別也捨一不用以太極虛而不用者太極理之始故不用也天地各得其數以守其位者謂天一地四守其位不用也太極理之始故虛而不用太一數之始故亦守其位而不用也王注所賴五十出於臆度孔疏所釋以萬物之策唯用五十又謂其一虛無非所用並引顧說以神超乎數故虛一不用皆無確據然崔氏所論亦未協經旨故李氏復申其說也　案　崔氏著有周易探玄故云崔氏探玄既病崔氏未免小疵卽據下經五位相得而各有合以釋大衍

之數五十其云將五五合之數配屬五行者卽鄭氏舊義也鄭注云天一生水於北地二生火於南天三生木於東地四生金於西天五生土於中陽无耦陰无配未得相成地六成水於北與天一並天七成火於南與地二並地八成木於東與天三並天九成金於西與地四並地十成土於中與天五並大衍之數五十有五又明堂月令曰春其數八夏其數七秋其數九冬其數六中央土其數五一水二火三木四金五土水火木金得土而成故一二三四得五爲六七八九土生數五成數五五五爲十故有地十揚子太元曰一六爲水二七爲火三八爲木四九爲金五五爲土天地之數五十有五而五在地之中故大衍之數五十五爲虛也其用四十有九更減以一並五備設六爻之位者天地之數五十有五用四十有九則減五十之一以並五十所餘之數五五而爲六爻之位故云蓍卦兩兼終極天地之五五十五之數也此本姚信董遇所云天地之數五十有五者其六以象六畫之數故減之而用四十九然不如鄭注尤爲明確鄭氏云大衍之數五十有五五行各氣並氣並而減五惟有五十以五十之數不可以爲七八九六卜筮之占以用之更減其一故四十九也　愚案說文曰惟初大始道立於一造分天地成化萬物蓋一者道之始卽

老子德經所謂道生一一生二二生三三生萬物三統厤所謂太極元氣含三爲一是也蓋天一生水於北北爲空虛无用之地一即乾元藏於復始虛而不用實道之主荀君云乾初九潛龍勿用故用四十九得其解矣天地之數五十有五大衍之數五十者虛其中不用也大衍之數五十其用四十有九者虛其始不用也虛其中所以四達而不停虛其始所以百變而不窮**分爲二以象兩**崔憬曰四十九數合而未分是象太極也今分而爲二以象兩儀矣**疏**衍合也故云四十九數合而未分太極含三爲一故云是象太極也兩兩儀也謂天地分而爲二値左右兩儀左象天右象地故以象兩儀矣**掛一以象三**孔穎達曰就兩儀之中分掛其一於最小指間而配兩儀以象三才**疏**三三才謂天地人也就兩儀之間於天數中分掛其一於小指間以象人所以配兩儀而象三才也虞氏下注云扐並合左手之小指則此掛一不在左手當在右手小指也**揲之以四以象四時**崔憬曰分揲其蓍皆以四爲數一策一時故四策以象四時也**疏**天有四時地有四方人有四德故分揲其蓍皆以四爲數乾鑿度所謂文王推爻四乃術數是也以一策象一時故分四策以象四時也**歸奇**

於扐以象閏虞翻曰奇所掛一策扐所揲之餘不一則二不三則四也取奇以歸扐扐並合掛左手之小指爲一扐則以閏月定四時成歲故歸奇於扐以象閏者也**疏**奇所掛之一策以象三才者也王制曰祭用數之扐又曰喪用三年之扐考工記以其圜之防捎其藪皆數之餘也扐者左右手四揲之餘也既數四四之後必有餘數或一或二或三或四故不一則二不三則四也取兩手所掛之奇以歸於所揲之扐並合兩揲之餘掛左手小指爲一扐以閏月定四時成歲堯典文孔傳一歲十二月三十日正三百六十日除小月爲六日是爲一歲有餘十二日未盈三歲是得一月則置閏焉以定四時之氣節成一歲之厤象文元年左傳曰履端於始舉正於中歸餘於終歸奇於扐即歸餘於終也蓋以揲四象四時以扐象歲終歸奇象閏故以閏月定四時成歲而歸奇於扐以象閏也

五歲再閏故再扐而後掛虞翻曰謂已一扐復分掛如初揲之歸奇於初扐並掛左手次小指間爲再扐則再閏也又分掛揲之如初而掛左手第三指間成一變則布掛之一爻謂已二扐又加一爲三並重合前二扐爲五歲故五歲再閏再扐而後掛此參五以變據此爲三扐不言三閏者閏歲餘十日五歲閏六

十日盡矣。後扐閏餘分，不得言三扐二閏，故從言再扐而後掛者也。

【疏】經文後掛，乾鑿度、說文引作再扐而後卦。京氏曰再扐而後布卦，是掛當作卦。虞注布掛之一爻，以及再扐後掛蓍其爻，義亦當作卦。作掛者，皆傳抄之誤也。謂已扐復分掛者，取前過揲之策復分二掛一也，如初揲之歸奇於初扐者省文也。先並所揲之餘於初扐，乃取奇歸之，故云歸奇於初扐也。初掛一在右手，今則並掛於左手次小指間，爲再扐以象再閏也。又分掛揲之如初揲儀，而並所揲之餘掛左手第三指間，爲成一變，則布卦之一爻，如七八九六是也。謂前已二扐，又加一爲三扐，並重合前二扐爲五歲，蓋一扐三歲也，歸奇一閏，再扐二歲也，合初扐三歲也，歸奇再閏也，三扐四歲也，合再扐五歲也，不歸奇，故五歲再閏，五歲再閏，故再扐而後卦也。以三爲五而成一變，故云此參五以變也。據此爲三扐，當言三閏，不言者，以閏歲倚餘十日也。素問曰日行一度，月行十三度而有奇焉，故大小月三百六十五日而成歲，積氣餘而盈閏矣。謂三百六十五度四分度之一，積三十日爲一月，氣盈五日有奇，朔虛五日有奇，故月大小常差六日，約其大數，歲餘十日也。五歲餘五十日，再閏六十日，已侵下餘分，故云五歲閏六十日盡矣。又云後扐閏餘分者，閏月不能恰盡必有餘分故虛三扐象之然則四時終而計餘餘分定乃成歲並扐象計餘成歲歸奇則象閏也不得言三扐二閏者若言三扐則似有三歸奇也故從言再扐而後卦**天數五地數五**虞翻曰天數五謂一三五七九地數五謂二四六八十也【疏】即下傳天一地二天三地四天五地六天七地八天九地十也五奇爲陽故曰天數五耦爲陰故曰地數**五位相得而各有合**虞翻曰五位謂五行之位甲乾乙坤相得合木謂天地定位也丙艮丁兌相得合火山澤通氣也戊坎己离相得合土水火相逮也庚震辛巽相得合金雷風相薄也天壬地癸相得合水言陰陽相薄而戰於乾故五位相得而各有合或以一六合水二七合火三八合木四九合金五十合土也【疏】鄭氏云天地之氣各有五行故五位謂五行之位乾納甲坤納乙甲一乙二相得則合木乾爲天坤爲地故謂天地定位也艮納丙兌納丁丙三丁四相得而合火艮爲山兌爲澤故山澤通氣也坎納戊离納己坎五离六相得而合土坎爲水离爲火故水火相逮也震納庚巽納辛震七巽八相得而合金震爲雷巽爲風故雷風相薄也乾天納壬坤地納癸壬九癸十相得而合水天陽地陰故陰陽相薄而戰於乾也故曰五位相得而各有

合此以納甲言之也或以云云者五行生成之數也太元曰一與六共宗二與七共朋三與八成友四與九同道五與五相守一六爲水二七爲火三八爲木四九爲金五爲土是也五五則十也相得謂一得五爲六二得五爲七三得五爲八四得五爲九五得五爲十昭八年左傳妃以五成皇侃以爲金木水火得土而成是也有合者鄭氏云五行之次一曰水天數也二曰火地數也三曰木天數也四曰金地數也五曰土天數也此五者陰无匹陽无耦故又合之地六爲天一匹也天七爲地二耦也地八爲天三匹也天九爲地四耦也地十爲天五匹也二五陰陽各有合然後氣相得施化行是也此五行相合天地之數卽大衍之數也

天數二十有五

虞翻曰一三五七九故二十五也

疏 一三五七九五奇數合而爲二十五

地數三十

虞翻曰二四六八十故三十也

疏 二四六八十五耦數合而爲三十

凡天地之數五十有五

虞翻曰天二十五地三十故五十有五天地數見於此故大衍之數略其奇五而言五十也

疏 合天地奇耦之數故五十有五天地之數見於此大衍之數略奇五而言五十者太元曰五與五相守地之十仍是五故略之也

此所以成變

化而行鬼神也 荀爽曰在天爲變在地爲化在地爲鬼在天爲神　姚信曰此天地之數五十有五分爲爻者故能成就乾坤之變化能知鬼神之所爲也　侯果曰夫通變化行鬼神莫近於數故老聃謂子曰汝何求道對曰吾求諸數明數之妙通於鬼神矣

疏 荀注　在天爲變陽也在地爲化陰也在地爲鬼陰也在天爲神陽也　姚注　分爲七八九六之爻一合六二合七三合八四合九五合十爲十五共爲五十有五由七八九六而乾坤之變化以成鬼神之情狀可知　侯注　通天地之變化行天地之鬼神總不外乎天地之數故復引孔子吾求諸數之言以明數之爲用變而无窮神而莫測上傳言極數知來之謂占即繼以通變之謂事陰陽不測之謂神是其義也

乾之冊二百一十有六 荀爽曰陽爻之冊三十有六乾六爻皆陽三六一百八十六六三十六合二百一十有六也陽爻九合四時四九三十六是其義也

疏 老陽之冊以九起數四九故三十有六乾之六爻皆陽也一爻三十六以三六一百八十乘六六三十六合之爲二百一十有六也陽爻九四九三十六合之爲四時若少陽以七起數一爻二十八冊六爻則有一百六十八冊也

坤之冊百四十

㭊同析
析同策

有四荀爽曰陰爻之冊二十有四坤六爻皆陰二六一百二十四六二十四合一百四十有四也陰爻六合二十四氣四六二百四十也

疏老陰之冊以六起數四六故二十有四坤之六爻皆陰也一爻二十四以二六一百二十乘四六二十四合之爲一百四十有四也陰爻六四六二十四合之爲二十四氣焉氣中氣也若少陰以八起數一爻三十二六爻則有一百九十二冊也

凡三百有六十當期之日陸績曰日月十二交會積三百五十四日有奇爲一會今云三百六十當期則八十三月六日也十二月爲一期故云當期之日也

疏日月合朔爲交會每歲有十二交會除小盡六日積三百五十四日有奇爲一會堯典曰朞三百有六旬有六日故云三百六十當期積之八十三月六日所以生閏書孔傳四時曰朞四時十二月故十二月爲一期冊數與日數相當故曰當期之日案乾鑿度云二卦十二爻而期一歲故云當期之日又云麻以三百六十五日四分度之一爲一歲易以三百六十㭊當期之日此麻律數也五歲再閏故再扐而後卦以應麻律之數

二篇之冊萬有一千五百二十當萬物之數也侯果曰二篇謂上下經也共六十四卦合

三百八十四爻陰陽各半則陽爻一百九十二每爻三十六冊合六千九百一十二冊陰爻亦一百九十二每爻二十四冊合四千六百八冊則二篇之冊合萬一千五百二十當萬物之數也【疏】乾鑿度孔子曰陽三陰四位之正也故易卦六十四分而爲上下陽道純而奇故上篇三十陰道不純而偶故下篇三十四乾坤陰陽之本始故爲上篇之始坎离始終萬物故爲上篇之終也咸恒者男女之始故爲下篇之始旣濟未濟爲最終故知二篇謂上下經也合二篇陰陽三百八十四爻其冊有萬一千五百二十下傳云庖犧始作八卦以類萬物之情九家注云六十四卦凡有萬一千五百二十冊冊類一物類萬物之情故當萬物之數說苑孔子曰察變之動莫著於五星天之五星運氣於五行其初猶發於陰陽而化極於萬一千五百二十蓋萬物之精上爲列星故天有萬一千五百二十星地有萬一千五百二十物聖人仰觀俯察幽贊於神明而生蓍觀變於陰陽而立卦發揮於剛柔而生爻故卦爻之冊亦萬有一千五百二十乾元萬物資始坤元萬物資生乾爲天坤爲地艮爲人艮主星星主斗斗合於人統三才之義天之五星運氣於五行而化極於萬一千五百二十大衍之數五十三才五行之合得有此數也

是故

四營而成易荀爽曰營者謂七八九六也陸績曰分而爲二以象兩一營也掛一以象三二營也揲之以四以象四時三營也歸奇於扐以象閏四營也謂四度營爲方成易之一爻者也【疏】荀注營之而少陽少陰成老陽老陰故營者謂七八九六也陸注此釋四營成易一爻之義也乾鑿度曰易變而爲一一變而爲七七變而爲九九者氣變之究也乃復變而爲一此一即太極易也四營者四變也又曰陰陽相並俱生陽動而進陰動而退八麗於七六依於九九六七八故成易也**十有八變而成卦**荀爽曰二揲冊掛左手一指閒三指間滿而成一爻卦六爻三六十八故十有八變而成卦也【疏】二揲之冊掛左手一指閒三扐滿然後成一爻六爻然後成一卦六爻則三六一十八變故十有八變而成卦也**八卦而小成**侯果曰謂三畫成天地雷風日月山澤之象此八卦未盡萬物情理故曰小成也【疏】謂三畫已成則乾天坤地震雷巽風离日坎月艮山兌澤之象著然此八卦未嘗引伸觸類而重之則未盡萬物之情理故曰八卦小成也**引而信之觸類而長之**虞翻曰引謂庖犧引信三才兼而兩之以六畫觸動也謂六畫以成六十四卦故引

而信之觸類而長之其取類也大則發揮剛柔而生爻也【疏】引謂庖犧引信三才者上五爲天位四三爲人位二初爲地位是也兼而兩之爲六畫者因而重之兼三才爲六畫如八純卦是也觸類謂六爻變動以成六十四卦是引伸謂重爲八卦觸類謂變動爲六十四卦稱名也小虞彼注云謂小成明取類六十四卦爲大成也發動揮變變剛生柔爻變柔生剛爻八純卦變爲六十四卦是發揮於剛柔而生爻也

天下之能事畢矣虞翻曰謂乾以簡能能說諸心能研諸侯之慮故能事畢【疏】乾當作坤著之德圓而神乾道也卦之德方而義坤道也故言坤以簡能能說諸心能研諸侯之慮下傳爻虞彼注云乾五之坤坎爲心兌爲說故能說諸心坎心爲慮乾五之震爲諸侯故能研諸侯之慮諸侯則通乎天下故天下之能事畢矣愚案天地設位聖人成能天下之能事畢即言乎邇則不遺言乎遠則不禦言乎天地之間則備矣是也

顯道神德行虞翻曰顯道神德行乾二五之坤成离日坎月日月在天運行照物故顯道神德行默而成不言而信存於德行者也【疏】乾二五之坤乾成离坤成坎故云成离日坎月日月麗天運行不息照臨萬物故曰顯道默而成不言而信存乎德行下傳爻

九家彼注云默而成謂陰陽相處也不言而信謂陰陽相應也德者有實行者相應也言德行皆陰陽之所為故曰神德行也 愚案乾為道故曰道又為德震為行故曰德行蓋道至隱也易則八卦以象告故曰顯道德行至常也易則成變化而行鬼神故曰神德行顯則微者使著神則著者使微皆易之所為也**是故可與酬酢可與右神矣**九家易曰陽往為酬陰來為酢陰陽相配謂之右神也孔子言大衍以下至於能事畢矣此足以顯明易道又神易德行可與經義相掛酌也故喻以賓主酬酢之禮所以助前聖發見於神祕矣禮飲酒主人酌賓為獻賓酌主人為酢主人飲之又酌賓為酬也先舉為酢答報為酬酬取其報以象陽唱陰和變化相配是助天地明其鬼神者也

疏 道生一一生二是陽為主而陰為客也倉頡篇主答客曰酬故陽往為酬又曰客報主人曰酢故陰來為酢陰陽皆神之所為馬氏云祐配也故陰陽相配謂之祐神也自大衍至能事畢皆足以顯明易道而神其德行可與六十四卦經義相掛酌故喻以賓主酬酢之禮而曰可與酬酢矣祐與佑通佑者助也所以助前聖發見易道於神尤祕故曰可與祐神矣儀禮鄉飲酒主人坐取爵實之賓之席前西北面獻賓故云主人酌

賓爲獻也又曰賓實爵主人之席前東南面酢主人故云賓酌主人爲酢又曰卒洗揖讓升賓西階上疑立主人實觶酬賓故曰主人又酌賓爲酬也論酬酢之義則賓先酢而主後酬酬所以報酢論飲酒之義則始於主人獻賓而後賓酢故以象陽唱陰和賓既酢而主人又酬故云變化相配陽爲天爲神陰爲地爲鬼陽往陰來是助天地明其鬼神也愚案顯故可與酬酢因其著而著之也神故可與祐神因其微而微之也中庸曰莫顯乎微是微者顯之基也故下言神之所爲

子曰知變化之道者其知神之所爲乎

虞翻曰在陽稱變乾二之坤在陰稱化坤五之乾陰陽不測之謂神知變化之道者故知神之所爲諸儒皆上子曰爲章首而荀馬又從之甚非者矣

疏 荀前注云在天爲變故云在陽稱變陽變故乾二之坤又云在地爲化故云在陰稱化陰化故坤五之乾陰陽不測之謂神上傳爻韓彼注稱神爲變化之極是也變化之道卽九六消息之道一陰一陽變化不測知陰陽變化之道故知神之所爲蓋大衍之數成變化而行鬼神故知變化之道者卽知神之所爲諸儒皆以此節爲下章之首而荀爽馬融從之故虞君以爲甚非虞本別傳云仲翔奏上易注曰經之大者莫過於易自漢

以來其讀易者解之率少至孝靈之際穎川荀諝號爲知易臣得其注有愈俗儒至所謂西南得朋東北喪朋顛倒反覆了不可知孔子歎易曰知變化之道其知神之所爲乎以美大衍四象之作而上爲章首尤可怪笑又南郡太守馬融名有俊才其所解復不及諝孔子曰可與共學未可與適道豈不其然是其事也諝一名爽

易有聖人之道四焉崔憬曰聖人德合天地智周萬物故能用此易道大略有四謂尚辭尚變尚象尚占也【疏】範圍天地之化而不過故德合天地曲成萬物而不遺故此智周萬物聖人仰觀天文俯察地理中取物象故能用此易道大略有四卽下文尚辭尚變尚象尚占是也

以言者尚其辭虞翻曰聖人之情見於辭繫辭焉以盡言也【疏】聖人之情見乎辭者蓋誠於中形於外卽春秋傳所謂言以足志也繫辭謂爻彖之辭書不盡言故繫辭以盡其言所謂文以足言也擬之後言故尚其辭　愚案說文辭說也玉篇說言也是辭卽言也辭有險易各指所之擬之後言則无辭慚辭枝辭多辭游辭屈之患故以言者尚其辭

以動者尚其變陸績曰變謂爻之變化當議之而後動矣【疏】變動不居動卽變也爻者言乎其變故變爲爻之變

化動則觀變是議之後動動同不臧矣故以動者尚其變**以制器者尚其象**荀爽曰結繩為网罟

蓋取諸离此類是也【疏】象其物宜言器皆有象鄭氏謂存乎器象是也十二蓋取皆觀象以造器荀舉罔罟取离

以類其餘也故以制器者尚其象**以卜筮者尚其占**虞翻曰乾著稱筮動离為龜龜稱卜動則

玩其占故尚其占者也【疏】白虎通引禮雜記曰著陽之老也著數百乾為百著所以筮者故乾著為筮乾二五

動為离离為龜龜所以卜故龜稱卜古者卜筮皆出於易而所以占異祭義曰易抱龜前南面鄭注周禮云龜知生

數一二三四五之神著知成數六七八九十之神是卜筮皆不外大衍之數也洪範曰立時人作卜筮三人占是卜

筮即占也占事知來動則玩其占故以卜筮者尚其占也**是故君子將有為也將有行**

也問焉而以言虞翻曰有為謂建侯有行謂行師也乾二五之坤成震有師象震為行為言問故有

為有行凡應九筮之法則筮之謂問於著龜以言其吉凶爻象動內吉凶見外著德圓神卦德方智故史擬神智以

斷吉凶也【疏】有為謂建侯者屯震也有行謂行師者師坎也乾元動震二動坎五震故就震言之舉例也又乾二

五之坤成坎互震有師象而震侯在其中震足爲行震聲爲言問有爲有行謂凡爲與行皆震象故震神盡知之春官筮人掌三易以辨九筮之名一曰筮更二曰筮咸三曰筮式四曰筮目五曰筮易六曰筮比七曰筮祠八曰筮參九曰筮環應此九筮之法則加之筮也問謂問於蓍龜言謂言其吉凶陽吉陰凶陽動則吉陰動則凶故爻象動內吉凶見外卦由蓍而成故言蓍德圓神並及卦德方智史謂筮史史擬蓍卦之神智以斷其吉凶也

其受命也如響

虞翻曰言神不疾而速不行而至不言善應乾二五之坤成震巽巽爲命震爲響故受命同聲相應故如嚮也

【疏】知幾其神故不疾而速不行而至蓍龜不言而示以吉凶故不言善應乾二五之坤成震則坤二五之乾成巽故震巽常相應巽申命爲命震善鳴故爲嚮嚮本或作響古字通也命謂命蓍命龜之辭巽爲命故受命震巽同聲相應故受命如響也

无有遠近幽深遂知來物

虞翻曰遠謂天近謂地幽謂陰深謂陽來物謂乾神神以知來感而遂通謂幽贊神明而生蓍也

【疏】左傳天道遠故遠謂天法言近如地故近謂地說文幽隱也陰闇也陰闇故幽謂陰釋言潛深也陽氣潛藏故深謂陽來物謂乾神者乾神知來故知來物感

而遂通，故遂知來物，所以知者知以著也。乾爲蓍，故謂幽贊神明而生著也。

非天下之至精孰能與於此

虞翻曰：至精謂乾純粹精也。

疏　乾本純粹至精，故至精謂乾純粹精也。昭七年左傳「是以有精爽至於神明」，蓋惟精故明，受命如嚮，遂知來物，可謂神明之至矣，故曰「非天下之至精，其孰能與於斯」。

參伍以變錯綜其數

虞翻曰：逆上稱錯。綜，理也。謂五歲再閏，再扐而後掛，以成一爻之變，而倚六畫之數。卦從下升，故錯綜其數，則三天兩地而倚數者也。

疏　說卦曰「易逆數也」，故錯稱逆上。劉向列女傳「推而往，引而來，綜也」。綜有文理，易順性命之理，有陰陽往來之義，故云綜理也。參，三也。一掛兩揲兩扐爲五歲再閏，掛當爲卦，再扐而後卦，凡三變而成一爻，是三其五以成一爻之變，故曰參五以變。倚，立也。一爻之變七九八六也。易始於一，壯於七，究於九，故三畫而成乾。陰竝陽生，一而二，七而八，九而六，故參天兩地以立六畫之數也。易氣從下生，以下爻爲始，故云卦從下升，卽所謂逆上稱錯也。錯爲六畫，綜爲參兩，故參天兩地而倚數也。

通其變遂成天地之文

虞翻曰：變而通之，觀變陰陽始立卦，乾坤相親，故成天地之文，物相雜，故曰文。

疏　易窮

則變變則通，故通其變謂變而通之也。卦謂八卦，而小成也。乾陽變而成震、坎、艮，坤陰變而成巽、离、兌，故觀變陰陽始立卦也。獨陽不生，獨陰不生，故乾坤不親則爻不生。乾坤相親則陰陽雜，故成天地之爻也。物相雜故曰文，下傳爻虞彼注云：乾陽物，坤陰物，純乾純坤之時未有文章；陽物入坤，陰物入乾，更相雜成六十四卦，乃有文章，故曰文。

極其數，遂定天下之象。 虞翻曰：數，六畫之數。六爻之動，三極之道，故定天下吉凶之象也。

疏 言六畫之數，而三百八十四爻皆在其中。兼三才而兩之，故六三極，三才也。故六爻之動，三極之道也。爻有陰陽，陽吉陰凶，故定天下吉凶之象也。

非天下之至變，其孰能與於此？ 虞翻曰：謂參五以變，故能成六爻之義。六爻之義，易以工也。

疏 參其五以成一爻之變，故變謂參五以變。兼三才而兩之，故能成六爻之義。引而伸之，觸類而長之，爲六十四卦，則六爻變易，告以吉凶，故曰非天下之至變，其孰能與於斯。

易无思也，无爲也， 虞翻曰：天下何思何慮，同歸而殊塗，一致而百慮，故无所爲，謂其静也專。

疏 引此下傳文以釋无思无爲也。乾伏坤初，何思何慮，故无思。塗雖殊而歸則同，慮雖百而致則一，故无爲。蓋乾元未動，潛龍勿用，故无思无爲也。陽奇故一，一故專，專陽氣潛藏，故其靜也專。

寂然不動，虞翻曰：謂隱藏坤初，機息矣。專，故不動者也。

【疏】乾元隱藏坤初，寂然无爲，其機息矣。其靜也專，故不動也。

感而遂通天下之故，虞翻曰：感，動也。以陽變陰，通天下之故，謂發揮剛柔而生爻者也。

【疏】乾鑿度曰：虛无感動。鄭氏謂虛无也，故能感天下之動。乾動坤初，以陽變陰，變則通，故能通天下之故。虞注說卦傳云：發動揮變，變剛生柔爻，變柔生剛爻，以三爲六，故謂發揮剛柔而生爻也。

非天下之至神，其孰能與於此，虞翻曰：至神謂易，隱初入微，知幾其神乎。韓康伯曰：非忘象者，則无以制象；非遺數者，則无以極數。至精者无籌策而不可亂，至變者體一而无不周，至神者寂然而无不應。斯蓋功用之母，象數所由立，故曰非至精、至變、至神，則不能與於此也。

【疏】虞注　乾元隱初入微，幾者動之微，君子知微，故曰知幾其神。易以至无含至有，神則妙萬物而爲言者也，故非天下之至神，其孰能與於斯。韓注　孔氏正義曰：云夫非忘象者，則无以制象者，凡自有形象者，不可制他物之形象，猶若海不能制山之形象，山不能制海之形象。遺忘已象者，乃能制眾物之形象也。非遺數者，无以極數者若以數數物則不能極其物數猶若以萬而數則不能苞億以一億而數則不能苞千億萬億遺去數名者則无所不苞是非遺去其數无以極盡於數也言至精者无籌策而不可亂者以其心之至精理在元通无不記憶雖无籌策而不可亂也言至變者體一而无不周者言至極曉達變理者能體於淳一之理其變通无不周偏言雖萬類之變同歸於一變也斯蓋功用之母象數所由立者言至精至變至神三者是物之功用之母物之功用象之與數由此至精至變至神所由來故云象數所由立也言象之所以立有象者豈由象而來由太虛自然而有象也數之所以有數者豈由數而來由太虛自然而有數也是太虛之象太虛之數是其至精至變也由其至精故能制數由其至變故能制象若非至精至變至神則不得參與妙極之玄理也

夫易聖人之所以極深而研幾也荀爽曰謂伏羲畫卦窮極易幽深文王繫辭研盡易幾微者也【疏】伏羲畫六十四卦窮極易之幽深文王繫爻象之辭研盡易之幾微故曰聖人之所以極深而研幾也案王注極未形之理則曰深適動微之會則曰幾而孔疏極深者則前經初一節云君子將有為將有行問焉而以言其受命如響无有遠近幽深

是極深也研幾者上經次節云參伍以變錯綜其數通其變遂成天地之文極其數遂定天下之象是研幾也

唯深也故能通天下之志虞翻曰深謂幽贊神明无有遠近幽深遂知來物物故通天下之志謂著也【疏】深謂幽贊於神明而生著也著圓而神神以知來故无有遠近幽深遂知來物志藏於深故唯深能通天下之志著由聖人幽贊而生故深謂著也此所謂至精也

唯幾也故能成天下之務虞翻曰務事也謂易研幾開物故成天下之務謂卦者也【疏】說文務趣也从力敄聲訓事者謂趣赴此事也夫易開物成務虞彼注云以陽闢坤謂之開物以陰翕乾謂之成務蓋幾者動之微乾陽研幾故能開物務則由微而著矣坤陰成乾故成天下之務卦方以知知以藏往其幾隱矣故幾謂卦也此所謂至變也

唯神也故不疾而速不行而至虞翻曰神謂易也謂日月斗在天日行一度月行十三度從天西轉故不疾而速星寂然不動隨天右周感而遂通故不行而至者也【疏】神謂易也者陰陽不測是乃易也易有天道焉有地道焉有人道焉日合於天統月合於地統斗合於人統六爻之動三極之道故舉日月斗在天以言神之用也貫達論麻

曰五紀論曰日月循黃道南至牽牛北至東井率日日行一度月行十三度十九分度七也周書武順曰天道尚右日月西移故從天西轉續漢書律麻志曰天之動也一晝一夜而運過周日之所行與運周日月相推日舒月速案漢法天一日一夜過周一度日亦一日一夜起度端終度端月又速於日故不疾而速也星寂然不動謂斗也太元曰斗振天而進范望注云振動也斗衡隨天左回故言進又曰斗之南左行而右還故隨天右周也漢書天文志曰斗爲帝車運於中央臨制四海分陰陽建四時均五行移節度定諸紀皆繫於斗故感而遂通不行而至也又日月者六十四卦消息所出斗與日月相會正建十二次卦氣不消息出焉麻家以斗爲陽氣皆神之可見者也上注寂然不動感而遂通謂陽隱藏坤中以陽動陰發揮剛柔是言乾元非言星也以斗隨天故以斗爲天之消息耳乾道復子姤午出震入兌唯斗可見故言之也北辰在斗是天之太極也

子曰易有聖人之道四焉者此之謂也 侯果曰言易唯深唯神蘊此四道因聖人以章故曰聖人之道矣 疏 言此以結上經尚辭尚變尚象尚占之道也不言唯幾當是脫文言惟深唯幾唯神故能蘊此四道四道因聖人之至精至變至神

以章故曰聖人之道

周易集解纂疏卷二十七

受業吳廷蘭馨侯校

周易集解篹疏卷二十八

唐李鼎祚集解

安陸李道平遵王篹疏

天一水甲疏鄭氏所謂天一生水於北是也日行青道甲一乙二地二火乙疏地二生火於南甲乾乙坤相得合木天三木丙疏天三生木於東日行赤道丙三丁四地四金丁疏地四生金於西丙艮丁兌相得合火天五土戊疏天五生土於中日行黃道戊五己六地六水己疏地六成水於北一六合水戊坎己离相得合土天七火庚疏天七成火於南二七合火也日行白道庚七辛八地八木辛疏地八成木於東三八合木也庚震辛巽相得合金天九金壬疏天九成金於西四九合金也日行黑道壬九癸十地十土癸此則大衍之數五十有五蓍龜所從生聖人以通神明之德以類萬物之情此上虞翻義也疏地十成土於中五十合土也天壬地癸相得合水陽數奇一三五七九合之二十五陰數偶二四

六八十合之爲三十，總之爲大衍之數五十有五也。幽贊神明而生蓍，以此生之。鄭注周禮云：龜知生數一二三四五之神，蓍知成數六七八九之神。是卜筮皆不外大衍之數，故云蓍龜所從生也。聖人隱以通神明之德，顯以類萬物之情，皆恃此數也。

子曰：夫易何爲而作也？ 虞翻曰：問易何爲？取天地之數也。【疏】設問以起義也。天地之數，卽七八九六之數。

夫易開物成務， 陸績曰：開物謂庖犧引信八卦，重以爲六十四，觸長爻册至於萬一千五百二十，以當萬物之數，故曰開物。聖人觀象而制网罟耒耜之屬，以成天下之務，故曰成務也。【疏】引伸卦變也，故爲六十四卦；觸長爻變也，故爻册至於萬一千五百二十，以當萬物之數。以爻册當物，故曰開物。以制器者尚其象，故聖人觀象而制网罟之屬，卽十二蓋取是也。天下之務皆由此成，故曰成務。

冒天下之道，如斯而已者也。 虞翻曰：以陽闢坤謂之開物，以陰翕乾謂之成務。冒，觸也。觸類而長之，如此也。【疏】夫乾其動也闢，以乾闢坤，故曰開物；夫坤其靜也翕，以坤翕乾，故曰成務。周語曰：宜觸冒人。故云冒，觸也。觸類而長之，以成六十四卦，天下之能事畢矣。故曰冒天下之道如斯而已者也。又以陽闢坤，息而出震震在庚其數七是陽象數也以陰翕乾消而退巽巽在辛其數八是陰象數也息變而進七之九消變而退八之六九六相變所以觸類而長易變而爲一一變而爲七七變而爲九陰並陽一而二七而八九而六七八九六而天地之數備一三五九也二四六也五九也十六也故曰如斯而已者也

是故聖人以通天下之志九家易曰凡言是故者承上之辭也謂以動者尚其變變而通之以通天下之志也【疏】是故爲承上之辭釋其凡也承上文以動者尚其變也變而通之故能通天下之志案虞上通天下之志注云謂蓍也聖人幽贊於神明而生蓍故能開物而通天下之志所謂深也

以定天下之業九家易曰謂以制器者尚其象也凡事業之未立以易道決之故言以定天下之業【疏】承上文以制器者尚其象也立成器以爲天下利故凡事業未立則取象於易以決之決則定矣故以定天下之業案虞注成天下之務謂卦也務事務卽事業也八卦生吉凶吉凶生大業故能成務以定天下之業所謂幾也

以斷天下之疑九家易曰謂卜筮者尚其占也占事知來故斷天下之疑【疏】承上文以卜筮者尚其占也占事知來則无疑故斷天下之疑斷或作定者誤也案虞冒

天下之道注云冒觸也觸類而長以成六十四卦三百八十四爻故能觸類旁通以斷天下之疑所謂神也

是故蓍之德圓而神卦之德方以知崔憬曰蓍之數七七四十九象陽圓其爲用也變通不定因之以知來物是蓍之德圓而神也卦之數八八六十四象陰方其爲用也爻位有分因之以藏往知事是卦之德方以知也【疏】大衍之數五十其用四十有九是蓍之數七也七七四十九陽數也乾爲圓故象陽之圓也蓍之用變通无定无有遠近幽深遂知來物是蓍之德圓而神卽下文所謂神以知來是也四營而成易十有八變而成卦八卦而小成是卦之數八也八八六十四陰數也坤爲方故象陰之方也卦之用位列爻分以定天下吉凶之象是卦之德方以知卽下文知以藏往是也

六爻之義易以貢韓康伯曰貢告也六爻之變易以告吉凶也【疏】八卦以象告故云貢告也蓍七卦八爻者言乎變者也六爻之義九六相變易則吉凶自見故曰易以貢

聖人以此先心韓康伯曰洗濯萬物之心者也【疏】先劉瓛王肅韓伯本作洗故云洗濯萬物之心尋古洗濯字皆作洒無作洗者蔡邕石經及京荀虞董遇張璠蜀才皆作先今從之下云神以知來

祭義曰昔者聖人建陰陽天地之情立以爲易易抱龜南面天子卷冕北面雖有明知之心必進斷其志焉示不敢專以尊天也是聖人以此先心之義也**退藏於密**陸績曰受著龜之報應決而退藏之於心也【疏】聖人以吉凶命蓍龜而蓍龜報應之聖人則受而退藏於密密即心也故云決而退藏之於心也此兩節以虞義爲長說具下**吉凶與民同患**虞翻曰聖人謂庖犧以蓍神知來故以先心陽動入巽巽爲退伏坤爲閉戶故藏密謂齊於巽以神明其德陽吉陰凶坤爲民故吉凶與民同患謂作易者其有憂患也【疏】畫卦始於庖犧故聖人謂庖犧下云神以知來故云以蓍神知來乾爲蓍復之一陽即乾初也復見天地之心乾神知來故以此先心乾陽初動入陰成巽巽雜卦曰兌見而巽伏又巽象退辛故爲退伏由巽入坤闔戶謂之坤故爲閉戶退伏爲藏閉戶爲密故退藏於密說卦曰齊乎巽齊也者言萬物之絜齊也巽陽藏室神明在內故齊於巽以神明其德謂以卦德藏往巽太之智也乾陽爲吉坤陰爲凶坤眾爲民表吉凶之象以同民所憂患之事蓋作易者本有憂患故即九六變易以定吉凶與民同患也蓋先心則无思藏密則无爲吉凶與民同患則感而遂通天下之故也**神以**

知來知以藏往 虞翻曰乾神知來坤知藏往來謂先心往謂藏密也【疏】乾神知來謂蓍之德圓而神也坤知藏往謂卦之德方以知也聖人取七八九六之數知來而藏往未來者以此知之故來謂先心已往者以此藏之故往謂藏密蓋易例以未來者屬乾已往者屬坤也

其孰能與於此哉 虞翻曰誰乎能為此哉謂古聰明睿知之君也【疏】孰誰也言誰能為此者以起下文古之聰明睿知之義也

古之聰明睿知神武而不殺者夫 虞翻曰謂大人也庖犧在乾五動而之坤與天地合聰明在坎則聰明在離則明神武謂乾睿知謂坤乾坤坎離反復不衰故而不殺者夫【疏】大人謂九五大人也乾利見大人虞彼注云謂若庖犧觀象於天造作八卦又下注云文王書經繫庖犧於乾五故云庖犧在乾五乾五動之坤即坤五動之乾乾為天坤為地故與天地合聰明者乾五之坤成坎體天有故在坎則聰坤五之乾成離體此故在離則明乾陽為神乾剛為武故神武謂乾洪範曰思曰睿思於五行屬土坤地為土坤知藏往故睿知謂坤殺讀為衰士冠禮曰以官爵人德之殺也鄭彼注云殺猶衰也反覆不衰之卦有八乾坤頤大過坎離中孚小過今乾坤動成坎離故云

乾坤坎离反覆不衰殺馬鄭王肅讀所戒反義與虞同陸績韓伯讀如字者誤也**是以明於天之道而察於民之故**虞翻曰乾五之坤以离日照天故明天之道以坎月照坤故察民之故坤為民

疏 乾五之坤离上乾下故以离日照天乾為天為道故明天之道坤五之乾坤上坎下故以坎照坤坤為民故察民之故下傳曰又明於憂患與故虞彼注云知以藏往故知事故而稱民之故也**是興神物以前民用**陸績曰神物蓍也聖人興蓍以別吉凶先民而用之民皆從焉故曰以前民用也

疏 乾為神為物又為蓍故神物謂蓍也興神物謂幽贊於神明而生蓍也管子曰能存能亡者蓍龜與龍也為萬物先為禍福正為禍福正即別吉凶也為萬物先即先民用而皆從也乾伏坤坤為民為用乾在坤先故曰以前民用也**聖人以此齊戒**韓康伯曰洗心曰齊防患曰戒

疏 此亦取乾坤坎离之義也坤初四之乾成巽巽絜齊相見故曰齊坎离相合成既濟既濟思患豫防故曰戒**以神明其德夫**陸績曰聖人以蓍能逆知吉凶除害就利清絜其身故曰以此齊戒也吉而後行舉不違失其德富盛見稱神明故曰神明其德也

疏 聖以蓍神知來

趨吉避凶卽以此絜齊其身故曰以此齊戒也惟其吉而後行故擧无違失所以其德富盛見稱神明謂爲神明所歆享故曰神明其德案乾爲神爲大明故曰神明聖人幽贊於神明而生蓍始作八卦以通神明之德故曰神明其德夫又案前民用卽以此先心齊戒神明卽退藏於密也

是故闔戶謂之坤虞翻曰闔閉翕也謂從巽之坤坤柔象夜故以閉戶者也【疏】說文闔閉也坤其靜也翕故云闔閉翕也從巽之坤謂從午至亥剛柔者晝夜之道故坤陰柔象夜乾坤易之門故以閉戶此少陰八不變者也

闢戶謂之乾虞翻曰闢開也謂從震之乾乾剛象晝故以開戶也【疏】闢開也說文文從震之乾謂從子至巳乾陽剛象晝故以開戶此少陽七不變者也

一闔一闢謂之變虞翻曰陽變闔陰陰變闢陽剛柔相推而生變化也【疏】陽謂老陽九也陽變爲陰故闔陰謂老陰六也陰變爲陽故闢陽主變陰主化剛推柔生變柔推剛生化故剛柔相推而生變化也

往來不窮謂之通荀爽曰謂一冬一夏陰陽相變易也十二消息陰陽往來无窮已故通也【疏】陰常居大冬然一陽生於冬至陽常居大夏然一陰生於夏至故云一冬一夏陰陽相變易也十二消息者復

臨泰大壯夬乾陽息之卦也姤遯否觀剝坤陰消之卦也乾坤十二晝一往一來循環无已陽息陰消推而行之故謂之通也

見乃謂之象形乃謂之器

荀爽曰謂日月星辰光見在天而成象也萬物生長在地成形可以爲器用者也【疏】日月星辰光見於天是在天而成象者也天垂象見吉凶故見乃謂之象萬物生長皆在於地是在地成形可爲器用者也坤爲器形而下者謂之器故形乃謂之器

制而用之謂之法

荀爽曰謂觀象於天觀形於地制而用之可以爲法【疏】法莫大乎規矩觀象於天取其大規在上也觀形於地取其大矩在下也因其規矩制爲方圓而用之故可以爲法法象莫大乎天地故謂之法也

利用出入民咸用之謂之神

陸績曰聖人制器以周民用用之不遺故曰利用出入也民皆用之而不知所由來故謂之神也【疏】立成器以爲天下利制器以周民用卽立成器也用之不遺故利用出入卽以爲天下利也乾爲美利故曰利坤爲用故曰用出乾爲復入坤爲姤乾坤出入其用无窮故曰利用出入民皆用之而不知所由來卽百姓日用而不知故謂之神也

是故易有太極是生兩儀

干寶曰發初言

是故總衆篇之義也　虞翻曰太極太一分爲天地故生兩儀也

【疏】干注總衆篇之義故以是故發端釋凡側也　虞注馬氏云易有太極謂北辰也太極太一者乾鑿度曰太一取七八九六之數以行九宮四正四維皆合於十五鄭彼注云太一者北辰之神名也居其所曰太一常行於八卦日辰之間曰天一又引星經曰天一太一主氣之神然則太一即乾元也在天爲北辰在易爲神虞注寂然不動感而遂通即指此也太一者極大曰太未分曰一鄭氏所謂未分之道是也太極者說文極棟也逸雅棟中也居屋之中也是極者中也未分曰一故謂之太一未發爲中故謂之太極在人爲皇極即鄭氏所謂極中之道是也釋詁曰儀匹也天地相配故稱兩儀禮運曰夫禮必本於太一分爲兩儀呂氏春秋曰太一出兩儀即分爲天地故生兩儀之義也鄭氏又云太極函三爲一相並俱生是太極生兩儀而三才已具矣

兩儀生四象

虞翻曰四象四時也兩儀謂乾坤也乾二五之坤成坎离震兌震春兌秋坎冬离夏故兩儀生四象歸妹卦備故象獨稱天地之大義也

【疏】四象四時也者謂日月之行春甲乙夏丙丁秋庚辛冬壬癸四時之間戊巳甲丙戊庚壬陽也爲天象乙丁巳辛癸陰也爲地象月令春其日

甲乙夏其日丙丁秋其日庚辛冬其日壬癸中央其日戊
已鄭彼注云日之行春東從青道發生萬物月爲之佐時
萬物皆解孚甲自抽軋而出故名甲乙日之行夏南從赤
道長育萬物月爲之佐時萬物皆炳然著見而強大故名
丙丁日之行四時之間從黃道月爲之佐至此萬物皆枝
葉茂盛其含秀者抑屈而起故名戊已日之行秋西從白
道成熟萬物月爲之佐萬物皆肅然改更秀實新成故名
庚辛日之行冬北從黑道閉藏萬物月爲之佐時萬物懷
任於下揆然萌芽故名壬癸此四時之象也又言兩儀謂
乾坤也者謂庖犧觀天象以畫卦幽贊神明以擬太極乃
立乾坤以象天地以太極之一七九爲乾坤之三畫是亦
太極生兩儀也此與天地四時之文不屬每句各具二義
耳云乾二五之坤者遂言庖儀四象也二五中氣即太極
非爻名也云成坎离震兌者太極乾元一施爲坎再施爲
离一息爲震再息爲兌也云震春兌秋坎冬离夏者此庖
儀所定以則四象也离以象日畫中正故爲夏坎以象
月夜中正北故爲冬震陽出以象雷故爲春兌陽成以象
兩故爲秋也故兩儀生四象四象者言有乾坤然後生震兌坎
离四象也歸妹象曰歸妹天地之大義也歸妹自泰來備
震兌坎离四象故引以明之虞彼注云乾天坤地三之四

天地交又云震東兌西離南坎北六十四卦此象最備四時正卦故天地之大義也

四象生八卦

虞翻曰乾二五之坤則生震坎艮坤二五之乾則生巽離兌故四象生八卦乾坤生春艮兌生夏震巽生秋坎離生冬者也

疏 此言乾生震坎艮坤生巽離兌者蒙上注義先言庖犧八卦也既象乾之息乃復象其消反兌為巽以象風反震為艮以象霆消息既備則乾退而就坎坤進而就離故分震坎艮屬天巽離兌屬地三索交乾坤以成六子之爻十五日乾象西北西北坎前坤陰所積乾就坤以交陰則生三男也坤不位東南者陽先陰後不敢敵陽故位離後西南震兌之間陽盛之位坤亦就乾以交陽則生三女也艮在甲癸之間故位東北震巽相薄陽動入巽故位乎東南以受震此乾坤生六子之義也云故四象生八卦者下傳注云乾坤與六子俱名八卦而小成謂此也云乾坤生春者此乃言在天八卦生於四時也生春猶言生乎春也月行至甲乙而乾坤象見是乾坤生乎春也云艮兌生夏者月行至丙丁艮兌象見也云震巽生秋者月行至庚辛震巽象見也云坎離生冬者坎離在中不可象日月會於壬癸而坎離象見故生乎冬也

八卦定吉凶

虞翻曰陽生則吉陰生則凶謂方以類聚物以羣分

吉凶生矣已言於上故不言生而獨言定吉凶也【疏】陽生則吉者陽主息故吉也陰生則凶者陰主消故凶也引上傳文以明吉凶者八卦六位有正有不正故吉凶生虞上注云得正言吉失正言凶是也云已言於上者已言繫初也前既言生故此獨言定也

吉凶生大業荀爽曰一消一息萬物豐殖富有之謂大業【疏】春夏生物秋冬成物故一消一息萬物豐殖乾主施坤主生坤化成物故富有之謂大業吉凶相推萬物化成若觸類而長備六十四卦三百八十四爻之義也

是故法象莫大乎天地翟元曰見象立法莫過天地也【疏】成象之謂乾效法之謂坤乾言象坤言法故見象立法莫過於天地所謂太極生兩儀也

變通莫大乎四時荀爽曰四時相變終而復始也【疏】變通者趨時者也故配四時窮則變變則通四序推遷終而復始故變通莫大乎四時所謂兩儀生四象也

縣象著明莫大乎日月虞翻曰謂日月縣天成八卦象三日莫震象出庚八日兌象見丁十五日乾象盈甲十七日旦巽象退辛二十三日艮象消丙三十日坤象滅乙晦夕朔旦坎象流戊日中則离离象就己戊己土位象見於中日月相推而明生焉故縣象著明

莫大乎日月者也【疏】此以納甲言之也日月之晦朔弦望有八卦象故謂日月縣天成八卦象也震納庚月三日哉生明故震象出庚兌納丁月八日上弦故兌象見丁乾納甲月十五日望故乾象盈甲皆在暮也巽納辛月十七日哉生魄故巽象退辛艮納丙月二十三日下弦故艮象消丙坤納乙月三十日晦故坤象滅乙皆在旦也此云三十日以大分言之文言注作二十九日是也二十九日三十日爲晦夕一日爲朔旦故坎象流戊晝爲日中故日中則离离象就已戊已中央土位故象見於中參同契所謂晦朔之間合符行中此天地雜保太和日月戰陰陽合德之時也明兩作日月相推而明生焉故縣象著明莫大乎日月所謂四象生八卦也

崇高莫大乎富貴虞翻曰謂乾正位於五五貴坤富以乾通坤故崇高莫大乎富貴也【疏】乾正位於五五位天子坤爲富故五貴坤富乾五即太極之神也探嘖索隱則爲乾初正位則爲乾五變化消息皆乾五所爲以乾之貴據坤之富爲以乾通坤山在地上稱崇是崇謂坤謂天蓋高是高謂乾釋詁崇重也坤爲重鄭儀禮注崇充也謂相充實也崇言富高言貴故崇高莫大乎富貴此下皆言吉凶生大業也

備物致用立成器以爲天

下利莫大乎聖人虞翻曰神農黃帝堯舜也民多否閉取乾之坤謂之備物以坤之乾謂之致用乾為物坤為器用否四之初耕稼之利否五之初市井之利否四之二舟楫之利否上之初牛馬之利謂十二蓋取以利天下通其變使民不倦神而化之使民宜之聖人作而萬物觀故曰莫大乎聖人者也

疏古者包犧氏始作八卦包犧氏沒神農氏作神農氏沒黃帝堯舜氏作故聖人謂神農以下也中古之世草昧初開民多否閉乾為物取乾之坤為備物坤為用以坤之乾為致用乾為物者精氣為物也坤為器用者形下為器致役為用也天地不交其象為否故制器尚象多因否來否四之初為益利用大作故云耕稼之利否五之初為噬嗑日中為市故云市井之利風俗通曰古者二十五畝為一井因為市交易故稱市井也否二之四為渙挎木為舟掞木為檝故云舟檝之利否上之初為隨服牛乘馬故云牛馬之利十二蓋取謂自离以下也自否變而外總不外乎乾坤六位往來也十三卦皆利天下之事故云以利天下陽窮變陰陰窮變陽通乾坤之變故使民不倦乾為神坤為化乾神之坤坤化萬物故使民宜之神農以下皆聖人有制作而為天下所利見者也故曰聖人作而萬物觀乾五大人聖人而在

天子之位者也故莫大乎聖人

探嘖索隱，鉤深致遠，以定天下之吉凶，成天下之娓娓者，莫善乎蓍龜。

虞翻曰：探，取。嘖，初也。初隱未見，故探嘖索隱。則幽贊神明而生蓍，初深，故曰鉤深。致遠謂乾，乾為蓍。乾五之坤，大有离，离為龜。乾生知吉，坤殺知凶，故定天下之吉凶，莫善於蓍龜也。侯果曰：亹，勉也。夫幽隱深遠之情，吉凶未兆之事，物皆勉勉然願知之，然不能也。及蓍成卦，龜成兆也，雖神道之幽密，未然之吉凶，坐可觀也。是蓍龜成天下勉勉之聖也。

疏　虞注：採，取，釋詁文。嘖，初也，詳前「見天下之嘖」注。謂乾初也。索亦取也。乾初隱於坤下，伏而未見，故必探其嘖，索其隱。乾為神明，為蓍，乾伏坤初，故幽贊於神明而生蓍。乾初九曰「潛龍勿用」，釋言：「潛，深也。」初深，故曰鉤深。說文：「鉤，曲也。」曲以取之，故曰鉤深也。天道遠，故遠謂乾。致遠謂陽息也。雜記曰：「蓍，陽之老也。」故乾為蓍。乾五之坤，體大有，外卦离，离為龜。乾陽生物，故知吉；坤陰殺物，故知凶。所以定天下之吉凶，莫大乎蓍龜也。侯注：娓娓，諸本皆作亹亹。虞君章末注云：「娓娓，進也。」是虞本原作娓娓，陸氏釋文亦未詳也。釋詁：「亹亹、蠠沒，勉也。」故云亹，勉也。言未來之事，人皆勉勉然知之，必蓍成卦，龜成兆，然後幽遠難覩吉凶未著者可坐而觀也故趨吉避凶勉勉爲善優入於聖域而無難是蓍龜能成天下勉勉之聖也白虎通曰聖人獨見先睹必問蓍龜何或曰清微無端緒非聖人所及聖人亦疑之洪範曰七稽疑汝則有大疑謀及卜筮皆成天下娓娓之事也娓說文美也義亦可通前皆言大此獨言善者蓍龜皆始於乾坤之元元者善之長故曰莫善乎蓍龜

是故天生神物聖人則之 孔穎達曰謂生蓍龜聖人法則之以爲卜筮者也 疏 神物蓍龜也法龜以卜法蓍以爲筮神物物天之所生法法物實法天也

天地變化聖人效之 陸績曰天有晝夜四時變化之道聖人設三百八十四爻以效之矣 疏 剛柔者晝夜之象也故云天有晝夜變通配四時故云四時晝陽爲變夜陰爲化春夏爲變秋冬爲化故云晝夜四時變化之道剛柔變化而後有爻爻也者效此者也故云聖人設三百八十四爻以效之矣

天垂象見吉凶聖人象之 荀爽曰謂在旋機玉衡以齊七政也 宋衷曰天垂陰陽之象以見吉凶謂日月薄蝕五星亂行聖人象之亦著九六爻位得失示人所以有吉凶之占也 疏 荀注虞書在璿璣玉衡以齊七政孔傳在察也璿美玉機衡正天文之器可

轉運者七政日月五星各異政五星異政是天垂象見吉凶也作機衡以齊七政是聖人象之也　宋注　春官保章氏掌天星以志星辰日月之變動以觀天下之遷辨其吉凶蓋陽生爲吉陰殺爲凶故天垂陰陽之象以見吉凶吉謂日月合璧五星聯珠凶卽日月薄蝕五星亂行聖人法天之象著爲九六爻位陰陽變化得正則吉失正則凶故得失示人所以有吉凶之占也　棻天垂象卽天有八卦之象也八卦定吉凶故曰見吉凶聖人則之謂陰陽消息剛柔變化而成六十四卦也

河出圖洛出書聖人則之

鄭元曰春秋緯云河以通乾出天苞洛以流坤吐地符河龍圖發洛龜書成河圖有九篇洛書有六篇也　孔安國曰河圖則八卦也洛書則九疇也　侯果曰聖人法河圖　鄭注　河以通乾出天苞所洛書制麻象以示天下也　謂天不愛其道也洛以流坤吐地符所謂地不發其寶也乾鑿度曰河圖龍出洛書龜予茲云河龍圖發卽河出圖也洛龜書成卽洛出書也河圖洛書者王者受命之符聖人據之以立易軌故曰聖人則之河圖九篇洛書六篇緯書之數　孔注　河圖者一六居北爲水二七居南爲火三八居東爲木四九居西爲金五十居中爲土此卽大衍之數五十其用四十有九分

掛揲歸以成八卦故云河圖則八卦也洛書者戴一履九左三右七二四爲肩六八爲足五居中此即乾鑿度太乙下行九宮之法而箕子據之以衍洪範故云洛書則九疇也　侯注天數五地數五五位相得而各有合者河圖也變之而縱橫皆十五所謂參伍以變即太乙下行九宮法者洛書也其實洛書即從河圖變出皆不外天地奇耦之數由天地奇耦之數揲之而爲爻而爲麻象具焉乾鑿度日麻以三百六十五日四分度之一爲一歲易以三百六十析當期之日　此律麻數也故云聖人法河圖洛書制麻象以示天下也　愚案萬物生於天故生神物者天也天交於地而變化生焉天變於上則見吉凶地化於下則出圖書變化承神物言之吉凶圖書文承變化言之也

易有四象所以示也　侯果曰四象謂上神物也變化也垂象也圖書也四者治人之洪範易有此象所以示人也

疏　何氏云四象謂天生神物聖人則之一也天地變化聖人效之二也天垂象見吉凶聖人象之三也河出圖洛出書聖人則之四也此與侯氏義同四者皆治人之大法故即此象以示人也案鄭氏曰布六於北方以象水布八於東方以象木布九於西方以象金布七於南方以象火孔氏謂諸儒有以四象爲七八九六者此

也又案大衍之數分二象兩掛一象三揲四象時歸奇象閏是謂四象謂七八九六四營而成一變十有八變而成卦卦者掛也乾鑿度掛示萬物故曰所以示也蓋言大衍四象而七八九六在其中矣

繫辭焉所以告也虞翻曰謂繫彖象之辭八卦以象告也疏繫辭者謂文王所作彖辭象辭也八卦以象告下傳爻虞彼注云在天成象乾二五之坤則八卦象成兌口震言故以象告也

定之以吉凶所以斷也虞翻曰繫辭焉以斷其吉凶八卦定吉凶以斷天下之疑也疏彖爻之辭皆有吉有凶辨吉凶者存乎辭故繫辭焉斷其吉凶七八九六得正吉失正凶故八卦定吉凶易以斷天下之疑故所以斷也

易曰自天右之吉无不利侯果曰此引大有上九辭以證之義也大有上九履信思順自天右之言人能依四象所示繫辭所告又能思順則天及人皆共右之吉无不利者也疏章首言天生神物故又引大有上九爻辭以證則天之義也惟其履信思順是以自天右之言人能依四象所示繫辭所告則爲履信而不疑矣又能思順乎天則天及人共右之吉且无不利又何凶之有焉

子曰右者助也虞翻曰大有兌爲口口助稱右疏大有

五承上九互兌爲口說文曰右手口相助也故云口助稱右**天之所助者順也**虞翻曰大有五以陰順上故爲天所助者順也**疏**大有本乾上於三才爲天位五自坤來坤爲順故以陰順上五雖失位而爲上所助者以其順也又下注云比坤爲順則此謂大有通比五本比坤二順上而乾應之爲兌故曰天所助者順也**人所助者信也**虞翻曰信謂二也乾爲人爲信庸言之信也**疏**信謂二也者以二體乾也乾陽生爲人天行至信爲信故乾九二曰庸言之信體乾九二謂二應乎五而三與之成兌故曰人之所助者信也**履信思乎順有以尚賢也**虞翻曰大有五應二而順上故履信思順比坤爲順坎爲思乾爲賢人坤伏乾下故有以尚賢者也**疏**大有二五相應以順上大有與比旁通坤爲履乾比坤爲順比內體坤爲順外體坎坎心故爲思乾上九曰賢人在下位謂乾三也故乾爲賢人大有成比故坤伏乾下有讀爲又別本亦作又以乾在坤上故又以尚賢也**是以自天右之吉无不利也**崔憬曰言上九履五厥孚履人尊以信也此五而不應三思天道之順也崇四匪彭明辯於五爻以尚賢也以自天右之吉无不利重引易文以證

成其義。疏大有六五厥孚交如，虞彼注云孚信也。上九下履五孚，是履人事以信也。陰與陽比，故比五。上與三爲敵應，故不應三。五陰爲順而承陽，是思天道之順也。九四匪其彭无咎，象曰明辯晢也。彭，三也。四不比三，爲匪彭。由四至上體离爲明辯，故云崇四匪彭，明辯於五。四承五明，上來比之，故又以尚賢也。乘五孚爲履信，比五陰爲思順，崇五明爲尚賢。蓋大有柔得尊位大中而上下應之，五爲卦主故也。此章始言天生神物，終言天右，則天之聖，故重引易文自天右之吉无不利以證成其義也。繫上下凡三引大有上九爻辭，以見列聖用易，皆獲天人之助，致既濟之功，是所謂易之道也。

子曰：書不盡言，言不盡意。虞翻曰：謂書易之動，九六之變，不足以盡易之所言，言之則不足以盡庖犧之意也。疏上傳云易之爲書也，故書謂易。乾陽六爻動而成六十四卦，故云書易之動。書有盡而言无盡，故九六之變不足以盡易之所言。言有盡而意无盡，故言之不足以盡庖犧之意也。**然則聖人之意，其不可見乎？**侯果曰：設疑而問也。欲明立象可以盡聖人言意也。疏欲明立象以盡言盡意之

義故設疑問以發端也

子曰聖人立象以盡意崔憬曰言伏羲仰觀俯察而立八卦之象以盡其意

疏伏羲仰觀天文俯察地理立爲八卦之象陰陽變化盡在其中而聖人之意盡於象矣故曰立象以盡意

設卦以盡情僞崔憬曰設卦謂因而重之爲六十四卦之情僞盡在其中矣

疏設卦謂因八卦重之爲六十四卦虞下傳注云情陽僞陰也三百八十四爻陰陽變化而易之情僞盡在其中故曰設卦以盡情僞

繫辭焉以盡其言崔憬曰文王作卦爻之辭以繫伏羲立卦之象象既盡意故辭亦盡言也

疏立卦象者伏羲也因卦象而繫象爻之辭者文王也陰陽變化无所不備故立象足以盡意吉凶悔吝无所不有故繫辭亦足以盡言也

變而通之以盡利陸績曰變三百八十四爻使相交通以盡天下之利

疏因八卦四十八爻變而爲三百八十四爻九六之變使相交通所謂六爻發揮旁通情也變通者趨時者也又易窮則變變則通通則久故變通以盡利也

鼓之舞之以盡神虞翻曰神易也陽息震爲鼓陰消巽爲舞故鼓之舞之以盡神荀爽曰鼓者動也舞者行也謂三百八十四爻動行相反其卦所以盡易之神也

【疏】虞注易无思也无為也寂然不動感而遂通天下之故非天下之至神其孰能與於斯故云神易也揚子曰鼓舞萬物者其風雷乎陽初息震震為雷雷聲動萬物鼓言為鼓陰初消巽巽為風風散動萬物故言為舞也鼓舞者消息也消息明則言意盡言意盡則神盡故曰鼓之舞之以盡神　荀注　下傳曰鼓天下之動者存乎辭故云鼓者動也隱五年左傳曰夫舞所以節八音而行八風故云舞者行也三百八十四爻動行相反其卦者如否泰反其類是也六十四卦皆有反對言卦及反對始盡易之神也

乾坤其易之縕邪

虞翻曰縕藏也易麗乾藏坤故為易之縕也【疏】論語韞匱而藏諸馬注云韞藏也韞與縕古今字故云縕藏也易交易也乾坤易則成坎离离麗乾坎藏坤坎离為乾坤二用故為易之縕此下言盡神在乾坤故言乾坤為易縕以起其端也

乾坤成列而易立乎其中矣

侯果曰縕淵隩也六子因之而生故云立乎其中矣【疏】王注亦云縕淵奧也孔疏謂為易之川府奧藏是也乾坤成列而六子因之以生六子生而六十四卦定故曰易立乎其中又成列謂乾坤各三爻天尊地卑乾坤定矣中立也一陰一陽各立性命故易立乎其中也

乾坤毀

則无以見易荀爽曰：毁乾坤之體，則无以見陰陽之交易也。【疏】陰陽交則易立者，乾坤體毁則陰陽不交，故无以見易也。謂分陰分陽，重爲六爻，乾成則坤毁，坤成則乾毁，六位不皆正，則易道不見也。**易不可見，則乾坤或幾乎息矣。**侯果曰：乾坤者，動用之物也。物既動用，則不能无毁息矣。夫動極復靜，靜極復動，雖天地至此，不違變化也。【疏】乾，陽物也；坤，陰物也。夫乾其動也專，坤其動也闢，故云乾坤者動用之物也。物有動而无靜，則陰陽不交，而乾坤或幾乎息絕。蓋動極復靜，靜極復動，故天地至此不能違乎變化。此九六變化所以爲易之縕也。**是故形而上者謂之道，形而下者謂之器。**崔憬曰：此結上文，兼明易之形器變通之事業也。凡天地萬物皆有形質，就形質之中有體有用。體者即形質也，用者即形質上之妙用也。言有妙理之用以扶其體，則是道也。其體比用，若器之於物，則是體爲形之下，謂之爲器也。假令天地圓蓋方軫爲體爲器，以萬物資始資生爲用爲道；動物以形軀爲體爲器，以靈識爲用爲道；植物以枝幹爲器爲體，以生性爲道爲用。【疏】經言是故，故云此結上文。易之形器，即下文變通事業所由始，故言兼明易之形器。

變通之事業也天地萬物有形質即有體用體用有二以本末言則體爲本而用爲末以頑靈言則體爲頑而用爲靈今云體者即形質其頑然者也用者即形質上之妙用其靈然者也妙理即道也故言有妙理之用以扶其質則是道也其體之比用猶器之於物故體爲形之下而謂之器也天地之方圓動植之形軀枝幹爲體爲器皆形而上者也天地之資始資生動植之靈識生性皆形而下者也形而上者無形者也故謂之道形而下者有形者也故謂之器案乾爲道天成位於上垂象爲道故形而上者謂之道坤爲形爲器地成位於下五行之用爲器故形而下者謂之器

化而財之謂之變翟元曰化變剛柔而財之故謂之變也疏財與裁通陽變陰化陽剛陰柔故云化變剛柔財財成也天地交泰后以財成天地之道泰坤女主故稱后陰化承陽之變以財成其道故化而財之謂之變此承上文形上之道寓乎形下之器是乾坤交泰坤爲形故言化以成變也

推而行之謂之通翟元曰推行陰陽故謂之通也疏泰者通也伏艮手爲推互震足爲行乾陽坤陰故推行陰陽謂之通也

舉而措之天下之民謂之事業陸績曰變通盡利觀象制器舉而措

之於天下民咸用之以爲事業九家易曰謂聖人畫卦爲萬民事業之象故天下之民尊之得爲事業矣疏陸注變通以盡利觀象以制器立成器以爲天下利故曰舉而錯之天下坤爲民爲用爲事業故民咸用之以爲事業所謂通變之謂事也蓋當泰交之時地平天成事業丕著財成乎后左右乎民故終言事業以結章首形器之義而形上之道卽寓其中矣○九家注謂聖人畫卦爲萬物事業之象者卽太極生兩儀兩儀生四象四象生八卦是也故天下之民尊之得爲事業者卽八卦定吉凶吉凶生大業是也

是故夫象聖人有以見天下之嘖崔憬曰此重明易之縕更引易象及辭以釋之言伏羲見天下之深嘖卽易之縕者也疏此重明乾坤爲易之縕更引易象及辭以釋其義也虞訓嘖爲初在初爲深故云深嘖蓋乾伏坤初爲易之縕故言伏羲見天下之深嘖卽易之縕也**而擬諸其形容象其物宜是故謂之象**陸績曰此明說立象盡意設卦盡情僞之意也疏嘖至深也形容物宜至顯也聖人見天下之嘖而擬諸形容象其物宜則无微不顯矣是故謂之象故云此明說立象盡意設卦盡情僞之意也

聖人有以

見天下之動而觀其會通以行其典禮侯果曰典禮有時而用有時而去故曰觀其會通也【疏】樂記曰三王異世不相襲禮故典禮有時而用有時而去非見天下之動而觀其會通者不能行也繫辭焉以斷其吉凶是故謂之爻崔憬曰言文王見天下之動所以繫象而爲其辭謂之爲爻【疏】畫卦象之聖人伏羲也繫爻辭之聖人文王也爻也者效天下之動者也故文王見天下之動因其象而繫之辭也辨吉凶者存乎辭故繫辭以斷其吉凶而謂之爻也極天下之賾者存乎卦陸績曰言卦象極盡天下之深情也【疏】京氏云賾情也在初故爲深情咸恆萃彖傳言觀其所感所恆所聚而天地萬物之情可見矣大壯彖傳曰正大而天地之情可見矣是卦象極天下之深情也故曰極天下之賾者存乎卦所謂設卦以盡情爲也鼓天下之動者存乎辭宋衷曰欲知天下之動者在於六爻之辭也【疏】吉凶悔吝生乎動三百八十四爻吉凶悔吝之辭皆所謂鼓天下之至動也故欲知天下之動者在於六爻之辭所謂繫辭以盡言也化而財之存乎變推而行之存乎通

崔憬曰言易道陳陰陽變化之事而裁成之存乎其變推理達本而行之在乎其通

疏 陽變陰化言化以該變也而則成則存乎變推陰陽之理以達變化之本而行之則存乎通所謂鼓之舞之以盡神也

神而明之存乎其人

荀爽曰苟非其人道不虛行也崔憬曰言易神无不通明无不照能達此理者存乎其人謂文王述易之聖人

疏 荀注苟非其人道不虛行下傳文虞彼注云其人謂乾爲賢人神而明之存乎其人不言而信謂之德行故不虛行也崔注乾爲神故神无不通又爲大明故明无不照能達此作易之理者常存乎其人其人謂誰謂文王繫辭爲述易之聖人也案聖人之作易也幽贊於神明而生蓍管子曰獨則明明則神由明而神卽中庸所謂自明誠賢人之學反之者也神而明之卽中庸所謂自誠明聖人之德性之者也存乎其人謂待其人而後行也

默而成不言而信存乎德行

九家易曰默而成謂陰陽相處也不言而信謂陰陽相應也德者有實行者相應也崔憬曰言伏羲成六十四卦不有言述而以卦象明之而人信之在乎合天地之德聖人之行也

疏 九家注默而成謂陰陽相處也者董子曰陽常居大夏陰常居大冬是也不

言而信謂陰陽相應也者乾鑿度曰動於地之下則應於天之下動於地之中則應於天之中動於地之上則應於天之上初以四二以五三以上此之謂應是也陰陽相處言其德也故德者有實陰陽相應言其行也故行者相應也崔注言伏羲仰觀俯察成六十四卦未有言述而是默而成也但示以六十四卦之象而人皆信之是不言而信也合乎聖人之德天地之行聖人而與天地參故能如此是存乎德行也　案乾伏坤初坤爲默乾在天成象坤在地成形故爲成乾初震震爲言乾爲信又爲德震爲行乾元伏於坤初寂然不動乾體自正故默而成不言而信存乎德行也

受業胞姪守磻竹泉校

周易集解纂疏卷二十八

周易集解篹疏卷二十九

唐李鼎祚集解

安陸李道平遵王篹疏

八卦成列象在其中矣 虞翻曰象謂三才成八卦之象乾坤列東艮兌列南震巽列西坎離在中故八卦成列則象在其中 疏 三才謂三畫象一七九天垂象見吉凶聖人象之是也 疏 以成八卦之象乾納甲坤納乙甲乙東方木故乾坤列東艮納丙兌納丁丙丁南方火故艮兌列南震納庚巽納辛庚辛西方金故震巽列西坎納戊離納己戊己中央土故坎離在中乾天坤地艮山兌澤震雷巽風坎月離日故八卦成列象在其中天垂象者震象出庚兌象見丁乾象盈甲巽象伏辛艮象消丙坤象喪乙坎象流戊離象就己也見吉凶者陽生則吉陰滅則凶也聖人象之者謂作八卦以定吉凶也 **因而重之爻在其中矣** 虞翻曰謂參重三才為六爻發揮剛柔則爻在其中六兼三才而兩之故六畫稱爻六爻之動三極之道也 疏 故謂參重三才為六

爻而成六十四卦也發揮於剛柔而生爻故發揮剛柔則爻在其中而成三百八十四爻也以三爲六故六畫稱爻六爻兼乎三才故六爻之動三極之道也**剛柔相推變在其中矣**虞翻曰謂十二消息九六相變剛柔相推而生變化故變在其中矣〔疏〕乾陽六爻自復至乾爲息坤陰六爻自姤至坤爲消故謂十二消息老陽變陰老陰變陽故謂九六相變一往一來曰推剛推柔生變柔推剛生化故剛柔相推而生變化爻也者言乎其變者也故變在其中矣**繫辭焉而命之動在其中矣**虞翻曰謂繫彖象九六之辭故動在其中鼓天下之動者存乎辭者也〔疏〕謂文王繫六十四卦彖辭三百八十四爻象辭周書召誥曰命吉凶繫辭有吉有凶故繫辭焉而命之下云吉凶悔吝生乎動者也動然後繫之辭故動在其中矣乾初動震爲鼓爲言辭故鼓天下之動者存乎辭者也**吉凶悔吝者生乎動者也**虞翻曰動謂爻也爻者效天下之動者也爻象動內吉凶見外吉凶生而悔吝著故生乎動也〔疏〕道有變動故曰爻故動謂爻也發揮於剛柔而生爻發動也故爻也者效天下之動者也八卦定吉凶故爻象動內吉凶見外也悔則吉吝則凶故吉凶生而

悔吝著也不動則吉凶悔吝无由見故吉凶悔吝生乎動者也**剛柔者立本者也**虞翻曰乾剛坤柔爲六子父母乾天稱父坤地稱母本天親上本地親下故稱立本者也【疏】乾剛坤柔雜卦文虞彼注云乾陽金堅故剛坤陰和順故柔爲六子索於乾坤故爲六子父母也乾陽爲天故稱父坤陰爲地故稱母也震坎艮皆出乎乾而與乾親故曰本天者親上巽離兌皆出乎坤而與坤親故曰本地者親下乾坤立六子之本故曰剛柔者立本者也**變通者趣時者也**虞翻曰變通配四時故趣時者也【疏】變通謂消息十二卦也泰大壯夬配春乾姤遯配夏否觀剝配秋坤復臨配冬陽息陰消變通周乎四時故曰趣時者也**吉凶者貞勝者也**虞翻曰貞正也勝滅也陽生則吉陰消則凶者也【疏】貞正也師象傳文滅从水从火水勝火則火滅故云勝滅也陽生主吉陰消主凶陰生滅陽陽動正之正則吉勝乎凶故曰吉凶者貞勝者也按姚本作貞稱攷工記曰爾不勝幹幹不勝筋謂之不參注云故書勝或作稱晉語曰中不勝貌韋注云勝當爲稱是古文通也釋言稱好也注云物稱人意亦爲好陽吉陰凶各稱其常管子論蓍龜曰爲萬物先爲禍福正吉凶以貞爲稱故貞稱者

也孟子曰莫非命也順受其正會子曰吾得正而斃焉斯已矣知進退存亡而不失其正是貞稱之義也

天地之道貞觀者也 陸績曰言天地正可以觀瞻為道也 疏 言天地正位可以觀瞻為道蓋天尊地卑天正位於五地正位於二中正以觀天下故貞觀者也

日月之道貞明者也 荀爽曰離為日日中之時正當離位然後明也月者坎也坎正位衡離衡為十五日月當日衡正值坎位亦大圓明故曰日月之道貞明者也言日月正當其位乃大明也 陸績曰言日月正以明照為道矣 疏 荀注離為日說卦文日中正當南方離位其明正盛故云正當離位然後明也坎為月故云月者坎也坎正衡離十五日也月當日衡其明正盈故云正值坎位亦大圓明也日月之道貞明者日月正當坎離之位乃大明也參同契曰十五乾體就盛滿甲東方蟾蜍與月兔日月氣雙明是貞明之義也 陸注謂日月之道以明照為正也

天下之動貞夫一者也 虞翻曰一謂乾元萬物之動各資天一陽氣以生故天下之動貞夫一者也 疏 一謂乾元者即天一也萬物之動各資天一陽氣以生者天一即大乙也乾鑿度曰太一取其數以行九宮鄭注太一北辰之神名

也居其所日太一常行於八卦日辰之閒曰天一星經曰天一太一主氣之神以其居中不動故云正也蓋大哉乾元萬物資始至哉坤元萬物資生坤元卽乾元故萬物皆資天一陽氣以生也三百八十四爻皆以乾元消息故天下之動貞夫一者也

夫乾確然示人易矣

虞翻曰陽在初弗用確然无爲潛龍時也不易世不成名故示人易者也

疏 乾初九曰潛龍勿用故云陽在初弗用也文言曰確乎其不可拔潛龍也故云確然无爲潛龍時也坤亂於上故不易世行而未成故不成名是示人易者也案乾以易知不在震初而在潛龍示人易者所謂乾元也

夫坤隤然示人簡矣

虞翻曰隤安簡閱也坤以簡能閱內萬物故示人簡者也

疏 隤從阜釋地大陸曰阜釋名土山曰阜安土敦乎仁故隤訓爲安桓六年左傳大閱簡車馬也故云簡閱也坤以簡能不在動闢而在靜翕故閱內萬物示人以簡所謂坤元也閱內萬物者詩衛風我躬不閱毛傳閱容也內讀若納坤以藏之言坤能容納萬物也

爻也者效此者也

虞翻曰效法之謂坤謂效三才以爲六畫

疏 效法之謂坤上傳文謂效乾三天之法而兩地成坤之卦象也兼三才而兩之故六六陰數也故謂效三才以爲六

畫也此謂乾元也坤凝乾元相並俱生故效乾而參兩也由兩地而有爻故主坤言也

象也者像此者也

虞翻曰成象之謂乾謂聖人則天之象分為三才也

疏 成象之謂乾上傳文謂道生一一生二二生三三才既備以成乾象故曰聖人則天之象分為三才也此亦謂乾元也日月之象皆示乾元故聖人則之象者三才故主乾言也

爻象動乎內吉凶見乎外

虞翻曰內初外上也陽象動內則吉見外陰爻動內則凶見外也

疏 內謂初外謂上也其初難知其上易知以動內則見外也陽生吉故陽動內則吉見外陰滅凶故陰動內則凶見外也案內外謂內外卦也乾鑿度曰三畫以下為地四畫以上為天易氣從下生動於地之下則應於天之下動於地之中則應於天之中動於地之上則應於天之上初以四二以五三以上此之謂應是也

功業見乎變

荀爽曰陰陽相變功業乃成者也

疏 上言吉凶此言功業是吉凶生大業也言人建功立業必謀及卜筮變者動也陰陽動內吉凶見外趨吉避凶遂生大業是陰陽相變功業乃成故曰功業見乎變也

聖人之情見乎辭

崔憬曰言文王作卦爻之辭所以明聖人之情陳於易象

疏 全卦

爲象故有象辭析卦爲爻故有爻辭皆文王所作聖人謂文王是聖人之情見於易象之辭矣蓋爻象以情言辭也者各指其所之繫辭盡言故情見乎辭也

天地之大德曰生孔穎達曰自此以下欲明聖人同天地之德廣生萬物之意也言天地之盛德常生萬物而不有生是其大德也【疏】以上皆言天地爻象吉凶而終以聖人之情見乎辭以下欲明聖人同天地之德廣生萬物之意故先言天地盛德常生萬物而不有其生是爲大德也蓋乾坤合元以生萬物故大德曰生

聖人之大寶曰位崔憬曰言聖人行易之道當須法天地之大德寶萬乘之天位謂以道濟天下爲寶而不有位是其大寶也【疏】言聖人行易之道當須法天地之大德寶萬乘之大位者蓋非大德則易之道不立非天位則易之道不行故上言大德曰生即繼言大寶曰位也謂以道濟天下爲寶者所謂崇高莫大乎富貴是也而不有位者即巍巍乎舜禹之有天下也而不與焉是也志在道濟而不在有位故云是其大寶也案乾爲聖人位在九五乾爲金爲玉故大寶曰位

何以守位曰仁宋衷曰守位當得士大夫公侯有其仁賢兼濟天下【疏】五位天子初爲元士二爲大夫三爲侯四爲公蓋五守天

子之位必得士大夫公侯之仁賢然後可以兼濟天下也案乾初動震體復震出守爲守復初爲仁乾五出坤自震始故守位曰仁也

何以聚人曰財

陸績曰人非財不聚故聖人觀象制器備物盡利以業萬民而聚之也蓋取聚人之本矣

【疏】大學曰財散則民聚故云人非財不聚中庸曰來百工則財用足故聖人觀器制象備物盡利以業萬民而聚之此下傳十二蓋取所以爲聚人之本矣案坤富有之謂大業故爲財乾人生於震初乾入坤出震故聚人曰財

理財正辭禁民爲非曰義

荀爽曰尊卑貴賤衣食有差謂之理也財名實相應萬事得正爲之正辭咸得其宜故謂之義也　崔憬曰夫財貨人所貪愛不以義理之則必有敗也言辭人之樞要不以義正之則必有辱也百姓有非不以義禁之則必不敗也此三者皆資於義以此行之得其宜也故知仁義與財聖人寶位之所要也

【疏】荀注　尊卑貴賤衣食有差則用之有節矣故謂之理財名實相應萬事得正則言无不信矣故謂之正辭義者宜也咸得其宜故謂之義也　崔注　貨財人所貪愛必見利不虧其義若不以義理之則財必敗言辭人之樞要必使信近於義若不以義正之則言必辱百姓有非由於不畏不義若不以

義禁之則過不攺財也辭也民也皆資於義以義行之則三者得其宜矣仁義與財寶位所要總結通章之義案坤爲財以乾通坤爲理財乾爲言以坤翕乾爲正辭坤爲民陰爲非以乾制坤爲禁民爲非謂消息旁通終成既濟美利利天下利物足以和義故曰義利也

古者庖犧氏之王天下也

虞翻曰庖犧太昊氏以木德王天下位乎乾五五動見離離生于木故知火化炮啖犧牲號庖犧氏也

疏

三皇始於庖犧太昊氏象日月之明故曰太昊亦作皡取元氣皡皡之義也云以木德王天下者家語曰太皡配木又曰五行用事先起於木木東方萬物之初皆出焉是故王者則之而首以本德王天下所謂帝出乎震是也位乎乾五者虞別注謂文王書經繫庖犧於乾五是也乾五動成離相見乎離故五動見離帝木德離火生於木故知火化禮運曰古者先王未有火化食草木之實鳥獸之肉飲其血茹其毛後聖有作然後脩火之利以炮以燔以亨以炙以爲醴酪故云炮啖犧牲號庖犧也　愚案庖犧之說不一作庖犧者世紀謂取犧牲以充庖廚也又作包犧鄭氏云包取也鳥獸全具曰犧是也又作伏羲謂服牛乘馬因號伏

義也又禮緯含文嘉曰伏別也羲獻也又作伏戲孟喜京房並云伏服也戲化也謂天下服而化之此說近正又伏亦作宓虙

仰則觀象於天

荀爽曰震巽為雷風離坎為日月也

疏 謂雷風日月在天故觀象於天然在天成象不獨此也天有八卦之象如震象出庚兌象見丁乾象盈甲之類是也

俯則觀法於地

九家易曰艮兌為山澤也地有水火五行八卦之形者也

疏 山澤在地故取法於地又地有五行為八卦之形如震巽木離火坤艮土兌乾金坎水是也然在地成形不獨此也如震木巽竹之類皆是法象莫大乎天地成象之謂乾效法之謂坤故天稱象地稱法也

觀鳥獸之文

荀爽曰乾為馬坤為牛震為龍巽為雞之屬是也

陸績曰謂朱鳥白虎蒼龍玄武四方二十八宿經緯之文

疏 荀注 皆說卦文舉此以例其餘也 陸注 南方朱鳥七宿西方白虎七宿東方蒼龍七宿北方玄武七宿分主春秋冬夏故四方二十八宿五星為經二十八宿為緯故云經緯之文

與地之宜

九家易曰謂四方四維八卦之位山澤高卑五土之宜也

疏 四方謂坎離震兌四維謂乾坤艮巽故云八卦之位山澤謂山林川澤高卑謂丘陵墳衍原隰地官大司徒以土會之法辨五

地之物生一曰山林其動物宜毛物其植物宜皂物二曰川澤其動物宜鱗物其植物宜膏物三曰丘陵其動物宜羽物其植物宜覈物四曰墳衍其動物宜介物其植物宜莢物五曰原隰其動物宜贏物其植物宜叢物故云五土之宜也

近取諸身荀爽曰乾爲首坤爲腹震爲足巽爲股也【疏】皆說卦文

遠取諸物荀爽曰乾爲金玉坤爲布釜之類是也【疏】說卦備焉舉四者以例其餘也

於是始作八卦虞翻曰謂庖犧觀鳥獸之文則天八卦效之易有太極是生兩儀兩儀生四象四象生八卦八卦乃四象所生非庖犧之所造也故曰象者象此者也則大人造爻象以象天卦可知也而讀易者咸以爲庖犧之時天未有八卦恐失之矣天垂象示吉凶聖人象之則天巳有八卦之象【疏】獨言庖犧觀鳥獸之文者史稱太昊造甲子作旋蓋著躔舍隋志云蓋天者周髀是也本庖犧氏立周天度其傳則周公受之於商周人制之謂之周髀蓋天本無度聖人以日行天三百六十五度有奇而一周故分天度以爲之數以記日之所行既分天度乃假物以誌之二十八宿列布四方故以是爲當度之星是二十八宿始於庖犧故特言鳥獸之文也又禮緯含文嘉曰伏義德洽上下天應以鳥獸文章地

應以河圖洛書則而象之乃作易故云觀鳥獸之文則天八卦效之也復引易有太極云云者言八卦乃四象所生四象即二十八宿列於四方者是也八卦生於四象明非庖犧所意造也象者象此謂象二十八宿鳥獸之文也天本有卦大人特造爻象以象之而讀易者以爲庖犧時天未有八卦者非也天垂象即垂八卦之象聖人特象而畫之也天有八卦之象即震春兌秋坎冬离夏四象生八卦是也庖犧重六十四卦言八卦者本其象於天也

以通神明之德荀爽曰乾坤爲天地离坎爲日月巽震爲雷風艮兌爲山澤此皆神明之德也疏此以八卦取象於天地日月雷風山澤爲通神明之德也案庖犧始作八卦幽贊於神明而生蓍是通神明之德也

以類萬物之情九家易曰六十四卦凡有萬一千五百二十冊冊類一物故曰類萬物之情以此庖犧重爲六十四卦明矣疏六十四卦有萬一千五百二十冊二篇之冊當萬物之數九家又云聖人有以見天下之冊而擬諸其形容象其物宜故云冊類一物而曰類萬物之情前言始作八卦由類萬物之情推之則知庖犧已重之爲六十四卦矣　愚案通神明之德達諸幽也類萬物之情宜諸顯也類情故可與酬酢通德故可與右神所謂顯

道神德行也漢書贊曰易本隱以之顯張揖注云作八卦以通神明之德是本隱也有天道焉有地道焉有人道焉以類萬物之情是之顯也得其解矣

作結繩而爲罟以田以魚蓋取諸离虞翻曰离爲目巽爲繩目之重者唯罟故結繩爲罟坤二五之乾成离巽爲魚坤二稱田以罟取獸曰田故取諸离也

疏以下十二蓋取皆制器尚象之事上傳云備物致用立成器爲天下利莫大乎聖人聖人謂庖犧以下也體离爲目互巽爲繩罟讀爲网古古文二字并故誤也鐘鼎文皆然說文曰罟网也罟多目故云目之重者唯罟以巽繩結爲离目故結繩爲罟坤二五之乾體离互巽震爲龍郭璞謂巽震之餘氣也故爲魚乾九二稱田在坤二也故坤二稱田田讀爲畋魚讀爲漁馬氏云取獸曰畋取魚曰漁取諸离者离麗也取离目巽繩而獸魚麗於网古也

庖犧氏沒神農氏作虞翻曰沒終作起也神農以火德繼庖犧王火生土故知土則利民播種號神農氏也

疏沒本作歾說文歾終也經傳通用沒大學曰沒世而不忘是也書堯典平秩東作孔傳歲起於東故云作起也謂興起也家語曰炎帝配火炎帝神農氏也庖犧以木德王故云神農以火德繼庖犧也火能生土故知

土土生萬物故利民播種而教之樹藝號爲神農氏也**斲木爲耜揉木爲耒耒耨之利以教天下蓋取諸益**虞翻曰否四之初也巽爲木爲入艮爲手乾爲金手持金以入木故斲木爲耜耜止所踰因名曰耜艮爲小木手以橈之故揉木爲耒耒耜耜器也巽爲號令乾爲天故以教天下坤爲田巽爲股進退震足動耜艮手持耒進退田中耕之象也益萬物者莫若雷風故法風雷而作耒耜 疏 否上之初成益四字誤外體巽爲木巽入也故爲入互艮爲手否乾爲金攷工記匠人曰耜廣五寸二耜爲耦鄭彼注云古者耜一金兩人竝發之京氏云耜耒下耓也三倉云耒頭鐵也蓋耜爲耒金金廣五寸耒面謂之庛鄭氏讀棘刺之刺耒下前曲接耜者說文枱从木以艮手持乾金入巽木是斲木爲耜之象也庛隨耜入地攷工記車人曰車人爲耒庛長尺有一寸自其庛緣其外以至於首以弦其內六尺有六寸與步相中步六尺耒與步相中亦六尺故云耜止所踰因名曰耜耒有直者有句者中地之耒倨句磬折京氏云耒耜上句木也皆須揉木爲之艮爲小石其於木也爲堅多節故小木又艮爲手以撓之故有揉木爲耒之象也詩大田或芸或耔亦作芓班固謂芓附根每耨輒附之

上當作四似然細思之四字誠誤蓋益自否上之初自初之四變例也

根皆用耒耜爲之故曰耒耜薅器也巽申命爲號令否乾爲天坤爲下故以教天下也互坤爲用巽爲股又爲進退內體震爲足爻動也故震足動耜互艮手持耒進退坤田耕之象也益象傳曰天施地生其益无方故云益萬物者莫若雷風震巽東方木旺之時平秩東作故法風雷而作耒耜上之初利用爲大作虞彼注云大作謂耕播故耒耨之利取諸此也又由否之益象一推由益而損象再推由損而泰由象三推則耕時也所謂三之日于耜也天子耕耤有祈穀之祭故益之二遂曰王用享於帝也

日中爲市致天下之民聚天下之貨交易而退各得其所蓋取諸噬嗑

虞翻曰否五之初也离象正上故稱日中也震爲足艮爲徑路震又爲大塗否乾爲天坤爲民致天下民之象也坎水艮山羣珍所出聚天下貨之象也震升坎降交易而退各得其所噬嗑食也否五之初成噬嗑市井交易飲食之道故取諸此也

【疏】离日正居上中故稱日中否巽爲近市利三倍故曰日中爲市互艮爲徑路內震爲足又爲大塗否乾爲天坤爲民致其道爲致故有致天下民之象也中庸曰今夫山及其廣大寶藏興焉今夫水及其不測貨財殖焉故云坎水艮山羣珍所出坤西南

方以類聚坤化成物古貨字作化皐陶謨懋遷有無化居是也故有聚天下貨之象也震雷主升坎雨主降否天地不通五之初交易雷雨滿形故各得其所　愚案日中爲市市在外離三三往交四四退於三五往交上上下退於五故曰交易而退六爻皆正成既濟定故曰各得其所噬嗑頤中有物故曰食也市井交易皆爲飲食故取諸噬嗑又王氏云噬嗑合也市人之所聚異方之所合設法以合物噬嗑之義也說亦可通孟子稱許行爲神農之言有並耕一價之說知耕市皆始神農宋氏謂祝融爲市者非也**神農氏沒黃帝堯舜氏作通其變使民不倦**虞翻曰變而通之以盡利謂作舟楫服牛乘馬之類故使民不倦也**疏**繼神農而王天下者黃帝堯舜也變而通之以盡利故曰通其變也作舟楫服牛乘馬通物之變故民樂其器用自不解倦也　愚案乾變坤化通變謂通乾也如治麻明時與民變革乾健不息故使民樂事趨功自不倦也**神而化之使民宜之**虞翻曰神謂乾乾動之坤化成萬物以利天下坤爲民也象其物宜故使民宜之也**疏**乾陽爲神故神謂乾也乾五動之坤謂大有也坤化成物故化成萬物以利天下也坤衆爲民此言象其物宜者謂五土之

物宜也故曰使民宜之　愚案上言通其變坤通變乾也此言神而化乾神化坤也蓋探下文取諸乾坤以立言也坤爲義義者宜也故使民宜之

易窮則變變則通通則久是以自天右之吉无不利也

陸績曰陰窮則變爲陽陽窮則變爲陰天之道也庖犧作网罟教民取禽獸以充民食民眾獸少其道窮則神農教播殖以變之此窮變之大要也窮則變變則通與天終始故可久民得其用故无所不利也

【疏】陰窮則變爲陽陽窮則變爲陰剝極必復復極必剝皆天道自然之運也庖犧教民取禽獸民眾獸少其道易窮神農則教民播殖以養其生是血食窮則變而爲穀食此窮變之大要也化而裁之存乎變故窮則變推而行之存乎通故變則通也蠱彖傳曰終則有始天行也與天終始則可久故通則久窮變通久民得其用故无所不利也　案黃帝堯舜亦位乾五五動之坤爲大有故自天右之吉无不利

黃帝堯舜垂衣裳而天下治蓋取諸乾坤

九家易曰黃帝以上羽皮革木以禦寒暑至乎黃帝始制衣裳垂示天下衣取象乾居上覆物裳取象坤在下含物也　虞翻曰乾爲治在上爲衣坤下爲裳乾坤萬物之縕故以象衣裳乾

爲明君，坤爲順臣，百官以治，萬民以察，故天下治，蓋取諸此也。

【疏】九家注　鄭氏云：金天、高陽、高辛遵黃帝之道，無所改作，故不述。此申黃帝而下，卽繼以堯舜之義也。黃帝以上，草昧初開，民皆羽皮華木以禦寒暑。至黃帝有熊氏作，始去羽毛，法乾坤以正衣裳，垂示天下。衣取乎乾，居上覆物之象；裳取乎坤，在下含物之象。鄭氏云：其服皆元上纁下，托位南方，南方色赤，黃而兼赤，故爲纁也。衣裳所在，而凶惡不起，蓋法乾坤易簡，故垂衣裳而天下治也。

虞注　乾元用九天下治也，故乾爲治。乾在上爲衣，坤在下爲裳。乾坤其易之緼耶，故爲萬物之緼，以象衣裳。乾爲大明，爲君，故爲明君。坤順也，臣道也，故爲順臣。王注所謂垂衣裳以辨貴賤，乾尊坤卑之義也。坤由夬入乾，故取書契，百官以治，萬民以察，爲天下治之象，取諸夬。蓋取諸乾坤也。

案：九家說卦曰：乾爲衣，坤爲裳。世本曰：伯余作衣裳。朱衷彼注云：黃帝臣也。揚子法言曰：法始於伏羲，成於堯舜。黃帝作衣裳，衣裳之制取諸乾坤。書臯陶謨曰：予欲觀古人之象，日月星辰山龍華蟲作會，宗彝藻火粉米黼黻絺繡，以五采章施于五色作服，女明。象卽易象也。乾衣坤裳，乾坤各六畫，衣用會，裳用黼，亦各六。乾坤十二爻，衣裳亦十二章，是取象乾坤之義也。

挎木爲舟

掞木爲楫舟楫之利以濟不通致遠以利天下蓋取諸渙九家易曰木在水上流行若風舟楫之象也此本否卦九四之二挎除也巽爲長爲木艮爲手乾爲金艮手持金故挎木爲舟掞木爲楫也乾爲遠天故濟不通致遠以利天下矣法渙而作舟楫蓋取斯義也

【疏】渙巽木在坎水之上互震爲行巽又爲風故流行若風舟楫之象也否卦九四之二成渙挎亦作刳說文刳判也今云挎除也者小雅何福不除毛傳除開也開亦判分之義是除即判也以林掞銳也亦作剡外巽爲長爲高互艮爲手否乾爲金以艮手持乾金故有挎木爲舟掞木爲楫之象也卦辭曰利涉大川故曰舟楫之利否時天地閉塞故不通四來二通坤成坎坎爲通故濟不通乾爲天爲遠文爲利故致遠以利天下利涉大川乘木有功故法渙而作舟楫蓋取斯義也

服牛乘馬引重致遠以利天下蓋取諸隨虞翻曰否上之初也否乾爲馬爲遠坤爲牛爲重坤初之上爲引重乾上之初爲致遠艮爲背巽爲股在馬上故乘馬巽爲繩繩束縛物在牛背上故服牛出否之隨引重致遠以利天下故取諸隨

【疏】否上之初成隨否乾爲馬天道爲遠坤爲牛地道爲

重坤直在下初之上是引重也乾遠在上上之初卽初之上也故爲致遠互艮爲背互巽爲股初乾爲馬股在馬上爲乘馬又巽爲繩二三本坤牛以繩縛物加於牛背爲服牛否上之初故云出否之隨牛馬循服皆隨人意故引重致遠以上利天下取諸此也　案乾馬坤牛變乾上爲初變坤初爲上制而御之之妙也　制御之法不過拘之繫之維之而已拘繫者控之於前維者周之於後初之一爻在牛爲輈在馬爲衡故服牛乘馬取諸隨也

重門擊柝以待虣客

干寶曰卒虣之客爲姦寇也

【疏】卒暴之客謂卒急凶暴互坎爲盜故爲姦寇也

蓋取諸豫

九家易曰下有艮象從外示之震復爲艮兩艮對合重門之象也柝者兩木相擊以行夜也艮爲手爲小木又爲上持震爲足又爲木爲行坤爲夜卽手持柝木夜行擊門之象也坎爲盜虣水虣長无常故以待虣客既有不虞之備故取諸豫矣

【疏】復初之坤四爲豫互體艮外體震震反艮也故云從外示之震復爲艮示古視字也艮爲門闕故云兩艮對合重門之象也馬氏亦云柝者兩木相擊以行夜互艮爲手又爲小木艮陽在上爲上持體震爲足又東方爲木爲足故爲行坤陰爲夜艮小木又震木兩木之象艮手持之震又爲聲擊柝之象震行坤

夜，故爲兩木相擊行夜之象。坎爲盜，又爲水，水虣長无常，故爲虣客。坤爲闔戶，震爲行人，爲開戶，艮止爲待，故以待虣客。其卦爲豫，豫備不虞，擊欜爲守備警戒，故取諸豫也。

斷木爲杵，闕地爲臼，臼杵之利，萬民以濟，蓋取諸小過。虞翻曰：晉上之三也。艮爲小木，上來之三斷艮，故斷木爲杵。坤爲地，艮手持木以闕坤三，故闕地爲臼。艮止於下，臼之象也。震動而上，杵之象也。震出巽入，艮手持杵出入臼中，舂之象也。故取諸小過。本无乾象，故不言以利天下也。

疏　晉上之三成小過，內艮爲小木。晉上來之三，互兌，兌西方金，以金斷艮，故曰斷木爲杵。晉坤爲地，小過艮爲手，掘从手，艮手持木以掘坤土，故曰掘地爲臼。世本曰雍父作臼。宋衷云黃帝臣。說文曰：古者掘地爲臼，其後穿木石，象形。中象米。臼象坤土在下而止，故云艮止於下臼之象也。杵象震木在上而動，故云震動而上杵之象也。體震爲出，互巽爲入，艮手持震木出入臼中，舂之象也。坤爲萬民，故曰萬民。有過物者必濟，故曰萬民以濟。以小用而濟物，故取諸小過也。乾以美利利天下，小過无乾象，故不云以利天下也。

弦木爲弧，剡木爲矢，弧矢之利，以威天下，蓋取諸睽。虞翻曰：无妄五之二也。巽爲繩，爲木；坎爲弧；离爲矢。故弦木爲弧。乾爲金，艮爲小木，五之二，以金剡艮，故剡木爲矢。乾爲威，五之二，故以威天下。弓發矢應而坎雨集，故取諸睽也。【疏】无妄五之二成睽。无妄互巽爲繩，爲木；睽互坎爲弓，故爲弧；體离爲矢。《說文》：「弧，木弓也。」故弦木爲弧。无妄互艮爲小木，乾爲金，乾五之艮二，以乾金剡艮木，故剡木爲矢。乾剛爲威，乾五之二，故以威天下。坎弓發，离矢應，而古如逼坎爲雨，故如雨集。睽，乖也。物乖則爭興，弧矢以威乖爭，故取諸睽也。

上古穴居而野處，後世聖人易之以宮室，上棟下宇，以待風雨，蓋取諸大壯。虞翻曰：无妄兩象易也。无妄乾在上，故稱上古。艮爲穴居，乾爲野，巽爲處，无妄乾人在路，故穴居野處。震爲後世，乾爲聖人，後世聖人謂黃帝也。艮爲宮室，變成大壯，乾人入宮，故易以宮室。艮爲待，巽爲風，兌爲雨，乾爲高，巽爲長木，反在上爲棟，震陽動起爲上棟。宇謂屋邊也，兌澤動下爲下宇。无妄之大壯，巽風不見，兌雨隔震，與乾絶體，故上棟下宇以待風雨，蓋取諸大壯者也。【疏】震下乾上爲无妄，乾下震上爲大壯，故云兩象易也。先言上古，下言易之，故取兩象易例也。无妄乾在上，乾爲天。《周書·周祝》曰：「天爲古，尚書堯典粵若稽古帝堯鄭彼注云稽同也古天也言能順天而行與之同功是乾爲古在上故稱上古艮山下開爲穴又爲居故爲穴居乾位西北爲野巽陽藏室爲伏故爲處无妄震大塗爲路乾陽生爲人故乾人在路是穴居野處之象也震長子繼世爲後世乾五聖人作爲聖人前言黃帝堯舜氏作故知後世聖人謂黃帝也艮爲門闕故爲宮室无妄上下相易變成大壯无妄體艮變大壯乾體在下是乾人入宮之象乾在上則爲穴居乾入居則爲宮室故曰易以宮室无妄艮止爲待无妄互巽爲風大壯互兌爲雨說卦巽爲高虞彼注云乾陽在上長故高又詩曰謂天蓋高故爲高巽爲長木大壯外象震震反巽也故反在上爲棟震起也无妄震陽在下動起成大壯故爲上棟宇屋邊也說文文大壯互兌兌澤動而下故爲下宇无妄體巽變之大壯故巽風不見大壯五互兌四體震乾別體在下象乾人伏棟下故兌雨隔震與乾絶體宮室壯大於穴居故上棟下宇以待風雨取諸大壯也

古之葬者厚衣之以薪葬之中野不封不樹喪期无數後世聖人易之以棺椁蓋取諸大過虞翻曰中孚上下易象也本无乾象故不言上古大過乾在中故但

言古者巽爲薪艮爲厚乾爲衣爲野乾象在中故厚衣之以薪葬之中野穿土稱封封古窆字也聚土爲樹中孚无坤坎象故不封不樹坤爲喪期謂從斬衰至緦麻日月之期數无坎离日月坤象故喪期无數巽爲木爲入處兌爲口乾爲人木而有口乾人入處棺斂之象中孚艮爲山丘巽木在裏棺藏山陵椁之象也故取諸大過　疏兌下巽上爲中孚巽下兌上爲大過是上下兩象易也中孚本无乾象故不言上古大過互乾在中乾爲古故但言古者巽柔爻爲草故爲薪艮敦艮之吉以厚終也故爲厚乾爲衣九家說卦文乾又爲野乾象在大過中又中孚之封遯陰未至三而大壯陽巳至四是乾巳在中孚中故厚衣之薪葬之中野周禮冢人曰以爵等爲丘封之度與其樹數鄭彼注云王公曰丘諸臣曰封檀弓曰懸棺而封鄭彼注云封當爲窆窆下棺也遂人曰及窆陳役先鄭云窆謂下棺時春秋傳曰朝而堋禮說文堋葬下土也春秋謂之堋禮記謂之封周官謂之窆是封與窆同物故云穿土稱封封古窆字也檀弓曰衣足以飾身棺周於衣椁周於棺土周於椁反壤樹之哉故云聚土爲樹必知非聚土爲封者以殷人倘墓而不墳不必上古也坎爲穿土坤爲聚土中孚无坤坎象故不封不樹坤喪於乙爲喪喪服斬衰齊衰大

九七〇

功小功緦麻爲五服其期數斬衰三年齊衰有三年有期有三月者其大功以下則九月五月三月爲數也日謂三日而斂三日而食粥及祥禫之日也月謂三月而沐期十三月而練冠三年而祥中月而禫之月數也坤爲喪坎爲月離爲日无坎離日月坤象故喪期无數中孚上下相易變成大過巽在下爲木爲入爲處兌在上爲口乾人在中巽木而有兌口乾人入處其中是棺斂之象也中孚艮爲山半山而稱丘荀注中孚曰兩巽對合故巽木在裏漢時天子所葬曰山陵故曰棺藏山陵椁之象也中孚變爲大過故易之以棺椁取諸大過者取其過厚也

上古結繩而治後世聖人易之以書契百官以治萬民以察蓋取諸夬

九家易曰古者无文字其有約誓之事事大大其繩事小小其繩結之多少隨物衆寡各執以相考亦足以相治也夬本坤世下有伏坤書之象也上又見乾契之象也以乾照坤察之象也夬者決也取百官以書治職萬民以契明其事契刻也大壯進而成夬金決竹木爲書契象故法夬而作書契矣虞翻曰履上下象易也乾象在上故復言上古巽爲繩離爲罟乾爲治故結繩以治後世聖人謂黃帝堯舜也夬旁通剝剝坤爲書兌爲契故易之

以書契乾爲百剝民爲官坤爲衆臣爲萬民爲迷暗乾爲
治夬反剝以乾照坤故百官以治萬民以察故取諸夬大
壯大過夬此三蓋取直兩象上下相易故俱言易之大壯
本无妄夬本履卦乾象俱在上故言上古中孚本无乾象
大過乾不在上故但言古者大過■九家注　古者未有
亦言後世聖人易之明上古時也■文字凡有約誓之事
事大大結其繩事小小結其繩所結多少隨物衆寡爲準
彼此各執以相考合上古風淳事簡故亦足以相治也夬
本坤官五世卦陽爻之下伏有全坤坤爲文書之象也下
有坤上見乾金刻木契之象也乾大明坤先迷故以乾照
坤察之象也夬決也象傳文百官在上則以書治其職謂
典禮之類萬民在下則以契明其事謂約信之類列子曰
宋人有遊於道得人遺契者密數其齒張湛注云刻處似
齒故云契刻也大壯陽進成夬乾爲金大壯震爲竹木故
金決竹木爲書契象法夬而作書契者以夬善決也　虞
注　兌下乾上爲履乾下兌上爲夬爲上下兩象易也乾
爲古乾象在上與无妄同故復言上古履互巽爲繩互离
爲网罟乾元用九天下治也爲治故結繩以治前言黃帝
堯舜作故後世聖人謂黃帝堯舜也夬旁通剝剝坤爻爲
書夬兌金爲契故易之以書契乾三爻之冊皆三十六略

其奇就盈數爲百剝艮賢人爲官坤爲衆又臣道故爲衆臣坤爲民又爲衆故爲萬民坤先迷又爲冥爲晦故爲迷暗乾元用九故爲治夬內乾剝內坤故以乾照坤乾故百官治照故萬民察也書契所以斷決萬事故取諸夬也大壯大過夬俱言易之故取兩象上下相易以明之或稱上古或稱古者義俱詳前不再釋也

是故易者象也干寶曰言是故又總結上義也虞翻曰易謂日月在天成八卦象縣象著明莫大日月是也【疏】干注結上文爻象吉凶悔吝而並及彖辭也虞注日月在天成八卦象者即震出庚兌見丁乾盈甲之類故曰縣象著明莫大日月是也

象也者象也崔憬曰上明取象以制器之義故以此重釋於象言易者象象於萬物象者形象之象也【疏】上言聖人觀象制器故重釋所以言象之義言十二蓋取皆象於萬物故象者即在天成象在地成形之象也案虞云日月爲易故上言易即日月之象此言八卦之象即在天之象蓋聖人造爻象以象天故曰象者象也

象者材也虞翻曰彖說三才則三分天象以爲三才謂天地人道也【疏】材當讀爲才即三才也彖言乎象卦有兩象兼三才而兩之彖說兩象是說三才也故云彖說三才

三才皆本於天象，故云三分天象以爲三才。下傳云「易之爲書也，廣大悉備，有天道焉，有人道焉，有地道焉」，故謂天地人道也。

爻也者，效天下之動者也。虞翻曰：動，發也。謂兩三才爲六畫，則發揮剛柔而生爻也。疏 虞訓發揮之發爲動，故此訓動爲發也。兼三才而兩之故六，故謂兩三才爲六畫也。因而重之，爻在其中。剛爻變柔，柔爻變剛，故發揮於剛柔而生爻也。

是故吉凶生而悔吝著也。虞翻曰：爻象動內，則吉凶見外；吉凶悔吝者，生乎動者也，故曰著。疏 釋已見前。

周易集解纂疏卷二十九

受業黃夔熊子占校

周易集解篹疏卷三十

唐李鼎祚集解

安陸李道平遵王篹疏

陽卦多陰陰卦多陽其故何也崔憬曰此明卦象陰陽與德行也陽卦多陰謂震坎艮一陽而二陰陰卦多陽謂巽离兌一陰而二陽也【疏】此明卦象陰陽德行之事震坎艮皆自乾來故曰陽卦皆一陽而二陰故曰多陰巽离兌皆自坤來故曰陰卦皆一陰而二陽故曰多陽設問以起下意故曰其故何也

陽卦奇陰卦耦其德行何也虞翻曰陽卦一陽故奇陰卦二陰故耦謂德行何可者也【疏】震坎艮皆一陽故曰陽卦奇巽离兌皆二陰故曰陰卦耦陽主善陰主惡故問德行何者爲可也

陽一君而二民君子之道也陰二君而一民小人之道也韓康伯曰陽君道也陰臣道也君以无爲統衆无爲則一也臣以有事代終有事則二也故陽爻畫一以明君道必一陰爻畫兩以

明臣體必二斯陰陽之數君臣之辯也以一爲君君之德也二居君位非其道也故陽卦曰君子之道也陰卦曰小人之道也

疏 乾爲君故陽君道也坤臣道故陰臣道也論語曰爲政以德譬如北辰居其所而衆星共之是以无爲統衆无爲則靜專專則一也地道无成而代有終是臣以有事代終有事則動闢闢則二也陽交畫一明君道必一故曰陽一君陰交畫兩以明臣體必二故曰而二民陰陽之數謂一二君臣之辯謂君民也上傳曰天下之動貞夫一荀子曰侯王得一以爲天下正故以一爲君君之德也荀子曰權出於一者強權出於二者弱故二居君位非其道也泰内陽而外陰君子道長小人道消也否内陰而外陽小人道長君子道消也故陽卦曰君子之道也陰卦曰小人之道也　案乾爲君坤爲民二民共事一君是純臣之義君子之道也一民兼事二君是懷二心於君者小人之道也昭十三年左傳子服惠伯曰諺曰臣一主二彼謂主不能撫其臣故有是語實非事君之正也

易曰憧憧往來朋從爾思

[illegible]元曰此咸之九四辭也咸之爲卦三君三民四獨遠陰思慮之交也　韓康伯曰天下之動必歸於一思以求朋未能寂寂以感物不思而至也

疏 翟注　此咸九四交辭也

咸之爲卦，艮下兌上，三陽三陰，故三君三民。五陽承上陰，三陽乘初二皆陰，四乘承皆剛，故獨遠陰。虞咸四注云：欲感上隔五，感初隔四，故憧憧往來矣。遠陰則思，故思慮之爻也。韓注「天下之動，貞夫一」，故天下之動必歸於一，思以求朋則未能虛寂，以純一若能寂以感物，則不思而自至矣。虞注云：兌爲朋，艮初變之四，坎心爲思，故朋從爾思也。案：上繫七爻首中孚，下繫十一爻首咸，皆復姤時也。

子曰：天下何思何慮？天下同歸而殊塗，一致而百慮。韓康伯曰：夫少則得，多則惑。塗雖殊，其歸則同；慮雖百，其致不二。苟識其要，不在博求，一以貫之，百慮而盡矣。

疏 老子曰：少則得，多則惑，是以聖人抱一爲天下式。王弼注：一，少之極也。引之以明聖人貴守一也。故始雖殊其塗，其歸則同；人雖百其慮，其致不二。論語曰：賜也，女以予爲多學而識之者與？又曰：非也，予一以貫之。殊塗百慮，是多學而識也。故苟識其要，不在博求，知天下之動貞夫一，則一以貫之，不慮而盡，所謂不思而得是也。百慮而盡，當從孔本作不慮。

天下何思何慮？虞翻曰：易无思也。既濟定，六位得正，故何思何慮。

疏 乾爲易，隱藏坤初，其靜也專，故无思也。四不得正，故朋從爾思，殊塗百慮矣。下應於初則往來得正，同歸一致矣。虞《咸·象傳》注云：「初四易位成既濟，故既濟定。六位剛柔正而位當，故得正。乾元用九而天下治，故何思何慮。」

日往則月來，虞翻曰：謂咸初往之四，與五成離，故日往；與二成坎，故月來。之外曰往，在內曰來，此就爻之正者也。【疏】初四易位成既濟定，故謂咸初往之四，與五互成離，離爲日，故曰日往；四與二互成坎，坎爲月，故曰月來。在外曰往，故日往；在內曰來，故月來。此就爻之正者言，所謂既濟體兩離坎也。又月來謂震也，三日月出震在庚，八日兌見丁，皆於暮見之，日暮而月生，故日往則月來也。

月往則日來，虞翻曰：初變之四，與上成坎，故月往；四變之初，與三成離，故日來者也。【疏】初上之四，與上成坎，體自內往，故曰月往；四下之初，與三成離，體自外來，故曰日來。又月往謂巽也，十六日巽退辛，二十三日艮消丙，皆在旦，故月往則日來。

日月相推而明生焉，虞翻曰：既濟體兩離坎象，故明生也。【疏】何休云：「一往一來曰推。」初四互易成既濟，既濟當望，有兩離坎象，日月雙明，故明生焉。

寒往則暑來，虞翻曰：乾爲寒，坤爲暑，謂陰息陽消，從姤至否，故寒往暑來也。【疏】冬至復初九，乾也，故爲寒；夏至姤初六，坤也，故爲暑。《稽覽圖》曰：「冬至之後三十日極寒夏至之後三十日極暑故乾爲寒坤爲暑陰息陽消從姤至否故寒往則暑來也案卦變咸從否來坤三之上乾上之三卦氣咸在姤前夏至六日七分卦也故於咸明陰陽消長之義上繫七爻首中孚中孚冬至六日七分卦也與此十一爻首咸皆消息自然之序陽息於復至泰反否陰消於姤至否反泰咸否天地交反泰之始也

暑往則寒來

虞翻曰陰詘陽信從復至泰故暑往寒來也

疏 陰消爲詘陽息爲信從復至泰故暑往則寒來也否爲暑往成乾下三爲寒來卽姤復之義也

寒暑相推而歲成焉

崔憬曰言日月寒暑往來雖多而明生歲成相推則一何思何慮於其間哉

疏 言日月寒暑循環之序往來雖多而明生歲成自然之理相推則一何容思慮於其間哉案復姤爲陰陽始泰否爲陰陽中春秋冬夏於是具矣故寒暑相推而歲成焉

往者詘也

荀爽曰陰氣往則萬物詘者也

疏 陰氣往則萬物詘者陰主消消故詘也

來者信也

荀爽曰陽氣來則萬物信者也

疏 陽氣來則萬物信者陽主息息故信也

詘信相感而利生焉

虞翻曰感咸象故相感也天地感而萬物化生聖人感人心而天下和平故利生利生謂陽出

震陰伏藏也。

疏 咸感也故相感天地感而萬物化生者卦自否來有天地象茍彼注云乾下感坤故萬物化生於山澤聖人感人心而天下和平者虞彼注云乾爲聖人初四易位成既濟坎爲心爲平故聖人感人心而天下和平此保合太和品物流形也故利生者咸卦辭曰咸亨利貞四象曰未感害也未感害故利生也象傳注云成既濟此云陽出震陰伏藏皆既濟六位時成乾元至正自然陽出震陰伏藏所謂復見天地之心者也又云陽常主動陰常主靜故謂陽出陰藏又云陽常主吉陰常主凶陽出陰藏故利生焉

尺蠖之詘以求信也

荀爽曰以喻陰陽氣屈以求信也

疏 陰詘陽信故喻陰陽氣詘以求信也案說文尺蠖詘信蟲也說卦巽爲風大戴禮易本命曰風主蟲王充論衡曰夫蟲風氣所生倉頡知之故凡蟲爲風之字取氣於風此下皆言陽出震陰伏藏姤姤初巽巽爲風風主蟲是巽蟲爲尺蠖也陰未遇姤巽體未成不曰蛇而曰尺蠖咸卦時也咸時尺蠖詘至姤則信又巽爲進退似尺蠖之詘信故曰尺蠖之詘以求信也

龍蛇之蟄以存身也

虞翻曰蟄潛藏也龍潛而蛇藏陰息初巽爲蛇陽息初震爲龍十月坤成十一月復生姤巽在下龍蛇俱蟄初坤爲身故

龍蛇之蟄，以存身也。

侯果曰：不誳則不信，不蟄則无存，則屈蟄相感而後利生矣。以況无思得一，則萬物歸思矣。莊子曰：古之畜天下者，无心得鬼神服，此之謂矣。其治一也。記曰：通於一萬事畢。蠖，誳行蟲。郭璞云：蝍蛾也。

疏　虞注　渾言之則曰蟄，潛藏也；分言之則曰龍潛而蛇藏。月令孟春曰：其蟲鱗。鄭氏謂龍蛇之屬。又曰：蟄蟲始振。則十一月時龍蛇皆蟄，至正月而始振也。說文：蟄，藏也。乾文言曰：潛龍勿用，陽氣潛藏。龍亦得稱藏。今言龍潛而蛇藏者，說卦曰：坤以藏之。下傳曰：藏諸用。謂巽陽藏室，故陽言潛，陰言藏也。巽四月卦，值巳，說文曰：四月陽氣巳出，陰氣巳藏，萬物皆成文章，故巳爲蛇，象形。巽陰息初，故爲蛇。說卦震爲龍，震陽息初，故爲龍。陰終於亥，故十月坤成。陽息於子，故十一月復。生復時震初動，巽即伏震，陰陽相並俱生，故姤巽在復下。龍蟄震初，蛇蟄巽初，故龍蛇俱蟄。初復體坤，姤初坤，坤形爲身，陽息爲存，故龍蛇之蟄，以存身也。侯注　誳者信之幾，蟄者存之本，故不誳則不信，不蟄則无存也。信與存利也，然非誳蟄則利不生，故必誳蟄相感而後利生矣。況比也，以比无思則心得其一，得一則萬物歸思之，故復引莊子之言以明之也。莊子天地曰：萬物雖多，其治一也。又曰：古之畜天下者，無欲而天下足，無爲而萬物化淵靜而百姓定記曰通於一而萬事畢无心得而鬼神服郭注云一無爲而羣理都舉記書名也云老子所作今撮其辭以明得一之旨故云此之謂矣尺蠖屈信而行故云蠖屈行蟲釋蟲蠖尺蠖郭璞注云蝍蝛又揚子方言蝍蝛謂之尺蠖

精義入神以致用也姚信曰陽稱精陰爲義入在初也陰陽在初深不可測故謂之神變爲姤復故曰致用也韓康伯曰精義物理之微者也神寂然不動感而遂通者也理入寂則精義斯得乃用无極也干寶曰能精義理之微以得未然之事是以涉於神道而逆禍福也【疏】姚注乾純粹精故陽稱精周書地道曰義乾鑿度曰地靜而理曰義故陰爲義陽息初巽陰息初震故云入在初也陰陽在初深不可測所謂乾元也陰陽不測之謂神故在初謂之神也陰初動爲姤陽初動爲復坤爲致爲用六日七分咸時至姤姤坤陰初動故曰致用也韓注荀子賦云精微而無形故精義爲物理之微寂然不動感而遂通者神也神謂隱初入微知幾其神也理入寂一則精義斯得所謂寂然不動乃用无極所謂感而遂通也干注管子曰獨則明明則神故能精義理之微以得未然之事神以知來是以涉於神道而逆禍福也

利用安身以

崇德也　九家易曰：利用陰道用也，謂姤時也。陰升上究，則乾伏坤中，詘以求信，陽當復升，安身嘿處也。時既潛藏，故利用安身以崇其德，崇德體卑而德高也。韓康伯曰：利用之道，皆安其身而後動也。精義由於入神，以致其用；利用由於安身，以崇其德。理必由乎其宗，事各本乎其根，歸根則寧，天下之理得也。若役其思慮以求動用，忘其安身以殉功美，則僞彌多而理愈失，名彌美而累愈彰矣。

【疏】九家注咸至姤六日七分，坤爲用，故云利用陰道用也，謂姤時也。乾鑿度：物有始有壯有究，陰至上，故云陰升上究。陰究成坤，則乾伏坤中。剝極則復，詘極則信，故云詘以求信。復震成乾，故云陽當復升也。坤爲安，爲身，爲嘿，故安身嘿處也。時既潛藏，謂乾復坤初，其時潛德勿用。惟利用安身而已。文言曰：龍德而隱者也，故言以崇其德。上傳曰：夫易，聖人之所以崇德而廣業也。知崇體卑，崇效天，卑法地。陽伏坤中，坤身爲體，故體卑。滅出復震，故德崇。此因姤初消乾而究言之，故云體卑而德高也。韓注：危以動則民不與，故利用之道皆由安其身而後動也。精義者由於入神以致用，故理必由乎其宗。利用者由於安身以崇德，故事各本乎其根。根，本也。左傳曰：絕其本根。是也。寧，安也。書康誥：裕乃以民寧。孔傳：行寬政，乃以民安。

是也。大學曰：「壹是皆以脩身爲本。」是身者天下國家之本。易逸文曰：「正其本，萬物理。」故云歸根則寧，天下之理得也。若役思求動，必僞彌多而理愈失；忘身殉功，必名彌美而累愈彰矣。　案：致用、崇德，皆承龍蛇蟄初言之也。乾爲精、爲神，坤爲義、爲致、爲用。乾藏坤中，以陽動陰，是精義入神，所以致坤之用也。乾爲利、爲崇、爲德，坤爲用、爲安、爲身。巽伏乾下，以陰牝陽，是利用安身，所以崇乾之德也。上言致用，下言利用，以咸將至姤，姤陰體坤，故再言坤用，以明其旨也。

過此以往，未之或知也。荀爽曰：出乾之外，无有知之。

疏　出乾之外，謂初已動也，則陰陽消息變化不一，故无有知之。

窮神知化，德之盛也。虞翻曰：以坤變乾，謂之窮神；以乾通坤，謂之知化。乾爲盛德，故德之盛。　侯果曰：夫精義入神，利用崇德，亦一致之道極矣。過斯以往，則未之能知也。若窮於神理，通於變化，則德之盛者能矣。

疏　虞注：乾爲神，故以坤變乾謂之窮神，即消卦也。坤爲化，故以乾通坤謂之知化，即息卦也。乾爲盛、爲德，故曰德之盛也。消息變化，所謂未之或知，一消一息，成既濟定，乾元盛德，則殊塗同歸，百慮一致，天下何思何慮也。　侯注：入神則神一，安身則身一，一致之道至斯極矣。斯二者入也，過斯二

者則天矣故未之或知也若窮神則無聲知化則無臭上天之載無聲無臭至矣矣非天下之盛德其孰能與於斯

易曰困于石據于蒺蔾入于其宮不見其妻凶 孔穎達曰上章先言利用安身可以崇德若身危辱何崇之有此章引困之六三履非其位欲上於四四自應初不納於已是困于九四之石也三又乘二二是剛物非已所乘是據于九此困二之蒺蔾也又有入于其宮不見其妻凶之象也 疏 六三爻辭也上言利用安身可以崇德若自危辱則德不可崇故引此以明之也以六居三爲履非其位三欲上四四與初應不納於三困自否來否四互艮爲小石不是困九四之石也三下乘二二在坎中爲剛物非已所乘九家易說卦曰坎爲蒺蔾是困於九二之蒺蔾也否艮爲宮體互巽爲入互離目爲見中女爲妻坎爲中男不正當變變則離毀故不見其妻凶也

子曰非所困而困焉名必辱 虞翻曰困本咸咸三入宮以陽之陰則二制坤故以次咸爲四所困四失位惡人故非所困而困焉陽稱名陰爲辱以陽之陰下故名必辱也 疏 注虞困卦謂否二之上今云困本咸蓋咸困皆自否來而繫引此爻又承咸四言之也咸下體艮爲宮咸三之四互巽入

故咸三入宮以咸九三入六二成困故云以陽之陰咸三變陽則二制爲坎崔覲達旨陰陽始分天地始制故云制坎也坤當作坎咸艮變坎成困故以坎咸虞上傳注云否上之二成困三暴慢以陰乘陽二變入宮爲萃五之二奪之成解亦爲此困解相次而言皆非正義也二之三爲四所困四失位爲惡人者睽初九曰見惡人虞彼注云惡人謂四以睽四失正也故困四失位亦爲惡人咸三得位非四所困今之二失位故非所困而困焉善不積不足以成名陽爲善故陽稱名陰賊爲辱三之二是陽之陰下名必辱也此以咸變爲義故不與經注同訓

非所據而據焉身必危虞翻曰謂據二二失位故非所據而據焉二變時坤爲身二折坤體故身必危

疏陽據陰陰乘陽易之大義也三失位據二二亦失位以陽據陰故非所據而據焉二變入宮爲萃萃下體坤坤腹爲身二困時折坤體故身必危

既辱且危死其將至妻其可得見邪陸績曰六三從困辱之家變之大過爲棺槨死喪之象故曰死其將至妻不可得見

疏三失正變大過故云三困辱之家變之大過也棺槨取諸大過有死喪之象故曰死其將至坎中男離中女三變則離女不見故曰妻其可得見邪

易

曰公用射隼于高庸之上獲之无不利孔穎達曰前章先須安身可以崇德故此明藏器於身待時而動是有利也故引解之上六以證之矣【疏】此解上六爻辭也前言安身可以崇德次言非所據而據焉身必危故必藏器於身待時而動自无不利故復引此以證之也子曰隼者禽也虞翻曰离為隼故稱禽言其行野容如禽獸焉【疏】解上應三三體互离离為飛鳥故為隼釋鳥曰二足而羽謂之禽故隼稱禽焉上傳曰野容悔淫謂解三也野容義詳彼注管子道路無行禽三有鳥獸行故言其行野容如禽獸焉弓矢者器也虞翻曰离為矢坎為弓坤為器【疏】解互离為矢互坎為弓解自臨來臨上體坤故坤為器射禮有射器謂弓矢決拾旌中籌楅豐故曰弓矢者器也射之者人也虞翻曰人賢人也謂乾三伏陽出而成乾故曰射之者人人則公三應上故上令三出而射隼也【疏】人賢人謂乾也乾陽伏於三下出而互上四成乾乾為人故曰射之者人三為三公出而成人則公三與上應故上令三陽出而射隼也君子藏器於身待時而動何不利之有虞翻曰三伏陽為君子二變時坤為身為藏器

爲藏弓矢以待射隼艮爲待爲時三待五來之二弓張矢發動出成乾貫隼入大過死兩坎象壞故何不利之有象曰以解悖三陰小人乘君子器故上觀三出射去隼也【疏】陽爲君子故三伏陽爲君子二變時體坤所謂二變入官爲萃是也坤形爲身坤以藏之爲藏形下爲器故謂藏弓矢以待射隼也艮止爲待時止則止爲時文以時動故待時而動五失位當之二故三待五來之二二動之五體坎弓張互离矢發五五得正三三動陽出成乾离鳥體壞故貫隼體入大過棺椁死象體有兩坎三動則兩象俱壞故何不利之有坎心爲悖兩坎象壞故象曰以解悖也六體陰小人象也三位陽君子器也以六乘三是小人乘君子之器上以三爲象故云觀三出射去隼也乾鑿度曰二陰之精射三陽當卦是掃知陰陽動出皆爲射也

動而不括是以出而有獲語成器而動者也虞翻曰括作也震爲語乾五之坤二成坎弓离矢動以貫隼故語成器而動者也【疏】待時而動不見作爲故云括作也動而無作是以陽出射隼而有獲也解震爲語困五下二則震成故語成器困二變入官爲萃萃五之二奪之成解是萃乾五之坤二而成坎弓离矢三動貫隼故語成器而動者也

子曰小人

不恥不仁不畏不義虞翻曰謂否也以坤滅乾爲不仁不義坤爲恥爲義乾爲仁爲畏者也

疏下引噬嗑爻辭噬嗑自否來故云謂否也否小人道長故曰小人否以坤陰滅乾陽爲不仁不義坤辱爲恥陰爲義乾陽爲仁惕爲畏乾爲仁坤陰滅乾是不仁也不以滅陽爲不仁是不恥不仁也坤爲義乾陽滅於坤是不義也不以滅陽爲不義是不畏不義也

不見利不動不威不徵虞翻曰否乾爲威爲利巽爲近利謂否五之初成噬嗑市离日見乾爲見利震爲動故不見利不動五之初以乾威坤故不威不徵震爲徵也

疏乾君威嚴故爲威乾以美利利天下故爲利巽近利市三倍故爲近利日中爲市取諸噬嗑故否五之初成噬嗑市噬嗑离爲日相見乎离乾變成离故离日見乾爲見利說卦震動也動萬物者莫疾乎雷樂緯動聲儀曰風雨動魚龍仁義動君子財色動小人故不見利不動乾五之坤初是以乾威坤也五不之初則离不成日震不成動乾不威坤震不成徵故不見利不動不威不徵徵古文懲震恐懼虩虩故爲徵也

小徵而大戒此小人之福也虞翻曰艮爲小乾爲大五下威初坤殺不行震懼虩虩故小懲大戒坤爲小人乾爲福以陽下陰民

說无疆故小人之福也【疏】否艮小石故爲小乾陽爲大乾五下威坤初則坤弑不行殺讀爲弑謂否坤臣弑君也虢虢鄭云恐懼貌否五之初初上應四四艮小故小懲初乾大故大誡也否坤陰爲小人乾善爲福以乾陽下於坤陰坤爲民爲无疆兌象半見故民說无疆震恐致福是小人之福也

易曰屨校滅趾无咎此之謂也

九家易曰噬嗑六五本先在初處非其位小人者也故歷說小人所以爲罪終以致害雖欲爲惡能止不行則无咎 侯果曰噬嗑初九爻辭也校者以木夾足止行也此明小人因小刑而大戒乃福也【疏】九家注 噬嗑六五本在否初初不得位處五亦非其位陰本小人文不得位始終小人者也故歷說小人不恥不畏不動不徵所以爲罪終以致害之故然雖欲爲惡能小徵大誡止而不行則亦无咎矣 侯注 孔氏云此亦證前章安身之事故引易噬嗑初九以證之說文校木囚也震東方木爲足爲行應艮爲止故以木夾足止行也校爲小刑初陽得正若因小刑顧震知懼是小徵大誡小人之福也

善不積不足以成名惡不積不足以滅身

虞翻曰乾爲積善陽稱名坤爲積惡爲身以乾滅坤故滅身者也【疏】噬嗑自否

來否陰消陽弑父弑君噬嗑曰明罰敕法五來滅初小徵大誡以辨之早辨辨也上六迷復皐大惡極故發其義於噬嗑上九也乾元爲善自復至乾爲積善初亦不成名陽成於三爲成名坤陰爲惡自姤至坤爲積惡坤形爲身坤消至上窮上反下乾來滅坤故滅身也

小人以小善爲无益而弗爲也虞翻曰小善謂復初**疏**乾陽息於復初善端猶微故小善謂復初

以小惡爲无傷而弗去也虞翻曰小惡謂姤初**疏**坤陰消自姤初惡念始萌故小惡謂姤初淮南繆稱曰君子不謂小善不足爲也而舍之小善積而爲大善不謂小不善爲無傷也而爲之小不善積而爲大不善是故積羽沈舟羣輕折軸故君子禁於微禮經解曰禮之教化也微其止邪也於未形使人日徙善遠罪而不自知也易曰君子愼始差以毫氂繆以千里此之謂也小人惟不知此故以小善爲无益而弗爲以小惡爲无傷而弗去也

故惡積而不可弇虞翻曰謂陰息姤至遯子弑其父故惡積而不可弇**疏**陰生亦稱息陰生姤初至二成遯艮爲少子乾爲父以艮陰消乾陽故爲子弑其父姤陰始動其初難知陰消至二則惡積而不可弇也

罪大而不可解虞翻曰陰息遯

成否以臣弑君故陰息至三消遯成否否坤爲臣乾爲君以坤陰消乾陽故爲臣弑其君否之匪人故罪大而不可解也。疏 罪大而不可解也

易曰何校滅耳凶

九家易曰噬嗑上九爻辭也陰自初升五所在失正積惡而罪大故爲上所滅善不積斥五陰爻也聰不明者聞善不聽聞戒不改故凶也 疏 此結前章不能安身之事。故引噬嗑上九之義以證之否陰自初升五在初失正在五亦失正故上所在失正五積惡而罪太故爲上所滅也五陰積惡故知善不積指五陰爻也坎耳不正故聰不明聞善不聽則不能遷善聞戒不改則不能遠罪所以有何校滅耳之凶 案否陰既成上九當下之初成益反泰上九安於不正惡積罪大故五之初小徵大戒以救之五下則坎爲校爲耳否乾爲首坎成橫貫其中故何校滅耳凶也

子曰危者安其位者也

崔憬曰言有危之慮則能安其位不失也 疏 孔氏云以上章有安身之事。故此節恒須謹慎可以安身故引否之九五以證之否上以陽居陰體乾亢龍盈不可久故危內坤爲安言上能慮其危則能安其位不失也

亡者保其存者也

崔憬曰言有亡之慮則能保其存者也 疏 坤陰爲亡乾陽爲存文言曰知

進退存亡而不失其正者，其唯聖人乎！言能慮其亡，則能長保其存也。

亂者，有其治者也。

崔憬曰：言有防亂之慮，則能有其治者也。【疏】坤為亂，乾為治，言慮亂能防，則能有其治也。

是故君子安而不忘危，

虞翻曰：君子，大人，謂否五也。否坤為安，危謂上也。翟元曰：在安而慮危。【疏】虞注：否九五曰「休否，大人吉」，故知君子大人謂否五也。坤靜為安，上亢則危，故危謂上也。五在否家，常自危懼，是不忘之義也。翟注：在安而能慮危，即保邦于未危也。

存而不忘亡，

荀爽曰：謂除戎器，戒不虞也。翟元曰：在存而慮亡。【疏】荀注：除戎器，戒不虞，萃象辭也。萃自觀來，觀為陰消卦，故戒不虞。否卦亦陰消陽也，陽息則存，陰消則亡，故引萃象辭以證之。翟注：在存而慮亡，則不至如乾之過亢，知存而不知亡也。

治而不忘亂，

荀爽曰：謂思患而逆防之。翟元曰：在治而慮亂。【疏】荀注：思患而逆防之，即既濟象辭「思患而豫防之」也。上亢下初成益，否則反泰。泰二五易位成既濟定，當既濟之時，治不忘亂，謂不忘否上，故引既濟象辭證之。翟注：在治而慮亂，即制治于未亂也。

是以身安而國家可保也。

虞翻曰：坤為身，謂否反成泰，君

位定於內而臣忠於外故身安而國家可保也【疏】坤為身又為安故曰身安否終則傾成益反泰乾君在內是君位於內而國可保也坤臣在外是臣忠於外而家可保也**易曰其亡其亡**荀爽曰存不忘亡也【疏】否陰消陽由四漸及於五存不忘亡故曰其亡其亡**繫于苞桑**荀爽曰桑者上玄下黃乾坤相包以正故不可忘也　陸績曰自此以上皆謂否陰滅陽之卦五在否家雖得中正常自懼以危亡之事者也【疏】荀注桑者上元下黃色象乾坤天位乎上地位乎下故乾坤相包以正荀否五注云乾職在上坤體在下雖欲消乾繫其本體不能亡也故不可忘陸注自此以上蓋謂危者安其位者也以下非總上困解噬嗑而言也否陰消陽之卦特舉之以示慎始之義否五離得中得正然時當否閉必常以危亡為懼則位可安而存可保也**子曰德薄而位尊**虞翻曰鼎四也則离九四凶惡小人故德薄四在乾位故位尊【疏】釋下鼎四爻辭故云鼎四也鼎外體离鼎四即离四离四突如无容故云凶惡小人四互乾上乾為德乾位尊四在乾體失正故德薄而位尊也**知少而謀大**虞翻曰兌為少知乾為大謀四在乾體故謀大矣【疏】互兌為少女故為少知互

乾陽爲大，故爲大謀。四居兌乾之閒，故知少而謀大。**力少而任重**，虞翻曰：五至初體大過，大過本末弱，故力少也。乾爲仁，故任重。以爲己任，不亦重乎。疏 五至初體大過象。大過象曰：本末弱也。故力少也。乾元爲仁。論語曰：仁以爲己任，不亦重乎。禮表記曰：仁之爲器重，舉者莫能勝也。乾能任重，非鼎四能任仁也。**尟不及矣**，虞翻曰：尟，少也。及，及於刑矣。疏 尟亦作尠。釋詁曰：尠，寡也。郭注云：謂少，故云少也。刑卽其刑渥也。謂四不得正，尟不及於刑也。**易曰：鼎折足，覆公餗，其刑渥，凶。言不勝其任也。**孔穎達曰：言不能安身，智小謀大，而遇禍也。故引鼎九四以證之矣。疏 言不能安身，則智小謀大，必遇刑禍。故引鼎九四爻辭證之。虞彼注云：四變時震爲足，足折入兌，故鼎折足。兌爲刑，渥，大刑也。鼎折足，則公餗覆。言不勝任，象入大過死凶，故鼎折足，覆公餗，其刑渥，凶。**子曰：知幾其神乎。**虞翻曰：幾，謂陽也。陽在復初稱幾。此謂豫四也。惡鼎四折足，故以此次言豫四知幾而反復初也。疏 幾謂陽也者，謂微陽初動，一陽動震，復見天心，故陽在復初稱幾。下釋豫六二爻辭。云此謂豫四也者，二欲四復初，故謂豫四。四與初應，鼎四不知幾，故折足，豫四知幾而反初故以此次之復初之四成豫豫四反復初通小畜上傳云寂然不動感而遂通天下之故非天下之至神其孰能與於此陽伏坤初其幾息矣故寂然不動變而成震其幾生矣故感而遂通隱初入微爲至神故知幾其神乎

君子上交不諂下交不瀆　虞翻曰豫二謂四也四失位諂瀆上謂交五五貴震爲笑言笑且言諂也故上交不諂下謂交三坎爲瀆故下交不瀆欲其復初得正元吉故其知幾乎

【疏】虞豫六二注云欲四急復初已得休之故豫二謂四也四失正位有諂瀆之象四四承五五故上謂交五也五位天子故貴震善鳴故爲笑言論語曰巧言令色足恭孟子曰脅肩諂笑笑而且言是爲諂也二欲四復初初上四得正二與四同功是上交不諂也四乘三故下謂交三互坎爲溝瀆故爲瀆初得正二乘之故下交不瀆也復初九曰不遠復无祇悔元吉故二欲四之復初得正元吉下云幾者動之微吉之先見者也故曰其知幾乎

其知幾乎　侯果曰上謂王侯下謂凡庶君子上交不至諂媚下交不至瀆慢悔吝无從而生豈非知微者乎

【疏】上貴故謂王侯下賤故謂凡庶六二中正故爲君子得中得正故上交不諂下交不瀆悔吝之生由於諂瀆不諂不瀆故悔吝无從而生此非

知微之君子不能也**幾者動之微吉之先見者也**虞翻曰陽見初成震故動之微復初元吉吉之先見者也　韓康伯曰幾者去无入有理而未形者不可以名尋不可以形覩也唯神也不疾而速感而遂通故能玄照鑒於未形也合抱之木起於毫末吉凶之章始乎微兆故言吉之先見

【疏】虞注一陽初動成震震動也初動故曰動之微復初九曰元吉初陽得正故曰吉之先見者也　韓注已著則有形未動則无跡皆不得謂之幾故幾者去无入有有其理而无其形雖名爲幾而究不可以名尋雖形爲動而究不可以形睹也幾動於此即形見於彼知幾其神故唯神也則不疾而速感而遂通故能朗然玄照鑒於未形太玄曰天以不見爲玄地以不形爲玄人以心腹爲玄天與西北鬱化精也地與黃泉隱魄榮也人與思慮含至精也故玄照朗然能鑒未形也觀合抱之木起於毫末知吉凶之彰始於微兆故君子慎微虞書曰道心惟微道經曰道心之微微者道心之動也道心動則吉故曰吉之先見者也他本吉下有凶字者誤也**君子見幾而作不俟終日**

易曰介于石不終日貞吉介如石焉寧用終日斷可識矣

孔穎達曰前章言精義入神此明知幾入神之事故引豫之六二以證之 崔憬曰此爻得位居中於豫之時能順以動而防於豫如石之耿介守志不移雖暫豫樂以其見微而不終日則能貞吉斷可知矣 疏 孔注前言精義入神此言知幾其神蓋知幾爲入神之事故引豫六二爻辭以證之 崔注 豫六二象曰以中正也以六居二故得位居中豫下體坤順上體震動是於豫之時能順以動故得正无應樂不可極故防之於豫二與四互艮艮爲小石故如石之耿介應坎爲志應震爲守故守志不移也樂可暫而不可極惟知幾者能見其微也故雖暫豫樂而不終日則正而獲吉斷可識矣 案虞注云介纖也二互艮艮爲石故介于石與小畜通應在五終變成离离爲日得位欲四急復初巳得休之故不終日貞吉尋四在艮則知當復初不待終變也小畜离相見爲見震作足爲作艮待爲俟故見幾而作不俟終日坤爲用終變成离离爲日憂悔吝者存乎介能識小疵故介如石焉寧用終日斷可識矣

君子知微知章知柔知剛

姚信曰此謂豫二也二下交初故曰知微上交於三故曰知章體坤處和故曰知柔與四同功故曰知剛 疏 故二乘初故下交初動於初爲微故曰知微二承三故上交三成

於三爲章故曰知章二處坤體中和得柔之正故曰知柔與四同功四體陽剛故曰知剛

萬夫之望 荀爽曰聖人作而萬物覩干寶曰言君子苟達於此則萬夫之望矣周公聞齊魯之政知後世彊弱之勢辛有見被髮而祭則知爲戎狄之居凡若此類可謂知幾也皆稱君子君子則以得幾不必聖者也

疏 荀注聖人作而萬物覩乾文言文萬物卽萬夫覩卽望故曰萬夫之望案坤爲萬震爲夫離目爲望小畜以離畜陽故萬夫之望干注言君子於微章剛柔无所不達則爲萬夫之望史記魯世家伯禽之魯三年而後報政周公曰何遲也伯禽曰變其俗革其禮故遲太公封於齊五月而報政周公曰何疾也曰吾簡其君臣禮從其俗爲也周公歎曰魯後世其北面事齊矣此周公聞齊魯之政知後世彊弱之勢也僖二十三年左傳初平王之東遷也辛有適伊川見被髮而祭於野者曰不及百年此其戎乎其禮先亡矣秋晉遷陸渾之戎於伊川此辛有見被髮而祭則知爲戎狄之居也此皆知幾之類也皆稱君子者以君子亦能得幾不必聖者也

子曰顏氏之子其殆庶幾乎 虞翻曰幾者神妙也顏子知微故殆庶幾孔子曰回也其庶幾乎

疏 上曰知幾其神乎說卦曰神也者妙

萬物而爲言者也故云幾者神妙也荀子解蔽篇曰道經曰人心之危道心之微危微之幾惟明君子而後能知之顏子惟知危故殆庶幾論語曰回也其庶乎無幾字蓋虞所見本異也

有不善未嘗不知虞翻曰復以自知老子曰自知者明

【疏】復本純坤坤積不善復亨剛窮上反下知不善而反於善故復以自知坤爲自復初乾也乾知大始故曰自知自知者明老子道經文乾爲知爲大明故自知者明也

知之未嘗復行也虞翻曰謂顏回不遷怒不貳過克己復禮天下歸仁

【疏】皆論語文怒也過也已也皆不善也不遷不貳克己而復乎禮皆未嘗復行之事也震爲行剝上反初成震行反初得位故不善未嘗復行也復象曰復亨亨者嘉之會嘉會足以合禮故曰復禮復初曰元吉元者善之長君子體仁足以長人故曰天下歸仁昭十二年左傳仲尼曰古也有志克己復禮仁也則古有是語天下歸仁爲仁之效也皆引之以證顏子知幾之事

易曰不遠復无祇悔元吉侯果曰復初九爻辭殆近也庶幾也此明知微之難則知微者唯聖人耳顏子亞聖但冀近於知微而未得也在微則昧理章而悟失在未形故有不善知則速改故无大過

【疏】此復初九爻辭也詩

小雅無小人殆鄭箋言無與小人近故云殆近也釋言庶幸也冀也冀與覬同音說文覬作𢟪𢟪幸也是同音同物故云庶冀也知微最難唯聖人能之顔子亞聖亞次也謂次於聖人但冀近於知微而未得揚子謂未達一閒是也在微則昧理彰而悟人之恒情唯顔子能知失在未形故幾有不善知則速改所以无大過而獲元吉也 案七日來復故不遠復坎爲悔出入无疾故无祇悔乾元故元吉

周易集解纂疏卷三十

男守南冠風
守侗同人校

周易集解纂疏卷三十一

唐李鼎祚集解　　安陸李道平遵王纂疏

天地壹壹，萬物化醇。虞翻曰：謂泰上也。先說否，否反成泰，故不說泰。天地交，萬物通，故化醇。孔穎達曰：以前章利用安身以崇德也。安身之道在於得一，若已能得一，則可以安身，故此章明得一之事也。絪縕，氣附著之義。言天地无心，自然得一，唯二氣絪縕，共相和會，感應變化，而有精醇之生，萬物自化。若天地有心爲一，則不能使萬物化醇者也。【疏】虞注：此明所說十一爻之序也。此章主論陽吉陰凶，故明姤復否泰之幾。陰生於姤，成乎否；陽生於復，成乎泰。泰反否，否非姤而有姤道；否反泰，非復而有復道。咸者，姤前卦也。前說咸不說姤，此說損不說泰，互見也。咸、困、噬嗑皆否來，解自臨來，鼎自大壯來。此引則皆爲否消也。咸三入宮，上慢下暴，則乾三伏陽出射之，其本由否不反泰，故五降爲噬嗑以救之。否五知存亡，故損上益下而反泰也。鼎，息卦也，陽新之時，五爻皆吉。

唯四以不正處高位獨凶故次否五以起豫四也豫四反復道息泰成故說損也損泰交坤將又反否故更以益終焉皆窮神知化之事也損本泰初之上故謂泰上也上說否五故先說否否反成泰否泰反其類也故不說泰而說損也廣雅壹壹元氣也說文壹从壺吉聲又云壹壹壹也从凶从壺是蓋天陽主吉地陰主凶壹壹吉凶巳藏於内泰本陰陽交通之卦損爻初上易位是陰陽再交而爲天地壹壹也泰者通也泰初之上乾交於坤是天地交而萬物通故曰化醇也

孔注

前章言利用安身以崇德蓋安身之事在於得一老子德經曰天得一以清地得一以寧神得一以靈谷得一以盈萬物得一以生侯王得一以爲天下貞呂覽論人曰知神之謂得一凡彼萬形得一後成故日若巳得一則可以安身下云言致一也故云此章明得一之事也氤氳亦作絪緼玉篇元氣也集韻天地合氣也元氣會合故云氣附著之義三統厤太極元氣含三爲一後漢書郅惲曰含元包一故云天地无心自然得一老子德經曰一生二故唯二氣氤氳共相和會又曰二生三三生萬物故感應變化而有精醇之生萬物自化此乃天地自然之氣一其化端若有心爲一則不能使萬物化醇矣有心爲一疏本作爲二誤

男女構精萬

物化生虞翻曰：謂泰初之上成損，艮爲男，兌爲女，故男女構精。乾爲精，損反成益，萬物出震，故萬物化生也。干寶曰：男女猶陰陽也，故萬物化生，不言陰陽而言男女者，以指釋損卦六三之辭，主於人事也。【疏】虞注泰初之上成損，損外艮爲男，內兌爲女，二少相合，故曰男女構精。乾純粹精，故爲精。損與益反，故損反成益，此亦以卦次爲義，非經旨也。益初爲震，萬物出乎震，故曰萬物化生也。　干注　下言萬物，故言陰陽。乾道成男，坤道成女，故云男女猶陰陽也。准南天文曰：道曰規，始於一，一而不生，故分而爲陰陽，陰陽合和而萬物生，故曰萬物化生也。不言陰陽言男女者，以損六三爻辭言人事也。　愚案：醇與純通。梅福傳一色成體謂之醇，言醇一也。壹壺者，元氣也。元氣无形，故化醇；醇則不雜而一也。構精者，精氣也。精氣有象，故化生；生則有醇有雜而不一也。化醇者卽形而上者謂之道，化生者卽形而下者謂之器，故下言物情相感，當法壹壺化醇致一之道也。

易曰：三人行則損一人，一人行則得其友。言致一也。侯果曰：損六三爻辭也。象云：一人行，三則疑。是衆不如寡，三不及一。此明物情相感，當上法絪縕化醇致一之道，則无患累者也。【疏】此損六三爻辭也虞彼注云泰乾三爻爲三人震爲行故三人行損初之上故則損一人一人謂泰初之上損剛益柔故一人行兌爲友初之上據坤應兌則得其友象曰一人行三則疑也虞彼注云坎爲疑上益三成坎故三則疑是以衆不如寡三不及一也蓋化生有形有醇有雜故物情相感當上法氤氳化醇致一之道天下之動貞夫一故无患累言少則得不至多則惑也

子曰君子安其身而後動虞翻曰謂反損成益君子益初也坤爲安身震爲後動　崔憬曰君子將動有所爲必自揣安危之理在於己身然後動也

疏虞注　上言損此言益益與損反故謂反損成益初陽得正爲君子故君子謂益初也互坤爲安爲身體震爲後爲動故曰安其身而後動崔注　震動也君子將動而有爲自揣安危之理必使安在於己然後動則動有益也

易其心而後語虞翻曰乾爲易益初體復心震爲後語　崔憬曰君子恕己及物若於事心難不可出語必和易其心而後言

疏虞注　益自否來否乾易知爲易益初至四體復復見天地之心故云體復心也震爲後爲語故易其心而後語　崔注　恕己及物謂推己及物也若於應事之際心有所難不可出語必和易其心而後言則言有益也

定

其交而後求虞翻曰震專爲定爲後交謂剛柔始交艮爲求也 崔憬曰先定其交知其才行若好施與者然後可以事求之【疏】虞注說卦曰震爲專故爲定又爲後震初剛始交柔故交謂剛柔始交艮兌同氣相求互艮爲求故定其交而後求也 崔注先定其交知其人之才行或施與否然後可以事求之則求有益也

君子脩此三者故全也虞翻曰謂否上之初損上益下其道大光自上下下民說无疆故全也【疏】謂否上反初成益損上益下以下皆益彖傳文

危以動則民不與也虞翻曰謂否上九高而无位故危坤民否閉故弗與也【疏】否上九即乾上九也陽亢失位故高而无位與乾上同義孝經曰高而不危說文曰危在高而懼也上九高而无位故危否坤爲民天地不交爲閉无民故民不與也

懼以語則民不應也虞翻曰否上窮災故懼不下之初成益故民不應坤爲民震爲應也【疏】乾上九文言曰亢龍有悔窮之災也否上同乾故懼上不之初則不能損上益下不能損上益下則不能民說无疆故民不應也否坤爲民益震巽同聲相應爲應不成震故不應也

无交而求則民不與也虞翻曰上來之

初故交坤民否閉故不與震爲交【疏】上之初爲交否上不之坤初四互艮求是无交而求也坤民否閉剛柔不交是坤民不與震爲交也

莫之與則傷之者至矣虞翻曰上不之初否消滅乾則體剝傷臣弒君子弒父故傷之至矣【疏】益自否來上不之初則否陰消滅乾陽至五體剝剝爛則體傷上與三應三在否爲坤臣弒君三在遯爲艮子弒父莫益之故莫之與或擊之故傷之者至矣

易曰莫益之或擊之立心勿恆凶侯果曰益上九爻辭也此明先安身易心則羣善自應若危動懼語則物所不與故凶也【疏】此益上九爻辭也言安身易心而定交在其中矣故云羣善自應言危動懼語而妄求在其中矣故云物所不與物不與故凶也虞經注云自非上无益初者唯上當无應故莫益之上不益初則以剝滅乾艮爲手故或擊之上體巽爲進退故勿恆動成坎心以陰乘陽故立心勿恆凶矣蓋益上九即否九五也言當益初者益道反泰三陽以次下初則泰成故益上九象以否上爲說也

子曰乾坤其易之門邪荀爽曰陰陽相易出於乾坤故曰門【疏】易有六十四卦三百八十

四爻陰陽皆出入於乾坤，闔戶謂之坤，闢戶謂之乾，故乾坤爲易之門。**乾，陽物也；坤，陰物也。**荀爽曰：陽物天，陰物地也。【疏】乾爲天，故陽物爲天；坤爲地，故陰物爲地。謂純乾純坤時也。**陰陽合德，而剛柔有體。**虞翻曰：合德，謂天地雜，保太和，日月戰。乾剛以體天，坤柔以體地也。【疏】坤文言曰：夫玄黃者，天地之雜也。荀彼注云：坤位在亥，下有伏乾，陰陽相和，故言天地之雜，是也。乾彖傳曰：乾道變化，各正性命，保合太和，乃利貞。陽變陰化，成既濟定，剛柔位當，陰陽合德，故各正性命，保合太和。此之陰陽合德，卽彼之保合太和也。納甲坎月離日，三十日會於壬。虞注師彖傳云：以離日坎月戰陰陽，是日月戰也。皆陰陽合德之事。說卦曰：乾爲天，坤爲地。雜卦曰：乾剛坤柔。陰陽同處，則合德；分之，則乾以剛體天，坤以柔體地也。**以體天地之撰，**九家易曰：撰，數也。萬物形體，皆受天地之數也。謂九，天數；六，地數也。剛柔得以爲體矣。【疏】夏官大司馬：羣吏撰車徒。鄭注：撰讀曰筭，謂數擇之也。故云撰，數也。天地之數，卽大衍之數。陽數剛，陰數柔，萬物形體莫不受天剛地柔之數以生。天數剛，九是也；地數柔，六是也。天剛地柔，物得之以爲體也。蓋大衍之數，取天地之數演之爲五十，用四十九以作易著七卦八爻以九六參天兩地而倚數故曰以體天地之撰**以通神明之德**九家易曰隱藏謂之神著見謂之明陰陽交通乃謂之德疏神者隱藏陰之德也明者著見陽之德也陰陽相交則神明之德通矣聖人探賾索隱幽贊於神明而生蓍故曰以通神明之德**其稱名也雜而不越**九家易曰陰陽雜也名謂卦名陰陽雖錯而卦象各有次序不相踰越疏下傳曰六爻相雜虞彼注云陰陽錯居曰雜故云陰陽雜也名謂六十四卦之名六十四卦陰陽雖錯各有次序如屯坎二之初蒙艮三之二此之卦之次序也如中孚爲十一月升爲十二月此卦氣之次序也如姤爲乾世復爲坤世此八宮之次序也如序卦所陳則上下二篇之次序也故云卦象各有次序不相踰越也**於稽其類其衰世之意邪**虞翻曰稽考也三稱盛德上稱末世乾終上九動則入坤坤弑其君父故爲亂世陽出復震入坤出坤故衰世之意邪侯果曰於嗟也稽考也易象考其事類但以吉凶得失爲主則非淳古之時也故云衰世之意耳言邪示疑不欲切指也疏虞注堯典若稽古帝堯孔傳稽考也上云雜而不越是類也荀子曰以類行雜是類者雜之反也乾爲積德陽數

起於一成於三故三稱盛德大過象傳本末弱也王彼注云初爲本而上爲末下傳曰其初難知其上易知本末也說文曰木下曰本从木一在其下木上曰末从木一在其上故上爲末而稱末世乾一陽終於上九初陰動下入坤坤消至二成遯艮子弑父至三成否坤臣弑君故爲亂世陽出復初爲震乾入坤伏也爲消卦乾出坤動也爲息卦消息皆始於初意動於微故曰衰世之意邪謂庖犧作易處盛慮衰爲後世法易窮則變變則通通則久是衰世之意非取殷之末世周之盛德也侯注於本作烏隸變作於烏有聲故云嗟文與于通經文皆作于此獨作於知爲烏而訓嗟也易之有象皆稽考其事類而吉凶得失形焉淳古之世熙皞相忘後世聖人有憂患而後作易但以吉凶得失爲主故云衰世之意耳邪疑辭恐人以易作於衰世爲疑故言不欲切指也

夫易章往而察來而微顯闡幽開而當名虞翻曰神以知來知以藏往微者顯之謂從復成乾是察來也闡者幽之謂從姤之坤是章往也陽息出初故開而當名【疏】神以知來乾也知以藏往坤也復初爲微至三成乾易本隱以之顯故微者顯之以乾照坤故謂從復至乾是察來也倉頡篇曰闡開也幽隱也幽者闡之反呂氏

春秋曰隱則勝闡是也乾終上九動而入坤故闡者幽之幽謂坤也坤消乾自姤始故謂從姤之坤是章往也陽息出初謂乾元也乾元出於坤初坤其動也闢故為開名即前稱名謂六十四卦之名也乾動坤闢六十四卦由此生故當名也

辯物正言斷辭則備矣干寶曰辯物辯物類也正言言正義也斷辭斷吉凶也如此則備於經矣

【疏】辯別也乾陽物也坤陰物也各有其類乾元出坤陰陽以別乾出坤初為復復小而辯於物故曰辯物也震為言陽出初為正言必有義故正義也辭有吉凶故斷辭為斷斷吉凶上傳曰正言繫辭焉所以告也定之以吉凶所以斷也如此者皆備於經矣

其稱名也小虞翻曰謂乾坤與六子俱名八卦而小成故小復小而辯於物者矣

【疏】乾坤為易之門而乾元尤尊乃稱名則與六子並為八卦而小成故曰小陽出坤初為復復陽小而辯於物陽物陰物別自乾元而六十四卦稱名由復始故曰其稱名也小

其取類也大虞翻曰謂乾陽也為天為爻觸類而長之故大也

【疏】陽稱大故謂乾陽也觸類而長之成六十四卦皆乾元所為為天為父言其大生故觸類而長之為大非以說卦所屬為取類也

其旨遠其辭文虞翻

曰遠謂乾，文謂坤也。【疏】左傳曰天道遠，故遠謂乾。說卦曰坤爲文，故文謂坤。蓋乾元知來，故旨遠；坤知章往，故辭文。

其言曲而中，其事肆而隱，虞翻曰：曲，詘；肆，直也。陽曲初，震爲言，故其言曲而中。坤爲事，隱未見，故肆而隱也。【疏】說文：詘，詰詘也。一曰屈襞。又曰：屈，曲也。故云曲，詘。樂記曰：肆直而慈愛。故云肆，直也。陽曲於初爲震，震聲爲言，故稱言。月令律中太簇，鄭注：中猶應也。震巽同聲相應，詘於內而應於外，故曰其言曲而中也。坤發於事業爲事，巽初坤也，巽稱而隱，故隱未見，發於外而隱於內，故曰其事肆而隱也。稱名小謂當名取類，大謂辯物，旨遠辭文謂斷辭，言曲事肆謂正言，皆陽道開坤，出乾通神明之德也。

因貳以濟民行，以明失得之報。虞翻曰：二謂乾與坤也。坤爲民，乾爲行。行得則乾報以吉，行失則坤報以凶也。【疏】鄭氏云：貳當爲式，式爲古文二。一生二，故二謂乾與坤也。坤眾爲民，天行健，故爲行。失謂坤，得謂乾，乾陽吉，坤陰凶，故行得則乾報以吉，行失則坤報以凶也。

易之興也，其於中古乎？虞翻曰：興易者謂庖犧也。文王書經，繫庖犧於乾五，乾爲古，五在乾中故興於中古繫以黃帝堯舜爲後世聖人庖犧爲中古則庖犧以前爲上古【疏】畫卦始於庖犧故興易者謂庖犧也乾五動成离庖犧木德王帝出乎震震東方木木生火故文王書經繫庖犧於乾五乾爲天故爲古詳前上古虞注五居上乾之中故興於中古上傳以黃帝堯舜爲後世聖人其爲下古可知矣今以庖犧爲中古則庖犧以前爲上古可知矣

作易者其有憂患乎

虞翻曰謂憂患百姓未知興利遠害不行禮義茹毛飲血衣食不足庖犧則天八卦通爲六十四以德化之吉凶與民同患故有憂患【疏】憂患謂憂患百姓也不知取諸噬嗑取渙取隨是未知興利也不知取豫取睽是未知遠害也不知宮室棺椁書契是不行禮義也不知取离取益取小過乾坤是茹毛飲血衣食不足也庖犧則天畫爲八卦引伸觸類爲六十四卦通變宜民以德化之觀十二蓋取皆吉凶與民同患之意故曰作易者其有憂患乎　案漢書藝文志曰易道深矣人更三聖世歷三古孟康云伏羲爲上古文王爲中古孔子爲下古下傳云易之興也其當殷之末世周之盛德邪當文王與紂之事邪明夷象傳曰內文明而外柔順以蒙大難文王以之傳謂作易者其有憂患乎正謂文王庖犧之世時樸風淳安有憂患馬氏

荀氏、鄭氏皆以文王爲中古，與虞異，說義亦可從。

是故履，德之基也。虞翻曰：乾爲德，履與謙旁通，坤柔履剛，故德之基，坤爲基。侯果曰：履，禮。路禮不倦，德之基也。自下九卦，是復道之最，故特言矣。【疏】虞注：乾陽爲德，六十四卦皆乾元，故言德。此九卦之德，皆指陽爻也。履與謙通，謙外坤柔，履外乾剛，以剛履柔，故曰德之基。坤土，故爲基也。侯注：仲尼燕居：「言而履之，禮也。」故履，禮。謂路禮不倦也。成十三年左傳：「禮，人之幹也；敬，身之基也。郤子無基。」言郤錡不敬，故無基。明履爲德之基也。

謙，德之柄也。虞翻曰：坤爲柄。柄，本也。凡言德，皆陽爻也。干寶曰：柄所以持物，謙所以持禮者也。【疏】虞注：坤爲柄，說卦文。萬物本乎地，故云柄本也。凡言德皆陽爻，謂九三也。乾上九反三，陽德皆本乎此，故謙爲德之柄也。干注：祭統：「尸酢夫人執柄。」故柄所以持物。史記樂書：「君子以謙退爲禮。」故謙所以持禮者也。

復，德之本也。虞翻曰：復初乾之元，故德之本也。【疏】陽動於初爲復，故云復初乾之元也。其初難知，其上易知，本末也。是初爲本，故曰德之本也。

恆，德之固也。虞翻曰：立不易方，守德之堅固。【疏】恆自泰來，乾初之四，唯三爻得正不動，故立不易方。震世守爲守，故云守德貞固足以幹事，故日德之固也。**損，德之脩也。**荀爽曰徵忿窒慾所以脩德【疏】說文損減也周禮天官掌百官之誓戒與其具脩鄭注脩掃除糞灑是以脩主於減損其惡故云徵忿窒欲所以脩德蓋忿欲皆足以累德故君子法乎損而徵忿窒欲唯損之又損以至於无則德成矣故日德之脩也**益，德之裕也。**荀爽日見善則遷有過則改德之優裕也【疏】唐頡益饒也說文裕衣物饒也是裕主乎增益其德故益動而巽日進无疆天施地生其益无方周語日布施優裕故云德之優裕損象專言徵忿窒欲益象先言遷善後言改過蓋遷善則過自改孟子曰好善優於天下故日德之裕也**困，德之辯也。**鄭元日辯別也遭困之時君子固窮小人窮則濫德於是別也【疏】說文辯判也又日判分也又日別分解也辯別也言分別也否上之二成困困象傳日困而不失其所亨其唯君子乎謂九二也九二中正遭困之時不失其所亨君子固窮者也若小人則窮斯濫矣君子小人之德於是乎別故以論語文以證之**井，德之地也。**姚信日井養而不窮德居地也【疏】井養而不窮井象傳文下傳日井居其所而遷韓云所居不移而能遷其施故井養而不窮也養而不窮其德可居之地也井自泰來泰初之五居中得正取法乎井而制爲田勞民勸相以陽助坤坤爲地故曰德之地也**巽德之制也**虞翻曰巽風爲號令所以制下故曰德之制也、孔穎達曰此上九卦各以德爲用也○【疏】虞注巽風有聲故爲號令號令即命令上所以制下也曲禮士死制鄭注制謂君命巽五中正申命行事故曰德之制也　孔注以上九卦皆取用於陽爻乾陽爲德故各以德爲用也**履和而至**虞翻曰謙與履通謙坤柔和故履和而至禮之用和爲貴者也【疏】履旁通謙謙坤爲柔又爲和順履剛而行故至至哉坤元故履和而至也禮之用和爲貴論語文**謙尊而光**荀爽曰自上下下其道大光也【疏】謙象傳曰天道下濟而光明謙三自乾來故荀彼注云乾來之坤故下濟陰去爲离陽來成坎日月之象故光明蓋天在上故尊下濟成坎离日月象故光明益彖傳曰自上下下其道大光義與此合故備引以證之也**復小而辯於物**虞翻曰陽始見故小乾陽物坤陰物以乾居坤故稱別物【疏】一陽始見於復初故曰小乾爲陽物坤爲陰物辯別也以陽居陰故云別物乾陽物在初爲善辯之早也坤陰物在初爲不善由辯之不早辯也有不善未嘗不知辯之早故辯於物也**恒**

雜而不厭　荀爽曰：夫婦雖錯居，不厭之道也。【疏】震爲長男，巽爲長女，故稱夫婦。恆自泰來，泰初四易位而成二長。虞下注云「陰陽錯居稱雜」，是也。乾坤交，故雜；終則有始，恆久而不已，故不厭之道也。

損先難而後易　虞翻曰：損初之上，失正，故先難；終反成益，得位於初，故後易其心而後語。【疏】損自泰來，泰初之上，以陽居陰爲失正，故曰先難。損極則終反於下以成益，益初得正，故後易。易其心而後語，上傳文。虞彼注云：乾爲易，益初體復心，震爲後語。蓋據益以釋彼，故引之以證後易也。

益長裕而不設　虞翻曰：謂天施地生，其益无方。凡益之道，與時偕行，故不設也。【疏】益者，德之裕。益外體巽，爲長，故曰長裕。說文：設，施陳也。自然饒裕，不待設施。象傳曰：天施地生，其益无方。凡益之道，與時偕行，即不設之義也。

困窮而通　虞翻曰：陽窮否上，變之坤二成坎，坎爲通，故困窮而通也。【疏】否二之上成困。否時陽窮於上，故變之坤二成坎。坎爲通，說卦文。經曰：困，亨。亨，通也。虞彼注云：否二之上，乾坤交，故通。象傳曰：困而不失其所亨，故困窮而通也。愚案：否窮於上，而通於二爲困；猶泰居於初，而遷於五爲井也。

井居其所而遷　韓康伯曰：改邑不改井，井所居不移，而能遷其施也。【疏】泰初之五爲井，五折坤爲改邑，初舊井爲不改井。遷，改也。舊井在初，不改爲所居不移，在初爲井泥不食，改之五爲寒泉之食，是能遷其施也，故居其所而遷也。

巽稱而隱

崔憬曰：言巽申命行事，是稱揚也。陰助德化，是微隱也。自此以下，明九卦德之體者也○【疏】卽王氏所謂稱揚命令，而百姓不知其由也。有此九卦德之體，然後有前九卦德之用，故云明九卦德之體也○愚案：稱从禾。說文：禾，木也。木王而生，从木从𠂹。巽爲木，故言稱。說文：稱，銓也。春分而禾生，夏至晷景可度，禾有杪，秋分而杪定。巽在卦氣爲八月卦，秋分而杪定，可稱度也。故巽言稱。虞注巽齊乎巽云：巽陽隱初。蓋乾伏巽初，龍德而隱，故爲隱也。又震隱巽初，其究爲躁卦是也。震春分卦，禾始生於震，故稱而隱也。

履以和行

虞翻曰：禮之用，和爲貴。謙震爲行，故以和行也。【疏】禮之用和爲貴，論語文。履者，禮也。禮勝則離，故貴於和。履與謙通，謙坤爲和，震爲行，故以和行也。

謙以制禮

虞翻曰：陰稱禮，謙三以一陽制五陰，萬民服，故以制禮也。【疏】坤陰稱禮。樂記曰：大禮必簡。又曰：禮以地制。故陰稱禮也。虞書曰：脩五禮。謙有五陰爲五禮，三以一陽制五陰，卽制五禮也。坤爲萬民，故三象曰萬民服也。以陽制陰，故以制禮也。

復以自知　虞翻曰：有不善未嘗不知，故自知也。【疏】復初有不善未嘗不知故言知蓋乾以知來坤爲自以乾通坤故自知也

恆以一德　虞翻曰：恆德之固立不易方從一而終故一德者也【疏】從一故固從一故不易從一而終故曰一德　愚案恆自泰來泰乾爲德五爲卦主五爻辭曰恆其德象曰從一而終虞彼注云一謂初終變成益以巽應初震故從而終恆德從一故曰恆以一德

損以遠害　虞翻曰坤爲害泰以初止坤上故遠害乾爲遠【疏】損自泰來泰坤陰爲害泰初之坤上成艮艮爲止故云以初止坤上以乾止坤乾爲遠故遠害也

益以興利　荀爽曰天施地生其益无方故興利也【疏】益自否來乾下之坤爲天施之坤成震爲地生日進无疆故其益无方　愚案釋言興起也內體震起也故曰興外體巽爲近利市三倍故以興利

困以寡怨　虞翻曰坤爲怨否弒父與君乾來上折坤二故寡怨坎水性通故不怨也【疏】坤陰爲怨困自否來否三弒父與君否乾下折坤三則不弒逆怨黷不作故寡怨二體坎坎水性通困窮而通故不怨也　愚案困象傳曰險以說五象曰乃徐有說二坎爲險不正故困二變應五五兌爲說說則不怨故困以寡怨

井以辨義

虞翻曰：坤為義，以乾別坤，故辨義也。【疏】坤為義門，故為義。泰初之五成井，以乾初別坤五，故曰辨義也。

巽以行權。

九家易曰：巽象號令，又為近利，人君政教進退擇利而為權也。春秋傳曰：權者反於經，然後有善者也。此所以說九卦者，聖人履憂濟民之所急行也。故先陳其德，中言其性，後叙其用，以詳之也。西伯勞謙，殷紂驕暴，臣子之禮有常，故創易道以輔濟君父者也。然其意義廣遠幽徵，孔子指撮解此九卦之德，合三復之道，明西伯之於紂不失上下。【疏】巽風有聲，故象號令。近利市三倍，故又為近利。人君德教卽象號令者也。巽為進退，故言進退擇利而為權也。權者反於經，然後有善者也，桓十一年公羊傳文。王注：權反經而合道。蓋巽陽隱初，震巽特變，巽其究成震，以消為息，故曰巽以行權。此以下釋所以說九卦之義也。始於履以和行，終於巽以行權。上云作易者其有憂患乎，又曰因貳以濟民行，故云聖人履憂濟民之所急行也。先言九卦陳其德也，中言九卦言其性也，後言九卦叙其用也。次言謙為德柄，驕與謙反，故言西伯勞謙以事殷紂驕泰之主。尋九卦所自來，皆不外乾坤。乾為君為父，則坤有臣道子道，謙以制禮，故言臣子之禮有常，創易道以輔濟君父者也。叙其用故廣遠，陳其德言其性故幽微。孔子指攝九卦解之始陳德中言性終敍用合三復之道首言上天下澤爲履故明西伯之於紂不失上下之常也　愚案玉篇權稱錘也前言巽稱而隱此云巽以行權皆取於巽木爲禾禾杪起分之義說文稱字云律數十二杪當一分十分爲寸其重以十二粟爲一分十二分爲銖故諸程品皆从禾是稱之有權皆取於巽木爲禾之義又巽爲進退孟子曰權然後知輕重盡一進一退則輕重可知反震爲行故曰巽以行權

易之爲書也不可遠侯果曰居則觀象動則玩占故不可遠也　疏　書謂文王所書六爻之辭遠馬王肅韓袁萬反謂遠之也如論語敬鬼神而遠之之遠也君子居則觀其象而翫其辭動則觀其變而翫其占故不可遠也

爲道也屢遷虞翻曰遷徙也日月周流上下無常故屢遷也　疏　遷徙釋詁文日月謂坎離爲乾坤二用日月周流六位如出震見兌盈乾退巽消艮滅坤之類故屢遷也

變動不居周流六虛虞翻曰變易動行六虛六位也日月周流終則復始故周流六虛謂甲子之旬辰巳虛坎戊爲月離己爲日入在中宮其處空虛故稱六虛五甲如次者也　疏　夏官司爟四時變國火鄭注變猶易也震動也震爲足爲

行故云動行六虛謂六爻之位也參同契曰日合五行精月受六律紀五六三十度度竟復更始故云日月周流終則復始六位謂之六虛者六甲孤虛法也天有六甲地有五子日辰不全故有孤虛裴駰云甲子旬中无戌亥戌亥爲孤辰巳爲虛坎納戊離納己參同契曰天地設位而易行乎其中矣易謂坎離坎離者乾坤二用二用无爻位周流行六虛往來既不定上下亦无常幽潛淪匿變化於中包囊萬物爲道綱紀以无制有器用者空故推消息坎離滅亡又云坎戊月精離己日光日月爲易剛柔相當土王四季羅絡始終青赤黑白各居一方皆稟中宮戊己之功故云入在中宮其處空虛故稱六虛也五甲如次者謂甲戌旬中无申酉申酉爲孤寅卯爲虛甲申旬中无午未午未爲孤子丑爲虛甲午旬中无辰巳辰巳爲孤戌亥爲虛甲辰旬中无寅卯寅卯爲孤申酉爲虛甲寅旬中无子丑子丑爲孤午未爲虛故云五甲如次者也

上下无常剛柔相易

虞翻曰剛柔者晝夜之象也在天稱上入地爲下故上下无常也

疏日月出入以度晝夜故曰剛柔者晝夜之象也在天稱上在地稱下指日月也謂易爻法相易位法日月之晝夜乾三晝法天坤三晝法地六爻之變剛動柔應柔動剛應常二五初四三上上

下相易，如日月之晝夜互在天，故曰上下无常，剛柔相易也。**不可爲典要，唯變所適。**虞翻曰：典要，道也。上下无常，故不可爲典要。適乾爲晝，適坤爲夜。　侯果曰：謂六爻剛柔相易，遠近恒唯變所適，非有典要。

疏　虞注　釋言：典，經也。舜典：愼徽五典。孔傳：五典，五常之教。即下傳既有典常是也。孝經曰：先王有至德要道，故云典要道也。六爻之變，上下无常，故不可以常道拘也。鄭注大學云：之，適也。是適謂之卦也。如乾五變之大有，故云唯變所適。剛柔者，晝夜之道，故云適乾爲晝，適坤爲夜。柔變剛，適乾也；剛變柔，適坤也。　侯注　下傳云：遠近相取。崔彼注云：遠謂應與不應，近謂比與不比。或取遠應而舍近比，或取近比而舍遠應。故謂六爻之動，剛柔相易，或遠應，或近比，唯變爻所適，不可執以常法也。**其出入以度，外內使知懼。**虞翻曰：出乾爲外，入坤爲內，日行一度，故出入以度。出陽知生，入陰懼死，使知懼也。　韓康伯曰：明出入之度，使物知外內之戒也。出入猶行藏，外內猶隱顯。遯以遠時爲吉，豐以幽隱致凶，漸以高顯爲美，明夷以處昧利貞，此外內之戒也。

疏　虞注　月三日出震爲出乾，十六日退巽爲入坤，出震明在外，是出乾爲外也；入巽明在內，是入坤爲內也。六十卦

一〇二四

三百六十爻，爻當一日，法日月之行度，故出入以度。爻變雖无典要，常依日月消息，出入陰陽而死生分焉。出陽謂出震，出震爲生明，故出陽知生。明入陰爲入巽，至坤爲死魄，故入陰懼死。出外知生，入內懼死，庶知進退存亡而不失其正也。　韓注　此以行藏隱顯明出入外內之義，言行藏各有常度，不可不明其度而知外內之戒也。如遯時與時行也，則當入在內，故以遠時爲吉；如豐時宜照天下也，則當出在外，故以幽隱致凶；如漸時往有功也，則當出在外，故以高顯爲美；如明夷時晦其明也，則當入在內，故以處昧利貞。是出入有度，而或外或內，當使知而懼之，乃不失其常也。

又明於憂患與故

虞翻曰：神以知來，故明憂患；知以藏往，故知事故。作易者其有憂患乎。

疏　神以知來，乾也；憂患，未來者也，乾神故明憂患。知以藏往，坤也；事故，已往者也，坤知故明事故。作易者有憂患，故又明於憂患與故。

无有師保，如臨父母

虞翻曰：臨，見也。言陰陽施行，以生萬物，无有師保生成之者，萬物出生，皆如父母。孔子曰：父母之道，天地，乾爲父，坤爲母。　干寶曰：言易道以戒懼爲本，所謂懼以終始，歸无咎也。外爲丈夫之從王事，則夕惕若厲；內爲婦人之居室，則无攸遂也。雖无師保切磋之訓，其心敬

戒常如父母之臨已者也

疏 虞注　釋詁臨視也說文見視也故云臨見也易道變化則陰陽施行以生萬物盡有乾坤之德師保亦乾坤也乾嚴為師坤安為保謂六十四卦先乾坤之生成萬物資之皆如乾父坤母孔子曰父母之道天地即泰誓所謂惟天地萬物父母是也乾為父坤為母故曰如臨父母　干注　中庸曰戒慎乎其所不睹恐懼乎其所不聞乾初憂違坤初早辨故言易道以戒懼為本。下傳云懼以終始其要无咎虞彼注云乾道終日乾乾故无咎所謂懼以終始歸无咎也在外則為丈夫之從王事如乾之九三夕惕若厲是也在內為婦人之居室如家人之六二无攸遂是也雖无師保之訓而心常戒懼如父母之臨已所以終无咎也

初帥其辭而撰其方 虞翻曰初始下也帥正也謂脩辭立誠方謂坤也以乾通坤故初帥其辭而撰其方　侯果曰率脩方道也言脩易初首之辭而度其終末之道盡有典常非虛設也

疏 虞注　陽始於初九故云初始易氣自下生初陽在下故云下也論語曰子帥以正故云帥正也帥其辭謂脩辭立誠也坤六二曰直方大故方謂坤也以乾通坤初變為震震為辭乾元正於復初是初帥其辭也撰度也復體本坤乾元正之故撰其方也　侯注　乾曰脩

辭立其誠，故訓帥爲脩。鄭注周禮：帥，循也。脩、循隸相近，疑脩當作循也。方，道也，從馬訓也。言帥循其初首之辭而揆度其終末之道，則知易盡有典常，辭非虛設也。

旣有典常，苟非其人，道不虛行。

虞翻曰：其出入以度，故有典常。苟，誠也。其人謂乾爲賢人。神而明之，存乎其人。不言而信，謂之德行，故不虛行也。崔憬曰：言易道深遠，若非聖人，則不能明其道。故知易道不虛而自行，必文王然後能弘也。

【疏】虞注：乾元正初，遍坤爲復，則陰陽消息出入各以常度，旣盡也，故盡有典常也。郭璞三倉解詁曰：苟，誠也。其人謂乾爲賢人者，乾初爲賢人也。乾爲神，爲大明，故神而明之，存乎其人。乾爲德，爲行，震爲言行，陽潛不動，故不言而信，存乎德行。中庸曰待其人而後行，故不虛行也。崔注：易道深遠，非聖人不能明，即非聖人不能行。論語曰人能弘道，非道弘人，故必文王然後能弘也。

周易集解纂疏卷三十一

同邑陳學泰履安校

唐李鼎祚集解　　安陸李道平遵王篹疏

易之爲書也 干寶曰重發易者別殊旨也 【疏】 重發易之爲書與前殊旨也此下皆言六爻之辭

原始要終以爲質也 虞翻曰質本也以乾原始以坤要終謂原始及終以知死生之說崔憬曰質體也言易之書原窮其事之初若初九潛龍勿用是原始也又要會其事之末若上九亢龍有悔是要終也易原始潛龍之勿用要終亢龍之有悔復相明以爲體也諸卦亦然若大畜而後通之類是也 【疏】 虞注樂記禮之質也鄭注質猶本也乾元萬物資始故以乾原始坤用六以大終故以坤要終乾爲生坤爲死故原始及終以知死生之說引上傳文以證其義也爲質也者謂出入知懼也崔注孔疏義與此同正義云質體也言易之爲書原窮其事之初始乾初九潛龍勿用是原始也又要會其事之末終若上九亢龍有悔是要終也言易以原始要終

以爲體質也此潛龍亢龍是一卦之始終也諸卦亦然若大畜爲初畜而后通皆是也亦有一爻之中原始要終也故坤卦之初六履霜堅冰至履霜是原始也堅冰至是要終也　愚案帝出乎震原始也成言乎艮要終也詩毛傳云質成也謂艮成終而成始也故曰原始要終以爲質也

六爻相雜唯其時物也

虞翻曰陰陽錯居稱雜時陽則陽時陰則陰故唯其時物乾陽物坤陰物　干寶曰一卦六爻則皆雜有八卦之氣若初九爲震爻九二爲坎爻也或若見辰戌言艮巳亥言兌也或若以甲壬名乾以乙癸名坤也或若以午位名离以子位名坎或若德來爲好物刑來爲惡物王相爲興休廢爲衰

疏　虞注　六爻有陰有陽故云陰陽錯居稱雜剛柔者晝夜之象也故時陽則陽時陰則陰乾陽物也坤陰物也陰陽錯雜有時有物故曰唯其時物也　干注　一卦六爻而八卦之氣相雜若乾初九之坤爲震爻九二之坤爲坎爻之類也或若艮宮內丙辰外丙戌故見辰戌言艮兌宮內丁巳外丁亥故巳亥言兌也或若乾納甲壬故以甲壬名乾坤納乙癸故以乙癸名坤也或若离南方之卦午位南故以午位名离坎正北方之卦子位北故以子位名坎或若受生爲德爲好故德來爲好物克害爲刑爲惡故

刑來爲惡物八卦分屬五行有興有衰故王相爲興休廢爲衰

其初難知其上易知本末也

侯果曰本末初上也初則事微故難知上則事彰故易知【疏】大過象傳曰本末弱也向秀彼注云由於初上兩爻陰也故本末謂初上也幾者動之微幾謂初初則事微故難知爻象動於內吉凶見於外外謂上上則事彰故易知也

初辭擬之卒成之終

干寶曰初擬議之故難知卒終成之故易知本末勢然也 侯果曰失在初微猶可擬議而之福過在卒成事之終極非擬議所及故曰卒成之終假如乾之九三噬嗑初九猶可擬議而之善至上九則凶災不移是事之卒成之終極凶不變也【疏】干注 初辭擬議未定故難知上爲卦終事皆成著故易知承上本末言之其勢然也 侯注 失在初微猶可擬議變而之福如不遠復无祇悔是也若過在卒成事已終極則非擬議所及所謂成事不說故曰卒成之終如下所引乾與噬嗑是也乾之九三噬嗑初九皆言无咎无咎者善補過者也故猶可擬議而之善乾至上九則亢龍有悔窮之災也噬嗑至上九則何校滅耳凶故曰凶災不移是事之卒成之終極凶不變也 愚案上傳曰擬之而後言虞彼注云以陽擬坤而成震震爲言故擬

之而後言蓋震陽動於初擬之後言故曰初辭擬之說卦曰艮東北之卦也萬物之所成終而成始也故曰成言乎艮虞彼注云萬物成始乾甲成終坤癸艮東北是甲癸之間故萬物之所成終而成始也蓋艮陽終於上萬物成終故曰卒成之終卽前原始要終以爲質也

若夫雜物撰德辨是與非則非其中爻不備

虞翻曰撰德謂乾辨別也是謂陽非謂陰也中正乾六爻二四上非正坤六爻初三五非正故雜物因而重之爻在其中故非其中則爻辭不備道有變動故曰爻也　崔憬曰上既具論初上二爻次又以明其四爻也言中四爻雜合所主之事撰集所陳之德能辨其是非備在卦中四爻也

疏　虞注撰德謂乾者撰數也乾爲德數乾之德也辨分別也陽善陰惡故是謂陽非謂陰也六爻不皆正故中謂正也乾六爻二四上失位坤六爻初三五失位皆不正乾鑿度曰陰陽失位爲不正是也陰陽錯居故曰雜物也因而重之爲六十四卦爻貴得中故位非其中則爻辭不備謂有凶悔吝也道有變動故曰爻下傳文爻不中則有變動謂六爻時物也　崔注此備論六爻相雜惟其時物之義上言本末止論初上二爻此明中四爻所以備六爻也蓋中四爻雜合所主之事物撰

集所陳之德行合初上二爻以辨其是非故非卦中四爻不備若互卦約象是也以互卦說易始於左氏其義最古後儒欲矯而廢之遂並經文之言互象者亦疑之此傳明云非其中爻不備孔子之言確有明徵後儒之疑不獨背左氏且畔孔子矣不亦過乎

噫亦要存亡吉凶則居可知矣

虞翻曰謂知存知亡要終者也居乾吉則存居坤凶則亡故曰居可知矣崔憬曰噫歎聲也言中四爻亦能要定卦中存亡吉凶之事居然可知矣孔疏扶王弼義以此中爻爲二五之爻居中无偏能統一卦之義事必不然矣何則上文云六爻相雜唯其時物言雖錯雜而各獨會於時獨主於物豈可以二五之爻而兼其雜物撰德是非存亡吉凶之事乎且二五之撰德與是要存與吉則可矣若主物與非要亡與凶則非其所象故知其不可也且上論初上二爻則此中總言四爻矣下論二四三五[illegible]虞注謂知存知亡爲要終者則是重述其功位者也[illegible]原始要終則知存亡也乾爲吉陽爲存故居乾吉則存坤爲凶陰爲亡故居坤凶則亡謂要卦之終以知存亡視爻所居以知吉凶也崔注周頌噫嘻成王毛傳噫歎也故云歎聲中四爻得位與否亦能要定存亡吉凶之事故居然可知也孔扶王義以二居

下中五居上中故云居中无偏能統一卦之義然上文云六爻相雜唯其時物則不能一爻獨會於時獨主於物豈可以二五兩爻兼雜物撰德是非存亡吉凶之事乎且二五得中得正撰德與是要存與吉義猶可矣卽不得正而猶得乎中又何至有主物與非要亡與凶乎故非其所象而知其不可也且上論初上二爻此論中四爻下論二與四三與五則是承中爻之義而重述其功位以此證之則中爻爲中四爻益无疑矣　愚案上傳曰君子所居而安者易之象也又曰居則觀其象而翫其辭蓋吉凶存亡存乎其辭居而不動則翫辭故居可知矣下言觀辭卽觀象翫辭之事也

智者觀其象辭則思過半矣

韓康伯曰夫象舉立象之統論中爻之義約以存博簡以兼眾雜物撰德而一以貫之者也形之所宗者道眾之所歸者一其事彌繁則愈滯乎有其理彌約則轉近乎道象之爲義存乎一也一之爲用同乎道矣形而上者可以觀道過半之益不亦宜乎

疏王韓之義蓋以中爻爲二五得中謂一爻可貫六爻故云一以貫之也意求元渺辭愈支離雖經孔疏詳釋然於觀彖過半之義究屬難通今不取也上傳曰象者言乎象者也又曰君子居則觀其象而翫其辭下傳曰象者材也虞彼注云象

說三才則三分天象以爲三才蓋象辭總論一卦六爻之義未動爲居故居則觀其全象而觀其象辭卽其象辭可得全卦之義如屯以初爲侯蒙以二爲師師以二爲丈人比以五爲君六爻之辭皆因此而推廣之故觀其象辭則思過半矣

二與四同功韓康伯曰同陰功也崔憬曰此重釋中四爻功位所宜也二主士大夫位佐於一國四主三孤三公牧伯之位佐於天子皆同有助理之功也**疏**韓注二與四皆陰故云同陰功也五陽也二應五四承五同有助陽之功故曰同功崔注此承前非其中爻不備故云重釋中四爻功位所宜也爻位二爲大夫位三爲諸侯位二所以助三舉大夫而兼士以助國君於三四爲諸公位五爲天子位四所以助五舉三公而兼及三孤牧伯以佐天子於五同有助理之功故曰同功**而異位**韓康伯曰有外內也崔憬曰二士大夫位卑四孤公牧伯位尊故有異也**疏**韓注二在內體四在外體故云有外內也崔注士大夫位卑孤公牧伯位尊故云異位也愚案二至四爲互象故曰同功不同內卦故曰異位也**其善不同二多譽四多懼近也**韓康伯曰二處中和故多譽也四近於君故多懼也**疏**二處中和之位上應

平五故爻辭多譽四近天子之位又不得中上逼於五故爻辭多懼

柔之爲道不利遠者

崔憬曰此言二四皆陰位陰之爲道近比承陽故不利遠矣

【疏】意以二四皆陰比陽爲利故不利遠者　愚案二本陰位在內爲近四在外體則遠矣四多懼故不利遠者

其要无咎其用柔中也

崔憬曰言二是陰遠陽雖則不利其要或有无咎者以二柔居中異於四也

【疏】意謂二雖遠陽亦无不利以柔中異四也　愚案此承二多譽言也二要无咎者以六居二得中得位故曰其用柔中若九在二而亦无咎者以變陰得正而善用柔中也

三與五同功而異位

韓康伯曰有貴賤也　崔憬曰三諸侯之位五天子之位同有理人之功而君臣之位異者也

【疏】韓注　三賤五貴故有貴賤也　崔注　爻位三爲諸侯五爲天子同有理人之功故同功五天子爲君三諸侯爲臣君臣之位異故曰異位　愚案三至五爲約象故曰同功不同外卦故曰異位

三多凶五多功貴賤之等也

崔憬曰三處下卦之極居上卦之下爲一國之君有威權之重而上承天子若无含章之美則必致凶五既居中不偏貴乘天位以道濟物廣被寰中故多功也

疏 此言三爲諸侯居臣位以治乎國上制天子之命故多凶五爲天子居天位以治天下下得諸侯之助故多功愚案三失中故爻辭多凶五得中故爻辭多功列貴賤者存乎位五爲君位三爲臣位故曰貴賤之等也

其柔危其剛勝邪 侯果曰三五陽位陰柔處之則凶危剛正居之則勝其任言邪者不定之辭也或有柔居而吉者居其時也剛居而凶者失其應也

疏 三五陽位以陰柔處之爲失正故多凶危以陽剛居之爲得正故勝其任復言邪以示不定之辭者或有柔居之而亦吉者時當柔也否則變得正也或有剛居之而亦凶者失正應也否則私其所應如乾鑿度所云其應實而有之皆失義是也

易之爲書也廣大悉備 荀爽曰以陰易陽謂之廣以陽易陰謂之大易與天地準故悉備也

疏 易交易也坤廣生故以陰易陽謂之廣乾大生故以陽易陰謂之大易與天地準上傳文虞彼注云準同也上傳又曰夫易廣矣大矣以言乎天地之間則備矣故悉備也

有天道焉有人道焉有地道焉 崔憬曰言易之爲書明三才廣无不被大无不包悉備有萬物之象者也

疏 說卦曰立天之道曰陰與

陽立地之道曰柔與剛立人之道曰仁與義故言易之爲書明三才也廣故无不被大故无不包悉備故有萬物之象也

兼三才而兩之故六六者非它也三才之道也

崔憬曰言重卦六爻亦兼天地人道兩爻爲一才六爻爲三才三畫備則是兼三才而兩之故六六者即三才之道也【疏】三才之道重卦六爻亦兼天地人之道初二爲地道三四爲人道五上爲天道故云兩爻爲一才六爻爲三才說卦曰兼三才而兩之故易六畫而成卦虞彼注云謂參天兩地乾坤各三而成六畫之卦數也蓋庖犧分天象爲三才以地兩之所謂因而重之爻在其中三爻之動還依三才故六者非他即三才之道也

道有變動故曰爻

陸績曰天道有晝夜日月之變地道有剛柔燥溼之變人道有行止動靜吉凶善惡之變聖人設爻以效三者之變動故謂之爻者也【疏】道即三才之道故歷言天地人之變以明之上傳曰爻也者效天下之動者也虞彼注云動變也故云聖人設爻以效三者之變動兩三才爲六畫則發揮於剛柔而生爻故謂之爻也

爻有等故曰物

干寶曰等羣也爻中之義羣物交集五星四氣六親九族福德刑殺衆形萬類皆來發於爻故總謂之物

也象頤中有物曰噬嗑是其義也【疏】曲禮曰見同等不起故謂等爲羣也言乎天地之間則備故爻中之義羣物交集五星謂金木水火土天之經星也四氣亥卯未木也寅午戌火也巳酉丑金也申子辰水也土兼其中故四六親九族即火珠林法也京房積算法天地爲義爻陸績謂即父母也同氣爲專爻即兄弟也福德爲寶爻即子孫也以及官爲夫即鬼爲繫爻財爲妻即財爲制爻福即德也刑即殺也地成形故曰眾形方以類聚故曰萬類其象皆來發於爻故總謂之物也頤中有物曰噬嗑噬嗑象傳文引之以明爻亦名物之義案王氏注等類也乾陽物也坤陰物也爻有陰陽之類而後有剛柔之用故曰爻有等故曰物

物相雜故曰文虞翻曰乾陽物坤陰物純乾純坤之時未有文章陽物入坤陰物入乾更相雜成六十四卦乃有文章故曰文【疏】乾陽物坤陰物上傳文純乾純坤陰陽未變其時未有文章鄭語曰物一無文是也乾坤交通故陽物入坤陰物入乾而成六子八卦更相錯雜成六十四卦剛文柔柔文剛而文章成焉說文曰文錯畫也畫即物相雜故曰文之義也

文不當故吉凶生焉干寶曰其辭爲文也動作云爲必考其事令與爻義相稱也事不稱義雖有吉凶則

非今日之吉凶也。故元亨利貞而穆姜以死，黃裳元吉南蒯以敗，是所謂文不當也。故於經則有君子吉小人否，於占則王相之氣，君子以遷官，小人以遇罪也。

疏　襄二十五年左傳：非文辭不爲功。故云其辭爲文也。凡動作云爲，必事與義稱，吉凶乃協。若事不稱義，其吉凶不足憑也。襄九年傳：穆姜薨於東宮。始往而筮之，遇艮之八。史曰：是謂艮之隨。隨其出也。姜曰：亡。是於周易曰：隨，元亨利貞，无咎。有四德者，隨而无咎。我皆無之，豈隨也哉！必死於此，弗得出矣。故云元亨利貞而穆姜以死。昭十二年傳：南蒯之將叛也，枚筮之，遇坤之比，曰黃裳元吉，以爲大吉也。惠伯曰：吾嘗學此矣，忠信之事則可，不然必敗。故云黃裳元吉南蒯以敗。二者皆所謂文不當也。君子吉小人否，遯九四爻辭，言君子遇之則吉，小人則否也。於占則王相之氣，此火珠林法，言五行四氣之王，君子占之則遷官，小人占之則遇罪也。皆引之以明事必稱義之義。案義不當謂陰陽不當位，當則生吉，不當則生凶，故吉凶生焉。

易之興也，其當殷之末世，周之盛德邪？當文王與紂之事邪？

虞翻曰：謂文王書易六爻之辭也。末世，乾上。盛德，乾三也。文王三分天下而有其二，以服事殷，周德其可謂至德矣故周之盛德紂窮否上知存而不知亡知得而不知喪終以焚死故殷之末世也而馬荀鄭君從俗以文王爲中古失之遠矣【疏】六十四卦畫於庖犧至文王始書易六爻之辭以明吉凶悔吝末世謂乾上亢龍有悔紂是也盛德謂乾三君子終日乾乾文王是也庖犧位乾五文王位乾三也三分至至德矣論語文至德即盛德故曰周之盛德否上即乾上故云紂窮否上知存而不知亡知得而不知喪乾上九文言文史記周本紀武王使師尚父致師以大卒馳紂師紂兵皆奔畔紂紂走反入登鹿臺蒙衣其珠玉自燔於火故云終以焚死當殷之末世正周之盛德是當文王與紂之事也馬融荀爽鄭元從三古之說謂文王爲中古虞氏不取故云失之遠矣

是故其辭危虞翻曰危謂乾三夕惕若厲故辭危也【疏】此承上周之盛德文王位乾三故危謂乾三也乾三爻辭曰夕惕若厲文言曰乾乾因其時而惕雖危无咎矣文王處惕厲之時故辭危也

危者使平陸績曰文王在紂世有危亡之患故於易辭多趨危亡本自免濟建成王業故易爻辭危者使平以象其事否卦九五其亡其亡繫于包桑之屬是也【疏】危則能平文王之事也文在紂世囚於羑里蒙難艱貞嘗有危亡之患故於易辭多以危

亡爲戒，文王之意本自免禍以建成王業，故於爻辭皆危者使平，以象其事。否九五曰「其亡其亡，繫于包桑」，荀彼注云：陰欲消陽，由四及五，故曰其亡其亡。桑者上元下黄，以象乾坤。乾職在上，坤體在下，雖欲消乾，繫其本體，不能亡也。此卽危者使平之意。舉否五以例其餘，如乾三文言曰「終日乾乾，與時偕行」，皆是也。

易者使傾

陸績曰：易，平易也。紂安其位，自謂平易，而反傾覆，故易爻辭易者使傾，以象其事，明夷上六「初登于天，後入于地」之屬是也。

疏 釋詁：平，均，夷，弟，易也。莊子刻意篇：聖人休休焉則平易矣。故云易，平易也。易則必傾，紂之事也。紂安其位，乃曰「吾有民有命」，卒至商罪貫盈，天命誅之，是自謂平易而反傾覆。故於爻辭必易者使傾，以象其事。明夷上六曰「初登于天，後入于地」，明夷自晉來，虞彼注云：晉時在上麗乾，故登于天，照四國。今反在下，故後入于地，失其則。侯注云：況紂之時也。此卽易者使傾之意。舉明夷以概其餘也。如乾上九「亢龍有悔，盈不可久也」，皆是也。案泰九三曰「无平不陂」，虞彼注：陂，傾，謂否上也；平，謂三。天地分，故平。天成地平，謂危者使平，易者使傾。

其道甚大，百物不廢

虞翻曰：大謂乾道。乾三爻三十六物，故有百物。略其奇八，與大衍之五十同義。

疏 乾象曰「大哉乾

元又曰乾道變化故大謂乾道乾陽爻九四之爲三十六三爻積爲一百八略其奇數八一爻當一物故稱百物與天地之數五十有五大衍略其奇五爲五十其義同也愚案乾之一陽始出於震震初以恐懼致福有危象焉陽息至三內乾已成厲而得正故雖危无咎乾三即泰三也三言往復平陂而易之大道備矣陂往即危傾也平復即平易也无往不復即危者使平也无平不陂即易者使傾也蓋易窮則變變則通通則久故曰其道甚大百物不廢也

懼以終始其要无咎此之謂易之道也虞翻曰乾稱易道終日乾乾故无咎危者使平易者使傾惡盈福謙故易之道者也

疏 易者乾元易道即乾道故乾稱易道乾九三君子終日乾乾夕惕若厲无咎三居內卦之終接外卦之始而能惕厲故曰懼以終始雖危无咎故曰其要无咎蓋懼以終始三百八十四爻皆然而其要歸於无咎无咎者善補過者也天道福謙故危者使平地道變盈人道惡盈故易者使傾謙自乾來上九降三乾爲易道故云易之道也

夫乾天下之至健也德行恆易以知險虞翻曰險謂坎也謂乾二五之坤成

坎離日月麗天，天險不可升，故知險者也。【疏】習坎重險也，故險謂坎也。乾二五之坤成坎，即坤二五之乾成離。坎月離日，故日月麗天。論語曰：「仲尼日月也，無得而踰焉。」又曰：「夫子之不可及也，猶天之不可階而升也。」故云天險不可升也。乾以易知，故知險也。

夫坤天下之至順也，德行恆簡以知阻。

虞翻曰：阻，險阻也。謂坤二五之乾，艮為山陵，坎為水，巽高兌下，地險山川丘陵，故以知阻也。【疏】釋名：水出其後曰阻，即此以水為險也，故云阻險阻也，亦謂坎也。坤二五之乾成離，即乾二五之坤成坎，互艮為山陵，體坎為水，離互巽為高，互兌為澤，澤動而下，故云兌下，坤為地，故地險山川丘陵也。坤以簡能，故知阻也。

能說諸心，

虞翻曰：乾五之坤，坎為心，兌為說，故能說諸心。【疏】乾坤二五交易，坎為心，離互兌為說，故能說諸心。

能研諸侯之慮，

虞翻曰：坎心為慮，乾初之坤為震，震為諸侯，故能研諸侯之慮。【疏】坎亟心，故為慮。乾初動之坤為震，震驚百里。逸禮王度記：諸侯封不過百里，故為諸侯。故能研諸侯之慮，能說諸心，故能定天下之吉凶；能研諸侯之慮，故能成天下之娓娓，所謂聖人成能也。案：人謀鬼謀，百姓且與焉，未有諸侯而不與者。愛惡相攻，遠近相取，情僞相感所謂險阻者也則皆諸侯之險阻者也研於慮則知不疏則不知戲之盟鄭惟可以庇民者是從叛者其辭慚也非諸侯而何叛也叔兮伯兮靡所與同叔兮伯兮褎如充耳失其守者其辭屈也非諸侯而何失守也

定天下之吉凶成天下之娓娓者虞翻曰謂乾二五之坤成離日坎月則八卦象具八卦定吉凶故能定天下之吉凶娓娓進也離爲龜乾爲蓍月生震初故成天下之娓娓者謂莫善蓍龜也荀爽曰娓娓者陰陽之微可成可敗也順時者成逆時者敗也

疏　虞注乾坤二五交易成坎離坎離互艮兑震巽則八卦象具是亦四象生八卦也陽生則吉陰生則凶是八卦定吉凶故能定天下之吉凶也娓同亹詩大雅亹亹文王令聞不已不已則進故亹訓進也凡事進乃成故下言成也離爲龜說卦文雜記曰蓍陽之老也故乾爲蓍月生震初是乾元也　知險知阻皆以此耳故成天下之娓娓者謂莫善蓍龜也　荀注娓从尾說文尾微也論語微生高國策作尾生高又莊子盜跖注漢書人表注東方朔傳注俱云尾生即微生高又漢書尾生晦注云即微生畝是尾微古文通且同物娓从尾故娓娓者陰陽之微王弼云娓娓微妙之意是也陰陽初動成敗未形如陽在於

復由子歷巳成乾，陰生於姤由午歷亥成坤，是順時者成也。若冬行春令，夏行秋令，如月令所紀，是逆時者敗也。董子繁露云：春秋至意有二端，小大微著之分也。夫覽求細微於無端之處，誠知小之爲大也，微之將爲著也，吉凶未形，聖人所獨立也。又聖人能繫心於微而致之者也。是故春秋之道，以元之氣正天之端，以天之端正王之政，以王之政正諸侯之位，五者俱正而化大行，故曰成天下之娓娓者。

是故變化云爲，吉事有祥。

虞翻曰：祥，幾祥也。吉之先見者也。陽出變化，云爲吉事，爲祥。謂復初乾元者也。疏 說文：祥，福也。一云善也。幾初動而祥巳兆，故云祥幾祥也。卽上傳所謂幾者動之微，吉之先見者也。元陽初出，變化云爲，由是始焉。陽爲吉爲善，故吉事爲祥。陽初爲復，復初卽乾元。元者善之長，故謂復初乾元者也。

象事知器，占事知來。

虞翻曰：象事謂坤，坤爲器。乾五之坤成象，故象事 知器也。占事謂乾以知來，乾五動成离，則翫其占，故知來。 侯果曰：易之云爲，唯變所適，爲善則吉事必應，觀象則用器可爲，求吉則未形可觀者也。疏 虞注　坤發事業爲事，故象事謂坤，形爲器。乾五之坤成坎离，日月在天成象，故象事知器，卽以制器者尚其象也。乾神知來，故占事謂乾以知來乾五動成离，目動則翫其占，故知來，卽極數知來之謂占也。侯注卽王注所謂變化云爲者，行其吉事則獲祥之應，觀其象事則知制器之方，翫其占事則覩方來之驗是也。

天地設位，聖人成能。

虞翻曰：天尊五，地卑二，故設位。乾爲聖人，成能謂能說諸心，能研諸侯之慮，故成能也。崔憬曰：言易擬天地設乾坤二位，以明重卦之義，所以成聖人伏羲文王之能事者也。

疏　虞注：天尊五謂乾五，地卑二謂坤二，列貴賤者存乎位，故設位。成能謂能說心能研慮，聖人體乾元，故成能也。崔注：易與天地準，故言易擬天地。易設乾坤二位，因而重之爲六十四卦，引而伸之，觸類而長之，天下之能事畢矣，故云所以成聖人伏羲文王之能事者也。

人謀鬼謀，百姓與能。

虞翻曰：乾爲人，坤爲鬼，乾二五之坤坎爲謀，乾爲百，坤爲姓，故人謀鬼謀，百姓與能。朱仰之曰：人謀謀及卿士，鬼謀謀及卜筮也，又謀及庶民，故曰百姓與能也。

疏　虞注：乾陽信爲人，坤陰詘爲鬼。乾二五之坤成坎，聰作謀，坎主耳，故爲謀也。乾冊爻一百八，略奇爲百，姓从女生，坤爲母，故爲姓。乾坤合而成易，故人謀鬼謀，百姓與能。唯聖人成能，故百姓與能也。朱注：書洪範曰謀及卿士，謀及庶人，謀及卜筮，故以人謀爲卿士鬼謀爲卜筮百姓與能爲謀及庶人也 **八卦以象告** 虞翻曰在天成象乾二五之坤則八卦象成兌口震言故以象告也 疏 在天成象如出震見庚之類是也乾坤二五交易成坎离坎互震艮离互巽兌故八卦象成兌爲口震爲言故以象告也 **爻象以情言** 崔憬曰伏羲始畫八卦因而重之以備萬物而告於人也爻謂爻下辭象謂卦下辭皆是聖人之情見乎繫辭而假爻象以言故曰爻象以情言 疏 伏羲始畫八卦因而重之爲六十四卦三百八十四爻萬有一千五百二十冊以備萬物之數而告於人也爻爻辭也象卦辭也聖人之情見乎辭而假爻象以言其情故曰爻象以情言案乾文言曰利貞者性情也是象有情也六爻發揮旁通情也是爻有情也乾初動爲震震聲爲言故以情言也 **剛柔雜居而吉凶可見矣** 虞翻曰乾二之坤成坎坤五之乾成离故剛柔雜居艮爲居离有巽兌坎有震艮八卦體備故吉凶可見也崔憬曰言文王以六爻剛柔相推而物雜居得理則吉失理則凶故吉凶可見也 疏 虞注陽主升故乾二升坤五成坎陰主降故坤五降乾二成离乾剛坤柔往來升降故剛柔雜居坎互艮止爲居乾坤二五交易成兩坎离离互巽兌

坎互震艮，八卦小成，故八卦體備八卦定吉凶，离爲見，故吉凶可見也。崔注何休云「一往一來爲推」，文王以六爻剛柔相往來，而陰陽物相雜而居，得乎易簡之理則吉，失乎易簡之理則凶，故吉凶可見也。

變動以利言　虞翻曰：乾變之坤成震，震爲言，故變動以利言也。疏　乾，元也。變動自乾初始，乾初變之坤成震，震聲爲言。變而通之以盡利，故以利言也，如利見大人、利有攸往之類是也。

吉凶以情遷　虞翻曰：乾吉坤凶，六爻發揮，旁通情也，故以情遷。疏　釋詁：遷，徙也。乾陽爲吉，坤陰爲凶。陸績乾文言注云：乾六爻發揮變動，旁通於坤，坤來入乾，以成六十四卦，故曰旁通情也。旁通則遷，遷則吉凶之情生，故曰吉凶以情遷也。

是以愛惡相攻而吉凶生　虞翻曰：攻，摩也。乾爲愛，坤爲惡，謂剛柔相摩，以愛攻惡生吉，以惡攻愛生凶，故吉凶生也。疏　說文：攻，擊也。摩，研也。摩擊義相近，故云攻摩也。乾體仁，故爲愛。賈逵云：惡生於陰。坤陰，故爲惡。乾剛坤柔，愛惡相攻，卽剛柔相摩，故訓攻爲摩也。以愛攻惡，陽之息也，陰得正則麗陽，故亦生吉。以惡攻愛，陰之消也，陽失正則碩果消，故亦生凶。陽息吉，陰消凶，故吉凶生也。

遠近相取而悔吝生　虞翻曰：遠陽謂

乾。近，陰謂坤。陽取陰生悔，陰取陽生吝。悔吝言小疵。崔憬曰：遠謂應與不應，近謂比與不比。或取遠應而舍近比，或取近比而舍遠應，由此遠近相取，所以生悔吝於繫辭矣。

疏　虞注　左傳曰：天道遠。故遠，陽謂乾也。法言曰：近如地。故近，陰謂坤也。陽之情相遠，陰之情相近，此謂爻位遠近也。陽居陰位失正，故陽取陰生悔；陰居陽失正，故陰取陽生吝。參同契曰：纖介不正，悔吝為賊。遠近相取，不得其正，則悔吝生也。纖介，故言小疵也。　崔注　內外相應為遠，乘承相比為近。遠謂陰陽有應與不應，近謂陰陽有比與不比。或遠取陰陽相應而舍近陰陽不相比者，或取近陰陽相比而舍遠陰陽不相應者，由此遠近相聚，而陰陽不相應者，故悔吝生於所繫之辭矣。

情偽相感而利害生，虞翻曰：情陽偽陰也。情感偽生利，偽感情生害。乾為利，坤為害。

疏　情謂實情，陽實，故云情陽。偽謂虛偽，陰虛，故云偽陰也。情感偽，乾之息也。太元所謂「離乎情者必著乎偽，離乎偽者必著乎情」是也。乾為利，故生利。偽感情，坤之消也。坤為害，故生害。

凡易之情，近而不相得則凶，韓康伯曰：近，況比爻也。易之情，剛柔相摩，變動相逼者也。近而不相得，必有乖違之患也。或有相違而无患者，得其應也。相須而偕凶，乖於時也。隨事以考之，義可見矣。**疏** 況，譬也。近，所以況上下比爻也。鄭注樂記：摩猶迫也。故易之情，剛柔相摩，節變動相逼迫者也。兩爻相比迫，而陰陽不相得，必有乖違之患而凶生矣。或有比相違而无患者，以陰陽得達應也。亦有比相須而偕凶者，陰陽乖時位也。義隨爻變，不可一例拘也。

或害之，悔且吝。 虞翻曰：坤為害。以陰居陽，以陽居陰，為悔且吝也。**疏** 坤陰為害。以陰居陽，以陽居陰，陰陽皆受陰之害，故悔且吝。悔吝小疵，由悔吝且入吉凶矣。

將叛者其辭慚， 荀爽曰：謂屯六三往吝之屬也。虞翻曰：坎人之辭也。近而不相得，故叛。坎為隱伏，將叛。坎為心，故慚也。侯果曰：凡心不相得，將懷叛逆者，辭必慚恧。**疏** 荀注　去此往彼，有叛象焉。吝，故其辭慚。凡不當往而往者皆是，故謂屯六三往吝之屬也。虞注　此下明六人之辭，皆近而不相得也。辭，爻辭也。六子稱人者，乾鑿度十二辟卦皆稱表，復表日角。鄭注云：表者，人形體之章識也。注中皆稱復人、臨人，故六子亦稱人也。此坎人之辭也。坎為隱伏，又為盜，故有將叛之象。慚从心，坎為心，故辭慚也。侯注　凡人心不相得，將懷叛逆，辭必慚恧，所謂誠於中形於外也。

中心疑者其辭枝， 荀爽曰：或從王事，无成之屬也。虞翻曰：离人之辭也。火性枝分，故枝疑也。侯果曰：中心疑貳則失得无從，故枝分不一也。

疏　荀注：坤六三「或從王事无成有終」。「或之者，疑之也」。專則成，枝則无成，故謂「或從王事无成」之屬也。虞注：此离人之辭也。离爲火。太元應準离。初一曰：「六幹羅如，五枝离如。」故知火性枝分也。枝分不一，故枝疑也。侯注：中懷疑貳，得失无主，故其辭枝分不一，所謂「心有所恐懼，則不得其正」也。

吉人之辭寡，虞翻曰：艮人之辭也。

疏　此艮人之辭也。艮六五曰「艮其輔，言有孚」。艮陽小爲慎，故辭寡也。

躁人之辭多，荀爽曰：謂睽上九之屬也。虞翻曰：震人之辭也。震爲決躁，恐懼虩虩，笑言啞啞，故多辭。侯果曰：躁人煩急，故辭多。

疏　荀注：睽上九言豕，言塗，言鬼，言車，言弧，言壺，言婚媾，言遇，言雨，其辭多矣，故謂睽上九之屬也。虞注：此震人之辭也。巽究爲躁卦，謂震也。震剛在下而動，故爲決躁。震聲爲笑言。震卦辭曰「震來虩虩，笑言啞啞」，故辭多也。侯注：躁人之性，煩急，故辭多。所謂「口費而煩，易出難悔，易以溺人」是也。

誣善之人其辭游，荀爽曰：游豫之屬也。虞翻曰：兌人之辭也。兌爲口舌，誣乾，乾爲善人也。崔憬曰：妄稱有善，故自叙其美而辭必浮游不實。

疏　荀注

游豫當是盱豫之訛豫六三曰盱豫悔遲有悔言睢盱而豫有悔遲而不從亦有悔焉故其辭游也　虞注　此兌人之辭也兌爲巫又爲口舌月見兌丁朙盈乾甲是兌乾通氣故口舌誣乾乾爲善人故誣善也游浮游也兌爲澤故其辭游　崔注　妄自稱善辭必浮游不實所謂美言不信是也

失其守者其辭詘

荀爽曰謂泰上六城復于隍之屬也　侯果曰失守則沮辱而不信故其辭詘也爻有此象故占辭亦從矣　虞翻曰巽人之辭也巽詰詘陽在初守巽初陽入伏陰下故其辭詘此六子也离上坎下震起艮止兌見巽伏上經終坎离則下經終既濟未濟上繫終乾坤則下繫終六子此易之大義者也

疏　荀注　泰上六爻辭曰城復于隍是失其守也象曰其命亂也陽信爲治陰詘爲亂故其辭詘也　侯注　信與申同人失其守則沮辱不信故辭詘所謂遁辭知其所窮也　虞注　此巽人之辭也說文詘詰詘也上傳其言曲而中虞彼注云曲詘陽曲初巽詰詘亦謂曲也乾初在下故陽在初守巽陽伏巽下故其辭詘自將叛至此皆六子也离上而坎下也震起也艮止也兌見而巽伏也皆本雜卦文乾鑿度曰离爲日坎爲月日月之道陰陽之經所以終始萬物故以坎离爲終是上經終坎离之

義也坎离合而爲既未濟故下經終既濟未濟也上繫終於乾坤其易之緼邪乾坤三索而得六子故下繫終六子經傳之終皆有精藴故云此易之大義也

周易集解纂疏卷三十二

同邑易中簡坤以校

周易集解纂疏卷三十三

唐李鼎祚集解　　安陸李道平遵王纂疏

說卦

昔者聖人之作易也孔穎達曰據今而稱上代謂之昔者聰明睿智謂之聖人即伏羲也案下繫云古者庖犧氏之王天下始作八卦今言作易明是伏羲非謂文王也【疏】昔者上代之稱中庸唯天下至聖爲能聰明睿知足以有臨也故謂之聖人攷工記曰作者之謂聖故言聖人之作易也聖人即伏羲也下繫言庖犧始作八卦今稱作易據後言也鄭氏云聖人謂伏羲文王然畫卦始於伏羲非文王也**幽贊於神明而生蓍**荀爽曰幽隱也贊見也神者在天明者在地神以夜光明以晝照蓍者冊也謂陽爻之冊三十有六陰爻之冊二十有四二篇之冊萬有一千五百二十上配列宿下副物數生蓍者謂蓍從爻中生也　干寶曰幽昧人所

未見也贊求也言伏義用明於昧冥之中以求萬物之性爾乃得自然之神物能通天地之精而管御百靈者始爲天下生用蓍之法者也【疏】荀注　幽隱也贊見也皆說文文王注云贊明也孔疏贊者佐而助成而令微者得著故訓爲明明與見同義幽贊中庸所謂莫見乎隱是也神者在天乾也明者在地坤也繫上曰知幾其神乎虞彼注云幾謂陽也故神者在天坤二象曰地道光也三曰知光大也故明者在地坎中乾陽也坎爲月故神以夜光离中坤陰也离爲日故明以晝照揲蓍有冊故云蓍者冊也陽爻之冊謂乾也每爻三十六六爻二百一十有六陰爻之冊謂坤也每爻二十四六爻百四十有四上下經二篇之冊萬有一千五百二十上配列宿謂星之數如冊數下副物數謂物之數如冊數也生蓍者謂蓍之吉凶從爻中生也　干注　幽贊者謂伏義用明於幽昧以贊求萬物之性也繫上曰天生神物聖人則之故云乃得自然之神物下言參天兩地故云能通天地之精又言觀變陰陽故云管御百靈又言倚數立卦生爻故云始爲天下生用蓍之法者也　案幽謂嘖也隱也贊謂探嘖索隱也幽贊於神明謂通神明之德也言伏義探嘖索隱則天八卦知天數一三五七九地數二四六八十乾元消息之數七八九

六而蓍法生焉故曰幽贊於神明而生蓍

參天兩地而倚數

虞翻曰倚立參三也謂分天象爲三才以地兩之立六畫之數故倚數也 崔憬曰參三也謂於天數五地數五中以八卦配天地之數起天三配艮而立三數天五配坎而立五數天七配震而立七數天九配乾而立九數此從三順配陽四卦也地從二起以地兩配兌而立二數以地十配离而立十數以地八配巽而立八數以地六配坤而立六數此從兩逆配陰四卦也其天一地四之數無卦可配故虛而不用此聖人取八卦配天地之數總五十而爲大衍 案此不說盡已釋在大衍章中詳之明矣

疏 虞注 倚立廣雅文參讀爲三故云參三也天象謂在天八卦象如出震見兌之類三爻爲三才故謂分天象爲三才淮南子曰耦以承奇故謂以地兩之立六畫之數伏羲既立八卦知陰陽相並俱生故以乾坤爲六畫乾數奇初三五是也坤數耦二四六是也乾鑿度曰三畫而成乾乾坤相並俱生因而重之故六畫而成卦是謂立六畫之數故曰倚數也 崔注 崔注上繫大衍之數引此參天兩地云參天者謂從三始順數而至五七九不取於一也兩地者謂從二起逆數而至十八六不取於四也此因天地數上以配八卦而取其數也蓋艮爲少陽

其數三故起天三配艮而立三數坎爲中陽其數五故天五配坎而立五數震爲長陽其數七故天數七配震而立七數乾爲老陽其數九故天九配乾而立九數此從三順配陽四卦故曰參天兌爲少陰其數二故地從二起以地兩配兌而立二數離爲中陰其數十故以地十配離而立十數巽爲長陰其數八故以地八配巽而立八數坤爲老陰其數六故以地六配坤而立六數此從兩逆配陰四卦故曰兩地其天一地四之數在八卦之外故虛而不用故天地之數五十有五虛一與四止用五十而爲大衍也

案　李氏所釋已悉大衍注中

案　參兩之說先儒不一馬融王肅云五位相合以陰從陽天得三合謂一三與五也地得兩合謂二與四也王弼云參奇也兩耦也七九陽數六八陰數鄭氏云天地之數備於十乃三之以天兩之以地而倚托大衍之數五十也必三之以天兩之以地者天三覆地二載欲極於數庶得吉凶之審也孔疏又引張氏云以三中含兩有一以包兩之義明天有包地之德陽有包陰之道故天舉其多地言其少也姑錄以備攷云

觀變於陰陽而立卦

虞翻曰謂立天之道曰陰與陽乾坤剛柔立本者卦謂六爻陽變成震坎艮陰變成巽離兌故立卦六爻三變三六十八則有十八

變而成卦，八卦而小成是也。繫曰陽一君二民陰二君一民不道乾坤者也【疏】立卦本於陰陽，故引下文立天之道曰陰與陽以明之。繫下曰剛柔者立本者也，謂立乾剛坤柔二卦，陰陽各六爻，以爲之本也。卦謂六爻三才，无變也。陽變之坤，成震坎艮，爲陽卦；陰變之乾，成巽離兌，爲陰卦，故觀變於陰陽而立卦也。乾三索而得震坎艮，坤三索而得巽離兌，故六爻三變，三六十八，所云十有八變而成卦也。乾坤變爲六子，則八卦而小成也。陽一君二民，謂震坎艮爲陽卦，皆一陽而二陰也；陰二君一民，謂巽離兌爲陰卦，皆二陽而一陰也。乾坤立本，不在陰陽卦例，故不道乾坤者也。

發揮於剛柔而生爻虞翻曰：謂立地之道曰柔與剛。發，動；揮，變。變剛生柔爻，變柔生剛爻，以三爲六也。因而重之，爻在其中，故生爻。【疏】爻有剛柔，故引下文立地之道曰柔與剛以明之。乾坤未立則曰陰陽，乾坤既定則曰柔剛。陰陽配天，剛柔配地。道有變動故曰爻，故云發動揮變也。剛柔相推，變在其中。剛變生柔爻，柔變生剛爻，謂九六相變也。重三畫以爲六爻，故云以三爲六也。因而重之，謂八卦小成，觸類以長，成六十四卦，則爻變皆在其中，故生爻也。

和順於道德而理於義虞翻曰：謂立人之道曰仁與義。

和順謂坤道德謂乾以乾通坤謂之理義也【疏】易兼三才陰陽天道也剛柔地道也道義則人道也故引下文立人之道曰仁與義以明之坤為義義者利之和坤順也故和順謂坤乾為道為德故道德謂乾以坤順乾故曰和順於道德乾鑿度曰天動而施曰仁地靜而理曰義坤六五君子黃中通理故以乾通坤謂之理義也謂乾盈積善神陰順陽牝乾出震者也

窮理盡性以至於命

虞翻曰以乾推坤謂之窮理以坤變乾謂之盡性性盡理窮故至於命巽為命也【疏】坤為理乾窮之謂自復至夬乾陽推陰故云以乾推坤謂之窮理乾為性謂自姤至剝坤陰消乾故云以坤變乾謂之盡性性盡理窮故至於命謂以乾通坤極姤生巽巽中命為至命也此亦立人之道曰仁與義之事也

昔者聖人之作易也

虞翻曰重言昔者明謂庖犧也【疏】謂庖羲謂非文王也

將以順性命之理

虞翻曰謂乾道變化各正性命以陽順性以陰順命【疏】坤下伏乾為性乾下伏巽為命在陽稱變乾二上之坤五在陰稱化坤五下之乾二乾道統坤陽變陰化成既濟定故各正性命乾初為性故以陽順性巽初為命故以陰順命陰與陽柔與剛仁與義原本於性命所謂理也下云兼三才

而兩之是順性命之理也**是以立天之道曰陰與陽立地之道曰柔與剛立人之道曰仁與義**崔憬曰此明一卦立爻有三才二體之義故先明天道既立陰陽地道亦立剛柔人道亦立仁義以明之也何則在天雖剛亦有柔德在地雖柔亦有剛德故書曰沈潛剛克高明柔克人稟天地豈可不兼仁義乎所以易道兼之矣【疏】此明一卦立爲六爻六爻兼有三才三才各有二體爻立即道立矣天道陰陽也地道柔剛也人道仁義也二體雖有專屬一理自爲貫通分言之陰陽以象言剛柔以形言統言之則天陽而地陰天剛而地柔地之剛柔原於天之陰陽故在天雖剛亦有柔德在地雖柔亦有剛德沈潛剛克高明柔克書洪範文孔傳沈潛謂地雖柔亦有剛能出金石高明謂天言天爲剛德亦有柔克不干四時引之以明天亦稱剛柔也人稟天地陰陽剛柔之德故有仁義蓋天地人各有乾坤易則合是六者兼而有之故能立三才之道矣

兼三才而兩之故易六畫而成卦虞翻曰謂參天兩地乾坤各三爻而成六畫之數也【疏】即上參天兩地注云分天象爲三才以地兩之立六畫之數是也蓋天地本有兼才之理聖人以地兩

三而成六畫所謂順性命之理也

分陰分陽迭用柔剛虞翻曰迭遞也分陰爲柔以象夜分陽爲剛以象晝剛柔者晝夜之象晝夜更用故迭用柔剛矣【疏】釋言遞迭也故云迭遞也言分陰陽爲柔剛以象晝夜蓋以剛柔有晝夜之象分之則爲剛柔迭之則爲晝夜故引上繫文以明分迭用事之意案位有陰陽爻有剛柔位本一定故曰分陰分陽爻則屢遷故曰迭用柔剛

故易六畫而成章虞翻曰章謂文理乾三畫成天文坤三畫成地理【疏】章謂文理者謂天文地理也繫上曰仰以觀於天文故乾三畫成天文俯以察於地理故坤三畫成地理剛爻柔爻迭用於陰陽六位之中故文理相雜而成章

天地定位虞翻曰謂乾坤五貴二賤故定位也【疏】天地乾坤也乾五位上爲貴坤二位下爲賤故定位也此庖犧以六位之數觀變立卦則日月之象乃成此刈焉位六畫之位也乾坤貞於二五乾納甲坤納乙甲上乙下故定在天則相得合木也

山澤通氣謂艮兌同氣相求故通氣【疏】山澤艮兌也同氣相求故通氣蓋艮兌貞天位艮納丙兌納丁丙五丁上在天則相得合火也

雷風相薄謂震巽同聲相應故相薄【疏】

雷風謂震巽也同聲相應故相薄蓋震巽貞地位震納庚巽納辛庚初辛二在天則相得合金也

水火不相射謂坎离射厭也水火相通坎戊离己月三十日一會於壬故不相射也【疏】水火謂坎离也射厭也釋詁文水火相克而實相通坎納戊為月离納己為日每月三十日日月一合於壬故不相厭射也蓋坎离貞人位坎納戊在三离納己在四在天則相得會壬癸而成象於中為土也

八卦相錯錯摩則剛柔相摩八卦相蕩也【疏】錯猶摩也剛柔相摩則八卦相盪也蓋八卦錯六位一陰一陽故相錯逆上稱錯也

數往者順謂坤消從午至亥上下故順也【疏】此言陰消也陰消始午為姤至亥成坤坤消自午右行至亥從上而下故曰順也

知來者逆謂乾息從子至巳下上故逆也【疏】此言陽息也陽息始子為復至巳成乾乾息自子左行至巳從下而上故曰逆也

是故易逆數也易謂乾故逆數此上虞義【疏】卦始於一陽故易謂乾也乾鑿度曰易氣從下生鄭彼注云易本无形自微及著氣從下生以下爻為始故曰逆數也自定位以下皆虞義也 愚案乾坤初索震巽再索坎离三索艮兌是逆數也

雷以動之荀爽曰謂建卯之月震卦用事

天地和合萬物萌動也【疏】雷震也建卯之月震位東方用事之時春陽方盛故天地和合月令曰雷乃發聲蟄蟲咸動故曰雷以動之

風以散之謂建巳之月萬物上達布散田野【疏】風巽也巽居東南建巳之月與巽同位說文四月陽氣巳出萬物皆成文章故云萬物上達釋天南風謂之凱風萬物得凱風布散田野故曰風以散之

雨以潤之謂建子之月含育萌牙也【疏】上坎爲雲下坎爲雨雨坎也建子之月坎位北方用事之時月令曰水泉動注云水者天一之陽所生陽生而動言枯彫者漸滋發故云含育萌芽而曰雨以潤之也

日以烜之謂建午之月太陽欲長者也【疏】日离也建午之月离位南方用事之時离爲日日爲太陽之精故云太陽欲長者也京氏云烜乾也又周禮司烜氏掌以夫遂取明火於日故曰日以烜之

艮以止之謂建丑之月消息畢止也【疏】艮居東北建丑之月與艮同位艮物之所成終而成始也是消息畢止之時故曰艮以止之

兌以說之謂建酉之月萬物成孰也【疏】建酉之月兌位西方用事之時說文曰酉就也言就成熟也故云萬物成孰也兌者萬物之所說故曰兌以說之

乾以君之謂建亥之月乾坤合居君

臣位得也此上荀義【疏】乾居西北建亥之月與乾同位消息卦坤成於亥故云乾坤合居乾爲君坤臣道故君臣位得而曰乾以君之也自雷以動之至此皆荀義也

坤以藏之九家易曰謂建申之月坤在乾下包藏萬物也乾坤交索既生六子各任其才往生物也又雷與風雨變化不常而日月相推迭有來往是以四卦以義言之天地山澤恆在者也故直說名矣　孔穎達曰此又重明八卦之功用也上四舉象下四舉卦者王肅以爲互相備也則明雷風與震巽同用乾坤與天地同功也【疏】九家注　坤位西南建申之月與坤同位申於消息爲否否坤在乾下以乾包坤故云包藏萬物也乾坤既生六子各任其才往生萬物初索震巽再索坎离三索艮兌故先六子而終乾坤乾但君之坤但藏之而无所事也又雷日風雨變化往來不定故言其用天地山澤上下流峙有常故言其體言用故舉其義言體故舉其名　孔注　雷風等言其用動散等言其功故云重明八卦之功用也或舉象或舉卦義實相備言風雷而震巽之用在其中言乾坤而天地之功在其中由是雨日艮兌之功用可互推也

帝出乎震崔憬曰帝者天之王氣也至春分則震王而萬物出生【疏】乾鑿度以爲八卦分散用事之

序帝天皇大帝陽之主即太乙也太乙所臨之地即爲王氣故云帝者天之主氣也震正東方乾鑿度曰位在二月故至春分則震氣王而萬物出生乾陽出於震初故曰帝出乎震**齊乎巽**立夏則巽王而萬物絜齊【疏】巽東南之卦位在四月故立夏則巽氣王而萬物絜齊巽爲白絜齊之象也故曰齊乎巽**相見乎离**夏至則离王而萬物皆相見也【疏】离正南之卦位在五月故夏至則离氣王而萬物皆相見离爲目故相見乎离**致役乎坤**立秋則坤王而萬物致養也【疏】坤西南之卦位在七月故立秋則坤氣王而萬物致養役事也坤爲致爲事故致役乎坤**說言乎兌**秋分則兌王而萬物所說【疏】兌正西之卦位在八月故秋分則兌氣王而萬物所說說於文从兌故曰說言乎兌**戰乎乾**立冬則乾王而陰陽相薄【疏】乾西北之卦位在十月故立冬則乾氣王而陰陽相薄坤上六曰龍戰于野坤成於亥亥臨於乾陰疑於陽故曰戰乎乾**勞乎坎**冬至則坎王而萬物之所歸也【疏】坎正北之卦位在十一月故冬至則坎氣王而萬物之所歸鄭氏云水性勞而不倦故曰勞乎坎**成言乎艮**立春則艮王而萬物之所成終成始也以其周王天下故謂之帝此崔新

義也【疏】艮東北之卦位在正月故立春則艮氣王萬物之所成終成始故曰成言乎艮四正四維每歲一周故云周王天下說文帝者諦也王天下之號也周王天下故謂之帝自帝出乎震以下皆出周易探玄故云崔新義也

萬物出乎震震東方也虞翻曰出生也震初不見東故不稱東方卦也【疏】釋訓男子謂姊妹之子爲出故云出生也震初出庚不見於東故不稱東方卦注明八卦在天之列是其本也乾鑿度歲三百六十日而天氣周八卦用事各四十五日方備歲焉震生於東方故曰萬物出乎震

齊乎巽巽東南也齊也者言萬物之絜齊也巽陽隱初又不見東南亦不稱東南卦與震同義巽陽藏室故絜齊【疏】乾鑿度曰巽散之於東南故曰巽東南也陽伏巽初故云巽陽隱初巽見辛爻不見東南故亦不稱東南卦與震同義也巽陽退藏於密以神明其德故以巽陽藏室爲萬物之絜齊也

離也者明也萬物皆相見南方之卦也離爲日爲火故明日出照物以日相見離象三爻皆正日中正南方之卦也【疏】離爲日爲火下傳文日火外景故明離明照於四方故日出照物以日相見又離爲目故曰萬物皆相見

離卦三爻陰陽皆正日中正位南方又離長之南方故曰南方之卦也**聖人南面而聽天下嚮明而治蓋取諸此也**離南方故南面乾爲治乾五之坤坎爲耳離爲明故以聽天下向明而治也【疏】離位正南故曰南面周書明堂曰天子之位負斧依南面立是南面之事也乾天下治爲治乾五之坤二成坎卽坤二之乾五成離故坎爲耳離爲明坎耳故以聽天下離明故向明而治也**坤也者地也萬物皆致養焉故曰致役乎坤**坤陰無陽故道廣布不主一方含弘光大養成萬物【疏】坤純陰无陽之卦坤曰廣生故道廣布土王四季故不主一方乾鑿度曰坤位在未參同契曰土王四季羅絡始終青黑赤白各居一方皆稟中宮戊己之功未在象傳曰西南得朋故用事於西南青黑赤白皆稟中央故居中央白虎通謂土王四季居中央不名時也坤爲地道純陰无陽特就陽盛之位而在西南故不言卦不言方也含宏光大坤象傳文崔氏彼注云含育萬物爲宏光華萬物爲大惟其含宏光大是以養成萬物乾鑿度曰坤養之於西南方故曰萬物皆致養焉故曰致役乎坤者解上致役乎坤也下倣此**兌正秋也萬物之**

所說也故曰說言乎兌兌三失位不正故言正秋兌象不見西故不言西方之卦與坤同義兌爲雨澤故說萬物震爲言震兌三陰失位嫌陰不正二動成兌兌言從口出故說言也【疏】故言正秋以正之也又兌爲四正卦也辰在西故曰正秋兌見丁不爲見西方故不言西西方之卦與坤藏乙不言西南同義也兌爲澤坎象半見爲雨澤故說萬物震善鳴爲言陽息震至二成兌兌爲口兌言從口出兌又爲說故說言也戰乎乾乾西北之卦也言陰陽相薄也乾剛正五月十五日晨象西北故西北之卦薄入也坤十月卦乾消剝入坤【疏】乾剛正五位月於十五日暮盈於故陰陽相薄也坤甲晨象西北故曰西北之卦也陽消入坤故云薄入也坤辟於亥爲十月故曰剝九月卦乾居西北亥位消剝則入坤矣乾陽坤陰同居於亥陰疑於陽必戰故陰陽相薄也坎者水也正北方之卦也勞卦也萬物之所歸也故曰勞乎坎歸藏也坎二失位不正故言正北方之卦與兌正秋同義坎月夜中故正北方此上虞義、崔憬曰以坎是正北方之卦立冬已後萬物歸藏於坎又陽氣伏於子潛藏地中未能浸長勞局眾陰之中也【疏】春官太卜掌三易之法二曰歸藏鄭注歸藏者萬物莫不歸而藏之於中故云歸藏也坎二陽失位嫌陽不正故言正北方之卦以正之也與兌三不正稱正秋同義坎月夜中正北故正北方又坎四正卦辰在子故曰正北方之卦也水性勞而不倦故曰勞卦也月令仲冬之月言助天地之閉藏故曰萬物之所歸也自萬物出乎震至此皆虞義也　崔注　坎位正北樂記曰冬藏也乾鑿度曰坎藏之於北方故立冬巳後萬物歸藏於坎也子於辟卦爲復故云陽氣伏於子乾陽動於坤初潛藏地中未能如臨之剛浸而長是陽氣勞局眾陰之中也曹丕與吳質書未足解其勞結勞局卽勞結之義復一陽局於五陰爲勞坎一陽局於二陰亦爲勞故曰勞卦也

艮東北之卦也萬物之所成終而所成始也故曰成言乎艮虞翻曰艮三得正故復稱卦萬物成始乾甲成終坤癸艮東北是甲癸之間故萬物之所成終而成始者也

【疏】艮三陽得正故復稱卦也乾納甲甲居東方故萬物成始乾甲坤納癸癸居北方故成終坤癸艮見於丙而言東北是甲癸之間者乾十五日坤三十日艮二十三日去乾坤各八日故稱甲癸之間甲癸之間則東北也始於甲終於癸故萬物

之所成終而成始也**神也者妙萬物而爲言者也**韓康伯曰於此言神者明八卦運動變化推移莫有使之然者神則无物妙萬物而爲言也明則雷疾風行火炎水潤莫不自然相與而爲變化故能萬物既成

【疏】八卦運動變化推移莫有使之然者神之爲也神非物而妙乎物者也說文神字下云天神引出萬物者也妙萬物者引出萬物也明乎神之所爲則雷之所以疾風之所以行火之所以炎水之所以潤莫不自然相與而極變化之妙惟其神妙萬物故能萬物既成也愚案繫上曰陰陽不測之謂神陰陽謂乾坤也又曰知變化之道者其知神之所爲乎虞彼注云至神謂易隱初入微知幾其神乎蓋陽隱陰初卽乾坤之元妙卽微也申鑒曰理微謂之妙是也乾坤之元變化不測故曰神妙萬物而爲言也下文言六子之功用而不及乾坤以神卽乾坤也

動萬物者莫疾乎雷崔憬曰謂春分之時雷動則草木滋生蟄蟲發起所動萬物莫急於此也

【疏】月令仲春之月雷乃發聲故謂春分之時雷動也又曰桐始華萍始生是草木滋生也又曰蟄蟲咸動是蟄蟲發起所動萬物莫急於此故曰動萬物者莫疾乎雷也

橈萬物者莫疾乎風言風能鼓橈萬

物春則發散草木枝葉秋則摧殘草木枝條莫急於風者也【疏】方言博雅皆云楫謂之橈釋名楫撥木舟行捷疾也巽爲木故言橈橈能撥物故言風能鼓橈萬物也孔氏云橈散萬物是橈有散義故云春則發散草木枝葉也成二年左傳曰師徒橈敗是橈有摧義故云秋則摧殘草木枝條也春生秋凋莫急於風故曰橈萬物者莫疾乎風

燥萬物者莫熯乎火言火能乾燥萬物不至潤溼於陽物之中莫過乎火熯亦燥也【疏】火就燥故言火能乾燥萬物玉篇火陽氣用事萬物隨變故云不至潤溼於陽物之中莫過乎火謂莫熯乎火也說文燥乾也熯乾貌故云熯亦燥也

說萬物者莫說乎澤言光說萬物莫過以澤而成說之也【疏】兌上六象曰未光也上天下澤履象傳曰光明也謂三五离也澤上於天夬象傳曰其危乃光也謂上六位危乃光也是兌有光義故言光澤萬物萬物說乎雨澤故莫過以澤成其說也

潤萬物者莫潤乎水言滋潤萬物莫過以水而潤之【疏】書洪範水曰潤下故言滋潤萬物莫過以水而潤之也

終萬物始萬物者莫盛乎艮言大寒立春之際艮之方位萬物以之始而爲今歲首以之終而爲去歲末此

則叶夏正之義莫盛於艮也此言六卦之神用而不言乾坤者以乾坤而發天地无爲而无不爲能成雷風等有爲之神妙也艮不言山獨舉卦名者以動橈燥潤功是雷風水火至於終始萬物於山義則不然故言卦而餘皆稱物各取便而論也此崔新義也【疏】大寒在丑立春在寅大寒立春之際正居東北艮之方位也東始立春故萬物以之始而爲今歲首北終大寒故以之終而爲去歲末夏正建寅爲歲首故云此則叶夏正之義成終成始故曰莫盛乎艮也此但言六子之神用而不言乾坤以乾坤爲天地陰陽變化无爲而无不爲故能成六子有爲之神妙蓋六子皆乾坤之神即其用事者是也艮不言山卦者以動橈燥潤是雷風水火之功至於終始萬物則非山卦所能爲故言其體而不言其象與稱物者各取其便也自動萬物者至此皆崔氏周易探玄中新義也

故水火相逮孔穎達曰上章言水火不相入此言水火相逮者既不相入又不相及則无成物之功明性雖不相入而氣相逮及【疏】說文逮及也孔釋水火不相射爲不相入故言既不相入又不相及則水火无成物之功明水火之性雖不相入而坎离之氣則實相及以坎离本旁通也

雷風不相悖孔穎達曰上言雷風相薄此言

不相悖者，二象俱動，若相薄而相悖逆，則相傷害，亦无成物之功。明雖相薄而不相悖逆者也。疏 玉篇：悖，逆也。前言相薄，此言不相悖。雷風俱有動象，若相薄而又相悖逆，卽兩相傷害，爲无成物之功。震巽同聲相應，故雖相薄而不相逆者也。

山澤通氣

崔憬曰：言山澤雖相縣遠，而氣交通。疏 山高澤下，其勢懸遠。艮兌同氣相求，故氣交通也。

然後能變化，既成萬物也。

虞翻曰：謂乾變而坤化，乾道變化，各正性命，成既濟定，故既成萬物矣。疏 陽主變，乾二之升坤五；陰主化，坤五降乾二。是乾道變化，六爻各正性命，成既濟定，故既成萬物也。既，盡也。謂上下无常，剛柔相易也。乾坤六爻，分陰分陽。坎离相易，則二五正，水火相逮也。震巽相易，則初四正，雷風不相悖也。艮兌相易，則三上正，山澤通氣也。故不成既濟定，而盡成萬物也。

乾，健也。

虞翻曰：精剛自勝，動行不休，故健也。疏 乾文言曰：純粹精，故爲精。健中正，故爲剛。象曰：君子以自強不息。老子曰：自勝者強。商君曰：自勝之謂強。故云精剛自勝。天行健，故以動行不休爲健也。

坤，順也。

純柔承天時行，故順。疏 六爻皆陰，故純柔。坤文言曰：地道其順乎，承天而時行。以陰順陽，故曰順也。泰彖傳曰：乃健而外順，故乾徤而坤順也。

震，動也。 陽出動行。【疏】陽出震初，始動而行，故曰震動也。屯象傳"動乎險中"，動謂震也。

巽，入也。 乾初入陰。【疏】乾初滅入坤中成巽，故曰巽入也。

坎，陷也。 陽陷陰中。【疏】一陽陷於兩陰之中，故曰坎陷也。需象傳曰"剛健而不陷"，陷是坎也。

離，麗也。 日麗乾剛。【疏】離本陰卦，而陽精所舍，陰附麗於陽，象日之附麗於天，故曰離麗也。離象傳"重明以麗乎正，柔麗乎中正"。晉象傳"順而麗乎大明"，麗是離也。

艮，止也。 陽位在上，故止。【疏】艮一陽在上，乾陽至艮而止，故曰艮止也。蒙象傳"險而止"，止是艮也。

兌，說也。 震爲大笑，陽息震成兌，震言出口，故說。此上虞義也。【疏】震聲爲大笑，陽息於震，至二成兌；兌爲口，震爲言，震言出兌口，故曰兌說也。復象傳"說而應乎乾"，說是兌也。自乾健也至此，皆虞氏義也。

乾爲馬， 孔穎達曰：乾象天行健，故爲馬。【疏】此一節明遠取諸物也。○馬行至健，乾象天行健，故爲馬。洪範五行傳曰"王之不極，時則有馬禍"。鄭彼注云"天行健，馬畜之疾行者也，屬王極"。乾爲王，馬屬王極，故乾爲馬。

坤爲牛， 坤象地任重而順，故爲牛。【疏】牛性順，能任重。坤象地任重而順，故爲牛。五行傳曰"思之不容，時則有牛禍"。鄭注云：牛，畜之任重者也，屬皇極。坤爲土，思心曰土，牛屬皇極，故坤爲牛。

震爲龍

震象龍動，故爲龍。此上孔正義。

【疏】龍飛騰升降，至動之物，故震象龍動而爲龍也。以上三條皆孔氏正義也。五行傳曰：王之不極，時則有龍蛇之孽。鄭注云：龍，蟲之生於淵，行於无形，游於天者，屬天。乾爲龍，乾息自初，初九潛龍勿用，乾初即震初，故震爲龍。一說震東方歲星木，木爲青龍，故爲龍。王充論衡云：龍無尺木，無以升天。以震木與龍同氣也。

巽爲雞

九家易曰：應八風也。應節而變，變不失時。雞時至而鳴，與風相應也。二九十八，主風精爲雞，故雞十八日剖而成雛。二九順陽歷，故雞知時而鳴也。

【疏】巽爲風，故應八風也。史記律書：東北方條風立春至，東方明庶風春分至，東南方清明風立夏至，南方景風夏至至，西南方涼風立秋至，西方閶闔風秋分至，西北方不周風立冬至，北方廣莫風冬至至。故云風應節而變，變不失時也。雞時至而鳴，與風相應，故巽爲雞也。巽數八，二九十八，主風精，故爲雞。雞字應風，故十八日剖而成雛也。九，陽數，故二九順陽歷。春秋說題辭：雞爲積陽，陽出雞鳴，故云雞知時而鳴也。

坎爲豕

九家易曰：汚辱卑下也。六九五十四，主時精，爲豕，故豕懷胎四月而生，宣時理節，是其義也。

【疏】埤雅

坎性趨下豕能俯其首又喜卑穢故云污辱卑下也坎數五淮南子曰六九五十四四主時時主豕故豕四月而生時謂四時節謂八節故云宜時理節是其義也

離爲雉

孔穎達曰離爲文明雉有文章故離爲雉

〔疏〕離爲日火有文明雉爲華蟲有文章又離爲飛鳥值南方朱雀故爲雉

艮爲狗

九家易曰艮止主守禦也艮數三七九六十三三主斗斗爲犬故犬懷胎三月而生斗運行十三時日出故犬十三日而開目斗屈故犬臥屈也斗運行四市犬亦夜繞室也火之精畏水不敢飲但舌舐水耳犬闕以水灌之則解也犬近奎星故犬淫當路不避人者也

〔疏〕艮止也主守禦故象狗也艮數三艮三主斗者艮時行爲時斗建四時故艮三主斗也春秋考異郵曰犬斗精也七九六十三陽氣通故狗三月而生是其義也斗之運行如杓指寅日出從寅至寅市一日是行十三時日出故犬生十三日而開目也斗一至四爲魁五至七爲杓其形曲屈故犬臥亦形屈也斗一夜運四市故大亦夜行繞室也犬稟陽氣故爲火精畏水不敢飲但以舌舐之耳犬闕以水灌之則解水克火也西方七宿婁與奎次是婁金狗近奎木狼也史記天官書奎曰封豕主溝瀆故犬淫當路不避人者也

兌爲羊

孔穎達曰兌爲說羊

者順從之畜，故爲羊。【疏】兌說有順象。王廙云：羊者順從之畜，故爲羊也。兌正秋也。易是類謀曰：西嶽亡王羊，羊是西方之畜，故兌爲羊。又兌爲剛鹵，鄭氏謂其畜好剛鹵是也。

乾爲首　乾尊而在上，故爲首。【疏】此一節明近取諸身。乾鑿度孔子曰：八卦之序成立，則五氣變形，故聖人生而應八卦之體，得五氣以爲常，是也。天尊地卑，乾坤定矣。乾尊而在上，故爲首。乾爲圓，首圓在上，故象天也。

坤爲腹　坤能包藏含容，故爲腹也。【疏】坤以藏之，故能包藏。含宏光大，故能含容。坤陰中虛，故爲腹也。又釋名：腹，富也。坤爲富，故爲腹。

震爲足　震動用，故爲足。【疏】爻位，初爲足。震陽在下能動，故爲足。

巽爲股　巽爲順，股順隨於足，故巽爲股。【疏】巽象傳曰：柔皆順乎剛，故巽爲順。巽下開，似股之二而隨於足，又爲進退，故爲股。

坎爲耳　坎北方主聽，故爲耳。【疏】洪範傳謂坎北方屬聽，故爲耳。

離爲目　離南方主視，故爲目。【疏】洪範傳謂離南方屬視，故爲目。淮南精神曰：耳目者，日月也。離日坎月，離目坎耳，故坎爲耳，離爲目。

艮爲手　艮爲止，手亦止持於物，使不動，故艮爲手。【疏】艮，止也。又爲拘，以手持物爲拘。震足艮手，反對之象，足動於下，手止於上故止持於物使不動也又震艮皆陰陽五畫象指震在下故爲足艮在上故爲手兌爲口兌爲說口所以說言故兌爲口此上孔正義疏兌說也說言出於口故爲口震爲聲陽息至二成兌震聲出焉鄭云上開似口故兌爲口自乾爲首至此皆孔氏正義也此節鄭氏古文在乾爲馬上當從之

周易集解纂疏卷三十三

受業沈田玉朗軒校

周易集解纂疏卷三十四

唐李鼎祚集解　安陸李道平遵王纂疏

乾天也故稱乎父坤地也故稱乎母崔憬曰欲明六子故先說乾稱天父坤稱地母【疏】欲明六子故先說父母乾天陽也人之所資始者也故爲父坤地陰也人之所資生者也故稱母震一索而得男故謂之長男巽一索而得女故謂之長女坎再索而得男故謂之中男離再索而得女故謂之中女艮三索而得男故謂之少男兌三索而得女故謂之少女孔穎達曰索求也以乾坤爲父母而求其子也得父氣者爲男得母氣者爲女坤初求得乾氣爲震故曰長男坤二得乾氣爲坎故曰中男坤三得乾氣爲艮故曰少男乾初得坤氣爲巽故曰長女乾二得坤氣爲離故曰中女乾三得坤

氣爲兌，故曰少女。此言所以生六子者也。【疏】曲禮大夫以索牛，鄭注：索，求得而用之，故云索求也。乾資始，坤資生，故以乾坤爲父母而求其子也。乾道成男，坤道成女，故得父氣者爲男，得母氣者爲女也。此上王肅義也。震初得乾爲長男，坎二得乾爲中男，艮上得乾爲少男；巽初得坤爲長女，離二得坤爲中女，兌上得坤爲少女。此乾坤所以生六子也。又震巽一索，坎離再索，艮兌三索，故曰易逆數也。

乾爲天，宋衷曰：乾動作不解，天亦轉運。【疏】乾動作不解，謂健也。天亦轉運者，天行健也。天健卽乾健也，故乾爲天。

爲圜，宋衷曰：動作轉運，非圜不能，故爲圜。【疏】大戴禮天圜曰：夫子曰：天道曰圓，地道曰方。考工記曰：蓋之圜也，以象天也。呂氏春秋曰：何以說天道之圜也？精氣一上一下，圜周復匝，无所稽留，故曰天道圜。蓋天動作轉運於上，非圜不能，故爲圜。

爲君，虞翻曰：貴而嚴也。【疏】乾五在上爲貴，乾位西北，其氣寒凝爲嚴，故云貴而嚴也。

爲父，虞翻曰：成三男，其取類大，故爲父也。【疏】乾成三男，陽爲大，取其類大，故爲父也。

爲玉，爲金，崔憬曰：天體清明而剛，故爲玉爲金。【疏】天體清明而剛，玉取其剛，金取其清且剛，純精粹在物唯金玉有其德故爲玉爲金。**爲寒，爲冰。**孔穎達曰：取其西北冰寒之地。崔憬曰：乾主立冬已後冬至已前，故爲寒爲冰也。【疏】孔注：乾位西北，爲冰寒之地，故有此象。崔注：乾位在亥，主立冬已後冬至已前。上言寒冰之地，此言寒冰之時，故爲寒爲冰也。**爲大赤。**虞翻曰：太陽爲赤，月望出入時也。崔憬曰：乾四月純陽之卦，故取盛陽色爲大赤。【疏】虞注：釋名：赤者，赫也，太陽之色，故太陽爲赤。月至望盈乾甲，乾於月望出入時其色大赤，故曰月望出入時也。崔注：乾辟於巳，爲四月純陽之卦，故取盛陽之色爲大赤。白虎通：赤者盛陽之氣，故周爲天正，色尚赤。**爲良馬。**虞翻曰：乾善，故良也。【疏】上云乾爲馬。說文：良，善也。馬善也。乾元善長，故爲良馬。**爲老馬。**九家易曰：言氣衰也。息至巳，必當復消，故爲老馬也。【疏】老，言氣衰也。陽息至巳成乾，必當復消於午成姤，故乾爲老馬也。乾盈於甲，當退於辛，亦爲老。**爲瘠馬。**崔憬曰：骨爲陽，肉爲陰。乾純陽爻，骨多，故爲瘠馬也。【疏】骨爲陽，肉爲陰，鄭氏義也。乾六爻皆陽，骨多之象，故爲瘠馬。**爲駁馬。**宋衷曰：天有五行之色，故爲駁馬也。【疏】考工記：畫繪之事雜五色，東方謂之青，南方謂之赤，西方謂之白，北方謂之黑，天謂之元，地謂之黃，凡五而目有六者元與黑同而異也五方之色單而天之元乃全乎五方之色故云天有五行之色也其色不純故爲駁馬以純乾言之則爲艮馬上則得乎艮之終而爲老馬中則得乎坎之脊而爲瘠馬初則得乎震震玄黃之雜也故爲駁馬

爲木果 宋衷曰羣星著天似果實著木故爲木果 **疏** 孔氏云取其果實著木有似星之著天也 愚案乾納甲甲木陽功成也木果木功成也剝上九曰碩果不食謂一陽在上也剝極必復降而生震震之一陽在下即自剝之一陽在上而來是果復生木而爲震也乾終始純陽故爲木果

坤爲地 虞翻曰柔道靜 **疏** 坤爲柔道至靜而德方故爲地

爲母 虞翻曰成三女能致養故爲母 **疏** 坤成三女皆致養焉故爲母荀氏云陰之尊也

爲布 崔憬曰徧布萬物於致養故坤爲布 **疏** 虞氏云坤道廣布不止一方故徧布萬物於致養而爲布也又爲布者布陰功也月令仲夏曰毋暴布鄭彼注云不以陰功干太陽之事是也

爲釜 孔穎達曰取其化生成熟故爲釜也 **疏** 坤化成物故取其化生成熟而爲釜也

爲吝嗇 孔穎達曰取地生物而不轉移故爲吝嗇也 **疏** 楊子太元圓則杌楻方則嗇吝故取地生物而不轉移也

陰道畜聚陰之翕也故吝嗇**爲均**崔憬曰取地生萬物不擇善惡故爲均也疏地道均平故不擇善惡吝嗇是其靜也翕均是其動也闢**爲子母牛**九家易曰土能生育牛亦含養故爲子母牛也疏坤爲牛坤土有生育之德牝牛亦有含養之功蓋坤凝乾則象牝馬麗陽則象牝牛子母牛者牝牛也又昭四年左傳純离爲牛离坤之子也坤离皆牛故爲子母牛**爲大輿**孔穎達曰取其能載故爲大輿也疏坤象傳曰坤厚載物故取其能載大有九二曰大輿以載故爲大輿也愚案大輿即大車考工記大車崇九尺鄭注大車平地任載之車共駕牛詩小雅無將大車亦然詩又曰我車我牛則曰肇牽車牛遠服賈者皆大車也坤爲牛爲地爲載以牛駕車任載行地故爲大輿**爲文**九家易曰萬物相雜故爲文也疏萬物皆致養焉故曰萬物相雜故曰文故萬物相雜而爲文也楚語左史倚相曰地事文逸禮三正記曰質法天文法地白虎通曰天爲質地受而化之養而成之故爲文**爲衆**虞翻曰物三稱羣陰爲民三陰相隨故爲衆也疏詩小雅或羣或友毛傳獸三成羣故云物三成羣又國語曰三人爲衆蓋衆於文从罒从㐺㐺即衆本字三人之象也坤陰爲民三陰相隨有㐺象

焉故爲眾**爲柄**崔憬曰萬物依之爲本故爲柄【疏】虞繫注云柄本也本乎地者親下故萬物依之爲本而爲柄也一說柄當从古文作枋枋與方同象傳曰至靜而德方九家易坤爲方是也**其於地也爲黑**崔憬曰坤十月卦極陰之色故其於色也爲黑矣【疏】坤辟亥十月之卦北方極陰之色也故於地爲黑極陽色赤極陰色黑虞謂乾於月望出入時爲大赤坤於地爲黑其義一也又天元近黑以乾居西北近坎也地纁黃近赤以坤居西南近离也而乾爲盛陽又得南方之色爲大赤坤爲盛陰又得北方之色爲黑

震爲雷虞翻曰太陽火得水有聲故爲雷也【疏】乾坤以坎离戰陰陽交會於壬而生震故云太陽火得水也有聲故爲雷乾陽初交坤陰爲震故淮南子曰陰陽相薄爲雷也**爲駹**駹蒼色震東方故爲駹舊讀作龍上已爲龍非也【疏】漢書匈奴傳圍高帝於白登漢兵不得相救匈奴騎其西方盡白東方盡駹北方盡驪南方盡騂注云駹青馬也此云駹蒼色者下云蒼筤竹九家注云青也是蒼即青也震東方木其色青故爲駹今本作龍鄭讀爲龙云取日出色也虞本作駹故云舊讀作龍上巳爲龍故非也**爲玄黃**天玄地黃震天地之雜物故爲

玄黃

疏 天色玄地色黃乾始交坤爲震天地之雜物也故爲玄黃

爲專

陽在初隱靜未出觸坤故專則乾靜也專延叔堅說以專爲旉大布非也此上虞義也

疏 陽在初乾初其體隱靜未出觸坤潛而勿用故專虞下注云震內體爲專所謂乾其靜也專是也延叔堅以專爲旉大布旉古布字故云大布坤巳爲布此不得更云布故知非也案今本作旉干氏注云花之通名鋪爲花貌謂之藪義亦通也自震爲雷至此皆虞義

爲大塗

崔憬曰萬物所出在春故爲大塗取其通生性也

疏 王廙云大塗萬物所出蓋萬物出乎震其時爲春故爲大塗取其通生萬物之性也又坤爲國若工記匠人曰國中九經九緯經塗九軌震陽居於坤初陽數九是九軌爲大塗也

爲長子

虞翻曰乾一索故爲長子

疏 一索得男故爲長子

爲決躁

崔憬曰取其剛在下動故爲決躁也

疏 剛動於下足之躁也故爲決躁又陽息至二成兌兌在夬爲決震外體爲躁故爲決躁也

爲蒼筤竹

九家易曰蒼筤青也震陽在下根長堅剛陰爻在中使外蒼筤也

疏 說文蒼草色也草色青故謂蒼筤爲青也震一陽在下有根長堅剛之象陰爻在中中虛之象東方色蒼故使外蒼筤也愚案竹萑葦皆根駢而莖分震

之一陽在下二陰在上似之木則根歧而幹隻巽之一陰在下二陽在上似之**為萑葦**九家易曰萑葦蒹葭也根莖叢生蔓衍相連有似雷行也【疏】說文葦大葭也故云萑葦蒹葭也根莖叢生蔓衍相連鄭氏以為竹類是也相連故似雷行**其於馬也為善鳴**虞翻曰為雷故善鳴也【疏】乾為馬震得乾之初雷有聲故善鳴**為馵足為作足**馬白後左足為馵震為左為足為有初陽白故為作足【疏】釋獸曰左白馵說文曰馵馬後左足白也震在東故為左足有當作後震後有則故為後巽陽在上為白伏震震陽在初故為白左白足故為馵足王劭云馬行先作弄四足作起也震足起故作足魯頌曰思馬斯作是也**為的顙**的白顙額也震體頭在口上白故的顙詩云有馬白顛是也此上虞義也【疏】博雅的白也玉篇顙額也震反生以初為顙乾為首兌為口震乾初在兌上故體頭在口上初陽白故為的顙有馬白顛詩秦風文毛傳白顛的顙也故引以為證自善鳴至此皆虞義也**其於稼也為反生**宋衷曰陰在上陽在下故為反生謂枲豆之類戴甲而生【疏】洪範王肅注云種之曰稼震陽出坤如種出土故震取象於稼陰為形在上陽為氣在下故為反生

宗豆之類戴甲而生鄭氏以爲生而反出是也又坤元資生乾陽反生故爲反生又反虞作阪注云陵阪也陵阪所生則亦宗豆之屬也

其究爲健爲蕃鮮 虞翻曰震巽相薄變而至三則下象究與四成乾故其究爲健爲蕃鮮巽究爲躁卦躁卦則震震雷巽風無形故卦特變耳 **疏** 震巽雷風相薄震變至三成巽究於三故下象言究也下象已變二與四互成乾乾健也故爲健蕃鮮白也究成巽白故爲蕃鮮震究爲蕃鮮蕃鮮謂巽也巽究爲躁卦躁卦謂震也震雷巽風變化无形且陰陽之始故皆言究他卦不言究此獨言究故云特變

巽爲木 宋衷曰陽動陰靜二陽動於上一陰安靜於下有似於木也 **疏** 陽主動陰主靜二陽動於上象枝葉一陰安靜於下象根幹故有似於木也又柔爻爲草剛爻爲木震爲蒼筤竹爲萑葦爲稼皆柔爻巽爲木謂剛爻也

爲風 陸績曰風土氣也巽坤之所生故爲風亦取靜於本而動於末也 **疏** 莊子大塊噫氣其名爲風故云風土氣也巽陰自坤來故云坤之所生坤爲土故爲風一陰靜下二陽動上故亦取靜於本而動於末也

爲長女 荀爽曰柔在初 **疏** 柔在初爻一索得女故爲長女

爲繩直 翟元曰上二陽共正一陰使不得邪

僻如繩之直　孔穎達曰取其號令齊物如繩直也疏洪範木曰曲直陰失位於初二得中三得正故上二陽共正一陰陽直以正陰曲陰順乎陽故使不得邪僻說命曰木從繩則正木曲則繩之使直所謂齊乎巽也故為繩直　孔注　巽申命故為號令巽絜齊故云齊物號令齊物如繩直以正木也

為工

荀爽曰以繩木故為工　虞翻曰為近利市三倍故為工子夏曰工居肆疏荀注　凡規矩準繩皆所以齊物齊乎巽故為工　虞注　巽近市利漢書刑法志開市肆以通之是市卽肆也論語子夏曰百工居肆以成其事故近市為工　愚案考工記審曲面勢以飭五材以辨民器謂之百工材有五而皆从木故謂之工左傳曰山有木工則度之巽為木故為工

為白

虞翻曰乾陽在上故白　孔穎達曰取其風吹去塵故絜白也疏虞注　坤於地為黑以其極陰也坤陰為黑故乾陽為白巽二陽在上故為白　孔注　巽為絜齊風吹去塵有絜齊之象故為白

為長

崔憬曰取風行之遠故為長疏風行至遠故為長又五行惟木稱長如左傳長木之標是也

為高

虞翻曰乾陽在上長故高　孔穎達曰取木生而高上疏虞注　乾陽在上惟長故高　孔注　木生而上故曰高

為進退

虞翻曰陽初退故進退荀爽曰風行无常故進退【疏】虞注陰長故陽初退陰進陽退故爲進退荀注風行无常忽進忽退故爲進退

爲不果

荀爽曰風行或東或西故不果【疏】風行或東或西進退无常故不果又乾爲木果巽陰消初漸及於上故不果

爲臭

虞翻曰臭氣也風至知氣巽二入艮鼻故爲臭繫曰其臭如蘭【疏】臭者凡氣之總名故云臭氣也氣隨風動故風至知氣巽二變成艮九家易艮爲鼻故巽二入艮鼻爲臭也繫釋同人九五爻辭五應在二六二互巽故曰其臭如蘭

其於人也爲宣髮

虞翻曰爲白故宣髮馬君以宣爲寡髮非也【疏】乾爲人下四象皆取乾故稱於人鄭氏云頭髮顯落曰宣宣取四月靡草死髮在人體猶靡草在地楚辭大招天白顯顯說文顯白貌是顯落曰宣謂髮早白也爲白故髮宣宣髮今本作寡髮從馬君也寡於巽无取故云非也宣鮮同音宣郎蕃鮮亦訓白也古宣鮮字皆讀爲斯詩瓠葉曰有兔斯首鄭箋云斯白也宣二年左傳於思於思賈逵云頭白貌思斯同音宣讀如斯故訓爲白也

爲廣顙

變至三坤爲廣四動成乾爲顙在頭口上故爲廣顙與震的顙同義震一陽故的顙巽變乾二陽故廣顙【疏】變至三其究爲震二互四

爲坤，坤廣生，故爲廣。巽四動則外體成乾，乾爲首，故爲顙。巽口在下，顙在頭，口上，故爲廣顙，與震的顙頭在口上同義。震一陽在下，故的顙。巽變乾二陽至四成坤，故廣顙。

爲多白眼

爲白，離目上向，則白眼見，故多白眼。

疏

巽六畫卦互體離，離爲目，三互五成離，故目上向。巽爲白，故多白眼。

爲近利市三倍

變至三成坤，坤爲近，四動乾，乾爲利，至五成噬嗑，故稱市。乾三爻爲三倍，故爲近利市三倍。動上成震，故其究爲躁卦。八卦諸爻唯震巽變耳。

疏

變至三互四成坤，近如地，故爲近。四動外體乾，乾美利，爲利。變至五體成噬嗑，日中爲市，取諸噬嗑，故爲市。五未變時，乾三陽爻爲三倍，故爲近市利三倍。上變則巽成震，震決躁，故其究爲躁卦。八卦諸爻唯巽震特變，義已見前。

其究爲躁卦

變至五成噬嗑爲市，動上成震，故其究爲躁卦，明震內體爲專，外體爲躁。

疏

此上虞義。自巽初變至上成震，故其究爲躁卦。震一陽靜於內，故內體爲專；四陽動於外，故外體爲躁。震陽之始，故言卦自爲宣髮。至此皆虞義也。

坎爲水

宋衷曰：坎陽在中，內光明，有似於水。

疏

坎一陽在二陰之中，其內光明，有似於水。尋說文曰：水準也巛即三之縱文也又曰北方之行象衆水並流中有微陽之气也故坎爲水**爲溝瀆**虞翻曰以陽闢坤水性流通故爲溝瀆也【疏】坤其動也闢陽動陰中故云以陽闢坤坤爲土水性流通於坤土之中故其象爲溝瀆也**爲隱伏**虞翻曰陽藏坤中故爲隱伏也【疏】一陽藏於兩陰之中故爲隱伏**爲矯揉**宋衷曰曲者更直爲矯直者更曲爲揉水流有曲直故爲矯揉【疏】使曲者更直爲矯直者更曲爲揉水流隨地有曲有直故爲矯揉也**爲弓輪**虞翻曰可矯揉故爲弓輪坎爲月月在於庚爲弓在甲象輪故弓輪也【疏】可矯曲爲直揉直爲曲故爲弓輪坎爲月弓象初月輪象滿月月在於庚出震時也初生明故爲弓又月在丁上弦在丙下弦故參同契曰上弦兌數八下弦艮亦八上弦下弦亦爲弓月在甲盈乾時也望則月圓故爲輪賈誼新書曰古之爲路輿三十輻以象月是也**其於人也爲加憂**兩陰失心爲多眚故加憂【疏】亦乾爲人也失當爲夾初三兩陰夾心多眚之象陽陷陰中險難可憂故加憂**爲心病**爲勞而加憂故心病亦以坎爲心坎二折坤爲心病此上虞義也【疏】坎勞卦也既爲勞而又加憂故爲心病說文心人心土藏在身之中象形坤爲身陽在坤

中故爲心坤土也二折坤土故爲心病說文又謂博士說以爲火藏卽心爲大火也月令季夏祭先心亦取火王之義坎水克火故爲心病上三條皆虞義也

爲耳痛

孔穎達曰坎勞卦也又主聽聽勞則耳痛【疏】坎爲耳主聽坎爲勞聽勞則耳痛且爲疾多眚故痛也

爲血卦爲赤

孔穎達曰人之有血猶地有水赤血色也案十一月一陽爻生在坎陽氣初生於黃泉其色赤也【疏】孔注釋名血濊也出於肉流而濊濊也說文濊水多貌故云人之有血猶地有水也赤亦血之色也案坤上六其血玄黃文言曰猶未離其類也故稱血焉坎正十一月陰陽會於壬牝坤生復故坎爲血卦案十一月一陽初生其爻爲復其時爲坎故云一陽爻生在坎也曲禮周人尚赤鄭注以建子之月爲正物萌色赤白虎通十一月之時陽氣始養根株黃泉之下萬物皆赤故云陽氣生於黃泉其色赤也

其於馬也爲美脊

宋衷曰陽在中央馬脊之象也【疏】坎秉乾氣故亦於馬也一陽在兩陰中央脊之象也故爲馬脊

爲亟心

崔憬曰取其內陽剛動故爲亟心也【疏】陽剛在中象背爲脊象胸爲心內陽剛動故爲亟心亟疾也

爲下首

荀爽曰水之流首卑下也【疏】象水之流故其首卑

下也又乾為首陷於陰下故為下首**為薄蹄**九家易曰薄蹄者在下水文趨下趨下則流散流散則溝故為薄蹄也【疏】蹄在下、水性趨下、分流易散、故溝也又蹄象震足震象半見故薄蹄**為曳**宋衷曰水摩地而行故曳【疏】鄭注樂記摩猶迫也謂水迫地而行為曳也　愚案儀禮士相見禮執玉者則唯舒武、舉前曳踵鄭注備踵跲也震象半見定沒坎水故不敢疾趨而曳踵也亦謂馬也**其於輿也為多眚**虞翻曰眚敗也坤為大車坎折坤體故為車多眚也【疏】夏官大司馬馮弱犯寡則眚之鄭注眚損也敗亦訓損故云眚敗也坤為大轝故有輿象坎折坤二則坤毀故多眚也王廣云眚病也從說文眚自病之義亦可從也**為通**水流瀆故通也【疏】風俗通山澤篇瀆者通也所以通中國垢濁故云水流瀆故通也**為月**坤為夜以坎陽光坤故為月也【疏】坤柔為夜以坎陽光於坤陰故為月　愚案淮南天文訓月天之使也積陰之寒氣大者為水水氣之精者為月、坎為水故為月也又納甲坎納戊故晦夕朔旦、坎象流戊坎為月之本體故為月**為盜**水流潛竊故為盜也【疏】象水流地中、潛竊而行故為盜也　愚案詩小雅君子信盜毛傳盜逃也風俗通言其晝伏夜奔逃、避也是

盜亦取隱伏陽藏陰中之義也
其於木也爲堅多心
陽剛在中故堅多心棘棗屬也此上虞義也　孔穎達曰乾震坎皆以馬喻乾至健震至動坎至行故皆可以馬爲喻坤則順艮則止巽亦順离文明而柔順兌柔説皆无健故不以馬爲喻也唯坤卦利牝馬取其行不取其健故曰牝也坎亦取其行不取其健其外柔故爲下首薄蹄曳也【疏】坎离俱有木象离體巽坎體震故也坎陽剛在中陽剛故堅在中故多心也埤雅大者棗小者棘於文並从兩朿説文朿木鋩也多朿則多心故云棘棗屬也自多眚至此皆虞義　孔注　乾健故喻馬震動坎行爻稟乾氣故皆可以馬喻坤艮巽离兌皆无健艮上雖稟乾陽其象爲止故皆不以馬爲喻也坤雖柔順而凝乾元故利牝馬亦取其行不取其健故云牝馬亦不列於説卦也坎中陽爻雖健亦取水行之象非取其健也且中雖健外皆彖故爲下首薄蹄曳也

离爲火
崔憬曰取卦陽在外象火之外照也【疏】陽爻在外象火外照故爲火孔氏又以爲取南方之行是也
爲日
荀爽曰陽外光也【疏】亦取陽光外照也淮南天文訓積陽之熱氣生火火氣之精者爲日故陽

燧見日則然而爲火是爲火故爲日也又納甲离納巳日中离日就巳离爲日之本體故爲日

爲電 鄭元曰取火明也久明似日暫明似電也【疏】電有光取火之明也釋名電殄也乍見則殄滅也故云久明似日暫明似電也火也日也電也皆陽光外見也

爲中女 荀爽曰柔在中也【疏】柔爻在中再索而得女也故爲中女

爲甲冑 虞翻曰外剛故爲甲乾爲首巽繩貫甲而在首上故爲冑冑兜鍪也【疏】陽剛在外取其堅故爲甲坤二之乾成离坤爲身甲所以護身也乾爲首冑所以護首也巽象半見於乾上中貫之故巽繩貫甲而在首上爲冑也冑兜鍪也說文文

爲戈兵 乾爲金离火斷乾燥而鍊之故爲戈兵也【疏】體乾爲金离火斷乾金燥而鍊之故爲戈兵考工記所謂鑠金以爲刃是也

其於人也爲大腹 象日常滿如妊身婦故爲大腹乾爲大也【疏】體乾故曰於人禮統曰實也故象曰常滿离者陰之受陽故象妊身婦坤爲腹乾爲大故爲大腹也

爲乾卦 火日熯燥物故爲乾卦也【疏】上云日以烜之文云燥萬物者莫熯乎火故爲乾卦坎爲乾精离爲乾氣故皆稱卦

爲鼈爲蟹爲蠃爲蚌爲龜 此五者皆取外剛內柔也【疏】离爲甲五者皆

甲蟲之屬，鄭氏云皆骨在外，故云外剛內柔也。

其於木也爲折上槀

巽木在离中，體大過死，巽蟲食心則折也。蠹蟲食口木，故上槀。或以离火燒巽，故折上槀。此上虞義。宋衷曰：陰在內則空中，木中空則上科槀也。

疏　六畫卦离互巽，故巽木在离中。自二至五體似大過，棺椁死象。巽蟲者，巽爲風，易本命曰二九十八，八主風，風主蟲，故蟲八日化。王充論衡曰：夫蟲，風氣所生，倉頡知之，故凡蟲爲風之字，取氣於風，故云巽蟲也。离互巽，蟲食心則木折也。又互兌爲口，蠹蟲食口，謂蟲口食木也。蟲食其下，故上枯槀也。或以离火燒巽木，故折上槀，義亦通。自爲甲胄至此，皆虞義也。宋注陽實陰虛，故陰在內則中空。鄭氏云陰在內爲疾，故木中空則上科槀也。折，別本作科。

艮爲山

宋衷曰：二陰在下，一陽在上，陰爲土，陽爲木。土積於下，木生其上，山之象也。

疏　巽陽爻象木，陰爻象草，故以二陰在下爲土，一陽在上爲木，木生土上，山之象也。愚案：周語曰：山，土之聚也。乾坤鑿度引地形曰：山者，艮也，地土之餘，積陽成體，石亦通氣，萬靈所止。一陽止於坤土之上，故艮爲山。又春秋說題辭曰：陰含陽，故石凝爲山艮二陰含一陽卽石凝爲山之象也**爲徑路**虞翻曰艮爲山中徑路震陽在初則爲大塗艮陽小故爲徑路也【疏】艮爲山故云山中徑路也震陽在初爲本本大則陽大陽大則爲大塗艮陽在上爲末末小故陽小陽故爲徑路又鄭氏田間之道曰徑路艮爲之者取山間兎鹿之蹊**爲小石**陸績曰艮剛卦之小故爲小石者也【疏】艮陽在上故爲剛卦之小石土之陽也艮爲山陽小故爲小石**爲門闕**虞翻曰乾爲門艮陽在門外故爲門闕兩小山闕之象也【疏】易出於乾故乾爲門艮陽乾三也在門外故爲門闕廣韻闕在門兩旁中央闕然爲道也艮下二偶象兩小山故云闕之象也**爲果蓏**宋衷曰木實謂之果草實謂之蓏桃李瓜瓞之屬皆出山谷也【疏】果从木故木實謂之果蓏从草故草實謂之蓏桃李果屬瓜瓞蓏屬皆出山谷故爲果蓏　愚案乾爲木果以其純陽也艮上一陽自乾來故爲果又爲蓏者陽爻似果陰爻似蓏猶巽陽爻爲木陰爻爲草也又果蓏能成終而成始故象艮也**爲閽寺**宋衷曰閽人主門寺人主巷艮爲止此職皆掌禁止者也【疏】天官閽人掌守王宮中門之禁故云閽人主門又寺人掌王之內人及女宮之戒令詩巷伯鄭箋巷伯奄官掌王后

之命於宮中爲近故謂之巷伯故云寺人主巷蓋閽人主門守王宮者也止人之不應入寺人主巷掌后命者也止人之不當出艮爲門闕又爲止此職皆掌禁止門闕故爲閽寺

爲指

虞翻曰艮手多節故爲指

【疏】艮爲手又爲木多節手而多節指之象也故爲指

爲拘

虞翻曰指屈伸制物故爲拘拘舊作狗上已爲狗字之誤

【疏】上云爲指指屈伸能制物故爲拘拘舊作狗上文已云爲狗不得復云狗故知爲字之誤也愚案說文拘止也拘从手取手能止物之義艮爲手爲止故爲拘隨上六下應六三三互艮上係於三故曰拘係之是也

爲鼠

虞翻曰似狗而小在坎穴中故爲鼠晉九四是也

【疏】艮爲狗鼠形似狗而小也坎象半見故在坎穴中似狗而在穴故爲鼠晉九四互艮故曰碩鼠是也愚案襄二十三年左傳臧武仲謂齊景公曰抑君似鼠晝伏而夜動蓋鼠陰物艮二陰伏於下見陽則止是晝伏夜動之象也故爲鼠一說鼠之前爪四指陰也後爪五指陽也故爲陰陽之始終而象艮

爲黔喙之屬

馬融曰黔喙肉食之獸謂豺狼之屬黔黑也陽玄在前也

【疏】獸黔喙者皆肉食若豺狼之屬鄭氏以爲虎豹之屬取其爲山獸是也說文黔黎也謂黑色也乾陽在上其色元故云陽元在前也

案乾爲首在上坤二陰似口在下坤亦色黑故爲黔喙之屬也

其於木也爲多節 虞翻曰陽剛在外故多節松栢之屬 **疏** 艮亦體震故亦象木艮陽剛在外多節之象若松栢之屬是也

愚案震爲木之始故反生艮爲木之終故多節蓋木老則多節雜卦曰節者止也艮於木亦取多節則止之義也水澤有互艮象故亦名節也

兌爲澤 虞翻曰坎水半見故爲澤宋衷曰陰在上令下溼故爲澤也 **疏** 虞注周語曰澤水之所鍾也宣十二年左傳知莊子曰在師之臨川壅爲澤杜注坎爲川令變爲兌兌爲澤是以見壅蓋一陽壅於下坎水半見於上故爲澤也 宋注一陰在上令下潤溼潤澤之象也故爲澤

爲少女 虞翻曰坤三索位在末故少也 **疏** 坤三索而得女陰位在末故爲少女

爲巫 乾爲神兌爲通與神通氣女故爲巫 **疏** 乾陽之伸故爲神兌山澤通氣故爲通兌息即乾故與乾神通氣楚語曰在女曰巫少女故爲巫也

爲口舌 兌爲震聲故爲口舌 **疏** 震以陽爲聲兌息自震故兌爲震聲上陰象口中陽象舌故爲口舌

爲毀折 二折震足故爲毀拆 **疏**

震息成兑故云二折震足兑西方金剋震震東方木金剋木故爲毀折**爲附決**乾體未圜故附決也疏乾爲圜息未成乾故未圜陽已至二陰猶附之故乾體未圜當決而去之也孔疏兑西方之卦又兑主秋也取秋物成熟槀稈之屬則毀折也果蓏之屬則附決也**其於地也爲剛鹵**乾二陽在下故剛澤水潤下故鹹此上虞義朱仰之曰取金之剛不生也剛鹵之地不生物故爲剛鹵者也疏兑得坤三在地之上故言於地立地之道曰柔與剛乾二陽在下故剛洪範曰水曰潤下又曰潤下作鹹澤水潤下爲鹹故鹵自爲少女至此皆虞義也朱注兑西方卦金象也金剛故不生說文鹵西方鹹地也西方多剛鹵之地不能生物故爲剛鹵也**爲妾**虞翻曰三少女位賤故爲妾疏孔氏云少女從姊爲娣故云位賤爲妾也**爲羔**羔女使皆取位賤故爲羔舊讀以震騅爲龍艮拘爲狗兑羔爲羊皆已見上此爲再出非孔子意也震已爲長男文言長子謂以當繼世守宗廟主祭祀故詳舉之三女皆言長中少明女子各當外成故別見之此其大例者也此上虞義疏鄭氏云羊女使虞作羔亦云女使從鄭訓也少女位賤故爲羔又鄭本作陽云此陽讀若養无家女行賃炊爨今時有之賤於

妾也。尋宣十二年公羊傳「廝役扈養」注云：「炊亨者曰養。」據此，則當作養，如頤之言養，以及蒙之養正，皆體艮，故言養也。案舊本震爲龍，艮爲狗，兌爲羊，已見，不得再見，如巽雞、坎豕、离雉傳不再出，其明徵也。故龍當爲駹，狗當爲拘，羊當爲羔。今據鄭注，則羊又當爲養也。震已言一索爲長男，又言長子者，序卦曰「主器者莫若長子」，震彖傳曰「出可以守宗廟社稷，以爲祭主也」，故長子責重，詳舉之，而不及中男、少男也。三女詳舉者，以女子各當外適成家，故別見也。此六子或及或不及之大例也。此及上條皆虞義。

周易集解纂疏卷三十四

同邑周金鏞東序校

周易集解篹疏卷三十五

唐李鼎祚集解　　安陸李道平遵王篹疏

序卦

有天地然後萬物生焉干寶曰物有先天地而生者矣今正取始於天地天地之先聖人弗之論也故其所法象必自天地而還老子曰有物混成先天地生吾不知其名彊字之曰道上繫曰法象莫大乎天地莊子曰六合之外聖人存而不論春秋穀梁傳曰不求知所不可知者智也而今後世浮華之學彊支離道義之門求入虛誕之域以傷政害民豈非讒說殄行大舜之所疾者乎

疏物有先天地而生者道是也正當作止今易首乾坤止取始於天地者以天地之先聖人弗論懼其淪於元虛也故其所法象必自既有天地而還而以乾坤爲首焉老子道經曰有物混成先天地生此即太極也又曰吾不知其名字之曰道以其爲天地萬物之所共由故

名之以道也繫上曰法象莫大乎天地故天尊地卑而乾坤以定六合之外聖人存而不論莊子齊物論文知其不可知知也隱公三年穀梁傳文與此微異引之以明首乾坤而不及天地以先之意也而今以下盖傷晉世悖華虛誕支離道義而傷政害民也讒說殄行虞書舜典文**盈天地之間者唯萬物故受之以屯屯者盈也**荀爽曰謂陽動在下造生萬物於冥昧之中也【疏】巳詳屯象傳天造草昧注茲不復贅後倣此**屯者萬物之始生也**韓康伯曰屯剛柔始交故爲萬物之始生也崔憬曰此仲尼序文王次卦之意不序乾坤之次者以一生二二生三三生萬物則天地次第可知而萬物之先後宜序也萬物之始生者言剛柔始交故萬物資始於乾而資生於坤也【疏】韓注　乾剛坤柔繼之以屯故云剛柔始交內體震震東方之　卦萬物出乎震故云萬物之始生也　崔注巳詳卦首**物生必蒙故受之以蒙蒙者物之穉也**崔憬曰萬物始生之後漸以長穉故言物生必蒙　鄭元曰蒙幼小之貌齊人謂萌爲蒙也【疏】巳詳**物穉不可不養也故受之以需需者飲食之**

道也荀爽曰坎在乾上中有离象水火交和故爲飲食之道鄭元曰言孩稺不養則不長也疏荀注坎水在乾上中互离火水上火下是水火交和而有烹飪之象也故爲飲食之道鄭注詩衛風衆稺且狂毛傳幼稺故言孩稺孟子曰苟得其養無物不長故云不養則不長也

飲食必有訟故受之以訟韓康伯曰夫有生則有資有資則爭興也鄭元曰訟猶爭也言飲食之會恆多爭也疏韓注承物生必蒙來故云有生儀禮聘禮問歲月之資鄭注資行用也物生則需用而爲飲食飲食資用則爭興而爲訟焉鄭注已詳

訟必有衆起故受之以師師者衆也九家易曰坤爲衆物坎爲衆水上下皆衆故曰師也凡制軍萬有二千五百人爲軍天子六軍大國三軍次國二軍小國一軍軍有將皆命卿也二千五百人爲師師帥皆中大夫五百人爲旅旅帥皆下大夫也崔憬曰因爭必起相攻故受之以師也疏九家注坤爲衆又萬物資生故云坤爲衆物坎折坤二又伏坤下晉語坎勞也水也衆也韋注水亦衆之類故坎爲衆水上坤下坎皆有衆象故曰師也凡制軍以下皆本夏官大司馬文崔注已詳

衆必有所比故受

之以比韓康伯曰：眾起而不比，則爭无息；必相親比，而後得寧也。疏承訟必有眾起來，言眾起而不相親比，則爭興無由息也；眾必親比，然後爭息而眾得寧焉。比者比也，比必有所畜，故受之以小畜韓康伯曰：比非大通之道，則各有所畜以相濟也。由比而畜，故曰小畜而不能大也。疏比近於私，故非大通之道。私比則各有所畜以相濟，故由比而有所畜者，小畜而不能大也。又詳見比卦。物畜然後有禮，故受之以履。履者禮也。韓康伯曰：禮所以適時用也。故既畜則須用，有用則須禮也。疏禮器：禮，時為大。故云禮所以適時用也。物畜則用以通之，孟子曰：用之以禮。故有用則須禮也。履然後安，故受之以泰。泰者通也。荀爽曰：謂乾來下降，以陽通陰也。姚信曰：安上治民，莫過於禮。有禮然後泰，泰然後安也。疏荀注：乾天在上，坤地在下，今乾來下降，成泰，天地交，故云以陽通陰也。姚注：孝經曰：安上治民，莫善於禮。蓋有禮則辨上下，定民志，上下交而其志同，故泰也。曲禮：有禮則安，故泰然後安也。物不可以終通，故受之以否。崔憬曰：物極則反，故不終通而否矣。所謂城復于隍疏已詳物不可以終否故受之以同人韓康伯曰否則思通人人同志故可出門同人不謀而合疏不通故否否終則傾故否極思通人人同志象傳曰唯君子爲能通天下之志是也故可出門同人不謀而合柔得位得中而應乎乾是也與人同者物必歸焉故受之以大有崔憬曰以欲從人人必歸已所以成大有疏已詳有大者不可以盈故受之以謙崔憬曰富貴而自遺其咎故有大者不可盈當須謙退天之道也疏已詳有大而能謙必豫故受之以豫鄭元曰言國既大而有謙德則於政事恬豫雷出地奮豫豫行出而喜樂之意疏已詳豫必有隨故受之以隨韓康伯曰順以動者衆之所隨也疏已詳以喜隨人者必有事故受之以蠱蠱者事也九家易曰子行父事備物致用而天下治也備物致用立成器以爲天下利莫大於聖人子脩聖道行父之事以臨天下無爲而治疏已詳有事然後可大故受之以臨臨者大也荀爽曰陽稱大謂二陽動升故曰大也

宋衷曰事立功成可推而大也疏荀注陽息稱大臨九二荀彼象注云陽感至二當升居五故謂二陽動升陽動而升故曰大也宋注繫上曰有功則可大又曰可大則賢人之業蓋坤爲事業富有故可大臨外體坤故事立功成可推而大也

物大然後可觀故受之以觀虞翻曰臨反成觀二陽在上故可觀也崔憬曰言德業大者可以觀政於人也疏虞注臨下二陽反上成觀以五陽觀示坤民故可觀也崔注已詳

可觀而後有所合故受之以噬嗑嗑者合也虞翻曰頤中有物食故曰合也韓康伯曰可觀則異方合會也疏虞注頤象傳曰頤中有物曰噬嗑虞彼注云物謂四頤中无物則口不噬故以頤中有物食爲合也韓注中正以觀則下觀而化故可觀則異方合會也噬嗑自否來否坤爲方剛柔分爲異方雷下電上合而成章是異方合會也

物不可以苟合而已故受之以賁賁者飾也虞翻曰分剛上文柔故飾韓康伯曰物相合則須飾以脩外也疏虞注賁自泰來分泰上之柔來文二剛禮樂記曰文采節奏聲之飾也故曰飾也韓注詩云金玉其相卽物相合

也又云追琢其章卽飾以脩外也**致飾而後亨則盡矣故受之以剝剝者剝也**荀爽曰極飾反素文章敗故爲剝也疏賁上九曰白賁无咎是極飾反素也素則文章敗故爲剝也又韓注云極飾則實喪也**物不可以終盡剝窮上反下**虞翻曰陽四月窮上消遘至坤者也疏陽至四月乾窮於上至五月一陰消姤至九月成剝十月成坤至十一月陽反下出復故曰窮上反下**故受之以復**崔憬曰夫易窮則有變物極則反於初故剝之爲道不可終盡而受之於復也疏巳詳**復則不妄矣故受之以无妄**崔憬曰物復其本則爲誠實故言復則无妄矣疏巳詳**有无妄物然後可畜故受之以大畜**荀爽曰物不妄者畜之大也畜積不敗故大畜也疏物不妄者則茂對時育萬物故云畜之大也剛健篤實輝光日新是畜積不敗故大畜也**物畜然後可養故受之以頤頤者養也**虞翻曰天地養萬物聖人養賢以及萬民崔憬曰大畜剛健輝光日新則可觀其所養故言物畜然後可養也疏虞注引彖傳文以明物畜可養義詳崔

注下

不養則不可動，故受之以大過。虞翻曰：人頤不動則死，故受之以大過。大過否卦，棺椁之象也。【疏】人賴頤動以養生，頤不動則死，故受之以大過。大過否閉之卦，棺椁取大過，故云棺椁之象也。否疑作死，大過棺椁，故云死卦。

物不可以終過，故受之以坎。坎者，陷也。韓康伯曰：過而不已，則陷沒也。【疏】大過上九曰過涉滅頂，是過而不已也。凶則陷沒而成坎也。

陷必有所麗，故受之以離。離者，麗也。韓康伯曰：物極則變，極陷則反所麗。【疏】物窮則變，陰極變陽，陽極變陰也。蓋坎一陽陷於兩陰，離一陰麗於兩陽，故坎陷已極，則反變爲離而有所麗也。

有天地，虞翻曰：謂天地否也。【疏】謂乾上坤下，故謂天地否也。

然後有萬物，謂否反成泰，天地壹壹，萬物化醇，故有萬物也。【疏】否反泰類，故謂否反成泰。天地壹壺，萬物化醇，繫下文。虞彼注云：謂泰上也。先說否，否反成泰，故不說泰。天地交，萬物通，故化醇。所以有天地然後有萬物也。

有萬物然後有男女，謂泰已有否，否三之上，反正成咸，艮爲男，兌爲女，故有男女。【疏】泰至四成乾，至七月成否，否於時爲秋，釋名秋就也。言萬物成就也。有萬物故云泰，已有否也。咸自否來，故否三上反正，則成男女，內艮少男，外兌少女，故曰有男女也。

有男女然後有夫婦

咸反成恆，震爲夫，巽爲婦，故有夫婦也。

疏 咸恆亦反其類也，故咸反則成恆，震上長男爲夫，巽下長女爲婦，故曰有夫婦也。

有夫婦然後有父子

謂咸上復乾成遯，乾爲父，艮爲子，故有父子。

疏 咸上復還乾位，其體成遯，上乾爲父，下艮爲子，故曰有父子。

有父子然後有君臣

謂遯三復坤成否，乾爲君，坤爲臣，故有君臣也。

疏 遯三變復坤，其體爲否，上乾爲君，下坤爲臣，故有君臣也。

有君臣然後有上下

否乾君尊上，坤臣卑下，天尊地卑，故有上下也。

疏 否乾君尊在上，坤臣卑在下，天尊地卑，乾坤定矣，故曰有上下也。

有上下然後禮義有所錯

錯，置也。謂天、君、父、夫象尊錯上，地、婦、臣、子禮卑錯下，坤、地道、妻道、臣道，故禮義有所錯者也。此上虞義。

干寶曰：錯，施也。此詳言人道三綱六紀有自來也。人有男女陰陽之性，則自然有夫婦配合之道；有夫婦配合之道，則自然有剛柔尊卑之義；陰陽化生，血體相傳，則自然有父子之親；以父立君，以子資臣，則必有君臣之位；有君臣

之位故有上下之序有上下之序則必禮以定其體義以
制其宜明先王制作蓋取上下之情者也上經始於乾坤有
生之本也下經始於咸恆人道之首也易之興也當殷之
末世有妲已之禍當周之盛德有三母之功以言天不地
不生夫不婦不成相須之至王教之端故詩以關[illegible]錯置
雎爲國風之始而易於咸恆備論禮義所由生也也已
詳上繫苟錯諸地天君父夫皆陽也在天成象故云象錯尊
錯上地婦臣子皆陰也知崇禮卑卑法地故云禮卑錯下
坤地道也妻道也臣道也苟錯諸地而可矣禮義皆屬坤
故曰禮義有所錯也自有天地至此皆虞義　干注　錯
施猶錯置也白虎通曰三綱者君爲臣綱父爲子綱夫爲
妻綱六紀者師長君臣之紀諸父兄弟父子之紀諸舅朋
友夫婦之紀上經首言天地下經首言人道此則詳言由
天地而及人道故言三綱六紀有自來也男陽女陰故自
然有夫婦配合之道夫剛而尊婦柔而卑故自然有剛柔
尊卑之義陽變則陰化陽施則陰生以陰承陽則血體相
傳故自然有父子之親以父之尊而立爲君以子之卑而
資爲臣君臣定故上下有序也郊特牲曰夫婦有別然後
父子親父子親然後義生義生然後禮作禮運曰禮者義
之實也是禮因義生也禮器曰禮也者猶體也故必禮以

定其體。中庸曰義者宜也故必義以制其宜禮運曰人情者聖王之田也脩禮以耕之陳義以種之故云先王之制作蓋取之於情者也咸恆象傳皆言天地萬物之情是其義也上經始於乾坤乾大生坤廣生故云有生之本也下經始於咸恆咸二少相感恆二長相與故云人道之首也易之興當殷周之際晉語殷伐有蘇氏有蘇氏以妲巳女焉妲巳有寵而亡殷故云殷之末世有妲巳之禍詩大雅思齊太任文王之母思媚周姜京室之婦太姒嗣徽音則百斯男又帝王世紀妃太公之女曰邑姜脩教於內故云當周之盛德有三母之功穀梁傳曰獨陽不生獨天不生故言天不地則不生夫不婦則不成夫婦相須以為王教之端即匡衡所謂綱紀之首王化之端是也詩序關雎后妃之德也風之始也所以封天下而正夫婦也故孔子刪詩以關雎為風始及其序易上經首乾坤下經首咸恆於咸恆之始備論天地蓋溯夫婦之所由成以明禮義之所由生欲人重人倫脩人事參三才而立極也

夫婦之道不可以不久也故受之以恆恆者久也鄭元曰言夫婦當有終身之義夫婦之道謂咸恆也疏巳詳

物不可以終久於其所故受之以遯遯

者退也韓康伯曰夫婦之道以恆爲貴而物之所居不可以終恆宜與時升降有時而遯者也疏已詳物不可以終遯故受之以大壯韓康伯曰遯君子以遠小人遯而後通何可終邪陽盛陰消君子道勝也疏已詳物不可以終壯故受之以晉晉者進也崔憬曰不可以終壯於陽盛自取觸藩宜柔進而上行受茲錫焉馬疏已詳進必有所傷故受之以明夷夷者傷也九家易曰日在坤下其明傷也言晉極當降復入于地故曰明夷也疏已詳傷於外者必反於家故受之以家人虞翻曰晉時在外家人在內故反家人韓康伯曰傷於外者必反諸內矣疏虞注晉時离在外明夷反晉离在內明則傷矣明夷五上變巽成家人离在內巽在外巽爲進退知進必有傷故退而反於家家爲家人韓注已詳家道窮必乖故受之以睽睽者乖也韓康伯曰室家至親過在失節故家人之義唯嚴與敬樂勝則流禮勝則離家人尚嚴其弊必乖者也疏樂勝則流禮勝則離禮樂記文崔言失節則窮韓云尚嚴必乖卦首存崔注序卦存

韓注義實相須也。但家人象傳曰「家人有嚴君焉」，九三爻辭曰「家人嗃嗃，悔厲吉；婦子嘻嘻，終吝」，則崔說尤合經旨也。

乖必有難，故受之以蹇。蹇者，難也。崔憬曰：二女同居，其志乖而難生，故曰乖必有難也。【疏】已詳。

物不可以終難，故受之以解。解者，緩也。崔憬曰：蹇終則來碩吉，利見大人，故言不可終難，故受之以解者也。【疏】已詳。

緩必有所失，故受之以損。崔憬曰：宥罪緩死，失之則僥倖，有損於政刑，故言緩必有所失，受之以損。【疏】已詳。

損而不已必益，故受之以益。崔憬曰：損終則弗損益之，故言損而不已必益。【疏】已詳。

益而不已必決，故受之以夬。夬者，決也。韓康伯曰：益而不已則盈，故必決也。【疏】已詳。

決必有遇，故受之以姤。姤者，遇也。韓康伯曰：以正決邪，必有喜遇。【疏】陽正陰邪，以五陽決一陰，故云以正決邪。兌為喜說，反入於巽，故云必有喜遇。

物相遇而後聚，故受之以萃。萃者，聚也。崔憬曰：天地相遇，品物咸章，故言物相遇而後聚也。【疏】已詳。

聚而上者謂之升，故

受之以升崔憬曰用大牲而致孝享故順天命而升爲王矣故言聚而上者謂之升疏已詳升而上者必困故受之以困崔憬曰冥升在上以消不富則窮故言升而不已必困也疏已詳困乎上者必反下故受之以井崔憬曰困極于臲卼則反下以求安故言困乎上必反下疏已詳卦首但臲卼彼作劓刖從此爲是井道不可不革故受之以革韓康伯曰井久則濁穢宜革易其故疏已詳革物者莫若鼎故受之以鼎韓康伯曰革去故鼎取新既以去故則宜制器立法以治新也鼎所以和齊生物成新之器也故取象焉疏已詳主器者莫若長子故受之以震震者動也崔憬曰鼎所亨飪享於上帝主此器者莫若冢嫡以爲其祭主也故言主器者莫若長子疏已詳物不可以終動止之故受之以艮艮者止也崔憬曰震極則征凶婚媾有言當須止之故言物不可以終動故止之也疏已詳物不可以終止故受之以漸漸者進也虞翻曰否三進之四巽爲進也疏否三

進之四成漸巽爲進退故爲進而云漸者進也**進必有所歸故受之以歸妹**虞翻曰震嫁兌兌爲妹嫁歸也疏震長兄嫁兌少女故兌爲妹婦人謂嫁曰歸故云嫁歸也**得其所歸者必大故受之以豐豐者大也**崔憬曰歸妹者姪娣媵國三人九女爲大援故言得其所歸者必大也疏已詳**窮大者必失其居故受之以旅**崔憬曰諺云作者不居況窮大甚而能處乎故必獲罪去邦羇旅於外也疏已詳**旅而无所容故受之以巽巽者入也**韓康伯曰旅而无所容以巽則得所入也疏旅體似离离四象曰无所容也又在旅家羇旅親寡宜无所容巽順則无往而不得所入也**入而後說之故受之以兌兌者說也**虞翻曰兌爲講習故學而時習之不亦說乎疏兌象曰君子以朋友講習故兌爲講習學而時習之不亦說乎論語文理義說心必入而後說也故兌次巽也**說而後散之故受之以渙渙者離也**虞翻曰風以散物故離也疏巽反成兌兌又互巽巽爲風風以散之物散故離也**物不可以終離**

故受之以節韓康伯曰夫事有其節則物之所同守而不散越也疏左傳子臧曰聖達節次守節下失節節互震爲守故物有其節則物之所同守又互艮以止之故不散越也節而信之故受之以中孚韓康伯曰孚信也既已有節則宜信以守之矣疏中孚信也地官掌邦節鄭彼注云以王命往來必有節以爲信故曰節而信之既已有節則當信以守之而勿失也有其信者必行之故受之以小過韓康伯曰守其信者則失貞而不諒之道而以信爲過也故曰小過疏已詳有過物者必濟故受之以既濟韓康伯曰行過乎恭禮過乎儉可以矯世勵俗有所濟也疏已詳物不可窮也故受之以未濟終焉韓康伯曰有爲而能濟者以已窮物物窮則乖功極則亂其可濟乎故受之以未濟疏博施於民而能濟衆是有爲而能濟者以已窮物者也物至而反故物窮則乖功極則亂濟者其可久濟乎故受之以未濟終焉乾鑿度曰孔子曰陽三陰四位之正也故易卦六十四分爲上下象陰陽也夫陽道純而奇故上篇三十所以象陽也陰道不純而偶故下篇三十四所以法陰也乾坤者陰

陽之根本萬物之祖宗也爲上篇始者尊之也離爲日坎爲月日月之道陰陽之經所以終始萬物故以坎離爲終成恒者男女之始夫婦之道也人道之興必由夫婦所以奉承祖宗爲天地主也故爲下篇始者貴之也旣濟未濟爲最終者所以明戒愼而存王道孔子曰泰者天地交通陰陽用事長養萬物也否者天地不交陰陽不用事止萬物之長也上經象陽故以乾爲首坤爲次先泰而後否損者陰用事澤損山而萬物損也下損以事其上益者陽用事而雷風益萬物也上自損以益下下經以法陰故以咸爲首恒爲次先損而後益各順其類也按乾坤至履十變而成泰否成恒至解十變而成損益蓋陰陽之氣至是一周也

周易集解纂疏卷三十五

受業鄭子衡小渠校

周易集解纂疏卷三十六

唐李鼎祚集解

安陸李道平遵王纂疏

雜卦 韓康伯曰雜卦者雜糅衆卦錯綜其義或以同相類或以異相明矣 疏 孔疏上序卦依文王上下而次序之此雜卦孔子更以意錯雜而對辨其次第不與序卦同故韓康伯云云也蓋序卦者明相依之次雜卦者詳對舉之義雜卦者廣序卦所未備者也

乾剛坤柔 虞翻曰乾剛金堅故剛坤陰和順故柔也 疏 上剛當作陽八卦配五行乾爲金古人以金象陽也金性堅故剛虞序卦注云和順謂坤坤陰故和順和順故柔也

比樂師憂 虞翻曰比五得位建萬國故樂師三失位輿尸故憂 疏 比五陽得位象曰建萬國親諸侯故樂師三陰失位爻辭曰師或輿尸故憂也蓋比師居則民樂師興則民憂也

臨觀之意或與或求 荀爽曰臨者教思无窮故爲與觀者觀民設教

故爲求也【疏】臨之教思无窮施自我也故爲與觀之觀民設教取諸彼也故爲求**屯見而不失其居蒙雜而著**虞翻曰陽出初震故見盤桓利居貞故不失其居蒙二陽在陰位故雜初雜爲交故著【疏】屯體震陽出震初故見所謂莫見乎隱是也初九爻辭曰盤桓利居貞初得正故不失其居也蒙二陽在陰位是陰陽雜居也故爲雜陰陽初雜是其交也物相雜故曰文文明故著也**震起也艮止也**震陽動行故起艮陽終止故止【疏】震陽動行於初故起艮陽終止於上故止**損益衰盛之始也**損泰初益上衰之始益否上益初盛之始【疏】初位爲始損自泰來損泰初益上故爲衰之始也益自否來損否上益初故爲盛之始也案經文諸本作盛衰之始也呂氏音訓盛衰陸氏曰鄭虞作衰盛會通引釋文同今本釋文闕**大畜時也无妄災也**大畜五之復二成臨時舍坤二故時也无妄上之遯初子弑父故災者也【疏】大畜五由萃五也消息卦萃五之復二成臨通萃爲大畜故云五之復二成臨也五下居二故云時舍坤二也舍若赦時舍故時也无妄自遯來无妄上之遯初者以遯陰消至二爲艮子弑父故災上之初爲无妄所以救之也　愚案二

卦皆取上爻大壯初之上成大畜上九象曰道大行也上體艮艮時行則行故曰時也遯上之初成无妄上九象曰窮之災也上體乾乾上九文言亦曰窮之災也故曰災也○

萃聚而升不來也

坤眾在內故聚升五不來之二故不來之內曰來也

疏 萃內體坤坤爲眾故坤眾在內爲聚管子君臣篇明君順人心安性情而發於眾心之所聚是也升二五失位二陽當升然後五陰下降二不先升則五不來之二故曰不來爻例之內曰來也蓋升取自內升外不取外來之內故不來也

謙輕而豫怡也

謙三位賤故輕豫薦樂祖考故怡怡或言怠也

疏 剝上降三成謙三多凶五多功貴賤之等也五貴三賤賤故輕也豫象曰先王以作樂崇德殷薦之祖考釋交怡說也豫悅故怡也他本作怠怠亦音怡史記始皇紀禨聽不怠劉歆烈女贊言行不怠注並音怡故此作怡也

噬嗑食也賁无色也

頤中有物故食賁离日在下五動巽白故无色也

疏 頤四變成噬嗑故頤中有物爲食也賁离日在下日无光也五利變之正故動成巽白上九曰白賁故无色也

兌見而巽伏也

兌陽息二故見則見龍在田巽乾初入陰故伏也

疏 兌陽息至二爲見乾九二曰見龍在田是

其義也巽乾初入陰陽伏巽下故伏也

隨无故也蠱則飾也否上之初君子弗用故无故也蠱泰初上飾坤故則飾也【疏】否上之初成隨初創乾初也乾初九曰潛龍勿用故云君子勿用故謂陽也否本陰卦隨則通陽故无故也蠱自泰來泰初之上飾坤故則飾也案隨无故者舍巳從人也蠱則飾者亂極思治也又荀子曰持之有故莊子曰去智與故淮南子曰不設智故故者一成之意見也隨時則无一成之意見故无故也

剝爛也復反也剝生於遘陽得陰孰故爛復剛反初【疏】剝陰生於姤一陽在上得陰而孰孰全熟方言火熟曰爛故曰爛也韓氏謂物熟則剝落是也剝上一陽反下成復故云復剛反初也

晉晝也明夷誅也誅傷也離日在上故晝也明入地中故誅也此上並虞義 干寶曰日上中君道明也明君在上罪惡必罰也【疏】說文曰夷傷也故誅亦云傷也離日在上大明自照故曰晝也明入地中其明巳傷故曰誅也言陽當有所誅傷也自屯見至此皆虞義也 干注 日在上居中五爲君位君道明天子當陽故曰晝也晝反爲明夷明君在上謂晉也罪惡必罰謂明夷之罰即誅以駁其過故曰誅也

井通而困相遇也虞翻曰泰初之

五爲坎故通也困三過四故相遇也【疏】井自泰來泰初之五爲坎坎爲通故通也困三伏陽出四之止故相遇也

案自乾坤至此三十卦自咸恆至夬三十四卦卦雖以雜名而上下經數適相當則未嘗雜也

咸速也恆久也

相感者不行而至故速也日月久照四時久成故久也【疏】咸感也感應相與不行自至故曰速也恆象傳曰日月得天而能久照四時變化而能久成故曰久也

渙離也節止也

渙散故離節制數度故止【疏】渙外體巽巽爲風風以散之散故離也節象曰君子以制度數節互艮艮爲止止故止也蓋渙節皆有坎水風以散之則離澤以瀦之則止也

解緩也蹇難也

雷動出物故緩蹇險在前故難【疏】解震宮三世卦又外體震爲雷爲動爲出雷動出物至艮乃成故緩又解象曰君子以赦過宥罪即議獄緩死之意故曰緩也蹇坎爲險象傳曰蹇難也險在前也故曰難也

睽外也家人內也

離女在上故外也家人女正位乎內故內者也【疏】二卦以離爲內外者離位二五在外不得正故爲睽在內得正故爲家人睽離女在上故爲外家人離女在下女正位內故爲內也

否泰反其類也

否反成泰泰反成否故反其類終日乾乾反復之道

疏　否反則成泰，泰反則成否，陰陽剛柔各反其類。乾九三曰「終日乾乾，反復道也」，虞彼注云：至三體復，故反復道，謂否泰反其類也。

大壯則止，遯則退也。大壯止陽，陽故止；遯陰消陽，陽故退，巽為退者也。疏　大壯止於四陽者，懼陰傷陽也，陽故止。遯陰消陽至二，陰進陽故退，遯又互巽為退也。愚案：此承否泰言也。大壯陽息至四，傷泰，止則可以保泰也；遯陰消至二，再消體否，退則不至成否也。

大有，眾也。同人，親也。五陽並應，故眾也；夫婦同心，故親也。疏　大有柔得尊位大中，上下五陽皆應，故曰眾也。繫上說同人曰「二人同心，其利斷金」，虞彼注云：二人謂夫婦，謂同人反師，震為夫，巽為婦，坎為心，巽為同，是夫婦同心，故親也。

革，去故也。鼎，取新也。革更故，去；鼎亨飪，故取新也。疏　革者更改，所以去故；鼎者烹飪，所以取新。又革內离火，外兌西方金，以火克金，故曰去故；鼎內巽木，外离火，以木鑽火，故曰取新。

小過，過也。中孚，信也。五以陰過陽，故過；信及遯魚，故信也。疏　小過五以陰過陽，是小者過也。中孚象傳曰「信及豚魚」，故信也。

豐，多故。親寡，旅也。豐大故多，旅无容故親寡。六十四象皆先言卦及道其指，至旅體离四焚棄之行，又在旅家，故獨先言親寡而後言旅。此上虞義。【疏】故，故舊也。豐大則多故舊也，旅而无所容，无交，故親寡也。雜卦皆先舉其卦，後及其指。旅自四至上體离，离四焚棄，无所容，以无所容之人而又在旅家，故先言親寡而後及其卦也。愚案：乾坤鑿度附載孔子筮其命，得旅，請益於商瞿氏，曰：子有聖智而無位。孔子泣而曰：天也，命也，鳳鳥不來，河無圖至，嗚呼天命之也。雜卦傳於旅獨變其爻，蓋傷之也。自井通至此皆虞義也。**离上而坎下也**。韓康伯曰：火炎上，水潤下也。【疏】洪範曰：火曰炎上，水曰潤下。是其義也。又离自遯來，遯初之五，故上。坎自觀來，觀上之二，故下。**小畜寡也，履不處也**。虞翻曰：乾四之坤初成震，一陽在下，故寡也。乾三之坤上成剝，剝窮上失位，故不處。【疏】虞小畜象傳注云與豫旁通，豫四之坤初為復，此云乾四之坤初成震豫四，卽乾四也。小畜伏豫，以一陰畜復，是一陽在下，故寡也。剝上反三，三為謙，謙三之坤初息履，為旁通，故本剝言之。謙三卽乾三，故云乾三之坤上成剝，剝窮於上，又失陰位，且履以謙三行乾，故不處也。又案：小畜四一陰得位而畜眾陽，以寡敵眾，故曰寡也。履四一陰不得位而履眾陽，不進定處，故不處也。且履六爻皆言履，故不處。**需不進也**。

訟不親也險在前也，故不進。天水違行，故不親也。疏需，坎險在前，故不進。訟，乾天與坎水違行，故不親。**大過顛也**顛，殞也。頂載澤中，故顛也。疏小爾雅：顛，殞也。載當作滅。大過上六過涉滅頂，兌為澤，在上，頂滅澤中，故顛也。又韓氏云：本末弱也，言本末弱，故顛也。**姤遇也，柔遇剛也**坤遇乾也。疏姤一陰自坤來，坤柔乾剛，故坤遇乾也。**漸女歸待男行也**兌為女，艮為男，反成歸妹。巽成兌，故女歸待艮成震，乃行，故待男行也。疏兌為女，當作巽為女。漸外巽為女，內艮為男，反成歸妹，則巽在外反內成兌女，故女之歸，必待艮在內，反外成震男，震又為行，故待男行也。**頤養正也**謂養三五。五之正為功，三出坎為聖，故曰頤養正，與蒙以養正聖功同義也。疏頤體似蒙，故言養正。三五不正，故謂養三五也。五多功，故之正則為功也。蒙坎心為思，思曰睿，睿作聖。頤三體震為出，故云出坎為聖也。蒙彖傳曰蒙以養正聖功也，虞彼注云：體頤，故養。故二卦養正同義也。**既濟定也**濟，成。六爻得位，定也。疏水上火下，濟既成矣。六爻皆得正位，故定也。**歸妹女之終也**歸妹，人之終始。女終於嫁，從一而終，故女之終也。疏歸妹彖傳曰歸妹人之終始也卦自泰三之四內體巽爲妹歸則女道從此終外體震爲起妹歸則生人之道從此始故爲人之終始而謂女終於出嫁也歸妹以長男嫁少女恒以長男娶長女卦體相同恒六五象曰婦人貞吉從一而終與歸妹有同義焉故引以爲女終之證也 愚案陸氏云兌歸魂配六十四卦之終也兌少女爲八卦終歸妹兌之歸魂故曰女之終也

未濟男之窮也

否艮爲男位否五之二六爻失正而來下陰未濟主月晦乾道消滅故男之窮也

【疏】未濟自否來否互艮爲男位故言男也否五下之二六爻皆失正位是五來下於陰位成未濟也未濟主月晦者否成未濟否消至上成坤月三十日滅坤故主月晦至晦則乾道消滅已盡故爲男之窮也又三陽失正陽窮於上乾道成男故爲男之窮也

夬決也剛決柔也君子道長小人道消也

以乾決坤故剛決柔也乾爲君子坤爲小人乾息故君子道長坤體消滅故小人道消諭武王伐紂自大過至此八卦不復兩卦對說大過死象兩體姤夬故次以姤而終於夬言君子之決小人故君子道長小人道消此上虞義 干寶曰凡易既分爲六十四卦以爲上下經天人之事各有始終夫子又爲序卦以明其相承受之

義然則文王周公所遭遇之運武王成王所先後之政蒼精發命短長之期備於此矣而夫子又垂爲雜卦以易其次第雜卦之末文改其例不以兩卦反覆相酬者以示來聖後王明道非常道事非常事也化而裁之存乎變是以終之以夬言能決斷其中唯陽德之主也故曰易窮則變通則久總而觀之伏羲黃帝皆繫世象賢欲使天下世有常君也而堯舜禪代非黃農之化朱均頑也湯武逆取非唐虞之迹桀紂之不君也伊尹廢立非從順之節使太甲思愆也周公攝政非湯武之典成王幼年也凡此皆聖賢所遭過異時者也夏政尚忠忠之弊野故殷自野以教敬敬之弊鬼故周自鬼以教文文弊薄故春秋閱諸三代而損益之顏回問爲邦子曰行夏之時乘殷之輅服周之冕弟子問政者數矣而夫子不與言三代損益以非其任也回則備言王者之佐伊尹之人也故夫子及之焉是以聖人之於天下也同不是異不非百世以俟聖人而不惑一以貫之矣

疏　以乾剛決坤柔故曰剛決柔也泰內陽爲君子故乾爲君子外陰爲小人故坤爲小人夬乾息至五故君子道長成乾則坤體消滅故小人道消陽道長而陰道消此武王伐紂之時也自大過至此不復兩卦對說者以大過棺椁死象下體似姤上體似夬故決以姤而終於

夬夬言君子之決小人故君子道長小人道消也尋姤爲小人之始漸君子之行頤君子之始既濟君子之成歸妹陰終未濟陽窮也自小畜至此皆虞義也　干注　先儒以爲上經言天事始於乾坤終於坎離下經言人事始於咸恒終於既未濟故云上下經天人之事各有始終也夫子復爲序卦所以明六十四卦相次之義也干氏說易多傅人事每援文王武王周公成王已然之迹以爲證如乾內三爻言文王外三爻言武王坤六五用六以及蒙卦皆言周公成王之類故云文王周公所遭遇之運武王成王所先後之政也曲禮孟春之月其帝太皡其神句芒鄭注此蒼精之君未官之臣家語五帝德周人以木德王故云蒼精受命短長之期備於此矣謂備於六十四卦也夫子又爲雜卦以易序卦之次第未自大過以下又攻其側不以兩卦對舉反覆相酬者以明易不可以常道常事拘也蓋化而裁之存乎變故未濟之後終之以夬夬言欲決斷其中必以陽剛之德爲主也十二蓋取終以夬者謂易以書契百官以治萬民以察所以開萬世之文明雜卦終以夬者請以剛決柔君子道長小人道消所以立百王之治法蓋敬上古之樸陋眞決小人之陰柔總不外乾剛之能斷以成易道之善變而巳矣繫曰易窮則變變則通通則久

自古聖人莫不以是法乎易道自伏羲畫易以至黃帝皆能裁化存變創爲良法可以世守而勿失至堯舜則變而爲禪代湯武則變而爲逆取伊尹變而爲廢立周公變而爲攝政此皆聖賢之遭遇異時而其事不得不變者也三代異尚詳於表記至春秋而文盛之弊失之於薄孔子之合三代之法而損益酌中故論語顏淵問爲邦子曰行夏之時乘殷之輅服周之冕蓋以顏子有王佐之才伊尹之選故以是告之而千古之治法以昭此又孔子之善以變通法易而不異於帝王之道者也干氏於篇末詳論帝王聖賢之事以明窮變通久之道欲學者知聖人之於天下同不是異不非百世以俟聖人而不惑一以貫之者皆得乎至精至變至神之用而易之不可以常道常事拘也益明矣

周易集解纂疏卷三十六

男守南冠風
侗同人　校